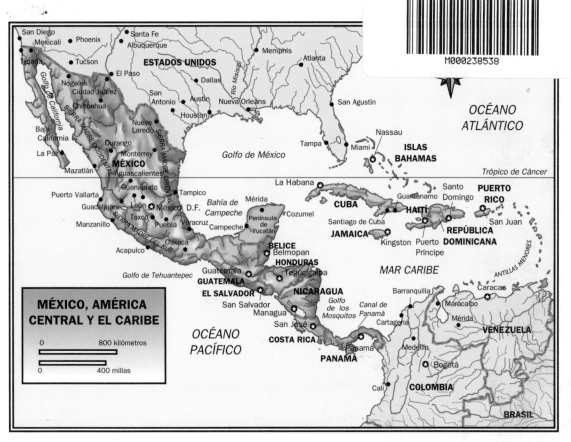

MÉXICO, AMÉRICA CENTRAL Y EL CARIBE

0	800 kilómetros
0	400 millas

E S P A Ñ A

0	200 kilómetros
0	100 millas

ISLAS CANARIAS

0	200 kilómetros
0	100 millas

See back of book for map of South America.

DEDICATION

This book is lovingly dedicated to Tracy D. Terrell (1943–1991). Tracy left us an enduring legacy: the Natural Approach, a methodology that has had a significant impact on second language teaching and on the evolution of textbook materials. He also envisioned this book and guided us, the co-authors, to its fruitful completion. Tracy was our inspirational mentor. His kind spirit and brilliant vision infuse every page. His ever-generous heart touched many of us—friends, colleagues, teachers, students—in an indelible way. We miss him. And we hope he is proud of our work in this new edition of *Dos mundos*.

THIRD EDITION

Dos mundos: En breve

Comunicación y comunidad

Tracy D. Terrell
Late, University of California, San Diego

Magdalena Andrade
Irvine Valley College

Jeanne Egasse
Irvine Valley College

Elías Miguel Muñoz

Boston   Burr Ridge, IL   Dubuque, IA   Madison, WI   New York
San Francisco   St. Louis   Bangkok   Bogotá   Caracas   Kuala Lumpur
Lisbon   London   Madrid   Mexico City   Milan   Montreal   New Delhi
Santiago   Seoul   Singapore   Sydney   Taipei   Toronto

The McGraw·Hill Companies

Higher Education

This is an  book.

Published by McGraw-Hill, an imprint of The McGraw-Hill Companies, Inc., 1221 Avenue of the Americas, New York, NY 10020. Copyright © 2006, 2003, 1999 by The McGraw-Hill Companies, Inc. All rights reserved. No part of this publication may be reproduced or distributed in any form or by any means, or stored in a database or retrieval system, without the prior written consent of The McGraw-Hill Companies, Inc., including, but not limited to, in any network or other electronic storage or transmission, or broadcast for distance learning.

1 2 3 4 5 6 7 8 9 0 DOW DOW 9 0 9 8 7 6 5

ISBN 0-07-312367-6 (Student's Edition)
ISBN 0-07-321255-5 (Instructor's Edition)

Editor-in-chief: *Emily Barrosse*
Publisher: *William R. Glass*
Director of development: *Scott Tinetti*
Development editor: *Max Ehrsam*
Executive marketing manager: *Nick Agnew*
Production editor: *David M. Staloch*
Production supervisor: *Randy Hurst*
Design manager and cover designer: *Violeta Díaz*

Freelance interior designer: *Amanda Kavanagh*
Art manager: *Robin Mouat*
Photo research coordinator: *Nora Agbayani*
Photo researcher: *Susan Friedman*
Compositor: *TechBooks/GTS Companies, York, PA*
Typeface: *10/12 Melior*
Printer and binder: *RR Donnelley, Willard*

Because this page cannot legibly accommodate all the copyright notices, credits are listed after the index and constitute an extension of the copyright page.

Library of Congress Cataloging-in-Publication Data

Dos mundos en breve: comunicación y comunidad / Tracy D. Terrell . . . [et al.]—3rd ed.
    p. cm
  English and Spanish
  ISBN 0-07-312367-6
  1. Spanish language—Textbooks for foreign speakers—English. 1. Title: 2 mundos.
  II. Terrell, Tracy D.

PC4129.E5 D67   2005
468.2′421—dc22   2005040881

www.mhhe.com

CONTENTS

TO THE INSTRUCTOR

A FEW WORDS ABOUT *DOS MUNDOS: EN BREVE*

This text is a new, shorter version of the Sixth Edition of *Dos mundos: Comunicación y comunidad.* It is identical to that edition of *Dos mundos,* except that the last four chapters have been omitted to create a more compact yet still comprehensive first-year Spanish text that is ideal for programs with fewer than four contact hours a week. References to the omitted chapters from the Sixth Edition have been eliminated from the Student Edition, but such references may still appear in the accompanying supplements. A special *Dos mundos: En breve* Instructor's Edition, *Cuaderno de actividades,* and sold Audio Program have been created for use with this Student Edition; all other Sixth Edition supplements are available as well and will "work" with *Dos mundos: En breve.* You should feel free to use the materials from Chapter 12–15 in those supplements, as needed.

We suggest the following breakdown for use of *Dos mundos: En breve* in different academic settings.

First Semester: **Paso A–Capítulo 5**

Second Semester: **Capítulo 6–11**

First Quarter: **Paso A–Capítulo 3**

Second Quarter: **Capítulos 4–7**

Third Quarter: **Capítulos 8–11**

What follows is the preface for the Sixth Edition of *Dos mundos* (the complete text).

Welcome to the Sixth Edition of *Dos mundos*! Those of you already familiar with our textbook know that this is a special kind of text. Through its communicative methodology *Dos mundos* offers an exciting alternative to the many Spanish-language textbooks available today. Our program allows instructors to do what they have always wanted to do as educators: help students enjoy the process of learning to communicate in a second language.

Our main objectives have not changed since the First Edition. The **Actividades de comunicación** continue to play a primary role, while grammar serves as an aid in the language acquisition process. The core of our program is communication. But over the years, we have made several changes to *Dos mundos.* With each new edition we bring in fresh, practical ideas from the field of second-language teaching. And we listen to you, the instructors who use *Dos mundos.*

You asked us for a strong focus on culture and literature in this Sixth Edition, so we have concentrated our efforts in this regard. Indeed, we are excited about the expanded cultural content and the new literature in *Dos mundos.* We will highlight these areas in the following pages. However, before going any further, we invite you to flip through the pages of our textbook. Note the variety of photos, authentic materials, and literary selections. Every chapter now opens with a work of fine art and a time line, both tied to one of the twenty-one Spanish-speaking countries. We are pleased with our renewed emphasis on the art, history and cultures of the Hispanic world as the textbook we envisioned with Tracy Terrell continues to evolve. It is our hope that you continue to benefit from all that *Dos mundos* has to offer.

THIRD EDITION: AN OVERVIEW

The new subtitle of our book—*Comunicación y comunidad*—reflects the main goals of the program: achieving communicative competence in Spanish and establishing community connections both inside the classroom and within the larger Spanish-speaking world.

The Sixth Edition of the main text and its accompanying *Cuaderno de actividades* both begin with three preliminary **Pasos** and have fifteen regular chapters. These chapters are divided into three main sections:

Actividades de comunicación y lecturas: Communicative activities and readings

Vocabulario: Vocabulary introduced in the communicative activities

Gramática y ejercicios: Grammar explanations and verification exercises

We have kept the cultural magazine, **Vida y cultura,** which appears after **Capítulos 4, 9,** and **11,** and we have expanded cultural readings in the regular chapters with new **Ventanas culturales** and a reading segment entitled **Ventanas al pasado.** A significant change in the overall structure of *Dos mundos* is the inclusion of **Enlace literario,** a literary selection, in every chapter.

GUIDED TOUR

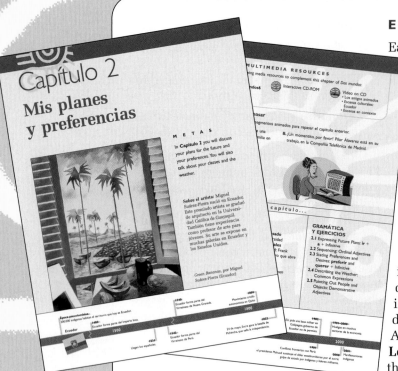

ENTRADA AL CAPÍTULO

Each regular chapter begins with two pages that orient you to the themes and activities of the chapter. On the left-hand page, a **Metas** feature provides a brief overview of the objectives, and fine art from the Spanish-speaking world illustrates the chapter theme. **Sobre el artista** introduces the artist and his or her place in the culture of the Spanish-speaking world. Below the fine art is a time line of the focus country with the corresponding flag.

On the right-hand page, three columns detail the communicative activities, readings, culture topics, and grammar exercises included in the chapter. In addition, icons on this page highlight the multimedia materials that accompany the chapter. A new review feature called **Para repasar: Los amigos animados,** is also referenced on this page.

ACTIVIDADES DE COMUNICACIÓN Y LECTURAS

These activities and readings are the core of *Dos mundos*. Each chapter is divided into three or four themes, each introduced with color art illustrating structures and vocabulary. At the top of each art display you will see the instructions **Lea Gramática...** directing students to read or review the grammar point that corresponds to a particular theme. Following the display are the communicative activities. Students participate in these activities with their instructor and/or their classmates in order to develop listening and speaking skills.

READING AND CULTURAL MATERIALS

Every chapter contains a variety of reading and cultural materials: **Ventanas culturales, Ventanas al pasado, Enlace literario,** and **Lectura.**

VENTANAS CULTURALES

These cultural readings focus on four aspects of life in the Spanish-speaking world: **Nuestra comunidad, Las costumbres, La vida diaria,** and **La lengua.** Students should review the new vocabulary in the **Vocabulario útil** box before they begin to read. The brief questions in **Ahora... ¡ustedes!** are intended for use as pair or group work and can also stimulate general class discussion.

VENTANAS AL PASADO

These new cultural readings focus on aspects of the social, cultural, or political history of the Spanish-speaking world. Again, the **Vocabulario útil** box acquaints students with unfamiliar vocabulary, and the **Ahora... ¡ustedes!** questions engage students in conversation about related topics.

The **Ventanas culturales** and **Ventanas al pasado** readings may be assigned for homework, but their cultural content makes them ideal for in-class reading and cultural discussion.

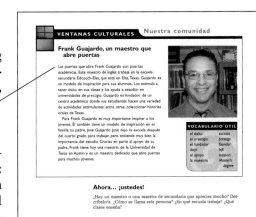

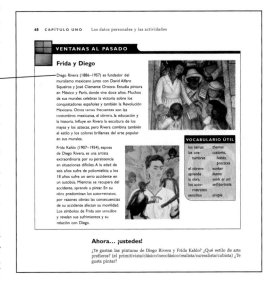

ENLACE LITERARIO

This segment is a link to the Hispanic literary tradition, thus the name **Enlace.** The material consists of poetry and fiction by well-known Spanish, Latin American, and US Latino writers. New or difficult vocabulary is glossed, and all **Enlaces** are followed by a creative writing activity. This **Actividad creativa** allows students to develop their writing skills in Spanish, as it encourages them to associate the reading of literature with active participation in the creative process. The **Enlace literario** are also available in audio format on a special audio CD that is part of the Audio Program.

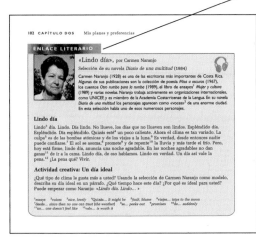

LECTURA

The **Lecturas** present a variety of topics, such as sports, leisure activities, regional foods, or interesting cities or regions of the Spanish-speaking world. These materials may be read in class or may be given as homework. Students should review the reading hints in **Pistas para leer** and the new vocabulary words in the **Vocabulario útil** box before they begin to read. Follow-up questions include **Comprensión,** which assesses general understanding of the material, and either **Un paso más... ¡a escribir!,** a creative writing activity related to the topic of the reading, or **Un paso más... ¡a conversar!,** a whole-class discussion activity. Selected readings from the **Lectura** sections are also available in audio format on the Online Learning Center and also on a special audio CD that is part of the Audio Program.

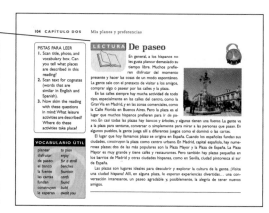

EN RESUMEN

This section includes activities that summarize the chapter material. **De todo un poco** features one or more communicative activities for students to do in groups. **¡Dígalo por escrito!** is an individual

writing activity that requires students to use chapter themes and grammar in a creative way. **¡Cuéntenos usted!** gives students a series of guided questions related to the chapter theme and then asks them to tell their own story.

VOCABULARIO

At the end of every chapter, before the blue grammar pages, is a one- or two-page list of all the new vocabulary words from the **Actividades de comunicación.** All vocabulary words are available in audio format on the Online Learning Center and on special audio CDs in the Audio Program.

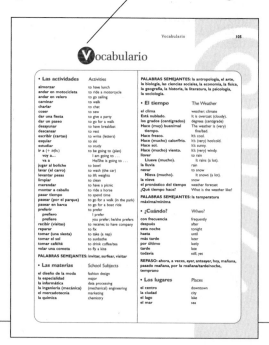

GRAMÁTICA Y EJERCICIOS

The blue grammar pages include explanations of the basic grammar and follow-up exercises. **¿Recuerda?** sidebars call attention to previously relevant grammar points. Brief margin notes provide additional information about Spanish grammar. The explanations and the exercises are designed to be done as homework, using the Answer Key in Appendix 4 to make corrections.

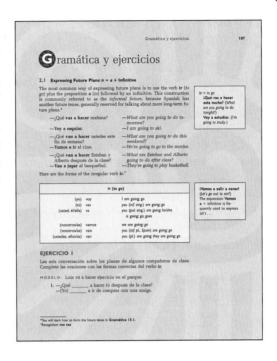

VIDA Y CULTURA

Vida y cultura follows **Capítulos 4, 9,** and **11.** This cultural magazine section includes articles on various aspects of Hispanic culture from several countries. Footnotes are provided to clarify unfamiliar vocabulary.

FEATURES AND CHANGES IN THE TEXTBOOK

- **Chapter Themes: Capítulo 3** contains a new section called **Las tres comidas** to introduce students to basic foods. Some computer-related vocabulary has been added to **Capítulo 5.** The topic of **Los viajes en automóvil** has been moved to **Capítulo 11** with other travel plans.

- **Chapter Openers:** The two-page opener features a piece of fine art from one of the twenty-one Spanish-speaking countries and a new accompanying time line that highlights the history of the focus country.

- **Actividades de comunicación:** The communicative activities have been updated to reflect current issues and student interests. Each of the **Actividades de comunicación** is categorized under one of eighteen different types (see page xxii). All activities are sequenced from input to output in order to promote comprehension before production. The **Diálogo** and **Diálogo abierto** activities are included only in the **Pasos** and in **Capítulos 1–3.** Their purpose is to provide controlled practice in using formulaic conversational expressions.

- **En resumen:** These review sections support the chapter themes. The **¡Dígalo por escrito!** sections are individual writing activities suitable for assigning as homework or extra credit. The new **¡Cuéntenos usted!** activity is designed to develop oral narrative ability and may be used at the end of a chapter or later in the course as a review activity.

- **Vocabulario:** The end-of-chapter vocabulary includes all the vocabulary from the **Actividades de comunicación.**

- **Reading Materials:** The Sixth Edition of *Dos mundos* continues to emphasize reading and literacy. It features a wide variety of cultural topics, exciting literature, and realia-based materials. The two main categories of readings are **Lecturas** and **Enlaces literarios.**

  - **Lecturas:** This reading segment focuses on many aspects of Hispanic culture such as sports, holiday celebrations, leisure activities, and regional foods. There are several new **Lecturas** in the Sixth Edition, including **Grandes fiestas,** on holiday celebrations; **Los platos andinos,** on Andean cuisine; and a reading about Mérida, the beautiful Venezuelan city. New to this edition is the **Pistas para leer** box, which provides pre-reading questions, clues, and useful strategies such as scanning and cognate recognition.

  - **Enlaces literarios:** This material consists of poetry and fiction selections by well-known Spanish, Latin American, and US Latino writers. Some of the writers featured are José Martí, Octavio Paz, Gioconda Belli, Tomás Rivera, Carmen Naranjo and Antonio Machado. Each **Enlace** is preceded by an introduction to the author. Students will be encouraged by their enjoyment of these literary works, as we are confident that literature can be understood and appreciated early in the language acquisition process.

- **Culture:** In addition to the cultural content previously described in the section on reading materials, the Sixth Edition includes other cultural features.

  - **Vida y cultura:** An attractive magazine section (after **Capítulos 4, 9, and 11**) that presents articles on high-interest topics such as music, history, language, and art.

- **Ventanas culturales:** As the title suggests, these are windows into the culture and society of the Hispanic world. There are four categories of **Ventanas culturales: Nuestra comunidad, La lengua, La vida diaria,** and **Las costumbres.** The Sixth Edition features several new **Ventanas culturales,** highlighting topics such as **flamenco** music, Peruvian **danza negra,** and achievements of the **incas.**

- **Ventanas al pasado:** Focus on some historical aspect of Hispanic culture. Some of the topics include the art of Diego Rivera and Frida Kahlo, and the work of Spanish architect Antoni Gaudí.

- **¡Ojo!:** Brief descriptions of customs in and points of interest about the Hispanic world.

- **Cronologías:** The chapter opener includes a time line that can serve as a starting point for discussion of the sociopolitical life of all Hispanic countries. The first three **cronologías** are presented in English; all subsequent ones are in Spanish.

- **Grammar:** Here are additional features and changes of note in the Sixth Edition.

  - **Explanations:** Clear and concise explanations and the Answer Key provided in Appendix 4 allow the grammar component to be used by students outside the classroom. The introduction of the alphabet has been moved to **Paso A,** and the grammar of **Pasos A** and **B** has been reorganized so that **Paso A** also has short verification exercises. A simple overview of basic grammar, **Some Useful Grammatical Terms** introduces the grammar of **Paso A.** A new section on Asking and Answering Questions has been added to **Capítulo 3.** The present progressive has been moved to **Capítulo 5.** We think these last two changes will give students more time to acquire the present tense before being introduced to the progressive forms.

  - **Margin notes:** These give students quick hints and brief overviews of grammar points for review purposes.

  - **Illustrations:** Many complex grammar concepts are illustrated with a drawing, called **Gramática ilustrada,** to help students visualize the grammatical structure.

  - **Review:** The **¿Recuerda?** feature reminds students to review previous relevant grammar sections.

  - **Helpful Hints: ¡Ojo!** boxes in the grammar section provide helpful hints for doing the grammar exercises.

  - **Verbs:** Simple presentations of **-ar** and **-er/-ir** verbs are in **Paso C** and **Capítulo 1.** The present tense is reexamined more completely in **Capítulos 3** and **4.**

FEATURES AND CHANGES IN THE *CUADERNO DE ACTIVIDADES* (WORKBOOK / LABORATORY MANUAL)

The *Cuaderno de actividades* is intended for use primarily outside the classroom. This combined workbook / laboratory manual features **Actividades escritas, Actividades auditivas, Resumen cultural, Pronunciación y ortografía, Videoteca,** and **Lecturas.** The Preface in the *Cuaderno de actividades* provides a detailed description of all sections and types of activities, as well as an outline of Sixth Edition changes.

- **Actividades escritas:** These writing activities echo the chapter themes and allow students to express themselves more freely than in the verification exercises of the **Gramática y ejercicios.**

- **Actividades auditivas:** These newly revised listening passages correspond to the chapter themes and give students the opportunity to hear Spanish speakers interacting using the vocabulary and structures featured in the chapter. Brief comprehension questions accompany these passages. The newly created **Los amigos animados,** also referenced on the chapter-opener pages of the main textbook, includes animated dialogues, advertisements, or announcements that review the previous chapter.

- **Resumen cultural:** These questions review the cultural content of the main text.

- **Pronunciación y ortografía:** Explanations of pronunciation and spelling are followed by audio exercises.

- **Videoteca:** Includes three segments: **Los amigos animados, Escenas culturales,** and **Escenas en contexto.** Each section contains corresponding comprehension questions.

- **Lecturas:** New readings have been added, including several **Notas culturales** and literary selections.

Although the **Actividades escritas** and the **Actividades auditivas** are in separate sections, they coordinate with the chapter themes. We suggest that instructors assign the **Actividades escritas** as they are working through the chapter and that they assign the **Actividades auditivas** toward the end of the chapter when students have had ample exposure to comprehensible input in class. Additional advanced grammar concepts, along with verification exercises, have been placed

in a section of the *Cuaderno* called **Expansión gramatical.**

SUPPLEMENTS

As a full-service publisher of quality educational products, McGraw-Hill does much more than just sell textbooks to your students. We create and publish an extensive array of print, video, and digital supplements to support instruction on your campus. Orders of new (versus used) textbooks help us defray the cost of developing such supplements, which is substantial. Please consult your local McGraw-Hill representative to learn about the availability of the following supplements that accompany this edition of *Dos mundos: Comunicación y comunidad.*

For Instructors and for Students

- The *Cuaderno de actividades,* described earlier, offers additional practice with vocabulary, grammar, and skill development.

- (Quia) McGraw-Hill is proud to partner with Quia™ in the development of the online *Cuaderno de actividades.* This robust, digital alternate version of the printed *Cuaderno* is easy for students to use and ideal for instructors who want to manage students' coursework online. Identical in practice material to the print version, the online *Cuaderno* contains the full audio program as well as segments from the video. The online *Cuaderno* also provides students with automatic feedback and scoring of their work. The Instructor's Workstation contains an easy-to-use gradebook and class roster system that facilitate course management.

- The Audio Program, coordinated with the **Actividades auditivas** from the *Cuaderno de actividades,* is available in audio CD format and also on the Online Learning Center Website as

Premium Content. Additionally, an audio recording of the **Enlace literario** passages and selected **Lecturas** from the textbook are included in special audio CDs as part of the Audio Program. The audio recordings for the **Lecturas** can also be found on the Online Learning Center. An audio icon identifies these readings in the textbook.

- Each chapter of the Video (in VHS or CD format) consists of two animated dialogues (**Los amigos animados**), the **Escenas culturales** (scenes from each of twenty-one Spanish-speaking countries), and the **Escenas en contexto** (a two- to three-minute functional vignette filmed on location in Costa Rica, Ecuador, Mexico, Peru, and Spain). The activity for **Los amigos animados** is found at the beginning of the **Actividades auditivas** of the *Cuaderno de actividades.* The activities for the **Escenas culturales** and **Escenas en contexto** are found in the **Videoteca** sections of the *Cuaderno de actividades.*

- The Interactive CD-ROM continues the emphasis on meaningful use of Spanish that characterizes the *Dos mundos* program. Activities review vocabulary and grammar in an interactive format. Additional cultural readings can also be found on the CD-ROM. The video component of the CD-ROM provides students with the opportunity to view functional language scenarios (**Situaciones**). In addition, students are able to recreate the interactions by participating in a recorded video interview with characters from the video scenarios, further developing listening and speaking skills.

- The Online Learning Center offers a variety of resources for students and instructors, including grammar and vocabulary practice exercises and links to the **Actividades de Internet** from the Instructor's Resource Kit. The Online Learning Center can be accessed at **www.mhhe.com/dosmundos6**.

Premium Content on the Online Learning Center Website

If students purchase a *new* copy of *Dos mundos,* you have access free of charge to premium content on the Online Learning Center Website at **www.mhhe.com/dosmundos6**. This includes, among other items, the complete Audio Program that supports the accompanying *Cuaderno de actividades* as well as the new **Los amigos animados** Flash™ animations. The card bound inside the front cover of this book provides a registration code to access the Premium Content. *This code is unique to each individual user.* Other study resources may be added to the Premium Content during the life of the edition of the book.

If students purchase a *used* copy of *Dos mundos* but would like access to the Premium Content, they may purchase a registration code for a nominal fee. Please visit the Online Learning Center Website for more information.

If you are an instructor, you do not need a special registration code for Premium Content. Instructors have full access to all levels of content via the Instructor's Edition link on the homepage of the Online Learning Center Website. Please contact your local McGraw-Hill sales representative for your password.

For Instructors Only

- The annotated *Instructor's Edition* of *Dos mundos* provides notes that offer extensive pre-text activities, teaching hints, and suggestions for using and expanding materials, as well as references to the supplementary activities in the Instructor's Manual and the Instructor's Resource Kit.

■ The Instructor's Manual provides a general introduction to communicative language teaching and to the types of activities found in the program. It also offers step-by-step instructions for teaching the **Pasos** and **Capítulo 1.** There are suggestions for pre-text activities, TPR (Total Physical Response) sequences, and many additional activities for each chapter.

■ The Instructor's Resource Kit contains supplementary activities and games that correspond to chapter themes. The Sixth Edition also includes Internet activities (also available on the *Dos mundos* Online Learning Center) and a **Lotería cultural** for each chapter.

■ A set of 100 full-color Overhead Transparencies displays drawings, color maps, and other illustrations, mostly from the main text.

■ The Picture File contains fifty color photographs, designed to stimulate conversation in the classroom.

■ The Testing Program contains listening comprehension (with Testing Audio CD), reading, vocabulary, and grammar tests. it also includes suggestions for testing oral achievement and writing skills. The Sixth Edition provides nine sample exams (one for each two-chapter segment), as well as a variety of activities/exercises for all three **Pasos** and fifteen chapters that can be recombined to create different versions of the tests. The Word files of the Testing Program are available on CD in the form of the Electronic Testing Program. This convenient format allows instructors to edit and customize the exams to suit their course and philosophy of testing.

■ The Audioscript is a transcript of all recorded materials in the Audio Program.

Other Materials Available

■ The *¡A leer! Easy Reader Series* features two short readers, *Cocina y comidas hispanas,* on regional Hispanic cuisines, and *Mundos de fantasía,* which contains fairy tales and legends.

■ The *Storyteller's Series* offers high-interest fiction designed for advanced beginning or intermediate students. Three books are available: *Viajes fantásticos, Ladrón de la mente,* and *Isla de luz.*

■ The *El mundo hispano* reader features five major regions of the Hispanic world, as well as a section on Hispanics in the United States.

■ *Sin falta,* developed in partnership with UltraLingua, Inc., is a Spanish writing software program on CD-ROM that includes the following features: a word processor, a bilingual Spanish-English dictionary with more than 250,000 entries, an online Spanish grammar reference, and basic grammar and spell-checking functions.

SECOND-LANGUAGE ACQUISITION

Dos mundos is designed to work well with a variety of communicative approaches. The program is primarily based on Tracy D. Terrell's Natural Approach to language instruction, James Asher's Total Physical Response (TPR), and elements of Stephen D. Krashen's theoretical model of second-language acquisition.[1] Krashen posits that we have two ways of developing language ability: acquisition and learning. *Language acquisition* is a subconscious or automatic process; that is, we are not focused on form and we are usually not aware that it is happening. Research supports the view that

---

[1]Portions of this section (and the next) are quoted by permission of Stephen D. Krashen, *Fundamentals of Language Acquisition,* Laredo Publications, 1992.

adults can and do acquire language subconsciously, even if not as "naturally" as children do. *Language learning* is a conscious or controlled process: it occurs when we are focused on form and aware that we are learning. When you talk about grammar rules, you are usually talking about learning.

We normally produce language using our acquired or implicit linguistic competence, whereas we use our learned system—our knowledge of explicit rules—to monitor or edit our output. Current theories of language acquisition posit that we acquire language best when we understand messages or receive *comprehensible input,* either aural or written: reading is an excellent source of comprehensible input.

These theories also suggest that attitudes and feeling can influence language acquisition. If students are overly anxious or do not perceive the target culture in a positive light, they may understand the input but a psychological block (the Affective Filter) will prevent their acquisition of the new language.[2]

Dos mundos: From Theory to Action

Our goal is to make language acquisition theory work in the classroom. Here is how we do it.

Aiming for Meaning

The primary goal of the *Dos mundos* classroom is to provide aural and written input that is both interesting and comprehensible. This input helps students take in meaning and integrate it within their developing language system. *Dos mundos* helps students create meaning from the new language through both comprehensible input (listening) and guided output (speaking).

2 I'm Listening!

Comprehension precedes production in both first- and second-language acquisition. Thus, students' ability to use new vocabulary and structures is directly related to the opportunities they have had to interact aurally, orally, and visually in meaningful and relevant context with the new language. Students need many opportunities to interact in meaningful contexts before they can express their own meaning successfully.

3 Taking Our Time

Because speech emerges in stages, *Dos mundos* allows for three stages of language development: comprehension, early speech, and speech emergence.

The activities in **Paso A** are designed to give students the opportunity to develop initial comprehension ability while producing only minimal fixed expressions (see **Diálogos** in the section **Los saludos** in **Paso A**). The activities in **Paso B** encourage the transition from comprehension to the ability to respond naturally in single words. By the end of **Paso C** and through **Capítulo 1,** most students are making the first transitional steps from short answers to longer phrases and complete sentences. This is accomplished through guided output activities such as **Diálogos abiertos, Descripción de dibujos, Intercambios,** and **Entrevistas.** Students will continue to pass through these same three stages with the new material of each chapter. It is important to keep in mind that the vocabulary and structures presented in **Capítulo 1** may not be fully acquired until **Capítulo 5** or later.

---

[2]For more detailed information, see the section on Second-Language Acquisition Theory in the Instructor's Manual.

The pre-text activities, the **Actividades de comunicación,** and the **Actividades auditivas** in the *Cuaderno de actividades* all provide opportunities for understanding Spanish before more developed production is expected. The Instructor's Manual includes additional activities for each chapter to provide further opportunities for comprehensible input and guided production. As students gradually become more fluent listeners and speakers, *Dos mundos* challenges their skills with higher level language and more open-ended output activities: **Entrevistas, Narración, ¡Cuéntenos usted!** This process helps students continue to acquire higher-level lexical and grammatical structures.

4 We All Make Mistakes

Errors in form are not corrected in classroom activities that are aimed at communication. We anticipate that students will make many errors as speech emerges. Given sufficient exposure to Spanish, these early errors do not usually affect students' future language development nor do they impede basic interpersonal communication with native speakers. While doing the **Actividades de comunicación** in class, we recommend correcting only factual errors and responding naturally to students' communication, expanding or restating when it feels normal and natural to do so and when the correction or expansion can be woven naturally into the conversational thread.

In contrast, students can and should correct their responses to the self-study **Gramática y ejercicios** using the Answer Key in Appendix 4 and to the **Actividades auditivas** and the **Actividades escritas** using the Answer Key at the back of the *Cuaderno de actividades.*

5 Relax and Let it Happen Naturally!

Students acquire language best in a low-anxiety environment and when they are truly engaged with the material. Such an atmosphere is created when the instructor: (1) provides students with truly interesting, comprehensible input; (2) does not focus excessively on form; and (3) lets students know that communicating in a new language is possible. Student motivation to acquire Spanish will be higher if he/she has enjoyable and meaningful experiences in the new language. The *Dos mundos* program creates a positive classroom atmosphere by sparking student interest and encouraging involvement in two sorts of activities: those that relate directly to students and their lives and those that relate to the Hispanic world. Hence, the **dos mundos** referred to in the title. Input and interaction in these two areas—along with the expectation from the instructor that students will be able to communicate their ideas—create a classroom environment wherein the instructor and the students feel comfortable listening and talking to one another.

6 It Takes a Community

People acquire both first and second languages as part of a larger language community. Group work in a *Dos mundos* classroom provides valuable oral interaction in Spanish and creates a classroom community that facilitates communication. Students are also encouraged to integrate themselves into the larger Hispanic community through cultural readings, Internet activities, and service opportunities.

7 Speak Your Mind!

Speaking helps language acquisition in several ways. It encourages comprehensible input via conversation, and it provides feedback on communicative accuracy (Was the listener able to understand the speaker?). Speaking also allows students to engage in real language use as the instructor and students share opinions and information about themselves. *Dos mundos* provides students with many opportunities for meaningful production in Spanish.

8 A Place for Grammar

Although *Dos mundos* focuses on acquiring communicative competence through oral, listening, and written activities, there are also practical reasons for grammar study. Formal knowledge of grammar helps students edit their written work; it also gives students confidence about their progress with the new language. Some

language students derive great satisfaction when they learn about what they are acquiring and when they are able to utilize grammatical knowledge to make the input they hear and read more comprehensible. In addition, a gentle focus on form may help some students to recognize gaps in their developing language and thereby achieve more accuracy in their output.

9 Language with a Purpose

The goal of a *Dos mundos* Spanish class is proficiency in basic communication skills: listening, reading, speaking, and writing. Proficiency is defined as the ability to understand and convey information and/or feelings in a particular situation for a particular purpose. Grammatical accuracy is one part of communicative proficiency, but it is not the primary goal. The activities in *Dos mundos* support different aspects of language acquisition.

COMPREHENSIBLE INPUT	OUTPUT	EXPLICIT KNOWLEDGE OF RULES
Pre-text activities **Actividades de comunicación**	**Actividades de comunicación**	**Gramática y ejercicios**

Ventanas culturales
Ventanas al pasado
Enlaces literarios
Lecturas
	¡Dígalo por escrito!
	Cuéntenos usted
	Un paso más...
	  ¡a escribir!
	Un paso más...
	  ¡a conversar!
	Actividad creativa
		Ejercicios de pronunciación y ortografía

Actividades auditivas **Videoteca**	**Actividades escritas**	

Dos mundos materials fully support the National Standards for Foreign Language Education.[3]

STANDARD	*DOS MUNDOS* MATERIALS
Communication	**Actividades de comunicación, En resumen, ¡Cuéntenos usted!, Actividades auditivas**
Cultures	Opener page fine art, **Sobre el artista,** chapter time line, **¡Ojo!** side bars, **Ventanas culturales, Ventanas al pasado, Video (Escenas culturales, Escenas en contexto)**
Connections	**Ventanas culturales, Ventanas al pasado, Enlaces literarios, Lecturas, Video (Escenas culturales, Escenas en contexto)**
Comparisons	**Gramática y ejercicios, Pronunciación y ortografía, Ventanas culturales, Ventanas al pasado, Lecturas, Video (Escenas culturales, Escenas en contexto)**
Communities	**Ventanas culturales, Conexión a la comunidad, Video (Escenas culturales, Escenas en contexto),** Internet activities from the IRK

Dos mundos Methodology: Specifics

Each of the eleven regular chapters of *Dos mundos* opens with the **Actividades de comunicación y lecturas,** which stimulate the acquisition of vocabulary and grammar. The following types of communicative activities appear in most chapters.

Student-centered input (pre-text oral activities in *Instructor's Edition*)
Photo-centered input (Pre-text oral activities in *Instructor's Edition*)
Definitions (**Definiciones**)
Association activities (**Asociaciones**)
Discussions (**Conversación, Un paso más... ¡a conversar!**)
Realia-based activities (**Del mundo hispano**)
Description of drawings (**Descripción de dibujos**)
Interactions (**Intercambios**)
Narration series (**Narración**)

Dialogues (**Dialogos, Diálogos abiertos**)
Identification activities (**Identificaciones**)
Situational dialogues (**Situaciones**)
Personal opinion activities (**Preferencias**)
Interviews (**Entrevistas**)
Polls (**Encuestas**)
Culminating activities (**En resumen**)
Storytelling activity (**¡Cuéntenos usted!**)
Creative writing activities (**Un paso más... ¡a escribir!, ¡Dígalo por escrito!, Actividad creativa**)

In addition, the Instructor's Manual contains TPR (Total Physical Response) and additional activities, both of which provide comprehensible input

The **Vocabulario** list that follows each **Actividades de comunicación y lecturas** section contains most of the new words that have been introduced in the vocabulary displays and activities. Students should recognize these words when they are used in a clear, communicative context. Many will also be actively used by students in later chapters and as the course progresses.

---

[3]See the Instructor's Manual for more detail.

The readings in *Dos mundos* are by no means exhaustive; we recommend that instructors read aloud to students and when students are ready for independent reading, allow them to select material of interest to them. The *¡A leer! Series,* the *El mundo hispano* reader, or the *Storyteller's Series* are appropriate for second-, third-, or fourth-semester accompaniment to *Dos mundos.*

The **Gramática y ejercicios** sections (the blue pages) at the end of each chapter are designed for quick reference and ease of study. The purpose of the grammar exercises is for students to verify that they have understood the explanation: we do not believe that students acquire grammar by doing exercises. Students may self-check their work using the Answer Key found in Appendix 4 of the textbook.

Most new topics in the **Actividades de comunicación y lecturas** sections begin with references (marked **Lea Gramática...**) to the pertinent grammar section(s) of the chapter. All activities can be done without previous grammar study; it is desirable to do all **Actividades de comunicación** in a purely communicative way, with both instructor and students focusing on the meaning of what is being said.

ACKNOWLEDGMENTS

A special note of gratitude is due to Stephen D. Krashen for his research on second-language acquisition theory. Dr. Krashen has given us many valuable insights into creating more natural activities and providing comprehensible input for students. We also remain grateful to Dr. Joseph Goebel for his help in writing the section **¡Dígalo por escrito!** His creativity still shines through after two editions.

We would like to thank Dr. Karen Christian for her contributions to the first Instructor's Resource Kit (with the Third Edition). And our heartfelt thanks go to Beatrice Tseng (Irvine Valley College) for her creative work on the Fourth, Fifth, and Sixth Editions of the Instructor's Resource Kit and for her tireless quest to update the Internet activities.

The authors would like to express their gratitude to the many members of the language-teaching profession whose valuable suggestions through reviews and user diaries contributed to the preparation of the Sixth Edition. The appearance of their names here does not necessarily constitute an endorsement of the text or the Natural Approach methodology.

USER DIARISTS

Tania Garmy, University of Tulsa

Nancy Shearer, Cuesta College

REVIEWERS

Beatriz Gómez Acuña, Carthage College

Carolina Ávila, Mexican American Cultural Center

Luis Belaustegui, University of Missouri, Kansas City

Rosa Campos-Brito, Loyola College of Maryland

Lina Castellanos, Carthage College

Candace J. Chesebro, Chapman University

Concepcio Domenech, Front Range Community College

Christina Fox-Ballí, Eastfield College

Paola Galeano, Carthage College

Kathleen Gallivan, West Virginia University

Ana B. Fernández González, West Virginia University

Polly J. Hodge, Chapman University

Alex Idavoy, Brookdale Community College

Robert Jacques, Georgian Court College

Barbara Kruger, Finger Lakes Community College

Rebecca López, Mexican American Cultural Center

Teresita López, Camden County College

Elvia Macías de Pérez, Folsom Lake College

Richard McCallister, Delaware State University

Carlos Molina, Mexican American Cultural Center

Liliam Molina-Cesareo, Irvine Valley College

Gerry Monroy, Brookdale Community College

Thelma Montoya, Mexican American Cultural Center

Regina Morín, The College of New Jersey

Rebekah L. Morris, Wake Forest University

Nancy Nieman, Santa Monica College

Arturo Ortiz, Lenoir-Rhyne College

Teresa Pérez-Gamboa, University of Georgia

Jesús R. Pico-Argel, Wake Forest University

Ana Piffardi, Eastfield College

Callie Rabe, Finger Lakes Community College

Alister Ramírez, Hunter College, CUNY

Elsy Ramírez-Monroy, Brookdale Community College

Tony Rector-Cavagnaro, Cuesta College

Sofía Hurón Reyes, Mexican American Cultural Center

Pascal Rollet, Cathage College

Leticia Romo, Wake Forest University

Linda Ann Roy, Tarrant County College

Fernando Salcedo, Riverside Community College District

Annette Sánchez, Nashville State Community College

Elizabeth Buckley Sánchez, University of Tulsa

Arthur J. Sandford, Ventura College

Terry D. Sellars, Nashville State Technical Community College

Nancy Shearer, Cuesta College

James Smolen, Bucks County Community College

Silvia Teodorescu, Hartnell College

Beatrice Tseng, Irvine Valley College

María-Encarna Moreno Turner, Wake Forest University

Titiana Vargas, Carthage College

Ferdinand Vélez, Eastern Washington University

Clara Vélez-Graham, Phoenix College

Susan Walter, University of Denver

Susan Zárate, Santa Monica College

Many other people participated in the preparation of the Sixth Edition of *Dos mundos*. We feel indebted to Dr. Thalia Dorwick for the guidance and opportunities she has given to us throughout the years. We are also deeply grateful to Dr. William Glass, our publisher for this project, who brought a wealth of fresh ideas to *Dos mundos* and continues to advise us on aspects of second-language acquisition. Dr. Glass helped us envision the new design and encouraged us to strengthen the cultural and literary content of our textbook. Our Sixth Edition editor, Max Ehrsam, was immensely helpful. We thank him for his patience, care, and support. A gifted and skillful editor, Max fine-tuned our writing style. He also brought a rich contemporary cultural touch to our project.

We are grateful to the following McGraw-Hill staff for tireless work and assistance on this edition: Scott Tinetti (Director of

Development & Media Technology), Letizia Rossi (Editorial Assistant), David Staloch (Lead Project Manager), Nora Agbayani (Photo Research Coordinator), Susan Friedman (Photo Researcher), Robin Mouat (Art Manager), Violeta Díaz (Design Manager), Randy Hurst (Lead Production Supervisor), and Allison Hawco (Senior Media Producer).

We would also like to acknowledge the sales and marketing support we have received from McGraw-Hill over the years, and specifically from Nick Agnew (Executive Marketing Manager) and Rachel Dornan (Marketing Coordinator).

Special thanks go to Sally Richardson, the gifted artist who made our Cast of Characters come to life in previous editions and to Daryl Slaton, the artist on the Sixth Edition who also created our new and exciting animation segments. In addition we would like to thank Laura Chastain (El Salvador) for her help with questions of language usage and cultural content.

Finally, we thank each other for many years of moving *Dos mundos* from idea to print. We hope our contributions continue to be worthwhile in the 21st century.

TO THE STUDENT

A FEW WORDS ABOUT *DOS MUNDOS: EN BREVE*

This text is a new, shorter version of the Sixth Edition of *Dos mundos: Comunicación y comunidad*. It is identical to that edition of *Dos mundos,* except that the last four chapters have been omitted. What follows is the student preface for the Sixth Edition of *Dos mundos* (the complete text).

The course you are about to begin is designed to help you develop your ability to understand and speak everyday Spanish, and to help you learn to read and write in Spanish.

Researchers distinguish two ways of developing ability in another language: (1) through a subconscious process called language acquisition—like "picking up" Spanish while living in Mexico or Spain; and (2) through a conscious process called language learning, which has to do with memorizing and applying grammar rules. *Language acquisition* gives us our fluency, much of our accuracy in speaking, and our ability to understand authentic language when we hear it. You know you've acquired a word when it "feels" and sounds right in a given context. *Language learning* is not as useful in oral communication, but it helps us edit our speech and writing. You know you've *learned* a rule when, for example, you can recall it in order to produce the right form of a verb.

The **Actividades de comunicación y lecturas** of *Dos mundos* will help you acquire Spanish through listening to your instructor and interacting with your classmates; the **Actividades auditivas** of the *Cuaderno de actividades* also provide opportunities to practice your listening comprehension skills. The **Gramática y ejercicios** section of the text and many sections of the *Cuaderno* will offer opportunities for learning Spanish and for applying the rules you have learned. Our goal in *Dos mundos* is to make it possible for you to *acquire* the language, not just *learn* it. Keep in mind that language ac-

quisition takes place when we understand messages; that is, when we comprehend what we read or what we hear. The most effective ways for you to improve your Spanish are to listen to it, read it, and interact with native speakers of the language as much as possible!*

Classes that use *Dos mundos* provide you with a great deal of language you can understand. Your instructor will speak Spanish to you and will use gestures, photos, real objects, and sound effects to make himself or herself understood. To get the most out of a class session, you only need to focus on what your instructor is saying; that is, on *the message.* You do not have to think *consciously* about grammar or try to remember all the vocabulary that is being used.

You will also have plenty of opportunities for reading. The more you read, the better your Spanish will become. When you are reading, pay attention to the message. You don't have to know every word or figure out every grammatical structure in order to understand and enjoy what you read!

You will be speaking a lot of Spanish in the classroom, both with your instructor and with your classmates. And when you speak, you will make mistakes. Don't be overly concerned about these mistakes; they are a natural part of the language acquisition process. The best way to eliminate your errors is not to worry or think

---

*For a more in-depth understanding of the terms *acquisition* and *learning* you may wish to read the To the Instructor section of this text.

hard about grammar when you talk but to continue to get more language input through listening, conversation, and reading. In time, your speech will become more accurate.

GETTING STARTED WITH THE PASOS

Understanding a new language is not difficult once you realize that you can comprehend what someone is saying without knowing every word. The key to communication is *understanding the ideas* and *the message* the speaker wants to convey.

Several techniques can help you develop good listening comprehension skills. First and most important, *you must guess at meaning!* In order to improve your ability to guess accurately, pay close attention to the context. If someone greets you at 3:00 P.M. by saying **Buenas tardes,** chances are they have said *Good afternoon,* not *Good morning* or *Good evening.* You can make a logical guess about the message being conveyed by focusing on the greeting context and time of day. If someone you don't know says to you, **Hola. Me llamo Roberto,** you can guess from context and from the key word **Roberto** that he is telling you his name.

In class, ask yourself what you think your instructor has said even if you haven't understood most—or any—of the words. What is the most likely thing to have been said in a particular situation? Be logical in your guesses and try to follow along by paying close attention to the flow of the conversation. *Context, gestures, and body language will all help you guess more accurately.*

Another strategy for good guessing is to *listen for key words.* These are the words that carry the basic meaning of the sentence. In the class activities, for example, if your instructor points to a picture and says in Spanish, **¿Tiene el pelo castaño este hombre?** (*Does this man have brown hair?*), you will know from the context and intonation that a question is being asked. By focusing on the key words **pelo** (*hair*), **castaño** (*brown*), and **hombre** (*man*), you will be able to answer the question correctly.

Remember: *You do not need to know grammar rules* to understand much of what your instructor says to you. For example, you wouldn't need to know the words **Tiene, el,** or **este** in order to get the gist of the previous question. Nor would you have needed to study verb conjugations. However, if you do not know the meaning of the key vocabulary words, **pelo, castaño,** and **hombre,** you will not be able to make good guesses about what is said.

Vocabulary

Because comprehension depends on your ability to *recognize the meaning of key words* used in the conversations you hear, the preliminary chapters of *Dos mundos* —the **Pasos**—will help you become familiar with many new words in Spanish, probably several hundred of them. *You should not be concerned about pronouncing these words perfectly;* saying them easily will come with more exposure to spoken Spanish.

Review key vocabulary frequently: Look at the Spanish and try to *visualize the person* (for words such as *man* or *child*), *the thing* (for words such as *chair* or *pencil*), *a person or thing with particular characteristics* (for words such as *young* or *long*), or *an activity or situation* (for phrases such as *stand up* or *is wearing*). You do not need to memorize these words; concentrate on recognizing their meaning when you see them and when your instructor uses them in conversation with you in class.

Classroom Activities

In the preliminary chapter, **Paso** (*Step*) **A,** you will be doing three types of class activities: (1) TPR; (2) descriptions of class-mates; and (3) descriptions of pictures.

TPR (Total Physical Response): TPR is a technique developed by Professor James Asher at San Jose State University in Northern California. In TPR activities your instructor gives a command that you act out. This type of activity may seem somewhat childish at first, but if you relax and let your body and mind work together to absorb Spanish, you will be surprised at how quickly and how much you can understand. Remember that you do not have to understand every word your in-structor says, only enough to perform the action called for. If you don't understand a command, sneak a look at your fellow classmates to see what they are doing.

Descriptions of students: On various occasions, your instructor will describe students in your class. You should try to remember the name of each of your class-mates and identify who is being described.

Descriptions of pictures: Your instruc-tor will bring pictures to class and de-scribe the people in them. Your goal is to identify the picture being described.

In addition, just for fun, *you will learn to say a few common phrases of greeting and leave-taking* in Spanish. You will practice these in short dialogues with your classmates. Don't try to memorize the di-alogues; just have fun with them. Your pronunciation will not be perfect, but if you are able to communicate successfully with native speakers, then your accent is good enough. Your accent will continue to improve as you listen and interact in Spanish.

Lecturas

Reading is a valuable activity that will help you acquire Spanish and learn about the Spanish-speaking world. When you read in Spanish, *focus on the meaning;* that is, "get into" the context of the story or reading selection. You do not need to know every word to understand a text. There may be a word or two that you will have to look up occasionally, to aid com-prehension. But if you find yourself look-ing up many words and translating into English, *you are not reading.* As your abil-ity to comprehend spoken Spanish im-proves, so will your reading ability, and as reading becomes easier you will, in turn, comprehend more spoken Spanish.

You may want to keep the following techniques in mind as you approach all of the reading materials in *Dos mundos:*

1. Look at the title, pictures, and any other clues outside the main text for an introduction to what the reading is about.

2. Scan the text for cognates and other familiar words.

3. Skim over the text to get the gist of it without looking up words.

4. Use context to make intelligent guesses about unfamiliar words.

5. Read in Spanish, picturing the story or information instead of trying to translate it in your mind as you go.

Gramática y ejercicios

The final section of each chapter is a grammar study and reference manual. The grammar exercises are meant to be com-pleted at your own pace, at home, in order to allow you time to check the forms of which you are unsure. Your reference tools are the grammar explanations, the Verb Charts, appendices, and the Answer Key to grammar exercises in Appendix 4. We ad-vise you to use your knowledge of grammar when it does not interfere with communi-cation; for example, when you edit your writing. If you do so, your writing will have a more polished feel. Also, some students find that studying grammar helps them understand classroom activities better.

The beginning of most **Actividades de comunicación y lecturas** sections has a reference note (**Lea** [*Read*] **Gramática...**) that tells you which subsection of grammar in that chapter to read. Keep in mind that grammar explanations teach you *about* Spanish; they do not *teach* you Spanish. Only real comprehension and communicative experiences will do that. Grammar references are there to help you look up any information you may need or to help you clear any doubts you may have.

Remember that your instructor and the text materials can open the door to communicating in Spanish, but you must enter by yourself!

TIPS FOR SUCCESS

Here are some suggestions for a successful experience acquiring Spanish.

Getting Started

- Familiarize yourself with the *Dos mundos* text and the *Cuaderno de actividades*.
- Do not expect to be able to communicate as clearly in Spanish as you do in your native language.
- Remember that each individual will acquire Spanish at a different rate.
- Be patient, it is not possible to acquire fully a new language in one or two semesters of study.
- Celebrate your accomplishments; it is possible to communicate with native speakers even though your Spanish is not yet fluent.

Listening

- Focus on understanding the general meaning.
- Listen for key words.
- Use contextual clues and body language to help you understand native speakers.
- Listen to the **Actividades auditivas** four or five times each before checking the Answer Key.
- Listen to the feedback you get from your instructor and native speakers.

Reading

- Concentrate on the topic and the main ideas.
- Use context to make logical guesses at meaning.
- Read in Spanish as much as possible.

Speaking

- Go over the **Actividades de comunicación** before going to class.
- Don't rush through activities, use them to develop natural conversations in Spanish with your classmates.
- Use gestures and act out ideas and messages.

Continued on next page

- Ask: **¿Cómo se dice _____ en español?**
- Speak Spanish to your instructor and classmates whenever possible.
- Don't be afraid to make mistakes; beginners are not expected to speak perfectly.
- Don't be overly concerned about your pronunciation.
- Use the Audio Program that accompanies the *Cuaderno* to listen for correct pronunciation of vocabulary and do the pronunciation exercises included in each chapter.

Writing

- Keep your sentences simple and direct.
- Refer back to the grammar points you have studied to edit and refine your writing.
- Use the reference tools in the appendices: Verb Charts; Grammar Summary Tables; Syllabication, Stress, and Spelling.

Spanish Outside the Classroom

- Watch Spanish-language movies, video, and television.
- Listen to Spanish-language radio.
- Read newspapers in Spanish (available on the Internet).
- Talk with native speakers.
- Use the *Dos mundos* website at **www.mhhe.com/dosmundos6** to review grammar and vocabulary, take practice quizzes, listen to audio components, and explore links to other Internet sites in Spanish.

THE CAST OF CHARACTERS AND
LOS AMIGOS ANIMADOS

Many of the activities and exercises in *Dos mundos* are based on the lives of a Cast of Characters from different parts of the Spanish-speaking world. Additionally, these characters are brought to life in this edition through Flash™ animation technology in the **Los amigos animados** segments. The animations are found on the Video, on the Interactive CD-ROM, and on the Online Learning Center as Premium Content.

Los amigos norteamericanos (North American friends), a group of students at the University of Texas at San Antonio. Although they are all majoring in different subjects, they know each other through Professor Adela Martínez's 8:00 A.M. Spanish class.

la profesora Martínez
Luis   Alberto
Mónica Carmen Esteban Nora Lan Pablo

Los amigos hispanos (Hispanic friends) live in various parts of the Spanish-speaking world. In **México** you will meet Silvia Bustamante and her boyfriend, Ignacio (Nacho) Padilla.

Silvia y Nacho

You will also get to know Raúl Saucedo and his family. Raúl lives with his parents in Mexico City but is currently studying at the University of Texas at San Antonio; he knows many of the students in Professor Martínez's class. You will meet Raúl's grandmother doña María Eulalia González de Saucedo, as well as other members of his extended family: his three older siblings, Ernesto, Andrea and Paula (who are twins), and their families.

doña María Eulalia y Raúl

Raúl's older brother Ernesto is married to Estela Ramírez. They have three children, Amanda, Guillermo, and Ernestito. Andrea is married to Pedro Ruiz, and they have two young daughters, Marisa and Clarisa. Paula is a single travel agent who lives and works in Mexico City.

la familia Saucedo
Ernesto
Estela
Ernestito   Amanda y Guillermo

la familia Ruiz
Pedro →
Clarisa   Paula
Marisa
Andrea

The Saucedo children have school friends. Amanda's best friend is Graciela Herrero, whose brother is Diego Herrero. Amanda has a boyfriend, Ramón Gómez, and Graciela's boyfriend is Rafael Quesada.

Graciela   Diego   Ramón   Rafael

There are also friends and neighbors of the Saucedo and Ruiz families: don Eduardo Alvar and don Anselmo Olivera; doña Lola Batini; and doña Rosita Silva and her husband, don Ramiro.

don   don   doña   doña   don
Eduardo   Anselmo   Lola   Rosita   Ramiro

Carla   Rogelio   Marta

In **Puerto Rico** you will meet Carla Espinosa and her friend Rogelio Varela, students at the University of Puerto Rico in Río Piedras. You will also meet Marta Guerrero, a young Mexican woman living in Puerto Rico.

In **España** (Spain) you will accompany an American student, Clara Martin, on her travels. Her friends in Spain are Pilar Álvarez and Pilar's boyfriend, José Estrada.

Pilar   Clara   José

Ricardo

You will get to know Ricardo Sícora in Caracas, **Venezuela.** He is 19 years old and has recently graduated from high school.

In **Argentina** you will meet Adriana Bolini, a young woman who works for a computer company, and her friend, Víctor Ginarte.

Adriana y Víctor

On the radio you will listen to Mayín Durán, who is from **Panamá.** Mayín works as an interviewer and reporter for KSUN, Radio Sol de California, in Los Angeles.

Mayín

Susana

Armando y Andrés

You will meet the Yamasaki family in **Perú:** Susana Yamasaki González and her two sons, Armando and Andrés.

In **Miami** you will meet Professor Rubén Hernández Arenas and his wife, Doctora Virginia Béjar de Hernández.

Rubén y Virginia

La clase y los estudiantes

Paso A

For more information on the communicative goals of **Paso A** and for additional activities (AAs), please see the corresponding chapter notes in the IM (*Instructor's Manual*).

METAS

In **Paso A** you will learn to understand a good deal of spoken Spanish and get to know your classmates. The listening skills you develop during these first days of class will enhance your ability to understand Spanish and will also make learning to speak Spanish easier.

Use these time lines of Spanish-speaking countries to give students a very brief overview of the country's history. You may want to have students turn to the maps at the beginning of *Dos mundos* and locate the country. If you have other information about the history, politics, or national holidays of the country, share this information with students. Students may follow up with Internet research on websites in Spanish or English. Beginning in **Capítulo 1**, these time lines are presented in Spanish.

Una mola, artesanía de los indígenas cuna de Panamá

Multimedia. The *Dos mundos* video includes a cultural segment on Panama.

Sobre los artistas: The Cunas live on the San Blas Islands, on the north coast of Panama. The women make the **mola** fabrics for their own dresses by cutting and sewing various layers of cloth together.

Time line (left margin)

re-Columbian era 60 different digenous tribes (today only 5% of e population is indigenous)

501 Spanish explorers arrive on the Caribbean coast.

519 Panama City founded

321 Independence from Spain; Panama is part of Greater Colombia.

903 • Colombia rejects the Herrán-Hay Treaty with the US to build the Panama Canal.
• With help from the US, the separatist movement proclaims independence from Greater Colombia.

04 • Construction begins on Canal.
• Panama's first constitution authorizes intervention by the US.

14 Panama Canal opens August 15.

40 Arnulfo Arias is elected president.

51 Military coup by José Antonio Remón

64 US intervenes.

68 Military junta of José María Pinilla and Omar Torrijos comes to power.

89 Elections annulled after US intervention

94 Army abolished

00 Panama gains control of Canal.

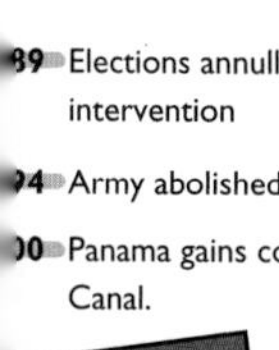

Panamá

ACTIVIDADES DE COMUNICACIÓN

- Los nombres de los compañeros de clase
- ¿Quién es?
- Los colores y la ropa
- Los números (0–39)
- Los mandatos en la clase
- Los saludos

GRAMÁTICA Y EJERCICIOS

A.1 Naming and Describing: The Verbs **llamarse** and **llevar**

A.2 Spelling: The Spanish Alphabet

A.3 Identifying People and Things: Subject Pronouns and the Verb **ser**

A.4 Identifying People and Things: Gender

A.5 Responding to Instructions: Commands

Actividades de comunicación

✳ Los nombres de los compañeros de clase

Los nombres de los compañeros de clase. Review the names of all students in the class, using the techniques in items 1 and 2 of the Pre-Text Oral Activities on p. 21. Include comments on what students say. (See IM, expanding student responses.)

Have students look at the drawings in the text and introduce *¿Cuál es su nombre?* as a synonym of *¿Cómo se llama?* Use photos of famous people from your PF (Picture File). Ask for names, using all four structures: *¿Quién es? ¿Cómo se llama? ¿Cuál es su nombre? ¿Cuál es el nombre de... ?*

Most of the words in this section will also be new to your students. Write unfamiliar vocabulary on the board. Before starting activities always ask the entire class: *¿Comprenden el vocabulario?* or *¿Hay palabras que no comprendan?* Review and/or model all activities before having students participate.

Keep in mind that not every word that you use nor every word in the communicative activities will be listed in the end-of-chapter **Vocabulario.** The chapter **Vocabulario** includes thematic and comprehension vocabulary that will help your students understand and converse with native speakers.

Act. 1. Diálogos (whole-class; pair). Introduce the structure *el amigo / la amiga de _____.* Ask: *¿Quién es (¿Cómo se llama) el amigo / la amiga de _____?* Have students answer with a name only or with the pattern *Se llama _____.* Use pictures from your PF of famous people and students in the class, and ask: *¿Cómo se llama este hombre (señor) / esta mujer (señora, señorita)?*

Lea Gramática A. 1–A.2.

ACTIVIDAD 1   Diálogos: Los amigos

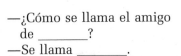

—¿Cómo se llama el amigo
  de _____?
—Se llama _____.

—¿Cómo se llama la amiga
  de _____?
—Se llama _____.

ACTIVIDAD 2　　Diálogos: ¿Cómo se escribe?

RECEPCIONISTA: Su nombre y apellido, por favor.
SEÑOR: Me llamo Juan Cruise.

RECEPCIONISTA: ¿Cómo se escribe su apellido? ¿Ce-ere-u-zeta? (Cruz)
SEÑOR: No, mi apellido se escribe ce-ere-u-i-ese-e. (Cruise)

Ahora usted.

RECEPCIONISTA: Su nombre y apellido, por favor.
SEÑOR (SEÑORA): Me llamo _____. (Mi nombre es _____.)

RECEPCIONISTA: ¿Cómo se escribe su apellido?
SEÑOR (SEÑORA): Mi apellido se escribe __ - __ - __ - __ - __ - __ - __...

Act. 2. Diálogos (whole-class; pair). Model the top part of the dialogue for the whole class. [...] students to do the second part. You may want to have their partner write down their last name as they spell it out.

✳ ¿Quién es?

Lea Gramática A.3.

¿Quién es? Give input that contains sentences such as: Yo soy alto. Ella (point to someone in the class) es de estatura mediana. No es alta, and No es baja. Use your PF to introduce a wider variety of physical types and ages. Pass out photos to students and ask questions: ¿Quién tiene la foto de un hombre alto? Include questions about the clothing people are wearing: ¿Quién tiene la foto de la niña que lleva un suéter azul? Ask sí/no questions about the pictures: ¿Es joven este hombre? ¿Es bonita esta mujer? Point as you say este/a/os/as. Then ask sí/no questions about the display: ¿Es alto Pedro Ruiz? The subject pronouns yo, él, ella, ellos, ellas, nosotros/as, and usted(es) and forms of the verb ser (soy, es, somos, and son) are introduced.

*　Verify class comprehension of all vocabulary in the display and the activities as you proceed through these materials.*

ACTIVIDAD 3　　Asociaciones: Las descripciones de las personas famosas

¿Quién es _____?

1. rubio/a ~ moreno/a
2. alto/a ~ bajo/a
3. guapo/bonita ~ feo/a
4. joven ~ viejo/a
5. delgado/a (flaco/a) ~ gordo/a

Salma Hayek	Antonio Banderas	Brad Pitt	Jack Nicholson
Sammy Sosa	Matt Damon	Barbra Streisand	Danny DeVito
Liza Minelli	Oprah Winfrey	Angelina Jolie	Tiger Woods

Act. 3. Asociaciones (whole-class). Ask students to identify well-known people who fit these descriptions. Encourage a variety of responses and introduce additional descriptive adjectives when possible. Introduce also rico. You may also want to introduce other less pejorative terms for gordo/a, such as grueso/a or grande.

Los colores y la ropa. Use your PF to introduce the words *ropa* and *color* and other new words for clothing and colors: *abrigo, blusa, botas, camisa, camiseta, chaqueta, corbata, falda, pantalones, pantalones cortos, saco, sombrero, suéter, traje, vestido, zapatos, zapatos de tenis; amarillo/a, anaranjado/a, azul, blanco/a, café, color café, gris, morado/a, rosado/a.* Ask *sí/no* questions about the illustrations in the text. Then ask a volunteer to stand up. Ask the class *sí/no* questions about the clothes he/she is wearing: *¿Lleva Lisa una falda azul? ¿Es roja su blusa?* The articles *un* and *una* appear for the first time. Note that native speakers use both *pantalón* and *pantalones.* Verify student comprehension of vocabulary in this display and in the activities by asking, *¿Comprenden el vocabulario?* or *¿Hay palabras que no comprendan?*

✳ Los colores y la ropa

Lea Gramática A.3–A.4.

un sombrero gris

una camisa amarilla

una corbata anaranjada

un saco gris

una chaqueta verde

pantalones azules →

zapatos color café →

un traje gris

una blusa blanca

un suéter rojo

una falda roja

botas negras

Ernesto   Guillermo Amanda

un abrigo morado

una camiseta blanca

pantalones cortos azules

zapatos de tenis

un vestido rosado

Ernestito   Estela

Act. 4. Asociaciones (whole-class; individual). Have students match colors with these items. Students may answer with just the number, but most will say the color words. Expand to ask about these and other items. Ask what other colors cars (dogs, houses, etc.) can be. *¿De qué color es un perro? ¿De qué color es un carro?* Example: *Sí, una gata es blanca o negra. Un perro es blanco y negro.* Although students are many hours away from producing gender agreement spontaneously, they will hear gender agreement when you comment on their answers.

ACTIVIDAD 4   Asociaciones: Los colores

¿De qué color es _____?

a. el automóvil

b. la casa

c. el lápiz

d. la planta

e. el gato

f. la rosa

g. el libro de español

h. el perro

i. el arco iris

j. la naranja

k. la puerta

1. rojo/a

2. amarillo/a

3. verde

4. color café

5. blanco/a

6. azul

7. morado/a

8. anaranjado/a

9. ¿ ?

ACTIVIDAD 5   Identificaciones: Mis compañeros de clase

Mire a cuatro compañeros de clase. Diga el nombre de cada estudiante, la ropa y el color de la ropa que lleva.

NOMBRE		ROPA	COLOR
1. *Carmen*	lleva	*una blusa*	*amarilla.*
2. _____	lleva	_____	_____
3. _____	lleva	_____	_____
4. _____	lleva	_____	_____
5. _____	lleva	_____	_____

Act. 5. Identificaciones (whole-class). Ask students to write the names of 5 classmates on a separate sheet of paper, following the format in the text. Write on the board a list of clothing and colors from which to choose, then have students fill in the chart individually, while you circulate to help. You may ask for volunteers to read from their charts: (*Terry, lleva chaqueta, negro*). *Sí, Terry lleva una chaqueta negra.*

Follow-Up: Ask *sí/no* questions about each student: *¿Lleva Mary falda? ¿Es azul? ¿Es larga? ¿Lleva John pantalones cortos?*

✳ Los números (0–39)

0 cero	10 diez	20 veinte
1 uno	11 once	21 veintiuno
2 dos	12 doce	22 veintidós
3 tres	13 trece	23 veintitrés
4 cuatro	14 catorce	24 veinticuatro…
5 cinco	15 quince	30 treinta
6 seis	16 dieciséis	31 treinta y uno
7 siete	17 diecisiete	32 treinta y dos
8 ocho	18 dieciocho	33 treinta y tres…
9 nueve	19 diecinueve	39 treinta y nueve

Los números (0–39). Count as many different categories of people and descriptions in the classroom as you can, then ask *sí/no* questions to verify. For example, first count aloud the number of men, then ask: *¿Cuántos hombres hay en la clase? ¿Hay quince? ¿Hay dieciséis?* Count categories: *¿Cuántos hombres de pelo castaño hay?* Do not force students to say numbers, but rather follow your questions immediately with *¿Hay cinco? ¿Hay siete?*

Optional: Distribute 10 numbers between 0 and 39 on construction paper at random to students in the class. Then call out numbers and have students point to the correct number.

ACTIVIDAD 6   Identificaciones: ¿Cuántos hay?

Cuente los estudiantes en la clase que…

LLEVAN

_____ pantalones
_____ lentes
_____ reloj
_____ blusa
_____ falda
_____ botas
_____ aretes

TIENEN

_____ barba
_____ bigote
_____ el pelo largo
_____ el pelo castaño
_____ el pelo rubio
_____ los ojos azules
_____ los ojos castaños

Act. 6. Identificaciones (whole-class). Count with the class the number of students who fit the descriptions used in this activity. Ask questions such as *¿Cuántos llevan lentes?* (*cuatro*) *Sí, hay cuatro que llevan lentes. ¿Quiénes son?* (*John, Lisa, Susan, Betty*) *¿Cuántas mujeres llevan lentes?* (*tres*) *Sí, tres mujeres llevan lentes. ¿Y cuántos hombres?* (*uno*) *Sí, uno solamente. ¿Cuántos llevan pantalones?* The words *llevan* and *tienen* appear in plural for the first time. You may want to use other words for *aretes: argollas, aros,* or *pendientes.*

✳ Los mandatos en la clase

Los mandatos en la clase. Professor Martínez's 8:00 A.M. Spanish class will appear frequently in all components of *Dos mundos*. Review all commands with TPR (Total Physical Response) (see IRK [Instructor's Resource Kit] for TPR: *Mandatos en el salón de clase*). Add the following commands: *Las mujeres, pónganse de pie; Los hombres, pónganse de pie y caminen; Las mujeres de pelo largo, pónganse de pie y salten; Los estudiantes de ojos azules, escriban su nombre.* Recombine most vocabulary introduced in the Pre-Text Oral Activities. Explain these words: *mandatos, página, actividad, paso, estudie, gramática, bolígrafo, comunicación, profesora, texto.*

Lea Gramática A. 5.

Many of the words in this display may be familiar to students from the TPR sequences that you have done in class. For review, you may want to mime their meaning as students look over the display.

See IRK for additional activities: *Mandatos.*

Act. 7. Identificaciones (whole-class). Give the commands and have students point to the appropriate sketches. Point out that command forms without *-n* are used when addressing one person.

Most of the words in this activity will be new to your students. Mime the meaning of new words as you pronounce them. You may also want to write other unfamiliar vocabulary on the board.

ACTIVIDAD 7   Identificaciones: Los mandatos

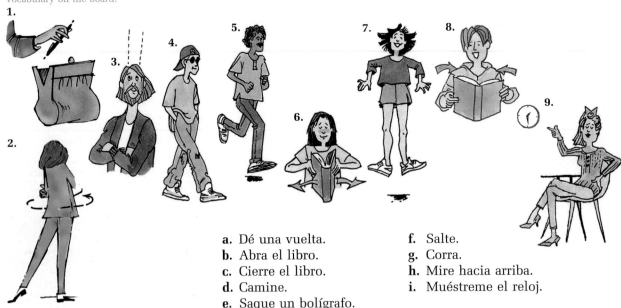

a. Dé una vuelta.
b. Abra el libro.
c. Cierre el libro.
d. Camine.
e. Saque un bolígrafo.

f. Salte.
g. Corra.
h. Mire hacia arriba.
i. Muéstreme el reloj.

✳ Los saludos

Los saludos. Use the TPR command *digan* to introduce *buenos días, buenas tardes,* and *buenas noches.* Introduce yourself to various students by asking *¿Cómo se llama usted?* Students demonstrate comprehension by responding *Me llamo _____; mucho gusto.* Have students practice dialogues of 2 or 3 lines. For example: —*Buenos días.* —*Buenos días.* —*Hasta luego.* —*Buenas tardes. ¿Cómo está usted?* —*Bien, gracias.* Then have students stand, circulate, and practice these greetings with classmates: *Pónganse de pie y saluden a tres o cuatro compañeros.*

¡OJO!

En el mundo hispano los saludos son muy importantes. También es importante preguntar por la familia.

The ¡Ojo! features throughout *Dos mundos* help students to understand cultural similarities and differences in the Spanish-speaking world. Use cognates to help students read unfamiliar words.

Act. 8. Diálogos (pair; small-group). These dialogues are routines and patterns memorized as "chunks" (fixed phrases). (See IM, section on dialogues in Stage 1.)
Read each line aloud with appropriate intonation while students follow along in their books. Act out any new words or phrases they cannot understand from context. Then pair students and assign roles. You may find the "read, look up, and say" technique helpful. Circulate from pair to pair, helping with only the most salient pronunciation problems. Finally, ask for volunteers to perform the dialogue from their seats.
Suggestion: Do only 2–3 dialogues a day. Note that dialogues 4 and 5 will need 3 students.

ACTIVIDAD 8   Diálogos: Los saludos

1. Nacho Padilla saluda a Ernesto Saucedo.
  NACHO: Buenos días. ¿Cómo está usted?
  SR. SAUCEDO: Muy bien, gracias. ¿Y usted?
  NACHO: Muy bien.

2. La señora Silva habla por teléfono con el señor Alvar.
  SRA. SILVA: Señor Alvar, ¿cómo está usted?
  SR. ALVAR: Estoy un poco cansado. ¿Y usted?
  SRA. SILVA: Regular.

3. Amanda habla con doña Lola Batini.
  DOÑA LOLA: Buenas tardes, Amanda.
  AMANDA: Buenas tardes, doña Lola. ¿Cómo está la familia?
  DOÑA LOLA: Bien, gracias.

4. Rogelio Varela presenta a Carla.
  ROGELIO: Marta, ésta es mi amiga Carla.
  CARLA: Mucho gusto.
  MARTA: Igualmente.

5. Un nuevo amigo / Una nueva amiga en la clase de español.
  USTED: _____, éste/ésta es mi amigo/a _____.
  AMIGO/A 1: _____.
  AMIGO/A 2: _____.

Estudiantes en la Universidad Nacional de San Marcos en Lima, Perú

ocabulario

- **Las preguntas y las respuestas** — Questions and *Track 1* Answers

¿Cómo está usted?	How are you?
(Muy) Bien, gracias.	(Very) Well, thanks.
Estoy bien (regular).	I am fine/OK.
Estoy un poco cansado/a.	I am a little tired.
¿Cómo se escribe su apellido?	How do you spell (write) your last name?
Se escribe eme-o-o-ere-e.	It is spelled m-o-o-r-e.
¿Cómo se llama(n)?	What is his/her (their) name?
Se llama(n)…	His/Her (Their) name is …
¿Cómo se llama usted?	What is your name?
Me llamo…	My name is …
¿Cuál es su nombre?	What is your name?
Mi nombre es…	My name is …
¿Cuántos/as… (hay)?	How many … (are there)?
¿De qué color es… ?	What color is (it) … ?
¿Quién (es)? / ¿Quiénes (son)?	Who (is it) / Who (are they)?

- **La descripción física** *Track 2* — Physical Description

Es…	He/She/It is …
alto/a	tall; high
bajo/a	short
bonito/a	pretty
de estatura mediana	of medium height
delgado/a	thin
famoso/a	famous
feo/a	ugly
gordo/a	fat
guapo/a	handsome
joven	young
moreno/a	brown(dark)-skinned
nuevo/a	new
rico/a	rich
rubio/a	light-skinned
viejo/a	old
Tiene…	He/She has …
barba	(a) beard
bigote	(a) moustache
Tiene el pelo (cabello)…	His/Her hair is … (He/She has … hair.)
castaño	brown

corto	short
lacio	straight
largo	long
mediano	medium (length)
negro	black
rizado	curly
rubio	blond
Tiene los ojos…	His/Her eyes are … (He/She has … eyes.)
azules	blue
castaños	brown
negros	black (dark brown)
verdes	green

- **Los colores** *Track 3* Colors

amarillo/a	yellow
anaranjado/a	orange
azul	blue
blanco/a	white
color café	brown
gris	gray
morado/a	purple
negro/a	black
rojo/a	red
rosado/a	pink
verde	green

- **La ropa** *Track 4* Clothes

¿Quién lleva… ?	Who is wearing … ?
un abrigo	a coat
una blusa	a blouse
botas	boots
una camisa	a shirt
una camiseta	a T-shirt
una chaqueta	a jacket
una corbata	a tie
una falda	a skirt
los pantalones	pants
los pantalones cortos	shorts
un saco	a sports coat
un sombrero	a hat
un suéter	a sweater
un traje	a suit
un vestido	a dress
los zapatos (de tenis)	(tennis) shoes

• Las personas _T.5_ People

el amigo / la amiga	friend
el compañero / la compañera de clase	classmate
don	title of respect used with a man's first name
doña	title of respect used with a woman's first name
el / la estudiante	student
la familia	family
el hombre	man
el muchacho / la muchacha	boy, young man / girl, young woman
la mujer	woman
el niño / la niña	boy / girl
el profesor / la profesora	professor
el/la recepcionista	receptionist
el señor / la señora	man; Mr. / woman; Mrs.
la señorita	young lady; Miss
yo, usted, él/ella	I, you (pol.), he/she
nosotros/as, ustedes, ellos/ellas	we, you (pl.), they

• Los verbos _Track 6_ Verbs

es	is
habla (por teléfono)	speaks (on the telephone)
hay	there is / there are
llevo	I am wearing
lleva(n)	is (are) wearing
presenta	introduces
saluda	greets
somos	we are
son	are
soy	I am
tiene	he/she has / you have
tienen	they have

• Las cosas _Track 7_ Things

el arco iris	rainbow
la casa	house
el gato	cat
el lápiz	pencil
los lentes	glasses
el libro (de español)	(Spanish) book
la naranja	orange
el perro	dog
la puerta	door
el reloj	watch, clock

PALABRAS SEMEJANTES (_Cognates_): **el automóvil, la planta, la rosa, la foto(grafía)**

• Los saludos y las despedidas _Track 8_ Greetings and Good-byes

Buenos días.	Good morning.
Buenas tardes.	Good afternoon.
Buenas noches.	Good evening. / Good night.
Hasta luego.	See you later.
Hola.	Hi.
Adiós.	Good-bye.

• Las presentaciones _Track 9_ Introductions

Ésta es mi amiga… / Éste es mi amigo…	This is my friend . . .
Mucho gusto.	Pleased to meet you.
Igualmente.	Same here.

• Los mandatos _T.10_ Commands

abra(n) (el libro)	open (the book)
baile(n)	dance
camine(n)	walk
cante(n)	sing
cierre(n)	close
corra(n)	run
cuente(n)	count
dé/den una vuelta	turn around
diga(n)	say
escriba(n)	write
escuche(n)	listen
estudie(n)	study
hable(n)	talk
lea(n)	read
levánte(n)se	stand (get) up
mire(n) (hacia arriba/abajo)	look (up/down)
muéstre(n)me	show me
pónga(n)se de pie	stand up
salte(n)	jump
saque(n) (un bolígrafo)	take out (a pen)
siénte(n)se	sit down

• Palabras del texto _Track 11_ Words from the Text

¿Comprende(n)?	Do you (all) understand?
el español	Spanish
la gramática	grammar
no	no, not
¡Ojo!	Attention!
la página	page
el paso	step
por favor	please

¿Qué?	What?	veintiuno	21
¿Quién(es)?	Who?	veintidós	22
sí	yes	veintitrés	23

PALABRAS SEMEJANTES: la actividad, las asociaciones, la comunicación, la descripción, el diálogo, la identificación

		veinticuatro	24
		veinticinco	25
		veintiséis	26
		veintisiete	27
		veintiocho	28
		veintinueve	29

• **Los números** *T. 12* Numbers

cero	0	treinta	30
uno	1	treinta y uno	31
dos	2	treinta y dos	32
tres	3	treinta y nueve	39
cuatro	4		
cinco	5		

• **Palabras útiles** *T 13* Useful Words

seis	6	ahora	now
siete	7	cada	each, every
ocho	8	con	with
nueve	9	de	of, from
diez	10	el, la, los, las	the
once	11	en	in, on
doce	12	este/esta	this
trece	13	grande	big
catorce	14	mi(s)	my
quince	15	pequeño/a	small
dieciséis	16	su(s)	your
diecisiete	17	un (una)	a
dieciocho	18	¿Verdad?	(Is that) true? Really?
diecinueve	19	y	and
veinte	20		

Gramática y ejercicios

Introduction

The **Gramática y ejercicios** sections of this book are written for your use outside of class. They contain grammar explanations and exercises that are presented in nontechnical language, so it should not be necessary to go over all of them in class.

The **Lea Gramática...** notes that begin most new topics in the **Actividades de comunicación y lecturas** sections give the grammar point(s) you should read at that time. Study them carefully, then do the exercises in writing and check your answers in the back of the book. If you have little or no trouble with the exercises, you have probably understood the explanation. Remember: It is not necessary to memorize these grammar rules.

Keep in mind that successful completion of a grammar exercise means only that you have understood the explanation. It does not mean that you have *acquired* the rule. True acquisition comes not from study of grammar but from hearing and reading a great deal of meaningful Spanish. Learning the rules of grammar through study will allow you to use those rules when you have time to stop and think about correctness, as during careful writing.

If you have trouble with an exercise or do not understand the explanation, ask your instructor for assistance. In difficult cases, your instructor will go over the material in class to be sure everyone has understood but probably won't spend too much time on the explanations, in order to save class time for real communication experiences.

The grammar explanations in **Paso A** contain basic information about Spanish grammar.

Some Useful Grammatical Terms

You may recall from your study of grammar in your native language that sentences can be broken down into parts. All sentences have at least a subject (a noun or pronoun) and a verb.

Mónica   runs.
| |
noun, subject   *verb*

In addition, sentences may have objects (nouns and pronouns), modifiers (adjectives and adverbs), prepositions, conjunctions, and/or articles.

Mónica is tall.
       |
       adjective

Mónica runs quickly.
            |
            adverb

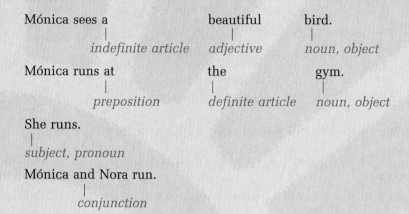

Mónica sees a   beautiful   bird.

indefinite article   *adjective*   *noun, object*

Mónica runs at   the   gym.

preposition   *definite article*   *noun, object*

She runs.

subject, pronoun

Mónica and Nora run.

conjunction

> Singular commands (to one person) end in **-a** or **-e.** Plural commands (to more than one person) end in **-an** or **-en.**

A.1A. Students usually memorize this question/answer pattern. This information is included to help some students avoid the incorrect combination *Mi llama es...*

> To ask someone's name:
> **¿Cuál es su nombre?**
> or
> **¿Cómo se llama usted?**
> To tell someone your name:
> **Mi nombre es...**
> or
> **Me llamo...**

> Spanish verbs change endings. These endings tell you who is performing the action.

A.1   Naming and Describing: The Verbs *llamarse* and *llevar*

A. The most common way to ask someone's name is to use the verb **llamarse.**

—¿Cómo **se llama** usted?*   —*What is your name?*
—Nora.   —*Nora.*

You may answer the question either briefly, by saying your name (as in the preceding example), or in a complete sentence with the pronoun **me** (*myself*) and the verb **llamo** (*I call*).

—**Me llamo** Nora.   —*My name is Nora.*

To ask what someone else's name is, use the following question-and-answer pattern.

—¿**Cómo se llama** el amigo de Nora?   —*What's Nora's friend's name?*
—**Se llama** Luis.   —*His name is Luis.*

Here is another way to ask someone's name.

—¿**Cuál es su nombre?**   —*What is your name?*
—**Mi nombre es** Esteban.   —*My name is Esteban.*

B. The Spanish verb **llevar** corresponds to the English verb *to wear.*

Mónica **lleva** un suéter azul.   *Mónica is wearing a blue sweater.*

Notice that Spanish verbs change their endings according to the subject of the sentence.

Yo **llevo** pantalones grises. Mis amigos **llevan** pantalones negros.   *I'm wearing gray pants. My friends are wearing black pants.*

A.1B. This section acquaints students with verb endings and subject/verb agreement. We do not expect them to produce forms here; if they know that verbs change form and you focus on the message, students may not be confused when you use various forms in your own speech. We have purposely not yet included all possible pronouns in this chart. (Note that in the verb displays we use the abbreviations *ellos/as, nosotros/as,* and *vosotros/as.* Students may need to have this clarified.)

Your input will, of course, include singular (*lleva*) and plural (*llevan*) forms: *¿Lleva esta muchacha sombrero? Y estos señores, ¿también llevan ellos sombrero?* Students will begin to use the first- and second-person verb forms in **Paso B** when they begin to speak and engage in dialogue.

---

*Literally this means *How do you call yourself?* You will learn about **tú,** another way of addressing people, in **Gramática B.1.**

Here are some of the common endings for Spanish verbs.*

llevar (to wear)		
(yo)	llev**o**	I wear
(usted, él/ella)	llev**a**	you (sing.) wear; he/she wears
(nosotros/as)	llev**amos**	we wear
(ustedes, ellos/as)	llev**an**	you (pl.) wear; they wear

llevar = to wear

The subject pronouns (**yo, usted, nosotros, ellas,** etc.) are in parenthesis because it is not always necessary to use them. The verb itself or the context usually tells you who the subject is.

—¿Qué ropa llev**a** (usted) hoy?   —*What are you wearing today?*
—Llev**o** una falda verde y una   —*I am wearing a green skirt*
  blusa blanca.   *and a white blouse.*
—¿Y ellos?   —*And what about them?*
—Llev**an** traje y corbata.   —*They are wearing a suit*
     and tie.

These endings are used on most Spanish verbs, and you will soon become accustomed to hearing and using them.

In **Paso C** you will see the forms of the verb **tener** (*to have*), which you have also heard in class.

La profesora Martínez **tiene** el   *Professor Martínez has black*
  pelo negro.   *hair.*
Yo **tengo** los ojos azules.   *I have blue eyes.*

tengo = I have
tiene = he/she has

EJERCICIO 1

Complete los diálogos con estos verbos: **me llamo, se llama, llevo, lleva, llevan.**

—¿Cómo _____¹ usted?
—_____² Esteban Brown.
—Esteban, ¿cómo _____³ la amiga de Mónica?
—_____⁴ Carmen.
—Y, ¿cómo se llama la profesora?
—¿La profesora de español? _____⁵ Adela Martínez.

—¿Qué ropa _____⁶ la profesora Martínez hoy?
—_____⁷ un vestido rojo muy bonito.
—Y Luis y Alberto, ¿qué ropa _____⁸ ellos?
—_____⁹ camiseta y pantalones vaqueros.
—Y yo _____¹⁰ pantalones vaqueros y un suéter.

---

*You will learn more about verb endings in **Gramática C.5, 1.2,** and **3.2.**

A.2 Spelling: The Spanish Alphabet

LETTER	NAME	EXAMPLE	LETTER	NAME	EXAMPLE
a	a	Ana	ñ	eñe	Íñigo
b	be, be grande	Bárbara	o	o	Olga
c	ce	Celia	p	pe	Pedro
d	de	David	q	cu	Quintín
e	e	Ernesto	r	ere	Mario
f	efe	Franco	s	ese	Sara
g	ge	Gerardo	t	te	Tomás
h	hache	Hortensia	u	u	Úrsula
i	i	Isabel	v	uve, ve chica	Vicente
j	jota	Juan	w	doble ve, uve doble	Walter
k	ca	Kati	x	equis	Ximena
l	ele	Laura	y	i griega	Yolanda
m	eme	Miguel	z	zeta	Zulema
n	ene	Nora			

Learn how to spell your first and last names in Spanish; that is what you will be expected to spell most frequently.

A.2. This section is mainly for reference. Make sure students understand that Spanish speakers normally do not spell out complete words as English speakers do. Nor do Spanish-speaking children study spelling as a separate subject. (As far as we know, "spelling bees" do not exist in the Spanish-speaking world.) Keep in mind that the *Real Academia de la Lengua Española* recommends no distinction in pronunciation between the letters *b* and *v*, although many educated native speakers in Latin America have been taught that there should be a distinction, as there is in English or French.

A. Letters are feminine: **la «ele», la «i», la «equis».** The letter combinations **ll** (often referred to as **elle** or **doble ele**) is pronounced like a *y*. The letter combinations **ch, ll,** and **rr** cannot be divided when splitting a word into syllables. Until recently, the letter combinations **ch** and **ll** were considered single units, had separate names (**che** and **elle** or **doble ele**), and affected alphabetization (for example, **chico** after **cumpleaños, llamar** after **luna**). You will still see this pattern of alphabetization in many dictionaries and textbooks. The grouping **rr** is not considered a separate letter by the **Real Academia.**

B. B and **v** are pronounced identically, so speakers use different devices to differentiate them; the most common is to call one **la be grande** and the other **la ve chica** (or **la be larga** and **la ve corta**). Many people say **la be de burro, la ve de vaca** (**b** as in **burro, v** as in **vaca**). The letters **k** and **w** are used mostly in words of foreign origin: **kilo, whisky.**

C. Spanish speakers do not normally spell out entire words but rather tend to refer only to the letters that might cause confusion. For example, if the name is **Rodríguez,** one might ask: **¿Se escribe con *zeta* o con *ese*?** (*Is it written with a z or with an s?*) Common spelling questions asked by most Latin Americans are the following.

s, z	¿Con **ese** o con **zeta**?		y, ll	¿Con **i griega** o con **doble ele**?
c, s	¿Con **ce** o con **ese**?		g, j	¿Con **ge** o con **jota**?
c, z	¿Con **ce** o con **zeta**?		v, b	¿Con **ve chica** o con **be grande**?

Because the letter **h** is never pronounced in Spanish, a common question is: **¿Con o sin *hache*?** (*With or without **h**?*)

Only with foreign words (or perhaps very unfamiliar Spanish words) do Spanish speakers spell out the entire word.

—¿Cómo se escribe *Dorwick,* por favor?
—Se escribe: **de, o, ere, doble ve, i, ce, ca.**
—Gracias.

EJERCICIO 2

Ej. 2. This exercise can be successfully done in class if questions are read aloud so students can hear the word in question. The whole class answers.

Escoja la respuesta correcta.

MODELO: ¿Cómo se escribe _____ apato?
           ⓐ con zeta
           b. con ese

1. ¿Cómo se escribe tre _____ e?
   a. con ce
   b. con zeta
2. ¿Cómo se escribe mu _____ er?
   a. con ge
   b. con jota
3. ¿Cómo se escribe nue _____ o?
   a. con ve chica
   b. con be grande
4. ¿Cómo se escribe a _____ ul?
   a. con zeta
   b. con ese
5. ¿Cómo se escribe pá _____ ina?
   a. con ge
   b. con jota

6. ¿Cómo se escribe _____ abla?
   a. con hache
   b. sin hache
7. ¿Cómo se escribe amari _____ o?
   a. con doble ele
   b. con i griega
8. ¿Cómo se escribe _____ ombre?
   a. con hache
   b. sin hache
9. ¿Cómo se escribe cie _____ e?
   a. con ere
   b. con erre
10. ¿Cómo se escribe lle _____ an?
    a. con ve chica
    b. con be grande

A.3 Identifying People and Things: Subject Pronouns and the Verb *ser*

A. Spanish uses the verb **ser** (*to be*) to identify things or people.

—¿Qué **es** eso?   —*What is that?*
—**Es** un bolígrafo.   —*It's a pen.*

—¿Quién **es**?   —*Who is it?*
—**Es** Luis.   —*It's Luis.*

> **ser** = *to be* (identification)
> **Soy estudiante.** (*I am a student.*)

B. Personal pronouns are used to refer to a person without mentioning the person's name. Here are some of the most common personal pronouns that can serve as the subject of a sentence, with the corresponding present-tense forms of **ser**. It is not necessary to memorize these pronouns. You will see and hear them again and again.

A.3. This section introduces the first of several uses of *ser*. We keep formal explanations of *ser* and *estar* as separate as possible at first, avoiding contrast (*es listo / está listo*) until meanings are acquired. In later chapters we contrast the various functions (**Gramática 3.5** and **Gramática 14.2**).

A few personal subject pronouns are included for reference, but students will not begin to understand them well until after **Paso B.**

ser (to be)		
(yo) soy	I	am
(tú) eres*	you (inf. sing.)	are
(usted) es	you (pol. sing.)	are
(él†/ella) es	he/she	is
(nosotros/nosotras) somos	we	are
(vosotros/vosotras)‡ sois	you (inf. pl.)	are
(ustedes) son	you (pol. pl.)	are
(ellos/ellas) son	they	are

> Remember that most subject pronouns are optional in Spanish:
> **(Yo) Soy estudiante.** (*I'm a student.*)
> **(Nosotros) Somos amigos.** (*We're friends.*)

yo = *I*
tú = *you* (informal singular)
usted = *you* (polite singular)
él = *he*
ella = *she*

nosotros = *we* (masculine)
nosotras = *we* (feminine)
vosotros = *you* (masculine informal plural)
vosotras = *you* (feminine informal plural)
ustedes = *you* (plural)
ellos = *they* (masculine)
ellas = *they* (feminine)

—¿Usted es profesor?
—Sí, soy profesor de historia.

—*Are you a professor?*
—*Yes, I'm a history professor.*

C. Spanish does not have a subject pronoun for *it* or for *they*, referring to things. When subject pronouns *are* used in Spanish, they often express emphasis.

¿Mi automóvil? Es pequeño.
¿Las faldas? Son caras.
Yo soy de Atlanta.

My car? It's small.
The skirts? They're expensive.
I am from Atlanta.

D. Subject pronouns may be used by themselves without verbs, either for emphasis or to point someone out.

¿Quién, **yo**? Yo no soy de Texas; soy de Nueva York.

Who, me? I'm not from Texas; I'm from New York.

—¿Cómo está usted?
—Estoy bien. ¿Y **usted**?

—*How are you?*
—*I'm fine. And you?*

E. The pronouns **ellos** (*they*), **nosotros** (*we*), and **vosotros** (*you, inf. pl.*) can refer to groups of people that consist of males only or of males and females. On the other hand, **ellas** (*they, fem.*), **nosotras** (*we, fem.*), and **vosotras** (*you, inf. pl. fem.*) can refer only to two or more females.

—¿Y **ellos**? ¿Quiénes son?

—*And those guys (they)? Who are they?*

---

*Tú is an informal singular form of *you*, whereas **usted** is a polite singular form of *you*. See **Gramática B.1** for more information.

†The pronoun **él** (*he*) has an accent to distinguish it in writing from the definite article **el** (*the*).

‡The pronouns **vosotros/vosotras** are used only in Spain. Latin America uses **ustedes** for both polite and informal plural *you*.

—¿Esteban y Raúl? Son amigos.

—¿Y **ellas**? ¿Son amigas?

—Sí, Nora y Carmen son
compañeras de mi clase
de español.
—¿Y Esteban y Alicia?
¿Son amigos?
—Sí, son muy buenos amigos.

*—Esteban and Raúl?
They're friends.*

*—What about them?
Are they friends?*

*—Yes, Nora and Carmen are
classmates from my Spanish
class.*
*—And what about Esteban
and Alicia?*
*—Yes, they are very good
friends.*

EJERCICIO 3

Escoja el pronombre lógico.

MODELO: —Y *ella*, ¿lleva pantalones? →
              —¿Quién, Mónica? Lleva una falda azul.

1. —¿_____ es profesor aquí?
—¿Quién, Raúl? No, es estudiante.
2. —¿_____ son mexicanos?
—Sí, Silvia y Nacho son mexicanos.
3. —¡Viejos, _____! No, doña María Eulalia
y yo somos muy jóvenes.
4. —Señor Ruiz, _____ tiene bigote, ¿verdad?
5. —¿Y _____? ¿Son estudiantes aquí?
—No, Pilar y Clara son estudiantes en Madrid.

a. ellos
b. usted
c. ellas
d. él
e. nosotros

EJERCICIO 4

Complete los diálogos con la forma correcta del verbo **ser: soy, es, somos, son.**

—¿Cómo se llama usted?
—_____¹ Raúl Saucedo.

—¿Quién _____² ella?
—¿La chica de la blusa roja? Se llama Mónica. Ella y Carmen (ellas)
_____³ amigas.

—¿_____⁴ estudiantes ustedes?
—¡No! El profesor López y yo (nosotros) _____⁵ profesores de la
universidad.

A.4. This section stresses that
gender is a grammatical phenomenon related mainly to the last
letter in a noun. There are more
detailed rules for determining
gender, but we feel that only the
-o/-a correlation is helpful to beginning students.

A.4   Identifying People and Things: Gender

A. Nouns (words that represent people or things) in Spanish are classified as either masculine or feminine. Masculine nouns often end in **-o**
(**sombrero**); feminine nouns often end in **-a** (**falda**). In addition, words
ending in **-ción, -sión,** or **-dad** are also feminine.

> Masculine nouns usually
> end in **-o.**
> Feminine nouns usually
> end in **-a.**

You will acquire these endings later. For now, don't worry about them as you speak. You can refer to your text if you have any doubts when you are editing your writing.

El and la both mean *the*. El is used with masculine nouns, and la is used with feminine nouns.

Un and una both mean *a/an*. Un is used with masculine nouns, and una is used with feminine nouns.

Spanish nouns are classified grammatically as either masculine or feminine. The articles change according to grammatical gender and agree with the nouns they modify.
un abrigo = *a coat*
una blusa = *a blouse*
una universidad = *a university*
el libro = *the book*
la casa = *the house*

| | Madrid es una ciu**dad** bonit**a.** | Madrid is a pretty city. |
| | La civiliza**ción** maya fue muy avanzad**a.** | The Mayan civilization was very advanced. |

But the terms *masculine* and *feminine* are grammatical classifications only; Spanish speakers do not perceive things such as notebooks or doors as being "male" or "female." On the other hand, words that refer to males are usually masculine (**amigo**), and words that refer to females are usually feminine (**amiga**).

Esteban es mi **amigo** y Carmen es una **amiga** de él.   Esteban is my friend, and Carmen is a friend of his.

B. Because Spanish nouns have gender, adjectives (words that describe nouns) *agree* with nouns: They change their endings from **-o** to **-a** according to the gender of the nouns they modify. Notice the two words for *black* in the following examples.

Lan tiene el pelo **negro.**   Lan has black hair.
Luis lleva una chaqueta **negra.**   Luis is wearing a black jacket.

C. Like English, Spanish has definite articles (*the*) and indefinite articles (*a, an*). Articles in Spanish also change form according to the gender of the nouns they accompany.

	DEFINITE (*the*)	INDEFINITE (*a, an*)
Masculine	**el** suéter	**un** sombrero
Feminine	**la** blusa	**una** chaqueta

Hoy Mónica lleva **un** vestido nuevo.   Today Mónica is wearing a new dress.
La chaqueta de Alberto es azul.   Alberto's jacket is blue.

D. How can you determine the gender of a noun? The gender of the article and/or adjective that modifies the noun will tell you whether it is masculine or feminine. In addition, the following two simple rules will help you determine the gender of a noun most of the time.
Rule 1: A noun that refers to a male is masculine; a noun that refers to a female is feminine. Sometimes they are a pair distinguished by the endings **-o/-a;** other times they are completely different words.

un muchacho	una muchacha	*boy/girl*
un niño	una niña	*(male) child / (female) child*
un amigo	una amiga	*(male) friend / (female) friend*
un hombre	una mujer	*man/woman*

For some nouns referring to people, the masculine form ends in a consonant and the feminine form adds **-a** to the masculine noun.*

| un profesor | una profesora | (*male*) *professor* / (*female*) *professor* |
| un señor | una señora | *a man* (*Mr.*) / *a woman* (*Mrs.*) |

Other nouns do not change at all; only the accompanying article changes.

un elefante	(*male*) *elephant*
una elefante	(*female*) *elephant*
un estudiante	(*male*) *student*
una estudiante	(*female*) *student*
un joven	*young man*
una joven	*young woman*
un recepcionista	(*male*) *receptionist*
una recepcionista	(*female*) *receptionist*

Rule 2: For most nouns that refer to things (rather than to people or animals), the gender is reflected in the last letter of the word. Nouns that end in **-o** are usually grammatically masculine (**un/el vestido**), and nouns that end in **-a** are usually grammatically feminine (**una/la puerta**).[†]

Words that end in **-d** (**una/la universidad**) or in the letter combinations **-ción** or **-sión** (**una/la nación; una/la diversión**) are also usually feminine.

> Nouns that end in **-o** are usually masculine; nouns that end in **-a** are usually feminine.

MASCULINE: -o	FEMININE: -a
un/el bolígra**fo**	una/la descrip**ción**
un/el sombrer**o**	una/la cas**a**
un/el libr**o**	una/la puert**a**
un/el vestid**o**	una/la universi**dad**

Words that refer to things may also end in **-e** or in consonants other than **-d** and **-ión.** Most of these words that you have heard so far are masculine, but some are feminine.

un/el borrador	*eraser*	una/la clase	*class*
un/el automóvil	*automobile*	una/la luz	*light*
un/el lápiz	*pencil*	una/la mujer	*woman*
un/el traje	*suit*		
un/el reloj	*clock*		

> Don't worry if you can't remember all these rules! Note where they are in this book so you can refer to them when you are editing your writing and when you are unsure of what gender a noun is.

---

*This rule includes a few common animals. Some pairs end in **-o/-a;** others end in consonant / consonant + **-a.**

un gato	una gata	(*male*) *cat* / (*female*) *cat*
un perro	una perra	(*male*) *dog* / (*female*) *dog*
un león	una leona	*lion/lioness*

[†]Three common exceptions are **la mano** (*hand*), **el día** (*day*), and **el mapa** (*map*).

You will develop a *feel* for gender as you listen and read more in Spanish.

EJERCICIO 5

Conteste según el modelo.

MODELO: ¿Es un bolígrafo? (lápiz) →
No, no es un bolígrafo. Es *un* lápiz.

1. ¿Es una chaqueta? (camisa)
2. ¿Es una mujer? (hombre)
3. ¿Es una falda? (vestido)

4. ¿Es un sombrero? (blusa)
5. ¿Es una naranja? (reloj)

EJERCICIO 6

Ej. 6. The purpose of this exercise is to discover whether students understand gender by matching the final letter of nouns. Remind students that in addition to the last letter of nouns, gender is marked on many adjectives and that they can often determine the gender of a noun by listening to the adjective used with it (see, for example, 1, 3, 4, 5, and 8).

Complete las oraciones con **el** o **la**.

1. _____ estudiante es rubia.
2. _____ profesor de matemáticas es guapo.
3. _____ clase es buena.
4. _____ reloj es negro.
5. _____ lápiz es amarillo.
6. _____ puerta es blanca.

7. _____ motocicleta es negra.
8. _____ automóvil es nuevo.
9. _____ casa es grande.
10. _____ sombrero es rojo.

A.5 Responding to Instructions: Commands*

In English the same form of the verb is used for giving commands, whether to one person (singular) or to more than one person (plural).

Steve, please stand up.
Mr. and Mrs. Martínez, please stand up.

Singular commands (to one person) end in **-a** or **-e**. Plural commands (to more than one person) end in **-an** or **-en**.

In Spanish, however, singular commands end in **-a** or **-e,** and plural commands add an **-n.**

Alberto, **saque** el libro por favor.

Alberto, please take out your book.

Alberto y Nora, **saquen** el libro, por favor.

Alberto and Nora, please take out your books.

Mónica, **abra** la puerta.

Mónica, open the door.

Mónica y Luis, **abran** la puerta.

Mónica y Luis, open the door.

---

*Your instructor will give you commands during the Total Physical Response activities. Other classroom instructions will also use command forms. You will learn more about how to give commands in **Gramática 11.1** and **14.3.**

EJERCICIO 7

Escriba la forma correcta del mandato con verbos de la lista.

abra(n)	corra(n)	escuche(n)	saque(n)
camine(n)	cuente(n)	estudie(n)	siénte(n)se
cante(n)	diga(n)	lea(n)	
cierre(n)	escriba(n)	salte(n)	

I. —Lan y Mónica, _____ «Buenas tardes».

2. —Alberto, _____ su nombre con lápiz.

3. —Nora y Luis, _____ de cero a quince por favor.

4. —Pablo y Esteban, _____ el libro.

5. —Carmen, _____ la Actividad 2 en la página 6.

6. —Nora, _____ un bolígrafo.

7. —Lan y Esteban, _____ el diálogo.

8. —Luis, _____ la puerta, por favor.

Pre-Text Oral Activities Paso A

1. Names and descriptions of students. (See IM, how to give student-centered input in Stage 1.)

The purpose of this activity is to learn the names of the students in the class and provide good, comprehensible input. Ask students to concentrate on learning as many classmates' names as possible in the first class session. Phrase all questions and comments so that students are required to produce only the name of another student. Write key nouns and adjectives on the board. Introduce the following words for people: _profesor(a), el/la estudiante, hombre/mujer;_ for physical characteristics: _pelo_ (or _cabello_) (_largo, corto, mediano, castaño, rubio, negro_), _ojos_ (_azules, verdes, castaños, negros_), _barba, bigote;_ for clothing: _blusa, camisa, pantalones, falda, zapatos, chaqueta, suéter;_ and for other colors: _rojo, blanco, gris, amarillo._ We have used _castaño_ for both hair and eye color, but many native speakers say _color café._ We have not included _pelirrojo_ because of the difficulty of the form. Your choice of words to introduce will depend on the level of your students.

Other words and expressions: _¿Quién es... ? ¿Cómo se llama el/la estudiante que lleva (que tiene)... ?, sí/no, ¿verdad?_ You will also use _este/a_ and _estos/as_ frequently in the Pre-Text Oral Activities of **Paso A.**

2. Names and descriptions of people. (See IM, how to give input based on photos from your PF [Picture File].)

This activity uses pictures to continue learning the names of students in the class. (We refer to magazine pictures as _fotos:_ you may prefer other terms, such as _láminas._) Include the nouns _hombre(s), mujer(es), muchacho/a, niño/a,_ and _profesor(a)_ and the adjectives _joven, viejo/a, delgado/a, gordo/a, bonito/a, guapo/a, feo/a, alto/a, bajo/a, de estatura mediana, grande,_ and _pequeño/a._

3. Numbers. Introduce numbers by counting men, women, total students, women with skirts, men with beards, women with brown hair, etc. Normally this will include numbers under 30. Use _hay_ in sentences such as _Hay siete muchachas de pelo castaño en la clase._ Teach _sí/no,_ then ask students to react to statements with numbers: _¿Hay quince hombres en esta clase? (no) ¿Hay trece? (sí)_ Write numbers on the board, as with other key words, or prepare a large number chart (or cards) and place it in a visible location.

Numbers take a long time to acquire. Do not expect students to achieve complete comprehension or to be able to produce numbers immediately. Give students many opportunities to acquire numbers. See IRK (_Instructor's Resource Kit_)

for a blank _lotería_ grid that can be used at all levels of number practice. Do not place great emphasis on numbers in tests, especially early in the semester.

4. Classroom commands: TPR. (See IM, how to introduce TPR [Total Physical Response] commands. See IRK for TPR: _Mandatos en el salón de clase._)

Introduce the following actions in the first class session: _pónganse de pie_ (or _levántense_), _siéntense, caminen, salten, corran, miren, canten, bailen,_ etc. Later, add commands like _abran los libros, cierren los libros, saquen un bolígrafo, escriban su nombre_ (in the air), _hablen_ (have students make talking noises or actions), _escuchen_ (have students cup their hand behind their ear), _lean_ (have students pantomime reading a book), _miren hacia arriba/abajo, muéstrenme la puerta._ Finally, introduce the command _digan_ with brief greetings: _digan «hola», digan «buenos días», «buenas tardes», «buenas noches»._ Have students say _hola_ to each other and shake hands.

Pre-Columbian era First settlers—from the north, the *nicaraos,* part of the *nahua* culture, arrive in Nicaragua.

1502 Arrival of Christopher Columbus

1822 Nicaragua is annexed by the Mexican empire of Agustín de Iturbide.

1823 Creation of the Constitution of the United Provinces of Central America (Guatemala, El Salvador, Honduras, Nicaragua, Costa Rica)

1838 Declaration of Nicaraguan sovereignty and independence

1856 American (US) William Walker proclaims himself president of Nicaragua.

1912 Liberal revolution against presidents Adolfo Díaz (1917–1921) and Diego Manuel Chamorro (1921–1923)

1926 Díaz asks US Marines for help; Marines remain in Nicaragua until 1933.

1937 Somoza proclaims himself president; the Somoza family governs Nicaragua for over 40 years.

1979 Sandinistas take control of the capital; end of Somoza's brutal dictatorship.

1980–90 The US backs counter-revolutionary movements.

1984 Ortega Saavedra is elected president.

1986 World Court condemns the US and orders massive reparations to Nicaragua.

1990 Violeta Chamorro is elected president.

2004 Nicaragua is one of the most impoverished countries in the Western Hemisphere.

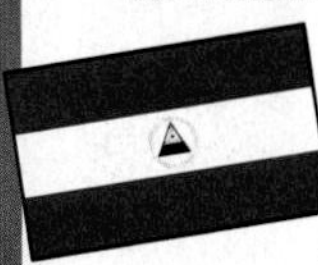

Nicaragua

Paso B

Las descripciones

METAS

In **Paso B** you will continue to develop your listening and speaking abilities in Spanish. You will learn more vocabulary with which to describe your immediate environment. You will also get to know your classmates better as you converse with them.

Pre-Text Oral Activities on page 37. For more information on the communicative goals of **Paso B** and for additional activities (AAs), please see the corresponding chapter notes in the IM.

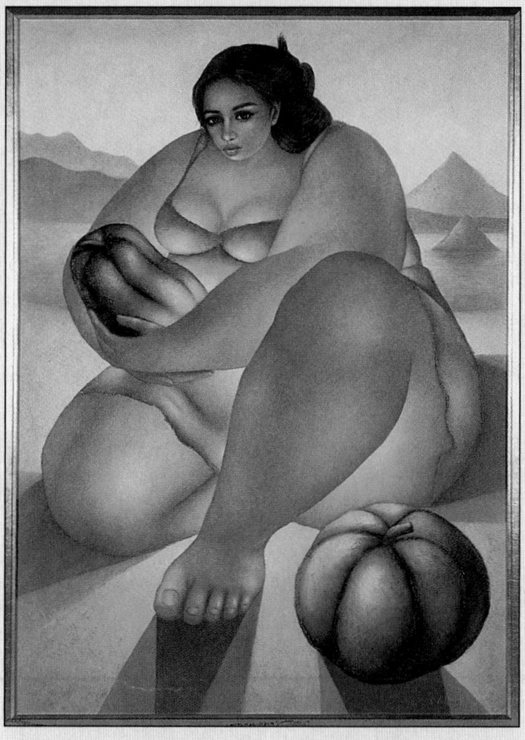

Vendedora de ayotes, por Sergio Velásquez (Nicaragua)

Multimedia. The *Dos mundos* video includes a cultural segment on Nicaragua.

Sobre el artista: Sergio Velásquez (Managua, 1955) studied drawing and printing at the National School of Plastic Arts and the Workshop for Graphic and Monumental Art in Nicaragua. His work, characterized by monumental, voluptuous women with an earthy yet mysterious glow, clearly aims to represent poor working women of Nicaragua, with **mestizo** (European and Indian) features. His paintings have been shown in the Americas as well as in Europe and Africa.

ACTIVIDADES DE COMUNICACIÓN

- Hablando con otros
- Las cosas en el salón de clase y los números (40–69)
- El cuerpo humano
- La descripción de las personas

EN RESUMEN

GRAMÁTICA Y EJERCICIOS

B.1 Addressing Others: Informal and Polite *you* **(tú/usted)**

B.2 Expressing Existence: **hay**

B.3 Describing People and Things: Negation

B.4 Describing People and Things: Plural Forms

B.5 Describing People and Things: Adjective-Noun Agreement and Placement of Adjectives

Actividades de comunicación

✳ **Hablando con otros**

Lea Gramática B.1.

¡OJO!

El uso de *tú* varía mucho en los países hispanos. En Colombia, por ejemplo, los miembros de la familia se hablan de *usted*, mientras que en España y en muchas ciudades grandes del mundo hispano prefieren usar *tú*.

ACTIVIDAD 1   Identificaciones: *¿Tú o usted?*

Usted habla con estas personas. ¿Usa **tú** o **usted**?

1. un amigo de la universidad
2. el profesor de matemáticas
3. una niña de diez años
4. un amigo de su papá
5. una señora de treinta y nueve años
6. una recepcionista
7. su doctor
8. su hermano/a

ACTIVIDAD 2   Diálogos: ¿Cómo está usted? ¿Cómo estás tú?

El señor Olivera saluda a su joven vecina Amanda.

DON ANSELMO: Hola, Amanda.
AMANDA: Buenos días, señor Olivera. ¿Cómo está usted?
DON ANSELMO: Muy bien, gracias. ¿Cómo está tu mamá?
AMANDA: Ella está bien, gracias.

Amanda saluda a su amiga Graciela.

AMANDA: ¿Qué tal, Graciela? ¿Cómo estás?
GRACIELA: Regular. ¿Y tú?
AMANDA: Un poco cansada.

ACTIVIDAD 3   Diálogos abiertos: Más saludos

▶ **PALABRAS ÚTILES**

> el chico, el señor, la señora
> la recepcionista, la estudiante, el profesor, la profesora
> regular, muy bien, un poco cansado/a
> rubio, lacio

LA NUEVA ESTUDIANTE

E1: Hola, *Mónica*. ¿Cómo estás?
E2: *Bien*. ¿Y tú?
E1: *Regular*.
E2: ¿Quién es *la chica* de pelo *negro rizado*?
E1: Es la nueva *estudiante*. Se llama _____.

EN LA OFICINA

E1: Buenos días, profesora Martínez. ¿Cómo está usted?
E2: Estoy *muy bien*. ¿Y usted?
E1: *Un poco cansado*. ¿Cómo está la familia?
E2: *Bien*, gracias. Profesora, ¿quién es *el señor* de *traje gris*?
E1: Es _____. Se llama _____.

✳ Las cosas en el salón de clase y los números (40–69)

Lea Gramática B.2–B.4.

ACTIVIDAD 4   Identificaciones: ¿Qué hay en el salón de clase?

MODELOS: En mi clase hay... → *un lápiz amarillo.*
En mi clase hay... → *una pizarra grande.*

I. una computadora	**a.** azul ~ color café
2. una ventana	**b.** moderno/a ~ antiguo/a
3. una pizarra	**c.** interesante ~ aburrido/a
4. un reloj	**d.** fácil ~ difícil
5. un bolígrafo	**e.** blanco/a ~ negro/a ~ gris
6. una mesa	**f.** largo/a
7. un libro	**g.** viejo/a ~ nuevo/a
8. una puerta	**h.** pequeño/a ~ grande
9. un mapa	**i.** ¿ ?
10. un cartel	

ACTIVIDAD 5   Intercambios: El salón de clase

MODELO: E1: ¿Cuántos/as _____ hay en el salón de clase?
        E2: Hay _____.

I. estudiantes	**5.** ventanas
2. mesas	**6.** paredes
3. borradores	**7.** puertas
4. pizarras	**8.** luces

Act. 5. Intercambios (pair). This is the first really interactive activity in the text. (See IM, Interactions.) Point to the objects and have students count aloud with you.

ACTIVIDAD 6   Intercambios: ¿Cuánto cuesta?

MODELO: E1: ¿Cuánto cuesta *la mochila*?
        E2: Cuesta *$39.50* (*treinta y nueve dólares y cincuenta centavos*).

40 cuarenta	50 cincuenta	60 sesenta
41 cuarenta y uno	52 cincuenta y dos	63 sesenta y tres
45 cuarenta y cinco	58 cincuenta y ocho	69 sesenta y nueve

el cuaderno   la calculadora   el diccionario   la silla

el reloj   la mesa   el cartel   la patineta

$1.69 $15.49 $40.55

Las cosas en el salón de clase y los números (40–69). Ask questions such as the following: (holding a book) *Esto es una silla, ¿verdad?* (no) *No, no es una silla; es un libro.* (holding an eraser) *¿Esto es una mesa?* (no) *No, no es una mesa; es un borrador. ¿Es un borrador?* (sí) *Sí, es un borrador.* Review common adjectives to describe items in the classroom: *bonito/a, feo/a, grande, pequeño/a, largo/a, corto/a, alto/a, bajo/a.* Ask either/or and sí/no questions: *¿Es nueva o vieja la mesa? Y las paredes son verdes, ¿verdad?* This activity is not intended to develop productive mastery of these words; it is only a brief initial exposure.

Verify class comprehension of all vocabulary in the display and the activities as you proceed through this thematic section.

See IRK for additional activities: *Las cosas en el salón de clase y los números 0–69.*

Act. 4. Identificaciones (individual: whole-class). (See IM Matching Activities.)

Have students pick adjectives from the lettered column to describe the items in the numbered column. They may choose more than one adjective and you may wish to add others. Focus on description of items in the classroom: students will acquire gender agreement as they hear more input.

la mochila

En mi clase hay una pizarra... (viejo) Sí, la pizarra es vieja, Hay una pizarra vieja y... (negro) Sí, es vieja y es negra.

Act. 6. Intercambios (whole-class; pair). Ask questions such as: *¿Qué cosa cuesta $66.00? Sí, la silla. Y ¿qué cuesta $39.50? Sí, la mochila.* You can use a currency other than *dólares: euros, pesos, soles, quetzales,* etc. Continue until students have heard all the prices in the activity. Then ask students to look at the model: *Miren el modelo.* Ask: *¿Cuánto cuesta la mochila?* Let the whole class respond. Then pair students to ask each other questions about the remaining items in the activity.

Follow-Up: Play *lotería* using the blank grid from the IRK or do *Crucigrama—Los números y los objetos en el salón de clase* from the IRK.

✳ El cuerpo humano

Lea Gramática B.5.

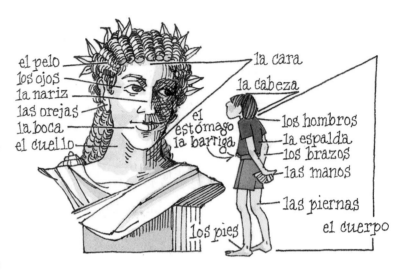

ACTIVIDAD 7   Descripción de dibujos: ¿Quién es?

Mire a estas personas. Escuche la descripción que da su profesor(a) y diga
cómo se llama la persona.

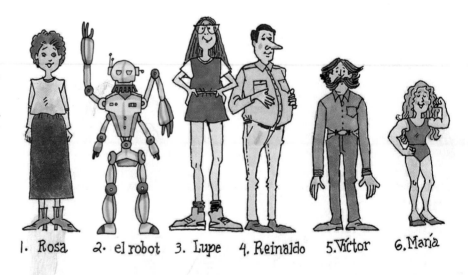

1. Rosa   2. el robot   3. Lupe   4. Reinaldo   5. Víctor   6. María

✳ La descripción de las personas

Lea Gramática B.5.

pelo rubio
ojos azules

joven y
talentosa

Mónica

bonita
pelo negro
ojos negros

inteligente
y callada

Lan

de estatura
mediana
pelo castaño corto
ojos castaños

divertido
y generoso

lentes

Esteban

alto
delgado
fuerte

idealista
y tímido

barba

Alberto

bajo
guapo
pelo negro rizado
ojos negros

simpático y
entusiasta

bigote

Luis

La descripción de las personas. Use your PF to show photos of various sizes, ages, and types of people. Refer to a photo of a girl: *Es bonita. Es una muchacha bonita.* Review: *joven, viejo/a; alto/a, de estatura mediana, bajo/a; bonito/a (guapo/a), feo/a; gordo/a, flaco/a (delgado/a).* Ask either/or questions using adjectives in the display. Introduce adjectives like *tímido/a* and *fuerte* with pantomime or your PF. Although the display is included to introduce descriptive adjectives, this activity will be much more interesting if you integrate famous people (from your PF) and your own students as quickly as possible.

Some of the words are cognates and others have been introduced in various Pre-Text Oral Activities. Verify student comprehension of these words and of other words in this thematic section. Introduce the words, with gestures and simple line drawings.

See IRK for additional activities: *La descripción de las personas.*

ACTIVIDAD 8   Diálogo: La nueva amiga

ESTEBAN: ¿Cómo es tu nueva amiga, Luis?
LUIS: Es alta, delgada y de pelo castaño. ¡Y muy talentosa!
ESTEBAN: ¿Cómo se llama?
LUIS: Cecilia Teresa.
ESTEBAN: Es un nombre muy bonito.
LUIS: ¡Es una chica muy bonita también!

ACTIVIDAD 9   Diálogo abierto: Los nuevos amigos

E1: ¿Tienes nuevos amigos?
E2: Sí, tengo dos.
E1: ¿Cómo se llaman?
E2: Se llaman _____ y _____ y son muy _____.
E1: ¿Y son _____ también?
E2: ¡Claro que sí! (¡Claro que no!)

Act. 8. Diálogo (pair). Note that the sentences in these dialogues are much longer than in previous dialogues. Model both parts of the dialogue, acting out new words before pairing students. Allow ample time for students to practice in pairs.

Act. 9. Diálogo abierto (pair). This open dialogue focuses on describing people. Mention that gender and number agreement are important in this context, since gender mistakes like *Ella es bonito* could be confusing to native speakers. (A mistake like *la camisa es bonito* never causes native speakers comprehension problems.) Write 8–10 cognate adjectives from **Actividad 10** on the board and use them with this open dialogue.

ACTIVIDAD 10   Intercambios: Mis compañeros y yo

Diga cómo es usted. Dé tres descripciones afirmativas y dos negativas.

MODELO: E1:   Soy *talentoso/a, idealista* y *trabajador*(*a*). No soy *agresivo/a* ni *tonto/a.* ¿Y tú?

         E2:   Yo soy *cómico/a, atlético/a* y *generoso/a.* No soy *tímido/a* ni *tacaño/a.*

agresivo/a	entusiasta	mentiroso/a	sincero/a
antipático/a	estudioso/a	nervioso/a	tacaño/a
atlético/a	filosófico/a	optimista	talentoso/a
callado/a	generoso/a	perezoso/a	temperamental
cómico/a	idealista	pesimista	tímido/a
conservador(a)	impulsivo	práctico/a	tonto/a
considerado/a	inteligente	simpático/a	trabajador(a)
egoísta	materialista		

ACTIVIDAD 11 · Entrevista: Mi mejor amigo/a

ESTUDIANTE 1

1. ¿Cómo se llama tu mejor amigo/a?
2. ¿De qué color tiene los ojos?
3. ¿Es alto/a, bajo/a o de estatura mediana?
4. ¿De qué color tiene el pelo?
5. ¿Tiene bigote/barba?
6. ¿Cómo es? ¿Es simpático/a? ¿tímido/a? ¿trabajador(a)? ¿Es _____?

ESTUDIANTE 2

Se llama _____.
Tiene los ojos _____.
Es _____.
Tiene el pelo _____.
(No) Tiene _____.
Es _____.

¡OJO!

Para expresar la palabra «tacaño/a», uno se puede tocar el codo con la mano.

En resumen

De todo un poco

A. Un mundo ideal

Use su imaginación y complete estas descripciones.

1. El salón de clase ideal es _____ y _____. En el salón de clase hay _____. No hay _____.
2. El amigo / La amiga ideal es _____ y _____. No es _____.
3. El/La estudiante ideal es _____ y _____. No es _____.
4. El profesor / La profesora ideal es _____ y _____. No es _____.
5. El novio (El esposo) / La novia (La esposa) ideal es _____ y _____. No es _____.

B. Su opinión

Exprese su opinión con su compañero/a.

MODELO: E1: La clase de español *es interesante.*
          E2: Estoy de acuerdo. La clase de español *es muy interesante*
               (*no es aburrida*).

▶ EXPRESIONES ÚTILES

(No) Estoy de acuerdo.

1. La clase de español es (interesante ~ aburrida).
2. Hay muchos estudiantes (inteligentes ~ tontos) en esta clase.
3. El profesor / La profesora de español es (reservado/a ~ entusiasta).
4. El salón de clase es (bonito ~ feo).
5. Yo soy (tacaño/a ~ generoso/a).

Vocabulario

• **Las cosas en el salón de clase**	Things in the Classroom
el borrador	eraser
el cartel	poster
el cuaderno	workbook; notebook
el diccionario	dictionary
el escritorio	desk
la luz / las luces	light / lights
la mesa	table
el papel	paper
la pared	wall
el piso	floor
la pizarra	board
la pluma	pen (*Mex.*)
el pupitre	desk (student)
la silla	chair
el techo	roof; ceiling
la tiza	chalk
la ventana	window

REPASO (*Review*): **el bolígrafo, el lápiz, el libro, la puerta, el reloj, el texto**

• **El cuerpo humano** *Track 15*	The Human Body
la barriga	tummy; belly
la boca	mouth
el brazo	arm
la cabeza	head
la cara	face
el cuello	neck
la espalda	back
el estómago	stomach
el hombro	shoulder
la mano	hand
la nariz	nose
el ojo	eye
la oreja	ear
el pie / los pies	foot
la pierna	leg

• **Las personas** *Track 16*	People
el chico / la chica	young man / young woman
el esposo / la esposa	husband / wife

el hermano / la hermana	brother / sister
el novio / la novia	boyfriend / girlfriend
tú	you (inf.)
el vecino / la vecina	neighbor

PALABRAS SEMEJANTES: el doctor / la doctora, la mamá, el papá, el robot

• Las descripciones *Track 17* — Descriptions

¿Cómo es él/ella?	What is he/she like?
¿Cómo es usted? / ¿Cómo eres tú?	What are you like?
abierto/a	open
aburrido/a	boring; bored
antiguo/a	antique; ancient
antipático/a	unpleasant
callado/a	quiet
de… años	. . . years old
derecho/a	right
difícil	difficult
divertido/a	fun
egoísta	selfish, self-centered
entusiasta	enthusiastic
fácil	easy
fuerte	strong
izquierdo/a	left
mejor	best; better
mentiroso/a	dishonest, liar
perezoso/a	lazy
simpático/a	nice, pleasant
tacaño/a	stingy
tímido/a	shy
tonto/a	silly, dumb
trabajador(a)	hard-working

PALABRAS SEMEJANTES: afirmativo/a, agresivo/a, atlético/a, cómico/a, conservador(a), considerado/a, estudioso/a, filosófico/a, generoso/a, ideal, idealista, impulsivo/a, inteligente, interesante, materialista, moderno/a, negativo/a, nervioso/a, optimista, pesimista, práctico/a, reservado/a, sincero/a, talentoso/a

• Los verbos *Track 18* — Verbs

busque	look for
complete	complete
conteste(n)	answer
de(le)	give (to him/her)
eres	you (inf. sing.) are
exprese	express
mueva	move
señale	point to
¿Tienes… ?	Do you have . . . ?

Tengo…	I have . . .
usa	uses

• Expresiones útiles *Track 19* — Useful Expressions

Claro que sí/no	Of course (not)
¿Cómo estás tú?	How are you?
¿Cuánto cuesta(n)?	How much is (are) . . . ?
Cuesta(n)…	It costs (They cost) . . .
de nada	You are welcome.
(No) Estoy de acuerdo	I (do not) agree.
¿Qué tal?	How's it going?

• Palabras del texto *Track 20* — Words from the Text

de todo un poco	a bit of everything
el dibujo	drawing
en resumen	to sum up
la entrevista	interview
hablando	talking
intercambios	interactions
el modelo	model

• Palabras útiles *Track 21* — Useful Words

la calculadora	calculator
el centavo	cent
la computadora	computer
esto	this (thing)
la mochila	backpack
mucho/a(s)	a lot, many
el mundo	world
muy	very
o	or
otro/a	other, another
la patineta	skateboard
también	also
tu(s)	your (inf.)

PALABRAS SEMEJANTES: el dólar / los dólares, la imaginación, el mapa, las matemáticas, la oficina, la opinión, la universidad

• Los números *Track 22* — Numbers

cuarenta	forty
cuarenta y uno	forty-one
cuarenta y cinco	forty-five
cincuenta	fifty
cincuenta y uno	fifty-one
cincuenta y dos	fifty-two
cincuenta y ocho	fifty-eight
sesenta	sixty
sesenta y nueve	sixty-nine

Gramática y ejercicios

B.1   Addressing Others: Informal and Polite *you* (*tú/usted*)

A. English speakers use the pronoun *you* to address a person directly, whether or not they know that person well. In older forms of English, speakers used an informal pronoun—*thou*—among friends, but today *you* is used with everyone.

Spanish has two pronouns that mean *you,* singular: **usted** and **tú**. The polite (*pol.*) pronoun **usted** is appropriate for people you do not know well, such as salespeople, receptionists, other professionals, and especially for people older than you. The informal (*inf.*) pronoun **tú** is reserved for friends, peers, children, and other people you know well. In some places in Latin America, including Argentina and Central America, speakers use **vos** instead of **tú** as the informal pronoun for *you.* Everyone who uses **vos,** however, also understands **tú.**

In the activities and exercises, *Dos mundos* addresses you with **usted.** You should use **tú** when speaking to your classmates. Some instructors address their students with **tú;** others use **usted.**

Soy puertorriqueño. ¿Y **tú**? ¿De dónde eres?	*I'm Puerto Rican. And you? Where are you from?*
Soy profesora de español. ¿Y **usted**? ¿Es **usted** estudiante?	*I'm a professor of Spanish. And you? Are you a student?*

B. Although both **tú** and **usted** correspond to *you,* the verb forms used with each are different. Present-tense verb forms for **tú** always end with the letter **-s.** Present-tense verb forms for **usted** end in **-a** or **-e** and are always the same as the forms for **él/ella.**

¿Tiene**s** (**tú**) una blusa gris?	*Do you have a gray blouse?*
¿Tien**e** **usted** un vestido blanco?	*Do you have a white dress?*

We introduced the forms of the verb **ser** (*to be*) in **Gramática A.3.** The **tú** form of **ser** is **eres;** the **usted** form of **ser** is **es** (the same as the form for **él/ella**).

(**Tú**) **Eres** un buen amigo.	*You are a good friend.*
Usted es muy amable, señora Saucedo.	*You are very nice, Mrs. Saucedo.*

C. Spanish distinguishes between singular *you* (**tú** or **usted**) and plural *you* (**ustedes**). Many American speakers of English make this distinction by saying "you guys" or "you all." The verb forms used with **ustedes** end in the letter **-n** and are the same as those used with the pronoun **ellos/as.**

—¿Cómo **están ustedes**?	*—How are you (all)?*
—Bien, gracias.	*—Fine, thanks.*

Most speakers of Spanish do not distinguish between informal and polite address in the plural. **Ustedes** is used with everyone. In Spain, however,

---

B.1. Students who have never encountered the polite/informal distinction in other languages may need further explanation in class. You may wish to provide situations in English and ask students whether they would use tú or usted: with a teenage neighbor, a receptionist, a bank teller, your cousin/uncle/grandmother, someone else's grandmother, etc. Keep in mind that the use of polite and informal address varies greatly from country to country in the Hispanic world.

Both **tú** and **usted** mean *you* (singular). **Tú** is used when speaking to family, friends, and children. **Usted** is used to speak to people you don't know well and people older than you.

Use **tú** when speaking to your classmates. Use **usted** when addressing your instructor (unless he/she asks you to use **tú**).

Present-tense verb forms for **tú** always end in **-s.**

most speakers prefer to use **vosotros/as** for the informal plural *you* and reserve **ustedes** for the polite plural *you*.

The regional pronouns **vos** and **vosotros/as** do not appear in the exercises and activities of *Dos mundos*. You will learn them quickly if you travel to areas where they are frequently used. The verb forms corresponding to **vosotros/as** are listed with other verb forms and are given in Appendix 1. The verb forms corresponding to **vos** are footnoted in the grammar explanations. In the listening activities of the *Cuaderno de actividades,* the characters from countries where **vos** and **vosotros/as** are prevalent use those pronouns. This will give you an opportunity to hear **vos** and **vosotros/as** and their accompanying verb forms, even though you will not need to use them yourself.

> The plural of both **tú** and **usted** in Latin America is **ustedes.** In Spain, the plural of **tú** is **vosotros/as** and the plural of **usted** is **ustedes.**

EJERCICIO 1

Ej. 1. Included in this exercise are two forms of *tener: tienes/tiene.* Students will have heard *tiene* many times in input from **Paso A.** *Tener* will be formally introduced in **Gramática C.1.**

Usted habla con estas personas: ¿usa **tú** o **usted**?

1. una amiga de su clase de español
   a. ¿Tiene usted dos clases hoy?
   b. ¿Tienes dos clases hoy?
2. la recepcionista
   a. ¿Cómo estás?
   b. ¿Cómo está usted?
3. un niño
   a. Tú tienes una bicicleta nueva.
   b. Usted tiene una bicicleta nueva.
4. una persona de cuarenta y nueve años
   a. ¿Cómo se llama usted?
   b. ¿Cómo te llamas?
5. un vecino de setenta años
   a. Estoy bien. ¿Y tú?
   b. Estoy bien. ¿Y usted?

B.2   Expressing Existence: *hay*

The verb form **hay** expresses the idea of existence. When used with singular nouns it means *there is;* with plural nouns it means *there are.*

> **hay** = *there is / there are*
> **Hay** is used with singular or plural nouns.

—¿Qué **hay** en el salón de clase?   —*What is there in the classroom?*
—**Hay** dos puertas y una ventana. —*There are two doors and a window.*

B.2. The difference between *ser* and *haber* is mentioned but not stressed. Most students intuitively know the difference without explicit instruction because English makes the same distinction: "There is a pen on the table. It's a pen."

Whereas the verb **ser** (*to be*) identifies nouns (see **Gramática A.3**), **hay** simply states their existence.

—¿Qué **es**?   —*What is that?*
—**Es** un bolígrafo.   —*It's a pen.*

—¿Cuántos **hay**?   —*How many are there?*
—**Hay** tres.   —*There are three.*

EJERCICIO 2

> To make a sentence negative, place **no** before the verb.
> **Hay perros en el salón de clase.**
> **No hay perros en el salón de clase.**

Imagínese qué cosas o personas hay o no hay en el salón de clase de la profesora Martínez.

MODELOS: lápices → *Hay* lápices en el salón de clase.
           perros → *No hay* perros en el salón de clase.

1. libros en la mesa
2. un reloj en la pared
3. una profesora
4. un automóvil
5. un profesor

6. papeles en los pupitres
7. un bolígrafo en el pupitre de Alberto
8. muchos cuadernos
9. una bicicleta
10. una ventana

B.3   Describing People and Things: Negation

In a negative sentence, the word **no** precedes the verb.

Amanda es una chica muy simpática. (Amanda) **No es** tímida.	*Amanda is a very nice girl. She is not shy.*
Ramón **no es** mi novio. Es el novio de Amanda.	*Ramón isn't my boyfriend. He's Amanda's boyfriend.*

There are no additional words in Spanish that correspond to the English negatives *don't* and *doesn't*.

Guillermo **no tiene** el pelo largo ahora.	*Guillermo doesn't have long hair now.*
Yo soy hombre; **no llevo** vestidos.	*I am a man; I don't wear dresses.*

Spanish, like many other languages in the world, often uses more than one negative in a sentence.*

No hay **nada** en este salón de clase.	*There is nothing in this classroom.*

EJERCICIO 3

Cambie estas oraciones afirmativas a oraciones negativas.

MODELOS: Luis es un chico alto. → Luis **no** es un chico alto.
En el salón de clase hay 68 tizas. → En el salón de clase **no** hay 68 tizas.

1. En el salón de clase hay diez pizarras.
2. Mónica tiene el pelo negro.
3. Carmen lleva una blusa muy fea.
4. Mi carro es morado.
5. La profesora Martínez tiene barba.

B.4   Describing People and Things: Plural Forms

B.4. Students normally acquire plural formation easily in Spanish.

Spanish and English nouns may be singular (**camisa**, *shirt*) or plural (**camisas**, *shirts*). Almost all plural words in Spanish end in **-s** or **-es**: **blusas** (*blouses*), **pantalones** (*pants*), **suéteres** (*sweaters*), **zapatos** (*shoes*), and so on. In Spanish, unlike English, articles before plural nouns and adjectives that describe plural nouns must also be plural. Here are the basic rules for forming plurals in Spanish.

---

*You will learn more about negative words and their placement in **Gramática 8.3**. In **Gramática 3.4** you will learn how to answer questions in the negative.

> To form plurals:
> Words ending in vowels add **s**; words ending in consonants add **-es**; words ending in **-z** change to **-c** and add **-es**. In time, you will acquire a feel for the plural formations.

A. Words that end in a vowel (**a, e, i, o, u**) form their plural by adding **-s**.

SINGULAR	PLURAL
el braz**o**	los brazo**s**
el oj**o**	los ojo**s**
el pi**e**	los pie**s**
la piern**a**	las pierna**s**

Words that end in a consonant add **-es**.

SINGULAR	PLURAL
el borrado**r**	los borrador**es**
la pare**d**	las pared**es**
el profeso**r**	los profesor**es**

If the consonant at the end of a word is **-z**, it changes to **-c** and adds **-es**.

SINGULAR	PLURAL
el lápi**z**	los lápi**ces**
la lu**z**	las lu**ces**

B. Adjectives that describe plural words must also be plural.

ojo**s** azul**es**   *blue eyes*   oreja**s** grande**s**   *big ears*
brazo**s** largo**s**   *long arms*   pie**s** pequeño**s**   *small feet*

En mi salón de clase hay dos **ventanas grandes, varias sillas viejas,** cinco **pizarras verdes** y diez **luces.**

In my classroom there are two large windows, several old chairs, five green chalkboards, and ten lights.

EJERCICIO 4

> **tienen** = *have*
> **tiene** = *has*

Marisa y Clarisa tienen muchas cosas. ¡Pero Marisa siempre tiene una y Clarisa dos!

MODELO: Marisa tiene un suéter azul, pero Clarisa tiene dos... →
suéteres azules.

1. Marisa tiene un par de zapatos, pero Clarisa tiene dos...
2. Marisa tiene un perro nuevo, pero Clarisa tiene dos...
3. Marisa tiene una chaqueta roja, pero Clarisa tiene dos...
4. Marisa tiene un lápiz amarillo, pero Clarisa tiene dos...
5. Marisa tiene una amiga norteamericana, pero Clarisa tiene dos...

EJERCICIO 5

¡Ahora Clarisa tiene una y Marisa tiene dos!

MODELO: Clarisa tiene un sombrero grande, pero Marisa tiene dos... →
        sombreros grandes.

1. Clarisa tiene un cuaderno pequeño, pero Marisa tiene dos...
2. Clarisa tiene un gato negro, pero Marisa tiene dos...
3. Clarisa tiene una fotografía bonita, pero Marisa tiene dos...
4. Clarisa tiene un reloj bonito, pero Marisa tiene dos...
5. Clarisa tiene un libro difícil, pero Marisa tiene dos...
6. Clarisa tiene una amiga divertida, pero Marisa tiene dos...

B. 5 Describing People and Things: Adjective-Noun Agreement and Placement of Adjectives

A. Adjectives must agree in gender and number with the nouns they describe; that is, if the noun is singular and masculine, the adjective must also be singular and masculine. Adjectives that end in **-o** in the masculine form and **-a** in the feminine form will appear in the vocabulary lists in *Dos mundos* like this: **bonito/a.** Such adjectives have four possible forms.

> A singular adjective is used to describe a singular noun. A plural adjective is used to describe a plural noun.

	SINGULAR	PLURAL
Masculine	viej**o**	viej**os**
Feminine	viej**a**	viej**as**

Carmen lleva un suéter **bonito** y   *Carmen is wearing a pretty sweater*
una falda **nueva.**   *and a new skirt.*
Mis zapatos de tenis son **viejos.**   *My tennis shoes are old.*

B. Adjectives that end in a consonant,* the vowel **-e,** or the ending **-ista** have only two forms because the masculine and feminine forms are the same.

	SINGULAR	PLURAL
Masculine/Feminine	jov**en**	jóv**en**es
	interesant**e**	interesant**es**
	pesim**ista**	pesim**ista**s
	az**ul**	az**ul**es

---

*Adjectives of nationality that end in a consonant are an exception, since they (like adjectives that end in -o/-a) have four forms: **inglés, inglesa, ingleses, inglesas.** See **Gramática C.4** for more information.

Luis lleva una camisa **azul** y un sombrero **azul**.	*Luis is wearing a blue shirt and a blue hat.*
Mi amigo Nacho es **pesimista**, pero mi amiga Silvia es **optimista**.	*My friend Nacho is pessimistic, but my friend Silvia is optimistic.*

C. In Spanish adjectives generally follow the noun they modify: **zapatos nuevos, camisas blancas, faldas bonitas, sombreros negros.** Adjectives that express inherent characteristics may precede the noun: **la blanca nieve.*** You should not worry too much about placement. For now, you may place descriptive adjectives after the noun.

D. If an adjective modifies two nouns, one masculine and one feminine, the adjective will take the masculine form.

Mónica es simpátic**a** y considerad**a**.
Alberto y Mónica son simpátic**os** y considerad**os**.
Mi blusa y mi falda son blanc**as**.
Mi blusa y mi vestido son roj**os**.

EJERCICIO 6

Seleccione todas las descripciones posibles.

MODELO: Alberto → *chico, guapo, estudiante*

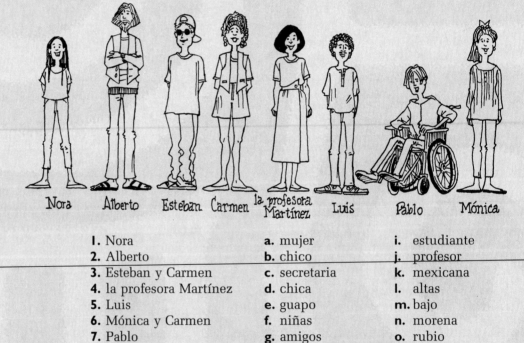

Nora   Alberto   Esteban   Carmen   la profesora Martínez   Luis   Pablo   Mónica

I. Nora	**a.** mujer	**i.** estudiante
2. Alberto	**b.** chico	**j.** profesor
3. Esteban y Carmen	**c.** secretaria	**k.** mexicana
4. la profesora Martínez	**d.** chica	**l.** altas
5. Luis	**e.** guapo	**m.** bajo
6. Mónica y Carmen	**f.** niñas	**n.** morena
7. Pablo	**g.** amigos	**o.** rubio
	h. estudiantes	

---

*Limiting adjectives (numerals, possessives, demonstratives, and indefinite adjectives) also precede the noun: **dos amigos, mis zapatos, esta mesa, otro ejemplo.**

EJERCICIO 7

Escriba frases completas con la información. Use las formas femeninas para las mujeres.

MODELOS: Arnold Schwarzenegger: alto, fuerte → Arnold Schwarzenegger es alto y fuerte.
Oprah Winfrey: simpático, rico → Oprah Winfrey es simpática y rica.

1. Ashley y Mary Kate Olsen: rico, bonito
2. Will Smith: delgado, elegante
3. Hillary Clinton: inteligente, rubio
4. Jennifer López: materialista, talentoso
5. George Clooney: guapo, tímido

EJERCICIO 8

Escriba frases completas con la información. Use la forma correcta: masculina o femenina, singular o plural.

MODELOS: casa: nuevo, pequeño → La casa es nue**va** y pequeñ**a**. / La casa nue**va** es pequeñ**a**.
lápices: amarillo, viejo → Los lápices son amarill**os** y viej**os**. / Los lápices amarill**os** son viej**os**.

1. libros: difícil, divertido
2. chica: bajo, tímido
3. mujeres: tacaño, trabajador
4. amigo: inteligente, perezoso
5. robots: fuerte, aburrido

Pre-Text Oral Activities Paso B
1. Classroom commands. Use TPR to review classroom commands from **Paso A** and to introduce some parts of the body (*cabeza, brazos, piernas, pies*) and classroom items (*lápiz, bolígrafo, libro, cuaderno, reloj, papel*).
  Sample sequence: *Pónganse de pie, tóquense los pies, den una vuelta, muéstrenme el reloj* (or *señalen el reloj*), *muéstrenme el pelo, canten, bailen, hablen, levanten los brazos, bájenlos, busquen un lápiz* (*un bolígrafo, un cuaderno*), *siéntense, saquen un papel* (*un bolígrafo, un libro, un cuaderno*), *escriban su nombre en el papel, saquen su libro, ábranlo, ciérrenlo, escuchen al profesor / a la profesora, digan «buenos días», digan «¿cómo está usted?», contesten «muy bien, gracias».* See IRK for additional TPR sequences. Repeat and recombine commands during the sequence. Reduce the size of the participating group by giving selective commands. *Los estudiantes de pelo castaño pónganse de pie y den una vuelta. Ahora siéntense. Los estudiantes que llevan*

camisa blanca, pónganse de pie y bailen.

2. Use topics from **Paso A** to continue providing comprehensible input. (If your students seem ready, see IM, Input Techniques in Stage 2.)
  Talk about numbers, clothes, and colors. Hold up your fingers and ask either/or questions: *¿Son cinco o seis? ¿Son siete o nueve?* Expand students' answers: *Sí, es verdad: son tres.* Create sequences in which several question types are used: *¿Quién lleva una camisa verde?* (*Robert*) *Sí, Robert lleva una camisa verde. ¿Lleva Tom pantalones amarillos?* (*sí*) *¿Es blanca o roja la blusa de Martha?* (*blanca*) *Sí, la blusa de Martha es blanca. ¿De qué color es la blusa de Ann?* (*amarillo*) *Sí, la blusa de Ann es amarilla.* Make sure all questions can be answered with *sí/no* or single words. Emphasize either/or questions: *¿Es castaño o rubio el pelo de Cristina?*

3. Classroom objects. Introduce or review names of several classroom items. *Esto es un libro, bolígrafo*

(*pluma*), *papel, cuaderno, lápiz, borrador, tiza* (Mexico: *gis;* Central America: *yeso*). Distribute items to students. As you distribute, ask: *Ahora, ¿quién tiene _____?* Have one student with an item give it to a student who doesn't have an item: *Robert, dele el lápiz a Margaret.* The student receiving the item should thank the student giving it: *—Gracias. —De nada.* After several items have been exchanged, ask: *Y ahora, ¿quién tiene _____?* Vary the activity by directing the student to give the item to another student without mentioning the second student's name: *Robert, dele el lápiz a la persona que lleva una blusa azul.* Use *muéstrenme* to introduce words like *escritorio, pared, puerta,* and *ventana.*

Mi familia y mis amigos

METAS

In **Paso C** you will discuss your family, things you own, and people's ages. You will also talk about languages and nationalities.

For more information on the communicative goals of **Paso C** and for additional activities (AAs), please see the corresponding chapter notes in the IM.

Multimedia. The *Dos mundos* video includes a cultural segment on Colombia.

Familia, por Fernando Botero (Colombia)

Sobre el artista: Fernando Botero (1932–) was born in Medellín, Colombia. His work, characterized by the plump figures of his subjects, is shown in museums and galleries around the world.

ACTIVIDADES DE COMUNICACIÓN

- La familia
- ¿Qué tenemos?
- Los números (10–100) y la edad
- Los idiomas y las nacionalidades

EN RESUMEN

GRAMÁTICA Y EJERCICIOS

C.1 Expressing Possession: The Verbs **tener** and **ser de(l)**

C.2 Expressing Possession: Possessive Adjectives

C.3 Expressing Age: The Verb **tener**

C.4 Describing People: Adjectives of Nationality

C.5 Talking about Habitual Actions: Present Tense of Regular **-ar** Verbs

---

Pre-Columbian era More than 50 tribes of indigenous peoples live in Colombia, including the Chibcha, Choco, Arawak, and Tupi.

1500s

1538 City of Santa Fe de Bogotá founded

1541 Indigenous rebellions

1800

1819 Republic of Greater Colombia proclaimed

1821 Greater Colombia produces a constitution and names Simón Bolívar president.

1830 Bolívar renounces his post, and Greater Colombia breaks into smaller countries—Venezuela and Ecuador—while Panama and Colombia reform as the Republic of Nueva Granada.

1851 Abolition of slavery

1850–1903 Multiple civil wars

1900

1914 Colombia recognizes Panama's independence and receives a compensation of $25,000,000 from the US.

1928 Massacre of United Fruit Company workers in Ciénega

1936 Thousands of poor farmers are given small plots of land.

1953 Dictatorship of General Gustavo Rojas Pinilla

1960 Various guerrilla wars begin.

1991 New constitution is passed with emphasis on basic rights.

2000

2004 US intensifies the war on drugs in Colombia and sends military aid to the Colombian government.

Colombia

Actividades de comunicación

La familia. Use this display to talk about family relationships—*hermanos, abuelos, hijos, nietos, tíos, primos,* etc. Ask questions that can be answered with people's names: *¿Cómo se llama la abuela de Marisa y Clarisa?* Make sure students have heard all relevant family terms in your input before they do **Actividad 1.**

✳ **La familia**

You may want to use your own family to teach this vocabulary. If so, when preparing the family tree, use the symbols ♂ for male and ♀ for female, a heart for marriage, and a broken heart for divorce. Have the whole class look at the family tree and give family terms to match your definitions: *la esposa de mi padre* (madre), *la madre de mi madre* (abuela), *el hijo de mi madre* (hermano), *el padre de mis hijos* (esposo), etc.

Lea Gramática C.1.

Verify class comprehension of all vocabulary in the display and the activities of this section as you proceed through these materials.
See IRK for additional activities: *La familia.*

¡Ojo! Read the ¡Ojo! feature with students. Mime *casado/a* and *soltero/a* by pointing to your ring finger. Write your own last name and the last names of several students on the board to teach *apellido.* Use the display to show how the Hispanic system of last names works.

ACTIVIDAD 1   **Identificaciones: La familia Saucedo (Parte 1)**

¿Cierto o falso? Conteste según el dibujo.

1. La esposa de Pedro se llama Paula.
2. Dora y Javier tienen cuatro hijos: tres hijas y un hijo.
3. Estela es soltera.
4. Raúl es casado.
5. Estela, Paula, Andrea y Raúl son hermanos.
6. Paula y Raúl tienen cinco sobrinos.
7. Amanda no tiene primos.
8. Dora tiene cinco nietos: tres nietas y dos nietos.
9. Pedro y Raúl son hermanos.
10. Andrea es la tía de Clarisa y Marisa.

Act. 1. **Identificaciones** (whole-class; pair). Have students look at the family tree. Read the statements aloud and have the whole class answer *cierto* or *falso.*
Variation: Do the first 6 in this manner and then pair students to do the rest, with 1 student reading the statement and the other answering *cierto* or *falso.*

¡OJO!

Las personas solteras llevan el apellido de su padre y el apellido de su madre. Vea la diferencia entre los nombres de Paula Saucedo Muñoz y Andrea Saucedo de Ruiz. En el caso de Andrea, Saucedo es el apellido de su padre y Ruiz el de su esposo.

ACTIVIDAD 2   Intercambios: La familia Saucedo (Parte 2)

Conteste según el dibujo de la familia Saucedo.

MODELOS: E1: ¿Cómo se llama *el hermano* de *Ernesto, Paula y Andrea*?
            E2: Se llama *Raúl.*

            E1: ¿Cuántos *hermanos* tiene *Amanda*?
            E2: Tiene *dos.*

ACTIVIDAD 3   Diálogo: ¿Quién es?

Don Eduardo Alvar habla con Paula Saucedo.

DON EDUARDO: Perdone, señorita Saucedo. ¿Quién es ese joven (muchacho)?
PAULA SAUCEDO: Su nombre es Jorge Saucedo.
DON EDUARDO: ¿Saucedo? ¿Es su hermano?
PAULA SAUCEDO: No. Su apellido es Saucedo también, pero no es mi hermano. Mis hermanos se llaman Raúl y Ernesto.

ACTIVIDAD 4   Diálogo abierto: Mis hijos

E1: ¿Cómo se llama usted, *señor (señora, señorita)*?
E2: Me llamo _____.
E1: ¿Es usted *casado/a (soltero/a, viudo/a, divorciado/a)*?
E2: Soy _____.
E1: ¿Tiene usted hijos?
E2: Sí, tengo _____ hijo(s) y _____ hija(s). (No, no tengo hijos.)

> **¡OJO!**
>
> En las familias hispanas, los niños reciben mucha atención de sus padres y abuelos. Frecuentemente, los abuelos viven con la familia.

ACTIVIDAD 5   Entrevista: Mi familia

1. ¿Cómo se llama tu *padre (madre, hermano/a, abuelo/a)*?
   Mi *padre* se llama _____.
2. ¿Cuántos *hermanos (primos, abuelos, hijos, nietos)* tienes?
   Tengo *dos hermanos.* (Tengo *un primo.* Tengo *una nieta.* No tengo *hijos.*)

✳ ¿Qué tenemos?

Lea Gramática C.1–C.2.

¿Qué tenemos? All signals of possession have been used in the activities of **Pasos A** and **B**, and **C** up to this point, as new words rather than as a formal part of a grammatical set. Ask questions based on the display in which you use *tener, de, mi,* and *su.* It is not necessary that students use these words yet, only that they understand sentences in which they are used. Ask: *¿Qué tiene doña Lola? (coche) Sí, tiene un coche. El coche de doña Lola, ¿es viejo o nuevo? (nuevo) Sí, su coche es nuevo. Tiene un coche nuevo. ¿Quién en esta clase tiene un coche nuevo? Mi coche no es nuevo, es viejo. ¿Qué tiene Ernestito? (perro) Sí, tiene un perro. ¿Quién en esta clase tiene un perro? ¿Es grande o pequeño su perro? ¿Cómo se llama su perro?,* etc.

Bring various items to class—clothing, stuffed animals, school items, anything from the vocabulary presented so far. Distribute the items and ask: *¿Quién tiene el perro? (Russ) Sí, Russ lo tiene. / Russ tiene el perro.* Verify comprehension of all vocabulary in the display and the activities of this section as you proceed through these materials.

See IRK for additional activities: *¿Qué tenemos?*

doña Lola

Doña Lola tiene un coche nuevo.

Amanda

Los discos compactos son de Amanda.

Ernestito

Ernestito y su perro Lobo son amigos.

ACTIVIDAD 6   Diálogo: El coche de don Eduardo

ERNESTITO: ¿Cómo es su coche, señor Alvar?

DON EDUARDO: Mi coche es azul; es un poco viejo.

ERNESTITO: Yo no tengo coche, pero tengo una bicicleta nueva.

DON EDUARDO: Sí, y tu bicicleta también es muy bonita.

Act. 6. Diálogo (pair). Model the dialogue first (see suggestions in IM), then pair students to practice. Remember that dialogues in *Dos mundos* are not for memorization.

ACTIVIDAD 7   Descripción de dibujos: ¿De quién… ?

Pedro   Paula   doña Lola   Estela   Clarisa   Marisa   Ernesto

1. ¿Quién tiene dos camisas nuevas?
2. ¿Quién tiene dos perros?
3. ¿De quién es el vestido nuevo?
4. ¿Quién tiene una computadora?
5. ¿De quién es el carro nuevo?
6. ¿Quiénes tienen helados?

Act. 7. Descripción de dibujos (whole-class; pair). Ask questions based on the drawings: *¿Qué tiene doña Lola? (perro) Sí, ella tiene dos perros grandes. ¿Quién en esta clase tiene un perro? ¿Cómo se llama su perro? ¿Es grande o pequeño su perro? El perro de _____ es grande. Yo no tengo perro.* Then ask the whole class questions in the activity, or pair students and have them ask each other questions.

Act. 8. Entrevista (pair: whole-class). Model the interview questions and answers using your own personal information, then have students work in pairs.
   Follow-Up: Ask questions addressed to the whole class and let volunteers answer: *¿Cómo se llama su perro? ¿Es grande o pequeño su perro? ¿Es inteligente? ¿Es simpático (manso) o feroz (pantomime)? ¿De qué marca es su carro?* (Suggest a few: *¿Honda? ¿Chevrolet? ¿Toyota?*) *¿Es nuevo o viejo su carro? ¿De qué color es?*

ACTIVIDAD 8   Entrevista: **Mi perro y mi carro**

1. —¿Tienes *perro* (*gato*)?
   —Sí, tengo _____. / No, no tengo *perro* (*gato*).
2. —¿Cómo es tu *perro* (*gato*)?
   —Mi *perro* (*gato*) es _____.
3. —¿Tienes *carro* (*motocicleta, bicicleta*)?
   —Sí, tengo _____. / No, no tengo *carro*. Tengo *motocicleta* (*bicicleta*).
4. —¿Cómo es tu *carro* (*motocicleta, bicicleta*)?
   —Mi *carro* (*motocicleta, bicicleta*) es _____.

✳ Los números (10–100) y la edad

Los números (10–100) y la edad. Use pictures from your PF of people of various ages. Ask questions: *¿Es joven o viejo/a? ¿Cuántos años tiene: más de 25 o menos de 25?* (Students can answer with *más* or *menos*.) *¿Tiene don Eduardo más de 30 años? ¿más de 40? ¿Cuántos años tiene? ¿43? ¿Y Andrea?* Review *mayor/menor.*

Lea Gramática C.3.

Verify class comprehension of all vocabulary in the display and the activities of this section as you proceed through these materials.

10	diez	76	setenta y seis
20	veinte	80	ochenta
30	treinta	82	ochenta y dos
40	cuarenta	90	noventa
50	cincuenta	94	noventa y cuatro
60	sesenta	100	cien
70	setenta	110	ciento diez

See IRK for *Los números, ¡A practicar!* and for additional activities for *Los números y la edad.*

ACTIVIDAD 9   Diálogos: **¿Cuántos años tienen?**

GRACIELA: Amanda, ¿quién es esa niña?
AMANDA: Es mi prima, Clarisa.
GRACIELA: ¿Cuántos años tiene?
AMANDA: Tiene sólo seis años y es muy inteligente.

DON EDUARDO: Señor Ruiz, ¿cuántos hijos tiene usted?
PEDRO RUIZ: Tengo dos hijas.
DON EDUARDO: ¿Y cuántos años tienen?
PEDRO RUIZ: Bueno, Clarisa tiene seis años y Marisa tiene cuatro.
DON EDUARDO: ¡Sólo dos hijas! ¡Cómo cambia el mundo!

Act. 9. Diálogos (pair). The "read, look up, and say" technique may be helpful.

ACTIVIDAD 10   Diálogo abierto: **¿Cuántos años tienes?**

E1: ¿Cuántos años tienes?
E2: Tengo _____ años.
E1: ¿Tienes hermanos?
E2: Sí, tengo _____ hermanos y _____ hermanas. (No, no tengo hermanos, pero tengo _____.)
E1: ¿Cuántos años tiene tu hermano/a?
E2: Mi hermano/a tiene _____ años.
E1: ¿Es mayor o menor que tú?
E2: Es _____.

Act. 10. Diálogo abierto (pair). Remind students that if they have only one brother or sister, they say *un hermano* or *una hermana.*

✳ Los idiomas y las nacionalidades

Lea Gramática C.4–C.5.

Hans Schumann es alemán y habla alemán.

Gina Sfreddo es italiana y habla italiano.

Iara Gomes y Zidia Oliveira son brasileñas y hablan portugués.

Masato Hamazaki y Goro Nishimura son japoneses y hablan japonés.

Rehana Hezar y Neda Nikraz son iraníes y hablan persa.

Los idiomas y las nacionalidades. The purpose of this section is to introduce the names of some countries, adjectives of national- ity, and languages. Words repre- senting other Spanish-speaking countries will be introduced in **Capítulo 3.** Direct students' atten- tion to the display and give input that includes relevant vocabulary, with short-answer questions mixed in: *Una mujer de Canadá es canadiense, ¿verdad? Y ¿cómo llamamos a un hombre de Fran- cia? ¿Hablan español en México? ¿Qué idioma hablan en Alema- nia?* (You may also want to intro- duce the impersonal expression *¿Qué idioma se habla en* _____? *Se habla* _____.)

PAÍS	NACIONALIDAD	IDIOMA(S)
Afganistán	afgano/a	dari, pashto
Alemania	alemán, alemana	alemán
Argentina	argentino/a	español
Brasil	brasileño/a	portugués
Canadá	canadiense	inglés, francés
China	chino/a	chino
Corea (del Norte / del Sur)	coreano/a	coreano
Cuba	cubano/a	español
Egipto	egipcio/a	árabe
España	español(a)	español
Estados Unidos	estadounidense	inglés
Francia	francés, francesa	francés
Inglaterra	inglés, inglesa	inglés
Irán	iraní	persa
Irak	iraquí	árabe
Israel	israelí	hebreo
Italia	italiano/a	italiano

All of the vocabulary of countries, nationalities, and languages will be new. Do not forget to verify class comprehension of all vocabulary in the display and the activities of this section as you proceed through these materials.

See IRK for additional activities: *Los idiomas y las nacionalidades.*

PAÍS	NACIONALIDAD	IDIOMA(S)
Japón	japonés, japonesa	japonés
México	mexicano/a	español
República de Sudáfrica	sudafricano/a	inglés, afrikaans, lenguas africanas
Rusia	ruso/a	ruso
Siria	sirio/a	árabe
Vietnam	vietnamita	vietnamita

Act. 11. Asociaciones (whole-class). First ask the questions in random order: *¿Habla Fidel Castro japonés? ¿Es mexicana Celine Dion? ¿De qué país es Luciano Pavarotti?* Comment about each person mentioned.

En qué país se habla el hebreo?
De dónde es Vladimir?

ACTIVIDAD 11   Asociaciones: ¿Qué nacionalidad? ¿Qué idioma?

Diga cuál es la nacionalidad de estas personas y qué idioma(s) hablan.

MODELO: Salma Hayek... México →
Salma Hayek es mexicana y habla español.

PERSONA	PAÍS
1. Fidel Castro	Cuba
2. Ignacio Lula da Silva	Brasil
3. el príncipe Guillermo	Inglaterra
4. Vladimir Putin	Rusia
5. Jacques Chirac	Francia
6. Hosni Mubarak	Egipto
7. Celine Dion	Canadá
8. el rey Juan Carlos de Borbón	España
9. Luciano Pavarotti	Italia

Salma Hayek, actriz mexicana

Juan Carlos de Borbón, rey de España

ACTIVIDAD 12   Diálogo abierto: Amigos internacionales

E1: ¿Tienes un amigo *japonés* (una amiga *japonesa*)?
E2: Sí, se llama _____.
E1: ¿Hablas *japonés* o *inglés* con él (ella)?
E2: Hablo *inglés*. (Normalmente hablo *inglés,* pero a veces hablo *japonés* con él/ella.)

Act. 12. Diálogo abierto (whole-class; pair). Before doing this open dialogue, review the languages spoken in the countries in the display map on page 43. You may want to add new ones students suggest: *India* (*indio/a*), *Suecia* (*sueco/a*).

ACTIVIDAD 13   Intercambios: Las vacaciones

MODELO: E1: Quiero viajar *a París* durante las vacaciones.
                  E2: ¿Hablas *francés*?
                  E1: Sí, hablo *un poco de francés.* (No, no hablo *nada de francés.* / Sí, hablo *francés muy bien.*)

CIUDADES

Roma	Madrid	Río de Janeiro
Londres	Buenos Aires	Montreal
Toronto	Moscú	Berlín
Los Ángeles	Pekín	Tokio

IDIOMAS

italiano	ruso	francés
inglés	chino	alemán
español	portugués	japonés

Act. 13. Intercambios (whole-class). Go through the exchange two or three times to be sure students understand the context. Each time pick a different city, corresponding language, and useful expression. Then have students practice in pairs, switching parts after a couple of minutes or so. Some students may not recognize the names of the cities or know where they are located. You may want to review countries they are in and languages spoken there. *¿En qué país está Pekín?* (*China*) *Sí, y ¿qué idioma se habla en China?* (*chino*) *Sí, hablan chino en China.*

▶ **FRASES ÚTILES**

un poco de	nada de	muy bien

En resumen

De todo un poco

Entrevista: Su familia y sus amigos

Entreviste a su compañero/a.

—¿Son estadounidenses tus padres?
—Sí/No, mis padres son _____.
—¿Cuántos años tienen ellos?
—Mi padre tiene _____ años y mi madre tiene _____ años.
—¿Qué idiomas hablan?
—Mis padres hablan _____. (Mi padre habla _____ y mi madre habla _____.)
—¿Tienes muchos hermanos?
—Sí, tengo _____. (No, tengo sólo _____. / No, soy hijo único / hija única.)
—¿Cómo se llaman tus hermanos?

De todo un poco (whole-class; pair). Model all questions for this interview by asking and answering them yourself, using information from your own life. This serves as a model for students and also lets them get acquainted with you, which in turn makes them more open to sharing their lives with the class.

—Mis hermanos se llaman _____ y _____. (Mi hermano/a se
  llama _____.)
—¿Tienes un amigo / una amiga de *España*? (*México, Irán, Rusia,
  Italia, Francia,* etcétera)
—Sí, tengo un amigo / una amiga de _____.
—¿Cómo se llama tu amigo/a?
—Él/Ella se llama _____.
—¿Qué idiomas habla él/ella?
—Habla _____ y _____. (Habla sólo _____.)

Vocabulario

• La familia *T. 23*   The Family

el abuelo / la abuela	grandfather/grandmother
los abuelos	grandparents
el gemelo / la gemela	twin
el hijo / la hija	son / daughter
el hijo único / la hija única	only child (only son / only daughter)
los hijos	sons (sons and daughters; children)
la madre	mother
el nieto / la nieta	grandson / granddaughter
el padre	father
los padres	parents
el primo / la prima	cousin
el sobrino / la sobrina	nephew / niece
el tío / la tía	uncle / aunt

REPASO: el esposo, la esposa, el hermano, la hermana

• Los países *T 24*   Countries

Alemania	Germany
Corea del Norte / del Sur	North / South Korea
España	Spain
(los) Estados Unidos	United States
Inglaterra	England
(la) República de Sudáfrica	South Africa

**PALABRAS SEMEJANTES: Afganistán, Argentina,
Brasil, Canadá, China, Cuba, Egipto, Francia, Irak,
Irán, Israel, Italia, Japón, México, Rusia, Siria, Vietnam**

• Las nacionalidades *T. 25*   Nationalities

alemán/alemana	German
brasileño/a	Brazilian
chino/a	Chinese
egipcio/a	Egyptian
español(a)	Spanish
estadounidense	American (United States citizen)
francés/francesa	French
inglés/inglesa	English
ruso/a	Russian
sudafricano/a	South African

**PALABRAS SEMEJANTES: afgano/a, americano/a,
árabe, argentino/a, canadiense, coreano/a, cubano/a,
iraní, iraquí, israelí, italiano/a, japonés/japonesa,
mexicano/a, portugués/portuguesa, sirio/a, vietnamita**

• Los idiomas *T 26*   Languages

el alemán	German
el chino	Chinese
el español	Spanish
el francés	French
el hebreo	Hebrew
el inglés	English
las lenguas africanas	African languages
el ruso	Russian

**PALABRAS SEMEJANTES: el afrikaans, el árabe,
el coreano, el italiano, el japonés, el pashto, el
portugués, el vietnamita**

• Las ciudades *T 27* Cities

Londres	London
Moscú	Moscow
Pekín	Beijing

PALABRAS SEMEJANTES: Berlín, Buenos Aires, Los Ángeles, Madrid, Montreal, Río de Janeiro, Roma, Tokio, Toronto

• Los adjetivos *T 28* Adjectives

casado/a	married
divorciado/a	divorced
mayor (que)	older (than)
menor (que)	younger (than)
soltero/a	single, unmarried
viudo/a	widowed

• Los verbos *T 29* Verbs

hablar	to speak
¿Hablas... ?	Do you speak . . . ?
Hablo...	I speak
quiero	I want
tener	to have
viajar	to travel

• Expresiones útiles *T 30* Useful Expressions

¡Cómo cambia el mundo!	How the world changes!
¿Cuántos años tiene(s)?	How old are you?
Tengo... años.	I am . . . years old.
¿Cuántos... tiene(s)?	How many . . . do you have?
¿De quién es/son... ?	Whose is/are . . . ?
nada de	nothing, any (at all)
perdone	pardon me; excuse me

un poco de	a little
¿Qué tiene(n)... ?	What do/does . . . have?
¿Quién(es) tiene(n)... ?	Who has . . . ?

REPASO: mi(s), tu(s), su(s)

• Palabras útiles *T 31* Useful Words

a veces	sometimes
la bicicleta	bicycle
bueno...	well . . .
el carro / el coche	car
de la	of the
del (de + el)	of the (*required contraction*)
durante	during
la edad	age
el helado	ice cream
el (la) joven	young person
pero	but
según	according to
sólo	only
la videoteca	video library

PALABRAS SEMEJANTES: el disco compacto, la frase, internacional, la motocicleta, la parte, normalmente, vacaciones

• Los números *T. 32* Numbers

setenta	seventy
ochenta	eighty
ochenta y cuatro	eighty-four
noventa	ninety
noventa y siete	ninety-seven
cien	one hundred
ciento uno	one-hundred one
ciento diez	one-hundred ten

Gramática y ejercicios

---

tener = *to have*

¿RECUERDA?

In **Gramática A.3** you learned some of the forms of **ser**.

El libro **es del** profesor.

Los cuadernos **son de** mis compañeros.

English: **'s**
Mike**'s** new car
Sarah**'s** friends
Spanish: **de** + person
el carro nuevo **de**
   Miguel
los amigos **de Sara**

---

de + **el** = **del**
de + **la** remains **de la**

C.1 Expressing Possession: The Verbs *tener* and *ser de(l)*

Just like English, Spanish has several ways of expressing possession. Unlike English, however, Spanish does not use an apostrophe and *s*.

A. Perhaps the simplest way of expressing possession is to use the verb **tener*** (*to have*). Like the verb **ser, tener** is classified as an irregular verb because of changes in its stem.[†] The endings that attach to the stem, however, are regular.

tener (to have)		
(yo)	tengo	*I have*
(tú)	tienes	*you (inf. sing.) have*
(usted, él/ella)	tiene	*you (pol. sing.) have; he/she has*
(nosotros/as)	tenemos	*we have*
(vosotros/as)	tenéis	*you (inf. pl., Spain) have*
(ustedes, ellos/as)	tienen	*you (pl.) have; they have*

—Profesora Martínez, **¿tiene** usted un automóvil nuevo?
—Sí, **tengo** un Toyota verde.

—*Professor Martínez, do you have a new automobile?*
—*Yes, I have a green Toyota.*

B. The verb **ser** (*to be*) followed by the preposition **de** (*of*) can also be used to express possession. The equivalent of the English word *whose* is **¿de quién?** (literally, *of whom?* or *to whom?*).

—**¿De quién es** el cuaderno?
—**Es de** Carmen.

—*To whom does the notebook belong?*
—*It's Carmen's.*

C. The preposition **de** (*of*) followed by the masculine article **el** (*the*) contracts to **del** (*of the*).

—**¿De quién es** el bolígrafo?
—**Es del** profesor.

—*Whose pen is this?*
—*It's the professor's.*

The other combinations of **de** + article do not contract: **de la, de los, de las.**

Los zapatos **de la** niña son nuevos.

The girl's shoes are new.

---

*Recognition: **vos tenés**
[†]See **Gramática C.5** for more information on verb stems.

EJERCICIO I

Diga qué tienen estas personas. Use las formas del verbo **tener.**

MODELO: Luis *tiene* una bicicleta negra.

1. Pablo _____ una chaqueta negra.
2. Esteban y yo _____ un coche viejo.
3. Mónica, tú no _____ el libro de español, ¿verdad?
4. (Yo) _____ dos lápices y un cuaderno sobre mi pupitre.
5. Nora y Alberto no _____ hijos, ¿verdad?

EJERCICIO 2

Diga de quién son estas cosas.

MODELO: Mónica / bolígrafo → El bolígrafo *es de* Mónica.

1. la profesora Martínez / carro

2. Luis / camisa

3. Nora / perro

4. Esteban / lentes

5. Alberto / saco

6. Carmen / bicicleta

C.2 Expressing Possession: Possessive Adjectives

Possession can be indicated by the following possessive adjectives. The particular adjective you choose depends on the owner, but the adjective itself, like other Spanish adjectives, agrees in number and gender with the word it describes: that is, with the *object owned,* not with the owner.

C.2. The use of possessive adjectives is the most important point in this section. Students have heard possessives extensively in your speech during the activities of **Pasos A** and **B.** The most difficult thing about possessive adjectives is the multiple-reference potential of *su* (his, her, their, your). The fact that *su* corresponds to various English possessives is usually no problem to comprehension, since its meaning is clear from context. When students begin to produce Spanish, however, many will search for a single equivalent for "his" or for "her." The other problematic point is plural agreement. A beginner expects *su* to correspond to "his" and *sus* to "their." You will probably have to re-explain the meanings of *su/sus* in class and give several additional examples.

su = *his, her, your, their*
(one item)
sus = *his, her, your, their*
(multiple items)

Remember that you will
acquire much of this ma-
terial in time as you listen to and read Spanish.

SINGULAR OWNER		PLURAL OWNER	
mi	*my*	nuestro/a	*our*
tu*	*your (inf. sing.)*	vuestro/a	*your (inf. pl., Spain)*
su	*your (pol. sing.), his/her*	su	*your (pl.); their*

¿**Mi** hermano? Tiene el pelo
 negro.
Nuestro carro nuevo es rojo.
Nuestra profesora es Adela
 Martínez.

My brother? He has black hair.

Our new car is red.
Our professor is Adela Martínez.

SINGULAR POSSESSION (PLURAL POSSESSIONS)		SINGULAR POSSESSION (PLURAL POSSESSIONS)	
mi(s)	*my*	nuestro(s)/a(s)	*our*
tu(s)	*your (inf. sing.)*	vuestro(s)/a(s)	*your (inf. pl., Spain)*
su(s)	*your (pol. sing.), his/her*	su(s)	*your (pl.); their*

Mi falda es vieja, pero **mis**
 zapatos son nuevos.
Clarisa y Marisa tienen una
 casa grande. **Su** casa es
 grande.
Raúl, ¿**tus** hermanas son
 gemelas?
Clarisa y Marisa tienen dos
 tías y un tío. **Su** tío se
 llama Raúl.

My skirt is old, but my shoes are new.

*Clarisa and Marisa have a big
 house. Their house is big.*

Raúl, are your sisters twins?

*Clarisa and Marisa have two
 aunts and one uncle. Their
 uncle's name is Raúl.*

Keep in mind that the pronoun **su(s)** can have various meanings: *your, his,
her,* or *their.* The context normally clarifies to whom **su(s)** refers.

Luis no tiene **sus** libros.
El señor y la señora Ruiz tienen
 su coche aquí.

Luis doesn't have his books.
*Mr. and Mrs. Ruiz have their
 car here.*

Generally speaking, use **usted** and **su(s)** when addressing a person by his or
her last name.

Señor Saucedo, ¿es **usted**
 mexicano? ¿Y **sus** padres?

*Mr. Saucedo, are you Mexican?
 And your parents?*

When using a first name to address someone, use **tú** and **tu(s).**

Raúl, **tu** amiga es inglesa, pero **tú**
 y **tus** padres son mexicanos,
 ¿no?

*Raúl, your friend is English, but
 you and your parents are
 Mexican, aren't you?*

*****Tú** (with an accent mark) corresponds to *you;* **tu** (without an accent mark) corresponds to *your.*

EJERCICIO 3

Complete estas oraciones con la forma apropiada del adjetivo posesivo:
mi(s), tu(s), su(s) o **nuestro(s)/a(s).**

Ej. 3. Several answers are possible; instruct students to choose the best one.

MODELO: Estela, ¿dónde están *tus* hijos?

1. Mi novia no tiene _____ libro de matemáticas.
2. El profesor no tiene _____ botas.
3. No tienes _____ reloj, ¿verdad?
4. No tengo _____ zapatos de tenis.
5. No tenemos _____ cuadernos.
6. —Señores Ruiz, ¿dónde están _____ hijas?
   — _____ hijas, Clarisa y Marisa, están en casa.
7. Guillermo no tiene _____ chaqueta.
8. Estela y Ernesto no tienen _____ automóvil todavía.
9. Graciela, _____ ojos son muy bonitos.
10. No tengo _____ bicicleta aquí.

> **los señores Ruiz** = Mr. and Mrs. Ruiz

EJERCICIO 4

Complete los diálogos con la forma apropiada del adjetivo posesivo.

MODELO: RAÚL: ¡Qué inteligente es *tu* amiga!
          ALBERTO: Sí, y ella es idealista, también.

1. RAÚL: Silvia, _____ perro, Sultán, es muy inteligente.
   SILVIA: Gracias, Raúl, pero no es _____ perro. Es de Nacho.

2. CLARA: Pilar, ¿tienen carro _____ padres?
   PILAR: Sí, _____ padres tienen un Seat rojo.

3. JOSÉ: ¿Cómo se llama la novia de Andrés?
   PILAR: _____ novia se llama Ana.

4. ABUELA: Marisa y Clarisa, ¡qué bonitas son _____ faldas! ¿Son nuevas?
   MARISA: Sí, abuelita. Y _____ zapatos son nuevos también.

Possession may also be indicated by the use of possessive pronouns. These pronouns agree in gender and number with the noun they describe; that is, with the item possessed.

¿Es ésta tu blusa?	Is this one your blouse?
No, no es **mía;** es **tuya.**	No, it's not mine; it's yours.
¿Son de Alfredo estos zapatos?	Are these shoes Alfredo's?
Sí, son **suyos.**	Yes, they are his.
¿Es de Carmen este libro?	Is this book Carmen's?
No, no es **suyo;** es mío.	No, it's not hers; it's mine.
¿Son de ustedes estos cuadernos?	Do these notebooks belong to you (*all*)?
Sí, son **nuestros.**	Yes, they are ours.

For more practice with these pronouns see the **Expansión gramatical 1** in the *Cuaderno de actividades.*

SINGULAR OWNER (SINGULAR AND PLURAL POSSESSIONS)		PLURAL OWNER (SINGULAR AND PLURAL POSSESSIONS)	
mío(s)/mía(s)	*mine*	nuestro(s)/nuestra(s)	*ours*
tuyo(s)/tuya(s)	*yours (inf. sing.)*	vuestro(s)/vuestra(s)	*yours (inf. pl., Spain)*
suyo(s)/suya(s)	*his/hers/yours (pol. sing.)*	suyo(s)/suya(s)	*theirs/yours (pol. pl.)*

C.3 Expressing Age: The Verb *tener*

In English, the verb *to be* is used for telling age (*I am 21 years old*), but in Spanish the verb **tener** expresses age. To ask about age, use the question **¿Cuántos años... ?** (*How many years . . . ?*)

<table>
<tr><td>—Señora Saucedo, ¿cuántos años tiene usted?</td><td>—Mrs. Saucedo, how old are you?</td></tr>
<tr><td>—Tengo treinta y cinco (años).</td><td>—I'm 35 (years old).</td></tr>
</table>

> English: **I am** 24 (years old).
> Spanish: **Tengo** 24 (años).

EJERCICIO 5

Escriba la edad de estos amigos.

MODELO: Rogelio Varela / 21 → Rogelio Varela *tiene 21 años.*

1. Adriana Bolini / 35
2. Carla Espinosa / 22
3. Rubén Hernández Arenas / 38
4. Susana Yamasaki González / 33
5. doña María Eulalia González de Saucedo / 79

¿RECUERDA?

In **Gramática C.1** you learned the present-tense forms of the verb **tener.** Review them now, if necessary.

EJERCICIO 6

Escriba la edad de estas personas.

¿RECUERDA?

In **Gramática B.5** you learned that adjectives that end in **-o/-a** have four forms:
roj**o** (*masc. sing.*)
roj**a** (*fem. sing.*)
roj**os** (*masc. pl.*)
roj**as** (*fem. pl.*)

don Eduardo Alvar (n. 1926)   Estela Saucedo (n. 1971)   Ernestito Saucedo (n. 1998)   Amanda Saucedo (n. 1992)   doña Lola Batini (n. 1964)

C.4 Describing People: Adjectives of Nationality

A. Adjectives of nationality that end in **-o/-a,** just like other adjectives that end in **-o/-a,** have four forms.

	SINGULAR	PLURAL
Masculine	chino	chinos
Feminine	china	chinas

Victoria no es **china,** pero habla chino muy bien.

Victoria is not Chinese, but she speaks Chinese very well.

B. Adjectives of nationality that end in a consonant have four forms also.

	SINGULAR	PLURAL
Masculine	inglés*	ingleses
Feminine	inglesa	inglesas

John es **inglés,** pero su madre es **española.**

John is English, but his mother is Spanish.

C. Adjectives of nationality that end in **-e** have only two forms.

	SINGULAR	PLURAL
Masculine/Feminine	canadiense	canadienses

D. Adjectives of nationality and the names of languages are not capitalized in Spanish. Names of countries, however, are capitalized.

Do capitalize names of countries in Spanish:
Colombia
Panamá
Inglaterra
Do not capitalize nationalities or languages in Spanish:
colombiano
panameñas
español
inglés

EJERCICIO 7

¿De qué nacionalidad son estas personas?

MODELO: el señor Shaoyi He → *Es chino.*

1. _____ la señorita Fernández
2. _____ los señores Watanabe
3. _____ el señor Hartenstein
4. _____ las hermanas Lemieux
5. _____ la señorita Cardinale y la señorita Lomeli
6. _____ la señorita Tang
7. _____ el señor Thatcher
8. _____ la señorita Nikraz
9. _____ los señores Hassan

a. iraní
b. chino/china
c. español/española
d. sirio/siria
e. inglés/inglesa
f. italiano/italiana
g. japonés/japonesa
h. alemán/alemana
i. francés/francesa

Ej. 7. Instruct students to make a guess based on the name.

*See the *Cuaderno de actividades*—**Capítulos 2, 3, 5, 8,** and Appendix 3 of this text—for details on written accent marks.

¿RECUERDA?

In Spanish the forms of a
verb change to show who
is performing the action.
You have already seen the
forms of **llevar (Gramá-
tica A.1), ser (Gramática
A.3),** and **tener (Gramática C.1).** Now look at
the drawings on this page
and notice the forms of the
verb **hablar** (to speak).

C.5. This section expands the
idea of verb conjugation and per-
son/number agreement. The concept of verb endings was introduced in **Gramática A.1** and
reentered with the verb tener in
Gramática C.1. Remind students
that in order to use a dictionary
they must look up the infinitive;
the conjugated form will not be
found.

C.5   Talking about Habitual Actions: Present Tense of Regular -ar Verbs

A. The verb form listed in the dictionary and in most vocabulary lists is
the *infinitive.* In Spanish many infinitives end in **-ar (llamar, llevar),** but
some end in **-er (tener)** or in **-ir (vivir).** The forms of the verb are called
its *conjugation.* Here is the present-tense conjugation of the regular **-ar**
verb **hablar.*** Regular verbs are classified as such because their *stem* (the
infinitive minus the ending) remains the same in all forms; the only
change is in the endings, which are added to the stem.

hablar (to *speak*)		
(yo)	habl**o**	*I speak*
(tú)	habl**as**	*you (inf. sing.) speak*
(usted, él/ella)	habl**a**	*you (pol. sing.) speak; he/she speaks*
(nosotros/as)	habl**amos**	*we speak*
(vosotros/as)	habl**áis**	*you (inf. pl., Spain) speak*
(ustedes, ellos/as)	habl**an**	*you (pl.) speak; they speak*

B. Remember that Spanish verb endings indicate, in many cases, who or
what the subject is, so it is not always necessary to mention the subject explicitly. That is why the pronouns are in parentheses in the preceding table.

—¿**Hablas** español?   —*Do you speak Spanish?*
—Sí, y **hablo** inglés también.   —*Yes, and I speak English too.*

These endings take time to acquire. You can understand and communicate
with an incomplete knowledge of them, but they are important; make sure
you include them when you write.

*Recognition: **vos hablás**

EJERCICIO 8

Estamos en una fiesta en casa de Esteban. Complete estas oraciones con la forma correcta del verbo **hablar.**

1. Esteban, las dos chicas rubias _____ alemán, ¿verdad?
2. Mónica, ¿_____ francés tu padre?
3. Alberto y Luis no _____ francés.
4. Nora, ¿_____ tú chino?
5. No, yo no _____ chino, pero _____ un poco de japonés.

EJERCICIO 9

¿Qué idiomas hablan estas personas? Complete cada oración con la forma correcta del verbo **hablar** y el idioma apropiado.

1. Adriana Bolini es argentina y _____ italiano y _____.
2. Los señores Saucedo son mexicanos y _____ _____.
3. Li Yuan Tseng y Mei Chang son chinos y _____ _____.
4. Kevin Browne y Stephen Craig son ingleses. _____ _____.
5. Talia Meir y Behira Sefamí son israelíes. _____ _____.
6. ¿Eres rusa? Entonces, tú _____ _____.

Capítulo

Los datos personales y las actividades

For more information on the communicative goals of **Capítulo 1** and for additional activities (AAs), please see the corresponding chapter notes in the IM.

Pre-Text Oral Activities
1. Input with infinitives. The **Vocabulario** lists only infinitives specifically mentioned in activities in the text itself. Since most Pre-Text Oral Activities are open-ended, students will suggest activities they want to talk about, and you will generate many more infinitive forms than are listed in the **Vocabulario**. These should be written on the board and included in students' vocabulary notebooks. Infinitives are included in the **Vocabulario** even when these verbs have been previously introduced in command forms via TPR.

Use an association activity to introduce students to a larger number of infinitives. (See IM, Association Activities.)

Students can recognize *me/le gusta* + infinitive without grammatical analysis. The goal of the introductory activities is to use 15–30 infinitives in the input, in about 20 minutes. This introduces concentrated listening practice with infinitives. At first, do not ask questions that force students to produce infinitives or *me/le gusta* constructions. Students do not need to use *te gusta* until later in the chapter. Spend 5–10 minutes on *gustar* + infinitive in association activities during each class period devoted to this chapter.

M E T A S

In **Capítulo 1** you will learn to tell time and give personal information: your address, your phone number, and your birthday. You and your classmates will talk about sports and other leisure-time activities you enjoy.

2. Sports vocabulary. Use photos from your PF of people playing various sports. Ask questions such as: *¿Qué le gusta jugar/hacer/practicar a esta mujer?* Introduce names of sports that did not appear in Pre-Text Oral Activity 1. You may want to include associated vocabulary: *bate, equipo, partido, ganar, perder,* etc.

Sobre el artista: Casimiro González nació en La Habana, Cuba. Estudió arte en la Escuela Nacional de Bellas Artes y ahora vive en los Estados Unidos. Sus pinturas, de vivos colores, se exhiben en Francia, Italia, España, México, Colombia, Argentina, Puerto Rico, Alemania y Canadá.

CHA, CHA, CHA, por Casimiro González (Cuba)

Cuba

8000 a.C.
La presencia humana en Cuba se inicia con la primera de varias corrientes migratorias de grupos provenientes de otras partes de las Américas.

1492 a.C.
Comienza la erradicación de la población indígena.

1511
Llegan los primeros esclavos a Cuba.

1821
Movimiento independentista; sus instigadores son apresados y castigados.

1895
29 de enero: Levantamiento revolucionario

1886
Abolición de la esclavitud

1868
10 de octubre, primera Guerra de Independencia (1868–1878), encabezada por Carlos Manuel de Céspedes.

1500 **1800**

Los amigos animados: Para repasar

Antes de comenzar este capítulo, mire los segmentos animados para repasar los tres pasos.

A. La música en KSUN, Radio Sol. Mayín Durán habla de la música en KSUN, Radio Sol de California.

B. En el parque. Doña Lola y don Anselmo Olivera hablan de las personas en el parque.

En este capítulo...

ACTIVIDADES DE COMUNICACIÓN

• Las fechas y los cumpleaños
• Datos personales: El teléfono y la dirección
• La hora
• Las actividades favoritas y los deportes

EN RESUMEN

LECTURAS Y CULTURA

• **Ventanas culturales**
Nuestra comunidad: La misión personal de Rigoberta Menchú
• **Enlace literario**
«El interrogatorio», por Virgilio Piñera
• **Ventanas al pasado**
Frida y Diego
• **Lectura**
La pasión por los deportes

GRAMÁTICA Y EJERCICIOS

1.1 Counting: Numbers 100–1000 and Dates
1.2 Talking about Habitual Actions: Present Tense of Regular **-er** and **-ir** Verbs
1.3 Asking Questions: Question Formation
1.4 Telling Time: Hours and Minutes
1.5 Expressing Likes and Dislikes: **gustar** + Infinitive

Use these time lines of Spanish-speaking countries to give students a very brief overview of the country's history. You may want to have students turn to the maps at the beginning of *Dos mundos* and locate the country. Starting with this chapter, these time lines are presented in Spanish. There may be vocabulary words that are unfamiliar to students. Teach these first and then read this time line aloud, pronouncing the years as you go. In later chapters you may ask questions about the events to which students have only to answer with the year. If you have other information about the history, politics, or national holidays of the country, share this information with students. Students may follow up with Internet research on websites in Spanish or English.

1898 25 de abril: Los Estados Unidos (EU) le declaran la guerra a España.

1899 1 de enero (hasta el 20 de mayo 1902): Ocupación estadounidense de Cuba

1952 Golpe militar encabezado por Fulgencio Batista

1989 Desintegración de la Unión Soviética; años difíciles para Cuba

2003 La ONU condena el embargo estadounidense contra Cuba.

1900

2000

1902 EU establece una base naval en Guantánamo.

1959 Cae el régimen de Batista y triunfa la revolución; Fidel Castro controla la isla.

1961 EU rompe relaciones con Cuba y fracasa en su intento de invadir la Bahía de Cochinos.

1992 y 1996 Las leyes Torricelli y Helms Burton causan crisis económica.

Actividades de comunicación y lecturas

✳ **Las fechas y los cumpleaños**

Many of the words in this art display and in subsequent activities will be new to students. Be sure to verify class comprehension of all vocabulary in the display and the activities of this section as you proceed through these materials.

Las fechas y los cumpleaños. Seasons/months: Use your PF to introduce the seasons. Write the names of the seasons on the board, point to the pictures, and ask: *¿Qué estación es?* Expand, using activities, colors, or other vocabulary from your file. Sample input: *¿Qué hay (ven) en la foto? ¿Qué estación es? ¿Cuáles son los colores asociados con la primavera? Mi estación favorita es la primavera. ¿Cuál es su estación favorita?* Then use the display to introduce months and birthdays. Write on the board: *¿Cuándo nació usted?* (*¿Cuándo es su cumpleaños?*) Write your own information as an answer: *Nací el 16 de octubre.* Point out that Spanish gives dates using *el _____ de _____.* Ask questions to many volunteers. Students need answer only with date and month; you may expand their sentences. Student: *23, mayo.* Instructor: *Usted nació el 23 de mayo.* To class: *Russell nació el 23 de mayo.* Write all birthdays on the board. After every fourth or fifth, ask: *¿Quién nació el 23*

Lea Gramática 1.1.

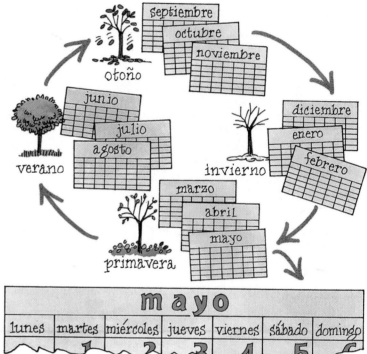

m a y o						
lunes	martes	miércoles	jueves	viernes	sábado	domingo
	1		2	3	4	5

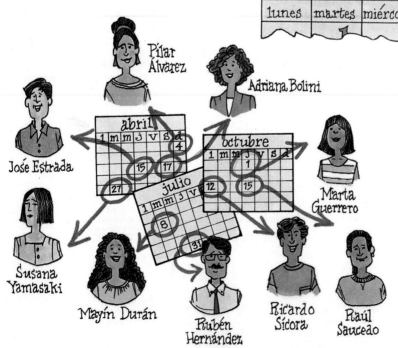

de mayo? See if students can remember without the names. Call students' attention to the birthday card on page 59.

Days of the week: Use a large calendar or write the days of the week on the board. Teach *semana*, the days of the week, and *hoy, ayer, mañana, anteayer, pasado mañana.* Pointing to the calendar or to the days of the week written on the board, ask: *¿Qué día es hoy? Si hoy es martes, ¿qué día es mañana? Si hoy es viernes, ¿qué día fue ayer? Si hoy es lunes, ¿qué día es pasado mañana? ¿Qué día fue anteayer?*

See the IRK for TPR sequence: *Los meses y las actividades* and for additional activities: *Las fechas y los cumpleaños.*

ACTIVIDAD 1   Intercambios: El cumpleaños

Hágale preguntas a su compañero/a sobre los dibujos de la
página anterior.   Act. 1. Intercambios (pair). Have students
do interaction in pairs.

MODELOS: E1: ¿Cuándo nació *José Estrada*?
            E2: Nació el *15 de abril.*
            E1: ¿Quién nació el *15 de octubre*?
            E2: *Raúl Saucedo.*

ACTIVIDAD 2   Intercambios: Los estudiantes de la profesora Martínez

MODELO: E1: ¿Quién nació el 19 de agosto de 1988?
           E2: Mónica Clark
           E1: ¿Dónde nació?
           E2: Nació en Ann Arbor, Michigan

Act. 2. Intercambios (whole-class; pair). Have students look at the chart while you ask: *¿De dónde es Lan Vo? ¿Cuál es el apellido de Carmen? ¿Quién nació en San Antonio? ¿Quién nació el día 23? ¿En qué mes nació Nora?* Expand and personalize: *¿Quién en la clase nació también en julio?* Then pair students to do interaction.

NOMBRE	LUGAR DE NACIMIENTO	FECHA DE NACIMIENTO
Carmen Bradley	Corpus Christi, Texas	23 de junio de 1987
Mónica Clark	Ann Arbor, Michigan	19 de agosto de 1988
Albert Moore	Seattle, Washington	22 de diciembre de 1975
Nora Morales	San Antonio, Texas	4 de julio de 1981
Luis Ventura	Albuquerque, Nuevo México	1 de diciembre de 1985
Lan Vo	Long Beach, California	5 de noviembre de 1986

ACTIVIDAD 3   Intercambios: ¿Qué quieres para tu cumpleaños?

MODELO: E1: ¿Quieres *un reloj* para tu cumpleaños?
           E2: Sí, quiero *un reloj.* (No, no quiero *un reloj,* quiero *una mochila.*)

Act. 3. Intercambios (whole-class; pair). Write: *Para mi cumpleaños, quiero…* on the board. List 2 or 3 things you would like: *Quiero un disco compacto nuevo, un teléfono móvil/celular, una bicicleta nueva.* (Pick cognates or words whose meaning you can easily act out or draw.) Review items in the sketches in the activity, making sure students understand vocabulary. Model the activity by playing both parts or by doing the activity with a student. Encourage students to use other vocabulary they know or to ask you *¿Cómo se dice?* to learn new items.

Optional *mini-diálogo: E1: ¿Quieres un/una _____ para tu cumpleaños? E2: Sí (No). E1: ¿Cuánto cuesta un/una _____? E2: No cuesta mucho, sólo _____ dólares. / Cuesta mucho, _____ dólares.*

1. un reloj   2. una computadora   3. una bicicleta   4. un reproductor para discos compactos

5. una patineta   6. un suéter   7. unos esquíes   8. entradas para un concierto

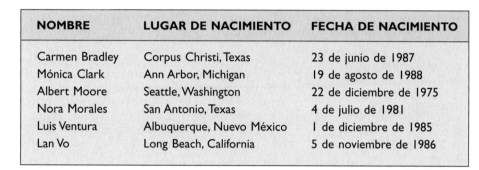

Felicidades en tu día

Feliz cumpleaños a mi querido esposo

Virginia

Datos personales. Do an association activity with the question *¿Dónde vive usted?* Students should answer with *en* + name of the city. Because many will live in the same city, ask: *¿Y sus abuelos?* Also ask: *¿Vive usted en un apartamento, en una casa o en las residencias estudiantiles?* Introduce: *¿Cuál es su dirección? ¿En qué calle vive usted?* Then have students look at ID cards and ask questions such as: *¿Quién vive en la calle Montes? ¿Cuál es el número de teléfono de Carlos Padilla?* Utilize numbers as much as possible. As you ask questions, include numbers such as *ciento cincuenta y seis* and *ciento quince.* Students may still need

9. un coche

10. una mochila

11. una cámara digital

12. un televisor

13. discos compactos

14. un equipo de música

✳ Datos personales: El teléfono y la dirección

help saying numbers in the hundreds in display and activities.

See the IRK for additional activities: *Los datos personales.*

Lea Gramática 1.2–1.3.

Many of the words in this display and in subsequent activities will be new to students. Be sure to verify class comprehension of all vocabulary in the display and the activities of this section as you proceed through these materials.

UNIVERSIDAD NACIONAL AUTÓNOMA DE MÉXICO

Nombre: Ignacio Padilla León
Dirección: Calle Juárez 528, México, D.F.
Teléfono: 5-66-57-42
Fecha de Nacimiento: 26-II-85
Sexo: M   Edo. Civil: soltero
Ojos: negros   Pelo: castaño
Ciudadanía: mexicana
Nº. de Estudiante: 156-87-40-94

UNIVERSIDAD COMPLUTENSE DE MADRID

Nombre: Pilar Álvarez Cárdenas
Dirección: Calle Almendras 481, Madrid
Teléfono: 4-71-94-55
Fecha de Nacimiento: 4-IV-84
Sexo: F   Edo. Civil: soltera
Ojos: castaños   Pelo: castaño
Ciudadanía: española
Nº. de Estudiante: 115-38-95-42

Act. 4. Del mundo hispano (whole-class; pair). Have students scan the passport and try to figure out meanings of technical words from the context. Ask the whole class: *¿De dónde es Susana? ¿Cuánto mide Susana? ¿Es casada ella? ¿Cuál es su signo del zodíaco (horóscopo)?* Then pair students and let them ask each other questions in the activity.

Follow-Up: Use the blank passport from the IRK and have students fill in their own information. Then have students exchange passports and ask: *¿Quién tiene el pasaporte de _____? ¿Dónde vive? ¿Cuál es la fecha de nacimiento de _____?*, and so on.

Variation: Distribute blank passports and pair students. One student is the tourist; the other is the passport agent. The agent asks questions of the tourist to fill out the passport. Write a list of appropriate questions on the board before students begin.

ACTIVIDAD 4   **Del mundo hispano: El pasaporte**

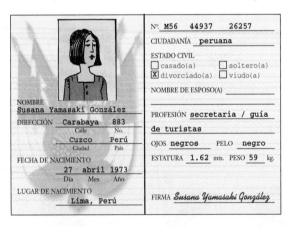

Nº. M56 44937 26257

CIUDADANÍA **peruana**

ESTADO CIVIL
☐ casado(a)   ☐ soltero(a)
☒ divorciado(a)   ☐ viudo(a)

NOMBRE DE ESPOSO(A) _____

NOMBRE
Susana Yamasaki González

DIRECCIÓN   **Carabaya   883**
              Calle   No.
Cuzco   Perú
Ciudad   País

FECHA DE NACIMIENTO
27   abril   1973
Día   Mes   Año

LUGAR DE NACIMIENTO
Lima, Perú

PROFESIÓN **secretaria / guía de turistas**

OJOS **negros**   PELO **negro**

ESTATURA **1.62** mts. PESO **59** kg.

FIRMA *Susana Yamasaki González*

1. ¿Cómo se llama la señora?   2. ¿Dónde vive?   3. ¿En qué mes nació?   4. ¿Cuál es su estado civil?   5. ¿De qué color tiene los ojos?

VENTANAS CULTURALES Nuestra comunidad

La misión personal de Rigoberta Menchú

Rigoberta Menchú es de Guatemala, está casada y tiene un hijo. Rigoberta es una mujer maya quiché muy fuerte. Su misión personal es ayudar a la gente indígena de su país y de todo el mundo. Rigoberta viaja mucho. Visita escuelas y universidades para hablar de sus experiencias y para describir la mala situación de los indígenas guatemaltecos.

Esta mujer excepcional recibe el Premio Nóbel de la Paz en 1992. En su libro autobiográfico *Yo, Rigoberta Menchú* (1984), Rigoberta narra una historia muy humana que protesta la violencia militar. La famosa indígena Menchú tiene una meta importante: justicia social para Guatemala y toda la América Latina.

VOCABULARIO ÚTIL

maya	*indigenous*
quiché	*people*
	from
	western
	Guatemala
ayudar	*help*
la gente indígena	*indigenous people*
el Premio Nóbel de la Paz	*the Nobel Peace Prize*
la meta	*goal*

Ventanas culturales: Nuestra comunidad. This is the first of the **Ventanas culturales** segments in *Dos mundos.* These readings are shorter than the **Lecturas,** and some of the annotations provide further information on the subject. (See Preface and IM.) There is also a new cultural segment in this edition, **Ventanas al pasado,** which presents interesting information about Hispanic history.

Background for Rigoberta Menchú: There are 4 million Maya people living in the tropical forests of Mexico, Belize, Guatemala, El Salvador and Honduras. Their ancient traditions and languages are still alive. The *quichés* are Mayas, like Rigoberta Menchú, who inhabit western Guatemala.

Ahora... ¡ustedes!

¿Qué sabes de tu mejor amigo o amiga? ¿Te gusta su personalidad? ¿Cuáles son sus pasatiempos? ¿Tiene él o ella una misión personal?

ACTIVIDAD 5   Diálogo abierto: Datos personales

E1: ¿Cómo te llamas?

E2: Me llamo _____. ¿Y tú?

E1: _____. ¿Dónde vives?

E2: Vivo en la calle _____, número _____. ¿Y tú?

E1: Vivo en la calle _____, número _____.

E2: ¿Cuál es tu número de teléfono?

E1: Es el _____. ¿Y tú número de teléfono?

E2: Es el _____. ¿Cuál es tu dirección electrónica?

E1: Es _____ @ _____. (No tengo.) ¿Y tu dirección?

E2: Es _____ @ _____. (No tengo.) ¿Tienes (teléfono) celular?

E1: Sí, mi número es el _____. (No, no tengo.) ¿Y tú?

E2: Sí, mi número es el _____. (No, no tengo.)

Act. 5. Diálogo abierto (pair). Tell students that names for e-mail vary in Spanish-speaking countries. *Correo electrónico, correo e.,* and *email* are used. Note that the @ sign in Spanish is *arroba.* Students do not have to give out their real phone numbers or e-mail—they may create numbers and addresses for this activity. Hint: Write several authentic street names on the board for students to use.

ENLACE LITERARIO[1]

Track 1 "(Enlace Literario y Lecturas) CD

«El interrogatorio», por Virgilio Piñera

Selección de su libro *Un fogonazo* (1987)

Virgilio Piñera (1912–1979) es uno de los escritores más estimados de Cuba. Autor de drama, poesía, cuentos[2] y novelas, Piñera es conocido especialmente por su teatro. Entre sus dramas más populares están *Aire frío* (1959) y *Dos viejos pánicos* (1968). En casi toda la obra[3] de Piñera se nota una preocupación por los aspectos «absurdos» de la vida. El libro *Un fogonazo* incluye once cuentos de varias décadas de la carrera de Piñera (1940–1970). «El interrogatorio» tiene la forma de un diálogo entre dos personajes[4] interesantes: un juez[5] y un hombre acusado de un crimen.

El interrogatorio

¿Cómo se llama?

—Porfirio.

¿Quiénes son sus padres?

—Antonio y Margarita.

¿Dónde nació?

—En América.

¿Qué edad tiene?

—Treinta y tres años.

¿Soltero o casado?

—Soltero.

¿Oficio?[6]

—Albañil.[7]

¿Sabe que se le acusa de haber dado muerte[8] a la hija de su patrona[9]?

—Sí, lo sé.

¿Tiene algo más que declarar?

—Que soy inocente.

El juez mira entonces vagamente al acusado y le dice:

—Usted no se llama Porfirio; usted no tiene padres que se llamen Antonio y Margarita; usted no nació en América; usted no tiene treinta y tres años; usted no es soltero; usted no es albañil; usted no ha dado muerte a la hija de su patrona; usted no es inocente.

—¿Qué soy entonces? —exclama el acusado.

Y el juez, que lo sigue mirando vagamente, le responde:

—Un hombre que cree llamarse[10] Porfirio...

Actividad creativa: Otro interrogatorio

Virgilio Piñera escribe sobre situaciones absurdas y personajes poco comunes. Imagínese esta situación absurda: ¡Usted es el personaje que el juez interroga en el cuento! Si prefiere, puede tener una identidad misteriosa. Use el diálogo de Piñera como modelo y escriba un interrogatorio basado en estas preguntas: ¿Cómo se llama? ¿Quiénes son sus padres? ¿Dónde nació? ¿Qué edad tiene? ¿Es soltero/a o casado/a? ¿Tiene algo que declarar?

[1]*Literary connection or link*   [2]*short stories*   [3]*work*   [4]*characters*   [5]*judge*   [6]*job, profession*   [7]*bricklayer, construction worker*   [8]*haber... having killed*   [9]*boss, employer*   [10]*que... who thinks his name is*

✳ La hora

Lea Gramática 1.4.

¿Qué hora es?

Es la una.

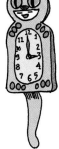

Son las tres.

Son las nueve menos diez.
Son las ocho cincuenta

Es la una y media.

Son las diez
menos veinte.

Son las once
y cuarto.

Es mediodía.

Es medianoche.

Son las siete y seis.

Son las tres menos veinticinco.

La hora. Use a clock with movable hands to teach how to tell time in Spanish. Begin with time on the hour. Teach the standard pattern: *Son las _____.* Then add *Son las _____ y _____.* On different days teach *cuarto/media* and either *para* or *menos* to tell time before the hour.

See the IRK for additional activity: *La hora.*

Many of the words and expressions in this display and in subsequent activities will be new to students. Be sure to verify class comprehension of all vocabulary in the display and the activities of this section as you proceed through these materials.

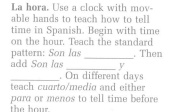

¡OJO!

En muchas partes del mundo hispano se usa el reloj de 24 horas. Después del mediodía, 1:00 = 13:00, 2:00 = 14:00, 3:00 = 15:00, etcétera. La medianoche (12:00) = 00:00.

ACTIVIDAD 6   Diálogo: ¿Qué hora es?

SRA. SILVA: Perdón, don Anselmo, ¿qué hora tiene?
DON ANSELMO: *Son las siete y cuarto.*
SRA. SILVA: Muchas gracias.

PAULA SAUCEDO: Oye, Ernesto, ¿qué hora tienes?
ERNESTO SAUCEDO: *Es casi medianoche.*
PAULA SAUCEDO: *¡Ya es tarde!*

Act. 6. Diálogo (pair). Have students work in pairs and vary the hours in these 2 dialogues.

Show students how to replace the expressions in italics with ones from the **Expresiones útiles** box. You may want to add more of your own.

▶ EXPRESIONES ÚTILES

Es mediodía	Es hora de comer
Son las 5:00 de la mañana	¡Es (muy) temprano!

ACTIVIDAD 7   Intercambios: ¿Qué hora es?

Escuche a su profesor(a). Diga el número del reloj que corresponde a la hora que él/ella dice. Luego, hágale preguntas a su compañero/a según el modelo.

MODELO: E1: ¿Qué hora es en _____?
         E2: Es la _____. / Son las _____.

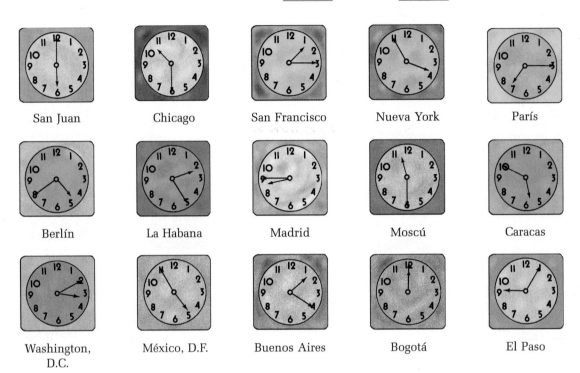

San Juan	Chicago	San Francisco	Nueva York	París

Berlín	La Habana	Madrid	Moscú	Caracas

Washington, D.C.	México, D.F.	Buenos Aires	Bogotá	El Paso

ACTIVIDAD 8   Del mundo hispano: Programas de televisión

Hágale preguntas sobre la siguiente teleguía a un compañero / una compañera.

1. ¿A qué hora es el programa *El hombre invisible*? ¿En qué canal se presenta?
2. ¿A qué hora es el programa *Corazón de verano*? ¿En qué canal se presenta?
3. ¿A qué hora es el programa *Dawson crece*? ¿En qué canal se presenta?
4. ¿En qué canal se presenta el programa *Las chicas Gilmore*? ¿A qué hora es?
5. ¿En qué canal se presenta la película *Pánico nuclear*? ¿A qué hora es?
6. ¿En qué canal se presenta el debate *Ésta es mi historia*? ¿A qué hora es?

▶ **EXPRESIONES ÚTILES**

¿A qué hora es _____?	Es a la(s) _____.	Se presenta en el canal _____.

Jueves, 22 de julio

CANAL **33**

MAÑANA

CANAL 13

06:00 Canal 24 horas Informativo
07:30 Telediario matinal Informativo
10:15 La verdad de Laura Serie
11:00 Por la mañana Magazine.
Con Inés Ballester y Manuel Giménez

CANAL 33

07:30 Los Lunnis Infantil. Las aventuras de Emily y Alexander, Ed, Edd y Eddy, Arthur y Tweenies
09:30 El joven Hércules Serie
10:00 Dawson crece Serie
11:00 Popular Serie
11:00 Ciclismo Tour de Francia
12:00 Los vigilantes de la playa Serie
13:00 Los Lunnis Infantil. Caillou, El patito feo, Los minimonstruos, Aventuras en pañales y Godzilla

TARDE

CANAL 13

13:30 La cocina de Karlos Arguiñano Gastronomía
14:00 Informativos territoriales Informativo
14:30 Corazón de verano Magazine. Con Anne Igartiburu
15:00 Telediario 1 Informativo
15:55 El tiempo Meteorología
16:00 Rebeca Novela
17:15 Ana y los 7 Serie
18:45 Smallville Serie
20:00 Gente Magazine. Con Pepa Bueno

CANAL 33

14:15 El rival más débil Concurso
17:30 Los Lunnis Infantil. Las tres mellizas y Digimon Frontier
19:15 Padres en apuros Divulgativo
19:30 Decogarden Divulgativo
20:00 Informativo territorial Informativo

NOCHE

CANAL 13

21:00 Telediario 2 Informativo
21:55 El tiempo Meteorología
22:00 Cuéntame cómo pasó Serie
23:30 Ésta es mi historia Debate. Con Ana García Lozano
01:30 Telediario 3 Informativo
01:45 Deportes Deportivo
02:00 La economía Informativo
02:15 El hombre invisible Serie
03:00 Canal 24 horas Informativo

CANAL 33

20:30 Los Beltrán Serie
21:00 Todo va sobre ruedas Serie
21:30 Academia Eurojunior Concurso
22:00 La 33 Noticias Informativo
22:30 El tiempo Meteorología
22:35 Los campeones de Olimpia Deportivo
23:15 Las chicas Gilmore Serie
00:45 El ala oeste de la Casa Blanca Serie
01:30 Cine Pánico nuclear, con: Morgan Freeman, Ben Affleck, James Cromwell, Liev Schreiber (Acción, EU, 2002). Director: Phil Alden Robinson. Duración: 118 minutos. Tras la muerte repentina del presidente de Rusia, un hombre de tendencias políticas prácticamente desconocidas toma el cargo. El cambio desata la paranoia entre los oficiales de la CIA y el director de la CIA recluta a un joven analista. Entonces sucede lo impensable: un artefacto nuclear estalla en una ciudad de EU éstos culpan a los rusos.
03:00 Cultura con Ñ Cultural
03:30 Teledeporte Deportivo
04:30 Euronews Informativo

Las actividades favoritas y los deportes. Use association techniques to review the set of predicates already introduced with the *le gusta* construction in Pre-Text Oral Activity 1. Then introduce the negative form, *Me gusta _____ / No me gusta _____* by reacting truthfully to each predicate you have written on the board. For example: *No me gusta jugar al béisbol, pero me gusta jugar al tenis.* Then ask students *sí/no* and either/or questions.

✳ Las actividades favoritas y los deportes

Follow-Up: Ask individual students: *John, ¿a usted le gusta andar en bicicleta?* (sí) *¿Tiene usted bicicleta?* (sí) *¿Es muy buena?* (no) *¿A quién más le gusta andar en bicicleta?* (Martha) *Martha, ¿también a usted le gusta andar en bicicleta?* (sí) *¿Le gusta andar en bicicleta los sábados?* (no) *¿los domingos?*, and so on.

Lea Gramática 1.5.

Most of the words and expressions in this display and in subsequent activities will be new to students. Be sure to verify class comprehension of all vocabulary in the display and the activities of this section as you proceed through these materials. Your use of TPR and Association Techniques will allow students to acquire a large number of infinitives in Spanish.

Un fin de semana típico de los Saucedo

See the IRK for additional activities: *Las actividades favoritas y los deportes*. There are 3 different TPR activities for this section. You may want to do a different one on each of 3 days.

A Guillermo y a sus amigos les gusta jugar al fútbol.

A Estela le gusta ir de compras.

A Amanda y a Graciela les gusta jugar al tenis.

A Ernesto le gusta leer.

A Ernesto y a Guillermo les gusta ver un partido de béisbol en el estadio.

A Ernestito le gusta andar en bicicleta.

A Amanda le gusta ver su telenovela favorita.

A los Saucedo les gusta cenar en un restaurante italiano.

Refrán. Starting in **Capítulo 1**, this feature is included at least once in each chapter. You will also find a reading on *refranes* (popular sayings) in **Capítulo 14**. A *refrán* is a vivid expression of the culture from which it emerges. Some are based in superstition, some originated in classic works of literature, and some are examples of word-play arising from observation or common sense. *Refrán* is usually accompanied by an English equivalent and a literal translation. Define the term *refrán* before you have students read the feature.

REFRÁN

No puedes andar y quieres correr.

(*You're biting off more than you can chew.* Literally, *You can't walk and you want to run.*)

Act 9. Intercambios (whole-class; pair). (See IM, Interactions.) Warm up with questions, such as: *¿Cuántos años tiene Nacho Padilla? ¿De dónde es Carla? ¿Es venezolana Adriana? ¿A quién le gusta salir a bailar? ¿A quién en esta clase le gusta bailar?*

ACTIVIDAD 9   Intercambios: El fin de semana

MODELOS: E1: ¿A quién le gusta *jugar al basquetbol*?
E2: A *Ricardo Sícora*.

E1: ¿Qué le gusta hacer a *Ricardo los sábados*?
E2: Le gusta *ir al cine*.

NOMBRE	LOS SÁBADOS LE GUSTA	LOS DOMINGOS LE GUSTA...
Ricardo Sícora, 18 años Caracas, Venezuela	ir al cine	jugar al basquetbol
Adriana Bolini, 35 años Buenos Aires, Argentina	explorar el Internet	jugar al tenis
Raúl Saucedo, 19 años México, D.F., México	salir a bailar	ver un partido de fútbol
Nacho Padilla, 21 años México, D.F., México	ver la televisión	andar en patineta
Carla Espinosa, 22 años San Juan, Puerto Rico	ir de compras	ir a la playa

ACTIVIDAD 10   Preferencias: Los gustos

Exprese su opinión.

1. Durante las vacaciones (no) me gusta...
   a. viajar.
   b. bailar por la noche.
   c. andar en bicicleta.
   d. dormir todo el día.

2. (No) Me gusta...
   a. nadar en una piscina.
   b. acampar.
   c. jugar en la nieve.
   d. patinar en el hielo.

3. Por la noche, a mis padres (no) les gusta...
   a. ver la televisión.
   b. cenar en restaurantes elegantes.
   c. ir a fiestas.
   d. leer el periódico.

4. A mi profesor(a) de español (no) le gusta...
   a. ir a fiestas.
   b. hacer ejercicio.
   c. cocinar.
   d. correr/trotar.

▶ Y TÚ, ¿QUÉ DICES?

¡Qué interesante!	¡No lo creo!
¡Qué divertido!	A mí también.
¡Qué aburrido!	A mí tampoco.

E1: (A mí) No me gusta acampar.
E2: A mí tampoco.

ACTIVIDAD 11   Entrevista: ¿Qué te gusta hacer?

MODELO: E1: ¿Te gusta *viajar*?
         E2: Sí, *me gusta mucho* viajar. (No, *no me gusta viajar.*)

1. ver la televisión
2. cenar en restaurantes
3. pescar
4. bailar en discotecas
5. cocinar
6. viajar en carro
7. escuchar música
8. escribir mensajes electrónicos
9. sacar fotos
10. trabajar en el jardín

Act. 10. Preferencias (whole-class; pair). (See IM, Preference Activities.) Read options aloud to students, who answer *sí/no*. Encourage students to guess the meaning of new words from context.
   Follow-Up: Students may be paired to state their and others' likes and dislikes. Their partner may comment from the list under

Y tú, ¿qué dices? Teach the meaning of expressions before pairing students. Make sure they understand they do not have to ask a question, but only make a statement from the list.

Act. 11. Entrevista (pair). Encourage students to answer truthfully and to expand on their answers. Circulate while they work on their interview and provide new vocabulary when needed.

VENTANAS AL PASADO

Frida y Diego

Diego Rivera (1886–1957) es fundador del muralismo mexicano junto con David Alfaro Siqueiros y José Clemente Orozco. Estudia pintura en México y París, donde vive doce años. Muchos de sus murales celebran la victoria sobre los conquistadores españoles y también la Revolución Mexicana. Otros temas frecuentes son las costumbres mexicanas, el obrero, la educación y la historia. Influye en Rivera la escultura de los mayas y los aztecas, pero Rivera combina también el estilo y los colores brillantes del arte popular en sus murales.

Frida Kahlo (1907–1954), esposa de Diego Rivera, es una artista extraordinaria por su persistencia en situaciones difíciles. A la edad de seis años sufre de poliomielitis; a los 18 años sufre un serio accidente en un autobús. Mientras se recupera del accidente, aprende a pintar. En su obra predominan los autorretratos, por razones obvias: las consecuencias de su accidente afectan su movilidad. Los símbolos de Frida son sencillos y revelan sus sufrimientos y su relación con Diego.

VOCABULARIO ÚTIL

los temas	themes
las costumbres	customs, habits, practices
el obrero	worker
aprende	learns
la obra	work or art
los autorretratos	self-portraits
sencillos	simple

Ahora... ¡ustedes!

¿Te gustan las pinturas de Diego Rivera y Frida Kahlo? ¿Qué estilo de arte prefieres? (el primitivista/clásico/neoclásico/realista/surrealista/cubista) ¿Te gusta pintar?

ACTIVIDAD 12   Intercambios: Los Juegos Panamericanos

MODELOS: E1: ¿Qué días hay competición de *baloncesto* (*basquetbol*)?
          E2: Del *2 al 6 de agosto* y el *8* y el *9 de agosto.*

          E1: ¿A qué hora del día son las competiciones de *gimnasia el 2 de agosto?*
          E2: *Por la mañana, por la tarde y por la noche.*

(continúa)

XIII Juegos Deportivos Panamericanos
Agosto 2003
Calendario de competencia
Santo Domingo, República Dominicana

Evento	V	S	D	L	M	M	J	V	S	D	L	M	M	J	V	S	D
	1	2	3	4	5	6	7	8	9	10	11	12	13	14	15	16	17
Acto de inauguración	●																
Acuáticos																	
Clavados					●	●	●	●	●								
Natación											●	●	●	●	●	●	●
Polo acuático			●	●	●	●	●	●	●	●							
Arquería			●	●	●	●	●	●	●								
Atletismo																	
Campo y pista					●	●	●	●	●	●	●						
Maratón					●	●											
Baloncesto			●	●	●	●	●	●	●	●							
Béisbol			●	●	●	●	●	●	●								
Boxeo							●	●	●	●	●	●		●	●		
Ciclismo											●	●	●	●	●		
Fútbol			●	●	●	●		●	●		●	●	●		●	●	
Gimnasia			●	●	●	●	●										
Halterofilia											●	●	●	●	●	●	
Judo								●	●	●	●	●					
Lucha			●	●	●												
Patinaje											●	●	●	●	●		
Pelota vasca			●	●	●	●	●	●	●	●	●			●			
Tenis						●	●	●	●	●							
Tenis de mesa							●	●	●		●	●	●				
Triatlón									●	●							
Voleibol			●	●	●	●	●	●		●	●	●	●	●		●	●
Clausura																	●

Leyenda: ● Mañana   ● Tarde   ● Noche

ACTIVIDAD 13   Del mundo hispano: Escríbanos

Lea la página de la revista *Eres* que aparece en la siguiente página. Hay un grupo de muchachos de México que quieren entablar (tener) correspondencia con otros muchachos. Hágale preguntas a su compañero/a acerca de la información que hay sobre ellos.

Act. 12. Intercambios (whole-class; pair). This program resembles realia from the Spanish-speaking world about the Panamerican Games, which are held every 4 years, the summer before the Olympic Games. The idea of the games was conceived in 1932, but economic conditions and World War II prevented them from becoming a reality until 1951 when they were first held in Buenos Aires. Cities that have been the site of the *Juegos Panamericanos* are: Santo Domingo, Winnipeg, Buenos Aires, Cali, Sao Paulo, Chicago, Caracas, Indianapolis, San Juan, La Habana, Mar del Plata, and México, D.F. Have students scan realia and answer any questions they may have about vocabulary or pronunciation. Model the interaction before pairing students. Circulate around the classroom, making comments about the realia and helping students to find information or phrase a question.

Act. 13. Del mundo hispano (pair). This is realia from the Spanish-speaking world about authentic places with unfamiliar street, city, and state names. Remind students that they do not have to understand every word. Have them scan the realia first and then ask questions about the vocabulary. Write new words on the board. Draw students' attention to the map of Mexico, which shows the 4 states mentioned in the realia, and also to the box of *Abreviaturas* below. Model the questions, playing both parts, and then pair students to ask each other questions based on the realia. Circulate around the room to help students find information and to help with vocabulary and pronunciation.

MODELOS:

E1: ¿Cuántos años tiene _____?

E2: Tiene _____.

E1: ¿Cuál es el deporte favorito de _____?

E2: Su deporte favorito es el/la _____.

E1: ¿Cuál es el correo electrónico de _____?

E2: Es _____.

E1: ¿Cuál es la dirección de _____?

E2: Su dirección es _____.

E1: ¿Qué le gusta hacer a _____?

E2: Le gusta _____.

Y TÚ ¿QUIÉN ERES?

❦ MIGUEL ÁNGEL OJEDA CEGUEDA
  (21 años)
Apdo. Postal 552,
Col. Centro, C.P. 39300, Acapulco, Gro.
correo e.: migan@uol.com.mx
Pasatiempos: ir a la playa, andar en patineta, jugar al fútbol norteamericano y jugar con la computadora.

❦ JOSÉ GUADALUPE AYALA
  RAMÍREZ (18 años)
Julio V. Plata 74, Héroe de Nacozari, C.P. 07780, México, D.F.
Pasatiempos: jugar al fútbol, navegar por Internet y tener amigos por correspondencia.

❦ EFRAÍN MANUEL GALVÁN O.
  (20 años)
Motolinía 2317, Centro, Morelia,
C.P. 58000, Mich.
correo e.: emgalvan@correoweb.com.mx
Pasatiempos: ir a los antros, escuchar la música de Maná, ir al cine, jugar al basquetbol y leer *Eres*.

❦ MARÍA CRUZ RODRÍGUEZ P.
  (17 años)
Ardilla 341, Col. Benito Juárez, Cd. Neza, C.P. 5700, Edo. De México
Pasatiempos: andar en bici, escuchar la música de Carlos Vives, ir al cine y leer novelas.

❦ GEMA LETICIA VILLANUEVA R.
  (24 años)
Calle Carretera a Tesistán 1051, Col. Arcos de Zapopán, Zapopán, C.P. 45130, Jal.
correo e.: gemavilla@micorreo.com.mx
Pasatiempos: ir a la piscina, escuchar música, ver la tele y tener correspondencia con amigos en inglés o en español.

❦ ANA JAZMÍN PRECIADO
  MENDOZA (17 años)
Oriente 176, Col. Moctezuma C.P. 15500, México, D.F.
correo e.: ajazpreciado@informamex.com.mx
Pasatiempos: escuchar música, en especial Shakira, bailar en los antros, pasear y tener amigos.

Abreviaturas:

Apdo. – apartado	C.P. – código postal	Edo. – Estado
Cd. – ciudad	D.F. – Distrito Federal	Gro. – Guerrero
Col. – colonia	e. – electrónico	Jal. – Jalisco
		Mich. – Michoacán

n resumen

De todo un poco

La curiosidad
Trabaje con otros estudiantes. Escriban dos o tres preguntas para estas personas famosas o interesantes.

1. el presidente de los Estados Unidos
2. un actor de cine muy guapo
3. una actriz famosa y bonita
4. una mujer muy bonita en una fiesta
5. un hombre muy joven en la clase de español
6. su profesor(a) de español

¡Dígalo por escrito!

Descripción de personas

De su revista favorita, seleccione una foto de una o más personas y tráigala a clase. Descríbeles la foto a sus compañeros. ¡Use su imaginación!

- ¿Cómo se llama?
- ¿Dónde nació?
- ¿Dónde vive ahora? ¿Con quién(es) vive?
- ¿Cuántos años tiene?
- ¿Cuál es su fecha de nacimiento? ¿su signo del zodíaco?
- ¿Qué idioma(s) habla?
- ¿Cómo es?
- ¿Qué ropa lleva?
- ¿Qué le gusta hacer?
- ¿ ?

Ahora, escriba una descripción de la foto. Incluya la información básica (vea las preguntas de arriba) y otros detalles interesantes/descriptivos.

¡Cuéntenos usted!

Cuéntenos sobre su pariente favorito. ¿Qué relación tiene con usted? (¿es su tío/a, primo/a, abuelo/a... ?) ¿Cómo se llama? ¿Dónde vive? ¿Cuántos años tiene? ¿Cómo es? ¿Qué le gusta hacer en su tiempo libre? ¿Qué les gusta hacer a ustedes juntos?

MODELO: Mi prima es mi pariente favorito. Se llama Isabel y vive en Chicago. Isabel tiene 24 años y es estudiante en la universidad. Es muy inteligente, generosa y optimista. Le gusta mucho montar en bici. Nos gusta ir a museos de arte juntas.

▶ PALABRAS ÚTILES

¿Cuál... ?
¿Cuándo... ?
¿Cuántos... ?
¿Cómo... ?
¿Dónde... ?
¿Por qué... ?
¿Qué... ?
¿Quién... ?

¡Dígalo por escrito! The first part of this activity may be done in pairs and in class. The second part may be given as an extra-credit homework assignment.

Cuéntenos usted. This oral summary activity is intended to help students narrate their own lives and stories in an informal setting. Give students at least five minutes to jot down ideas for telling their story or assign this preparation as homework. Divide students in groups of three or four. Draw numbers to decide who goes first.

PISTAS* PARA LEER
1. Scan title and vocabulary box. What is the main idea of this reading?
2. Now scan text for names of famous Hispanics in sports.
3. Skim the **Lectura** to get the gist of it.
4. As you read, keep these questions in mind: What are the most popular sports in the Hispanic world? Are those sports popular in the United States?

VOCABULARIO ÚTIL

la natación	swimming
el montañismo	mountain climbing
la cancha	court
A propósito	By the way
¡haga el intento!	try!
los extranjeros	foreign
la Serie Mundial	World Series (baseball)
ayuda	helps
el ciclismo	cycling
el torneo	tournament

LECTURA # La pasión por los deportes

Los hispanos sienten gran pasión por los deportes, ya sea el béisbol, el fútbol o deportes individuales como la natación, el esquí y el montañismo. Esta pasión es una característica esencial de su cultura. Los deportes profesionales son la forma de entretenimiento más popular en España y América Latina y los deportistas famosos tienen muchos admiradores.

El fútbol es el deporte favorito de los argentinos, los uruguayos, los chilenos y los centroamericanos. En muchas ciudades de América Latina es fácil encontrar partidos de fútbol. De hecho, hay lugares públicos que sirven de cancha, como los parques urbanos. Por ejemplo, en el parque La Carolina de Quito, Ecuador, hay partidos de fútbol frecuentemente. A propósito, si usted quiere jugar al fútbol durante sus viajes por América Latina y España, ¡haga el intento! Muchos equipos reciben con entusiasmo a los buenos jugadores extranjeros.

El béisbol también es un deporte muy popular y se juega en los países del Caribe, que son Puerto Rico, Cuba, Venezuela y la República Dominicana. Muchos caribeños miran la Serie Mundial en la televisión o la escuchan en la radio. Es un público muy entusiasta. Hay beisbolistas hispanos de fama internacional, como el dominicano Sammy Sosa y el mexicano Fernando Valenzuela. Sosa es estimado por su talento atlético y su generosidad, pues ayuda mucho a los deportistas jóvenes de su país.

Todas las ciudades grandes de España y América Latina tienen gimnasios donde es posible nadar, levantar pesas y hacer ejercicios aeróbicos. Algunos hispanos prefieren esquiar. En Chile y Argentina hay sitios formidables para practicar el esquí, y los españoles esquían en la Sierra Nevada. Hay además otros deportes que apasionan a los hispanos, como el ciclismo, el baloncesto, el tenis y hasta el rugby. El ciclismo es popular en Colombia, México y España; el baloncesto se asocia con los Estados Unidos, pero también se juega con entusiasmo en México. En Oaxaca, por ejemplo, hay un torneo anual de baloncesto.

Como puede ver, la pasión por las actividades deportivas es un aspecto esencial del carácter hispano y de su cultura.

Lectura. Pistas para leer. In this section we provide an expanded version of the boxed **Pistas** that accompany each **Lectura.** We use the word *pistas* to mean clues, as in clues to solve a mystery, but also as tracks that can be followed in order to "discover" the meaning of words and the pleasure of reading. The *pistas* will be in English in the first six chapters, but beginning with **Capítulo 7** they will be brief and in Spanish.

Remind students of the following techniques, which should be kept in mind as they approach all of the reading materials in *Dos mundos:* (1) look at the title, pictures, and any other cues outside the main text for an introduction to what the reading is about; (2) scan the text for cognates and familiar words; (3) skim the text to get the gist of it without looking up words; (4) use context to make intelligent guesses regarding unfamiliar words; (5) read in Spanish, picturing the story instead of trying to translate it in your mind as you go; and (6) read through a second or third time and if there are still words you do not recognize, now is the time to look them up.

La pasión por los deportes is the first formal narrative in *Dos mundos.* This **Lectura** lends itself to the practice of scanning as a reading strategy. Have students scan the title and highlighted words. (Note that new words appear in red in the text and are included in the **Vocabulario útil** box.) Ask what the main idea of the reading will be: *¿Cuál es la idea principal?* (*los deportes*). Then ask: *¿Cuáles deportes se mencionan?*

Culture/History. In this section we will provide cultural and/or historical information that is relevant to the topic. Don't feel obligated to present this background material, especially if there are time constraints. Baseball is considered the national sport of the United States, but it is also the most popular sport in Caribbean countries. Also note the popularity of soccer in South America. It is no longer considered a "male" sport, since many women are now playing soccer both in Hispanic countries and in the US.

Pre-Reading. Explain that *practicar un deporte* is equivalent to "to play a sport." You may also want to explain that *fútbol* (or *futbol*) in Spanish means "soccer," and what is usually called "football" in the US is referred to as *fútbol* (or *futbol*) (*norte*)*americano* in Spanish. Show pictures of sports in various countries. Line up the pictures along the board and then review the sports with personalized questions: *¿A ustedes les gustan los deportes? ¿Qué deportes practican? ¿Cuáles son los deportes que tradicionalmente se consideran*

Pistas means both "clues" and "tracks."

Comprensión

¿Cierto o falso?

1. El fútbol se practica mucho en Chile y Argentina. cierto
2. Es posible esquiar en los gimnasios. falso
3. Hay un beisbolista muy famoso en el Caribe. cierto
4. Normalmente, los hispanos no practican deportes individuales. falso
5. Los mexicanos no tienen interés en el béisbol. falso
6. El baloncesto es muy popular en Oaxaca, México. cierto
7. Todos los futbolistas hispanos juegan en canchas profesionales. falso
8. Muchos hispanos esquían en México. falso

Un paso más... ¡a escribir!

Imagínese que usted es un deportista famoso / una deportista famosa. ¿Cuál es su deporte? ¡Descríbase! Puede incluir una descripción física y también de su personalidad.

MODELO: Me llamo _____ y juego al _____. Soy muy famoso/a. Tengo muchos admiradores. Practico este deporte _____ (frecuencia). Soy _____ (descripción física). ¿Mi personalidad? Soy _____ y _____.

«masculinos»? ¿Cuáles se consideran «femeninos»? ¿Por qué se consideran así? ¿Son estereotipos?
   Read some passages aloud very slowly, pausing frequently. Use exaggerated intonation and gestures to make meaning clear. Read key words and cognates slowly (*pasión, individuales, profesionales, entretenimiento*), but quickly pass over function words and phrases not essential to main points (*además, hasta*). Pause and add comments or ask questions to aid comprehension. For example, after the sentence *El ciclismo es popular en Colombia*, ask, *¿A quién en la clase le gusta andar en bicicleta?* Now have students reread the text silently.

Post-Reading. Retell the **Lectura** in your own words, stressing main vocabulary and modeling pronunciation. Pause frequently to see if students can finish the sentence you have started: *El ciclismo es muy popular en...* Now ask comprehension questions like *¿En cuáles países se juega mucho el béisbol? Mencionen dos tenistas hispanas famosas.*
   Do the **Comprensión** activity with the class. Note that **1.** contains an unfamiliar structure: *se practica.* Then follow it up with personalized questions: *¿Es bueno practicar deportes? ¿Prefieren ustedes ir a un gimnasio para hacer ejercicio? ¿Hay deportistas famosos que juegan su deporte favorito? ¿Quiénes son? ¿Es usted admirador/admiradora de esas personas?*
   Finally, assign **Un paso más... ¡a escribir!** (UPM) as written homework. Innovative and engaging formats have been provided for these post-reading activities. Some of these activities will focus on writing, *¡a escribir!*, and some on conversation, *¡a conversar!* When presented in conversation format, the activity is intended for interaction between you and your class. However, do not feel obligated to do all the post-reading activities. Assign only those that will spark students' interest. Additionally, in the IM you will find more suggestions for personalized questions under the heading *¡Ahora usted!*

Vocabulario

• **Los meses del año** T I3 Months of the Year	
enero	January

PALABRAS SEMEJANTES: febrero, marzo, abril, mayo, junio, julio, agosto, septiembre, octubre, noviembre, diciembre

• **Las estaciones** T34 Seasons	
la primavera	spring
el verano	summer
el otoño	fall, autumn
el invierno	winter

• **Los días de la semana** T35 Days of the Week	
(el) lunes	Monday
(el) martes	Tuesday
(el) miércoles	Wednesday
(el) jueves	Thursday
(el) viernes	Friday
(el) sábado	Saturday
(el) domingo	Sunday

• **¿Cuándo?** T36 When?	
(ante)ayer	(day before) yesterday
hoy	today

luego — then, later
(pasado) mañana — (day after) tomorrow
por la mañana/ tarde/noche — in the morning/afternoon (evening)/at night
temprano — early
todo el día — all day (long)

• Los datos personales *T 37* — Personal Data

la calle — street
la ciudadanía — citizenship
¿Cómo te llamas (tú)? — What is your name?
el correo electrónico — e-mail
¿Cuál es su / tu dirección electrónica? — What is your e-mail (address)?
  Es mgomez arroba micorreo puntocom. — It's mgomez@micorreo.com.
¿Cuándo es el día de su / tu cumpleaños? — When is your birthday?
¿Cuándo (Dónde) nació / naciste? — When (Where) were you (was he / she) born?
  Nací el (en)... — I was born on (in) . . .
la dirección — address
¿Dónde vive usted (vives tú)? — Where do you live?
  Vivo en... — I live in/at . . .
el estado civil — marital status
la fecha (de nacimiento) — date (of birth)
el lugar (de nacimiento) — place (of birth)
el peso — weight

PALABRAS SEMEJANTES: el pasaporte, el sexo
REPASO: el apellido, casado/a, divorciado/a, soltero/a, viudo/a

• La hora *T . 38* — Time; Hour

la medianoche — midnight
el mediodía — noon
¿Qué hora es? — What time is it?
  Es la una y media. — It is one-thirty.
  Son las nueve menos diez (minutos). — It is ten (minutes) to nine.
¿A qué hora es la película? — What time is the movie?
  Es a las 8:30. — It's at 8:30.
Oye, ¿qué hora tienes? — Hey, what time do you have?
Perdón, ¿qué hora tiene? — Excuse me, what time do you have?

y cuarto / menos cuarto — quarter after / quarter till
y media — half past

• Los deportes y *T 39* los juegos — Sports and Games

el basquetbol (baloncesto) — basketball
el equipo — team
el estadio — stadium
el fútbol (americano) — soccer (football)
jugar (al tenis) — to play (tennis)
nadar (en una piscina) — to swim (in a pool)
el partido — game (in sports), match
patinar (en el hielo) — to skate (on ice)
pescar — to fish
practicar un deporte — to play a sport

PALABRAS SEMEJANTES: el bate, el béisbol, la competición

• Las actividades *T 40* del tiempo libre — Leisure Time Activities

acampar — to camp (go camping)
andar en bicicleta/ patineta — to ride a bicycle / to skateboard
bailar — to dance
cenar — to dine, have dinner
cocinar — to cook
comer — to eat
correr — to run
dormir — to sleep
escribir mensajes electrónicos — to write e-mail
escuchar (música) — to listen (to music)
explorar el Internet — to surf the Internet
hacer — to do, to make
hacer ejercicio — to exercise
ir — to go
  a fiestas — to parties
  a la playa — to the beach
  al cine — to the movies
  de compras — shopping
jugar (en la nieve) — to play (in the snow)
leer el periódico (revistas) — to read the newspaper (magazines)
sacar fotos — to take photos
salir (a bailar) — to go out (dancing)
trabajar en el jardín — to work (in the garden)
ver — to see, to watch
  la televisión — television
  un partido de... — a game of . . .
  una telenovela — a soap opera

- **Palabras y** *T 41*   Words and Expressions
  expresiones del   from the Text
  texto

Cuéntenos	Tell us (*command*)
describa(n)	describe (*command*)
¡Dígalo por escrito!	Say it in writing!
la firma	signature
los gustos	likes
Hágale preguntas a...	Ask . . . questions.
la lectura	reading (*n.*)
según	according to
seleccione(n)	choose (*command*)
se presenta	is shown
el refrán	saying
siguiente(s)	next; following
sobre	about
trabaje(n)	work (*command*)
traiga(n)	bring (*command*)
vea(n)	see (*command*)

PALABRAS SEMEJANTES: corresponde, en detalle, incluya(n), la preferencia, use

- **Palabras útiles** *T 42* Useful Words

a, al / a la	to, to the
acerca de	about
aquí	here
casi	almost
las entradas (para un concierto)	tickets (for a concert)
el equipo de música	stereo
los esquíes	skis
el fin de semana	weekend
el/la guía de turistas	tourist guide
navegar (por) el Internet	to surf the Internet
para	for
pero	but

querer	to want
quiero	I want
quieres	you want
el reproductor para discos compactos	CD player
el (teléfono) celular/móvil	cell phone
la teleguía	television guide
el televisor	television set

PALABRAS SEMEJANTES: el actor / la actriz, anterior, asociado/a, básico/a, la cámara digital, el canal, correcto/a, la correspondencia, la curiosidad, el debate, descriptivo/a, la discoteca, elegante, favorito/a, el grupo, hispano/a, la información, panamericano/a, el presidente / la presidenta, la profesión, el programa, la relación, el restaurante, el secretario / la secretaria, típico/a

- **Expresiones** *T 43* Useful Expressions
  útiles

¿A quién le gusta... ?	Who likes to . . . ?
¡Felicidades!	Congratulations!
¡Feliz cumpleaños!	Happy birthday!
más o menos	more or less
No lo creo.	I don't believe it.
¡Qué aburrido/divertido!	How boring/fun!
¿Qué le/te/les gusta hacer?	What do you (*pol. sing. / inf. / pl.*) like to do?
Le gusta...	He/She likes (You [*pol. sing.*] like) (to) . . .
Les gusta...	They / You (*pl.*) like (to) . . .
Nos gusta...	We like (to) . . .
Te gusta...	You (*inf.*) like (to) . . .
(No) Me gusta...	I (don't) like (to) . . .
A mí también/tampoco.	I do too . . . / I don't either.
¿Por qué?	Why?
Ya es tarde.	It's late already.
Y tú, ¿qué dices?	And you? What do you say?

Gramática y ejercicios

---

100 = **cien**
101 = **ciento uno**
161 = **ciento sesenta y uno**
doscientos (200) hombres
doscientas (200) mujeres
quinientos (500) edificios
quinientas (500) sillas

1.1. This section focuses on dates. Here is additional information about using numbers in Spanish that we have *not* included in **1.1.**; we recommend that you use it only if questions about these points arise. Spanish uses masculine forms to count: *cuatrocientos setenta y nueve* (479). Number words with hundreds agree in gender with the noun they modify: *doscientas mujeres.* The number *uno* (and its combinations) becomes *un* before a masculine noun and *una* before a feminine noun: *sesenta y un libros, noventa y una casas.*

---

5 = **cinco**
15 = **quince**
50 = **cincuenta**
500 = **quinientos**
7 = **siete**
70 = **setenta**
700 = **setecientos**
9 = **nueve**
90 = **noventa**
900 = **novecientos**

1.1 Counting: Numbers 100–1000 and Dates

A. Here are the hundreds, from 100 to 1000. Note particularly the pronunciation and spelling of 500, 700, and 900. The word for *one hundred* is **cien,** but when combined with other numbers it is usually **ciento(s).** From 200 to 900, there is also a feminine form.

154	ciento cincuenta y cuatro	600	seiscientos/as
200	doscientos/as	700	setecientos/as
300	trescientos/as	800	ochocientos/as
400	cuatrocientos/as	900	novecientos/as
500	quinientos/as	1000	mil

—¿Cuántos estudiantes de España hay en el grupo? ¿Hay **cien**?
—No, hay **ciento cincuenta y cuatro.**

—*How many students from Spain are in the group? Are there a hundred?*
—*No, there are one hundred and fifty-four.*

—¿Cuántas sillas hay?
—Hay **doscientas diez.**

—*How many chairs are there?*
—*There are two hundred and ten.*

B. To state a year in Spanish, use **mil** (1000) followed by hundreds in the masculine form (if necessary).

1832	mil ochocientos treinta y dos
1993	mil novecientos noventa y tres
2002	dos mil dos

EJERCICIO 1

Escriba las siguientes fechas.

MODELO: 2005 → Dos mil cinco

1. 1876
2. 1588
3. 1775
4. 1991
5. 2006
6. 1945
7. 1011
8. 1929
9. 1615
10. 2025

1.2 **Talking about Habitual Actions: Present Tense of Regular -*er* and -*ir* Verbs**

Following are the present-tense conjugations of the regular **-er** and **-ir** verbs **leer** and **vivir.***

leer (to read)		
(yo)	le**o**	*I read*
(tú)	le**es**	*you (inf. sing.) read*
(usted, él/ella)	le**e**	*you (pol. sing.) read; he/she reads*
(nosotros/as)	le**emos**	*we read*
(vosotros/as)	le**éis**	*you (inf. pl., Spain) read*
(ustedes, ellos/as)	le**en**	*you (pl.) read; they read*

vivir (to live)		
(yo)	viv**o**	*I live*
(tú)	viv**es**	*you (inf. sing.) live*
(usted, él/ella)	viv**e**	*you (pol. sing.) live; he/she lives*
(nosotros/as)	viv**imos**	*we live*
(vosotros/as)	viv**ís**	*you (inf. pl., Spain) live*
(ustedes, ellos/as)	viv**en**	*you (pl.) live; they live*

Remember that, because Spanish verb endings indicate in many cases who or what the subject is, it is not necessary to use subject pronouns in every sentence.

—¿Dónde vives?   —*Where do you live?*
—Vivo en San Juan.   —*I live in San Juan.*

EJERCICIO 2

Complete estas oraciones con la forma correcta del verbo **leer.**

1. Muchos españoles _____ el periódico *El País.*
2. ¿_____ (tú) muchas novelas?
3. Mi amigo _____ la Biblia todos los días.
4. (Yo) _____ libros en español.
5. Profesora, ¿_____ (usted) muchas composiciones?

---

*For recognition: **vos leés, vivís**

1.2. The emphasis in this section is on the verbs *vivir* and *leer; -er* and *-ir* endings occur again in the grammar of **Capítulo 3.**

It takes time to acquire these endings. As you read, listen, and interact more in Spanish, you will be able to use them with greater accuracy.

leer = *to read*

¿RECUERDA?

As you saw in **Gramática C.5** and **1.2,** Spanish verb endings usually indicate who the subject is, so it is generally not necessary to use subject pronouns (**tú, usted, él/ella, nosotros/ as, vosotros/as, ustedes, ellos/as**) in questions.

¿Tienes (tú) teléfono?
¿Dónde vive (ella)?
¿Cómo se llaman (ustedes)?

1.3. Although English-speaking students have seen and heard many questions in Spanish by now, when they compose they often search for the English question markers *do* and *does.*

¡OJO!

Note that in Spanish no additional words, such as *does* or *do,* are needed to turn a statement into a question.

EJERCICIO 3

Complete estas oraciones con la forma correcta del verbo **vivir.**

1. Pablo _____ en Texas.
2. (Nosotros) No _____ en México.
3. Susana y sus hijos _____ en Perú.
4. ¿_____ (vosotros) en España?
5. (Yo) _____ en los Estados Unidos.
6. ¿_____ (ustedes) en Panamá?

1.3 Asking Questions: Question Formation

You have already seen and heard many questions in Spanish.

¿Cómo se llama usted?   ¿Es alto Guillermo?
¿Qué hora es?   ¿Habla usted español?
¿Cuándo nació José?   ¿Tienen (ustedes) hijos?
¿Qué tiene Amanda?   ¿Eres (tú) sincera?

A. Statements in Spanish are normally formed by using a subject, then the verb, and then an object and/or description.

Ernestito tiene un perro grande.
subject verb object adjective

Amanda es delgada.
subject verb adjective

Negative statements are formed by using a negative immediately before the verb.

Ernestito no tiene un perro grande.
Amanda no es delgada.

B. Questions are usually formed by placing the subject after the verb, with the object or any description either following or preceding the subject.*

¿Es joven Esteban?   *Is Esteban young?*
¿Eres trabajadora, Nora?   *Are you (Nora) (a) hard-working (person)?*
¿Tiene hermanos Amanda?   *Does Amanda have brothers and sisters?*
¿Quieres un reloj para el día   *Do you want a watch for your de tu cumpleaños?*   *birthday?*
¿Nació en abril Pilar?   *Was Pilar born in April?*

---

*Questions with the verb **gustar** are slightly different. The question starts with the verb **gustar** and places the **a** phrase at the end: **¿Le gusta cantar a la profesora Martínez? ¿Les gusta hablar español a los estudiantes? ¿Te gusta bailar a ti?** See **Gramática 8.2** for more information on using these phrases.

To answer a question negatively use **No, no** + verb.

> ¿Hay gatos en el salón de clase?
> **No, no hay** gatos en el salón de clase.
> ¿Viven tus padres en Guadalajara?
> **No, no viven** en Guadalajara; viven en Morelia.

C. Another way to ask questions is using interrogative words: **¿Qué?,
¿Cuándo?, ¿(De) Quién?, ¿Dónde?, ¿Cuántos?, ¿Cómo?, ¿Cuál?,** or **¿Por
qué?** These words are placed before the verb to create questions.

¿Cuántos hermanos tienes, Guillermo?	*How many brothers (and sisters) do you have, Guillermo?*
¿Dónde vive Susana?	*Where does Susana live?*
¿Cómo está usted hoy?	*How are you today?*
¿Quién es el joven alto?	*Who is the tall young man?*
¿Cuándo nació usted?	*When were you born?*
¿Por qué no hablamos inglés en clase?	*Why don't we speak English in class?*
¿Qué te gusta hacer en tu tiempo libre?	*What do you like to do in your free time?*
¿Cuál es más bonito?	*Which one is prettier?*
¿De quién es este libro?	*Whose book is this?*

Question words always
have a written accent:
¿Qué? = What?
¿Cuándo? = When?
¿Quién(es)? = Who?
¿De quién? = Whose?
¿Dónde? = Where?
¿Cuánto/a/os/as? =
How much? / How
many?
¿Cómo? = How?;
What?
¿Cuál(es)? = Which?;
What?
¿Por qué? = Why?

EJERCICIO 4

Cambie las siguientes oraciones por preguntas. Use **¿Cómo?, ¿Dónde?, ¿Qué?,
¿Cuándo?, ¿Cuantos/as?**

MODELO: Amanda tiene 14 años. →
¿Cuántos años tiene Amanda?

1. Rubén Hernández vive en Florida.
2. Susana habla japonés.
3. La clase de español es los lunes y los miércoles.
4. Ernesto y Estela tienen tres hijos.
5. El primer ministro de España se llama José Luis Rodríguez Zapatero.

Ej. 5. This exercise may be done in class in pairs.

EJERCICIO 5

Complete las preguntas según los dibujos.

MODELO: → ¿Cómo *estás*?

1. ¿Cuál ____?   **2.** ¿Cómo ____?   **3.** ¿Cuándo ____?

4. ¿Cuántos ____?   **5.** ¿Dónde ____?

¿Qué hora es? = *What time is it?*
  1.15: Es la una y cuarto.
  2.30: Son las dos y media.
  3.25: Son las tres y veinticinco.
  5.45: Son las seis menos cuarto.

1.4   Telling Time: Hours and Minutes

The phrase **¿Qué hora es?** is often used in Spanish to ask what time it is. Another common question is **¿Qué hora tiene usted?** (*What time do you have?*) In both cases, the answer usually begins with **son.**

—¿Qué hora es?   —*What time is it?*
—**Son** las tres.   —*It's three o'clock.*

Es (not **son**) is used to tell the time with one o'clock and between one o'clock and two o'clock.

—¿**Es** la una?	—*Is it one o'clock?*
—No, **es** la una y veinte.	—*No, it's one twenty.*

Use **y** (*and*) to express minutes after the hour.

—¿Son las seis **y** diez?	—*Is it ten after six?*
—No, son las seis **y** veinte.	—*No, it's twenty after six.*

Use **menos** (*less*) or **para** (*to, till*) to express minutes before the hour.

Son las siete **menos** veinte.	*It's twenty to seven. (Literally: It's seven less twenty.)*
Son veinte **para** las siete.	*It's twenty to (till) seven.*

1.4. Some Spanish speakers prefer the *menos* construction, others the preposition *para*.

Use **cuarto** (*quarter*) and **media** (*half*) for fifteen and thirty minutes, respectively.

—¿Qué hora tiene usted?	—*What time do you have?*
—Son las tres y **cuarto** (**media**).	—*It's a quarter after (half past) three.*

Use **a** to express *when* (*at what time*) an event occurs.

a la una	*at one o'clock*
a las cuatro y media	*at four thirty*
Tengo clase **a** las nueve.	*I have class at nine.*
El concierto es **a** las ocho.	*The concert is at eight.*

> **a la una** = ***at*** *one o'clock*
> **a las siete menos cuarto** = ***at*** *six forty-five / quarter to seven*

EJERCICIO 6

¿Qué hora es?

MODELOS: 2:20 → *Son las dos y veinte.*
          2:40 → *Son las tres menos veinte.*

1. 4:20	**5.** 7:07	**9.** 12:30
2. 6:15	**6.** 5:30	**10.** 5:15
3. 8:13	**7.** 3:00	
4. 1:10	**8.** 1:49	

EJERCICIO 7

¿A qué hora es… ?

MODELO: ¿A qué hora es el concierto? (8:30) → El concierto es a las ocho y media.

1. ¿A qué hora es la clase de español? (11:00)
2. ¿A qué hora es el baile? (9:30)
3. ¿A qué hora es la conferencia? (10:00)
4. ¿A qué hora es la clase de álgebra? (1:00)
5. ¿A qué hora es la fiesta del Club Internacional? (7:30)

> **Gustar** is used to express likes and dislikes.
>
> **Me gusta bailar.** (*I like to dance.*)

> *¿Te gusta patinar?* (*Do you like to skate?*)
> **A Ernestito *le* gusta jugar al fútbol.** (*Ernestito likes to play soccer.*)
> **A Estela y a Ernesto *les* gusta ir al cine.** (*Estela and Ernesto like to go to the movies.*)
> **Nos gusta cocinar.** (*We like to cook.*)

1.5. Students normally only learn to produce the singular forms as memorized patterns (*me gusta, te gusta, le gusta*). Oral activities focus on comprehension and production of a large number of activities, not on indirect object pronouns or on *gustar* itself. Point B introduces prepositional phrases as clarifiers of the indirect object pronoun, since you will often need to use them in your input. We do not expect most students to produce prepositional phrases with *gustar. Gustar* will reoccur, emphasizing pronoun use, in **Gramática 8.2.** The *gusta/gustan* contrast is not described in this chapter.

1.5   Expressing Likes and Dislikes: *gustar* + Infinitive

A. The Spanish verb **gustar** expresses the meaning of English *to like.* From a grammatical point of view, however, it is similar to the English expression *to be pleasing to someone.**

Me gusta leer.	*I like to read. (Reading is pleasing to me.)*

Gustar is usually used with pronouns that tell *to whom* something is pleasing. Here are the pronoun forms.[†]

SINGULAR		PLURAL	
me	*to me*	nos	*to us*
te	*to you (inf. sing.)*	os	*to you (inf. pl., Spain)*
le	*to you (pol. sing.); to him/her*	les	*to you (pl.); to them*

—¿Qué **te** gusta hacer?   —*What do you like to do?*
—**Me** gusta aprender cosas nuevas. —*I like to learn new things.*

—¿Qué **les** gusta hacer?   —*What do you like to do?*
—**Nos** gusta cocinar.   —*We like to cook.*

B. Since **le gusta** can refer to *you (pol. sing.), him,* or *her,* and **les gusta** can refer to *you (pl.)* or *them,* Spanish speakers often expand the sentence to be more specific. They use phrases with **a** (*to*), such as **a mi papá** (*to my father*), **a Juan** (*to Juan*), or **a los estudiantes** (*to the students*), in addition to using the pronoun **le** or **les**.[‡]

A Carmen le gusta cantar.   *Carmen likes to sing.*

—¿**A usted le** gusta lavar su carro?   —*Do you like to wash your car?*
—No, no **me** gusta.   —*No, I don't like to.*

—¿**Les** gusta acampar **a Guillermo y a Ernestito**?   —*Do Guillermo and Ernestito like to go camping?*
—Sí, **les** gusta mucho.   —*Yes, they like to very much.*

---

*You will learn more about the verb **gustar** and similar verbs in **Gramática 8.2.**
[†]Recognition: **(A vos) Te gusta**
[‡]You will learn more about phrases with **a, le,** and **les** in **Gramática 7.4, 8.2, 10.5, 13.4,** and **13.5.**

C. The verb form that follows **gustar** is an infinitive, such as **hablar** (*to speak*), **leer** (*to read*), or **vivir** (*to live*).

PRONOUN	+	*gusta*	+	INFINITIVE
me				estudiar (*to study*)
te				jugar (*to play*)
le				comer (*to eat*)
nos	+	gusta	+	correr (*to run*)
os				competir (*to compete*)
les				escribir (*to write*)

EJERCICIO 8

¿Qué les gusta hacer a Ernestito y a Guillermo? Complete los diálogos con **me, te, les** o **nos.**

MODELO: AMANDA: Graciela, ¿*te* gusta bailar?
GRACIELA: Sí, *me* gusta mucho bailar.

1. MAESTRA: Ernestito, ¿_____ gusta andar en bicicleta?
   ERNESTITO: Sí, _____ gusta mucho. Tengo una bici nueva.

2. ERNESTITO: Guillermo, ¿_____ gusta jugar al béisbol?
   GUILLERMO: No, pero _____ gusta jugar al fútbol.

3. PEDRO: Ernestito y Guillermo, ¿_____ gusta escuchar la música rock?
   LOS CHICOS: ¡Claro que sí! _____ gusta mucho.

EJERCICIO 9

¿Qué le(s) gusta hacer a las siguientes personas?

1. A Ernestito _____ gusta _____.
2. A Estela (la madre de Ernestito) no _____ gusta _____.
3. A Clarisa y a Marisa (las primas de Ernestito) _____ gusta _____.
4. A Ernestito _____ gusta _____.
5. Al perro _____ gusta _____.

Capítulo 2

Mis planes y preferencias

For more information on the communicative goals of **Capítulo 2** and for additional activities (AAs), please see the corresponding chapter notes in the IM.

Pre-Text Oral Activities

1. Use an association activity to introduce *ir* in the "informal future" construction: *ir + a +* infinitive. Ask students to think about something they are going to do during the weekend. Write on board: *El próximo fin de semana, yo voy a _____.*

Encourage students to name the activity in English so that you can give the Spanish equivalent and introduce new infinitives. Expand each response. Sample input: *Ricardo, ¿qué va a hacer el próximo fin de semana?* (go to a party) *Se dice «Voy a ir a una fiesta.» ¡Qué bien! Una fiesta. ¿Va solo o con amigos?*

2. Use an association activity to introduce the names of classes students are taking. We suggest using the expression *¿Qué clases tienen este semestre/trimestre?*, although native speakers use a variety of expressions (*llevar / tener / tomar clases / cursos / materias*). Have each student name 1 class; then supply the Spanish equivalent. Point out that curricula in Hispanic countries are not exactly equivalent, so sometimes classes do not correspond exactly. Try to include common core subjects: *biología, sociología, antropología, literatura.* The term *la informática* is used here to mean data processing.

Green Bananas, por Miguel Suárez-Pierra (Ecuador)

METAS

In **Capítulo 2** you will discuss your plans for the future and your preferences. You will also talk about your classes and the weather.

Sobre el artista: Miguel Suárez-Pierra nació en Ecuador. Este premiado artista se graduó de arquitecto en la Universidad Católica de Guayaquil. También tiene experiencia como profesor de arte para jóvenes. Su arte se expone en muchas galerías en Ecuador y los Estados Unidos.

Época precolombina
300.000 indígenas habitan el territorio que hoy es Ecuador.

Ecuador

1480
Ecuador forma parte del Imperio Inca.

1740
Ecuador forma parte del Virreinato de Nueva Granada.

1809
Movimiento criollo autonomista en Quito

1500

1800

1531
Llegan los españoles.

1542
Ecuador forma parte del Virreinato de Perú.

1822
24 de mayo, Sucre gana la batalla de Pichincha, que sella la independencia.

Los amigos animados: Para repasar

Antes de comenzar este capítulo, mire los segmentos animados para repasar el capítulo anterior.

A. La familia de Esteban. Esteban Brown hace una presentación sobre los miembros de su familia en la clase de español.

B. ¡Un momentito, por favor! Pilar Álavarez está en su trabajo, en la Compañía Telefónica de Madrid.

En este capítulo...

ACTIVIDADES DE COMUNICACIÓN
- Los planes
- Las clases
- Las preferencias y los deseos
- El tiempo

EN RESUMEN

LECTURAS Y CULTURA
- **Ventanas al pasado**
  La primera universidad
- **Ventanas culturales**
  Nuestra comunidad: Frank Guajardo, un maestro que abre puertas
- **Enlace literario**
  «Lindo día», por Carmen Naranjo
- **Lectura**
  De paseo

GRAMÁTICA Y EJERCICIOS
2.1 Expressing Future Plans: **ir** + **a** + Infinitive
2.2 Sequencing: Ordinal Adjectives
2.3 Stating Preferences and Desires: **preferir** and **querer** + Infinitive
2.4 Describing the Weather: Common Expressions
2.5 Pointing Out People and Objects: Demonstrative Adjectives

3. Use your PF to introduce weather terms (*hace frío/calor*) as you review vocabulary and structures from previous lessons. Sample input: *¿Qué hay en esta foto?* (mujer) *Sí, hay una mujer. ¿Qué le gusta hacer?* (nadar) *Sí, le gusta nadar. ¿Hace frío?* (use gestures) (no) *No, no hace frío, ¿verdad? Hace calor* (use gestures).

1830
Nueva constitución; República Independiente del Ecuador

1941
Guerra con Perú

1982
EU pide una base militar en Galápagos; gobierno de Ecuador no da permiso.

1981–2000
Huelgas en muchos sectores de la economía

1900

2000

1981
Conflicto fronterizo con Perú; El presidente Mahuad sustituye el dólar estadounidense por el sucre; golpe de estado por indígenas y líderes militares.

2000

2001
Manifestaciones indígenas

Actividades de comunicación y lecturas

Los planes. These are the Ruiz's weekend activities. Start with: *El viernes por la noche…* Ask questions such as: *¿Qué van a hacer Pedro y Andrea el viernes?* Then ask students the same questions: *Y ustedes, ¿van a ir al cine el viernes también?*

✳ Los planes

Some of the activities in this display may have come up in Pre-Text Oral Activity 1 or other previous association activities. However, many of the words in this display and in subsequent activities will be new to students. Be sure to verify class comprehension of all vocabulary in the display and the activities of this section as you proceed through these materials.

See the IRK for additional activities: *Los planes.*

Lea Gramática 2.1.

Andrea Ruiz habla de los planes de su familia para el fin de semana

El sábado Pedro y las niñas van a lavar el carro.

También vamos a bailar en una discoteca.

El sábado por la tarde, Pedro y yo vamos a dar una fiesta.

El domingo por la mañana, vamos a ir a misa con las niñas.

El viernes por la noche Pedro y yo vamos a ver una película.

El domingo por la tarde Pedro va a escribir una carta.

Luego vamos a almorzar en un restaurante.

ACTIVIDAD I   Preferencias: Los planes

Hable de sus planes. Mencione también otra actividad en cada caso.

1. Mañana por la mañana voy a...
   - **a.** reparar mi carro.
   - **b.** pasear por el centro.
   - **c.** dormir.
   - **d.** ¿ ?

2. El viernes por la noche mis amigos van a...
   - **a.** salir a cenar.
   - **b.** bailar en un club.
   - **c.** dar una fiesta.
   - **d.** ¿ ?

3. El domingo por la tarde voy a...
   - **a.** limpiar mi cuarto.
   - **b.** practicar algún deporte.
   - **c.** ir al cine.
   - **d.** ¿ ?

4. Durante las vacaciones mis amigos y yo vamos a...
   - **a.** viajar.
   - **b.** descansar.
   - **c.** jugar al tenis.
   - **d.** ¿ ?

5. Este invierno voy a...
   - **a.** esquiar.
   - **b.** estudiar mucho.
   - **c.** patinar en el hielo.
   - **d.** ¿ ?

MODELO: E1: El domingo por la tarde voy a *limpiar mi cuarto.*
 E2: *¡Qué aburrido!*

ACTIVIDAD 2   Narración: ¿Qué va a hacer Carmen el sábado?

tenis. **11.** *Va a ir a la piscina para nadar.* **12.** *Va a limpiar su cuarto.* **13.** *Va a ir de compras.* **14.** *Va a ver su programa favorito en la televisión.* **15.** *Va a bailar en la discoteca* (el antro).

▶ **Y TÚ, ¿QUÉ DICES?**

¡Qué aburrido!
¡Qué divertido!
¡Qué buena idea!
¿Dónde?
¿Con quién?
¿Cuándo? / ¿A qué hora?
Yo también.
Yo no.

▶ **PALABRAS ÚTILES**

primero	por la
luego	mañana
después	por la tarde
más tarde	por la noche
	por último

Act. 3. Entrevista (pair). Have students scan the activity for unfamiliar vocabulary. Model both parts and then divide students into pairs.

ACTIVIDAD 3   Intercambios: Tus planes

Pregúntele a su compañero/a qué va a hacer en las siguientes ocasiones.

MODELO: E1: ¿Qué vas a hacer *en tu próximo cumpleaños*?
         E2: Voy a *salir a cenar con mi familia. ¿Y tú?*
         E1: ¿Yo? Voy a...

OCASIONES

durante las próximas
   vacaciones
el próximo fin de semana
el próximo verano
el viernes por la noche
en tu próximo cumpleaños
esta noche
hoy, después de clases

ACTIVIDADES

acampar
descansar
estudiar
ir a la playa
ir a muchas
   fiestas
ir al cine

ir de compras
leer un buen libro
nadar en un lago/río
salir a cenar
trabajar
ver la televisión
viajar

Act. 4. Intercambios (whole-class; pair). Have students scan the realia first and allow them to ask questions about vocabulary. This authentic material has large amounts of vocabulary; remind students that they do not need to understand every word. Model the interaction by playing both parts several times. Pair students and circulate to help with pronunciation and answer any questions they may have.

You may want to refer students to the Internet and ask them to explore other activities available in Madrid.

ACTIVIDAD 4   Del mundo hispano: Madrid en el verano

Imagínese que usted está en Madrid en el mes de julio. Mire la lista de actividades de verano y decida qué va a hacer.

MODELO: E1: Voy a *nadar en la piscina*.
         E2: ¿Dónde?
         E1: En *el Polideportivo de San Blas*.

Actividades posibles: jugar al boliche, levantar pesas, nadar, pasear en barca, salir a bailar, salir a cenar, tomar el sol, ver los animales, viajar a Ávila/ Toledo en tren

▶ **PREGUNTAS Y RESPUESTAS ÚTILES**

¿Cuánto cuesta la entrada?	Cuesta 6.5 euros.
¿Dónde está?	Está en *la calle Alcalá*.
¿A qué hora abren/cierran?	Abren/Cierran a *las 9:00*.
¿A qué hora sale/llega el tren?	Sale/Llega a *las 10:30*.
¿En qué restaurante (piscina,...)?	En *el Café de Oriente*.

Madrid en el verano

Barcas

En los lagos del Retiro y la casa de Campo y en el río Manzanares. Desde las 10 de la mañana hasta la puesta del sol. Paseos de una hora. Precios: 3 euros por dos personas o 2 euros por persona.

Trenes turísticos

Ciudad de Toledo (viernes y domingos). Salida de la estación de Chamartín a las 9,05 h.; regreso de Toledo a las 19,45 h. Precios: adultos, 12 euros; niños de cuatro a doce años, 9 euros.

Murallas de Ávila (sábados). Salida de la estación de Chamartín a las 9,15 h.; regreso de Ávila a las 19,40 h. Precios: adultos, 10 euros; niños de cuatro a doce años, 9 euros.

Parques acuáticos

Acuópolis. Toboganes, rompeolas, Lago de Aventura, restaurantes, terrazas, parking gratuito. Abierto todos los días de la 1 a las 20 h. Precios: adultos, 14 euros; menores de catorce años, 10 euros.

Lagosur. Km 9 carretera de Toledo a Leganés. Abierto de las 11 a las 19 h. Precios: adultos, 12 euros; menores de 10 años, 9 euros.

Viernes y sábados abierto también desde las 23 h. hasta las 3 h. Precios: hombres, 10 euros; mujeres, 8 euros. No se admite a menores de 18 años.

Gimnasios

Gimnasio Ángel López. Squash (nueva instalación), karate, gimnasia, pesas, aerobic, ballet infantil y adulto, baile español y rítmica. Amparo Usera, 14, Tel. 91 457 83 98.

Gimnasio Argüelles. Karate, squash, aerobic, gimnasia, jazz, musculación, piscina. Andrés Mellado, 21, Tel. 91 267 56 71 22.

Piscinas

Los precios de estas piscinas son de 4 euros para los adultos y 2 euros para los niños. El horario de las piscinas es de las 10 a las 20 h.

Centro. Polideportivo de la Latina. Plaza de la Cebada 1, una piscina climatizada.

San Blas. Polideportivo de San Blas. Avenida de Hellín, 79; una piscina climatizada, una olímpica, una para nadadores no expertos, una infantil.

Boleras

Bolera Club Stella. Arlabán, 7. Tel. 91 231 01 92.

Bowling Chamartín. Estación de Chamartín. Tel. 91 315 71 19.

Discotecas al aire libre

La Fiesta. Paseo Virgen del Puerto (puente Segovia) abierto de las 22 hasta las 4 h.

El Jardín del Sur. Disco-piscina. Carretera Toledo, km. 8. Tel. 91 688 13 35.

Restaurantes con terraza

Café Oriente. Plaza de Oriente, 2. Abierto 20 a 2 h. Tel. 91 241 39 24.

Casa Domingo. Alcalá, 39. Abierto 18 a 1 h. Tel. 91 276 01 37.

Casa Rafa. Narváez, 68. Especialidad: pescado. Tel. 91 358 47 39.

Zoo

Casa de Campo. Tel. 91 711 98 54. Metro Batán. Abre a las 10 h., cierra a las 21,30 h. Delfinario abierto todas las tardes. Menores de ocho años, 5 euros; mayores, 7 euros.

Las clases. Use display to introduce the names of classes you did not introduce in Pre-Text Oral Activities. Introduce the pattern *¿A qué hora tiene(s) clase de _____?* Ask questions about the 2 schedules. Expand questions to compare schedules with your students.

Suggestion: Have 2 students write their schedules on the board. Ask *¿A qué hora tiene _____ clase de _____?* Pair students and have them ask each other questions based on the 2 schedules in the text or the 2 schedules on the board. *¿A qué hora tiene clase de informática Rogelio?*

✳ Las clases

¿Qué clase tiene Carla los lunes a las 9:00?

Lea Gramática 2.2.

Some of the subjects in this display may have come up in Pre-Text Oral Activity 2. However, many of the words in this display and in subsequent activities will be new to students. Be sure to verify class comprehension of all vocabulary in the display and the activities of this section as you proceed through these materials.

See the IRK for additional activities: *Las clases.*

hora/día	lunes	martes	miércoles	jueves	viernes
8:00	biología		biología		biología
8:30		historia		historia	
9:00	economía		economía		economía
10:30	química	química	química	química	química
11:00		(laboratorio)		(laboratorio)	
12:00	almuerzo		almuerzo		almuerzo
1:00	literatura	almuerzo	literatura	almuerzo	literatura

UNIVERSIDAD·DE·PUERTO·RICO
Nombre Carla Espinosa

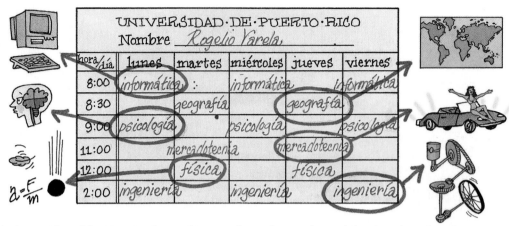

Act. 5. Entrevista (whole-class; pair). Model with entire class, making sure that students understand that the italicized words are samples and that they may use other appropriate words. You may want to put a list of other words and expressions on the board for reference: *descripción del profesor: cómico, simpático, difícil, reservado, hablador; especialidad: la economía, la literatura, la*

ACTIVIDAD 5   Entrevista: Las clases

1. E1: ¿Qué clases tienes este semestre/trimestre?
   E2: Tengo _____, _____ y _____.
2. E1: ¿Cuál es tu clase *favorita / más difícil / más interesante*?
   E2: Mi clase *favorita / más difícil / más interesante* es _____.
3. E1: ¿A qué hora es esa clase?
   E2: Es a las (*hora*) los (*días de la semana*).
4. E1: ¿Quién es el profesor / la profesora de esa clase?
   E2: Se llama _____ y es *cómico*.
5. E1: ¿Cuál es tu especialidad en la universidad?
   E2: Mi especialidad es *la economía*. (No sé todavía.)

ACTIVIDAD 6   Intercambios: Las clases

Ramón tiene muchas clases en su primer año de preparatoria. Mire la tabla de la siguiente página y pregúntele a su compañero/a cuál es la primera (segunda, tercera, cuarta, etcétera) clase de Ramón, a qué hora es y quién es el profesor / la profesora.

ingeniería, etc. Have students work in pairs to change the dialogue to fit their own situations using classes they are currently taking.

MODELO: E1: ¿Cuál es la *primera* clase de Ramón?
   E2: Su primera clase es la clase de *inglés*.
   E1: ¿A qué hora es?
   E2: Es a *las 7:45*.
   E1: ¿Quién es el profesor o la profesora?
   E2: Es *el señor García*.

Act. 6. Intercambios (whole-class; pair). Use this activity to provide input containing ordinal numbers and to review classes. Ask class several questions: *¿Cuál es la tercera clase de Ramón? (geografía) Sí, su tercera clase es geografía.* Teach also the word *último*. *¿Cuál es la última clase de Ramón? Y ¿quién es el profesor? (Daniel Contino) Sí, es el profesor Contino.* Model interaction so students understand what questions they are to ask and answer and then pair them up.

Explain that in Mexico *preparatoria* is not a prep school but more like a community college where university-bound students take classes roughly equivalent to lower division requirements in US colleges.

hora	materia	salón de clase	profesor(a)

SAGRADO CORAZÓN

Nombre: *Ramón Gómez*   Año: *Primero de preparatoria*

hora	materia	salón de clase	profesor(a)
7:45→8:30	inglés	403	Manuel García
8:40→9:25	matemáticas	207	Eugenia Ibarra
9:35→10:20	geografía	201	Daniel Contino
10:30→11:05	alemán	402	Alma Morales de Braun
11:05→11:20	descanso		
11:30→12:15	literatura española	405	Consuelo Acuña de Ramos
12:25→1:10	historia de México	408	Héctor Magaña M.
1:20→3:20	almuerzo		
3:30→4:15	biología	214	Isabel Santizo de Barragán
4:25→5:10	música	311	Víctor Álvarez

ACTIVIDAD 7   Del mundo hispano: La Universidad del Valle de México

Las especialidades en la siguiente página son las más importantes en el México de hoy. Trabaje con un compañero / una compañera para contestar las preguntas.

Act. 7. Del mundo hispano (whole-class; pair). The courses of study presented here are authentic majors at the Universidad del Valle de México. You may refer your students to the Internet for more information. Have students scan realia and allow them to ask questions before pairing them to do the activity.

1. ¿Qué campus ofrece todas las especialidades? ¿Cuál ofrece menos especialidades?
2. ¿Cuántos campus ofrecen la especialidad en ingeniería mecánica? ¿en mercadotecnia? ¿en diseño de la moda?
3. Nombren las especialidades más atractivas (en su opinión).
4. ¿Se ofrecen esas especialidades en su universidad? ¿Estudian ustedes alguna de esas especialidades?
5. ¿Cuáles son las especialidades en el área de ciencias sociales?
6. En su opinión, ¿cuáles son las especialidades más importantes hoy en día? ¿Por qué?

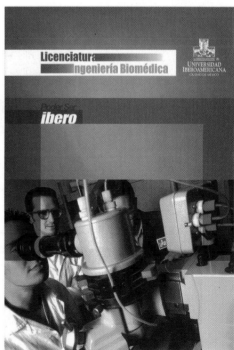

Folleto (*brochure*) para la licenciatura (*degree*) en ingeniería biomédica de la Universidad Iberoamericana en México, D.F.

UNIVERSIDAD DEL VALLE DE MÉXICO

ESPECIALIDADES - LICENCIATURA

	CENTRO		SUR		EDO. MEX.	QRO.
	SAN RAFAEL	INSURGENTES NORTE	SAN ÁNGEL	TLALPAN	LOMAS VERDES	QUERÉTARO
AREA ECONÓMICA - ADMINISTRATIVA						
ADMINISTRACIÓN	•	•	•	•	•	•
ADMINISTRACIÓN DE EMPRESAS TURÍSTICAS	•	•			•	•
ADMINISTRACIÓN DEL DEPORTE Y RECREACIÓN					•	•
COMERCIO INTERNACIONAL	•	•	•	•	•	
CONTADURÍA PÚBLICA	•	•	•	•	•	•
ECONOMÍA	•			•	•	
MERCADOTECNIA	•	•	•	•	•	
RELACIONES INTERNACIONALES	•		•	•		•
RELACIONES PÚBLICAS					•	•
AREA DE CIENCIAS Y TECNOLOGÍA						
INGENIERÍA CIVIL				•	•	•
INGENIERÍA EN SISTEMAS	•		•		•	
INGENIERÍA EN TELECOMUNICACIONES				•	•	
INGENIERÍA INDUSTRIAL ELECTRÓNICA				•	•	
INGENIERÍA MECÁNICA	•			•	•	
INGENIERÍA EN COMPUTACIÓN				•	•	
INGENIERÍA EN PRODUCCIÓN				•	•	•
SISTEMAS DE COMPUTACIÓN ADMINISTRATIVA	•	•	•	•	•	
AREA DE CIENCIAS SOCIALES						
CIENCIAS DE LA COMUNICACIÓN	•			•	•	•
CIENCIAS DE LA EDUCACIÓN					•	
DERECHO	•	•	•	•	•	•
PSICOLOGÍA	•			•	•	
AREA DE ARTES Y HUMANIDADES						
ARQUITECTURA	•			•	•	•
DISEÑO GRÁFICO	•			•	•	•
DISEÑO DE LA MODA					•	•

Ventanas al pasado. Use photos or the Internet to provide visual images of Spanish and Latin American universities. Read **vocabulario útil** aloud as students read silently. Explain that the initials *ONU* stand for *Organización de las Naciones Unidas*. Give students a minute to skim reading and then read it aloud while they follow along silently. Ask brief comprehension questions: *¿En qué ciudad está la universidad más antigua de España? ¿Cuántos estudiantes hay allí? ¿Cuántos campus tiene la Universidad de Santo Domingo?* Pair students to ask each other the **Ahora... ¡ustedes!** questions.

VENTANAS AL PASADO

La primera universidad

Tanto España como América Latina cuentan con universidades antiguas muy respetadas. La más antigua de España, la Universidad de Salamanca, se funda en 1218 por orden del rey Alfonso IX de León. El campus de esta universidad es considerado Patrimonio de la Humanidad por la ONU. A pesar de sus edificios antiguos, actualmente ofrece una educación amplia y moderna a más de 40.000 estudiantes universitarios.

Universidad de Salamanca

En la República Dominicana está la primera universidad de América Latina: la Universidad de Santo Domingo, establecida por orden del Papa Paulo III en 1538. Esta universidad ofrece acceso a la educación universitaria a muchos ciudadanos, pues tiene 11 campus en distintas regiones del país. La Universidad de Santo Domingo tiene una población de 143.000 estudiantes, entre los cuales hay un 65% (por ciento) de mujeres.

Hoy en día hay universidades importantes en todas las ciudades de España y América Latina: la Universidad Autónoma de Barcelona, la Universidad Nacional Autónoma de México y la Universidad de Santiago de Chile, entre otras. Sin embargo, las Universidades de Salamanca y de Santo Domingo tienen el honor de ser las primeras.

VOCABULARIO ÚTIL	
antiguas/antiguos	old
el Patrimonio de la Humanidad	World Heritage Site
la ONU (Organización de Naciones Unidas)	UN (United Nations)
A pesar de	in spite of
actualmente	currently
Sin embargo	however

Ahora... ¡ustedes!

¿Tienes una universidad favorita? ¿En qué ciudad está? ¿Es una universidad moderna o antigua?

✳ Las preferencias y los deseos

Lea Gramática 2.3.

Los planes para el sábado

Pedro y Andrea quieren quedarse en casa hoy.

Las niñas prefieren merendar en el parque.

Some of the activities in this display may have come up in various Pre-Text Oral Activities. However, many of the words in this display and in subsequent activities will be new to students. Be sure to verify class comprehension of all vocabulary in the display and the activities of this section as you proceed through these materials.

Las preferencias y los deseos. **Gramática 2.3** gives a detailed explanation for conjugations of *preferir* and *querer;* at this point, however, we expect students to use primarily the singular forms *prefiero, prefiere(s)* and *quiero, quiere(s)* as memorized forms, with no discussion of them as stem-changing verbs. Use an association activity to introduce the construction *Prefiero/Prefiere* _____ *r.* (*Quiero/Quiere* _____ *r.* See the chapter notes in the IM, Capítulo 2, AA 2.) Ask general questions about what students prefer to do on weekends (*los fines de semana*), mornings (*por la mañana*), afternoons (*por la tarde*), and evenings (*por la noche*).

See the IRK for additional activities: *Las preferencias y los deseos.*

Doña Lola quiere coser.

Guillermo y sus amigos prefieren andar en patineta.

Don Anselmo y don Eduardo quieren pescar.

Doña Rosita prefiere ir al parque.

Ramón prefiere andar en motocicleta.

El señor Saucedo prefiere nadar.

Act. 8. Intercambios (pair). Students can choose from items given or supply their own. Continue conversation: *¿Qué prefiere usted hacer a las tres de la tarde?* (*cocinar*) *Judy prefiere cocinar. ¿Sabe usted cocinar bien?* (*sí*) *¿Qué le gusta cocinar?* (students will probably respond in English with a food), and so on.

ACTIVIDAD 8   Intercambios: ¿Cuáles son sus actividades favoritas?

Converse con su compañero/a sobre sus preferencias.

MODELO: E1: ¿Qué prefieres hacer *los lunes a las cuatro de la tarde*?
E2: Prefiero *escribir cartas*.

HORA Y DÍA

1. ¿... los sábados, a las siete de la mañana?
2. ¿... los viernes, a las ocho de la noche?
3. ¿... los lunes, a las cuatro de la tarde?
4. ¿... los domingos, a las diez de la mañana?
5. ¿... los sábados, a las tres de la tarde?

ACTIVIDADES

a. jugar al tenis.
b. cocinar.
c. descansar.
d. correr.
e. escribir cartas.
f. montar a caballo.
g. bailar.
h. ver la televisión.
i. dormir.
j. leer el periódico.
k. ¿ ?

ACTIVIDAD 9   Diálogo abierto: Una invitación

E1: ¿Te gusta *jugar al tenis*?

E2: Sí, me gusta mucho.

E1: ¿Quieres *jugar al tenis* en *el parque* el *domingo*?

E2: ¿A qué hora?

E1: A *las once.*

E2: Perfecto. Nos vemos el *domingo* a *las once.*

Act. 9. Diálogo abierto (whole-class; pair). Direct students to the **Palabras útiles** box for ideas. Remind students that the same activity will repeat in the first and third lines. Have students practice in pairs. Students should change sport, time, and place for variation.

▶ **PALABRAS ÚTILES**

Actividades	¿Dónde?	¿Cuándo?
acampar	la casa de un	el domingo a las 9:00 de
correr	amigo	la mañana
ir a conciertos (ir	el centro	el jueves a las 7:30 de la
a un concierto)	el cine Buñuel	tarde
ir a fiestas (ir a	el parque Marín	el miércoles a las 8:30 de
una fiesta)	el restaurante El	la noche
ir al cine (ver una	Criollo	el sábado a las 2:00 de la
película)	el teatro Lorca	tarde
ir de compras	la discoteca	el sábado a las 8:00 de la
nadar	¡Latino!	noche
salir a bailar	la montaña	el sábado a las 10:00 de la
salir a cenar	la piscina de San	mañana
	Blas	el viernes a las 4:00 de la
		tarde
		el viernes a las 8:00 de la
		noche
		el viernes a las 10:00 de
		la noche

ACTIVIDAD 10   Entrevista: Mis actividades favoritas

MODELO: E1: ¿Prefieres *nadar en la piscina o en el mar?* →

E2: Prefiero *nadar en el mar.* /

Me gustan *las dos actividades.* /

No me gusta *ninguna de las dos.*

1. ¿... cenar en casa o en un restaurante?
2. ¿... andar en patineta o en bicicleta?
3. ¿... hablar por teléfono o usar el correo electrónico?
4. ¿... leer el periódico o ver la televisión?
5. ¿... merendar en un parque o comer en casa?
6. ¿... leer una novela o explorar el Internet?

Act. 10. Entrevista (pair). Model all possible rejoinders. For students who finish quickly you may want to write these additional questions on the board: *¿Prefieres jugar al boliche o al billar? ¿Prefieres lavar el carro o trabajar en el jardín? ¿Prefieres ir a la playa o a la montaña? ¿Prefieres jugar al basquetbol o al fútbol?*

Act. 11. Intercambios (pair). Work through the **Modelo** with the whole class. Then have students work in pairs. Encourage them to personalize by asking each other questions: *¿Qué quieres hacer hoy después de clases? ¿Qué quieres hacer durante las próximas vacaciones?*

ACTIVIDAD 11   Intercambios: ¿Qué quieres hacer?

Mire los dibujos y complete las oraciones.

MODELO: RAÚL: ¿Quieres comer algo?

LUIS: No, prefiero estudiar un poco más.

1.

E1: ¿Quieres tomar un chocolate caliente?

E2: No, prefiero _____

4.

E1: ¿Quieren estudiar una hora más?

E2: No, preferimos _____

2.

E1: ¿Quieres ir de compras?

E2: No, prefiero _____

5.

E1: ¿Quieres dar un paseo?

E2: No, prefiero _____

3.

E1: ¿Quieres ver una película en la televisión?

E2: No, prefiero _____

ACTIVIDAD 12   Del mundo hispano: ¿Qué prefieren hacer los españoles en su tiempo libre?

Converse con un compañero / una compañera sobre los pasatiempos de los españoles y los europeos.

MODELOS: E1: ¿Cuál es la *primera* preferencia de los *españoles*?
             E2: *Pasar tiempo con la familia y los niños.*

             E1: ¿Qué prefieren hacer los *europeos: recibir visitas* o *escuchar la radio*?
             E2: Prefieren *recibir visitas.*

Act. 12. Del mundo hispano (whole-class; pair). Have students scan this realia for unfamiliar vocabulary. Model both parts first, then divide students into pairs. You may want to convert remaining nouns in this realia to infinitives: *pasar tiempo con la familia y los niños, leer libros y revistas, ir de vacaciones, ver la televisión, escuchar la radio, hacer el amor.*

Act. 13. **Conversación** (group). Students enjoy working with stereotypes and finding the humor in them. Go over the idea of a stereotype first, then read a few of the different attributes in the 2 columns and ask students which of the two types of men they describe. Before dividing the class into small groups, comment on liberated men vs. macho men, and explain what students have to do. Write 2 column headings on the board: *EL MACHO* and *EL HOMBRE LIBERADO.* Then start the 2 lists with students' help. Once they are working, circulate to help with pronunciation and answer vocabulary questions. After 5–7 minutes, ask groups to share results by completing the lists you started on the board or by reading attributes out loud so the class can comment, agree, or disagree. Ask groups for other attributes (since some of the easiest or more obvious ones have been left out).

Expansion: *el novio / la novia perfecto/a, un don Juan, el profesor / la profesora perfecto/a.*

ACTIVIDAD 13   Conversación: El hombre perfecto

Trabajando en grupos, organicen estas descripciones en dos columnas: (1) el macho y (2) el hombre liberado.

- Le gusta ver películas violentas.
- Prefiere jugar al fútbol americano.
- Sale a bailar con frecuencia.
- Le gusta jugar al tenis.
- Prefiere montar en motocicleta.
- Le gusta escuchar la música rock.
- Prefiere la música romántica.

- Prefiere manejar un jeep.
- Prefiere salir con los amigos.
- Prefiere llevar ropa deportiva.
- Le gusta mucho salir por la noche.
- Prefiere cenar en familia.
- Siempre quiere llevar vaqueros, botas y chaqueta negra.

Ventanas culturales. Describe
1 or 2 of the teachers who were
inspirational in your life. Show
students the town of Elsa, Texas,
on a map. After the reading, ask
them if they know of any famous
Hispanic teachers. Mention Bolivian Jaime Escalante, famous
math teacher from Garfield High
School in Los Angeles, California.
Escalante encouraged many of his
underprivileged students to succeed in math, which they did,
and his exciting story is told in
the film *Stand and Deliver* (1988).
Show scenes from the movie in class, or have students watch it at home and discuss
it in groups in class. As a follow-up, students write a short **Ventana cultural** about
Jaime Escalante or another inspirational teacher they know.

Ahora, escriban una lista para describir uno de los siguientes estereotipos de la mujer.

1. la mujer tradicional
2. la mujer liberada

3. la mujer perfecta
4. la supermujer

REFRÁN

Querer es poder.

(*Where there's a will, there's a way.* Literally, *To want is to be able to.*)

VENTANAS CULTURALES   Nuestra comunidad

Frank Guajardo, un maestro que abre puertas

Las puertas que abre Frank Guajardo son puertas académicas. Este maestro de inglés trabaja en la escuela secundaria Edcouch-Elsa, que está en Elsa, Texas. Guajardo es un modelo de inspiración para sus alumnos. Los estimula a tener éxito en sus clases y los ayuda a estudiar en universidades de prestigio. Guajardo es fundador de un centro académico donde sus estudiantes hacen una variedad de actividades estimulantes; entre otras, coleccionar historias orales de Texas.

Para Frank Guajardo es muy importante inspirar a los jóvenes. Él también tiene un modelo de inspiración en su familia: su padre, José Guajardo. José dejó la escuela después del cuarto grado para trabajar, pero entiende muy bien la importancia del estudio. Gracias en parte al apoyo de su padre, Frank tiene hoy una maestría de la Universidad de Texas en Austin y es un maestro dedicado que abre puertas para muchos jóvenes.

VOCABULARIO ÚTIL

el éxito	success
el prestigio	prestige
el fundador	founder
dejó	left
el apoyo	support
la maestría	Master's degree

Ahora... ¡ustedes!

¿Hay un maestro o una maestra de secundaria que aprecies mucho? Descríbelo/a. ¿Cómo se llama esta persona? ¿En qué escuela trabaja? ¿Qué clases enseña?

✳ El tiempo

Lea Gramática 2.4–2.5.

El tiempo. Use your PF to provide more comprehensible input about weather.
    Some of the vocabulary in this display may have come up in Pre-Text Oral Activity 3. However, some of the words in this display and in subsequent activities will be new to students. Be sure to verify class comprehension of all vocabulary in the display and the activities of this section as you proceed through these materials.

¿Qué tiempo hace?

Hace buen tiempo.

Hace sol.

Hace mucho calor.

Hace mucho frío.

Nieva.

Llueve.

Hace viento.

Hace fresco.

Está nublado.

Hoy es un día de primavera y hace buen tiempo.

—Aquellos jóvenes prefieren andar en motocicleta.

Esos chicos prefieren jugar al fútbol.

Esa chica prefiere jugar al tenis.

Estos niños prefieren andar en bici.

Esta señora prefiere leer una novela en el parque.

Este señor prefiere tomar una siesta.

Estas mujeres prefieren pasear.

Act. 14. Intercambios (whole-class; pair). This table of temperatures can provide additional input with numbers and can be used to introduce the word and use of *centígrados*. Refer students to the maps of Latin America and Spain in *Dos mundos* to locate cities. Preview with questions like *¿Cuál es la temperatura máxima (mínima) en Guanajuato en enero? ¿En qué ciudades hace mucho calor en julio?* Students may use thermometer to answer the question: *¿Qué tiempo hace en Santander en julio?*

ACTIVIDAD 14   Intercambios: El clima

Mire el gráfico y hágale preguntas a su compañero/a sobre la temperatura en estas ciudades del mundo hispano.

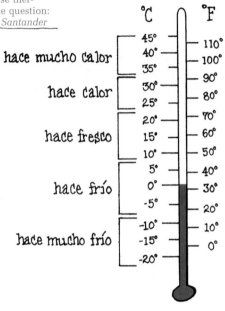

Hace frío?

Ciudad	enero	julio
Guanajuato, México		
temperatura mínima	7°C	14°C
temperatura máxima	22°C	26°C
Tegucigalpa, Honduras		
temperatura mínima	15°C	18°C
temperatura máxima	25°C	27°C
Bogotá, Colombia		
temperatura mínima	5°C	7°C
temperatura máxima	19°C	18°C
Quito, Ecuador		
temperatura mínima	10°C	9°C
temperatura máxima	19°C	19°C
Lima, Perú		
temperatura mínima	20°C	16°C
temperatura máxima	26°C	19°C
Santiago, Chile		
temperatura mínima	12°C	3°C
temperatura máxima	29°C	14°C
Bariloche, Argentina		
temperatura mínima	6°C	-2°C
temperatura máxima	21°C	6°C
La Habana, Cuba		
temperatura mínima	18°C	23°C
temperatura máxima	26°C	31°C
Santander, España		
temperatura mínima	4°C	16°C
temperatura máxima	16°C	24°C
Sevilla, España		
temperatura mínima	6°C	19°C
temperatura máxima	16°C	35°C

E1: ¿Cuál es la temperatura *máxima* en *Sevilla* en *julio*?

E2: La temperatura *máxima* en *Sevilla* en *julio* es de *35* grados centígrados.

E1: Entonces, ¿qué tiempo hace en *Sevilla* en *julio*?

E2: Hace *mucho calor.*

Act. 15. Definiciones (pair; whole-class). Have students scan for unfamiliar vocabulary. Students may work individually or in pairs. Follow up with the whole class.

ACTIVIDAD 15   Definiciones: Las estaciones y el clima

Lea estas descripciones y diga qué estación representa cada una: la primavera, el verano, el otoño o el invierno.

1. Hace mucho frío y a veces nieva.
2. Llueve mucho, a veces hace viento, nacen muchos animales y hay muchas flores y plantas nuevas.
3. Las clases empiezan y hay árboles de hojas amarillas, anaranjadas y de color café. Es la temporada del fútbol norteamericano.
4. Es la estación de las vacaciones. Hace mucho calor y muchas personas van a nadar al lago o a la piscina.

Ahora, diga qué estación tiene cada país en estos meses.

1. España: diciembre, enero, febrero. Es _____.
2. Chile: diciembre, enero, febrero. Es _____.
3. México: septiembre, octubre, noviembre. Es _____.
4. Perú: septiembre, octubre, noviembre. Es _____.
5. Uruguay: marzo, abril, mayo. Es _____.
6. Argentina: junio, julio, agosto. Es _____.

ACTIVIDAD 16　　Descripción de dibujos: ¿Qué tiempo hace?

Hable de los deseos y las preferencias de las personas en los dibujos. No olvide usar este/ese, esta/esa, estos/esos, o estas/esas.

Act. 16. Descripción de dibujos (whole-class; pair). Describe these drawings to the whole class. Have them point to or say the number of the drawing that you describe. Then pair up students for practice. **Example:** Instructor: *En este dibujo hace calor. Este señor prefiere leer un libro en la piscina, pero ese señor prefiere surfear.* Students: *Dibujo 3.*

1.

2.

3.

4.

5.

MODELO:　E1: ¿Qué tiempo hace en el *primer* dibujo?
　　　　　E2: *Nieva.*
　　　　　E1: ¿Qué quiere hacer *este señor*?
　　　　　E2: Quiere *esquiar.*
　　　　　E1: Y, ¿qué prefiere hacer *ese señor*?
　　　　　E2: Prefiere *tomar chocolate caliente.*

ENLACE LITERARIO

«Lindo día», por Carmen Naranjo

Selección de su novela *Diario de una multitud* (1984)

Carmen Naranjo (1928) es una de las escritoras más importantes de Costa Rica. Algunas de sus publicaciones son la colección de poesía *Misa a oscuras* (1967), los cuentos *Otro rumbo para la rumba* (1989), el libro de ensayos[1] *Mujer y cultura* (1989) y varias novelas. Naranjo trabaja activamente en organizaciones internacionales, como UNICEF, y es miembro de la Academia Costarricense de la Lengua. En su novela *Diario de una multitud* los personajes aparecen como «voces»[2] de una enorme ciudad. En esta selección habla uno de esos numerosos personajes.

Lindo día

Lindo[3] día. Lindo. Día lindo. No llueve, los días que no llueven son lindos. Espléndido día. Espléndido. Día espléndido. Quizás esté[4] un poco caliente. Ahora el clima es tan variado. La culpa[5] es de las bombas atómicas y de los viajes a la luna.[6] Es verdad, desde entonces nadie puede confiarse.[7] El sol se asoma,[8] promete[9] y de repente[10] la lluvia y más tarde el frío. Pero, hoy está firme, lindo día, anuncia una noche agradable. En las noches agradables no dan ganas[11] de ir a la cama. Lindo día, de eso hablamos. Lindo en verdad. Un día así vale la pena.[12] ¿La pena qué? Vivir.

Actividad creativa: Un día ideal

¿Qué tipo de clima le gusta más a usted? Usando la selección de Carmen Naranjo como modelo, describa su día ideal en un párrafo. ¿Qué tiempo hace este día? ¿Por qué es ideal para usted? Puede empezar como Naranjo: «*Lindo día. Lindo...* »

[1]*essays* [2]*voices* [3]*nice, lovely* [4]*Quizás... It might be* [5]*fault, blame* [6]*viajes... trips to the moon*
[7]*desde... since then no one can trust (the weather)* [8]*se... peeks out* [9]*promises* [10]*de... suddenly*
[11]*no... one doesn't feel like* [12]*vale... is worth it*

Enlace literario. Reading aloud is an effective technique when working with poetry and some fiction. The technique would work well with Naranjo's novel and especially with this excerpt, which is "spoken" by one of its many characters. Read the passage aloud to the class and then have students read it silently. Follow up with pair work as students read the excerpt to each other, and you circulate to help with pronunciation.

One way to set the right tone for all **Enlace** creative writing activities is to compose a sample piece with the class. We suggest you do this periodically. For this **Enlace**, write the words *Lindo día* on the board. Then describe in 2–3 sentences what you consider a nice day. As an additional fun assignment have students illustrate their descriptions.

En resumen

De todo un poco (pair; group). Have students scan the activity for unfamiliar vocabulary. Model parts A and B, then divide students into pairs for practice. Model your plans for 1 in part C. Ask the class to select a city and invent 1 or 2 forecasts for 4. Write these on the board. Divide students into pairs or groups of 3 for practice. Then have each student write his/her own forecast and read it to his/her partner. The partner should make plans based on the weather forecast. These weather forecasts can also be shared with the whole class; students can then use them to come up with their own plans.

De todo un poco

A. La ropa y el clima

MODELO: E1: ¿Qué ropa llevas cuando *hace frío*?
E2: Cuando *hace frío llevo abrigo y botas.*

¿Qué ropa llevas...

1. cuando hace fresco?
2. cuando hace mucho calor?
3. cuando hace viento?
4. cuando nieva?
5. cuando llueve?
6. cuando hace mucho sol?

B. ¿Qué actividades asocia usted con el tiempo?

MODELO: E1: ¿Qué te gusta hacer cuando *hace viento*?
           E2: Cuando *hace viento* me gusta *volar una cometa en la playa*.

¿Qué te gusta hacer...

1. cuando hace fresco?
2. cuando hace mucho calor?
3. cuando hace mucho frío?
4. cuando nieva?
5. cuando llueve?
6. cuando hace mucho sol?

C. ¡De vacaciones!

Imagínese que usted está de vacaciones. Lea estos pronósticos del tiempo y diga cuáles son sus planes.

1. Barcelona, 2 de agosto: Va a hacer mucho calor. La temperatura máxima va a ser de 33°C. Actividades posibles: merendar en el Parque Güell, caminar por las Ramblas, ver los peces en el acuario, pasar el día en la playa.
2. México, D.F:, 22 de julio: Va a hacer fresco y va a estar nublado por la mañana. Va a llover una o dos horas por la tarde. Actividades posibles: ir al Museo Nacional de Antropología, caminar por el Parque de Chapultepec, visitar la Basílica de Guadalupe, ir en autobús para ver las pirámides de Teotihuacán.
3. Monteverde, Costa Rica, 28 de diciembre: Por la mañana va a llover, pero por la tarde va a hacer sol. La temperatura máxima será de 27°C. Actividades posibles: montar a caballo, caminar por la reserva biológica, sacar muchas fotos, visitar el laboratorio de mariposas.

¡Dígalo por escrito!

Las preferencias

Mire la Actividad 12 en la página 97 y haga una lista de las preferencias de los estadounidenses o de la gente de su país. Compare su lista con la lista de las preferencias de los españoles. Si quiere, ilustre su lista con dibujos, como en la actividad.

¡Cuéntenos usted!

Cuéntenos sobre un fin de semana perfecto. ¿Qué va a hacer el viernes por la noche? ¿Con quién va a hacerlo? El sábado por la mañana, ¿qué prefiere hacer? ¿Qué va a hacer el sábado por la noche? ¿Qué prefiere hacer el domingo por la mañana? El domingo por la tarde, ¿qué prefiere hacer?

MODELO: Durante mi fin de semana perfecto, voy a hacer muchas cosas. El viernes por la noche voy a salir con mis amigos a una discoteca. Vamos a bailar y hablar con muchos chicos. Voy a regresar a casa a las 2:00 de la mañana. El sábado voy a dormir hasta muy tarde y...

CD Enlace Literario y Lecturas / track 4

VOCABULARIO ÚTIL

planear	to plan
disfrutar	enjoy
de paseo	for a stroll
el banco	benches
la fuente	fountain
las cartas	cards
fundan	found
construyen	build
le esperan	await you

LECTURA 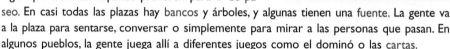 # De paseo

En general, a los hispanos no les gusta planear demasiado su tiempo libre. Muchos prefieren disfrutar del momento presente y hacer las cosas de un modo espontáneo. La gente sale con el pretexto de visitar a los amigos, comprar algo o pasear por las calles y la plaza.

En las calles siempre hay mucha actividad de todo tipo, especialmente en las calles del centro, como la Gran Vía en Madrid, y en las zonas comerciales, como la Calle Florida en Buenos Aires. Pero la plaza es el lugar que muchos hispanos prefieren para ir de paseo. En casi todas las plazas hay bancos y árboles, y algunas tienen una fuente. La gente va a la plaza para sentarse, conversar o simplemente para mirar a las personas que pasan. En algunos pueblos, la gente juega allí a diferentes juegos como el dominó o las cartas.

El lugar que hoy llamamos *plaza* se origina en España. Cuando los españoles fundan sus ciudades, construyen la plaza como centro urbano. En Madrid, capital española, hay numerosas plazas; dos de las más populares son la Plaza Mayor y la Plaza de España. La Plaza Mayor es muy grande y tiene cafés y restaurantes. Pero también hay plazas pequeñas en los barrios de Madrid y otras ciudades hispanas, como en Sevilla, ciudad pintoresca al sur de España.

Las plazas son lugares ideales para descubrir y explorar la cultura de la gente. ¡Visite una ciudad hispana! Allí, en alguna plaza, le esperan experiencias divertidas... una conversación interesante, un paseo agradable y, posiblemente, la alegría de tener nuevos amigos.

Comprensión

Complete las oraciones lógicamente, según la lectura. Puede haber más de una respuesta correcta.

1. Generalmente, los hispanos prefieren...
   a. planear actividades.
   b. ser espontáneos durante su tiempo libre. (marked)
   c. pensar en el presente. (marked)

2. A los hispanos les gusta pasear por...
   a. las calles. (marked)
   b. la plaza. (marked)
   c. el patio de su casa.

3. Normalmente, en la plaza, las personas...
   a. juegan y conversan. (marked)
   b. hacen su tarea o trabajan.
   c. miran a otras personas. (marked)

4. Los españoles crean las plazas...
   a. en el siglo XX.
   b. como centro de la ciudad. (marked)
   c. para descansar.

Un paso más... ¡a conversar!

Describa su lugar favorito. ¿Dónde está? ¿Por qué le gusta pasar tiempo allí? ¿Prefiere estar solo/a en ese lugar o con otras personas? ¿Con quiénes?

ocabulario   *Disk 2*

• Las actividades   *Track 1*   Activities

almorzar	to have lunch
andar en motocicleta	to ride a motorcycle
andar en velero	to go sailing
caminar	to walk
charlar	to chat
coser	to sew
dar una fiesta	to give a party
dar un paseo	to go for a walk
desayunar	to have breakfast
descansar	to rest
escribir (cartas)	to write (letters)
esquiar	to ski
estudiar	to study
ir a (+ *infin.*)	to be going to (plan)
voy a…	I am going to …
va a	He/She is going to …
jugar al boliche	to bowl
lavar (el carro)	to wash (the car)
levantar pesas	to lift weights
limpiar	to clean
merendar	to have a picnic
montar a caballo	to ride a horse
pasar tiempo	to spend time
pasear (por el parque)	to go for a walk (in the park)
pasear en barca	to go for a boat ride
preferir	to prefer
prefiero	I prefer
prefiere	you prefer; he/she prefers
recibir (visitas)	to receive; to have company
reparar	to fix
tomar (una siesta)	to take (a nap)
tomar el sol	to sunbathe
tomar café/té	to drink coffee/tea
volar una cometa	to fly a kite

PALABRAS SEMEJANTES: invitar, surfear, visitar

• Las materias   *Track 2*   School Subjects
Dis

el diseño de la moda	fashion design
la especialidad	major
la informática	data processing
la ingeniería (mecánica)	(mechanical) engineering
el mercadotecnia	marketing
la química	chemistry

PALABRAS SEMEJANTES: la antropología, el arte, la biología, las ciencias sociales, la economía, la física, la geografía, la historia, la literatura, la psicología, la sociología.

• El tiempo   *Track 3*   The Weather

el clima	weather; climate
Está nublado.	It is overcast (cloudy).
los grados (centígrados)	degrees (centigrade)
Hace (muy) buen/mal tiempo.	The weather is (very) fine/bad.
Hace fresco.	It's cool.
Hace (mucho) calor/frío.	It's (very) hot/cold.
Hace sol.	It's sunny.
Hace (mucho) viento.	It's (very) windy.
llover	to rain
Llueve (mucho).	It rains (a lot).
la lluvia	rain
nevar	to snow
Nieva (mucho).	It snows (a lot).
la nieve	snow
el pronóstico del tiempo	weather forecast
¿Qué tiempo hace?	What is the weather like?

PALABRAS SEMEJANTES: la temperatura máxima/mínima

• ¿Cuándo?   *Track 4*   When?

con frecuencia	frequently
después	after
esta noche	tonight
hasta	until
más tarde	later
por último	lastly
tarde	late
todavía	still, yet

REPASO: ahora, a veces, ayer, anteayer, hoy, mañana, pasado mañana, por la mañana/tarde/noche, temprano

• Los lugares   *Track 5*   Places

el centro	downtown
la ciudad	city
el lago	lake
el mar	sea

la montaña	mountain
la preparatoria	prep school; high school
el río	river

PALABRAS SEMEJANTES: el campus, el laboratorio, el parque, el teatro

• Los números ordinales *Track 6* — Ordinal Numbers

primer, primero/a	first
segundo/a	second
tercer, tercero/a	third
cuarto/a	fourth
quinto/a	fifth
sexto/a	sixth
séptimo/a	seventh
octavo/a	eighth
noveno/a	ninth
décimo/a	tenth

• Las descripciones *Track 7* — Descriptions

algún / alguna	some
buen(o) / buena	good
deportivo/a	sport related
ese, esa / esos, esas	that / those
este, esta / estos, estas	this / these
europeo/a	European
ningún / ninguna	none; not any
próximo/a	next
todo/a	all
último/a	last

PALABRAS SEMEJANTES: atractivo/a, importante, liberado/a, macho/a, norteamericano/a, romántico/a, tradicional, violento/a

• Otros verbos útiles *Track 8* — Other Useful Verbs

abrir	to open
cerrar (ie)	to close
cierra	he/she/it closes
contestar	to answer
empezar (ie)	to start, begin
empieza	he/she/it starts
llegar	to arrive
manejar	to drive
nacer	to be born
ofrecer	to offer

PALABRAS SEMEJANTES: comparar, usar

• Los sustantivos *Track 9* — Nouns

el almuerzo	lunch
el árbol	tree
el chocolate caliente	hot chocolate
el descanso	break; rest
el deseo	want, desire
la entrada	entrance
la(s) flor(es)	flower(s)
la gente	people
la misa	Mass
el pasatiempo	hobby
la respuesta	answer
la temporada	season (of practice)

PALABRAS SEMEJANTES: el animal, el área, el cereal, el estereotipo, el gráfico, la invitación, la lista, la novela, el plan, el presente, la radio, el semestre, el trimestre

• Palabras del texto *Track 10* — Words from the Text

converse	converse (command)
decidir	to decide
imagínese	imagine
la oración	sentence
Pregúntele…	Ask him/her . . .

PALABRAS SEMEJANTES: asociar, la columna, la conversación, la definición, describir, mencionar, la narración, la ocasión, organizar, representar

• Palabras y expresiones útiles *Track 11* — Useful Words and Expressions

algo	something
como	like, as
en general	in general
entonces	so, then
los dos / las dos	both
Nos vemos.	See you.
si	if

PALABRAS SEMEJANTES: el club, la idea, posible, el tren

Gramática y ejercicios

2.1 Expressing Future Plans: *ir + a +* Infinitive

The most common way of expressing future plans is to use the verb **ir** (*to go*) plus the preposition **a** (*to*) followed by an infinitive. This construction is commonly referred to as the *informal future,* because Spanish has another future tense, generally reserved for talking about more long-term future plans.*

—¿Qué **vas a hacer** mañana?	—*What are you going to do tomorrow?*
—**Voy a esquiar.**	—*I am going to ski.*
—¿Qué **van a hacer** ustedes este fin de semana?	—*What are you going to do this weekend?*
—**Vamos a ir** al cine.	—*We're going to go to the movies.*
—¿Qué **van a hacer** Esteban y Alberto después de la clase?	—*What are Esteban and Alberto going to do after class?*
—**Van a jugar** al basquetbol.	—*They're going to play basketball.*

> ir = *to go*
> **¿Qué vas a hacer esta noche?** (*What are you going to do tonight?*)
> **Voy a estudiar.** (*I'm going to study.*)

> 2.1 This section follows up on the *gustar* + infinitive construction introduced formally in **Gramática 1.5.**

Here are the forms of the irregular verb **ir.**[†]

ir (to go)		
(yo)	voy	*I am going; go*
(tú)	vas	*you (inf. sing.) are going; go*
(usted, él/ella)	va	*you (pol. sing.) are going; he/she is going; go; goes*
(nosotros/as)	vamos	*we are going; go*
(vosotros/as)	vais	*you (inf. pl., Spain) are going; go*
(ustedes, ellos/as)	van	*you (pl.) are going; they are going; go*

> **¡Vamos a salir a cenar!** (*Let's go out to eat!*) The expression **Vamos a** + infinitive is frequently used to express *Let's . . .*

EJERCICIO I

Lea esta conversación sobre los planes de algunos compañeros de clase. Complete las oraciones con las formas correctas del verbo **ir.**

MODELO: Luis *va* a hacer ejercicio en el parque.

1. —¿Qué _____ a hacer tú después de la clase?
   —(Yo) _____ a ir de compras con una amiga.

---

*You will learn how to form the future tense in **Gramática 15.1.**
[†]Recognition: **vos vas**

2. —¿Y qué _____ a hacer Esteban y Carmen?
   —*Esteban* _____ *a estudiar y Carmen* _____ *a trabajar.*
3. —¿Y la profesora Martínez? ¿Qué _____ a hacer ella?
   —*Creo que* _____ *a leer la tarea de sus estudiantes, pero nosotros* _____ *a ir al cine.*
4. —Pablo, ¿cuándo _____ a estudiar tú?
   —*(Yo)* _____ *a estudiar más tarde, probablemente esta noche.*
5. —¿Y tú, Alberto? ¿Cuándo _____ a hacer la tarea para la clase de español?
   —*(Yo)* _____ *a hacer mi tarea mañana por la mañana.*

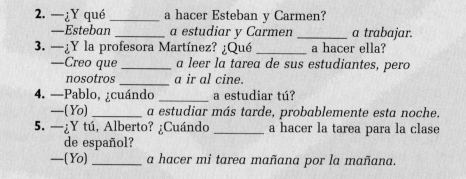

2.2. Students should be able to recognize ordinal numbers, but they usually have little need to produce them except for *primero*, *segundo*, and *tercero*. Remind students that except for *primero*, Spanish does not use ordinals in dates.

---

primer, primero/a = *first*
segundo/a = *second*
tercer, tercero/a = *third*
cuarto/a = *fourth*
quinto/a = *fifth*
sexto/a = *sixth*
séptimo/a = *seventh*
octavo/a = *eighth*
noveno/a = *ninth*
décimo/a = *tenth*

¡OJO!

The feminine form of the ordinal is used if the referent is *la persona: Guillermo es el cuarto*, but *Es la cuarta persona.*

2.2 Sequencing: Ordinal Adjectives

Ordinal adjectives are used to put things and people into a sequence or order. The ordinals in English are *first, second, third, fourth*, and so on. Here are the ordinals from *first* to *tenth* in Spanish.

primero/a	sexto/a
segundo/a	séptimo/a
tercero/a	octavo/a
cuarto/a	noveno/a
quinto/a	décimo/a

Mi **segunda** clase es difícil.   *My second class is difficult.*

As with **uno** (*one*), the words **primero** and **tercero** drop the final **-o** when used before a masculine singular noun.

Estoy en el **primer** (**tercer**) **año.**   *I am in the first* (*third*) *grade.*

EJERCICIO 2

Conteste las preguntas según el dibujo.

Ernesto   doña Lola   Amanda   don Anselmo
    Estela   Guillermo   Ramón

1. ¿Quién es la primera persona*?
2. ¿Quién es la segunda persona?
3. ¿Es Guillermo la quinta?
4. ¿Es Amanda la primera?
5. ¿Es doña Lola la tercera?
6. ¿Quién es la sexta persona?
7. Don Anselmo es la quinta persona, ¿verdad?
8. ¿Quién es el primer hombre?
9. ¿Quién es la segunda mujer?
10. ¿Es don Anselmo el tercer hombre?

---

*__Persona__ is a feminine word, even when it refers to a man.

2.3 Stating Preferences and Desires: *preferir* and *querer* + Infinitive

The verbs **preferir*** (*to prefer, would rather*) and **querer*** (*to want*) are used to express preferences and desires. They are often followed by an infinitive. (Remember that infinitives are the nonconjugated verb forms that end in -ar, -er, or -ir.)

—¿Qué **quieres** hacer este invierno?
—**Quiero** esquiar.
—¿Qué **prefiere** hacer Pablo?
—**Prefiere** viajar.

—*What do you want to do this winter?*
—*I want to ski.*
—*What does Pablo prefer to do?*
—*He would rather travel.*

> **preferir** = *to prefer, would rather*
> **querer** = *to want*
> **¿Qué quieres hacer ahora?** (*What do you want to do now?*)
> **Quiero descansar.** (*I want to rest.*)
> **¿Qué prefieres hacer?** (*What do you prefer to do?* [*What would you rather do?*])
> **Prefiero comer ahora.** (*I prefer to eat now.*)

Note that the **e** of the stem of these verbs changes to **ie**, except in the **nosotros/as** and **vosotros/as** forms.[†]

querer (*to want*)		preferir (*to prefer*)	
(yo)	quiero	prefiero	*I want/prefer*
(tú)	quieres	prefieres	*you (inf. sing.) want/prefer*
(usted, él/ella)	quiere	prefiere	*you (pol. sing.) want/prefer; he/she wants/prefers*
(nosotros/as)	queremos	preferimos	*we want/prefer*
(vosotros/as)	queréis	preferís	*you (inf. pl., Spain) want/prefer*
(ustedes, ellos/as)	quieren	prefieren	*you (pl.) want/prefer; they want/prefer*

EJERCICIO 3

Complete estas oraciones según el modelo.

MODELO: Nora *quiere* patinar, pero Luis *prefiere* jugar al tenis.

1. Yo _____ ir al cine, pero Esteban _____ salir a bailar.
2. Nora _____ ver la televisión, pero Alberto _____ ir de compras.
3. Lan _____ pasear por el parque, pero yo _____ dormir todo el día.
4. Nora _____ comer comida china, pero Carmen y Pablo _____ cocinar en casa.
5. Mónica _____ dar una fiesta, pero Alberto _____ bailar en la discoteca.
6. El padre de Esteban _____ acampar, pero yo _____ ir a la playa.
7. Carmen _____ sacar fotos, pero Lan _____ escribir una carta.
8. Luis _____ dibujar, pero yo _____ tocar la guitarra.
9. Mónica y Pablo _____ ir a pasear por el centro, pero yo _____ dormir toda la tarde.
10. Luis y Alberto _____ descansar, pero Esteban _____ leer el periódico.

2.3. This section expands the verb + infinitive constructions. Although the six-form conjugations of *querer* and *preferir* are given, students should concentrate on the use of singular forms with a variety of infinitives. The stem-vowel change is noted but not emphasized. Stem-changing verbs will be introduced formally in **Gramática 4.1.** Some students may benefit from being shown the traditional "boot" formation that stem-changing verbs follow. *Querer* can be used as a signal of future desires: *¿Qué quieres hacer esta noche* (*mañana, la próxima semana*)? etc. *Preferir* can be used in various time frames: *¿Qué prefieres hacer los sábados?* (Reinforce use of plural with days of the week to emphasize habitual action.) *¿Qué prefieres hacer cuando llueve? ¿Qué prefieres comer: las hamburguesas o los tacos?*, and so on.

Ej. 3. All answers are verb forms with stem vowel *ie*.

---

*Recognition: **vos preferís, querés**
[†]Verbs like **preferir** and **querer** that use more than one stem in their conjugation are known as *irregular verbs.* You will learn more about this type of verb beginning in **Gramática 3.3.**

EJERCICIO 4

¿Qué quieren hacer estas personas? Conteste según el modelo.

MODELO: ¿Qué quiere hacer Guillermo? → *Quiere jugar al basquetbol.*

> **¡OJO!**
>
> **Ejercicio 4.** In numbers 2 and 4 the questions are addressed to the characters in the drawings. For number 2, answer using the first-person singular (**yo**) and for number 4, answer using the first-person plural (**nosotros**).

1. ¿Qué quiere hacer Ernestito?

2. ¿Qué prefiere hacer usted, señor Saucedo?

3. ¿Qué quieren hacer Estela y Andrea?

4. Luis y Nora, ¿qué prefieren hacer ustedes?

5. ¿Qué prefieren hacer Diego y Rafael?

6. ¿Qué quiere hacer Amanda?

EJERCICIO 5

Escriba los planes y las preferencias de estas personas.

	PLANES		PREFERENCIAS/DESEOS
MODELO: Nora	*va a leer*	pero	*prefiere (quiere) dormir.*

1. Lan

2. Carmen

3. Esteban

4. Alberto

5. Pablo

6. Mi compañera

7. Yo

2.4 Describing the Weather: Common Expressions

Spanish speakers use several verbs to describe weather conditions.

A. If a weather expression refers to a phenomenon that can be felt (good weather, heat, cold, wind), use **hacer.**

—¿Qué tiempo **hace** hoy? —*What's the weather like today?*
—**Hace frío.** —*It's cold.*

Other weather expressions with **hacer** are **hace calor** (*it's hot*), **hace buen/mal tiempo** (*the weather is good/bad*), **hace viento** (*it's windy*), **hace sol** (*it's sunny*), and **hace fresco** (*it's cool*).

B. If a weather expression refers to a phenomenon that can be seen, use **haber.**

—**Hay neblina** por la costa. —*It's foggy (There is fog) along the coast.*

—**Hay nubes** hoy. —*It's cloudy (There are clouds) today.*

Most Spanish weather expressions use either **hacer** or **haber:**
Hace frío. (*It's cold.*)
Hace calor. (*It's hot.*)
Hace buen/mal tiempo. (*The weather is good/bad.*)
Hay neblina. (*It's foggy.*)

But to talk about resultant states, use **estar** + adjective:
Está nublado. (*It's cloudy.*)

Nevar and **llover** use just the verb:
Nieva. (*It's snowing. [It snows.]*)
Llueve. (*It's raining. [It rains.]*)

C. For resultant states (that is, conditions that result from a specific phenomenon, such as **Hay nubes** or **Hace sol**), use **estar** with the appropriate adjective.

—**Está nublado** hoy.	—*It's cloudy today.*
—**Está soleado** en las montañas.	—*It's sunny in the mountains.*

D. To talk about rain and snow, use only the corresponding verb (**llover** or **nevar**).

—Siempre **llueve** aquí por la tarde.	—*It always rains here in the afternoon.*
—**Nieva** mucho en Montana.	—*It snows a lot in Montana.*

Note in all of these weather expressions that Spanish does not use a pronoun corresponding to English *it*.

EJERCICIO 6

Diga qué tiempo hace.

 1.   2.   3.   4.   5.   6.

EJERCICIO 7

Diga si son posibles o imposibles estas combinaciones.

1. —¿Hace sol?
—Sí, y también hace calor.

2. —¿Hace mal tiempo?
—Sí, y llueve mucho.

3. —¿Hace buen tiempo?
—Sí, y hace mucho frío.

4. —¿Hace calor?
—Sí, y también nieva.

5. —¿Hace frío?
—Sí, y también hace mucho calor.

2.5 Pointing Out People and Objects: Demonstrative Adjectives

A. Demonstrative adjectives are normally used to point out nouns.

Quiero terminar **esta lección** primero.	*I want to finish this lesson first.*
Esos tres **muchachos** quieren andar en moto.	*Those three boys want to ride motorcycles.*

Demonstrative adjectives are placed before the noun that they modify and must agree in gender and number with that noun.

2.5. You have already used demonstrative adjectives in your speech many times, and students should understand them by now. However, they may still not clearly hear the difference between *este* (this) and *ese* (that). We include *aquel* (*aquella, aquellos, aquellas*); you may choose not to practice it. The problem students have with *este/ese* is remembering which corresponds to "this" and which to "that." You can orient students by using *aquí* and *allí* (*este libro aquí / ese libro allí*). We don't mention differences between *aquí/acá* and *allí/allá*, since they are subtle: *aquí* usually designates a specific point; whereas *acá* roughly corresponds to English "over/around here." A possible strategy for students is to always use *aquí* and *allí* but recognize the meaning of *acá* and *allá* when native speakers use them or when they see them written.

aquí/acá (here) (close to the person speaking)			
SINGULAR		**PLURAL**	
este libro	this book	estos pantalones	these pants
esta señora	this lady	estas casas	these houses

allí/allá (there) (at some distance from the person speaking)			
ese libro	that book	esos pantalones	those pants
esa señora	that lady	esas casas	those houses

este/esta = this
este libro = this book
esta fotografía = this photo

estos/estas = these
estos cuadernos = these notebooks
estas tareas = these homework assignments

—Amanda, ¿no te gusta **esta blusa**?

—Amanda, don't you like this blouse?

—No, prefiero **esa blusa** roja

—No, I prefer that red blouse.

—**Estos pantalones** son nuevos. ¿Te gustan?

—These pants are new. Do you like them?

ese/esa = that
ese cartel = that poster
esa silla = that chair

Use the demonstrative pronouns **esto** or **eso** when the object has not been identified.

—Estela, ¿sabes qué es **esto**?

—Estela, do you know what this is?

—No, no sé.

—No, I don't know.

esos/esas = those
esos papeles = those papers
esas chicas = those girls

The demonstratives **aquel, aquellos, aquella,** and **aquellas** indicate that the person or thing pointed out is more distant (generally far away in space or in time from both speakers).

—¿Ves **aquella casa**?

—Do you see that house (over there)?

—¿**Aquella casa** de los árboles grandes?

—That house with the big trees?

Estudio biología en **este edificio** y estudio química en **aquel edificio.**

I study biology in this building, and I study chemistry in that building (over there).

esto/eso = this/that (unidentified object)

aquel/aquella = that
aquel edificio = that building
aquella plaza = that plaza

B. Although most adjectives in Spanish are placed after the noun they modify (**una casa moderna, unos zapatos negros**), the ordinal adjectives (**Gramática 2.2**) and the demonstrative adjectives are both placed before the adjective: **La *tercera casa* es la de mi prima. *Esos jóvenes* son mis amigos.** A few adjectives may be placed before or after the noun, with differences in meaning.

aquellos/aquellas = those
aquellos árboles = those trees
aquellas puertas = those doors

Es un gran* hombre.

He is a great man.

Es un hombre grande.

He is a big man.

La señora Rivera es una vieja amiga de la familia.

Mrs. Rivera is an old (long time) family friend.

Es una señora vieja.

She is an old woman.

_____

*The words **bueno, malo, primero,** and **tercero** shorten to **buen, mal, primer,** and **tercer** when placed before a masculine singular noun. **Es un buen chico. Es una buena profesora.** The word **grande** shortens to **gran** before any singular noun. **Isabel Allende es una gran escritora. Camilo José Cela y Gabriel García Márquez son grandes escritores.**

Ahora tengo un nuevo coche.	*Now I have a new (different) car.*
Mi vecino tiene un coche nuevo.	*My neighbor has a new (new model) car.*
¡El pobre niño no comprende la tarea!	*The poor child doesn't understand the assignment.*
Ese niño es de una familia muy pobre.	*That boy comes from a very poor family.*

EJERCICIO 8

Amanda está hablando con Graciela de su ropa. Complete las oraciones con **este, esta, estos** o **estas.**

MODELO: Me gusta *esta* blusa azul.

1. _____ blusa es mi favorita.
2. _____ zapatos son muy viejos.
3. _____ pantalones son nuevos.
4. _____ faldas son bonitas, pero un poco viejas.
5. _____ suéter es de mi mamá.

EJERCICIO 9

Doña Lola y doña Rosita están en la plaza hablando de sus vecinos. Complete las oraciones con **ese, esa, esos** o **esas.**

MODELO: *Esa* señora es una cocinera magnífica.

1. _____ señoritas trabajan en la oficina con Paula Saucedo.
2. _____ chico es Guillermo, el hijo de Ernesto y Estela Saucedo.
3. _____ muchacha se llama Amanda. Tiene 14 años.
4. _____ señores juegan a las cartas con don Anselmo.
5. _____ muchachos son compañeros de escuela de Ernestito.

EJERCICIO 10

Imagínese que usted está en una fiesta con Esteban. Él no conoce a muchas personas y por eso le hace a usted las siguientes preguntas. Complete las preguntas de Esteban con las formas correctas de **este** o **ese.** ¡esta esa estos esos, estas esas

1. ¿Cómo se llama _____ señora que está hablando con Nora allí cerca de la puerta?
2. Creo que _____ señor que está aquí a la derecha es amigo de tu padre, ¿verdad?
3. ¿Son actores _____ dos jóvenes que están allí en la cocina?
4. ¿Se llama Jesús _____ muchacho que está aquí detrás de nosotros?
5. ¿Cómo se llaman _____ muchachas que están sentadas aquí justamente enfrente de nosotros?

> este/estos; esta/estas
> ese/esos; esa/esas

EJERCICIO 11

Usted vende zapatos. ¿Cuáles recomienda? Use formas de **este, ese** y **aquel,** según la distancia entre usted y los dibujos.

exercise is confusing

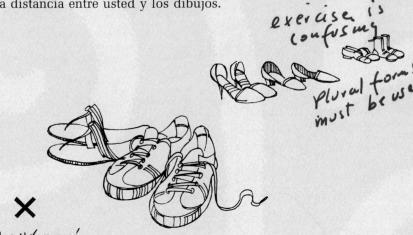

plural forms must be used

✗

Usted está aquí.

1. _____ zapatos son mejores para jugar al tenis.
2. _____ zapatos son para un señor que trabaja en una oficina.
3. _____ zapatos son bonitos pero no muy elegantes.
4. _____ zapatos son para una mujer que trabaja en una oficina.
5. _____ botas son para un obrero.
6. _____ sandalias me gustan mucho.

EL CLUB DE TITO

Restaurante y salón de baile
Avenida Jalapa 1475, México, D.F.
Teléfono: 2-46-98-71

SÁBADOS: B a i l e

Desde las 8:00 de la noche hasta las 5:00 de la mañana
Especialidad de la casa: *PIÑA COLADA*
¡ORQUESTA DE BETO RODRÍGUEZ!

el domingo, 5 de octubre
Escuche la música de JORGE MANRICO
¡directamente de Guadalajara!
¡Baile hasta las dos de la mañana!

VIERNES: B a i l e

Desde las 6:00 de la tarde
con la música de PEPE FUENTES

Pre-Text Oral Activities Capítulo 3

1. Location: *estar.* Until now *estar* has been used only in greetings (*¿Cómo está usted?*) and *ser* has been used for all other functions of "to be" (identification and description). This section introduces the use of *estar* for location. Pass out classroom objects: pencils, erasers, paper, books, or other items you can bring easily to class. Give commands such as: *Los estudiantes que tienen lápices, pónganlos en la mesa* (*en el piso, enfrente de la puerta*). *Pongan sus libros debajo de la mesa* (*al lado de los lápices, encima del papel*). Introduce 3 or 4 locative prepositions found in display.

2. Use your PF to talk about community locations and activities associated with them. Use the structure *ir + a + location*. Point out the contraction *al.*

Sample input: *¿Adónde van ustedes los sábados por la noche?* (*cine*) *¿Van al cine? ¿Qué hacen en el cine?* (*películas*) *¿Ven películas? Mi esposo/a* (*novio/a, amigo/a*) *y yo también vamos al cine... Vemos películas románticas* (*de misterio, cómicas...*).

3. Habitual activities: present tense. Use an association activity to introduce third-person singular present-tense forms in your input. (See IM, Association Activities.) The first time you do this activity, introduce about 15 verbs in third-person singular form. To facilitate comprehension, we tend to limit input at this stage to third-person singular. Emphasize daytime activities at school or weekend activities. (Reflexive constructions are needed to talk about most grooming activities such as *bañarse* and *peinarse* and the first and last activities of the day: *levantarse* and *acostarse.*) If activities that use reflexive constructions come up in the list of verbs generated, simply note briefly that *se* is approximately equivalent to "self" and must be used with verbs that convey the subject doing something to himself/herself. Keep in mind that throughout this chapter reflexive constructions will be for recognition only. Most of the verbs generated for daily activities are regular: *lee, estudia, escucha, come, trabaja,* etc. The few irregular ones are usually not irregular in the third-person singular form. (If they are irregular, or if they are stem-changing verbs, simply supply the correct form: *él/ella oye, él/ella va, él/ella almuerza.*) The irregular verbs *hacer, salir,* and *jugar* may be used here; additional information is in **Gramática 3.3.** The reflexive construction, other irregular verbs, and stem-changing verbs are presented in the grammar of **Capítulo 4.**

El Club de Tito. Scanning activity. (See IM, Newspaper Ads.) Remind students that it is not necessary to read and understand the entire ad, only to look for information you request. Ask: *¿Cuál es la dirección del club? ¿A qué hora empieza el baile? ¿Cuál es la especialidad de la casa? ¿Quién toca los viernes? ¿Cuándo toca Jorge Manrico?* (pantomime *tocar*).

4. Use your PF to discuss foods and beverages (*leche, jugo de naranja, café, té, cerveza, agua*) for breakfast, lunch, and dinner. Introduce words from display on page ••• so that when it comes time to do oral activities there will be only a few new words to introduce. Generate student input about what they consider typical breakfast, lunch, and dinner foods.

5. Origin: association activity. (See IM, Association Activities.) Introduce your own birthplace (use the city and state or country) with *Soy de _____, _____.* Write *¿De dónde es usted? Soy de _____, _____.* on the board. Ask each student *¿De dónde es usted?* The object is to associate city and state (and possibly a country) with the name of each student. Use review questions: *¿De dónde es Mike? Susan es de Ontario, Canadá, ¿verdad? Steve es de Texas. ¿Es de Houston o de Dallas?* Make the sequence as conversational as possible by adding comments about the cities (*grande, pequeño/a, bonito/a*).

Capítulo 3

Los lugares y las actividades

M E T A S

In **Capítulo 3** you will discuss daily activities and talk about places in the city and on your campus as well as about where you and others are from. You will also learn useful vocabulary related to the three daily meals: breakfast, lunch, and dinner.

Little Girl from Harlem, por Soraida Martínez (Estados Unidos)

«Cuando era niña y vivía en Harlem, siempre supe que Harlem era un tipo de exilio; lo que no sabía era por qué tenía que estar yo allí. Hubo tiempos felices así como tiempos tristes pero, para escapar, yo siempre soñaba despierta. Soñaba con un patio, con crecer e ir a la escuela de arte, con alejarme de allí.»

Sobre la artista: Soraida Martínez —artista, diseñadora y autora de herencia puertorriqueña— nació en Harlem, Nueva York. Desde 1992, Soraida es la creadora del reconocido «Verdadismo»: estilo de arte abstracto y contemporáneo que contiene un comentario social sobre el racismo, el sexismo y los estereotipos. Soraida se graduó de la universidad con concentración en bellas artes y especialización en el diseño.

1527
Álvar Núñez Cabeza de Vaca, conquistador español, explora el sur y suroeste de EU.

los Estados Unidos

1500   1600   1700

Época precolombina
En el territorio de los EU habitan muchas tribus indígenas.

1600–1800
Colonización de Nuevo México por españoles; construcción de misiones católicas en Texas y California

Los amigos animados: Para repasar

Antes de comenzar este capítulo, mire los segmentos animados para repasar el capítulo anterior.

A. El Club Pacífico. Un anuncio del Club Pacífico en KSUN, Radio Sol de California.

B. El tiempo en México y en Buenos Aires. Adriana Bolini es argentina y viaja mucho por su trabajo. Ahora está en la Ciudad de México y conversa con un amigo.

En este capítulo...

ACTIVIDADES DE COMUNICACIÓN

- Los lugares
- Las actividades diarias
- Las tres comidas
- ¿De dónde es usted?

EN RESUMEN

LECTURAS Y CULTURA

- **Ventanas al pasado**
  Antoni Gaudí, gran arquitecto
- **Enlace literario**
  «Cuadrados y ángulos», por Alfonsina Storni
- **Lectura**
  La presencia vital de los hispanos

GRAMÁTICA Y EJERCICIOS

3.1 Talking about Location:
estar + **en** and **ir** + **al / a la**

3.2 Talking about Habitual Actions: Present Tense of Regular Verbs

3.3 Using Irregular Verbs: **hacer, salir, jugar**

3.4 Asking and Answering Questions

3.5 Describing Origin and Location: **ser de / estar en**

1848 México cede varios territorios (California, Arizona, Nuevo México y otros) a EU.

1898 España pierde la guerra contra EU y le cede Cuba y Puerto Rico.

1952 Puerto Rico es designado Estado Libre Asociado (*Commonwealth*).

1959 Revolución cubana; comienza el primer gran éxodo cubano a EU.

1994 El gobierno de California les niega educación y cuidado médico a los hispanos indocumentados.

800   **1900**   **2000**

Puerto Rico se incorpora a EU (*Foraker Act*). **1900**

Revolución mexicana; aumenta el número de inmigrantes a EU. **1910**

Los puertorriqueños reciben ciudadanía estadounidense (*Jones Act*). **1917**

1965 César Chávez funda la organización United Farm Workers en California.

1979 Gran inmigración de América Central y América del Sur.

2000 Los hispanos son el grupo minoritario más grande del país.

Actividades de comunicación y lecturas

✳ **Los lugares**

Lea Gramática 3.1.

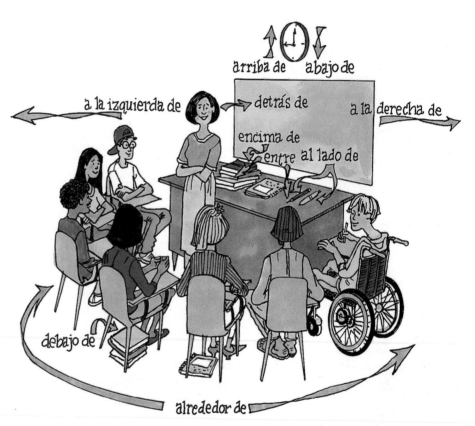

ACTIVIDAD 1   Intercambios: La Universidad Estatal del Oriente

Mire el plano de la página siguiente. Escuche mientras su profesor(a) describe dónde están algunos edificios. Escriba el nombre del edificio en el espacio en blanco.

Edificios: la biblioteca, la cafetería, la Facultad de Ciencias Sociales, la Facultad de Medicina, el gimnasio, el teatro

Ahora, pregúntele a su compañero/a dónde están los edificios en el plano.

MODELOS: E1: ¿Dónde está *el teatro?*
E2: Está *enfrente de la Facultad de Bellas Artes.*

E1: ¿En qué calle está *la cafetería?*
E2: Está en la *avenida de las Rosas,* al lado de la librería.

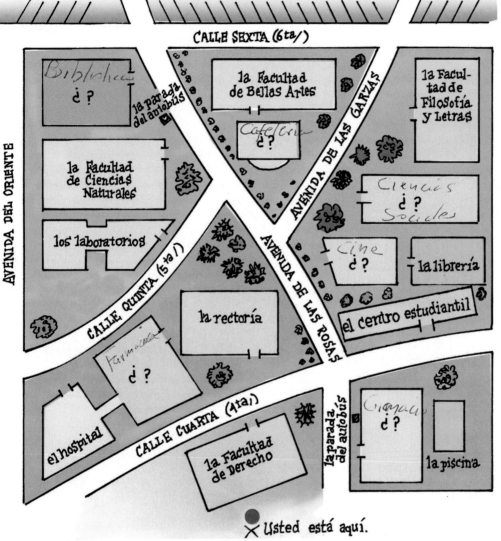

LA·UNIVERSIDAD·ESTATAL·DEL·ORIENTE

► PALABRAS
   ÚTILES

al lado de
a la derecha de
a la izquierda de
detrás de
enfrente de
entre

ACTIVIDAD 2   Intercambios: En nuestra universidad

Pregúntele a su compañero/a dónde están los siguientes lugares en su universidad.

MODELO: E1: ¿Dónde está *la cafetería*?
          E2: Está *detrás de*...

1. la biblioteca
2. el gimnasio
3. la librería
4. el teatro
5. la Facultad de _____
6. ¿ ?

Act. 2. Intercambios (pair). Have students substitute campus locations of their own choice. Make a transparency of a map of your campus to help students locate these places.

Act. 3. Descripción de dibujos. Have students write in the names of places you describe on their map. **Sample description:** *El videocentro está en la Avenida de la Independencia, entre el mercado de discos y la Panadería Neptuno.* **1.** *Café Cibernético* **2.** *Museo Nacional* **3.** *Biblioteca Nacional* **4.** *Farmacia Cruz Blanca* **5.** *Videocentro* **6.** *Hotel Los Cabos* **7.** *Bar El Gato Verde* **8.** *Gimnasio Cabo Verde*

Now ask students to find various buildings and locations: *¿Dónde está la biblioteca? (Está al lado del Hospital San Benavente.)* For each location ask: *¿Qué hay en un(a) _____?* and *¿Para qué vamos a un(a) _____?*

Suggestions: 1. *la biblioteca: libros, revistas, periódicos; para sacar libros, para buscar información, para leer* **2.** *el correo: cartas, para enviar paquetes, para comprar estampillas* **3.** *las tiendas: cosas* (name some); *para comprar, para ir de compras* **4.** *la playa: arena, gente, lanchas, agua, toallas; para nadar, para caminar, para jugar deportes, para tomar el sol* **5.** *la discoteca: música, bar, sillas, mesas; para bailar, para escuchar música, para beber* **6.** *el hospital: pacientes, doctores, cuartos, camas; para visitar a los pacientes, para consultar con el médico* **7.** *el mercado: comida, frutas, verduras, carne; para hacer la compra* **8.** *cine: para ver películas* **9.** *restaurante: comida; para comer, para cenar* **10.** *parque: árboles, bancos, fuente, tiendas; para caminar, para conversar, para mirar a la gente.* **11.** *gimnasio: máquinas, piscina, para hacer ejercicio, para levantar pesas, para nadar.*

Act. 4. Asociaciones (individual; pair). Students may work individually or in pairs. Follow up with whole-class discussion.

ACTIVIDAD 3   Descripción de dibujos: ¿Dónde está?

Escuche a su profesor(a) y escriba el numero que corresponde a estos lugares.

Videocentro
Hotel Los Cabos
Bar El Gato Verde
Farmacia Cruz Blanca

Café Cibernético
Biblioteca Municipal
Gimnasio Cabo Verde
Museo Nacional

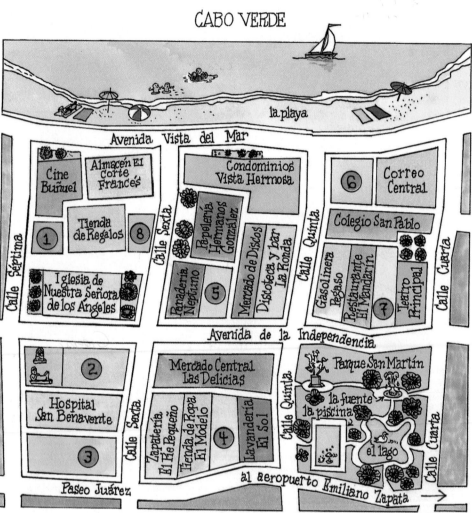

ACTIVIDAD 4   Asociaciones: ¿Para qué vamos a estos lugares?

Empareje estas actividades con los lugares.

MODELOS: el parque →
Vamos al parque *para merendar con nuestros amigos.*

la papelería →
Vamos a la papelería *para comprar papel, lápices y cuadernos.*

LUGAR	ACTIVIDAD
1. el cine	a. para comprar zapatos
2. la playa	b. para ver las exhibiciones
3. el mercado	c. para comprar estampillas y para mandar cartas
4. una panadería	d. para rezar
5. un museo	e. para ver una película
6. la iglesia	f. para comprar pan o pasteles
7. el correo	g. para tomar el sol y nadar
8. un hospital	h. para comprar comida
9. una zapatería	i. para leer y estudiar
10. la biblioteca	j. para visitar a un enfermo

VENTANAS AL PASADO

Antoni Gaudí, gran arquitecto

Antoni Gaudí i Cornet es uno de los arquitectos más famosos de Europa. Nace en 1852 en la provincia de Tarragona, en la costa mediterránea de España. A los 26 años recibe en Barcelona su título de arquitecto y conoce a Eusebi Güell, político y miembro de una prestigiosa familia catalana. Con el apoyo económico de Güell, el joven arquitecto Gaudí puede realizar varias obras impresionantes, entre ellas el Parque

Iglesia de La Sagrada Familia

Güell. Este lugar, originalmente una urbanización de lujo, es hoy en día un parque público en la ciudad de Barcelona.

Gaudí crea una arquitectura impresionante basada en líneas curvas y formas geometrizadas, en líneas modernas y también medievales, que al mismo tiempo se incorpora a la naturaleza. También se ven en sus obras elementos árabes, sobre todo en su uso de torres, ladrillos, piedras y mosaicos. Entre sus muchas obras arquitectónicas están la villa *El*

VOCABULARIO ÚTIL

conoce	meets
catalán (catalana)	from the region of Cataluña in Spain
el apoyo	support
realizar	to accomplish
la urbaniza-ción de lujo	upscale neighbor-hood
al mismo tiempo	at the same time
la naturaleza	nature
la torre	tower
el ladrillo	brick
la piedra	stone
atropellado	run over
el tranvía	street car

Capricho en Cantabria, el Palacio Güell, el Parque Güell y el Colegio Teresiano en Barcelona. En esta ciudad también está la Iglesia de la Sagrada Familia, obra que Gaudí nunca termina.

Antoni Gaudí muere trágicamente en 1926 a la edad de 74 años, atropellado por un tranvía en Barcelona. La construcción continúa en la Iglesia de la Sagrada Familia y se estima que va a finalizarse para el año 2052: ¡200 años después del nacimiento de este creativo y prodigioso arquitecto!

Ventanas al pasado. Bring slides, photos, or use the Internet to show students images of Gaudí's work. Use a map of Spain to locate both Tarragona and Barcelona. Read **Vocabulario útil** aloud as students read silently. Give students a minute to skim reading and then read it aloud while they follow along silently. Ask brief comprehension questions: *¿Dónde nace Gaudí? ¿Qué estilo tiene su arquitectura? ¿Cuáles son algunas de sus obras más famosas?* Pair students to ask each other the **Ahora... ¡ustedes!** questions.

Ahora... ¡ustedes!

¿Te gusta la arquitectura moderna o prefieres la tradicional? En tu propia (*own*) casa, ¿te gustan los elementos naturales o prefieres los materiales ultramodernos?

Act. 5. Preferencias (whole-class; pair). Most of the time expressions are review. Go through each activity as students answer *sí/no* and write in their own personal variants.

Follow-Up: Whole-class discussion of personal variants or pair students to make statements and comments using expressions under **Y tú, ¿qué dices?** You may want to write expressions from previous **Y tú, ¿qué dices?** activity on the board (see page 87). E1: *Voy a estudiar en la biblioteca esta noche.* E2: *¡Qué aburrido!*

ACTIVIDAD 5   Preferencias: ¿Cuándo?

Exprese los planes. Complete cada oración con una de las frases.

1. Voy a estudiar en la biblioteca...
   - **a.** este fin de semana.
   - **b.** esta noche.
   - **c.** después de clase.
   - **d.** ¿ ?
2. Mis amigos van a ir a una discoteca...
   - **a.** mañana por la noche.
   - **b.** esta noche.
   - **c.** el próximo sábado.
   - **d.** ¿ ?
3. Mi profesor(a) de español va a explorar el Internet...
   - **a.** hoy.
   - **b.** pasado mañana.
   - **c.** mañana por la noche.
   - **d.** ¿ ?
4. Mi novio/a va a ir conmigo al cine...
   - **a.** el próximo sábado.
   - **b.** este viernes.
   - **c.** el lunes por la tarde.
   - **d.** ¿ ?
5. Voy a salir de vacaciones...
   - **a.** el próximo mes.
   - **b.** mañana por la mañana.
   - **c.** el próximo fin de semana.
   - **d.** ¿ ?

▶ Y TÚ, ¿QUÉ DICES?

¿De veras?	Buena idea.	¡Qué aburrido!
¿De verdad?	Yo también.	¡Qué interesante!
¡No lo creo!	¡Qué divertido!	

MODELO: E1: Voy a estudiar en la biblioteca a las 5:00 de la mañana.
              E2: *¡No lo creo!*

ACTIVIDAD 6   Intercambios: El cine en Sevilla

Lea esta guía del cine en Sevilla. Luego, hágale preguntas sobre la guía a su compañero/a.

MODELO: E1: ¿Quieres ir al cine?

E2: Hummm... Tal vez. ¿Qué película quieres ver?

E1: En *los cines Nervión Plaza exhiben Miel para Oshún.*

E2: ¿A qué hora?

E1: A *las 18:00, 20:00, 22:00 y 00:10 horas.*

E2: ¿Cuánto cuesta?

E1: *Los sábados, domingos y días feriados* cuesta *4,9 euros; los días laborables* cuesta sólo *4,5 euros.*

E2: Perfecto, ¿por qué no vamos *el viernes*?

Act. 6. Intercambios (whole class; pair). Use these listings as a scanning activity. (Students need not understand all movie titles.) Ask questions such as ¿Qué películas exhiben en el cine Alameda? (Héctor; Yo, Robot; Balseros...) ¿A qué hora ponen Harry Potter y el prisionero de Azkaban? (A las 14:00, 16:10, 18:00, 20:10 y 22:00) Point out the use of the 24-hour clock. Comment that in Spanish-speaking countries the director is very important. Here his/her name follows the preposition de. ¿Cómo se llama el director de Harry Potter? (Alfonso Cuarón) ¿Cuánto cuesta la entrada al cine Warner Lusomundo los sábados? (5,15 euros) ¿Y los miércoles? (4,75 euros). Point out s/n = sin número. Model interaction once, then pair students to do the activity.

Guía del ocio – el cine en Sevilla

ALAMEDA 4 SALAS
TEL. 954.91.57.62
ALAMEDA DE HÉRCULES 9–10

Héctor. España, de Gracia Qerejeta. Drama con Nilo Mur. Un adolescente acomodado se enfrenta a una decisión difícil. 18:00, 20:00, 22:00 y 00:00. Por calificar. Todos los días €4,9. Día de pareja (jueves) €6.

Yo, Robot. EU De Alex Proyas. Ciencia-Ficción con Will Smith. ¿Rompe un robot las leyes de los robots de Isaac Asimov? 16:10, 18:20, 20:25, 22:10 y 00:10. No recomendada para menores de 14 años. Todos los días €4,9. Día de pareja (jueves) €6.

Balseros. Documental español de Carles Bosch y Josep Mª Domenech sobre los cubanos que salen de Cuba hacia los EU. Los presenta y luego documenta su evolución después de siete años. 15:10, 17:20, 21:25, 23:10 y 01:10. Por calificar. Todos los días €4,9.

Harry Potter y el prisionero de Azkaban. EU De Alfonso Cuarón. Con Emma Watson, Rupert Grint y Daniel Radcliffe. Las aventuras de Harry con Cornelius Fudge, ministro de Magia. Por calificar. 14:00, 16:10, 18:00, 20:10 y 22:00. Todos los días €4,9.

WARNER LUSOMUNDO 5 SALAS
AVE. WARNER LUSOMUNDO,
PLAZA DE ARMAS

El final de la noche. España, de Patxi Barco. Un heroinómano asalta el hostal de una pequeña ciudad. No apta para menores de 18 años. 18:00, 20:00, 22:00, 00:10. Sáb.-Dom. €5,15; laborables €4,75.

Frida. EU De Julie Taymor, con Salma Hayek y Alfred Molina. Biografía de Frida Kahlo, quien canalizó sus sufrimentos físicos y los problemas de su tempestuoso matrimonio con Diego Rivera hacia sus pinturas. 18:15, 20:15, 22:15, 00:15. Sáb.Dom. €5,15; laborables €4,75.

Troya. EU de Wolfgang Petersen, con Brad Pitt. En la antigua Grecia no sólo el poder, el honor o la gloria llevan a los hombres a la guerra...¡el amor también! Por calificar. 18:00, 20:00, 22:00, 00:10. Sáb.-Dom. €5,15; laborables €4,75.

Señorita extraviada. México, documental de Lourdes Portillo, sobre la violencia hacia las mujeres en Ciudad Juárez, México. Violencia, no apta para menores de 18 años. 18:00, 20:00, 22:00, 00:10. Sáb.-Dom. €5,15; laborables €4,75.

CINES NERVIÓN PLAZA 20 SALAS
TEL. 954.42.61.93
AVE. LUIS DE MORALES S/N

La Corporación. Documental de Jennifer Abbot. Sigue la trayectoria espectacular de las corporaciones como una presencia penetrante y dramática en nuestra vida. Todos los públicos. 18:10, 20:10, 22:10, 00:10. Sáb.-Dom. €5,15; laborables €4,75.

María, llena eres de gracia. Independiente, acción, de Joshua Martson. Sobre el narcotráfico en Colombia. Una joven colombiana acepta una oferta peligrosa para entrar a los EU Sólo adultos. 18:00, 20:00, 22:00, 00:10. Sáb., dom. y feriados €4,9; laborables €4,5.

Atún y chocolate. España, de Pablo Carbonell. Un pueblo pequeño de pescadores se une para ayudar a una familia con un problema muy original. Sin calificar. 18:00, 20:00, 22:00, 00:10. Sáb., dom. y feriados €4,9; laborables €4,5.

Miel para Oshún. Drama, comedia de Humberto Sols. La historia de Roberto, un taxista algo excéntrico, quien persigue la aventura por los caminos de Cuba. R. sólo adultos. 18:00, 20:00, 22:00, 00:10. Sáb., dom. y feriados €4,9; laborables €4,5.

ENLACE LITERARIO

«Cuadrados y ángulos», por Alfonsina Storni

Selección de su libro *El dulce daño* (1918)

Alfonsina Storni (1892–1938), argentina, es una de las poetas más estimadas de América Latina. En su corta vida, Storni trabaja de maestra y periodista[1] y publica varios libros de poesía. Entre todos sus libros, *El dulce daño* (1918) es uno de los más íntimos y personales. Sus últimas publicaciones son *Mundo de siete pozos* (1936) y *Mascarilla y trébol* (1938). Muchos de los poemas de Storni describen la gran ciudad: sus edificios, el tráfico, los parques. En «Cuadrados y ángulos» la poeta critica un lugar donde todo —las casas, la gente— tiene la misma forma.

Cuadrados y ángulos[2]

Casas enfiladas,[3] casas enfiladas,

casas enfiladas.

Cuadrados, cuadrados, cuadrados.

Casas enfiladas.

Las gentes ya tienen el alma cuadrada,[4]

Ideas en fila[5]

y ángulos en la espalda.

Yo misma he vertido ayer una lágrima,[6]

Dios mío, cuadrada.[7]

Actividad creativa: Las casas de su barrio

¿Le gusta su barrio? ¿Cómo son sus casas? Use «Cuadrados y ángulos» como modelo para escribir un breve poema sobre las casas de su barrio. Por ejemplo, puede describir casas grandes, pequeñas, feas, bonitas, nuevas, viejas. Puede también escribir sobre el color de las casas o mencionar otros lugares en su barrio.

[1]*journalist*   [2]*Cuadrados... Squares and angles*   [3]*in a row*   [4]*el... square souls*   [5]*en... in a row, in line*   [6]*Yo... Just yesterday I shed a tear myself*   [7]*Dios... Oh, God, it (my tear) was square*

This is the first of several poetry selections to appear in *Dos mundos*. Have students focus on the poem's lines (*los versos*), rhythm (*el ritmo*), and rhyme (*la rima*). Have them read only the last word of each line to get the feel for the rhyme. Reading aloud is an effective technique when working with poetry, which has traditionally been an oral art. Read the poem to the class, emphasizing the rhythmic quality of the words. Now have students read aloud in pairs.

  Help students with the writing activity. Brainstorm with your class other adjectives that could be used to describe houses, and make a list of places in the neighborhood, such as *el cine, la plaza, el mercado*, etc. Remind students to rely on the vocabulary they already know. As they provide suggestions, write them on the board. Then pick several of these words and compose a poem with your students' help. Ask them to come up with no more than 5 lines. This is the model poem we suggest: **El barrio nuevo** / *Casas nuevas, casas nuevas, / casas bonitas. / Plazas, plazas, plazas. / Casas bonitas. / Las gentes ya tienen un barrio nuevo.*

✳ Las actividades diarias

Lea Gramática 3.2–3.3.

Many of the words in this display and in subsequent activities will be new to students. Verify class comprehension of all vocabulary in the display and the activities of this section as you proceed through these materials.

Un día típico en la vida de la familia Saucedo

Ernesto lee el periódico todas las mañanas.

Los Saucedo y sus hijos desayunan juntos.

Ernesto sale de la casa a las 8:30.

Ernesto espera el autobús.

Amanda y sus hermanos caminan al parque.

Guillermo juega al fútbol con sus amigos.

Berta limpia la casa.

Estela prepara la cena.

La familia Saucedo cena a las 8:00.

Las actividades diarias. Review daily activities introduced in the Pre-Text Oral Activity. Ask: *¿Quién estudia todos los días?* *¿Cuándo estudia Jenny? ¿Qué lee Mark en la mañana?*, etc. Add other words according to context. For example, if one verb choice is *comer*, include a few foods (those that the student actually suggests). Students may produce Spanish words, but you should not require correct production of the conjugated verb forms. Ask brief questions about activities illustrated in the display.

See the IRK for additional activities: *Las actividades diarias.*

> ## REFRÁN
>
> **Al que madruga, Dios lo ayuda.**
>
> (*The early bird gets the worm.* Literally, *God helps those who get up early.*)

Act. 7. Intercambios (whole-class; pair). Preview the chart with questions such as: *¿Cuántas personas hay? ¿De dónde es _____?* (Comment on countries or cities in Spanish.) Then ask questions that can be answered with the name of the person: *¿Quién asiste a una reunión?* (*Adriana*) Follow with questions answered with days and times: *¿Cuándo hace ejercicio Mayín?* (jueves, por la noche) *Sí, ella hace ejercicio el jueves por la noche.* Finally, ask questions such as *¿Qué hace Silvia los miércoles por la tarde?* Have students do interaction in pairs.

ACTIVIDAD 7   Intercambios: Las actividades diarias

MODELOS: E1: ¿Quién *va a misa*?
          E2: *Silvia.*

          E1: ¿Cuándo *hace ejercicio Mayín*?
          E2: *Los jueves por la noche.*

	SILVIA BUSTAMANTE MÉXICO, D.F.	ADRIANA BOLINI BUENOS AIRES	MAYÍN DURÁN LOS ÁNGELES
los lunes, por la mañana	va en metro al trabajo	maneja y habla por celular	va en coche a la estación de radio
los miércoles, por la tarde	trabaja en la estación de autobuses	diseña sitios Web	escribe un reportaje
los jueves, por la noche	estudia	asiste a una reunión	hace ejercicio en el gimnasio
los sábados, por la tarde	lleva su ropa a la lavandería	pasea por el parque	lee el periódico
los domingos, por la mañana	va a misa	juega al tenis	ve la televisión

Act. 8. Asociaciones (individual; whole-class). Have students scan this activity for unfamiliar vocabulary. Students work individually to match activity to person.
  Follow-Up: Whole-class discussion.

ACTIVIDAD 8   Asociaciones: Las actividades típicas

¿Cuáles son las actividades típicas de estas personas?

1. un profesor / una profesora
2. un ama de casa
3. un hombre / una mujer de negocios
4. un(a) estudiante
5. un(a) recepcionista

Actividades posibles: almuerza en un restaurante, charla con un amigo en la cafetería, cocina, habla por teléfono, hace la compra, lee las tareas de los estudiantes, lee una revista, limpia la casa, prepara las lecciones, trabaja en su oficina, va a la biblioteca, va al correo

ACTIVIDAD 9 Narración: Un día en la vida de Carla Espinosa

▶ **PALABRAS ÚTILES**

primero	después	finalmente
luego	más tarde	por último
¿A qué hora?	A la(s)…	

Act. 9. Narración (whole-class; pair). Narrate Carla's day. **Suggestions: 1.** (*A las 7:00*) *Desayuna con su familia.* **2.** (*A las 7:15*) *Lee el periódico.* **3.** (*A las 7:25*) *Recoge sus libros.* **4.** (*A las 7:30*) *Sale de la casa.* **5.** (*A las 7:30*) *Carla camina a la parada del autobús.* **6.** (*A las 7:35*) *Espera el autobús* (*guagua,* in Puerto Rico). (*Va en autobús a la universidad.*) **7.** (*A las 8:00*) *Asiste a la clase de biología.* **8.** (*A las 8:55*) *Charla con un amigo.* **9.** (*A las 9:00*) *Asiste a la clase de economía.* **10.** (*A las 10:00*) *Toma un refresco.* **11.** (*A las 10:15*) *Estudia en la biblioteca.* **12.** (*A las 12:00*) *Regresa a casa.* **13.** (*A las 12:30*) *Almuerza.* (*Come una ensalada.*) **14.** (*A las 2:00*) *Juega al tenis.* **15.** (*De las 3:00 hasta las 5:30 de la tarde*) *Trabaja en una tienda de ropa.* **16.** (*A las 7:30 de la tarde*) *Carla ¿_____?*

ACTIVIDAD 10 Preferencias: ¿Con qué frecuencia?

Diga con qué frecuencia usted hace estas actividades durante la semana. Use **siempre, con frecuencia, a veces, de vez en cuando** y **casi nunca.**

MODELO: De vez en cuando hago la tarea en la biblioteca.

1. Veo la televisión por la noche.
2. Salgo a cenar con amigos.
3. Juego al basquetbol.
4. Voy al cine.
5. Lavo el carro.
6. Hago ejercicio aeróbico.
7. Preparo la cena.
8. Como en el carro.
9. Escucho un disco compacto mientras estudio.
10. Visito sitios en el Internet.

Act. 10. Preferencias (individual; whole-class). Have students scan for unfamiliar vocabulary. Students work individually and need only write an appropriate time expression for each activity.
  Follow-Up: Whole-class discussion and questions: *¿Ve usted la televisión con frecuencia por la noche? ¿Qué programas ve? ¿Sale usted mucho con sus amigos? ¿Come usted en el carro?* Students may be paired to read each other 4–5 of their own activities.

Act. 11. Asociaciones (individual; whole-class). This activity uses third-person plural forms, but students may want to answer with *y yo;* if so, supply the first-person plural forms.

ACTIVIDAD 11 Asociaciones: Las actividades de mi familia

En su familia, ¿quién hace las siguientes actividades?

MODELOS: estudia(n) en la universidad →
Mis hermanos estudian en la universidad.

trabaja(n) los sábados →
Nadie en mi familia trabaja los sábados.

Mi esposo/a	Mi(s) hermano(s)/a(s)	Mi(s) hijo(s)/a(s)
Mis padres	Mi(s) primo(s)/a(s)	Nadie

1. sale(n) mucho con sus amigos
2. esquía(n) en el invierno
3. ve(n) la televisión
4. va(n) al cine los fines de semana
5. lee(n) el periódico por la mañana
6. escucha(n) música clásica
7. trabaja(n) los sábados
8. nada(n) en el verano

Act. 12. Entrevista (pair). You may want to remind students that verbs ending in *-s* indicate the familiar *tú* form. Do interviews in pairs. These interviews may be split up over 2 class sessions.

ACTIVIDAD 12 Entrevista: El fin de semana

GENERALMENTE LOS VIERNES POR LA NOCHE...

1. ¿Sales con tus amigos? ¿Vas al cine? ¿Vas a una discoteca o a un club?
2. ¿Trabajas? ¿Hasta qué hora?
3. ¿Cenas en algún restaurante?
4. ¿Lees un libro? ¿Exploras el Internet? ¿Juegas a las cartas?
5. ¿Vas a (Das) una fiesta? ¿Dónde? ¿Con quién(es)?

GENERALMENTE LOS SÁBADOS...

1. ¿Practicas algún deporte? ¿Cuál prefieres?
2. ¿Ves la televisión? ¿Qué programas te gustan?
3. ¿Vas de compras? ¿Adónde?
4. ¿Trabajas? ¿Dónde? ¿Cuántas horas?
5. ¿Estudias? ¿Dónde? ¿Con quién(es)?

✳ Las tres comidas

Lea Gramática 3.4.

El desayuno

los huevos

el cereal

el yogur

el jugo de naranja

la leche

el pan tostado con mantequilla

la fruta

el café

el té

El almuerzo

la sopa

los tacos

las galletas

el sándwich de jamón y queso

la hamburguesa

los refrescos

las papas fritas

las galletitas

La cena

el bistec

la papa al horno

la cerveza

el pan

las legumbres

la ensalada de lechuga y tomate

el pollo frito

el helado

el pastel

el postre

Las tres comidas. The display is organized according to American-style meals. Use your PF as an aid when talking about what students eat for the 3 main American meals: *el desayuno, el almuerzo,* and *la cena.* Remind students that words for foods vary from one country to another. We have attempted to use only words recognized by the majority of Spanish speakers. More food vocabulary will be presented in **Capítulo 8;** there, whenever possible, regional variants are included in notes. Discuss foods included in this display and point out those that we have in common with the Hispanic world. Finally, talk about meal times. Explain that these differ markedly from country to country and are quite different from the American system illustrated in this display. For example, Spain: *el desayuno (ligero) 7:00; el bocadillo 10:30; la comida 2:00; la merienda (para los niños) 5:00; el vino y las tapas (para los adultos) 6:00; la cena 9:00.*

Many of the words in this display and in subsequent activities will be new to students. Verify class comprehension of all vocabulary in the display and the activities of this section as you proceed through these materials.

See the IRK: *Las tres comidas.*

ACTIVIDAD 13   Conversación

Diga si le gustan o no estas comidas y bebidas.

MODELO: ¿Te gustan los <u>huevos revueltos</u> para <u>el desayuno</u>?
No, no me gustan; prefiero el cereal.

EL DESAYUNO	EL ALMUERZO	LA CENA
los huevos revueltos	la sopa	las legumbres
la fruta	la hamburguesa	el pollo frito
el pan tostado	un sándwich de jamón y queso	el arroz
la leche	los tacos	el bistec
el café / el té	las papas fritas	el pescado
el yogur	la ensalada	el pastel de chocolate
el cereal	un burrito	el helado

ACTIVIDAD 14   Conversación *Con moderación*

Vea las tres listas de la **Actividad 13** y diga si las comidas y bebidas son
saludables o no.

MODELO: ¿Las papas fritas? No, no son saludables.
¿El pescado? Sí, es muy saludable.

ACTIVIDAD 15   Entrevista: ¿Qué comes... ?

1. ¿Qué desayunas todos los días? ¿Desayunas algo diferente los
   sábados? ¿Y los domingos?
2. ¿Dónde almuerzas de lunes a viernes? ¿A qué hora almuerzas?
   ¿Qué te gusta almorzar?
3. ¿Qué prefieres para la cena: bistec o pescado? ¿Cuál es el más
   saludable? ¿Y sales a cenar los fines de semana?
4. ¿Prefieres desayunar pan tostado o cereal? ¿Prefieres almorzar en
   casa o en la cafetería de la universidad?
5. ¿Te gusta cocinar o prefieres salir a cenar? ¿Cuál es tu restaurante
   favorito?
6. ¿A qué hora desayunas/almuerzas/cenas? ¿Sabes que en España y
   algunos países latinoamericanos el almuerzo es a las 2:00 ó 3:00
   de la tarde y la cena a las 9:00 ó 10:00 de la noche? ¿Te gusta ese
   horario? ¿Por qué?

✳ ¿De dónde es usted?

Lea Gramática 3.5.

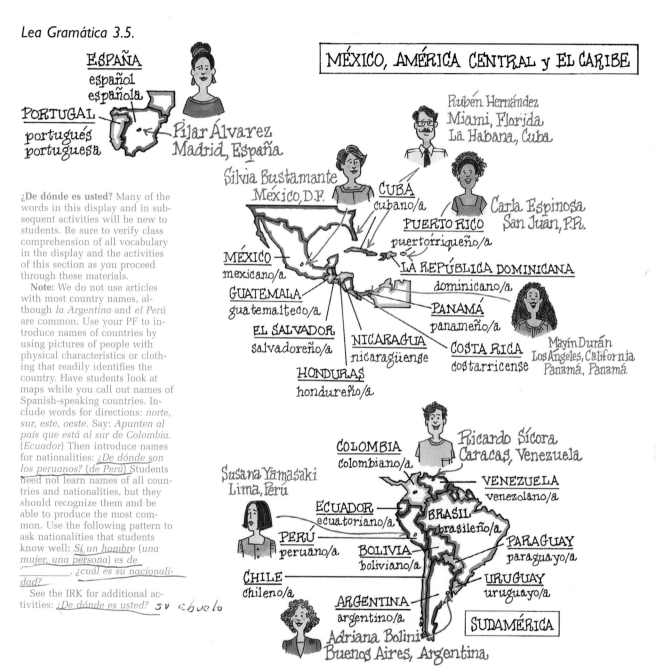

ESPAÑA
español
española

PORTUGAL
portugués
portuguesa

Pilar Álvarez
Madrid, España

MÉXICO, AMÉRICA CENTRAL y EL CARIBE

Rubén Hernández
Miami, Florida
La Habana, Cuba

Silvia Bustamante
México, D.F.

CUBA
cubano/a

PUERTO RICO
puertorriqueño/a

Carla Espinosa
San Juan, P.R.

MÉXICO
mexicano/a

LA REPÚBLICA DOMINICANA
dominicano/a

GUATEMALA
guatemalteco/a

PANAMÁ
panameño/a

EL SALVADOR
salvadoreño/a

NICARAGUA
nicaragüense

COSTA RICA
costarricense

Mayín Durán
Los Ángeles, California
Panamá, Panamá

HONDURAS
hondureño/a

COLOMBIA
colombiano/a

Ricardo Sícora
Caracas, Venezuela

VENEZUELA
venezolano/a

Susana Yamasaki
Lima, Perú

ECUADOR
ecuatoriano/a

BRASIL
brasileño/a

PERÚ
peruano/a

BOLIVIA
boliviano/a

PARAGUAY
paraguayo/a

CHILE
chileno/a

URUGUAY
uruguayo/a

ARGENTINA
argentino/a

SUDAMÉRICA

Adriana Bolini
Buenos Aires, Argentina

¿De dónde es usted? Many of the words in this display and in subsequent activities will be new to students. Be sure to verify class comprehension of all vocabulary in the display and the activities of this section as you proceed through these materials.

Note: We do not use articles with most country names, although *la Argentina* and *el Perú* are common. Use your PF to introduce names of countries by using pictures of people with physical characteristics or clothing that readily identifies the country. Have students look at maps while you call out names of Spanish-speaking countries. Include words for directions: *norte, sur, este, oeste.* Say: *Apunten al país que está al sur de Colombia.* (*Ecuador*) Then introduce names for nationalities: *¿De dónde son los peruanos?* (*de Perú*) Students need not learn names of all countries and nationalities, but they should recognize them and be able to produce the most common. Use the following pattern to ask nationalities that students know well: *Si un hombre* (*una mujer, una persona*) *es de _____, ¿cuál es su nacionalidad?*

See the IRK for additional activities: *¿De dónde es usted?* su abuelo

ACTIVIDAD 16   Identificaciones: Las capitales

Consulte el mapa de arriba o el mapa que aparece al principio del texto para completar las siguientes oraciones.

1. La capital de Venezuela es _____.
    a. Bogotá   **b.** Tegucigalpa   **c.** Caracas   **d.** La Paz

2. _____ es la capital de Ecuador.
    a. Quito   **b.** La Habana   **c.** Montevideo   **d.** Lima

La presencia hispana en los Estados Unidos es fuerte y se expresa de muchas formas. En la foto, un mural en el distrito de La Misión (*Mission District*) de la ciudad de San Francisco, California.

3. La capital de Nicaragua es _____.
   a. Asunción   b. Bogotá   c. San José   d. Managua
4. _____ es la capital de Argentina.
   a. San Juan   b. Buenos Aires   c. Santiago   d. Madrid
5. La capital de Guatemala es _____.
   a. San Salvador   b. Santo Domingo   c. Guatemala   d. Panamá

ACTIVIDAD 17   Entrevista: ¿De dónde... ?

1. E1: ¿De dónde eres?
   E2: Soy de _____.
2. E1: ¿De dónde es tu padre?
   E2: Es de _____.
3. E1: ¿De dónde es tu madre?
   E2: Es de _____.
4. E1: ¿Tienes un amigo de algún país hispano?
   E2: Sí, tengo un amigo / una amiga de _____.
5. E1: ¿Cómo se llama tu amigo/a?
   E2: Se llama _____.

Act. 17. Entrevista (pair). Students may want to use cities and states in answers to these questions.

En resumen

De todo un poco A. Entrevista (pair). This entrevista incorporates topics and structures from the whole chapter as well as from previous ones. Remind students that questions here are a starting point for conversation. They should feel free to ask other pertinent questions as they converse.

De todo un poco

A. Entrevista: Las actividades favoritas y los lugares

Charle con un compañero / una compañera.

1. ¿Qué te gusta hacer cuando vas a la playa? ¿Te gusta nadar o prefieres tomar el sol? ¿Te gusta andar en velero o prefieres jugar al voleibol?
2. ¿Qué haces cuando estás en una biblioteca? ¿Lees periódicos? ¿Estudias? ¿Usas una computadora?
3. ¿Cómo se llama tu parque favorito? ¿Qué haces allí? ¿Practicas un deporte? ¿Cuál? ¿Caminas? ¿Corres? ¿Cuándo vas al parque?
4. ¿Vas mucho al cine? ¿Con quiénes? ¿Qué tipo de películas te gusta? (*románticas, cómicas, musicales, de acción, de misterio, de horror, de ciencia ficción*)
5. ¿Escuchas mucho la radio? ¿Cuándo y dónde? ¿Por la mañana/tarde/noche? ¿Los fines de semana? ¿Qué emisora escuchas, generalmente?
6. ¿Qué tipo de música prefieres? ¿Cuáles son tus artistas favoritos? ¿Prefieres escuchar la radio o poner discos compactos?

B. El mapa de Sudamérica: ¿Dónde están estos países?

Trabajen en grupos de cuatro. Una persona debe leer las siguientes instrucciones; las otras tres personas deben seguir las instrucciones y escribir los nombres de los países en el mapa que el profesor / la profesora va a darles.

De todo un poco B. El mapa de Sudamérica. Use the map in the IRK and label only Guyana.

INSTRUCCIONES

1. Brasil es el país más grande de Sudamérica. Está *al lado derecho* del mapa. Venezuela está al norte de Brasil, *al lado izquierdo* de Guyana. Escriba Venezuela en el lugar apropiado.
2. Ahora vamos a Colombia. Está *al lado izquierdo* de Venezuela.
3. Ahora escriban «Ecuador» en el país pequeño que está al sur, *debajo de* Colombia y *al lado del* Océano Pacífico.
4. *Al lado izquierdo de* Brasil, *en medio del* mapa, está Bolivia. Está *lejos del* mar.
5. *Al lado izquierdo de* Brasil y *debajo de* Ecuador y Colombia, escriban «Perú.» Este país está *entre* Brasil, Bolivia y el Océano Pacífico.
6. *Debajo de* Perú, al sur, está Chile. Éste es un país largo y angosto (delgado). Está *al lado del* Océano Pacífico.
7. *Al lado derecho de* Chile está otro país muy grande, Argentina.
8. *Al lado derecho de* Argentina, y *al lado izquierdo del* Océano Atlántico, está Uruguay. Éste es un país muy pequeño.
9. *Arriba de* Argentina, al norte, y *debajo de* Bolivia y Brasil está otro país pequeño, Paraguay. No está *cerca del* mar.

Ahora, comparen su trabajo con el mapa que está en la página 131.

¡Dígalo por escrito!

Los pasatiempos y las actividades

Imagínese que usted recibe una carta de su amiga Silvia Bustamante, una estudiante de México. Ella le pregunta: «¿Cómo pasas el tiempo libre?» ¿Qué le va a contestar usted? Escríbale una carta, contestando su pregunta y también incluyendo algunas preguntas para ella. Empiece su carta así: Querida Silvia:... Termine su carta con: Un abrazo de... [el nombre de usted].

¡Dígalo por escrito! Read the instructions aloud while the class follows along. Put students in groups of 3 and have them come up with questions they can ask each other. Then have each student write a letter to the Mexican friend including answers to the questions and some original questions. Show students how to begin a friendly letter with *Querido/a* and end it with *Saludos* and *Un abrazo,* or *Tu amigo/a.*

¡Cuéntenos usted!

Cuéntenos sobre su lugar favorito en su ciudad o estado. ¿Es una playa, un museo, un restaurante, una librería u otro lugar? ¿Dónde está? ¿Cuánto tiempo tarda para ir a ese lugar? ¿Hay mucha gente allí o es un lugar muy tranquilo? ¿Qué hace allí? ¿Prefiere ir solo/a o acompañado/a?

Cuéntenos usted. This oral summary activity is intended to help students narrate their own lives and stories in an informal setting. Give students at least five minutes to jot down ideas for telling their story or assign this preparation as homework. Divide students in groups of three or four. Draw numbers to decide who goes first. You may want to write a sample response to the Cuéntenos usted questions on the board. For a model paragraph that students might use as a template, see the Chapter Notes in the IM.

CD Enlace Literario y Lecturas Track 6

PISTAS PARA LEER

1. Skim the **Lectura**. Can you tell what its topic is?
2. Scan the last paragraph: What words of nationality are used to describe Hispanics in the United States? Which words do you find useful?
3. When you read, use context to figure out words you don't know and try to guess their meaning. But remember: guessing the exact meaning is not crucial to overall comprehension!

VOCABULARIO ÚTIL

la comunidad	community
los ciudadanos	citizens
Estado Libre Asociado	Commonwealth
los neoyorriqueños	Nuyoricans (New York Puerto Ricans)
ganador	winner
se destaca	stands out
se encuentran	are found
rebasa	surpasses
sea cual sea	whatever might be

Pistas para leer. Remind students of the following reading strategy: Use context to figure out unfamiliar words and make intelligent guesses regarding the meaning. Remember that guessing the exact meaning usually is not crucial to your overall comprehension. Context is your key to making intelligent guesses. To the context,

LECTURA # La presencia vital de los hispanos

La palabra *Hispanic* se usa en los Estados Unidos con frecuencia para describir a todos los latinos. Pero en la comunidad hispana hay personas de varios países que forman grupos diferentes; cada uno de estos grupos tiene una historia interesante y muy particular. Hay hispanos en casi todas las ciudades estadounidenses. Algunos son emigrantes de España, otros de la América Latina. En su totalidad, los hispanos contribuyen de manera importante a la vida cultural y económica de los Estados Unidos.

El primer grupo grande es el de los mexicoamericanos o chicanos, que viven principalmente en el oeste y suroeste: en los estados de California, Nuevo México, Arizona, Texas y Colorado. Entre los hispanos de este grupo hay muchos escritores, actores, músicos, artistas y políticos. Usted seguramente reconoce el nombre de Edward James Olmos, actor de cine y televisión, y el del famoso guitarrista Carlos Santana. Una de las escritoras más estimadas de los Estados Unidos es Sandra Cisneros, autora de la novela *The House on Mango Street.* ¡Le recomendamos este libro! Entre los políticos y activistas también hay gente de gran impacto, como César Chávez y Dolores Huerta.

El segundo grupo lo forman los puertorriqueños, muchos de los cuales viven en Nueva York. Oficialmente, los puertorriqueños son ciudadanos estadounidenses, pues desde 1952 Puerto Rico es un Estado Libre Asociado de los Estados Unidos. De Puerto Rico son el primer congresista hispano de Illinois, Luis V. Gutiérrez, y los cantantes Ricky Martin y Marc Anthony. Entre los neoyorriqueños hay artistas reconocidos, como Soraida Martínez, y escritores estimados, como el poeta Tato Laviera.

Los cubanos forman el tercer grupo, que reside especialmente en Florida, Nueva Jersey y California. Los cubanoamerianos cuentan con novelistas de mucho éxito, como Óscar Hijuelos, autor de *The Mambo Kings Play Songs of Love* y ganador del Premio Pulitzer en 1990, y Cristina García, autora de *Dreaming in Cuban.* En la televisión se destaca Daisy Fuentes, en el cine Andy García y Cameron Díaz. ¿Le gusta a usted la música de Gloria Estefan? Gloria es la cubanoamericana más famosa en este país y el mundo entero.

Tenemos un cuarto grupo, el de los centroamericanos que se encuentran en California y los estados del este. Las comunidades más grandes de salvadoreños están en el área de Washington, D.C. y en Los Ángeles. Además de estos cuatro grupos, hay españoles, peruanos, dominicanos, bolivianos, venezolanos, paraguayos y colombianos. ¿Conoce usted la música de Shakira o de Soraya? ¿Le gustan las películas de John Leguizamo? Los tres son colombianos.

La población hispana en los Estados Unidos rebasa los 30 millones e incluye una enorme variedad de culturas e historias nacionales. Algunas personas de esta comunidad prefieren llamarse *Hispanic o Hispanic American;* otras usan las palabras *Latino* y *U.S. Latino;* también hay quienes son más específicos y mencionan su nacionalidad: peruano, cubano, salvadoreño. Pero sea cual sea la palabra preferida o el término oficial, la presencia hispana es cada día más visible y vital en los Estados Unidos.

Comprensión

A. Diga qué grupo(s) de hispanos predomina(n) en cada ciudad.

CIUDAD	GRUPO(S)
Houston	mexicoamericanos, chicanos
Miami	cubanos
Nueva York	puertorriqueños
Albuquerque	mexicoamericanos, chicanos
Los Ángeles	chicanos, mexicoamericanos, centroamericanos

B. ¿Quién habla en cada caso? Indique si es una persona mexicoamericana (**M**), puertorriqueña (**P**), cubanoamericana (**C**) o de otro grupo de hispanos (**O**).

1. ___M___ Vivo en Los Ángeles; una de mis escritoras favoritas es Sandra Cisneros.
2. ___P___ Soy de una isla que es un Estado Libre Asociado. Me consideran ciudadano de los Estados Unidos.
3. ___M___ Soy bilingüe y vivo en Texas. Mis padres nacieron en Guadalajara.
4. ___O___ Vivo en Washington, D.C.; me gusta vivir aquí porque hay mucha gente de mi país.
5. ___C___ Nací en una isla del Caribe. Ahora vivo con muchos de mis compatriotas en Miami.

Un paso más... ¡a conversar!

1. ¿Cuántos hispanos famosos puede mencionar? ¿De qué países son?
2. ¿Conoce a alguna persona hispana? ¿Tiene amigos españoles o latinoamericanos? Describa a una de estas personas y diga si pertenece a alguno de los grupos mencionados en la **Lectura**.

you add your own knowledge of the world to limit the possible meanings. If you encounter the phrase *se destaca Daisy Fuentes* in a sentence about television celebrities, you are not likely to guess "eat caviar" as the meaning. You will probably guess that Daisy Fuentes is famous for her TV work.

Culture/History. The term *Hispanic* has often proved problematic for many ethnic groups of Hispanic origin in the United States. This is due to political and social forces that tend to lump all of these immigrants under the umbrella term *Hispanic,* discounting cultural diversity. Some prefer Latino, US Latino, or the nationality of their family's country of origin.

Pre-Reading. Have students scan the **Lectura**: title, photos, **Vocabulario útil,** and words highlighted in the text. Emphasize: skim for the gist of meaning. Now have students focus on the last paragraph and ask, *¿Cuáles son otras palabras de nacionalidad que prefieren los hispanos en los Estados Unidos?* List these on the board as students respond.

Post-Reading. Do the **Comprensión** activity in pairs. Provide a format for the students on the board and correct answers when they are finished. Do a class discussion based on **UPM** activity. (For additional personalized questions, see **¡Ahora... usted!** in the IM).

ocabulario

• ¿Dónde está... ? — Where is . . . ?

abajo de	below
adentro de	inside
a la derecha/izquierda de	to the right/left of
afuera de	outside
al lado de	to the side of
al norte/sur	to the north/south
allí	there
alrededor de	around
aquí	here
arriba de	above
cerca de	close to
debajo de	under
detrás de	behind
encima de	on top of
enfrente de	in front of
en medio de	in the middle of
entre	between
lejos de	far from
sobre	above, on top of

• Los lugares de la universidad — Places in the University

la biblioteca	library
el edificio	building
el estacionamiento	parking lot
la Facultad de Bellas Artes	School of Fine Arts
la Facultad de Ciencias Naturales	School of Natural Science
la Facultad de Ciencias Sociales	School of Social Science
la Facultad de Derecho	School of Law
la Facultad de Filosofía y Letras	School of Humanities
la Facultad de Medicina	School of Medicine
la librería	bookstore
la parada del autobús	bus stop
la rectoría	office of the president

PALABRAS SEMEJANTES: la cafetería, el centro estudiantil, el gimnasio, el laboratorio, la oficina

• Los lugares de la ciudad — Places in the City

el almacén	department store
la avenida	avenue
el colegio	private school
el correo	post office
la escuela	school
la fuente	fountain
la gasolinera	gas station
la iglesia	church
la lavandería	laundromat
el (super)mercado	(super)market
el metro	subway
la panadería	bakery
la papelería	stationery store
la tienda	store
de regalos	gift shop
la zapatería	shoe store

PALABRAS SEMEJANTES: el aeropuerto, el bar, el café, el condominio, la farmacia, el hospital, el hotel, el museo, el videocentro
REPASO: el cine, la discoteca, el restaurante, el teatro

• Otros lugares — Other Places

Vea la página 131 para una lista de países hispanos y nacionalidades

el Caribe	Caribbean
Sudamérica	South America

PALABRAS SEMEJANTES: América Central, el Océano Atlántico, el Océano Pacífico

• El origen — Origins

¿De dónde es usted (eres tú)?	Where are you from?
Soy de...	I am from . . .
¿De dónde es... ?	Where is . . . from?
Es de...	He/She is from . . .

• Las actividades diarias — Daily Activities

almorzar (ue)	to eat lunch
asistir (a)	to attend
beber	to drink
comprar	to buy
diseñar	to design
esperar el autobús	to wait for (the bus)
hacer la compra	to do the (grocery) shopping
ir al trabajo	to go to work
jugar a las cartas	to play cards
llevar	to take, carry
mandar	to send

mirar	to look
poner	to put
discos compactos	to play CDs
una película	to show a movie
recoger	to pick up, gather
regresar	to return
rezar	to pray

PALABRAS SEMEJANTES: completar, conversar, corresponder, exhibir, preparar

• Las comidas y las bebidas — Foods and Beverages

el agua (f.)	water
el arroz	rice
la cena	dinner
la cerveza	beer
el desayuno	breakfast
las galletitas	cookies
las galletas	crackers, cookies
los huevos (revueltos)	(scrambled) eggs
el jamón	ham
el jugo (de naranja)	(orange) juice
la leche	milk
la lechuga	lettuce
las legumbres	vegetables
la mantequilla	butter
el pan	bread
el pan tostado	toast
la papa (al horno)	(baked) potato
las papas fritas	French fries
el pastel	pastry, cake
el pescado	fish
el pollo (frito)	(fried) chicken
el postre	dessert
el queso	cheese
el refresco	(soft) drink

PALABRAS SEMEJANTES: el burrito, el taco, la ensalada, el tomate, la fruta, el bistec, el sándwich, la sopa, el yogur, la hamburguesa
REPASO: el almuerzo, el café, el cereal, el chocolate, el helado, el té

• Los sustantivos — Nouns

el abrazo	hug
el ama de casa	housewife
la emisora (de radio)	radio station
la estampilla	(postage) stamp
el euro	euro, *monetary unit of European Union*
el hombre / la mujer de negocios	businessman/ businesswoman
el horario	schedule

nadie	no one / nobody
el reportaje	newspaper report, article
la reunión	meeting
la tarea	homework
la vida	life

PALABRAS SEMEJANTES: la acción, el/la artista, la capital, la ciencia ficción, la estación, la exhibición, la gasolina, el horror, el misterio, el programa, el sitio Web, el tipo, el voleibol

• ¿Cuándo? — When?

¿Con qué frecuencia?	How often?
de las... a las...	from (time) . . . to (time)
de vez en cuando	from time to time
finalmente	finally
generalmente	usually, generally
mañana por la mañana (la tarde) (la noche)	tomorrow morning (afternoon) (evening)
mientras	meanwhile
(casi) nunca	(almost) never
siempre	always
todos los días	every day

REPASO: con frecuencia, próximo

• Los adjetivos — Adjectives

enfermo/a	sick
juntos/as	together
saludable	healthy

PALABRAS SEMEJANTES: central, cibernético/a, clásico/a, diferente, latinoamericano/a, municipal, musical, varios/as

• Palabras del texto — Words from the Text

el cuadro	graph
Empareje(n)...	Pair up, Match . . . (*command*)
Empiece(n)...	Begin . . . (*command*)
seguir las instrucciones	to follow directions
Termine(n)...	Finish . . . (*command*)

PALABRAS SEMEJANTES: el espacio en blanco, la lección

• Palabras y expresiones útiles — Useful Words and Expressions

¿Adónde... ?	To where . . . ?
al principio	at the beginning
conmigo	with me
¿De veras? / ¿De verdad?	Really?
el plano	map (of a room or city)
Querido/a...	Dear . . .

(G)ramática y ejercicios

3.1 Talking about Location: *estar + en, ir + al / a la*

A. Estar + en

Use the verb **estar*** (*to be*) to locate people and objects.

> —¿Dónde **está** la profesora Martínez?
> —**Está** en clase.

> —*Where is Professor Martínez?*
> —*She's in class.*

> —Esteban, ¿dónde **está** su libro?
> —**Está** en casa.

> —*Esteban, where is your book?*
> —*It's at home.*

Here are the present-tense forms of the irregular verb **estar.**

estar (to be)		
(yo)	est**oy**	I am
(tú)	est**ás**	you (inf. sing.) are
(usted, él/ella)	est**á**	you (pol. sing.) are; he/she is[†]
(nosotros/as)	est**amos**	we are
(vosotros/as)	est**áis**	you (inf. pl., Spain) are
(ustedes, ellos/as)	est**án**	you (pl.) are; they are

B. *Ir + al / a la*

GRAMÁTICA ILUSTRADA

Raúl y Mónica **van al** cine.

Raúl y Mónica **están en** el cine.

---

*Recognition: **vos estás**
[†]Remember that there is no Spanish equivalent for the English subject pronoun *it*. The third-person verb form conveys the meaning of *it* as well as of *he* or *she*.
[‡]Recognition: **vos vas**

Estar is used for location:
¿Dónde está Susana?
(*Where is Susan?*)
Está en la escuela.
(*She's at school.*)

---

estar = *to be*

3.1 A. This is the first formal discussion of *estar,* although students have been using it in fixed phrases such as *¿Cómo estás?* This explanation focuses on forms of *estar* and its use to indicate the location of a person or thing (but not an event).

¿RECUERDA?

Remember from **Gramática 2.1** that the present-tense forms of **ir** are **voy, vas, va, vamos, vais,** and **van.**[‡] These verb forms can mean *going* or simply *go(es)*.

3.1 B. This section introduces *ir + a* in phrases of location and the associated interrogative, *¿Adónde?*. It also contrasts *ir + a* with *estar + en*. Students have a strong tendency to say *estar + a*: *Estoy a la escuela* (I'm at school). This is also the first formal introduction to the contraction *al,* although students have heard it in your input many times and may even have asked you about it. We also mention the time phrases *este/a* (*domingo, verano,* etc.) and *próximo/a* since they are frequently used in sentences about going to a place.

¿Adónde? ([*To*] *Where?*) is used to ask where someone is going. The verb **ir** (*to go*) followed by the preposition **a** (*to*) is used to express the idea of movement toward a location. Note that **a** + **el** contracts to **al** (*to the*).

—**¿Adónde vas?**   —*Where are you going?*
—**Voy al** parque.   —*I'm going to the park.*

—**¿Adónde van** ustedes los   —*Where do you go on*
  sábados?   *Saturdays?*
—**Vamos al** trabajo y luego   —*We go to work and then we go*
  vamos a la biblioteca para   *to the library to study.*
  estudiar.

—**¿Adónde va** la profesora   —*Where's Professor Martínez*
  Martínez?   *going?*
—**Va a la** universidad.   —*She's going to the university.*

The expression **ir** + **a** + *location*, used with the following expressions of time, indicates when you are going.

este viernes	*this Friday*	el próximo sábado	*next Saturday*
este fin de semana	*this weekend*	la próxima semana	*next week*
esta primavera	*this spring*	el próximo mes	*next month*

Vamos a ir al restaurante El   *We're going to go to the El Tecolote*
Tecolote **la próxima semana.**   *restaurant next week.*

EJERCICIO I

Diga dónde están estas personas.   *[handwritten: ✱ watch for students using en with other prepositions as sobre, entre, etc. (at, in) en is used)]*

MODELO: Mi hijo *está en* la escuela.

1. Yo _____ la biblioteca.
2. Luis y Nora _____ su clase de biología.
3. Tú _____ la rectoría.
4. Esteban y yo _____ el edificio de Ciencias Naturales.   *[handwritten: ✱ Watch for students using "al" Trying to contract a + la as well as a + el]*
5. La profesora Martínez _____ su oficina.
6. Nora y yo _____ enfrente del hospital.
7. Esteban, ¿_____ detrás del teatro?
8. Profesora Martínez, ¿_____ usted en la librería ahora?
9. Alberto y Pablo _____ la universidad.
10. Nosotros _____ aquí en la Facultad de Derecho.

EJERCICIO 2

¿Adónde van estas personas? Complete las oraciones con la forma apropiada del verbo **ir** y **al** o **a la.**

MODELO: Usted *va al* parque los domingos.

1. Mis compañeros y yo _____ tienda nueva enfrente de la universidad.
2. Mis hermanos siempre _____ cine los sábados.

3. (Nosotros) _____ supermercado a comprar fruta.
4. La profesora Martínez _____ oficina a trabajar.
5. (Yo) _____ playa a tomar el sol y nadar.
6. (Yo) Siempre _____ biblioteca a leer y estudiar.
7. Esteban y Carmen _____ restaurante chino que está cerca de aquí para cenar.
8. Luis _____ plaza a pasear con una amiga.
9. (Nosotros) _____ librería a comprar el libro de español.
10. (Tú) _____ trabajo después de las clases.

3.2 Talking about Habitual Actions: Present Tense of Regular Verbs

A. You already know that the endings of Spanish verbs must correspond to the subject of the sentence: that is, to the person or thing that does the action.

—Nora, ¿cuándo estudi**as**?　　—*Nora, when do you study?*
—Estudi**o** por la mañana.　　—*I study in the morning.*

—¿Qué hac**en** ustedes los domingos?　　—*What do you do on Sundays?*
—Visit**amos** a nuestros abuelos.　　—*We visit our grandparents.*

llegar = *to arrive*

B. Most Spanish verbs end in **-ar.** Here are the endings for **-ar** verbs.*

llegar (to arrive)		
(yo)	lleg**o**	*I arrive*
(tú)	lleg**as**	*you (inf. sing.) arrive*
(usted, él/ella)	lleg**a**	*you (pol. sing.) arrive; he/she arrives*
(nosotros/as)	lleg**amos**	*we arrive*
(vosotros/as)	lleg**áis**	*you (inf. pl., Spain) arrive*
(ustedes, ellos/as)	lleg**an**	*you (pl.) arrive; they arrive*

—¿A qué hora lleg**as** a la escuela?　　—*What time do you arrive at school?*
—Generalmente lleg**o** a las 9:00.　　—*Generally I arrive at 9:00.*

C. Verbs that end in **-er** and **-ir** use identical endings, except for the **nosotros/as** and **vosotros/as** forms.†

---

*Recognition: **vos llegás**
†Recognition: **vos comés, escribís**

comer (to eat)		
(yo)	com**o**	I eat
(tú)	com**es**	you (inf. sing.) eat
(usted, él/ella)	com**e**	you (pol. sing.) eat; he/she eats
(nosotros/as)	com**emos**	we eat
(vosotros/as)	com**éis**	you (inf. pl., Spain) eat
(ustedes, ellos/as)	com**en**	you (pl.) eat; they eat

comer = *to eat*

escribir (to write)		
(yo)	escrib**o**	I write
(tú)	escrib**es**	you (inf. sing.) write
(usted, él/ella)	escrib**e**	you (pol. sing.) write; he/she writes
(nosotros/as)	escrib**imos**	we write
(vosotros/as)	escrib**ís**	you (inf. pl., Spain) write
(ustedes, ellos/as)	escrib**en**	you (pl.) write; they write

escribir = *to write*

—¿Dónde com**en** al mediodía?   —*Where do you eat at noon?*
—Com**emos** en casa.   —*We eat at home.*

—¿Escrib**es** la tarea a máquina?   —*Do you type the homework?*
—No, escrib**o** los ejercicios a mano.   —*No, I write the exercises by hand.*

D. The verb form must agree with the subject even when the subject is not explicitly stated. When the subject is expressed, it may be a pronoun, as in the preceding table, or a noun.

> **La profesora Martínez** no **habla** francés.   *Professor Martínez does not speak French.*

The subject may also consist of a noun + pronoun. A subject combining a noun or pronoun with **yo** takes the **nosotros/as** form.

> **Nora y yo** no **hablamos** italiano.   *Nora and I don't speak Italian.*

A subject combining a noun or pronoun with **tú** or **usted** takes the plural form.

> **Alberto y tú hablan** español con Raúl.   *Alberto and you speak Spanish with Raúl.*

> These agreement rules take some time to acquire. Think about them when you are editing your writing; don't be overly concerned about them in speech.
>
> Note that the principal differences between **-ar,** **-er,** and **-ir** verbs are the vowels **a** and **e.**

In Central America, Argentina, and Uruguay, **vos = tú.**

E. Central America, Argentina, and Uruguay use a different subject pronoun—**vos**—and verb form for informal singular address.*

—¿Qué hora ten**és vos**?　　　—*What time do you have?*
—Tengo las 6:30.　　　　　　—*I have 6:30.*

—¿Cuándo lleg**ás vos**?　　　—*When do you arrive?*
—Llego a las 9:00 de la noche.　—*I arrive at 9:00* P.M.

EJERCICIO 3

Combine las personas de la lista A con las actividades de la lista B.

MODELO: Mi hermano y yo jugamos al tenis.

LISTA A

1. la profesora Martínez
2. yo
3. tú
4. mi hermano y yo
5. mis compañeros de clase
6. vosotros

LISTA B

a. hacen la tarea para mañana
b. maneja un carro nuevo
c. jugamos al tenis
d. como demasiado
e. habláis español
f. lees el periódico

EJERCICIO 4

Éstas son las actividades de Amanda, su familia y sus amigos. Escriba la forma correcta del verbo entre paréntesis.

MODELO: Amanda *llama* a Graciela muy temprano en la mañana. (llamar)

1. Graciela y yo _____ las composiciones juntas. (escribir)
2. Mi novio Ramón _____ ropa muy elegante. (llevar)
3. Mi mamá y yo _____ la casa los sábados. (limpiar)
4. Mis padres _____ juntos por la mañana. (desayunar).
5. Mi hermano Guillermo _____ las tiras cómicas los domingos. (leer)
6. Andrea y Pedro Ruiz _____ juntos al mediodía. (comer)
7. Ernestito _____ mucho en su bicicleta. (andar)
8. (Yo) _____ por teléfono con mi amiga Graciela. (hablar)
9. Amanda, Guillermo y Ernestito _____ a la escuela de lunes a viernes. (asistir)
10. Ramón, Graciela y yo siempre _____ música rock en la radio. (escuchar)

3.3 This section introduces the concept of irregular stems in the conjugation. *Hacer* is presented, since it is always used in the question *¿Qué hace usted... ?* *Salir* is presented because it is frequently used to talk about daily activities and represents the class of verbs that insert -g- in the first-person singular. *Jugar* is given because of its relevance to students' lives (sports) and because it represents the stem-vowel change of verbs.

¿RECUERDA?

In **Gramática C.5** and **1.2** you learned that verbs that use only one stem in their conjugations—such as **hablar, comer, vivir**—are regular verbs. Irregular verbs, on the other hand, use more than one stem in their conjugations. You saw the forms of two such irregular verbs, **preferir** and **querer,** in **Gramática 2.3.** Review those forms now, if necessary.

3.3   Using Irregular Verbs: *hacer, salir, jugar*

A verb that uses more than one stem in its conjugation is considered irregular. Here are the forms of three common irregular verbs.

---

*You may learn more about **vos** forms in the **Expansión gramatical** section of the *Cuaderno de actividades.*

A. The present tense of **hacer*** (*to do; to make*) uses two stems: **hag-** for the **yo** form and **hac-** for all others.

hacer (to do; to make)		
(yo)	hag**o**	*I do*
(tú)	hac**es**	*you (inf. sing.) do*
(usted, él/ella)	hac**e**	*you (pol. sing.) do; he/she does*
(nosotros/as)	hac**emos**	*we do*
(vosotros/as)	hac**éis**	*you (inf. pl., Spain) do*
(ustedes, ellos/as)	hac**en**	*you (pl.) do; they do*

hacer = *to do; to make*
(Yo) Hago. = *I do; I make.*
(Tú) Haces. = *You (inf. sing.) do; you make.*
(Nosotros) Hacemos. = *We do; we make.*

—¿Qué **haces** después de clases? —*What do you do after school?*
—**Hago** mi tarea. —*I do my homework.*

B. The present tense of **salir†** (*to leave; to go out*) uses the stems **salg-** for the **yo** form and **sal-** for all others.

salir (to leave; to go out)		
(yo)	salg**o**	*I leave*
(tú)	sal**es**	*you (inf. sing.) leave*
(usted, él/ella)	sal**e**	*you (pol. sing.) leave; he/she leaves*
(nosotros/as)	sal**imos**	*we leave*
(vosotros/as)	sal**ís**	*you (inf. pl., Spain) leave*
(ustedes, ellos/as)	sal**en**	*you (pl.) leave; they leave*

salir = *to leave; to go out.*
(Yo) Salgo. = *I leave; I go out.*
(Tú) Sales. = *You (inf. sing.) leave; you go out.*
(Nosotros) Salimos. = *We leave; we go out.*

To express a point of departure with **salir,** use the preposition **de,** even if the preposition *from* is not used in English.

—¿A qué hora **sales de** tu casa por la mañana? —*What time do you leave home in the morning?*
—**Salgo** a las 7:30. —*I leave at 7:30.*

---

*Recognition: **vos hacés**
†Recognition: **vos salís**

C. The present tense of the verb **jugar*** (*to play*) uses the stem **jug-** from the infinitive for the **nosotros/as** and **vosotros/as** forms and **jueg-** for all other forms. This verb follows the same pattern as **preferir** and **querer** in **Gramática 2.3.**[†]

> **jugar** = *to play*
> **(Yo) Juego.** = *I play.*
> **(Tú) Juegas.** = *You (inf. sing.) play.*
> **(Nosotros) Jugamos.** = *We play.*

jugar (to play)		
(yo)	**juego**	*I play*
(tú)	**juegas**	*you (inf. sing.) play*
(usted, él/ella)	**juega**	*you (pol. sing.) play; he/she plays*
(nosotros/as)	jug**amos**	*we play*
(vosotros/as)	jug**áis**	*you (inf. pl., Spain) play*
(ustedes, ellos/as)	**juegan**	*you (pl.) play; they play*

Remember that there are two words spelled **juego: el juego** (*the game*) and **(yo) juego** (*I play*).

Los sábados **juego** al fútbol con mis amigos.	*Saturdays I play soccer with my friends.*
¡Me gusta mucho ese **juego**!	*I like that game a lot!*

EJERCICIO 5

Complete las conversaciones con la forma correcta de **hacer, salir** o **jugar.**

MODELO: —Luis, ¿cuándo *haces* las tareas?
—*Hago* las tareas por la tarde.

1. —Señor Saucedo, ¿a qué hora _____ usted de casa para su trabajo?
   —_____ a las 8:30.
2. —Guillermo, ¿_____ al fútbol por la tarde?
   —Sí, _____ después de clases.
3. —Señor Padilla, ¿_____ usted ejercicio todos los días?
   —No, _____ ejercicio en el gimnasio solamente los lunes y los miércoles.
4. —Ernesto y Estela, ¿_____ ustedes al tenis?
   —Sí, _____ al tenis los sábados.

3.4 Asking and Answering Questions

A. As your learned in **Capítulo 1,** questions in Spanish are formed by placing the verb before the subject, with any object or description following or preceding the verb. Answers are regular statements preceded by the word **sí** or the word **no.** A negative answer can have one or two negative words, depending on whether you are simply answering the question or offering the correct information as well. Here are some examples.

¿RECUERDA?

In **Gramática 1.3** you learned that statements in Spanish are formed by using the subject, then the verb, and then the object and/or description. You also learned that negative statements are made by using a negative immediately before the verb. You also read that questions are generally formed by placing the subject after the verb:

¿Vive Susana en Perú?
¿Es gordo Ramón?
¿Lees (tú) muchas novelas?

---

*Recognition: **vos jugás**
[†]The verb **almorzar** (to eat lunch) follows the same pattern: **almuerzo, almuerzas, almuerza, almorzamos**, almorz**áis**, **almuerzau.**

QUESTION:	¿Vive Pilar en España?	*Does Pilar live in Spain?*
ANSWER:	Sí, Pilar vive en España.	*Yes, Pilar lives in Spain. / Yes, she does.*
QUESTION:	¿Tiene un perro pequeño Ernestito?	*Does Ernestito have a small dog?*
ANSWER:	No, (Ernestito) no tiene un perro pequeño. No, tiene un perro grande.	*No, he doesn't have a small dog. No, he has a large dog.*
QUESTION:	¿Es delgada Andrea?	*Is Andrea slim?*
ANSWER:	Sí, Andrea es delgada.	*Yes, Andrea is slim. / Yes, she is.*
QUESTION:	¿Hablan español ellos?	*Do they speak Spanish?*
ANSWER:	No, (ellos) no hablan español. No, hablan alemán.	*No, they do not speak Spanish. No, they speak German.*

> Remember that additional words, such as *does* or *do*, are unnecessary to turn a statement into a question in Spanish.

B. Interrogative (question) words like **¿Qué?, ¿Cuándo?, ¿(De) Quién(es)?, ¿Dónde?, ¿Cómo?, ¿Cuánto(s)?, ¿Cuánta(s)?, ¿Cuál?,** or **¿Por qué?** are placed before the verb to create questions.

¿Cuánto cuesta el libro?	*How much is the book?*
¿Dónde está la biblioteca?	*Where is the library?*
¿Cuál es tu número de teléfono?	*What is your phone number?*
¿Quién tiene A en el examen?	*Who has an A in the exam?*
¿Cuándo quieres desayunar?	*When do you want to have breakfast?*
¿Por qué no comemos enchiladas hoy?	*Why don't we have (eat) enchiladas today?*
¿Qué vas a hacer esta noche?	*What are you going to do tonight?*

EJERCICIO 6

Imagínese que usted es Amanda. Escriba preguntas según los modelos. Use la forma correcta de **tú, usted** o **ustedes.**

MODELOS: Pregúntele a doña Lola si va en metro al trabajo. →
Doña Lola, ¿va usted en metro al trabajo?

Pregúntele a Rafael si lee el periódico por la mañana. →
Rafael, ¿lees el periódico por la mañana?

1. Pregúntele a su papá si toma mucho café en el trabajo.
2. Pregúntele a Diego si él y sus amigos juegan al béisbol.
3. Pregúnteles a Graciela y a Diego si tienen una computadora.
4. Pregúntele a Raúl si hace ejercicio en un gimnasio.
5. Pregúntele a Pedro Ruiz si trabaja por la noche.
6. Pregúntele a don Eduardo si prepara café por la mañana.
7. Pregúntele a su mamá si cocina por la mañana o por la tarde.
8. Pregúntele a Clarisa si ve la televisión por la noche.
9. Pregúntele a doña Rosita Silva si asiste a misa los domingos.
10. Pregúntele a doña Lola si lava su ropa en casa o en una lavandería.

> ## ¡OJO!
> Note that the items require **tú, usted,** and **ustedes.** Keep in mind that the person asking the questions is Amanda, a teenager. Remember that the pronoun **tú** is usually dropped but that the pronoun **usted** is normally included.

✗ Review this excercise in class

EJERCICIO 7

Conteste las preguntas correctamente.

1. ¿Es usted mujer?
2. ¿Vive usted en los Estados Unidos?
3. ¿Maneja usted un Ferrari?
4. ¿Tiene usted más de ochenta años?
5. ¿Estudia usted español o francés?

EJERCICIO 8

Haga preguntas con estas oraciones. Use palabras interrogativas como: **cuál, cuándo, cuánto, dónde, quién, qué, por qué.**

MODELO: La profesora está en la biblioteca. → ¿Dónde está la profesora?

1. Mi esposo está en la casa.
2. Mi cumpleaños es el 22 de julio.
3. Tengo una novela muy buena en mi mochila.
4. La dirección de mis hermanos es Calle Bolívar número 513.
5. No voy a jugar al tenis hoy porque estoy cansado/a.
6. El libro de química cuesta $120.00.

3.5 The structure *ser* + *de* + country is not difficult for English-speaking students, but the question with the preposition *de* is more difficult. We also mention the *ser/estar* contrast to signal origin vs. location.

¿RECUERDA?

In **Gramática A.3** you saw how the verb **ser** is used to identify people and things, whereas the verb **estar** is used to locate people and objects (**Gramática 3.1**). Review those verbs and their conjugations now, if necessary.

The distinction between **ser** and **estar** takes a while to acquire. Keep listening to and reading Spanish and you will develop a feel for it.

ser = origin; estar = location
  ¿De dónde es usted?
  (*Where are you from?*)
  Soy de Perú. (*I'm from Peru.*)
  ¿Dónde está usted?
  (*Where are you?*)
  Estoy aquí, en el patio. (*I'm here, on the patio.*)

3.5 Describing Origin and Location: *ser de / estar en*

A. A form of the verb **ser** (*to be*) followed by **de** (*from, of*) can specify origin. The following questions show you how to ask where someone is from.

—**¿De dónde es** Adriana Bolini?
—**Es de** Buenos Aires.

—*Where is Adriana Bolini from?*
—*She's from Buenos Aires.*

—Raúl, **¿de dónde eres?**
—**Soy de** México.

—*Raúl, where are you from?*
—*I'm from Mexico.*

As you know, **ser** can be followed directly by an adjective of nationality (see **Gramática C.4**).

—Sr. Saucedo, **¿es** usted argentino?
—No, **soy** mexicano.

—*Mr. Saucedo, are you Argentinean?*
—*No, I'm Mexican.*

B. Remember that two verbs in Spanish correspond to the English verb *to be*. **Ser** is used to tell where someone is from; **estar** is used to express location (see **Gramática 3.1**).

Clara **es de** los Estados Unidos, pero este año **está en** España.
Ernesto y Estela **son de** México, pero ahora **están en** Italia.

Clara is from the United States, but this year she's in Spain.
Ernesto and Estela are from Mexico, but now they're in Italy.

EJERCICIO 9

Diga de dónde son las siguientes personas y dónde están ahora.

MODELO: Adriana es de Argentina, pero ahora está en Washington, D.C.

Capítulo 4

La vida diaria y los días feriados

Time Line. As you discuss the Guatemala time line you may want to tell students that the word *Guatemala* derives from the Mayan word **Quhatezmalha:** *montaña que vomita agua.*

For more information on the communicative goals of **Capítulo 4** and for additional activities (AAs), please see the corresponding chapter notes in the IM.

M E T A S

In **Capítulo 4** you will discuss daily activities and how you feel. You will share your family's holiday customs with your class-mates, and you will also learn about holidays and celebrations in the Hispanic world.

Sobre el artista: Rafael González y González (1908–1996) nació en Guatemala. Es el padre de la pintura maya Tz'utujil en ese país. Pinta las costumbres y tradiciones de su pueblo maya, principalmente la gente en la vida diaria y en sus celebraciones.

Mercadito, por Rafael González y González (Guatemala)

Época precolombina
Civilización maya; los indígenas quiché, cakchiquel, mam y tz'utujil todavía forman gran parte de la población.

Guatemala

1773
Capital (Guatemala) destruida por un terremoto.

1847
El presidente Carrera proclama formalmente la independencia de Guatemala.

1500

1800

1523
Primera expedición española; fuerte resistencia de los mayas

1821
15 de septiembre: Guatemala declara su independencia de España.

1824
Guatemala forma parte de las Provincias Unidas de Centroamérica

Los amigos animados: Para repasar

Antes de comenzar este capítulo, mire los segmentos animados para repasar el capítulo anterior.

A. Carla llama a dos profesores. Carla Espinosa necesita hablar de los exámenes finales con dos de sus profesores. Hoy, martes, los está llamando por teléfono.

B. Silvia habla con un cliente. Silvia Bustamente está trabajando en la terminal de autobuses.

En este capítulo...

ACTIVIDADES DE COMUNICACIÓN

- Los días feriados y las celebraciones
- La rutina diaria
- Los estados físicos y anímicos

EN RESUMEN

LECTURAS Y CULTURA

- **Ventanas culturales**
  Las costumbres: El carnaval de Barranquilla
- **Ventanas al pasado**
  Las calaveras de Posada
- **Enlace literario**
  «Versos sencillos», por José Martí
- **Lectura**
  ¡Grandes fiestas!

GRAMÁTICA Y EJERCICIOS

4.1 Discussing Habitual Actions: Verbs with Stem-Vowel Changes (**ie, ue**) in the Present Tense

4.2 Discussing Habitual Actions: Irregular Verbs

4.3 Describing Daily Routine: Reflexives

4.4 Ordering Events: Infinitives after Prepositions

4.5 Describing States

Pre-Text Oral Activities
Introduce some morning grooming activities by describing your routine: *Me levanto a las _____, me ducho, me lavo el pelo, me seco con una toalla, me maquillo, me afeito,* etc. Write each verb phrase on the board as you use gestures to clarify the meaning of the verb. Explain that the pronoun *me* means "myself" and that you use it because these are all things you do to yourself. Follow up the next day with an expanded list of activities. Write each one on the board and ask *¿A qué hora se levanta usted?* (or *¿A qué hora te levantas?*)

1871 La revolución dirigida por García Granados y Rufino Barrios derriba al gobierno conservador.

1901 La United Fruit Company controla más del 40% de la tierra.

1953 El presidente Jacobo Arbenz intenta nacionalizar la United Fruit Company.

1954 Coronel Carlos Castillo invade Guatemala con ayuda de la CIA y la United Fruit Company; Castillo se proclama presidente.

1992 Rigoberta Menchú recibe el premio Nóbel por su trabajo con los indígenas mayas.

1900

2000

1898–1920 Dictadura del presidente Manuel Estrada Cabrera

1931–1944 Dictadura de Jorge Ubico

1944–1954 Diez Años de Primavera: período de reforma agraria y organización política.

1954–1990 Guerra civil; mueren más de 100.000 indígenas.

2003 Gana las elecciones el partido conservador Gran Alianza Nacional.

Actividades de comunicación y lecturas

✳ **Los días feriados y las celebraciones**

Lea Gramática 4.1–4.2.

Los días feriados y las celebra-ciones. Many of the words in this display and in subsequent activities will be new to students. Verify class comprehension of all vocabulary in the display and the activities of this section as you proceed through these materials. If you have students who celebrate other holidays, you may want to write these holidays on the board: *Ramadán, Holí, Kwanzaa,* for example.

Go through each holiday and ask volunteers to give *la fecha.* For each date, ask *¿Dónde están en esa fecha?* or *¿Adónde van en esa fecha? ¿Con quién están? ¿Qué hacen?*

See the IRK for additional activities: *Los días feriados y las celebraciones.*

Act. 1. This is a simple matching activity. It is a good idea, though, to make sure that students are familiar with the vocabulary and can recognize all the holidays before they start working on it.

ACTIVIDAD I   Definiciones: ¿Qué día es?

Trabaje con un compañero / una compañera. Lean la descripción y escojan el día feriado que se describe.

DESCRIPCIÓN	DÍAS FERIADOS		
I. Una persona celebra el día en que nació con globos, un pastel y regalos.	**a.** el cumpleaños	**b.** el Año Nuevo	**c.** el Día de los Enamorados
2. Tres personas en camellos les traen regalos a los niños el 6 de enero.	**a.** la Navidad	**b.** el Día de Reyes (los Reyes Magos)	**c.** Jánuca

3. La gente celebra el fin de un año y el principio de otro.	a. la Nochevieja	b. la Independencia	c. el Día de los Muertos
4. Los niños se visten de Drácula, de Frankenstein, etcétera y piden dulces.	a. el Día de la Madre	b. el día de su santo	c. el Día de las Brujas
5. Se celebra durante ocho días en diciembre. Cada día se enciende una vela más y a veces los niños reciben pequeños regalos.	a. el Día (de Acción) de Gracias	b. Jánuca	c. la Semana Santa

ACTIVIDAD 2   Preferencias: Las fiestas

¿Qué prefieres hacer para celebrar...

MODELO: E1: ¿Qué prefieres hacer para *celebrar tu cumpleaños*?
           E2: Durante el día, prefiero *quedarme en casa y ver la televisión*. Por la noche, me gusta *salir a cenar* con mis amigos.

1. tu cumpleaños?
2. el Día de la Independencia?
3. la Navidad u otro día feriado? (Jánuca, la Pascua, la Pascua Judía, el Ramadán)
4. tu aniversario de boda u otro aniversario importante?
5. el Día de la Madre o el Día del Padre?
6. la Nochevieja o el Año Nuevo?

Actividades posibles: celebrar con mis parientes, cenar en casa, comer pastel, dar una fiesta, ir a la playa, ir al cine, ir a un café, ir de compras, merendar en el parque, quedarme en casa, recibir regalos, salir a bailar, salir a cenar en un restaurante, ver la televisión

ACTIVIDAD 3   Definiciones: ¿Qué día es?

1. El _____ es un día de fiesta en los Estados Unidos. Las familias se reúnen y preparan una comida abundante.
2. Los hispanos celebran este día más que los norteamericanos. Es el día antes de la Navidad, _____.
3. Es la semana antes del Domingo de Pascua. Las personas religiosas, especialmente en España y en Latinoamérica, asisten a varias ceremonias en las iglesias. Es la _____.
4. El _____ es una fiesta de 30 días. Cada día la gente no come desde temprano en la mañana hasta la noche. Cada noche hay una gran cena familiar.
5. Mucha gente le da la bienvenida a este primer día de enero con bailes y fiestas muy alegres. Esperan la medianoche con impaciencia. Es el _____.
6. En muchos países hispanos, los niños no reciben regalos el 25 de diciembre. Los reciben el 6 de _____, el Día de _____.
7. El _____ es una fiesta de ocho noches. Cada noche se enciende una vela más, hasta 9. A veces los niños reciben un regalo.
8. En México se celebra el 16 de septiembre; en Argentina es el 9 de julio; en los Estados Unidos es el 4 de julio. Es el _____.

Act. 2. Entrevista (whole-class; pair). Go through interview questions and answer each with your own personal information before pairing students (write pertinent vocabulary from your answers on the board).

Act. 3. Definiciones (pair; whole-class). Have students work in pairs and match holidays with activities. Then have them write 2 statements of their own for other holidays. Follow up with whole-class discussion.

¡OJO!

En algunos países hispanos las personas celebran su cumpleaños y también celebran el día de su santo. Si un hombre se llama José, entonces celebra el día de San José, el 19 de marzo. Si una mujer se llama Natalia, entonces celebra su santo el día de Santa Natalia, el 27 de julio.

ACTIVIDAD 4   Entrevista: Los días feriados

1. ¿Cómo te gusta celebrar tu cumpleaños?
2. ¿Qué haces el Día de Acción de Gracias? ¿Celebras esta fiesta en casa con tu familia o vas a la casa de otros parientes o amigos? ¿Qué comen?
3. ¿Qué aspecto de la Navidad te gusta más? ¿Qué aspecto te gusta menos?
4. ¿Celebras el Año Nuevo con tu familia o con tus amigos? ¿Qué hacen para celebrarlo?
5. ¿Con quién celebras el Día de la Independencia: con tu familia o con tus amigos? ¿Van a un parque o se quedan en casa? ¿Ven los fuegos artificiales?
6. ¿Qué otras fiestas celebras con tu familia o tus amigos? ¿Qué hacen para celebrar esas fiestas? ¿Dan muchos regalos? ¿Ponen decoraciones en casa?

© Joaquín Salvador Lavado, QUINO, TODA MAFALDA, Ediciones de La Flor, 1993

VENTANAS CULTURALES   Las costumbres

El carnaval de Barranquilla

Imagine una fiesta en la que participan miles de personas. El lugar de esta fiesta es una ciudad entera, sus calles, casas, parques y plazas. Hay música y baile, desfiles y carrozas. Así es el carnaval, la festividad más popular en los países del Caribe y América Central.

El carnaval se origina en España y tiene muchos elementos de la

cultura africana. Se celebra durante cuatro días en febrero o marzo; cuatro días de total diversión antes de la celebración religiosa de la cuaresma. Hay varios países que celebran el carnaval; entre otros, Venezuela, Puerto Rico, Cuba, Panamá y Colombia. Algunos carnavales son muy famosos, como el panameño, el de Oruro en Bolivia y el de Barranquilla.

La ciudad de Barranquilla es un centro urbano en Colombia adonde van muchas personas de todo el Caribe para participar en el carnaval. Como otros carnavales, la fiesta colombiana tiene una reina, grupos de bailes folclóricos, disfraces impresionantes y comida deliciosa. La cumbia, música típica de Colombia, se escucha en todas partes. Los colombianos celebran así una de sus más grandes fiestas: bailan, cantan y se divierten.

VOCABULARIO ÚTIL	
miles	*thousands*
el desfile	*parade*
la carroza	*float*
la reina	*queen*
el disfraz	*costume*
(*pl.* disfraces)	

Ahora... ¡ustedes!

¿Te gustaría participar en un carnaval? ¿Qué aspectos del carnaval te gustan más: el baile, los disfraces, las carrozas, los desfiles?

The *carnaval* was introduced by the Spaniards in the "New World," but the African culture gave it its unique passion and present-day form. This festivity is similar to Mardi Gras in the United States.

Describe your experiences at the *carnaval,* if you have attended one. Have students give their impressions once they read the **Ventana.** Expand with questions: *¿Qué les parece el carnaval? ¿Cuáles aspectos de esta festividad les gustan más? ¿Les gustaría participar en una fiesta como ésta? ¿Quién conoce el Mardi Gras en Nueva Orléans? ¿Qué impresión tiene del Mardi Gras?* Have

✳ La rutina diaria

students research other famous *carnavales* on the Internet. Assign groups to work on specific festivities, such as the Carnaval de Oruro in Bolivia, the one in Panama City, the Cuban *carnaval,* etc.

Lea Gramática 4.3–4.4.

La rutina diaria. Many of the words in this display and in subsequent activities will be new to students. Be sure to verify class comprehension of all vocabulary in the display and the activities of this section as you proceed through these materials.

Have students look at the display while you ask questions: *¿Quién se levanta? ¿Quién se afeita?* Then give students your own daily routine, using *primero, luego, después* and *finalmente. Primero me despierto a las 6:30. Luego...*

See the IRK for additional activities: *La rutina diaria.*

Una mañana en la casa de los Saucedo

Ernesto se afeita.

Estela se maquilla.

Ernestito se lava los dientes.

Amanda se pone la ropa.

Guillermo se levanta.

¡OJO!

En la cultura hispana existe la costumbre de comer con la familia. Al mediodía todos regresan a casa a almorzar. Después de la comida, el padre regresa al trabajo y los niños a la escuela. Porque la vida urbana hace difícil el regreso a casa, ahora en muchas casas no hay almuerzos en familia, solamente desayunos y cenas.

ACTIVIDAD 5   Orden lógico: Primero... luego...

Ponga en orden estas actividades. Use las palabras **primero, luego** y **después.**

  1. a. Me seco.　**b.** Me lavo los dientes.　**c.** Me baño.
  2. a. Me maquillo.　**b.** Me levanto.　**c.** Me pongo la ropa.
  3. a. Me peino.　**b.** Me afeito.　**c.** Me ducho.
  4. a. Me baño.　**b.** Me levanto.　**c.** Me despierto.
  5. a. Me lavo el pelo.　**b.** Me quito la ropa.　**c.** Me seco el pelo.
  6. a. Me lavo los dientes.　**b.** Desayuno.　**c.** Preparo el desayuno.
  7. a. Me pongo el pijama.　**b.** Me acuesto.　**c.** Me quito la ropa.

ACTIVIDAD 6   Conversación: Las actividades diarias

Busque las actividades que no están en orden lógico o que son imposibles.

  1. Todas las mañanas (yo) me despierto, me levanto, me acuesto, me ducho y me visto.
  2. Por la tarde, mis hermanitos regresan de la escuela, juegan con el perro, hacen su tarea y salen para el trabajo.
  3. Lobo, el perro de Ernestito, duerme, fuma un cigarrillo, come, se lava los dientes y juega con Ernestito.
  4. Todos los domingos mis amigos y yo almorzamos en un restaurante, vamos al cine, nos despertamos, cenamos y nos acostamos temprano.
  5. De lunes a viernes, mi profesor(a) de español desayuna, sale para la universidad, lava su ropa y lee en la biblioteca.
  6. Después de las diez de la noche, los estudiantes hacen su tarea, ven televisión, asisten a clase, escuchan al profesor / a la profesora, se lavan los dientes y se acuestan.
  7. Por la mañana, tú te duchas, te afeitas, te secas, te lavas los dientes, sales para el trabajo y luego te vistes, ¿verdad?

ACTIVIDAD 7   Descripción de dibujos: La rutina

A. Escuche mientras su profesor describe cada uno de los siguientes dibujos. Diga el número que corresponde al dibujo.

B. Trabaje con un compañero / una compañera para describir las diferencias entre los dibujos 1 y 2 y entre los dibujos 3 y 4.

1. Un lunes a las 6:30 con la familia Saucedo.

2. Un jueves a las 6:30 con la familia Saucedo.

3. Un sábado a las 9:00 de la mañana con los amigos norteamericanos.

4. Un domingo a las 9:00 de la mañana con los amigos norteamericanos.

Act. 8. Intercambios (whole-class; pair). Briefly describe each drawing out of order, and have students say the number of the drawing. Then work through the **Modelo** with the whole class: *Miren el modelo. ¿Qué hace Amanda después de jugar al tenis? (toma un refresco) Sí, toma un refresco. Después de practicar un deporte tenemos sed, ¿no? Y Ernesto, en el número 8, ¿qué hace antes de ducharse? (se afeita) Sí, él se afeita antes de ducharse. Y ustedes, ¿se afeitan antes o después de ducharse?* Divide students into pairs and ask them to work through all the drawings using *antes de* for some and *después de* for others.

ACTIVIDAD 8   Intercambios: Las actividades diarias

Escuche a su profesor(a) mientras él/ella describe los dibujos. Diga el nombre de la persona en cada dibujo. Luego pregúntele a su compañero/a qué hace cada persona antes o después. Use *antes de / después de.*

MODELO: E1: ¿Qué hace Amanda *después de* jugar al tenis?
E2: *Después de* jugar al tenis, Amanda toma un refresco.

1. Paula   **2.** Guillermo   **3.** Pedro   **4.** Raúl

5. doña Lola   **6.** don Eduardo   **7.** doña Rosita   **8.** Ernesto

▶ **PALABRAS ÚTILES**

ACTIVIDAD 9   Narración: La rutina de Adriana

primero	por último
luego	a la(s)…
después	desde la(s)…
más tarde	hasta la(s)…
finalmente	

Act. 9. Narración (whole-class; pair). Clocks are included to give more input with time, but are optional; use as appropriate. **Suggestions: 1.** *Se despierta (a las seis).* **2.** *Duerme un poco más.* **3.** *(A las 7:00) Se levanta.* **4.** *(A las 7:10) Se ducha (se baña).* **5.** *(A las 7:15) Se lava el pelo.* **6.** *(A las 7:25) Se seca.* **7.** *(A las 7:30) Se peina.* **8.** *(A las 7:45) Se pone perfume y se maquilla.* **9.** *(A las 7:50) Se pone la ropa.* **10.** *(A las 8:15) Va al trabajo.* **11.** *(Al mediodía) Almuerza.* **12.** *(A las 5:30) Vuelve a casa.* **13.** *(A las 7:00) Va de compras.* **14.** *(A las 8:15) Cena en un restaurante con un amigo.* **15.** *(A las 10:30) Adriana…* **16.** *(A las 11:15) Se quita la ropa y se acuesta.*

Explain that Posada made *calaveras* popular and is still very well-known throughout the world for his witty interpretation of the human condition. But they were not the only drawings this gifted artist created. Along with these, his drawings for sensationalist leaflets depicting bloody crimes attracted even those who could not read and brought more business to his boss. For this reason Posada enjoyed a good salary for those times; he earned 3 pesos a day, at a time when most workers earned 1. Students might see similarities between Posada and these cartoonists/illustrators:

Gary Trudeau, Bill Watterston (*Calvin and Hobbes*), Gary Larson (his bugs and snakes as people).

VENTANAS AL PASADO

Las calaveras de Posada

¡Sólo en México una persona se hace famosa jugando con la muerte! José Guadalupe Posada (1852–1913) trabaja en imprentas donde hacen tarjetas de felicitación, anuncios, carteles para eventos públicos, etiquetas para cigarrillos y otras cosas. Pero también trabaja para un periódico de oposición, *El Jicote*. Son los tiempos del dictador Porfirio Díaz (1876–1911): tiempos difíciles de represión política. En 1884, en la ciudad de México, trabaja en una imprenta donde publican almanaques y poesía. En este tiempo Posada empieza a crear los dibujos que desde fines del siglo XIX se asocian con el Día de los Muertos en México. Son interesantes obras de crítica social, parte de las populares «calaveras»:

VOCABULARIO ÚTIL

la imprenta	*printer*
la tarjeta de felicitación	*birthday card*
la etiqueta	*label*
la calavera	*skull*
el esqueleto	*skeleton*
vivo/a	*alive*
la riqueza	*wealth*

versos humorísticos y sarcásticos ilustrados con calaveras o esqueletos de gente viva, bailando, paseándose, peleando. Con sus dibujos, Posada nos presenta la riqueza, la miseria, la injusticia, la alegría: la esencia del pueblo mexicano.

Ahora... ¡ustedes!

¿Crees que las caricaturas políticas son parte importante de la democracia? ¿Es irreverente el arte de Posada? ¿Es apropiado para el Día de los Muertos? Menciona un ilustrador norteamericano de fama similar.

ACTIVIDAD 10   Entrevista: Preguntas personales

1. ¿Te gusta levantarte temprano o tarde? ¿Quién se levanta primero donde tú vives?
2. ¿Te duchas (te bañas) por la mañana o por la noche? ¿Qué marca de jabón usas?
3. ¿Te lavas el pelo todos los días? ¿Qué marca de champú prefieres? ¿Usas un acondicionador? ¿De qué marca es?
4. ¿Te afeitas con navaja o con afeitadora (eléctrica)?
5. ¿Te maquillas todos los días o prefieres maquillarte sólo cuando sales de noche?
6. ¿Te pones perfume/colonia todos los días? ¿Qué marca prefieres?
7. ¿A qué hora te acuestas? ¿Te gusta leer antes de acostarte o prefieres ver la televisión? ¿Cuántas horas duermes?

Act. 10. Entrevista (whole-class; pair). We have used *navaja* for razor (Mexico: *rastrillo*).

✳ Los estados físicos y anímicos

Los estados físicos y anímicos. Except for fixed phrases such as *¿Cómo está usted?*, in the **Pasos** and **Capítulos 1, 2,** and **3** we have used mostly the *ser* + adjective construction to describe inherent characteristics of things and people. Here, *estar* + adjective construction is used to describe how someone is feeling. Use your PF to talk about adjectives that describe physical and mental states. Ask: *¿Cómo está la niña (la muchacha, el perro, el hombre)?* Use *estar* + adjectives: *aburrido/a, contento/a, de mal/buen humor, deprimido/a, enamorado/a, enojado/a, enfermo/a, interesado/a, irritado/a, ocupado/a, preocupado/a, triste.* This will be the first of many activities with *estar* + adjectives of state. Use your PF to introduce the following states with *tener: tener calor, frío, hambre, miedo, prisa, sed, sueño.*

Many of the words in this display and in subsequent activities will be new to students. Be sure to verify class comprehension of all vocabulary in the display and the activities of this section as you proceed through these materials.

Lea Gramática 4.5.

está contento están tristes está enojado está enferma

está aburrido está ocupada está preocupado

Ramón Amanda

tienen hambre tienen prisa tiene sueño tiene sed

tiene calor tiene frío tiene miedo

REFRÁN

A mal tiempo, buena cara.

(*Keep a stiff upper lip. Literally, In bad times—or bad weather—a happy face.*)

ACTIVIDAD 11 Conversación: Las emociones

Diga si usted está de acuerdo o no con las siguientes afirmaciones.

▶ **FRASES ÚTILES**

(No) Estoy de acuerdo.
Depende.

1. Es bueno gritar si uno está enojado.
2. Si uno está deprimido, es mejor consultar a un psicólogo.
3. Si uno tiene frío, es mejor tomar una limonada.
4. Si uno está de mal humor, es buena idea hablar con un buen amigo o un pariente.
5. Si uno está aburrido, es preferible ver la televisión.
6. Si uno tiene prisa y va a llegar tarde a clase, es mejor manejar muy rápido.
7. Es recomendable quedarse en casa cuando uno está muy enfermo.
8. Si uno tiene miedo, es buena idea comerse las uñas.

ACTIVIDAD 12 Preferencias: ¿Qué hace usted en estas situaciones?

1. Cuando estoy triste,...
   a. quiero estar solo/a.
   b. escucho música.
   c. compro ropa nueva.
   d. ¿ ?
2. Cuando estoy contento/a,...
   a. salgo en el carro.
   b. voy de compras.
   c. prefiero estar solo/a.
   d. ¿ ?
3. Cuando estoy cansado/a,...
   a. duermo.
   b. leo.
   c. me baño.
   d. ¿ ?
4. Cuando estoy aburrido/a,...
   a. exploro el Internet.
   b. llamo a un amigo / una amiga.
   c. me quedo en casa.
   d. ¿ ?
5. Cuando tengo hambre,...
   a. como hamburguesas.
   b. tomo un vaso de leche.
   c. me lavo los dientes.
   d. ¿ ?
6. Cuando tengo frío,...
   a. me quito la chaqueta.
   b. me baño con agua caliente.
   c. me pongo un suéter.
   d. ¿ ?
7. Cuando tengo calor,...
   a. tomo un refresco.
   b. tomo café caliente.
   c. me ducho.
   d. ¿ ?
8. Cuando tengo prisa,...
   a. camino rápidamente.
   b. tomo el autobús.
   c. doy un paseo.
   d. ¿ ?

▶ **Y TÚ, ¿QUÉ DICES?**

Sí, yo también.   ¡Qué buena idea!
Yo tampoco.   ¡Ni pensarlo!
Yo sí. / Yo no.   ¡Qué ocurrencia!

Act. 11. Conversación (whole-class). (See *Conversación* in the IM.) This is a whole-class discussion. Let students work independently first, then ask for opinions.

Act. 12. Preferencias (whole-class; pair). Go through this activity as students answer *sí/no* and write in their own personal variants.
Follow-Up: Whole-class discussion of personal variants or pair students to make statements and comments using expressions under **Y tú, ¿qué dices?** You may want to write expressions from a previous **Y tú, ¿qué dices?** activity on the board. E1: *Cuando tengo prisa, no doy un paseo.* E2: *Yo tampoco. ¡Qué ocurrencia!*

Comunicación en la red

:-)	alegre
:-o	sorprendido/a
:-<	enojado/a
:-@	a gritos
:-(	triste
:-e	desilusionado/a
:-I	indiferente
:-D	me da risa

ACTIVIDAD 13   Asociaciones: Los estados anímicos

¿Qué estado de ánimo asocia usted con las siguientes ocasiones?

1. Es su cumpleaños.
2. Tiene un examen de español en diez minutos.
3. Es un sábado de primavera. Hace sol y buen tiempo. Usted está en el parque con su hijo/a (perro).
4. Es la Nochevieja.
5. Usted tiene una entrevista para un trabajo en 10 minutos y de pronto recibe una llamada de su abuela.
6. Usted recibe una buena nota en su examen de biología.
7. Encuentra a su perro comiendo su mejor camisa.
8. Su gato está muy enfermo.

ACTIVIDAD 14   Intercambios: Los estados físicos y anímicos

Lea las situaciones y mire los dibujos. Luego diga cómo está o qué tiene Guillermo.

1. Son las 7:55. Guillermo va a llegar tarde a su clase de las 8:00 de la mañana.
2. Guillermo tiene un examen difícil hoy.
3. Guillermo tiene una mala nota en matemáticas. Su padre va a estar muy enojado.
4. Guillermo recibe una invitación para el Baile de los Enamorados.
5. Su padre le dice: —¡NO vas a ir al Baile de los Enamorados porque tienes un 6 en el examen de matemáticas!
6. Su abuela está muy enferma.
7. Después de correr, Guillermo… Y también…

1.

2.

3.

4.

5.

6.
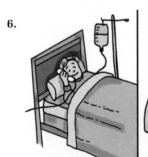

7.

ACTIVIDAD 15   Entrevista: ¿Qué haces?

¿Qué haces cuando estás...

    1. triste?
    2. nervioso/a?
    3. de buen/mal humor?
    4. enamorado/a?

¿Qué haces cuando tienes...

    1. frío?
    2. sueño?
    3. sed?
    4. miedo?

Act. 15. Entrevista (whole-class; pair). As you go over these questions, share your activities for these states with the whole class. In this way students hear possible activities before being paired.

ENLACE LITERARIO

«Versos sencillos», por José Martí

Selección de su libro *Versos sencillos* (1891)

La poesía del escritor cubano José Martí (1853–1895) se considera una de las mejores obras en lengua española. Entre los libros de poemas de Martí están *Ismaelillo* (1882), dedicado a su hijo, *Versos libres* (1882) y *Versos sencillos*. La poesía de *Versos sencillos* parece simple —por eso el poeta la considera «sencilla»[1]—, pero es muy rica en imágenes y símbolos, y expresa además el gran humanismo de este escritor. En la siguiente selección, el poeta habla de su hijo y sus poemas y describe su personalidad: es un hombre sincero a quien le gusta la naturaleza.[2]

Versos sencillos

Yo soy un hombre sincero
De donde crece la palma,[3]
Y antes de morirme[4] quiero
Echar[5] mis versos del alma.[6]

Yo vengo de todas partes,
Y hacia[7] todas partes voy:
Arte soy entre[8] las artes.
En los montes,[9] monte soy.

Oigo un suspiro,[10] a través
De[11] las tierras y la mar,
Y no es un suspiro, —es
Que mi hijo va a despertar.

Con los pobres de la tierra
Quiero yo mi suerte[12] echar:
El arroyo[13] de la sierra
Me complace[14] más que el mar.

Todo es hermoso y constante,
Todo es música y razón,
Y todo, como el diamante,
Antes de luz es carbón.[15]

Mi verso es de un verde claro
Y de un carmín encendido:[16]
Mi verso es un ciervo herido[17]
Que busca en el monte amparo.[18]

[1]*unaffected* [2]*nature* [3]*crece... the palm tree grows* [4]*antes... before I die* [5]*To cast; To express* [6]*soul* [7]*toward* [8]*among* [9]*forests* [10]*sigh* [11]*a... through* [12]*luck* [13]*brook* [14]*Me... Pleases me* [15]*coal* [16]*carmín... bright crimson* [17]*ciervo... wounded deer* [18]*shelter*

This is a poem by one of Cuba's most beloved and famous poets. José Martí was not only a gifted writer, but he was also an active participant in Cuba's Independence Movement, which culminated in 1898. Have students read only the last word of each verse to get the feel for the rhyme. Then read aloud the last words of a few of the stanzas: *sincero, palma, quiero, alma,* emphasizing the rhythmic quality of the words. Now have students read aloud in pairs.

   Point out that some verses from *Versos sencillos* were used in the song «Guantanamera» (1968). Play or sing this very popular song for them. Ask students if they know of other poems that were set to music. Other personalized questions you could ask: *¿Le gusta leer poesía? ¿Tiene un poeta o una poeta que le gusta mucho? ¿Por qué le gusta?*

Actividad creativa: Usted es poeta

Use los versos de José Martí como guía y escriba un poema para expresar sus sentimientos.

> Yo soy _____
> De donde _____,
> Y antes de morirme quiero _____.
> Yo vengo de _____
> Y hacia _____ voy:
> _____ soy entre _____
> En _____, _____ soy.

n resumen

De todo un poco A. The Spanish narration that students have to order includes material from several chapters. It is a review activity in this sense; the sentences, however, are a bit complex. Introduce the activity by telling students that in many Spanish-speaking countries it is the Magi, not Santa Claus, who bring children toys—on January 6. If you grew up with the Magi tradition, tell them about your personal experiences. If possible, do this activity on a different day. Narrate the story with the class, following the drawings in the text. Let students take the initiative, but pitch in as much as necessary. The idea is that once the whole class narrates the story with you, students can then work in groups of 3–4 to create a paragraph by ordering the list of phrases in the text.

De todo un poco

A. ¡Los Reyes Magos vienen mañana!

Mire los dibujos y ponga en orden las siguientes oraciones, para que coincidan con los dibujos.

a. _____ Se lavan los dientes.

b. _____ Finalmente son las siete y media. Se ponen el pijama.

c. _____ Se despiertan a las cinco de la mañana. Tienen miedo de mirar hacia la ventana.

d. _____ Se acuestan pero no se duermen. Hablan de los juguetes que esperan recibir.

e. _____ Su madre quiere llevarlas al museo y a la biblioteca, pero ellas prefieren quedarse en casa.

f. _____ Es el cinco de enero. Son las 5:00 de la tarde. Clarisa y Marisa están nerviosas e impacientes.

g. _____ Rezan antes de acostarse.

h. _____ Corren a la ventana. Ahí están los juguetes que quieren. ¡Qué contentas están!

i. _____ Les dicen «Buenas noches» a sus padres con un beso.

j. _____ Ponen los zapatos en la ventana y esperan… ¡Los Reyes Magos van a venir mañana muy temprano!

k. _____ Por fin se duermen. Sueñan que los Reyes Magos no les traen nada.

l. _____ Cenan con sus padres y charlan sobre los juguetes que quieren.

B. Entrevista con su profesor(a)

Trabaje con dos o tres estudiantes. Escriban preguntas para entrevistar a su profesor(a). Cada grupo va a escribir ocho buenas preguntas para saber más sobre él/ella: sobre su vida en casa, su rutina diaria, sus estados de ánimo, sus actividades favoritas, sus preferencias, cómo celebra los días feriados, etcétera.

MODELOS: ¿A qué hora se levanta usted durante la semana?

¿Qué le gusta hacer después del trabajo?

¿Qué hace usted cuando está aburrido/a?

¿Cómo celebra el Año Nuevo?

¿Qué le gusta hacer los viernes por la noche?

Después, cada grupo debe hacerle sus preguntas al profesor / a la profesora. Tomen apuntes sobre la información para luego escribir una composición sobre él/ella.

¡Dígalo por escrito!

Los días feriados

Describa su día feriado favorito y diga cómo lo celebra, dónde, con quién(es) y cómo se prepara (qué hace) para esa celebración.

¡Cuéntenos usted!

Cuéntenos sobre su día feriado favorito. ¿Cómo se llama esta celebración? ¿Es un día feriado religioso para usted? ¿Lo celebra usted con amigos o familiares? ¿Se celebra de día, de noche o durante varios días? ¿Comen ustedes comida típica o tradicional? ¿Hay algún símbolo asociado con esa fiesta?

VOCABULARIO ÚTIL

la quema	*burning*
el cartón	*cardboard*
la madera	*wood*
el premio	*prize, award*
el farolillo	*lantern*
la portada de luces	*lit up façade*
la estrella	*ferris wheel*
los fuegos artificiales	*fireworks*
la bendición	*blessing*
la fortaleza	*fortress*
la colina	*hill*

LECTURA # ¡Grandes fiestas!

¿Le gustaría descubrir algunas de las fiestas más grandes y populares del mundo hispano? Pues aquí le hacemos una invitación. Vamos a hacer un viaje fantástico a España y América Latina. Es un viaje que comienza en marzo y termina en julio. Prepare su maleta y… ¡a viajar!

Primero es importante entender que las grandes fiestas del mundo hispano representan diferentes culturas y tradiciones: algunas tienen su origen en la religión católica, otras en tradiciones indígenas y otras más celebran eventos históricos. Pero todas estas fiestas tienen varios elementos en común: la participación de mucha gente, la alegría y la música.

Vamos primero a España. Estamos en Valencia, hermosa ciudad al este de la península ibérica y en la costa del Mar Mediterráneo. Queremos participar en la celebración de las Fallas de Valencia, una fiesta que dura varios días. Estamos aquí el 19 de marzo para ver el final de la fiesta con un evento espectacular: la quema de numerosas esculturas de cartón y madera, todas impresionantes. Los artistas que participan en las Fallas fabrican estos monumentos durante todo el año. Las esculturas pueden ser bellas, satíricas o cómicas, y siempre son muy elaboradas. Algunas representan personas; otras, eventos sociales. Las mejores reciben un premio y se guardan en el Museo de las Fallas. ¡Pero todas las otras se queman!

Visitemos ahora otra hermosa ciudad española. Nos vamos a Sevilla, en el sur de España. Hoy es un lunes de abril, por la noche, y estamos en el barrio de Los Remedios. Hay farolillos en las calles. Escuchamos guitarras y gente que canta sevillanas, la alegre música de esta región. ¡Hoy comienza la Feria de Sevilla! Pasamos por la hermosa portada de luces y vemos muje-

res con hermosos trajes flamencos. Tenemos todas las diversiones típicas de una feria, hasta una enorme estrella. Esta gran festividad termina en una semana, con fuegos artificiales. Pero no vamos a estar aquí para el final. Nos esperan otras fiestas…

Ahora queremos saltar a Perú. Es el 24 de junio y estamos en Cuzco para la Fiesta del Sol, Inti Raymi. Este evento de la cultura inca celebra el comienzo de un nuevo año. Inti Raymi es uno de los festivales más grandes de América del Sur, con la participación de miles de personas de Perú y todo el mundo. Hoy es el día más importante del festival, cuando un actor representa a Sapa Inca, Hijo del Sol, y pide la bendición del sol en la Plaza Qorikancha. Luego hay una procesión del Sapa Inca con muchas personas hasta la fortaleza de Sacsayhuamán, en las colinas de Cuzco. Después de esta procesión, comienza el nuevo año.

Gracias a nuestro viaje fantástico, estamos ahora en el sur de México. Participamos en la Guelaguetza, fiesta popular de Oaxaca que se realiza todos los años en julio. Hay un público enorme que ve con nosotros este espectáculo colorido de bailes regionales. En la Guelaguetza participan músicos y danzantes de las ocho regiones del estado de Oaxaca. Cada grupo lleva la ropa típica de su pueblo y presenta sus danzas. Luego le ofrece al público su «guelaguetza», que es un regalo de su región, como frutas, pan o chocolate. Después de la Guelaguetza vamos con la gente a pasear por la ciudad, donde hay muchas actividades culturales.

Bueno, ya visitamos las Fallas de Valencia y la Feria de Sevilla en España, el Festival Inti Rayni en Perú y la Guelaguetza en México. Nuestro viaje termina, pero sólo por ahora. Porque este paseo fantástico va a continuar para usted.

Culture/History. Here are some interesting facts: **Spain:** The Feria de Sevilla is one of the few festivities in Spain that is not based on a religious tradition. It started in 1847 as a Feria de *ganado* (cattle). The Fallas date back to the eighteenth century, when it was a small feature of the San José festivity (March 19). **Peru:** In 1572 the viceroy of Toledo banned the celebrations of Inti Raymi, deeming them contrary to the Catholic faith. Today Inti Raymi is the second largest festival in South America. **Mexico:** The Guelaguetza is also known as Lunes del Cerro. It always takes place on the next two Mondays following the Virgen del Carmen festivity, which is celebrated on July 16.

Pre-Reading. Write the word *CELEBRACIONES* on the board and ask students to name the dates of famous celebrations and holidays in the United States. Write these dates on the board as students respond and give the corresponding holiday. Examples: *15 de enero: el cumpleaños de Martin Luther King, Jr.; 14 de febrero: Día de San Valentín; 4 de julio: Día de la Independencia.*

Post-Reading. Use the incomplete sentence technique to check for comprehension: *Esta celebración en España tiene fuegos artificiales y se llama... (Sí, es la Feria de Sevilla.)* Ask students which festival they find most interesting and why. (For additional personalized questions, see the IM.)
Have students do the **Comprensión** out loud, in pairs, or in groups of 3. Remember to divide the class randomly so that students are working with different classmates each day. Assign **UPM** as written homework.

Comprensión

Busque la definición correcta.

1. __e, h__ La Guelaguetza
2. __b, f__ Inti Raymi
3. __c, i__ El Museo de las Fallas
4. __g, d__ La Feria de Sevilla

a. Esta fiesta comienza con un desfile.
b. El día más importante de esta fiesta es el 24 de junio.
c. Aquí están las esculturas que ganan premios.
d. Se escucha música alegre, las sevillanas.
e. Hay bailes regionales y regalos.
f. Un actor representa al Hijo del Sol.
g. Esta fiesta termina con fuegos artificiales.
h. El público recibe regalos de los danzantes.
i. Es parte de un evento espectacular de España.

Un paso más... ¡a escribir!

Usted tiene un amigo o una amiga de otro país. Esta persona quiere saber cuáles son las grandes fiestas nacionales que usted celebra. Escríbale una breve descripción de sus dos fiestas favoritas. ¿Por qué le gustan? ¿Qué hace usted en estas festividades? ¿Las celebra con la familia o con amigos?

MODELO: Estimado/a _____:

Mis dos fiestas favoritas son _____ y _____. Me gustan porque _____. Estas fiestas se celebran con varias actividades. Por ejemplo, yo _____, _____ y _____. Normalmente, celebro estas fiestas con _____.

ocabulario

• Los días feriados y las celebraciones — Holidays and Celebrations

el aniversario de boda	wedding anniversary
el Año Nuevo	New Year
el Día de Acción de Gracias	Thanksgiving
el Día de las Brujas	Halloween
el Día de los Enamorados	Valentine's Day
el Día de la Independencia	Independence Day
el Día de la Madre	Mother's Day
el Día de los Muertos	All Souls' Day (November 2nd)
el Día del Padre	Father's Day
el Día de los Reyes Magos	Epiphany, Day of the Magi (January 6th)
el día del santo	saint's day
el Día de Todos los Santos	All Saints' Day (November 1st)
el Domingo de Pascua	Easter Sunday
la fiesta	holiday; party
el Jánuca	Hanukkah
la(s) Navidad(es)	Christmas
la Nochebuena	Christmas Eve
la Nochevieja	New Year's Eve (December 31st)
la Pascua Judía	Passover
el Ramadán	Ramadan
la Semana Santa	Holy Week

• La rutina diaria — Daily Routine

acostarse	to go to bed
me acuesto / se acuesta	
afeitarse	to shave
bañarse	to bathe
despertarse (ie)	to wake up
me despierto / se despierta	
dormir (ue)	to sleep
duermo / duerme	
ducharse	to take a shower
lavarse los dientes	to brush one's teeth
lavarse el pelo	to wash one's hair
levantarse	to get up
maquillarse	to put on makeup
peinarse	to comb one's hair
ponerse (perfume / la ropa)	to put on (perfume/clothes)
quitarse (la ropa)	to take off (one's clothes)

secarse (el pelo)	to dry (one's hair)
venir	to come
vengo/viene	
vestirse (i)	to get dressed
me visto / se viste	
volver (ue)	to return, go back
(vuelvo / vuelve)	

• Los estados físicos y anímicos — Physical and Mental States

el estado de ánimo	mental state
estar...	to be . . .
alegre	happy
contento/a	happy
de buen/mal humor	in a good/bad mood
deprimido/a	depressed
enamorado/a	in love
enojado/a	angry
ocupado/a	busy
preocupado/a	worried
solo/a	alone, lonely
triste	sad
tener...	to be . . .
calor	hot
frío	cold
hambre	hungry
miedo	afraid
prisa	in a hurry
sed	thirsty
sueño	sleepy

PALABRA SEMEJANTE: nervioso/a
REPASO: aburrido/a, enfermo/a

• ¿Cuándo? — When?

antes de	before
de lunes a viernes	Monday through Friday
de pronto	suddenly
después de	after
desde la(s)... hasta la(s)	from . . . until . . .

REPASO: ayer, después, hoy, luego, mañana, el próximo... (día, mes), pasado mañana

• Los verbos — Verbs

comerse las uñas	to bite one's nails
dar (doy/da)	to give
dar la bienvenida	to welcome

encender (ie)	to light, to turn on
enciendo / enciende	
encontrar (ue)	to find
encuentro/encuentra	
entrevistar	to interview
escoger	to choose
escojo/escoge	
estar de acuerdo	to agree
gritar	to yell, scream
llamar	to call (on the phone)
pedir (i)	to ask for; request
pido / pide	
quedarse (en casa)	to stay (at home)
recibir regalos	to get gifts
reunirse	to get together
me reúno / se reúne	
saber	to know
sé/sabe	
soñar (ue) (con)	to dream (about)
tomar apuntes / un	to take notes / a test
examen	
traer	to bring
traigo/trae	

PALABRAS SEMEJANTES: celebrar, coincidir, consultar

• Los sustantivos   Nouns

el acondicionador	conditioner
la afeitadora (eléctrica)	(electric) razor
el baile	dance
el beso	kiss
el camello	camel
la colonia	cologne
los dulces	candy
los fuegos artificiales	fireworks
el fin	end
el globo	balloon
el hermanito	little brother
el jabón	soap

el juguete	toy
la llamada	(telephone) call
la marca	brand
la navaja	razor; razor blade
la nota	note, grade
el pariente / la parienta	relative
la toalla	towel
el vaso	glass
la vela	candle

PALABRAS SEMEJANTES: Latinoamérica, la afirmación, el aspecto, la ceremonia, el champú, la composición, la decoración, la diferencia, etcétera, la emoción, la (im)paciencia, la invitación, la limonada, el pijama, el psicólogo / la psicóloga, la situación

• Los adjetivos   Adjectives

caliente	hot
malo/a	bad

PALABRAS SEMEJANTES: abundante, eléctrico/a, familiar, (im)paciente, (im)posible, preferible, recomendable, religioso

• Palabras y expresiones útiles   Useful Words and Expressions

ahí	there, over there
depende	(it) depends
en orden lógico	in logical order
es mejor/peor	it is better/worse
especialmente	especially
nada	nothing
¡Ni pensarlo!	Don't even think of it!
¡Qué ocurrencia!	What a silly idea!
por fin	at last
rápidamente	quickly, rapidly
rápido	quick, fast
¡Yo sí!	I do!
¡Yo no!	I don't!

Gramática y ejercicios

4.1 Discussing Habitual Actions: Verbs with Stem-Vowel Changes (ie, ue) in the Present Tense

A. Here is the present tense of several commonly used verbs that follow the same pattern of stem-vowel changes as **querer** and **preferir:*** **cerrar** (*to close*), **pensar** (*to think*), **empezar** (*to begin*), **perder** (*to lose*), and **encender** (*to light; to turn on*).†

	cerrar	pensar	empezar	perder	encender
(yo)	cierro	pienso	empiezo	pierdo	enciendo
(tú)	cierras	piensas	empiezas	pierdes	enciendes
(usted, él/ella)	cierra	piensa	empieza	pierde	enciende
(nosotros/as)	cerramos	pensamos	empezamos	perdemos	encendemos
(vosotros/as)	cerráis	pensáis	empezáis	perdéis	encendéis
(ustedes, ellos/as)	cierran	piensan	empiezan	pierden	encienden

—¿A qué hora **cierran** ustedes la Nochevieja?
—**Cerramos** a las 5:00 de la tarde.

—*What time do you close on New Year's Eve?*
—*We close at 5:00 P.M.*

—¿**Encienden** ustedes las velas de Jánuca cada año?
—Sí, las **encendemos** por ocho noches seguidas.

—*Do you light Hanukkah candles every year?*
—*Yes, we light them for eight nights in a row.*

B. Three other verbs follow the same pattern as **jugar: dormir** (*to sleep*), **volver** (*to return, go back*), and **almorzar** (*to have lunch*).‡

	jugar	dormir	volver	almorzar
(yo)	juego	duermo	vuelvo	almuerzo
(tú)	juegas	duermes	vuelves	almuerzas
(usted, él/ella)	juega	duerme	vuelve	almuerza
(nosotros/as)	jugamos	dormimos	volvemos	almorzamos
(vosotros/as)	jugáis	dormís	volvéis	almorzáis
(ustedes, ellos/as)	juegan	duermen	vuelven	almuerzan

¿RECUERDA?

Recall from **Gramática 2.3** that the verbs **querer (quiero, quieres, quiere, queremos, queréis, quieren)** and **preferir (prefiero, prefieres, prefiere, preferimos, preferís, prefieren)** use two stems in their present-tense conjugations. The stem containing the vowel **e** appears only in the infinitive and in the **nosotros/as** and **vosotros/as** forms. The stem containing **ie** occurs in the rest of the forms.

*Recognition: **vos querés, preferís**
†Recognition: **vos cerrás, pensás, empezás, perdés, encendés**
‡Recognition: **vos jugás, dormís, volvés, almorzás**

cierro = *I close*
cerramos = *we close*
empiezo = *I begin*
empezamos = *we begin*

—¿A qué hora **vuelven** a casa después de una fiesta?
—A veces no **volvemos** hasta las 3:00 ó 4:00 de la madrugada.

—*What time do you return home after a party?*
—*Sometimes we don't return until 3:00 or 4:00 in the morning.*

EJERCICIO I

¿Qué hacen usted y sus amigos? Complete estas oraciones con la forma correcta del verbo entre paréntesis.

MODELO: —¿*Cierran* ustedes los ojos en clase? (cerrar) →
                 —No, no *cerramos* los ojos en clase.

juego = *I play*
jugamos = *we play*
vuelvo = *I return*
volvemos = *we return*

1. —¿_____ ustedes en su clase de español? (dormir)
   —¡Claro que no! Nunca _____ en clase, porque nos divertimos.
2. —¿_____ ustedes en casa o en el trabajo? (almorzar)
   —Generalmente _____ en casa con la familia.
3. —¿_____ ustedes al trabajo después de almorzar? (volver)
   —Sí, _____ a las 2:00.
4. —¿_____ ustedes al tenis los fines de semana? (jugar)
   —A veces _____, a veces no.
5. —¿_____ ustedes mucho al tenis en el invierno? (jugar)
   —No, _____ poco porque hace demasiado frío.
6. —¿_____ ustedes frecuentemente cuando _____ al basquetbol? (perder, jugar)
   —No, casi nunca _____ cuando _____ al basquetbol.
7. —¿_____ ustedes ir al cine por la tarde? (preferir)
   —No, _____ ir por la mañana con los niños.
8. —¿_____ ustedes las vacaciones en mayo o en junio? (empezar)
   —Normalmente _____ las vacaciones en junio.

These forms may be difficult to remember, but they will feel more natural as you hear and read more Spanish. Therefore, don't try to memorize all this, but do refer to the rules when you edit your writing.

4.2. Students have already heard some of these verbs and their irregular forms in previous oral activities. The purpose of this section is to display 8 of the most common irregular Spanish verbs. We do not expect students to memorize the forms.

4.2   Discussing Habitual Actions: Irregular Verbs

A. As you know, an irregular verb is one that uses more than one stem to form its conjugation. (In many cases the irregularity is only in the **yo** form.) Here are some common verbs that add a **g** in the **yo** form: **tener** (*to have*), **venir** (*to come*), **salir** (*to leave; to go out*), and **poner** (*to put*).*

vengo = *I come*
viene = *he/she comes; you come*
venimos = *we come*

	tener	**venir**	**salir**	**poner**
(yo)	tengo	vengo	salgo	pongo
(tú)	tienes	vienes	sales	pones
(usted, él/ella)	tiene	viene	sale	pone
(nosotros/as)	tenemos	venimos	salimos	ponemos
(vosotros/as)	tenéis	venís	salís	ponéis
(ustedes, ellos/as)	tienen	vienen	salen	ponen

*Recognition: **vos tenés, venís, salís, ponés**

—¿Siempre **viene** usted temprano?

—Sí, casi siempre **vengo** a las 8:00.

—¿Dónde **pongo** mi ropa?

—Aquí mismo, encima de esta silla.

—*Do you always come early?*

—*Yes, I almost always come at 8:00.*

—*Where do I put my clothes?*

—*Right here, on this chair.*

B. The verbs **traer** (*to bring*) and **oír** (*to hear*) insert **ig** in the **yo** form.* In addition, **oír** adds a **y** in all but the **yo, nosotros/as,** and **vosotros/as** forms. The verbs **hacer** and **decir** change the **c** to **g** in the **yo** form. **Decir** (*to say, tell*) also changes the stem vowel **e** to **i** in all but the **nosotros/as** and **vosotros/as** forms.†

> **digo** = *I say*
> **dice** = *he/she says; you say*
> **decimos** = *we say*

	traer	**oír**	**hacer**	**decir**
(yo)	tra**ig**o	o**ig**o	ha**g**o	di**g**o
(tú)	traes	o**y**es	haces	di**c**es
(usted, él/ella)	trae	o**y**e	hace	di**c**e
(nosotros/as)	traemos	oímos	hacemos	decimos
(vosotros/as)	traéis	oís	hacéis	decís
(ustedes, ellos/as)	traen	o**y**en	hacen	di**c**en

—¿Qué **traes** a las fiestas?

—**Traigo** mis discos compactos y algo de comer.

—¿No **oyes** un ruido extraño?

—No, no **oigo** nada.

—*What do you bring to parties?*

—*I bring my CDs and something to eat.*

—*Don't you hear a strange noise?*

—*No, I don't hear anything.*

EJERCICIO 2

Un amigo le hace preguntas sobre su clase de español. Contéstele según el modelo.

MODELO: —Generalmente, ¿vienes temprano a la clase de español?
　　　　　　—Sí, *vengo* temprano todos los días.

1. —¿Traes tu perro a la clase de español?
　　—¡Claro que no! _____ solamente el libro y el cuaderno.

2. —¿Pones tu libro de español debajo de la mesa?
　　—No, _____ el libro encima de la mesa.

3. —¿Le dices «Buenos días» en español al profesor / a la profesora?
　　—¡Qué va! A las 2:00 de la tarde le _____ «Buenas tardes».

---

*Recognition: **vos traés, oís**
†Recognition: **vos hacés, decís**

4. —¿Oyes música en tu clase?
—Sí, _____ canciones en español, naturalmente.

5. —¿Sales de tu clase a las 3:00?
—No, _____ a las 2:50.

6. —¿Siempre vienes a la clase preparado/a?
—Sí, casi siempre _____ preparado/a.

7. —¿Tienes mucha tarea?
—Sí, _____ tarea todos los días, excepto el domingo.

8. —¿Qué haces en tu clase?
— _____ un poco de todo: converso, leo, escribo.

> Actions done to oneself are expressed using reflexive words:
> **Me afeito.** (*I shave* [*myself*].)
> **Nos ponemos la ropa.** (*We put on our clothes.*)

4.3. Reflexive pronouns are introduced before any other object pronouns because of their simple form and because they are indispensable for understanding and discussing daily or habitual activities, the primary function of the present tense.

4.3   Describing Daily Routine: Reflexives

A. In English, pronouns that indicate that the subject of a sentence does something to himself or herself are called *reflexive;* they end in *-self* (*-selves*).

He cut himself.	Babies often talk to themselves.
She looked at herself in the mirror.	We didn't blame ourselves.

Some actions that the subject does to himself or herself are not expressed with reflexive pronouns in English. For example, *I get up at 7:00. I take a bath and then get dressed.* In such sentences, Spanish always uses a reflexive pronoun: **Yo me levanto a las 7:00. Me baño y luego me pongo la ropa.**

B. Here is the present tense of the verb **levantarse** (*to get up*) with reflexive pronouns.*

levantarse (to get up)		
(yo)	me levanto	*I get up*
(tú)	te levantas	*you (inf. sing.) get up*
(usted, él/ella)	se levanta	*you (pol. sing.) get up;*
		he/she gets up
(nosotros/as)	nos levantamos	*we get up*
(vosotros/as)	os levantáis	*you (inf. pl., Spain) get up*
(ustedes, ellos/as)	se levantan	*you (pl.) get up; they get up*

C. Following is a list of verbs with the reflexive pronouns **me** (*myself*) and **se** (*himself, herself, yourself* [*pol. sing.*]) that you can use to describe your daily routine or that of someone else. Notice that the infinitives with the reflexive pronoun end in **se.**

---

*Recognition: **vos te levantás**

INFINITIVE		
Me acuesto. / Se acuesta.*	acostarse	*I go to bed. / He/She goes to bed; You (pol. sing.) go to bed.*
Me despierto. / Se despierta.[†]	despertarse	*I wake up. / He/She wakes up; You (pol. sing.) wake up.*
Me levanto. / Se levanta.	levantarse	*I get up (out of bed). / He/She gets up; You (pol. sing.) get up.*
Me baño. / Se baña.	bañarse	*I take a bath. / He/She takes a bath; You (pol. sing.) take a bath.*
Me ducho. / Se ducha.	ducharse	*I take a shower. / He/She takes a shower; You (pol. sing.) take a shower.*
Me lavo el pelo. / Se lava el pelo.	lavarse el pelo	*I wash my hair. / He/She washes his/her hair; You (pol. sing.) wash your hair.*
Me seco. / Se seca.	secarse	*I dry off. / He/She dries off; You (pol. sing.) dry off.*
Me afeito. / Se afeita.	afeitarse	*I shave. / He/She shaves; You (pol. sing.) shave.*
Me lavo los dientes. / Se lava los dientes.	lavarse los dientes	*I brush my teeth. / He/She brushes his/her teeth; You (pol. sing.) brush your teeth.*
Me peino. / Se peina.	peinarse	*I comb my hair. / He/She combs his/her hair; You (pol. sing.) comb your hair.*
Me maquillo. / Se maquilla.	maquillarse	*I put on makeup. / He/She puts on makeup; You (pol. sing.) put on makeup.*
Me pongo la ropa. / Se pone la ropa.	ponerse la ropa	*I put on my clothes. / He/She puts on his/her clothes; You (pol. sing.) put on your clothes.*
Me quito la ropa. / Se quita la ropa.	quitarse la ropa	*I take off my clothes. / He/She takes off his/her clothes; You (pol. sing.) take off your clothes.*
Me (des)visto. / Se (des)viste.	(des)vestirse	*I (un)dress. / He/She (un)dresses. You (pol. sing.) (un)dress.*

Me levanto temprano y **me ducho** en seguida. Generalmente **me lavo** el pelo. Luego **me seco** y **me peino.**

Alberto **se levanta** tarde. **Se ducha** rápidamente, pero no **se afeita. Se pone la ropa** y **se peina.**

I get up early, and I take a shower immediately. Generally I wash my hair. Afterward I dry off and comb my hair.

Alberto gets up late. He showers quickly, but he doesn't shave. He dresses and combs his hair.

D. Reflexive pronouns are normally placed directly before the verb (**me seco**), but they may be attached to infinitives (**secarme**) and present participles (**secándome**).

---

*__*Acostarse__ is a stem-changing verb: the stem vowel **o** changes to **ue** in all but the **nosotros/as** and **vosotros/as** forms.

[†]**Despertarse** is also a stem-changing verb: the stem vowel **e** changes to **ie** in all but the **nosotros/as** and **vosotros/as** forms.

Me gusta **afeitarme** primero y
luego **bañarme.**

Ernesto va a **levantarse** y
bañarse inmediatamente.

—Amanda, ¿qué estás haciendo?
—Estoy **lavándome** los dientes.

*I like to shave first and then take
a bath.*

*Ernesto is going to get up and
take a bath immediately.*

—*Amanda, what are you doing?*
—*I'm brushing my teeth.*

EJERCICIO 3

¿Qué oración describe mejor los
siguientes dibujos?

1. _____

2. _____

3. _____

4. _____

5. _____

6. _____

7. _____

a. Él se quita la camisa, pero ella se pone los zapatos.

b. Él sale para el trabajo a las 8:00, pero su hijo sale para la escuela
a las 8:30.

c. Ella lee novelas después de trabajar, pero él prefiere ver la
televisión.

d. Este joven se ducha por la mañana, pero las niñas prefieren
bañarse por la noche.

e. Él se afeita la cara, pero su esposa se afeita las piernas.

f. A él no le gusta bañarse, pero le gusta bañar al perro.
g. Se acuesta a las 11:30 y se levanta a las 6:00.

EJERCICIO 4

Imagínese que su hermanito de tres años le hace estas preguntas. Contéstele correctamente.

MODELO: ¿Te lavas los dientes con jabón? →
No, me lavo los dientes con pasta de dientes.

1. ¿Te bañas antes de las 5:00 de la mañana?
2. ¿Te lavas el pelo con detergente?
3. ¿Te afeitas en la lavandería?
4. ¿Te levantas temprano los domingos?
5. ¿Te quitas la ropa en la universidad?
6. ¿Te peinas en la biblioteca?
7. ¿Te maquillas en la clase de español?
8. ¿Te duchas en el patio?

4.4 Ordering Events: Infinitives after Prepositions

A. When telling a story or relating a sequence of events, speakers use "sequencing" words to let listeners know the order in which the events occur. You have already used many of these sequencing words in the **Narración** activities, for example:

primero	*first*	antes	*before*
luego	*then*	finalmente	*finally*
después	*afterward*	por último	*at last*
más tarde	*later (on)*		

Primero me baño y **luego** me cepillo los dientes. **Después,** preparo el desayuno. **Luego** voy al trabajo y trabajo hasta las 6:00 de la tarde. **Finalmente** vuelvo a casa a eso de las 8:00.

First I take a bath, and then I brush my teeth. Afterward, I fix breakfast. Then I go to work and work until 6:00 P.M. Finally I return home about 8:00.

B. The words **después** and **antes** by themselves express the meanings *after(ward)* and *before.*

Después, vamos a cenar con Pedro y Andrea Ruiz.

Afterward, we're going to have dinner with Pedro and Andrea Ruiz.

C. The preposition **de** follows **antes** and **después** before a noun or an infinitive. (English uses the *-ing* form instead of the infinitive.) Don't forget to attach any object pronouns to the end of the infinitive.

Antes de acostarme, quiero terminar la tarea.
Vamos a terminar la tarea **antes de (después de) la comida.**
Después de jugar al béisbol, voy a ir a la playa.

Before going to bed, I want to finish my homework.
We are going to finish our homework before (after) the meal.
After playing baseball, I'm going to go to the beach.

4.4. This section emphasizes *después de* and *antes de* + infinitive because this construction is so common, especially when describing daily activities and in narration. You may wish to point out that the infinitive is used after all prepositions in Spanish.

---

antes de + infinitive
Antes de ducharse, Ramón se afeita.
(Before showering, Ramón shaves.)
después de + infinitive
Después de estudiar, vamos a salir a bailar. *(After studying, we are going out dancing.)*

EJERCICIO 5

¿Qué oración describe mejor cada dibujo?

1. _____   2. _____   3. _____   4. _____

5. _____

a. Prepara la cena después de trabajar.
b. Limpian la casa antes de salir a jugar.
c. Siempre se lava los dientes después de comer.
d. Después de hacer ejercicio se ducha.
e. Antes de acostarse, apaga la luz.

EJERCICIO 6

Complete las oraciones lógicamente.

1. Nos gusta lavar el coche después de…
2. El señor Saucedo lee el periódico antes de…
3. Pedro Ruiz dice: «Después de levantarme por la mañana, me gusta… »
4. Antes de acostarse, es necesario…
5. Guillermo siempre hace la tarea antes de…

a. desayunar.
b. apagar las luces.
c. almorzar.
d. salir a jugar con sus amigos.
e. salir a pasear.

EJERCICIO 7

Haga una oración lógica con **antes de** o **después de.**

MODELO: hacer la tarea / ver la televisión (nosotros) →
Después de hacer la tarea, vamos a ver la televisión.
(Antes de ver la televisión, vamos a hacer la tarea.)

1. preparar la comida / hacer la compra (Estela)
2. limpiar la casa / invitar a unos amigos (Pedro y Andrea Ruiz)
3. dormir una siesta / ir al videocentro (Guillermo)
4. correr / bañarse (tú)
5. salir a bailar / ponerse la ropa (nosotros)

4.5 Describing States

A. *Estar* + Adjective

Use **estar (estoy, estás, está, estamos, estáis, están)** to describe how someone is, or is feeling, at a particular time.

—¿Cómo **estás**?   —How are you?
—**Estoy** un poco deprimido.   —I'm a bit depressed.

—¿Cómo **está** José Luis hoy?   —How is José Luis today?
—**Está** enfermo.   —He's sick.

—¿Cómo **están** ustedes?   —How are you?
—**Estamos** muy bien, gracias.   —We are fine, thank you.

4.5 A. This is the first formal introduction of *estar* + adjective. Students have heard and used *estar + bien* in fixed phrases used as greetings: —¿Cómo estás? —Bien, gracias. We have avoided explicit mention of *estar* + adjective to give students a chance to connect *ser* with adjectives: *es grande, es bonita, es nuevo.*

Estar (*To be*) describes a state (how someone is at a particular time):
—**¿Cómo estás?**
(*How are you?*)
—**Estoy cansada.**
(*I'm tired.*)

Remember that **ser** is used to identify or describe the inherent characteristics of someone or something, *not* to tell how that person or thing is (feeling) at a particular moment.

Alberto **es alto, delgado, joven y muy guapo.**	*Alberto is tall, thin, young, and very handsome.*
Hoy **está confundido y cansado.**	*Today he's confused and tired.*

EJERCICIO 8

Describa el estado físico o anímico de estas personas.

MODELOS: Carmen → Carmen *está nerviosa.*
               yo → Yo *estoy cansado.*

1. yo	**a.** está nervioso
2. mi primo	**b.** están ocupados
3. Luis y yo	**c.** estoy enojado/a
4. Nora	**d.** estamos preocupados
5. tú (*f.*)	**e.** estás contenta
6. Pablo y Mónica	**f.** está deprimida

EJERCICIO 9

Mire los dibujos y haga preguntas. Use la forma correcta de **estar** y adjetivos como (**un poco**) **triste, ocupado/a, cansado/a, enojado/a, deprimido/a, alegre, irritado/a, contento/a, enamorado/a,** etcétera.

MODELO: ¿Está cansada Graciela?

Graciela

¡**OJO**!

Look at these sketches and form questions about them.

Clarisa y Marisa

1.

Ernesto

2.

Ramón ♥ Amanda

3.

Guillermo

4.

AGENCIA DE VIAJES

Silvia   Nacho

5.

Tener + noun is used to describe some states: **¿Tienes hambre, Yolanda?** (*Are you hungry, Yolanda?*)

4.5 B. *Tener* is also used to describe states. However, *tener* always takes a noun as an object. Thus English *be* + adjective corresponds to Spanish *tener* + noun (be hungry = have hunger). The literal English translations for these expressions are helpful for some students: to have hunger, to have sleep, to have thirst, to have hurry, to have cold, to have heat, to have fear. Most students ignore the differences and simply acquire them by hearing you use them.

B. *Tener* + Noun

Some states of being are described in Spanish with the verb **tener** (*to have*), although they correspond to the verb *to be* in English. Common states expressed with **tener** are **tener hambre** (*to be hungry*), **tener sueño** (*to be sleepy*), **tener sed** (*to be thirsty*), **tener prisa** (*to be in a hurry*), **tener frío** (*to be cold*), **tener calor** (*to be hot*), and **tener miedo** (*to be afraid*).

—Ernesto, ¿cuándo quieres comer? **Tengo** mucha **hambre.**	—*Ernesto, when do you want to eat? I'm very hungry.*
—Estela, ¿quieren ir al cine tú y Ernesto esta noche?	—*Estela, do you and Ernesto want to go to the movies tonight?*
—No, gracias. **Tenemos** mucho **sueño** y queremos acostarnos.	—*No, thanks. We're very sleepy and want to go to bed.*
—Guillermo, ¿**tienes sed?**	—*Guillermo, are you thirsty?*
—Sí, **tengo** mucha **sed.** Vamos a tomar algo.	—*Yes, I'm very thirsty. Let's get something to drink (drink something).*
—¿Por qué **tiene prisa** Amanda?	—*Why is Amanda in a hurry?*
—Porque su clase empieza a las 8:00.	—*Because her class begins at 8:00.*

With the words **calor/frío** (*heat/cold*) and **caliente** (*hot*), several combinations are possible.

To describe people, use **tener** + **calor/frío.**

—Nora, ¿tú no **tienes calor?**	—*Nora, aren't you hot?*
—No, no **tengo calor.** Me gusta mucho el sol.	—*No, I'm not hot. I love the sun.*

To describe things, use **estar** + **caliente/frío.**

Lan, cuidado. No toques la estufa. **Está** muy **caliente.**	*Lan, be careful. Don't touch the stove. It's very hot.*

To describe the weather, use **hacer** + **calor/frío.**

Ay, Pablo, **hace mucho frío** hoy. Voy a ponerme un abrigo.	*Pablo, it's really cold today. I'm going to put on a coat.*

EJERCICIO 10

Mire los dibujos. ¿Cuál es la oración que mejor identifica cada dibujo?

MODELO: Tiene sed.

a. Tienen miedo.
b. Tiene prisa.
c. Tienen calor.
d. Hace mucho calor.
e. Nieva hoy.

f. Está enojado.
g. Está preocupado.
h. Está deprimido.
i. Tiene hambre.

1. _____

2. _____

3. _____

4. _____

5. _____

EJERCICIO 11

Describa el estado de estas personas. Estados posibles: **tener + calor, frío, hambre, prisa, sed, sueño, miedo.**

MODELO: (Yo) *Tengo prisa* porque la clase empieza a las 4:00.

1. A mediodía, Mayín _____.
2. Si (tú) _____, ¿por qué no te pones un suéter?
3. (Nosotros) _____ porque la temperatura está a 45°C hoy.
4. A medianoche (yo) _____.
5. Estoy en casa. Son las 8:55 y tengo una clase a las 9:00.
   (Yo) _____.
6. Hace mucho sol hoy. Guillermo y Ernestito quieren tomar agua fría porque _____.
7. Cuando estoy solo/a de noche, a veces _____.
8. ¿Tienes algo para tomar? (Yo) _____.

El Día de los Muertos

¿Una fiesta que celebra la muerte[1]? ¡Así es! En México, el primero y el segundo día de noviembre son días dedicados al recuerdo de los familiares y amigos fallecidos.[2] El primero de noviembre es el Día de Todos los Santos y se dedica a los niños muertos. El 2 de noviembre es el Día de los Muertos y en ese día la gente honra a sus familiares: un tío, una esposa, una prima o un padre muerto. La tradición de honrar a los difuntos[3] es una mezcla de tradiciones católicas europeas con tradiciones de las culturas indígenas[4] de América.

Los preparativos para estos días empiezan a fines de[5] octubre y en algunas regiones las celebraciones duran hasta mediados de[6] noviembre. En los mercados se vende papel picado,[7] flores de cempasúchil,[8] calaveras y ataúdes de azúcar[9] decorados de colores vivos, juguetes[10] de papel maché en

forma de esqueletos y un pan[11] especial: el pan de muerto. En las casas y en edificios públicos se construyen ofrendas[12] que recuerdan a los amigos o familiares fallecidos.

Las ofrendas se adornan con velas, papel picado, flores y pan de muerto. Es costumbre poner objetos queridos[13] del difunto: por ejemplo, una comida o bebida favorita, o un recuerdo de sus gustos: un collar,[14] un libro, un instrumento musical y, si es posible, una foto. También es costumbre dejar un vaso de agua en el altar. ¿Sabe por qué? Porque los espíritus tienen sed después de su largo viaje al mundo de los vivos.[15] Se forma una senda[16] de pétalos de cempasúchil que guía al espíritu del muerto de la puerta hasta la ofrenda.

En muchos pueblos, por la mañana las familias van al panteón o cementerio y limpian las tumbas de sus seres queridos[17] en preparación para la celebración de esa noche. De noche encienden velas,[18] ofrecen flores y comen comidas tradicionales en honor a los difuntos. Esa misma noche por las calles del pueblo hay desfiles de gente enmascarada[19] que pasa por las calles tocando música. El Día de los Muertos les permite a los mexicanos recordar y honrar a aquellas personas que siempre viven en el corazón de sus amigos y familiares.

[1]death [2]who have died [3]people who have died [4]indigenous [5]a... at the end of [6]duran... last until the middle of [7]papel... decorative cut paper [8]flores... marigold flowers [9]calaveras... skulls and coffins made of sugar [10]toys [11]bread [12]altars, offerings [13]objetos... cherished objects [14]necklace [15]mundo... land of the living [16]path [17]seres... loved ones [18]encienden... they light candles [19]desfiles... parades of masked people

El Día de los Muertos. This holiday is celebrated throughout Mexico and is a blend of indigenous and Catholic traditions. Rather than macabre, it is both solemn and joyful and allows Mexicans to honor deceased loved ones and celebrate life. You may want to show slides or realia about this holiday. You can also construct a class *ofrenda* that uses the traditional elements: candles, marigold petals, *papel picado*, a glass of water, *pan de muertos*, and some belongings of someone who has passed away. Some of these items can be ordered from *Teacher's Discovery* on the Internet.

Shakira, volcán de sonido

La joven colombiana Shakira Mebarak es una artista famosa. Shakira es cantautora, lo cual quiere decir que compone[1] las canciones que interpreta en sus discos. Y muchas de esas canciones son hermosos poemas al ritmo de rock. Para ser tan joven, Shakira escribe como una poeta de gran experiencia. Explora temas tradicionales —el amor, las relaciones humanas— desde una perspectiva fresca y nueva. Las melodías de esta talentosa compositora[2] son contagiosas. Predomina la instrumentación eléctrica, pero también las suaves guitarras y el piano.

Shakira es bilingüe y bicultural, de madre colombiana y padre libanés.[3] Su estilo y varias de sus canciones reflejan la influencia libanesa. De hecho, en su segundo disco Shakira canta parte de «Ojos así», su canción más popular, en árabe. Shakira ganó dos Grammys por esta canción en 2000. Y después de ese gran éxito,[4] la cantautora realiza el *crossover* con un compacto espectacular, *Laundry Service* (2002), muy popular en los Estados Unidos. Al conversar, Shakira parece tímida, pero al cantar sus hermosos poemas se transforma en un volcán de sonido, en pura energía.

[1]*she composes*   [2]*composer*   [3]*Lebanese*   [4]*success*

La música andina

La música andina. Play Andean music for your students. You may want to visit Internet sites and print out visuals for the class.

Los Andes se extienden desde Venezuela en el norte de Sudamérica, hasta Chile en el sur. En esta región andina hay varias culturas indígenas, entre ellas la *chibcha* de Colombia, la *quechua* de Ecuador, Perú y Bolivia y la *aimara* de Chile. La antigua civilización de los incas incluía las culturas de los quechua y los aimara.

Estas culturas producen una música hermosa, notable por sus instrumentos de viento: *la quena* y *la zampoña*. La quena es un tipo de flauta fabricada de una caña hueca[1] o de un hueso[2] de cóndor, que produce un sonido triste y dulce.[3] La zampoña o *seku* tiene dos líneas de tubos de bambú y produce un sonido misterioso.

La música andina se toca también con otros instrumentos indígenas como *el bombo, el charango* y *las charchas* o *los cascabeles*.[4] El bombo es un tambor[5] de madera y piel[6] de animal que se toca con un palo. El charango, hecho del caparazón del armadillo,[7] es una pequeña guitarra de diez cuerdas.[8] Las charchas son instrumentos de percusión y se fabrican de las pezuñas[9] de varios animales.

La música andina contemporánea utiliza también la guitarra, el violín y las maracas. Si a usted le interesa esta música melódica, puede escuchar la de los grupos Inti-Illimani de Chile, los Kjarkas de Bolivia o Takisuyo del este de los Estados Unidos.

[1]*caña... hollow cane*   [2]*bone*   [3]*sweet*   [4]*small bells*   [5]*drum*   [6]*skin*   [7]*caparazón... armadillo shell*   [8]*strings*   [9]*hooves*

There has been a great deal of Lebanese immigration to South America, with large communities concentrated in Colombia and Mexico. The renowned Mexican actress Salma Hayek is of Lebanese descent. Her film credits include *Desperado, Once Upon a Time in Mexico*, and the much acclaimed *Frida*. Other well-known Hispanic *cantautores* are Soraya (also Colombian), Rubén Blades (Panama), and Juan Luis Guerra (Dominican Republic).

Capítulo 5

For more information on the communicative goals of **Capítulo 5** and for additional activities (AAs), please see the corresponding chapter notes in the IM.

Pre-Text Oral Activities
1. Write *¿Qué sabe usted hacer?* on the board. Underneath *sabe*, write "know how." Then list in sentence form several of your skills: *Sé hablar inglés y español; soy bilingüe. Sé cocinar. Sé*

Las clases y el trabajo

andar en motocicleta, etc. You may also include the skills of famous people: [name of actor/actress] *sabe actuar;* [name of singer] *sabe cantar muy bien;* [name of professional athlete] *sabe jugar al* [sport] *muy bien.* Do an association activity in which students volunteer their own abilities: *Sé hablar coreano.* Expand on student responses by asking questions when natural and feasible. *¿Es usted de Corea? ¿Habla coreano en casa con sus padres? ¿con sus amigos? ¿Sabe leer y escribir en coreano?* (*cont. on p. 211*)

M E T A S

In **Capítulo 5,** you will discuss classroom activities and your classmates' talents and abilities. You will also talk about careers, obligations, activities in progress, and recreational plans for the future.

La calera, por Gabriel Bracho (Venezuela)

Sobre el artista: Gabriel Bracho (1915–1995) nace en Venezuela. Estudia en Caracas y en Santiago de Chile, y tiene contacto con el movimiento muralista mexicano. Bracho hace una importante contribución a la pintura social y de protesta con sus murales americanistas. En Venezuela hay un museo que lleva su nombre; allí se exhiben sus obras y las de otros grandes pintores.

Venezuela

Época precolombina
Las costas del Caribe son pobladas por pacíficos indios arahuacos.

Rebelión de esclavos negros y mestizos ◄1795

1819
Se reúne el primer congreso.

1500　　1700　　　　　　　　　　　　　　　　1800

1498
Llega Cristóbal Colón.

1730
Rebeliones contra España; gana España

1811
Simón Bolívar proclama la independencia.

Los amigos animados: Para repasar

Antes de comenzar este capítulo, mire los segmentos animados para repasar el capítulo anterior.

A. Andrés está aburrido. Hoy es domingo y Susana Yamasaki conversa con Andrés, su hijo menor.

B. ¡Feliz cumpleaños! Hoy es el cumpleaños de Graciela y hay una fiesta en su casa. Ahora Graciela conversa con su hermano Diego.

En este capítulo...

ACTIVIDADES DE COMUNICACIÓN

- Las actividades en la clase de español
- Las habilidades
- Las carreras y las actividades del trabajo
- Las actividades futuras

EN RESUMEN

LECTURAS Y CULTURA

- **Ventanas culturales**
  La lengua: El español de hoy
- **Enlace literario**
  «Nadie entiende a los maestros», por José Emilio Pacheco
- **Ventanas culturales**
  La vida diaria: El repartidor de libros
- **Lectura**
  El lenguaje del cuerpo

GRAMÁTICA Y EJERCICIOS

- **5.1** Indicating to Whom Something Is Said: Indirect Object Pronouns with Verbs of Informing
- **5.2** Expressing Abilities: **saber** and **poder** + Infinitive
- **5.3** Referring to Actions in Progress: Present Progressive
- **5.4** Expressing Obligation and Duty: **tener que, deber, necesitar, hay que, es necesario**
- **5.5** Expressing Plans and Desires: **pensar, quisiera, me gustaría, tener ganas de**

1854
Abolición de la esclavitud

1929
Venezuela es el primer exportador de petróleo en el mundo.

1960
Se promulga una ley de reforma agraria de carácter moderado.

1998 Hugo Chávez es elegido presidente y su gobierno impulsa reformas políticas y económicas para mejorar la calidad de vida del pueblo.

1900

2000

1902–1903
Gran Bretaña, Alemania e Italia decretan un bloqueo marítimo para conseguir el pago de la deuda venezolana

1938
Plan para la construcción de hospitales y escuelas públicas

1976
Son nacionalizadas las industrias del petróleo y del hierro.

1983 Recesión económica causada por la baja de precios del petróleo

Actividades de comunicación y lecturas

Las actividades en la clase de español. Have students think of all the activities they perform in Spanish class. Rephrase some descriptions of in-class activities to include indirect object pronouns.

✳ Las actividades en la clase de español

Many of the verbs in this display have been previously introduced. However, the indirect object pronoun structure will be new to students. Mime the content of the drawings so that students are sure to whom the object pronoun refers.

Lea Gramática 5.1.

Verify class comprehension of all vocabulary in the display and the activities of this section as you proceed through these materials.

Alberto les habla a sus compañeros.

La profesora nos dice «Buenos días».

Mónica le escribe un mensaje electrónico a su amigo.

La profesora nos hace preguntas.

Le contestamos a la profesora.

Nora le lee las Ventanas culturales a Esteban.

Carmen le hace una pregunta a la profesora Martínez.

La profesora le explica la gramática a Carmen.

ACTIVIDAD 1   Conversación: ¿Con qué frecuencia?

¿Con qué frecuencia hacen ustedes las siguientes actividades en la clase de español?

MODELOS: Escribimos las palabras nuevas en el cuaderno *todos los días.*
           A veces leemos las Ventanas culturales.
           La profesora *siempre* nos hace preguntas.

▶ PALABRAS ÚTILES

nunca	a veces	con frecuencia
raras veces	muchas veces	siempre / todos los días
de vez en cuando		

1. Les hablamos a los compañeros de clase.
2. Escribimos las palabras nuevas en el cuaderno.
3. Entendemos casi todo cuando la profesora / el profesor nos habla en español.
4. Contestamos las preguntas del profesor / de la profesora.
5. Escuchamos las opiniones de los compañeros de clase.
6. Jugamos juegos de video.
7. Aprendemos palabras nuevas.
8. Le hacemos preguntas al profesor / a la profesora.
9. Hacemos la tarea en clase.
10. Dormimos una siesta.
11. Le decimos «Buenas noches» al profesor / a la profesora.
12. Terminamos la clase temprano.

Act. 1. Conversación (whole-class). Read each sentence aloud, polling students on frequency. Ask for additional statements that describe class activities. Expand on this activity, using the following verbs that describe activities in class (incorporate indirect object pronouns in your speech when possible): *comprender, creer, enseñar, entender, preguntar, opinar.*

ACTIVIDAD 2   Preferencias: La clase de español

Aquí hay varias actividades relacionadas con la clase de español. Póngalas en orden, del número 1 (¡Me gusta mucho!) al número 7 (¡No me gusta nada!). Después, compare sus respuestas con las de sus compañeros de clase.

1. En el salón de clase:
   a. _____ tomar exámenes
   b. _____ trabajar en grupos
   c. _____ escuchar al profesor / a la profesora cuando nos habla
   d. _____ hablarles a mis compañeros en español
   e. _____ ver videos
   f. _____ participar en conversaciones
   g. _____ escuchar música hispana o cantar en español

2. Fuera del salón de clase:
   a. _____ estudiar para los exámenes
   b. _____ escribir composiciones
   c. _____ hacer la tarea de gramática
   d. _____ escuchar las actividades auditivas
   e. _____ hablarles a mis amigos hispanos en español
   f. _____ hacer las actividades del CD-ROM
   g. _____ escuchar una emisora de radio hispana

Act. 2. Preferencias (individual; whole-class). Give students time to order these activities according to their preferences. (*Pongan en orden estas actividades.*) Then poll the whole class. Write all activities on the board and ask for a show of hands for all the 1s for a given activity, all the 2s, etc.
  Follow-Up: Make statements about how many people prefer certain activities: *En nuestra clase hay 23 personas que prefieren participar en conversaciones. Sólo hay dos personas que prefieren tomar exámenes.*

ACTIVIDAD 3   Descripción de dibujos: En la universidad

A. Escuche a su profesor(a) mientras él/ella describe las actividades de los estudiantes norteamericanos. Diga el número del dibujo que corresponde a cada descripción.

1.

2.

3.

4.

B. Diga qué diferencias hay entre los dibujos 1 y 2 y entre los dibujos 3 y 4.

ACTIVIDAD 4   Entrevista: La clase de español

1. ¿Te asigna mucha tarea el profesor / la profesora? ¿Lees todas las lecturas?
2. ¿Dónde escuchas las actividades auditivas: en tu coche, en casa o en el laboratorio de lenguas?
3. ¿Les explicas a tus compañeros cómo hacer la tarea? Cuando no comprendes la tarea, ¿te ayudan tus compañeros?
4. ¿A qué hora empieza esta clase? ¿Llegas tarde a clase? Cuando llegas tarde, ¿qué le dices al profesor / a la profesora?
5. ¿Te gusta cuando el profesor / la profesora te hace una pregunta? ¿Siempre le contestas en español? ¿Piensas en español cuando hablas español?
6. ¿Te gusta la clase de español? ¿Qué cosas *no* te gusta hacer en la clase?

ACTIVIDAD 5   Del mundo hispano: La Escuela de Idiomas Nerja

ESCUELA DE IDIOMAS NERJA
CURSOS DE ESPAÑOL DURANTE TODO EL AÑO
estancias de 2 a 24 semanas
clases de 4 o 6 horas diarias

Nuestros programas incluyen:
• cursos intensivos individuales o en grupo
• cursos de español comercial • cursos para profesores
• diploma de español como lengua extranjera (D.E.L.E.)

Actividades culturales y sociales
• excursiones • cocina española
• baile flamenco • charlas • fiestas
NIVELES: ELEMENTAL, INTERMEDIO I Y II,
AVANZADO I Y II, Y SUPERIOR.

**OFERTA PARA EL
NUEVO MILENIO**

• 12 semanas curso intensivo
• 12 semanas de alojamiento
• 20 horas por semana
• 1.328 €

*precios sujetos a cambio

ALOJAMIENTO:
• en residencia con baño privado y
televisor, terraza y piscina
• con familia a corta distancia de la escuela
• en un piso con otros estudiantes

**PROFESORES ESPECIALIZADOS
EN METODOLOGÍA INNOVADORA**

NUESTRA ESCUELA DISPONE DE:
• librería • biblioteca • cafetería
• centro multimedia

PIDA INFORMACIÓN DETALLADA A:

Escuela de Idiomas Nerja
C/Almirante Ferrándiz, No 73, Apartado 46
E-29780 Nerja, Málaga, España
Tfno: 34 5 252 1687 • Fax: 34 5 252 2119
correo e: idnerja@idnerja.es

*Escuela de Idiomas Nerja en la Costa del Sol, en un pueblo andaluz de
20.000 habitantes. Nerja está en la orilla del mar y está rodeado de
montañas, a cincuenta minutos del aeropuerto de Málaga. La escuela
está situada en al centro en una casa típica con jardín tropical.
Está cerca de las tiendas y las playas.*

Act. 5. **Del mundo hispano** (pair). Tell students to scan this ad from *Escuela de Idiomas Nerja*, a Spanish language school on the Costa del Sol in Spain. Ask such questions as: *¿Qué tipo de clases ofrece?*, *¿Dónde está la escuela?*, *¿Qué otras actividades ofrece?*, *¿Cómo es la residencia estudiantil?*, *¿Cuánto cuesta la oferta especial?* Divide students into pairs to answer questions. You may want to have students look for *Escuela de Idiomas Nerja* on the Internet.

Lea este anuncio de la Escuela de Idiomas Nerja y conteste las preguntas de su profesor(a). Luego, trabaje con su compañero/a para contestar las siguientes preguntas.

1. ¿Cuántas horas de clase tienen los estudiantes al día?
2. ¿Son cursos individuales o para grupos?
3. ¿De cuántas semanas es el curso intensivo? ¿Cuánto cuesta?
4. ¿Qué instalaciones hay en esta escuela? ¿Hay cafetería? ¿Qué más hay?
5. ¿Cuál es la dirección de la Escuela de Idiomas Nerja?
6. Describa la ciudad de Nerja. ¿Le gustaría estudiar allí? ¿Por qué?

VENTANAS CULTURALES La lengua

El español de hoy

VOCABULARIO ÚTIL	
lamentan	regret
extranjeras	foreign
el jonrón	home run

Hay personas en España que se preocupan por el uso de palabras inglesas en el idioma español. Muchos españoles lamentan el exceso de uso del inglés en la lengua española. «Hoy para viajar sacamos *tickets,* para divertirnos escuchamos *compacts,* cuando acampamos hacemos *camping* y las personas de negocios trabajan en el *business.*»

Entendemos esta preocupación de muchos españoles, pero el uso de palabras extranjeras ocurre con frecuencia en todos los idiomas. ¡Es un proceso natural! Es verdad que en español comemos bistec (que viene de *beef steak*) y también *sandwiches.* Llevamos suéter y *jeans.* Sufrimos estrés. Y cuando se habla de deportes, los hispanos juegan al fútbol, al voleibol, y hacen un jonrón o meten un gol. Pero el inglés también tiene muchas palabras de otras lenguas, especialmente del español. ¿Puede pensar en algunas?

Aquí tiene varias; para empezar: *vista, plaza, sierra, rodeo, patio* y *siesta.* Otras palabras de origen español, un poco modificadas, son *cigar* (cigarro) y *lasso* (lazo). El inglés usa también palabras de origen indígena que ya forman parte del español moderno: *tamale* (tamal), de la lengua náhuatl en México; *hurricane* (huracán) y *barbecue* (barbacoa), de la lengua de los indígenas del Caribe. También muchos nombres de ciudades y estados norteamericanos son españoles; por ejemplo, Colorado, California, Nevada, San Francisco, Los Ángeles y Santa Fe.

En realidad no debemos preocuparnos porque hacemos *camping,* compramos *tickets* y escuchamos *compacts:* las palabras extranjeras son parte natural de todos los idiomas.

Ventanas culturales: Ask students if they know of any words in English that are borrowed from Spanish. Give a few examples that are most likely familiar to students, such as food names: *taco, burrito, quesadilla, tapas.* List other words on the board as they respond. Then ask for city and state names in the US that are Spanish words. If students don't immediately respond, give an example such as San Diego and Montana. Have a map of the US and Mexico handy to show the location of these places. Tell students: *Muchos de estos sitios pertenecían* (on the board: belonged) *a México antes de formar parte de los Estados Unidos, por eso tienen nombres en español.*

Note that the Mexican War (1846–1848) was a territorial dispute between the US and Mexico. Under the Treaty of Guadalupe Hidalgo (1848) the US acquired a substantial amount of Mexican territory that now makes up the states of California, Nevada, Utah, most of New Mexico and Arizona, and parts of Colorado and Wyoming.

Ahora... ¡ustedes!

¿Puedes nombrar otros lugares en los Estados Unidos que tienen nombres españoles? ¿Conoces otras palabras de origen extranjero que se usan en el inglés? (Piensa en la comida.)

✳ Las habilidades

Las habilidades. The two verbs *saber* and *poder*, followed by infinitives to express "to know how to" and "to be able to," respectively, are introduced here. The expression *sabe* + infinitive was introduced as a Pre-Text Oral Activity in item 1. You may want to mime (*No*) *puedo* + infinitive by showing a physical ability, such as attempting to lift a desk or touch the ceiling and saying, (*No*) *puedo levantar el pupitre* / (*No*) *puedo tocar el techo.* Many of the words in this display and in subsequent activities will be new to students. Verify class comprehension of all vocabulary in the display and activities of this section as you proceed through these materials.

Lea Gramática 5.2.

See the IRK for additional activities: *Las habilidades.*

Estela conversa con su amiga Lola.

LOLA: Estela, ¿sabes montar a caballo?

ESTELA: Sí, y también sé jugar al polo.

LOLA: Y tus hijos, ¿saben ellos montar a caballo también?

ESTELA: No, pero saben patinar.

ESTELA: Ahora mi hijo Guillermo no puede patinar; tiene una pierna fracturada. Sólo puede leer y ver la televisión.

LOLA: ¡Pobre chico!

Act. 6. Descripción de dibujos (whole-class). Have students identify each description with the name of the person described. (Describe the drawings out of order.) **1.** (*Susana*) *Esta señora sabe hablar tres idiomas.* **2.** (*Doña María Eulalia*) *Esta señora sabe hornear muy bien.* **3.** (*Estela*) *Esta señora sabe tocar el violín.* **4.** (*Pilar*) *Esta señorita sabe dibujar.* **5.** (*Raúl*) *Este señor sabe escalar montañas.* **6.** (*Nacho*) *Este chico sabe reparar motocicletas.* **7.** (*Ricardo*) *Este chico sabe esquiar sobre el agua.* **8.** (*Adriana*) *Esta señorita sabe programar.*

ACTIVIDAD 6   Descripción de dibujos: ¿Qué saben hacer estas personas?

Escuche a su profesor(a) mientras él/ella describe los talentos de las siguientes personas. Diga quién es cada persona que describe.

ACTIVIDAD 7 Orden lógico: Ernestito quiere bañar al perro

Busque el orden correcto de estas oraciones.

_____ ERNESTITO: Mamá, tengo ocho años. ¡Sé bañar a un perro!

_____ ESTELA: Perfecto, pero también vas a…

_____ ESTELA: Bueno, hijo, después de bañarlo, vas a secarlo muy bien.

_____ ERNESTITO: Ya sé, mamá.

_____ ESTELA: Sí, hijo, pero antes de traer al perro, prepara el agua y el jabón.

_____ ERNESTITO: Mamá, mamá, ¿puedo bañar a Lobo?

_____ ERNESTITO: Ya está todo listo, mamá.

ACTIVIDAD 8 Entrevistas: ¿Qué sabes hacer? ¿Qué puedes hacer?

LAS HABILIDADES

MODELO: E1: ¿Sabes *esquiar*?

E2: Sí, sé *esquiar*. (No, no sé *esquiar*. / Sí, sé *esquiar un poco*.)

1. patinar en el hielo
2. jugar al basquetbol
3. nadar
4. diseñar sitios Web
5. reparar carros
6. montar en motocicleta
7. bucear
8. hablar otro idioma (¿cuál?)
9. tocar algún instrumento musical
10. pintar
11. andar en patineta
12. bailar música salsa

EN TU CASA O EN LA RESIDENCIA ESTUDIANTIL

MODELO: E1: ¿Puedes *hacer la tarea en casa* (*en la residencia estudiantil*)?

E2: No, no puedo *hacer la tarea en casa porque hay muchas distracciones*.

1. cenar a la hora que quieras
2. tener animales domésticos donde vives
3. ver la televisión a cualquier hora
4. dormir hasta las 10:00 de la mañana
5. escuchar música y hacer la tarea a la vez

ENLACE LITERARIO

«Nadie entiende a los maestros»,

por José Emilio Pacheco

Selección de su novela *El principio del placer* (1994)

José Emilio Pacheco (1939), famoso por su poesía y sus artículos periodísticos, escribe sobre la cultura mexicana. Es ganador del Premio Octavio Paz y el Premio Pablo Neruda. Entre sus publicaciones hay varios libros de poesía, cuentos y tres novelas; entre ellas, *El principio del placer* (1994). En *El principio del placer,* un joven mexicano cuenta su historia en forma de diario. Este joven se llama Jorge y comienza su historia describiendo sus clases. **Enlace literario:** Ask students if they have read any of the writers mentioned. Feel free to include past-tense forms, as long as the context is clear and you provide sufficient input. Suggested questions: *¿Quién en la clase conoce los libros de Julio Verne? ¿Le gustan?*

Nadie entiende a los maestros

En dictados y composiciones nadie me gana; cometo errores pero tengo mejor ortografía y puntuación que los demás.[1] También soy bueno para historia, inglés y civismo.[2] En cambio, resulto bestia[3] en física, química, matemáticas y dibujo. No hay otro en mi salón que haya leído[4] casi completo *El tesoro de la juventud,*[5] así como todo Emilio Salgari y muchas novelas de Alejandro Dumas y Julio Verne.[6] Me encantan los libros pero el profesor de gimnasia nos dijo[7] que leer mucho debilita la voluntad.[8] Nadie entiende a los maestros, uno dice algo y el otro lo contrario.

Actividad creativa: Clases y profesores

¿Son interesantes? ¿Son historias de aventura? ¿Alguien leyó La vuelta al mundo en ochenta días *(Around the World in Eighty Days)? ¿Alguien vio la película?* Go over the **Actividad creativa.**

En esta selección, un joven mexicano menciona las clases para las que es bueno y las clases en las que es «bestia». Imagínese que usted también escribe un diario. Mencione en una página de su diario las clases que le gustan y las que no le gustan. ¿Cuál es su favorita? ¿Por qué? ¡Describa también a sus profesores! Ask: *¿Qué actividades de nuestra clase les gustan más? ¿Por qué?* You may also want to engage students in a whole-class discussion about teachers: *El autor dice que nadie entiende*

[1]*los... the other* (*students*)   [2]*civics*   [3]muy malo (*lit., a beast*)   [4]*que... who has read*   [5]*El tesoro de la juventud* (*The Treasure of Youth*) es una enciclopedia de gran prestigio en el mundo hispano que contiene información para los jóvenes. [6]Emilio Salgari (1863–1911), autor italiano de muchas novelas de aventuras, como *Sandokán, el rey del mar* (1906). Alejandro Dumas (1824–1895), escritor francés de novelas y dramas, como *La dama de las camelias* (1848). Julio Verne (1828–1905), escritor francés de ciencia ficción, como *La vuelta al mundo en ochenta días* (1873).   [7]*nos... told us* [8]debilita... *weakens the will*   *a los maestros. ¿Por qué dice esto? ¿Piensa usted que es verdad? ¿Nadie entiende a los profesores? ¡Den algunos ejemplos!*

Las carreras y las actividades del trabajo. The expressions of obligation, *tiene que* + infinitive, *debe* + infinitive, and *necesita* + infinitive have been introduced in Pre-Text Oral Activity 2. However, most of the vocabulary of careers and professions in this display and in subsequent activities will be new to students. Verify class comprehension of all vocabulary in the display and the activities of this section as you proceed through these materials.

✳ Las carreras y las actividades del trabajo

Select appropriate photos from your PF to introduce the most common careers. Use photos first to reenter vocabulary from previous chapters, especially words to describe people. For example, a picture of a doctor might suggest the following questions: *¿Qué ven en la foto? (hombre) Sí, es un hombre. ¿Cuántos años tiene este señor? (cuarenta y cinco) ¿Creen todos que este señor tiene cuarenta y cinco años? Descríbanlo. ¿Cómo es? ¿Es gordo? (no) ¿Cómo es? (...) ¿Qué ropa lleva? Describan su ropa. ¿Cuál es su profesión?* Then introduce the word *médico.* Here are some suggestions: *doctor(a), escritor(a), cantante, carpintero, veterinario/a, abogado/a,*

Lea Gramática 5.3–5.4.

El ama de casa está planchando.

La cajera está contando el dinero.

El trabajador social está escribiendo un informe.

El peluquero está cortando el pelo.

piloto, chofer, cajero/a, mesero/a, peluquero/a, dentista, juez, cocinero/a, obrero/a, mecánico, arquitecto/a, ingeniero/a, maestro/a, ama de casa. To introduce job-related activities, as well as present progressive forms, use your PF to ask, for example, *¿Qué está haciendo esta señora?*

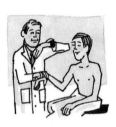

El médico está examinando al enfermo.

El dependiente debe arreglar la ropa.

El cocinero está preparando la comida y el mesero les está sirviendo a los clientes.

Los bomberos tienen que apagar el incendio.

El plomero necesita reparar la tubería.

El empleado debe entrar al trabajo a las 9:00.

La mecánico tiene que reparar el automóvil en el taller.

La abogada defiende a los acusados y la juez decide casos criminales.

La enfermera debe cuidar a los enfermos.

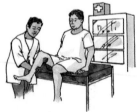

El terapeuta está trabajando con un paciente.

Los obreros están trabajando en la fábrica.

Note: If your PF does not contain images of all these professions, try substituting a symbol for the profession: teeth = dentist, plane = pilot, etc. You will probably want to point out that females are newcomers to many professions in Hispanic cultures; consequently native speakers disagree about the use of some feminine forms.

ACTIVIDAD 9 Asociaciones: ¿Dónde trabaja?

Act. 9. Asociaciones (whole-class; pair). Ask for whole-class input to do this matching activity or let students work in pairs first, then check answers with the whole class.

Follow-Up: Write names of students on the board, then ask where they work. They will probably answer with specific names of companies, but you can convert these to appropriate generics, e.g., *en un supermercado.*

MODELO: Un mecánico trabaja en un taller de reparaciones.

1. ____f____ un(a) electricista
2. ____d____ un mesero / una mesera
3. ____j____ un peluquero / una peluquera
4. ____b____ un médico / una doctora
5. ____k____ un(a) piloto
6. ____h____ un cajero / una cajera
7. ____n____ un secretario ejecutivo / una secretaria ejecutiva

a. en un cuarto con muchas computadoras
b. en su consultorio y en un hospital
c. en un autobús
d. en un restaurante
e. en la cocina de un restaurante
f. en la calle o en una casa, con cables eléctricos

(Continúa)

8. ___i___ un dependiente / una dependienta
9. ___o___ un(a) cantante
10. ___l___ un profesor / una profesora
11. ___g___ un obrero industrial / una obrera industrial
12. ___m___ un(a) mecánico
13. ___e___ un cocinero / una cocinera
14. ___c___ un(a) chofer
15. ___a___ un programador / una programadora

g. en una fábrica
h. en un banco
i. en una tienda
j. en una peluquería
k. en un avión
l. en una universidad
m. en un taller de reparaciones
n. en una oficina
o. en un club nocturno

ACTIVIDAD 10   Identificaciones: Encuentre las diferencias

Mire los dibujos y encuentre las diferencias entre el dibujo de la derecha y el de la izquierda. ¿Qué están haciendo estas personas?

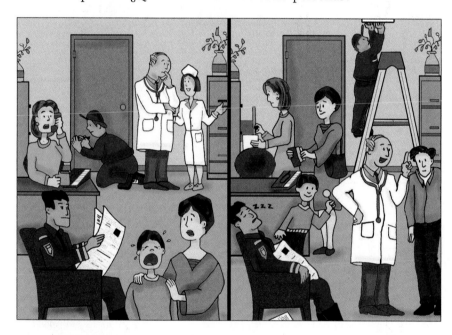

Act. 10. Identificaciones (whole-class; pair). Explain that the object of this activity is to find all the differences between the 2 scenes. Work with the whole class to find several differences, both in the background and in what the people are doing. You may want to put a list of new vocabulary on the board: *archivar, la escalera, llorar, pagar, la paletita.* Make sure that students understand that they need to use the present progressive when speaking about what the people are doing. Then divide students into pairs to continue the activity.

ACTIVIDAD 11   Encuesta: Su opinión, por favor

Lea esta lista de profesiones y oficios y marque el más interesante (=1), el más aburrido (=2), el más peligroso (=3), el más necesario (=4) y el más prestigioso (=5).

_____ agente de seguros	_____ hombre/mujer de negocios
_____ ama de casa	_____ plomero/a
_____ asistente de médico	_____ programador(a)
_____ (mujer) policía	_____ secretario ejecutivo /
_____ contador(a)	secretaria ejecutiva
_____ (mujer) bombero	_____ abogado/a
_____ electricista	_____ trabajador(a) social
_____ gerente	_____ terapeuta

Ahora, compare su opinión con las de sus compañeros y diga por qué usted piensa así.

Act. 11. Encuesta (individual; whole-class). Have students fill out the survey: *Marque su opinión.* On the board write: *El más interesante, el más aburrido, el más peligroso, el más necesario, el más prestigioso.* Ask the class: *¿Cuántos de ustedes creen que el agente de seguros es el más interesante?* Tally votes by writing each profession under the descriptions and write the number of votes each receives. Proceed until all professions are surveyed.
Follow-Up: Summarize the class survey by making statements like: *En nuestra clase parece que los trabajos más prestigiosos son el de programador y el de abogado. Los más necesarios son el de policía y el de bombero. Los más...*

Act. 12. Narración (whole-class; pair). Suggestions: *La profesora Martínez:* **1.** *Tiene que ayudar a un estudiante.* **2.** *Debe asistir a una reunión.* **3.** *Necesita escribir un examen.* **4.** *Tiene que calificar las tareas.* **Luis:** **1.** *Tiene que servir la comida.* **2.** *Necesita hablar con los clientes.* **3.** *Debe recoger los platos y llevarlos a la cocina.* **4.** *Tiene que limpiar la mesa.* **Carmen:** **1.** *Tiene que pasear el perro.* **2.** *Necesita bañar el perro.* **3.** *Debe limpiar la jaula.* **4.** *Tiene que jugar con el gato.*

ACTIVIDAD 12 Narración: ¡Cuántas obligaciones!

Éstas son las actividades del trabajo de la profesora Martínez y de Luis y Carmen. ¿Qué tienen que hacer?

▶ **PALABRAS ÚTILES**

Tiene que	Necesita	Debe

ACTIVIDAD 13   Del mundo hispano: ¿Busca empleo?

Conteste las preguntas según la información en estos avisos clasificados.

Act. 13. Del mundo hispano (whole-class; pair). First have students scan this classified ad (*aviso clasificado*) and help them with unfamiliar vocabulary. Ask very easy questions: ¿Es de jornada

SE NECESITA cocinero/a con experiencia en comida mexicana. Venga personalmente a la Calle Obregón 838.

BAR «Noche de Ronda» necesita meseras/os para atender mesas. Sueldo y comisión. Si le interesa, favor de llamar al 56-45-67-94.

SECRETARIA/O con tres años de experiencia. Algo de inglés y que escriba a máquina mínimo 50 ppm, para trabajo estable de oficina cerca del centro. Llame sólo de 5 a 7 P.M. 55-58-03-49.

DEPENDIENTEIA h/m para trabajo de media jornada. Llame al 55-49-05-34.

CHOFER h/m. Con experiencia. Debe hablar inglés. Compañía «Transportes El Blanco» en Coyoacán. 67-45-93.

TERAPEUTA h/m con experiencia. Para trabajo en clínica. Llame de 9 a 11 A.M. al Dr. Tamayo al 56-89-30-78.

ATENCIÓN: Compañía Hnos. Menéndez necesita varias personas bilingües para sus oficinas en Laredo y Ciudad Juárez. Llame al 56-94-93 o al 93-57-00 desde las 10 hasta las 14.

TALLER DE REPARACIONES busca mecánico con experiencia. Cinco días por semana. Buen sueldo. 56-44-91-83

1. ¿Qué tienen que hacer las personas que trabajan en el bar Noche de Ronda?
2. ¿Qué aptitudes necesita tener el/la chofer?
3. Si usted quiere el trabajo de secretario/a, ¿qué experiencia necesita tener?
4. Si usted quiere trabajar de tres a cuatro horas al día, ¿a qué número debe llamar?

completa el empleo de dependiente/a? ¿Qué tiene que cocinar el cocinero? ¿Qué lengua tiene que hablar el chofer?, etc. Then have students answer questions in pairs. Explain meaning of *h/m: hombre o mujer* and *p.p.m.: palabras por minuto.* Write *tener que = obligación* (to have to) on the board.

5. ¿Qué tiene que saber hacer el cocinero / la cocinera?
6. ¿Es necesario ser hombre para obtener el trabajo de terapeuta?
7. ¿Qué compañía necesita personas que hablen inglés y español?
8. Si usted sabe reparar coches, ¿a qué número tiene que llamar?

ACTIVIDAD 14   Entrevistas: El trabajo

1. ¿Tienes trabajo de jornada completa o de media jornada ahora? ¿Es bueno el sueldo?
2. ¿Dónde trabajas? ¿Vives cerca o lejos de tu trabajo?
3. ¿A qué hora entras y a qué hora sales? ¿Te gustan tus horas de trabajo?
4. ¿Qué tienes que hacer? ¿Hay actividades diferentes o siempre la misma cosa? De todas las actividades de tu trabajo, ¿cuál te gusta más? ¿Por qué?
5. ¿Cuáles son los aspectos más desagradables de tu trabajo? ¿Por qué son desagradables?

Act. 14. Entrevistas (whole-class; pair). Read questions aloud to the class. Model possible answers using your own personal information. (If students do not have jobs, have them answer questions based on their ideal job. You may want to write a list of possible job activities on the board from which students can choose: *archivar, barrer el piso, contestar el teléfono, escribir en la computadora, preparar la comida, atender a los clientes, cuidar niños, vender ropa, servir comida, lavar platos,* or others that students suggest. Then pair students for the interview.

Use this table as a springboard for discussions about the omnipresence of computers in the workplace and in the home. You may want to write these questions on the board as an interview for the students or use them to start the discussion. **1.** *¿Te gusta pasar mucho tiempo en Internet?* **2.** *¿Usas módem o tienes conexión conmutada?* **3.** *¿Tienes tu propia página Web? ¿Qué pones allí?* **4.** *¿Usas mucho la computadora en tu trabajo?* **5.** *¿Qué buscador prefieres utilizar?* **6.** *¿Crees que las computadoras hacen nuestra vida más fácil?*

Diccionario cibernético

at (@)	la arroba
click	hacer *clic*, pulsar
dot (.)	el punto
download	bajar
electronic mail	el correo electrónico
e-mail	el *e-mail*, el *mail*, el mensaje electrónico
Internet	el Internet
link	el enlace
modem	el *módem*
mouse pad	el *mouse pad*
mouse	el ratón, la rata
search engine	el buscador
slash (/)	raya
Web page	la página Web
World Wide Web	la red mundial

VENTANAS CULTURALES — La vida diaria

El repartidor de libros

VOCABULARIO ÚTIL

el corazón	heart
repartir	deliver, distribute
el triciclo	tricycle
la caja	box
prestados	on loan

En el mundo hispano hay profesionales de todo tipo: artistas, maestros, escritores, arquitectos, ingenieros, científicos; por ejemplo, el científico mexicano Moisés Calderón, inventor del corazón artificial «Mexicor». También hay escritores de fama internacional, muchos ganadores del Premio Nobel, como el poeta chileno Pablo Neruda y el novelista colombiano Gabriel García Márquez.

Pero también hay muchos otros trabajadores que hacen una labor interesante y valiosa. En Chile, por ejemplo, hay un hombre que tiene un empleo muy especial. Su nombre es Álvaro del Canto y su trabajo es repartir libros. Álvaro hace este trabajo con un triciclo y una enorme caja. Esa caja contiene 200 obras literarias que Álvaro lleva a los residentes de Las Compañías, un barrio al norte de Santiago, la capital chilena. En este barrio hay 40.000 residentes. Álvaro trata de llegar especialmente a las personas pobres, quienes reciben los libros prestados durante una semana.

Gracias a Álvaro del Canto, mucha gente en Las Compañías está descubriendo el placer de la lectura y está aprendiendo con los libros. ¡Qué importante es el trabajo de Álvaro!

Ventanas culturales: For the conversation activity, students work in pairs to select 5 books they would include in the tricycle box. As a follow-up, engage students in a whole-class discussion, adding your own book selections as well. Then have students mention one person with whom they would like to share a book: *¿Con quién les gustaría compartir un libro? Piensen en una persona. ¿Creen que el libro le va a gustar a esa persona? ¿Por qué?*

Ahora... ¡ustedes!

Tienes la oportunidad de poner cinco libros en la caja de Álvaro del Canto. ¿Qué obras literarias vas a enviar al barrio de Las Compañías? ¿Por qué?

Las actividades futuras. The expressions of future plans and *quisiera* + infinitive and *me/le/nos gustaría* + infinitive were introduced in Pre-Text Oral Activity 3. Use these patterns to talk about weekend activities. Use an association activity to provide input with *pienso/piensa* + infinitive as the equivalent of "planning/thinking about doing something." Have each student think of an activity that he/she is planning on doing this weekend. Also use an association activity to provide input with *tengo/tiene ganas de* + infinitive for students to talk about what they feel like doing at the moment. Vocabulary in this display and in subsequent activities may be new to students. Verify class comprehension of all vocabulary in the display and the activities of this section as you proceed through these materials.

See the IRK for additional activities: *Las actividades futuras.*

✳ Las actividades futuras

Lea Gramática 5.5.

Éstos son los planes y los deseos de Pilar Álvarez, José Estrada y Clara Martín.

Estudio informática porque quisiera ganar mucho dinero.

Después de graduarse, José va a ir de vacaciones a Guatemala.

el viernes por la noche

Nos gustaría ir a bailar este viernes por la noche.

el viernes

Clara piensa quedarse en casa el viernes por la noche. Tiene ganas de descansar.

ACTIVIDAD 15 Narración: El fin de semana de Esteban

Narre los planes de Esteban para el fin de semana.

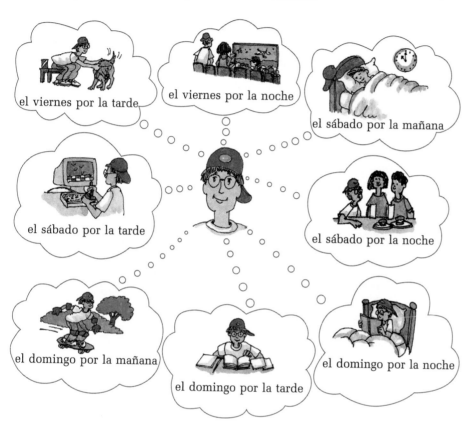

el viernes por la tarde

el viernes por la noche

el sábado por la mañana

el sábado por la tarde

el sábado por la noche

el domingo por la mañana

el domingo por la tarde

el domingo por la noche

ACTIVIDAD 16 Preferencias: Los planes

Diga sí o no.

1. El sábado por la noche pienso...
  a. salir con los amigos.
  b. ir al cine.
  c. quedarme en casa.
  d. ¿ ?
2. Este fin de semana voy a...
  a. levantarme temprano.
  b. dormir todo el día.
  c. limpiar la casa.
  d. ¿ ?
3. Este fin de semana tengo ganas de...
  a. salir a bailar.
  b. andar en patineta.
  c. merendar con la familia.
  d. ¿ ?

4. Durante las vacaciones mis amigos y yo quisiéramos...
  a. estudiar.
  b. divertirnos mucho.
  c. acampar en las montañas.
  d. ¿ ?
5. El próximo verano a mi mejor amigo/a le gustaría...
  a. diseñar una página Web.
  b. viajar.
  c. asistir a la universidad.
  d. ¿ ?

▶ **Y TÚ, ¿QUÉ DICES?**

¿Dónde?/¿Adónde?
¿Con quién(es)?
¡Qué divertido!
Yo también.
¿Por qué?
¿Otra vez?

MODELO: E1: El próximo verano a mi mejor amigo/a le gustaría viajar.
E2: ¿Adónde? (¿A qué país?)

¡OJO!

Con frecuencia, los hispanos incluyen a toda la familia en sus planes. Por lo general, los domingos se reúnen padres, abuelos, hijos y nietos para comer juntos.

Act 17. Encuesta (individual; whole-class). Review *quisiera* + infinitive as a synonym of *me gustaría* + infinitive. Allow students to create as many sentences as possible. Ask for volunteers to share their sentences with the whole class. Write these on the board and comment or expand as is natural.

Follow-Up: Convert this activity into an interview. Show students how to ask questions using the information: *¿Qué vas a hacer mañana antes de ir a clases?* or *¿Qué te gustaría hacer hoy, después de hacer la tarea?*, etc. Then pair students and have them ask 3–5 questions of each other. Tell them that you will ask them to report back to the class the information they have gathered.

REFRÁN

No dejes para mañana lo que puedes hacer hoy.

(*Don't leave for tomorrow what you can do today.*)

ACTIVIDAD 17   Encuesta: ¿Cuáles son sus planes?

1. Mañana, antes de venir a clases,...
2. Hoy, después de clases,...
3. Esta noche, antes de acostarme,...
4. Antes de salir para el trabajo,...
5. Este fin de semana,...
6. Durante las vacaciones de invierno (verano, primavera),...
7. Después de graduarme,...

a. voy a _____.
b. pienso _____.
c. quisiera _____.
d. me gustaría _____.
e. tengo ganas de _____.

Estudiantes de Derecho en la Universidad de La Habana, Cuba

En resumen

De todo un poco. A. Read the 4 descriptions aloud, stopping to clarify or explain vocabulary. Students should follow along silently. Then divide students into groups of 3 and ask them to select a profession (*Escojan una carrera*) for each person.

Follow-Up: The same group now writes similar descriptions for 1 or 2 classmates and picks a profession for them.

Expansion: These descriptions may be read aloud, omitting the name of the classmate so that the whole class can guess who it is.

De todo un poco

A. ¿Qué oficio o carrera deben escoger?

Trabajen en grupos de tres para adivinar qué carreras son más apropiadas para las siguientes personas.

1. Juan Limón: Es una persona activa; nunca descansa. Nunca tiene miedo y le gustaría ser héroe. Sabe manejar muy bien.
2. Guadalupe Morales: Siempre contesta todas las preguntas que le hace la profesora de biología. Sabe mucho del cuerpo humano. No necesita dormir muchas horas. Le gusta ayudar a la gente enferma.
3. Ángela López: Les hace muchas preguntas a los profesores. No es tímida. Nunca está nerviosa cuando habla en público. Cree que la justicia es muy importante y le gustaría defender a las personas inocentes.
4. Lilián Torreón: Piensa trabajar en un hospital o en una clínica. Sabe bastante sobre el cuerpo humano y sabe usar las manos para tratar a los deportistas que tienen accidentes.

B. Un juego

Trate de adivinar la profesión de estas seis personas: los Hurtado (Jaime y Ana), los Pérez (Hugo y Cecilia) y los Salinas (Alejandro y Olivia). Las posibilidades son **doctor(a), dentista, ingeniero/a, maestro/a, secretario/a** y **abogado/a.** Use la siguiente información para encontrar la solución.

1. Ana trabaja en un hospital, pero no es doctora.
2. El esposo de la abogada es ingeniero.
3. La secretaria está casada con un doctor.
4. El esposo de la dentista trabaja en una escuela.
5. Jaime trabaja con enfermeras.
6. Alejandro enseña matemáticas.

¡Dígalo por escrito!

Descripciones de dos amigos

Escriba descripciones completas de dos amigos o miembros de su familia. Después de dar el nombre y el apellido de cada persona, dé una breve descripción física. Luego hable de los planes y deseos para el futuro que tienen estas personas. Hable también de sus habilidades y de su personalidad. Para estas últimas partes, use las descripciones de la actividad anterior (**De todo un poco A**) como modelos.

¡Cuéntenos usted!

Cuéntenos sobre su trabajo ideal. ¿Dónde trabaja usted? ¿Cuál es su sueldo? ¿Cuáles son sus horas de trabajo? ¿Qué hace usted?

LECTURA   El lenguaje del cuerpo

Cuando hablamos necesitamos las palabras, ¿no es cierto? Pero las palabras no son siempre necesarias para la comunicación: el lenguaje por señas utiliza exclusivamente las manos y los dedos. Todos combinamos las palabras con gestos, expresiones de la cara y un lenguaje corporal que nos ayuda a expresar nuestras ideas y nuestras emociones. En la cultura hispana, las manos generalmente «hablan» mucho; las personas gesticulan con las manos para poner énfasis y avivar la comunicación.

Hay gestos universales; otros varían de cultura a cultura. En algunos casos, un gesto que se usa en un país puede crear problemas en otro, porque significa algo diferente. Piense, por ejemplo, en la seña tan popular en los Estados Unidos para decir «OK»: el pulgar y el índice unidos en forma de círculo. Este gesto expresa optimismo, pero no en todos los países. En España y Francia significa «cero» y en Japón es «dinero». Otro ejemplo interesante es la sonrisa, que para muchos de nosotros quiere decir alegría y felicidad. Pues en algunos países de África, la sonrisa puede ser interpretada como preocupación. ¡Qué diferencia!

PISTAS PARA LEER

Focus on the main idea in each paragraph. The following questions can guide you. Paragraph 1: Do we use only words when we communicate? P2: Are most gestures universal? P3: What cultural difference is mentioned? P4: How do gestures help us succeed in speaking a foreign language?

VOCABULARIO ÚTIL

el lenguaje	*sign*
por señas	*language*
gesticulan	*(they)*
	gesture
avivar	*liven up*
el pulgar	*thumb*
el índice	*index finger*
la sonrisa	*smile*
anglosajona	*Anglo-Saxon*

Hay varias diferencias entre la cultura hispana y la cultura anglosajona de los Estados Unidos. La distancia entre dos personas que se saludan, por ejemplo: un norteamericano extiende todo el brazo para darle la mano a su amigo y mantener así una distancia física apropiada. Dos amigos hispanos, sin embargo, extienden menos el brazo y a veces hasta se abrazan. En general, el contacto físico no es tan necesario para el norteamericano.

Es importante aprender las palabras para comunicarnos, pero si aprendemos también el lenguaje del cuerpo, nuestra comunicación se hace más rica y expresiva. ¿Cuáles son algunos de los gestos que caracterizan a las personas de Estados Unidos o a las de su país de origen? ¿Qué significan? Aquí tiene algunos de los gestos que caracterizan a los hispanos. Éstos son los más usados en España y en América Latina. ¡Aprenda el lenguaje del cuerpo!

1. No.

2. Quiero comer.

3. ¡Excelente!

4. furioso/a (enojado/a)

5. tacaño/a

6. muy amigos

7. Un momentito...

8. dinero (cuesta mucho)

9. ¡Ojo! ¡Tenga cuidado!

Anglo-American culture hugs are common among friends, kissing is not customary.

Pre-Reading. Act out some of the 9 illustrated *gestos* for the students and ask if they know what they mean. Ask if those gestures mean the same in the United States. If not, have students give the equivalent in US culture or in their culture of origin. Now share an experience you've had with body language in another country, perhaps a confusion or misinterpretation.

Post-Reading. Have students make the appropriate gesture when you give the cue phrase (or vice versa). Follow up with **Comprensión** in pairs. (See additional personalized questions in the IM.) For the **UPM** activity, students will write a dialogue in pairs to be presented to the class. Emphasize the dramatic component of the gestures. Then provide a dramatized monologue enacting some *gestos*. Suggested model for 5: *Mi papá es muy tacaño. Yo quiero un helado y él dice que cuesta mucho. ¡Estoy enojado!*

Comprensión

Mire los dibujos y después indique qué gesto se puede usar en las siguientes situaciones.

1. Un chico tiene mucha hambre. 2
2. El profesor está muy contento con la clase. 3
3. El/La recepcionista de una oficina le dice que usted tiene que esperar. 7
4. Una muchacha ve a su novio con otra chica. 4
5. El hombre no quiere comprarle un helado a su hijo. 5

Un paso más... ¡a escribir!

Escoja una de las situaciones de la actividad de **Comprensión** y escriba un diálogo corto entre las dos personas, haciendo referencia a los gestos que hacen cuando hablan. Aquí tiene un ejemplo para la primera situación.

MODELO: HIJO: Papá, tengo mucha hambre.
(El hijo pone la mano cerca de la boca y mueve la mano.)
PAPÁ: Bueno, estoy preparando sándwiches. Un momentito.
(El papá hace un gesto con los dedos.)
HIJO: ¿Sándwiches? ¡Súper! ¡Excelente!
(El hijo se besa los dedos y luego los extiende.)

Vocabulario

- ## Las actividades en la clase de español
Activities in Spanish Class

aprender	to learn
comprender	to comprehend
decir (i) digo/dice	to say
empezar (ie)	to begin
enseñar	to teach
entender (ie)	to understand
explicar	to explain
pensar (ie)	to think
pensar en	to think about
terminar	to finish

REPASO: hacer preguntas, tomar apuntes

- ## Las habilidades
Abilities

poder (ue)	to be able to
saber (+ infin.)	to know how to (do something)

- ## Las profesiones y el empleo
Professions and Employment

el abogado / la abogada	lawyer
el/la agente de seguros	insurance agent
el bombero / la mujer bombera	firefighter
el cajero / la cajera	cashier
el/la cantante	singer
el/la chofer	driver
el cocinero / la cocinera	cook
el contador / la contadora	accountant
el dependiente / la dependienta	clerk, salesperson
el/la deportista	athlete
el/la electricista	electrician
el enfermero / la enfermera	nurse
el/la gerente	manager
el ingeniero / la ingeniera	engineer
el/la juez	judge
el maestro / la maestra	teacher
el médico	doctor
el mesero / la mesera	waiter / waitress
el obrero / la obrera (industrial)	(industrial) worker

el peluquero / la peluquera	hairdresser
el plomero / la plomera	plumber
el policía / la mujer policía	policeman / policewoman
el/la terapeuta	therapist
el trabajador / la trabajadora social	social worker

PALABRAS SEMEJANTES: el/la asistente, el/la dentista, el/la mecánico, el/la piloto, el programador / la programadora, el secretario (ejecutivo) / la secretaria (ejecutiva)
REPASO: el ama de casa, el doctor / la doctora

- ## Los lugares del trabajo
Workplaces

el avión	plane
el club nocturno	nightclub
la cocina	kitchen
el consultorio	doctor's office
el empleo	job
la fábrica	factory
la peluquería	beauty parlor
el taller de reparación	garage; repair shop

PALABRAS SEMEJANTES: el banco, la clínica, la compañía

- ## Las actividades del trabajo
Work Activities

actuar	to act
apagar (incendios)	to turn off (to put out fires)
arreglar	to fix
atender (ie) mesas	to wait on tables
ayudar	to help
calificar	to grade
contar (el dinero)	to count (money)
cortar (el pelo)	to cut (hair)
cuidar (de)	to take care of
entrar al trabajo	to start work
escribir a máquina	to type
ganar dinero	to earn money
pintar	to paint
servir (i) sirvo/sirve	to serve
tratar	to treat
vender	to sell

PALABRAS SEMEJANTES: archivar, asignar, defender, examinar, programar

• Los verbos — Verbs

adivinar	to guess
bucear	to skin dive or scuba dive
buscar	to look for
cantar	to sing
creer	to believe
dibujar	to draw
divertirse (ie)	to have fun
escalar montañas	to go mountain climbing
hornear	to bake
ir de vacaciones	to go on vacation
llorar	to cry
necesitar	to need
obtener	to obtain
pagar	to pay
tratar de (+ *infin.*)	to try to (*do something*)
tocar (el violín)	to play (violin)

PALABRAS SEMEJANTES: **graduarse, marcar, participar**

• Los sustantivos — Nouns

el anuncio	announcement, ad
el aviso clasificado	classified ad
la carrera	course of study
el curso	course
el cliente / la cliente	customer
el empleado / la empleada	employee
el informe	report
la jaula	cage
la jornada completa	full time (work)
los juegos de video	video games
la media jornada	part-time (work)
el oficio	job, position
la residencia estudiantil	college dormitory
el sueldo	salary
la tubería	plumbing; pipes

PALABRAS SEMEJANTES: **el accidente, el acusado / la acusada, el animal doméstico, la aptitud, el caso criminal, la comisión, la distracción, la experiencia, el héroe, la instalación, la justicia, el/la paciente, la posibilidad, el público, la solución, el talento**

• Los adjetivos — Adjectives

desagradable	unpleasant
listo/a	ready
el mismo / la misma	the same
peligroso/a	dangerous
pobre	poor

PALABRAS SEMEJANTES: **activo/a, bilingüe, fracturado/a, individual, inocente, intensivo/a, necesario/a, prestigioso/a, relacionado/a**

• ¿Con qué frecuencia? — How Often?

a cualquier hora	at any time
a la vez	at the same time
al día	per day
muchas veces	many times
otra vez	again
raras veces	rarely

REPASO: **a veces, de vez en cuando, nunca, siempre, todos los días**

• Las obligaciones — Obligations

deber (+ *infin.*)	ought to, should (*do something*)
Es necesario (+ *infin.*)	It's necessary to (+ *verb*)
hay que (+ *infin.*)	one has to (*do something*)
necesitar (+ *infin.*)	need to (+ *verb*)
tener que (+ *infin.*)	to have to (*do something*)

• El futuro — The Future

me (te, le, nos, os, les) gustaría (+ *infin.*)	I (you [*inf. sing.*], you [*pol. sing.*] /he/she, we, you [*inf. pl., Spain*], you [*pl.*] /they) would like to (*do something*)
pensar (ie) (+ *infin.*)	to plan to (*do something*)
quisiera (+ *infin.*)	I (you [*pol. sing.*], he/she would like to (*do something*)
tener ganas de (+ *infin.*)	to feel like (*doing something*)

REPASO: **ir a** (+ *infin.*), **preferir (ir)** (+ *infin.*), **querer (ie)** (+ *infin.*)

• Palabras y frases del texto — Words and Phrases from the Text

las actividades auditivas	listening activities
la encuesta	poll

• Palabras y frases útiles — Useful Words and Phrases

así	this way
bastante	enough
bastante (+ *adj.*)	quite (+ *adj.*)
favor de (+ *infin.*)	please (+ *action*)
Venga(n)	Come (*command*)

Gramática y ejercicios

5.1   Indicating to Whom Something Is Said: Indirect Object Pronouns with Verbs of Informing

GRAMÁTICA ILUSTRADA

¿RECUERDA?

In **Gramática 1.5** you learned to use indirect object pronouns with the verb **gustar** to say to whom something is pleasing. Review that construction now, if necessary.

5.1. This section points out indirect object pronouns you have probably been using in your input for some time. It is not necessary to spend time at this point on production of indirect object pronouns. Research has shown that students begin their acquisition of indirect object pronouns along with verbs of reporting like *decir* and *preguntar*. This is probably because instructors frequently use expressions like *dígale* and *pregúntele*. We mention repetition of the pronoun for an expressed object (*le dice a la profesora*), but we do not expect students to master this very difficult concept now. Indirect object pronouns will be reentered in **Gramática 7.4, 10.5, 12.3, 12.4, 13.4,** and **13.5.**

A. Indirect object pronouns (**los pronombres de complemento indirecto**) are used with verbs of informing, which tell to whom something is said, told, explained, reported, asked, answered, and so on.*

Indirect object pronouns:
me, te, le, nos, os, les

me	*to me*	nos	*to us*
te	*to you (inf. sing.)*	os	*to you (inf. pl., Spain)*
le	*to you (pol. sing.); to him/her*	les	*to you (pl.); to them*

It takes a good deal of time to acquire these forms. Begin by understanding them.

—¿Qué **les explica** la profesora Martínez?

—**Nos explica** el significado de las palabras nuevas.

—*What does Professor Martínez explain to you?*

—*She explains the meaning of new words to us.*

---

*Recognition: The indirect object pronoun for **vos** is **te.**

Amanda ya no **me habla.**

Amanda doesn't speak to me anymore.

¡Pobre Ernestito! Su mamá siempre **le dice** que no.

Poor Ernestito! His mother always says no to him.

B. Just like reflexive pronouns, indirect object pronouns are placed before the main verb or attached to infinitives (the **-ar, -er,** or **-ir** form of the verb) and present participles (the **-ndo** form of the verb).

> Indirect object pronouns are placed before the verb or attached to the infinitive.
> **Mi novia ya no me habla.** (*My girlfriend doesn't talk to me anymore.*)
> **Mi novia ya no quiere hablarme.** (*My girlfriend doesn't want to talk to me anymore.*)

—¿Qué **te va** a decir tu papá?

—*What is your father going to say to you?*

—No sé qué va a **decirme.**

—*I don't know what he is going to say to me.*

Esteban **nos está** leyendo la respuesta.
Esteban está **leyéndonos** la respuesta.

Esteban is reading the answer to us.

C. When using **le** or **les,** it is very common to use a phrase with **a** to specify the person (or thing) involved. Spanish requires the pronoun even when the phrase with **a** is used.

> As you read and listen to more Spanish, you will get a feel for these pronouns and how to use them.

—¿**A quién le** escribe Clara la carta?
—**Le** escribe la carta **a su amiga Norma.**

—*To whom is Clara writing the letter?*
—*She's writing the letter to her friend Norma.*

Yo siempre **le** aviso **a mi jefe** con tiempo si no voy a ir al trabajo.

I always tell my boss ahead of time if I'm not going to go to work.

EJERCICIO I

Complete las siguientes oraciones basándose en los dibujos. Use **me, te, le, nos** o **les.**

MODELO: Carmen **les** dice «Buenos días» **a sus amigas.**

1. Esteban dice:
—_____ contesto **a mis compañeros.**

2. La profesora Martínez _____ explica la lección **a los estudiantes.**

3. Nosotros _____ hacemos muchas preguntas **a la profesora.**

4. Nora _____ lee la Ventana cultural **a nosotros.**

5. —Lan, ¿_____ dices
   qué tenemos de tarea?
   —Sí, Luis, ahora
   _____ digo cuál es la
   tarea para mañana.

6. Carmen _____
   escribe una carta **a**
   sus padres.

7. _____ decimos
   «Adiós» **a la**
   profesora y ella
   _____ dice
   «Hasta luego».

8. —Nora, ¿_____ dices
   la respuesta número 5,
   por favor?
   —Sí, Lan, en un
   momento _____ digo
   todas las respuestas.

EJERCICIO 2

Complete estos diálogos con **me, te, le, nos** o **les.**

Ej. 2. This exercise is challenging: students will profit from the participation of the whole class. You may want to make a transparency to facilitate working with the whole class. Then pair students and have them play the roles of Carmen and Esteban. (Carmen can also play Luis's line.)

In **Gramática 3.3** you learned that a verb that uses more than one stem in its conjugation is considered irregular. Some verbs, like **hacer** (to do; to make), use a different stem only in the **yo** form; other verbs, like **jugar** (to play), use the different stem in all but the infinitive and the **nosotros/as** and **vosotros/as** forms. Review those conjugations now, if necessary.

---

saber = to know facts, information
saber + infinitive = to know how to do something
  ¿Sabes bucear? (Do you know how to scuba dive?)
  No, no sé bucear, pero sé nadar. (No, I don't know how to scuba dive, but I know how to swim.)

---

poder = can, to be able to
  ¿Puedes salir esta noche? (Can you go out tonight?)
  No, no puedo; mañana tengo un examen de biología. (No, I can't; I have a biology test tomorrow.)

5.2. Point out that *saber*, not *poder* or *conocer*, is used for "to know how to do something." Remind students not to use *cómo* (as in the incorrect *saber cómo nadar*, "to know how to swim").

5.2 Expressing Abilities: *saber* and *poder* + Infinitive

A. In the present tense, the verb **saber** (*to know facts, information*)* is irregular only in the **yo** form: **sé, sabes, sabe, sabemos, sabéis, saben.**

—¿**Sabes** cuándo va a llegar Alberto? | —*Do you know when Alberto is going to arrive?*
—No, no **sé.** | —*No, I don't know.*

Saber followed by an infinitive means *to know how to do something.* Note that there is no need to include a separate word to convey the English *how to.*

—¿**Sabes hablar** francés? | —*Do you know how to speak French?*
—No, pero **sé hablar** un poco de árabe. | —*No, but I know how to speak a little Arabic.*
—¿Quién **sabe jugar** al ajedrez? | —*Who knows how to play chess?*
—Yo **sé jugar** al dominó, pero no al ajedrez. | —*I know how to play dominoes, but not chess.*

B. The verb **poder**† followed by an infinitive usually indicates potential (*can, to be able to do something*) or permission (*may*). **Poder** is a stem-changing verb and so uses two stems: **pod-** for the infinitive and the **nosotros/as** and **vosotros/as** forms and **pued-** for all other present-tense forms: **puedo, puedes, puede, podemos, podéis, pueden.**

—¿Van a correr una vuelta más Carmen y Nora? | —*Are Carmen and Nora going to run another lap?*
—No **pueden.** Ya están cansadas. | —*They can't. They're already tired.*
—Guillermo, ¿vas a jugar al fútbol el domingo? | —*Guillermo, are you going to play soccer on Sunday?*
—No **puedo.** Tengo un examen el lunes. | —*I can't. I have an exam on Monday.*

EJERCICIO 3

¿Qué (no) saben hacer estos vecinos hispanos? Complete las oraciones con la forma apropiada de **saber.**

MODELO: Ernestito dice: «Yo no *sé* mucho de matemáticas.»

1. Doña Lola dice: «Yo _____ montar a caballo.»
2. Don Eduardo, ¿_____ usted hablar italiano?
3. Clarisa y Marisa no _____ andar en bicicleta todavía, porque son muy pequeñas.
4. Ernestito le pregunta a Guillermo: «¿_____ esquiar?»
5. Amanda le dice a Ramón: «Graciela y yo todavía no _____ manejar.»

---

*Recognition: **vos sabés**
†Recognition: **vos podés**

EJERCICIO 4

¿Qué (no) pueden hacer estos vecinos hispanos? Complete las oraciones con la forma apropiada de **poder.**

MODELO: Nosotros no *podemos* esperarte hoy después de clase porque tenemos mucha prisa.

1. Ernestito le pregunta a Guillermo: «¿_____ salir a jugar conmigo?»

2. Andrea les pregunta a Estela y a Ernesto: «¿_____ venir a cenar con nosotros mañana?»

3. Silvia no _____ salir con Nacho mañana porque va a trabajar.

4. Doña Lola y doña Rosita no _____ ver su programa favorito de televisión mañana porque van a ir de compras.

5. Amanda le pregunta a su mamá: «¿_____ Graciela y yo ir a la plaza a pasear después de comer?»

5.3 Referring to Actions in Progress: Present Progressive

To describe an action that is taking place at the moment, Spanish uses a form of **estar** (*to be*) and an **-ndo** (*-ing*) form called a present participle.* This combination is called the *present progressive.*

> The present progressive (**estar** + verb ending in **-ndo**) is used to express actions in progress:
> **Estoy leyendo un libro.** (*I am reading a book.*)

estar + -ndo	
estoy	jugando (*playing*)
estás	caminando (*walking*)
está	fumando (*smoking*)
estamos +	escuchando (*listening*)
estáis	escribiendo (*writing*)
están	comiendo (*eating*)

5.3. The progressive structure is easy for English speakers to acquire and begin using very quickly. We believe that although the Spanish progressive is not as common as the English progressive, especially in written language, it is very common in informal conversation. Point out that the progressive is never used in Spanish to express future action: Contrast *¿Qué vas a hacer?* with *¿Qué estás haciendo?*

—¿Qué **está haciendo** el médico?   —*What is the doctor doing?*
—**Está examinando** a un paciente.   —*He is examining a patient.*

—Guillermo, ¿qué **estás haciendo**?   —*Guillermo, what are you doing?*
—**Estoy escribiendo** una composición.   —*I'm writing a composition.*

The present participle (**-ando, -iendo**) is formed from the infinitive.

jug**ar** → jug**ando**   com**er** → com**iendo**

habl**ar** → habl**ando**   viv**ir** → viv**iendo**

> In present participles of **-ar** verbs: replace **-ar** of the infinitive with **-ando.** In **-er** and **-ir** verbs: replace **-er/-ir** of the infinitive with **-iendo/-yendo.**

---

*Recognition: **vos estás jugando**

When a present participle is irregular, it will be noted as follows: **dormir (durmiendo), leer (leyendo).**

—¿**Está durmiendo** el juez ahora?   —*Is the judge sleeping now?*

—No, **está hablando** con un abogado.   —*No, he is speaking with a lawyer.*

—Estela, ¿qué **estás leyendo**?   —*Estela, what are you reading?*

—**Estoy leyendo** una novela.   —*I'm reading a novel.*

EJERCICIO 5

1. ¿Qué está haciendo Guillermo?

2. ¿Qué están haciendo estos señores?

3. ¿Qué está haciendo el mecánico?

4. ¿Qué está haciendo la señora Saucedo?

5. ¿Qué están haciendo Pedro y Andrea?

6. ¿Qué está haciendo la enfermera?

EJERCICIO 6

Lea las situaciones y luego complete las frases correctamente diciendo qué están haciendo las personas mencionadas. Use estos verbos: **atender, calificar, dar, reparar, servir, vender.**

MODELO: —Mira qué incendio tan grande. ¿Dónde están los bomberos?
              —Ya *están apagando* el incendio.

1. —¿Dónde está la profesora Martínez?
    —Está en el salón, _____ _____ los exámenes.

2. —Por favor, señorita, quiero hablar con el gerente.
    —Lo siento, en este momento _____ _____ a otro cliente.

3. —Voy a llamar al mesero. Quiero un poco de agua.
    —Pues está ocupado. Les _____ _____ la comida a los clientes de la mesa de al lado.

4. —¿Qué está haciendo el terapeuta en este momento?
    —Le _____ _____ un masaje en el brazo al famoso jugador de béisbol, Sammy Sosa.

5. —Necesito hablar con el Sr. Pérez, el plomero, pero no contesta el teléfono.
   —Pues está en mi casa. _____ _____ la tubería de la cocina.
6. —¿Quién es ese hombre que está con tu padre?
   —Es un agente de seguros. Le _____ _____ un seguro de vida a papá.

5.4. This section introduces common auxiliary verb + infinitive constructions that are related semantically to obligation. The most useful for students is *tener + que*, but *deber* is also quite common.

5.4 Expressing Obligation and Duty: *tener que, deber, necesitar, hay que, es necesario*

The verbs **tener que** (*to have to*), **deber** (*should, ought to*), and **necesitar** (*to need to*) and the impersonal expressions **hay que** (*one must*) and **es necesario** (*it is necessary to*) are always followed by infinitives.

—¿A qué hora **tenemos que estar** en el teatro?
—A las nueve. **Hay que llegar** un poco antes para recoger los boletos.
—¡Pero **necesito estudiar** más!
—Está bien, pero **debemos salir** pronto.

—What time do we have to be at the theater?
—At 9:00. We have to (One must) get there a little early to pick up the tickets.
—But I need to study more!
—OK, but we should leave soon.

> **¿RECUERDA?**
> You have already seen and used many times the combination of conjugated verb + infinitive: for example, in **Gramática 2.3** (**preferir** and **querer** + infinitive) and **Gramática 5.2** (**saber** and **poder** + infinitive).

EJERCICIO 7

Esteban cuenta lo que él y sus compañeros de clase tienen que hacer hoy. Complete las oraciones con una forma de **tener que**.

1. Luis _____ trabajar hasta las doce.
2. Carmen y Nora _____ prepararse para un examen de sociología.
3. Yo _____ terminar la tarea para mi clase de matemáticas.
4. Alberto y yo _____ lavar el carro.
5. Mónica, ¿qué _____ hacer tú esta noche?

> **¿Qué tienes que hacer este fin de semana?**
> *What do you have to do this weekend?*
> **Debo estudiar y también necesito lavar el carro y limpiar la casa.**
> *I ought to study, and I also need to wash the car and clean the house.*

EJERCICIO 8

Estela Saucedo está hablando de lo que ella y su familia deben hacer mañana. Complete estas oraciones con la forma apropiada de **deber**.

1. Ernesto _____ ir en autobús al trabajo.
2. Yo _____ limpiar la cocina.
3. Ernestito, tú _____ hacer la tarea para la escuela.
4. Guillermo y Amanda _____ recoger sus libros.
5. Ernesto, tú y yo _____ llevar a los niños al parque a jugar.

> **Hay que llegar a tiempo al trabajo.**
> *One must (We have to) arrive on time to work.*

5.5. We introduce the conditional of *gustar* and the past subjunctive of *querer* as fixed expressions without grammatical analysis, because they are so common in conversation.

pensar = *to think*
pensar + *infinitive* = *to think about, plan on doing (something)*
   ¿Qué piensas hacer después de clases? (*What are you planning to do after school?*)
   Pienso ir a la biblioteca y luego voy a trabajar. (*I'm planning to go to the library, and then I'm going to work.*)

quisiera = *I would like*
me gustaría = *I would like*
   Quisiera salir a cenar esta noche. (*I'd like to eat out tonight.*)
   Me gustaría ver una película. (*I'd like to see a movie.*)

5.5 Expressing Plans and Desires: *pensar, quisiera, me gustaría, tener ganas de*

A. The verb **pensar*** (*to think*) followed by an infinitive expresses the idea of *to think about* or *to plan on doing* something. Here are the forms of **pensar (ie): pienso, piensas, piensa, pensamos, pensáis, piensan.**

—¿Qué **piensan hacer** ustedes durante las vacaciones? — *What are you thinking about doing for vacation?*
—**Pensamos viajar** a Europa. — *We're planning on traveling to Europe.*

When not followed by an infinitive, **pensar (ie)** usually expresses *to think*: **pensar que** (*to think that*), **pensar de** (*to think about, have an opinion of*), **pensar en** (*to think about someone or something, have one's thoughts on*).

—¿Qué **piensas del** nuevo plan? — *What do you think about the new plan?*
—**Pienso que** es muy bueno. — *I think that it's very good.*
—Ramón, ¿**piensas** mucho **en** Amanda? — *Ramón, do you often think about Amanda?*
—No, **pienso en** ella solamente de vez en cuando. — *No, I think about her only from time to time.*

B. **Quisiera** and **me (le) gustaría**[†] are also frequently used to indicate future desires, especially those that are speculative. Both forms are equivalent to English *would like*. Neither has a **yo** form ending in **-o.** You will learn more about these forms in **Gramática 15.5** and **15.6.**

(yo)	quisiera	me gustaría	*I would like*
(tú)	quisieras	te gustaría	*you (inf. sing.) would like*
(usted, él/ella)	quisiera	le gustaría	*you (pol. sing.) would like; he/she would like*
(nosotros/as)	quisiéramos	nos gustaría	*we would like*
(vosotros/as)	quisierais	os gustaría	*you (inf. pl., Spain) would like*
(ustedes, ellos/as)	quisieran	les gustaría	*you (pl.) would like; they would like*

Quisiéramos viajar este verano si tenemos tiempo. — *We would like to travel this summer if we have time.*
A mi esposa **le gustaría viajar** a España. — *My wife would like to travel to Spain.*
Estoy cansado; **quisiera descansar** un poco. — *I'm tired; I would like to rest a while.*

---
*Recognition: **vos pensás**
[†]Recognition: **vos quisieras, a vos te gustaría**

C. Tener ganas de (*to feel like* [*doing something*]) is also followed by an infinitive.

Tenemos ganas de quedarnos　　*We feel like staying home*
　en casa esta noche.　　　　　　*tonight.*
Tengo ganas de salir a bailar.　*I feel like going out dancing.*

> **tener ganas de** +
> infinitive = *to feel like*
> (*doing something*)

EJERCICIO 9

¿Qué quisieran hacer estos estudiantes el próximo sábado? Escoja la forma correcta: **quisiera, quisieras, quisiéramos** o **quisieran.**

1. Luis _____ ir al campo a montar a caballo.
2. Carmen y yo _____ ir de compras.
3. Alberto y Pablo _____ merendar con unas amigas.
4. Mónica, ¿_____ quedarte en casa a descansar?
5. Esteban dice: «Yo _____ jugar al tenis.»

EJERCICIO 10

¿Qué les gustaría hacer a Estela Saucedo y a su familia? Escoja la forma correcta del pronombre: **me, te, nos, le** o **les.**

1. A Guillermo _____ gustaría jugar al fútbol con sus amigos.
2. A mis hijos, Amanda y Guillermo, _____ gustaría ir al campo a merendar.
3. A mi esposo, Ernesto, _____ gustaría ir al cine.
4. A mí _____ gustaría salir a comer en un buen restaurante.
5. A Andrea y a mí _____ gustaría jugar a las cartas el sábado en la noche.

EJERCICIO 11

¿Qué piensan hacer Pilar y sus amigos? Use las formas apropiadas de **pensar.**

1. El hermano de Pilar _____ quedarse en casa esta noche para estudiar.
2. Clara, ¿_____ tú ir de compras mañana?
3. José y yo _____ visitar a mis abuelos el sábado.
4. José y Clara _____ ir al Museo del Prado por la tarde.
5. Pilar dice: «Yo _____ hacer mi tarea el domingo por la noche.»

(*cont. from p. 182*)
2. Write *Las obligaciones* on the board. Over 2 class periods, introduce the following matrices of obligation as association activities. Write *¿Qué tiene que hacer usted este fin de semana? Tengo que _____.* Underneath *tiene que* and *tengo que* write "have to." *¿Qué necesita hacer para su clase de _____? Para mi clase de _____, necesito _____.* Underneath *necesita* and *necesito* write "need." *¿Qué debe hacer usted después de la clase de hoy? Después de la clase de hoy, debo _____.* Underneath *debe* and *debo* write "ought to." Then list in sentence form several of your obligations, using these matrices: *Tengo que limpiar la casa y hacer la compra. Necesito calificar las tareas*

de ustedes y escribir un examen. *Debo trabajar en mi oficina y asistir a una reunión.* Do an association activity in which students volunteer their obligations and duties: *Tengo que trabajar.* Expand on student responses by asking questions when natural and feasible: *¿Tiene que trabajar el sábado y el domingo? Yo también tengo que trabajar el sábado. ¿Dónde trabaja? ¿Le gusta su trabajo?*
3. Write *Las actividades futuras* on the board. Review the use of *voy a* + infinitive, *prefiero* + infinitive, and *quiero* + infinitive with a brief in-class writing activity about weekend or vacation plans. Over 2 class periods, introduce the following future activity as association activities. Write *¿Qué quisiera hacer durante las próximas vacaciones? Quisiera _____.* Underneath *quisiera* write "would like." *¿Qué le gustaría hacer este fin de semana? Me gustaría _____.* Underneath *le gustaría* and *me gustaría* write "would like." Students are not yet ready to understand *quisiera* as a past subjunctive form, but they can learn this as a lexical item to express future plans. You may want to explain that *quisiera* is slightly more formal in tone than *me/le gustaría.* Then list in sentence form several of your future plans, using these matrices: *Durante las vacaciones quisiera viajar a Atlanta para ver a mis parientes. También quisiera salir a cenar con mi familia. Este fin de semana me gustaría ir al cine con mis amigos. El domingo por la tarde me gustaría jugar al tenis.* Do an association activity in which students volunteer their future plans. *Quisiera viajar a Nuevo México.* Expand on student responses: *A mí me gusta mucho Nuevo México. ¿Va a viajar solo o con su familia? ¿Qué quiere ver en Nuevo México?* You may want to incorporate the other 2 matrices introduced in this chapter: *pensar* and *tener ganas de.*

Ongoing Input Activity: Starting with this chapter, we suggest that each week you narrate to the class what you did over the weekend or during the last 2–3 days. Students have little trouble recognizing past-tense forms if the context is clear and there is plenty of other familiar vocabulary. Students may be asked to write these activities down so that, at a later date, if asked *¿Qué hizo usted durante el fin de semana?* they can refer to their "glossary" of past activities. At that point you can expand by talking about what other students have done so that students will hear third-person singular forms. If you continue this activity throughout this chapter and on into **Capítulos 6** and **7,** students will have heard many past-tense forms by the time they study the preterite in the grammar of **Capítulo 7.**

Capítulo 6

La residencia

For more information on the communicative goals of **Capítulo 6** and for additional activities (AAs), please see the corresponding chapter notes in the IM.

Pre-Text Oral Activities
1. Use your PF to talk about (1) names of buildings and community locations (*edificio, apartamento, casa, parque,* etc.), (2) the rooms of a house (*sala, comedor, cocina, baño, dormitorio, pasillo*), and (3) some activities associated with these places. Ask questions like ¿*Qué hacemos en la sala? ¿Qué está haciendo esta señora?* with the PF. Take this opportunity to sample and preview some of the new vocabulary in the first 3 sections of this chapter, integrating its words and structures into your input.

2. Use association techniques to introduce singular forms of regular preterite verbs in the narration of simple events. (See IM, association activities with the preterite.) You may start with the first- or third-person singular and introduce common irregular verbs when necessary and convenient. You may want to write verb forms on the board and draw attention to the final stressed syllable. Describe what you did the day before or last weekend: *Ayer* (*El fin de semana pasado*) *yo jugué al tenis con una amiga; luego regresé a mi casa y me bañé,* etc. Encourage students to write these forms in their notebooks (a special sheet or two just for these past activities is a good idea). As you introduce different past activities from other days, have students write those down too. You may talk about what others have done by using your PF: ¿*Qué hizo este hombre ayer?* Answer your own question and line up 10 pictures on the board.

En la habitación, por Erika Stanley
(Costa Rica)

M E T A S

In **Capítulo 6,** you will talk about where you live and what you do there. You and your classmates will discuss what you have done recently. You will also learn how to introduce people to each other.

Sobre la artista: Erika Stanley nace en Costa Rica en 1973 y estudia pintura con Gonzalo Morales S. en San José. Su obra es principalmente pictórica y escultórica. Las pinturas de Stanley se exponen individualmente en varias galerías costarricenses; además, su obra viaja en exposiciones colectivas a otros países latinoamericanos y a los Estados Unidos. Stanley tiene varios premios y reconocimientos; ente otros, el primer lugar en el Certamen de Pintura Estudiantil de la Escuela de Artes Plásticas de la Universidad de Costa Rica.

Época precolombina
40.000 habitantes indígenas viven en pueblos agrícolas.

1502 Cristóbal Colón descubre la costa Atlántica de Costa Rica.

Costa Rica

1561–1573 Conquista de Costa Rica por sucesivas expediciones de españoles.

1824 Costa Rica forma parte de las Provincias Unidas de Centroamérica.

1821 Costa Rica se declara independiente de España.

1500

1800

1737 Se funda la ciudad de San José.

1828 Se anexa la Península de Nicoya (provincia de Guanacaste) a Costa Rica.

MULTIMEDIA RESOURCES

Check out the following media resources to complement this chapter of *Dos mundos:*

 Online Learning Center
www.mhhe.com/dosmundos6

 Interactive CD-ROM

 Video on CD
- Los amigos animados
- Escenas culturales: Costa Rica
- Escenas en contexto

Los amigos animados: Para repasar

Antes de comenzar este capítulo, mire los segmentos animados para repasar el capítulo anterior.

A. Experimentos fantásticos. Ramón Gómez está de visita en casa de la familia Saucedo para ver a su novia, Amanda. Pero Amanda no está lista, así que Ramón conversa con Ernestito.

B. El ingeniero y el profesor. Pablo Cavic y Raúl Saucedo están en la cafetería de la universidad, conversando sobre sus futuras carreras.

En este capítulo...

ACTIVIDADES DE COMUNICACIÓN
- El vecindario y la casa
- Las actividades en casa
- Las actividades con los amigos
- Las presentaciones

EN RESUMEN

Number each picture and ask true/false questions: *La señora en la lámina número cinco manejó su carro al supermercado.* Repeat this and similar activities each day for 10–15 minutes, giving input with past forms. Have students produce past forms only after they have heard you use a large number of them.

LECTURAS Y CULTURA
- **Enlace literario**
  «Todos juntos», por Gioconda Belli
- **Ventanas al pasado**
  La historia de las mascotas
- **Ventanas culturales**
  Las costumbres: De casa en casa: La tradición de las posadas
- **Lectura**
  Las hermosas ciudades hispanas

GRAMÁTICA Y EJERCICIOS
- **6.1** Making Comparisons of Inequality: **más/menos**
- **6.2** Making Comparisons of Equality: **tan/tanto**
- **6.3** Talking about Past Actions: The Preterite of Regular Verbs (Part 1)
- **6.4** Knowing People, Places, and Facts: **conocer** and **saber**
- **6.5** Referring to People Already Mentioned: Personal Direct Object Pronouns

---

1838 Costa Rica se separa de la Federación Centroamericana.

1848 José María Castro Madriz es el primer presidente de Costa Rica.

1948 Guerra Civil y abolición del ejército.

1983 El presidente Luis Alberto Monge Álvarez proclama la neutralidad permanente.

1992 Costa Rica es designada centro del Consejo de la Tierra.

1900

2000

1840–1870 Una oligarquía cafetalera nace con la exportación del café.

1882 Abolición de la pena de muerte por el General Guardia.

1986 El presidente Oscar Arias Sánchez recibe el premio Nobel de la Paz.

1989 Costa Rica celebra 100 años de democracia.

ctividades de comunicación y lecturas

✳ El vecindario y la casa

El vecindario y la casa. Many of the words in this display and in subsequent activities will be new to students. Verify class comprehension of all vocabulary in the display and the activities of this section as you proceed through these materials. Use your PF to review the names of the rooms in a house and to introduce words for furniture and household items. Keep in mind that many of these words vary from one Spanish-speaking country to another; use the most familiar terms. For example, in Spain, stove (range) is *cocina.* (*cocina de gas*) rather than *estufa.* We use *dormitorio* for bedroom, as it appears to be universally understood. Other words for bedroom are *alcoba* (Spain), *recámara* (Mexico), *cuarto* (*de dormir*) (several countries), *habitación* (for some speakers this means only a hotel room). We chose *alacena* for cupboard, but you may prefer *gabinete;* for toilet we give *inodoro,* for toilet bowl *taza.* For bathtub we recommend *bañera,* but *tina* is also common. Shower is usually *ducha,* but in Mexico you hear *regadera. Sala de baño, cuarto de baño,* and *baño* are used.

El vecindario. Use photos from your PF to introduce general terms that apply to buildings (*edificio, puerta, ascensor, ventanas, techo, pisos, cuartos*) and types of buildings (*teatro, centro comercial, condominios, apartamentos, casa*) and review the rooms of a house: *dormitorio, sala, cocina, baño, comedor.* Include descriptions of the yard and outside areas: *la cerca, las flores, las plantas, los árboles, el patio, la esquina,* etc. Apartment is *departamento* in Mexico and *piso* in Spain. For fence we have heard both *cerca* and *cerco.* For swimming pool Mexico uses *alberca* and Argentina uses *pileta.* Teach also *el desván* (attic) and *el sótano* (cellar).

See the IRK for additional activities: *El vecindario y la casa.*

Lea Gramática 6.1–6.2.

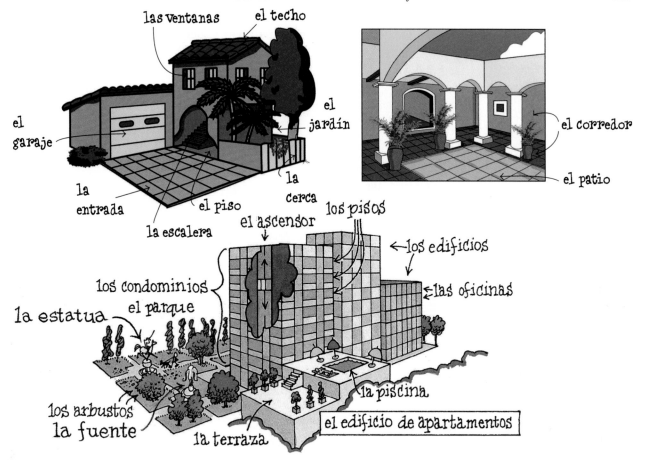

ACTIVIDAD 1   Encuesta: ¿Qué hay en su casa?

Diga sí o no. Si la respuesta es **no,** explique por qué no.

MODELO: En mi casa hay tres dormitorios. En mi casa no hay cancha de tenis porque no soy rico/a.

1. En mi vecindario hay…
   a. una cancha de tenis.
   b. una biblioteca.
   c. muchos árboles.
   d. muchos edificios altos.
   e. un parque.
   f. ¿ ?

2. En la sala de mi casa hay…
   a. una cama.
   b. un lavabo.
   c. varias lámparas.
   d. muchas plantas.
   e. una alfombra.
   f. ¿ ?

3. En la cocina de mi casa hay…
   a. una estufa.
   b. un lavaplatos.
   c. un pasillo.
   d. un estante con libros.
   e. un horno de microondas.
   f. ¿ ?

4. En mi dormitorio hay…
   a. una cama matrimonial.
   b. un arbusto.
   c. un armario.
   d. muchas almohadas.
   e. una cómoda.
   f. ¿ ?

ACTIVIDAD 2   Identificaciones: ¿Para qué sirve?

Mire los siguientes objetos y aparatos y diga para qué sirven.

es también para limpiar el piso, pero es eléctrico y se usa para limpiar la alfombra también. (B) Sí, es una aspiradora. Read through the verbs in the box and check for student comprehension. Ask questions like: *¿Para qué sirve una almohada? (para apoyar la cabeza cuando uno duerme) Sí, para apoyar la cabeza cuando uno duerme. ¿Prefiere usted una almohada grande o una pequeña?* For partner-pair work write this model interaction on the board: E1: *¿Para qué sirve un/una _____? E2: Sirve para _____.*

MODELO: Una lámpara sirve para ver y leer de noche.

▶ **FRASES ÚTILES**

para apoyar la cabeza cuando uno duerme	para lavarse las manos
para barrer	para lavarse los dientes
para calentar la comida rápidamente	para preparar el té o calentar agua
para guardar la ropa	para secarse
	para verse la cara
	para ver y leer de noche

1. una lámpara
2. un horno de microondas
3. una almohada
4. una escoba
5. una cómoda
6. un cepillo de dientes
7. una tetera
8. un lavabo
9. un espejo
10. una toalla

Act. 3. **Intercambios** (pair). Review numbers and prices by asking *¿Cuánto cuesta el/la _____?* and referring to the items in **Act. 2.**

ACTIVIDAD 3 Intercambios: Los aparatos domésticos

MODELO: E1: ¿Cuál cuesta más, *el calentador* o *la cafetera*?
E2: *El calentador* cuesta más. (*El calentador* cuesta más que *la cafetera*.)

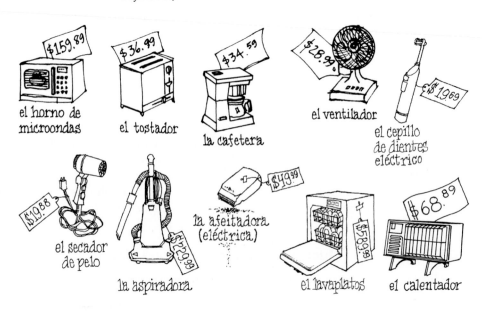

el horno de microondas — $159.89
el tostador — $36.99
la cafetera — $34.59
el ventilador — $28.99
el cepillo de dientes eléctrico — $19.69
el secador de pelo — $19.88
la aspiradora — $29.99
la afeitadora (eléctrica) — $49.99
el lavaplatos — $59.99
el calentador — $68.89

1. ¿Cuál cuesta más, el horno de microondas o la cafetera? ¿el ventilador o el secador de pelo?
2. ¿Cuál cuesta menos, la cafetera o el cepillo de dientes eléctrico? ¿la aspiradora o el tostador?
3. ¿Cuál de estos tres objetos es el más caro: el tostador, la afeitadora o la cafetera?
4. ¿Cuál de estas tres cosas es la más cara: el lavaplatos, la afeitadora o la aspiradora?
5. ¿Cuál de estas tres cosas cuesta menos: el secador de pelo, el calentador o el cepillo de dientes eléctrico?
6. ¿Cuál cuesta más, el ventilador o el tostador?
7. ¿Cuál cuesta menos, la afeitadora o el cepillo de dientes eléctrico?

ACTIVIDAD 4   Descripción de dibujos: Comparación de casas

Escuche las preguntas que le hace su profesor(a) y contéstelas según los dibujos.

1a casa de los Ruiz:
5 dormitorios
2 baños
2 balcones

1a casa de los Silva:
2 dormitorios
1 baño

1a casa de los Saucedo:
5 dormitorios
3 baños
1 biblioteca
3 balcones

Ahora, hágale preguntas sobre las casas a su compañero/a. (Se puede comparar **baños, dormitorios, puertas, ventanas, balcones, pisos** y **árboles**.)

MODELO: E1: ¿Cuántas *ventanas* tiene la casa de los *Saucedo*?
          E2: Tiene *ocho*. Tiene *más que* la casa de los *Ruiz*.

          E1: ¿Cuántos *árboles* tiene la casa de los *Silva*?
          E2: Tiene *tres*. Tiene *tantos como* la casa de los *Ruiz*. Tiene *menos que* la casa de los *Saucedo*.

ACTIVIDAD 5   Del mundo hispano: Apartamentos en México

Nora va a pasar un semestre estudiando en la ciudad de México. Quiere alquilar un departamento o un cuarto. Éstas son sus preferencias. ¿Cuál de estos departamentos o habitaciones le gustaría a usted? ¿Por qué?

Act 4. Descripción de dibujos (whole-class; pair). Ask: *¿Qué casa tiene más puertas? ¿Cuántas ventanas tiene la casa de los _____? ¿Qué casa tiene más balcones? ¿Tiene más baños la casa de los Saucedo o la de los Ruiz? ¿Tiene tantos árboles la casa de los Silva como la de los Ruiz?* Go over questions in the model. On the board, write all features that can be compared: *ventanas, puertas, balcones, árboles, dormitorios, baños, pisos.* Then have students do interaction in pairs.

¡OJO!

En general, las casas y los apartamentos en los países hispanos son más pequeños que los de los Estados Unidos. Por eso, en algunos casos, la gente sale a pasear a los parques y en las plazas.

Act. 5. Del mundo hispano (whole-class; individual). Have students read each listing silently and ask you vocabulary questions as they read. Write the new vocabulary they identify on the board and provide a brief oral and written explanation. Tell

SE ALQUILA departamento. Dos recámaras. Sala, comedor, cocina, baño. Lugar céntrico. Alquiler módico. Llamar a Luz María Galván. Tel. 6-59-50-69. Calle 12 no. 420, México, D.F.

SE ALQUILA habitación amueblada. Preferible: joven estudiante, callado y serio. Alquiler bajo. Derecho a cocina. Favor de enviar datos personales. Isabel la Católica 96 (centro), México, D.F. Tel. 5-85-72-44

SE ALQUILA departamento amueblado. Dos recámaras. Dos baños. Cocina amplia: estufa, refrigerador, alacenas grandes y todos los utensilios. Ascensor. Avenida Juárez no. 420, México, D.F.

Departamento una recámara, bien decorado. Ventanas grandes. Vista agradable. Cerca de todo transporte. Llamar al 7-79-09-22 o escribir a Sres. Gallegos, Luis Kuhne no. 755, México 20, D.F.

ACTIVIDAD 6   Entrevista: El lugar donde vives

TU VECINDARIO

1. ¿Vives en un vecindario viejo o nuevo? ¿Te gusta vivir allí? ¿Por qué?
2. ¿Hay edificios de apartamentos en tu vecindario? ¿condominios?
3. ¿Hay una gasolinera cerca de tu casa (apartamento)?
4. ¿Cuál es el centro comercial más cercano a tu casa (apartamento)? ¿Te gusta ir de compras allí? ¿Por qué?
5. ¿Llevas tu ropa a la lavandería o tienes lavadora y secadora en tu casa (apartamento)?
6. ¿Hay algún parque en el vecindario? ¿Tiene piscina? ¿Vas a menudo? ¿Qué haces allí?

TU CASA

1. ¿Vives en una residencia estudiantil, en un apartamento o en una casa? ¿Es de uno o dos pisos?
2. ¿Tienes tu propio dormitorio o compartes un dormitorio con alguien? ¿Con quién? ¿Qué muebles y aparatos eléctricos hay en tu dormitorio?
3. ¿Tiene patio o terraza tu casa (apartamento)? ¿Cómo es?
4. ¿Tiene garaje para dos coches tu casa (apartamento)? ¿Qué hay en el garaje?
5. De todas las cosas que tienes, ¿cuál te gusta más? ¿Cuál es el aparato más útil que tienes en tu casa (apartamento)?

ENLACE LITERARIO

«Todos juntos», por Gioconda Belli

Selección de su libro *De la costilla de Eva* (1987)

La escritora nicaragüense Gioconda Belli (1948) es autora de ensayos y novelas, pero es conocida principalmente por su poesía. Su primera publicación es *Sobre la grama* (1974). Belli ha ganado[1] varios premios prestigiosos, como el de Casa de las Américas (Cuba, 1978) por el libro *Línea de fuego*. La obra de Gioconda Belli combina el tema del amor con el tema político. Para esta escritora es importante contribuir al cambio[2] social en su país. En esta primera parte del poema, Belli describe su vecindad mientras espera[3] a su compañero.

Todos juntos

Estos días mientras te espero
salgo en la mañana a pedalear en bicicleta.
En el camino de atrás de mi casa hay un barrio naciendo,[4]
acomodando sus trozos de madera[5] en paredes irregulares.
La gente siempre que paso,[6] temprano,
está recogiendo[7] agua de una manguera,[8] todos juntos.
Me miran pasar y yo los miro. Los chavalos[9] me dicen que los lleve.[10]
Después paso por una carpintería donde hay pupitres verdes
apilados frente al taller.[11]
Más abajo hay una iglesia y un parque cercado[12] (me pregunto por qué)
se me cansan las piernas[13] y regreso
dando la vuelta[14] por el gimnasio.
La luna se oculta[15] detrás de las palmeras
y reaparece[16] todas las tardes en lo alto del jardín.

Enlace literario. Have students visualize the places (la imagen de los lugares) described in the poem: un camino detrás de mi casa, un barrio naciendo, una carpintería con pupitres verdes, una iglesia, un parque cercado, un gimnasio, un jardín. Then ask: ¿Qué expresa la poeta respecto a su barrio? ¿Le gusta? (Sí, le gusta, y observa muchas cosas del barrio.) ¿Disfruta ella de su paseo? ¿Cuándo pasea ella en bicicleta? (por la mañana, mientras espera a alguien) ¿Evoca alguna emoción el poema? ¿Cuál?

Before you assign the Actividad creativa, have students talk about their neighborhood: ¿Les gusta su vecindad? ¿Qué cosas les gustan y qué cosas no les gustan de su barrio? Focus on the word cambio and discuss the topic of changes. Ask: ¿Ocurren muchos cambios en su vecindad? ¿Son cambios buenos o malos? ¿Piensan ustedes que los cambios son necesarios? ¿Por qué?

Actividad creativa: Carta a un vecino

Imagínese que usted tiene un vecino o una vecina que estima mucho. Esta persona está ausente del barrio por varios meses y usted le escribe una carta para contarle de la vecindad. Puede narrarle alguna historia interesante o describirle los cambios en el barrio.

[1]ha... *has won*   [2]*change*   [3]mientras... *while she waits for*   [4]*being born*   [5]acomodando... *placing scraps of wood*
[6]siempre... *whenever I pass by*   [7]*gathering, collecting*   [8]*hose*   [9]*The kids*   [10]que... *that I take them*   [11]apilados... *piled up in front of the woodshop*   [12]*fenced in*   [13]se... *my legs get tired*   [14]dando... *going by*   [15]La... *The moon hides*   [16]*reappears*

✳ Las actividades en casa

Las actividades en casa. Many of the words in this display and in subsequent activities will be new to students. Verify class comprehension of all vocabulary in the display and in the activities of this section as you proceed through these materials. Use pictures of rooms in a house from your PF. Ask: *¿Qué hacemos en la sala (el baño, la cocina, el comedor, etc.)?* **Possible answers:** *Yo leo en la sala; mi papá ve la televisión; mi hermanito juega con sus amigos;* etc. Then ask questions about the display: *¿Qué tiene que hacer la empleada doméstica en la casa de los Ruiz? ¿Qué necesita hacer Amanda?*

See the IRK for additional activities: *Las actividades en casa.*

En la casa de los Ruiz

De noche es necesario prender (encender) la luz.

Marisa debe apagar la luz.

La empleada doméstica tiene que limpiar el piso.

Andrea necesita preparar la cena.

Clarisa debe regar las plantas.

Hay que barrer aquí.

Pedro tiene que cortar el césped.

¡OJO!

En los hogares hispanos donde hay una empleada doméstica, normalmente ella hace casi todos los quehaceres.

REFRÁN

Escoba nueva siempre barre bien.
(*A new broom sweeps clean.*)

En la casa de los Saucedo

La empleada doméstica tiene qué desempolvar...

...y pasar la aspiradora.

Hay que tender las camas.

Hay que lavar los platos.

Ernestito tiene que darles de comer al gato y al perro.

Amanda tiene que secar la ropa y planchar.

ACTIVIDAD 7   Descripción de dibujos: ¿Qué tiene que hacer?

Escuche a su profesor(a). ¿A cuál de los siguientes dibujos corresponde su descripción?

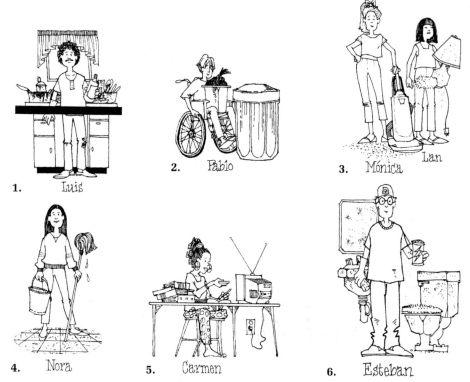

1. Luis

2. Pablo

3. Mónica   Lan

4. Nora

5. Carmen

6. Esteban

Ahora, describa usted los dibujos. Su compañero/a debe identificarlos.

ACTIVIDAD 8 Descripción de dibujos: ¡El cuarto de Esteban es un desastre!

Con su compañero/a, decidan qué debe hacer Esteban para arreglar su cuarto.

MODELO: Esteban debe recoger la ropa y necesita apagar el televisor. También tiene que...

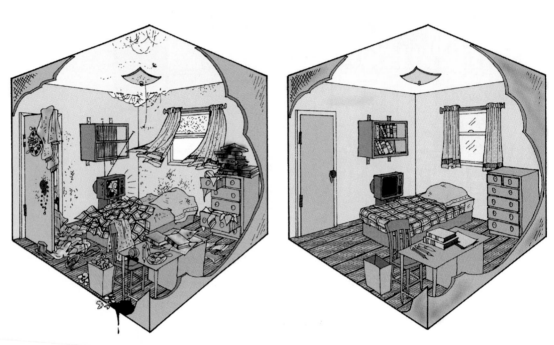

ACTIVIDAD 9 Entrevista: Los quehaceres y las diversiones en casa

1. En tu casa (apartamento), ¿quién tiene que limpiar el refrigerador, desempolvar, pasar la aspiradora, limpiar el microondas, limpiar los baños, darles de comer a las mascotas, lavar la ropa, cortar el césped?
2. De todos los quehaceres, ¿cuál te gusta más/menos?
3. ¿Qué aspecto de tu casa (apartamento) te gusta más? ¿Por qué?
4. ¿Qué te gusta hacer en casa (en tu apartamento)?
5. ¿Pasas mucho tiempo en casa (en tu apartamento) los fines de semana o prefieres salir? ¿Te visitan mucho tus amigos los fines de semana?

✳ Las actividades con los amigos

Lea Gramática 6.3.

1. —¿Vio usted la
   televisión?
   —Sí, vi las
   noticias.

2. —¿Ya escribió los
   exámenes?
   —Sí, escribí dos
   anoche.

3. —¿Visitó a sus amigos
   este fin de semana?
   —Sí, visité al profesor
   López y conocí a su
   esposa.

1. —¿Limpiaste la casa
   el sábado?
   —Pues limpié la sala.

2. —¿Estudiaste mucho?
   —Estudié para la
   clase de química.

3. —¿Saliste a comer en
   algún restaurante?
   —Sí, almorcé en un
   restaurante cerca
   de mi casa.

ACTIVIDAD 10   Encuesta: ¿Qué hice?

Ponga las siguientes actividades en orden cronológico.

▶ PALABRAS ÚTILES

primero	después	por último
luego	más tarde	

1. Esta mañana (yo)...
  a. me lavé el pelo.
  b. desayuné.
  c. me desperté.
  d. corrí dos millas.

2. Ayer por la tarde (yo)...
  a. volví a casa.
  b. asistí a una clase.
  c. preparé el almuerzo.
  d. salí para el trabajo.

3. Anoche, antes de acostarme, (yo)...
  a. vi la televisión.
  b. planché una blusa / una camisa.
  c. lavé los platos.
  d. preparé la comida.

4. El sábado pasado (yo)...
  a. invité a unos amigos a cenar.
  b. cené con mis amigos.
  c. limpié la casa.
  d. barrí el patio.

Act. 11. **Intercambios** (pair). This activity allows students to hear and produce third-person singular forms. Model with questions like *¿Quién limpió su cuarto el sábado? ¿Qué hizo el señor Alvar el domingo? ¿Preparó Estela la comida el viernes o fue a la iglesia?*

ACTIVIDAD 11   Intercambios: El fin de semana

Aquí tiene usted algunas de las actividades del fin de semana pasado de Guillermo, Estela y el señor Alvar. Coméntelas con su compañero/a.

MODELOS: E1: ¿Quién *preparó la comida* (*el viernes*)?
           E2: *Estela.*

           E1: ¿Cuándo *sacó fotos el señor Alvar*?
           E2: *El domingo.*

NOMBRE	EL VIERNES	EL SÁBADO	EL DOMINGO
Guillermo Saucedo Ramírez	Bailó en una fiesta. Se acostó tarde.	Se levantó tarde. Limpió su cuarto.	Ayudó a su padre. Salió a pasear.
Estela Ramírez de Saucedo	Preparó la comida. Habló por teléfono.	Charló con la vecina. Almorzó con una amiga.	Visitó a su madre. Descansó toda la tarde.
el señor Alvar	Escribió una carta. Tocó el piano.	Jugó con sus nietos. Barrió el patio.	Asistió a misa. Sacó unas fotos.

Act. 12. **Narración** (whole-class; pair). Narrate Nora's weekend to the class, adding as many details as possible. Pair students and encourage them to narrate the drawings, alternating with their partner every drawing or every row. This may also be done as a group activity.
  Possible answers: 1. *Se bañó.* **2.** *Se peinó.* **3.** *Cenó con un amigo.* **4.** *Bailó con su amigo.* **5.** *Se acostó tarde.* **6.** *Pasó la aspiradora.* **7.** *Lavó la ropa.* **8.** *Barrió el patio.* **9.** *Jugó al tenis.* **10.** *Se duchó.* **11.** *Asistió a misa.* **12.** *Visitó a su abuela.* **13.** *Almorzó (Comió) en casa de su abuela.* **14.** *Compró una blusa nueva.* **15.** *Leyó una novela.*

ACTIVIDAD 12   Narración: Un fin de semana de Nora Morales

▶ **PALABRAS ÚTILES**

primero	después	finalmente
luego	más tarde	

El viernes

El sábado

El domingo

ACTIVIDAD 13   Entrevistas: ¿Qué hiciste?

EL FIN DE SEMANA PASADO

1. ¿Limpiaste tu cuarto (tu casa)?
2. ¿Saliste con amigos? ¿Adónde?
3. ¿Comiste en un restaurante? ¿Cuál? ¿Con quién(es)?
4. ¿Practicaste algún deporte? ¿Con quién(es)? ¿Dónde?
5. ¿Fuiste al cine? ¿Qué película viste? ¿Te gustó? ¿Por qué?

ANOCHE

6. ¿Trabajaste? ¿A qué hora volviste a casa?
7. ¿Estudiaste? ¿Qué?
8. ¿Hablaste por teléfono con tus amigos? ¿Escuchaste música?
9. ¿Viste la televisión? ¿Exploraste el Internet?
10. ¿A qué hora te acostaste?

ESTA MAÑANA

11. ¿A qué hora te levantaste? ¿Te bañaste?
12. ¿Desayunaste? ¿Qué tomaste?
13. ¿A qué hora saliste para la universidad? ¿A qué hora llegaste?
14. ¿A qué clase asististe primero?
15. ¿Leíste el periódico?

Act. 13. Entrevistas (pair). Model questions and appropriate answers. Interviews may be conducted during 2 or 3 class sessions.

VENTANAS AL PASADO

La historia de las mascotas

Durante la conquista de las Américas, los españoles trajeron perros de guerra, llamados *dogos,* para someter a los indígenas. Los indígenas ya tenían perros, pero eran más pequeños, animales de compañía o de caza. El perro de los aztecas, que no tenía pelo, se llamaba *xoloitzcuintle* que significa «perro asistente del dios Xolotl», el dios de la vida y la muerte.

La organización Save-a-Sato, Puerto Rico

Después de la conquista muchos de estos perros se mezclaron con los perros nativos, lo que resultó en una raza mixta de perros callejeros. Mucha gente veía a esos animales como portadores de la rabia y los mataban.

Pero hoy en día la situación de las mascotas es diferente: ahora hay grupos de voluntarios dedicados a la protección de animales. En Puerto Rico trabaja el grupo Save-a-Sato, (*sato* significa «perro callejero» en esta isla); en Argentina trabaja el grupo No lo Abandones. Y en España hay mucha gente dedicada al rescate de mascotas abandonadas, como la Asociación Amor a los Animales en Madrid. En México, la Asociación Pro-Defensa Animal (APRODEA), trabaja con veterinarios voluntarios para vacunar y esterilizar perros y gatos. Además, la Universidad Autónoma de México provee una clínica móvil en México, D.F., que esteriliza a más de 800 animales cada mes.

La historia de las mascotas es larga e interesante, y el momento presente es muy alentador. Mucha gente ahora entiende que los animales son también habitantes de nuestro planeta y que necesitan cuidado y protección.

VOCABULARIO ÚTIL

la guerra	*war*
someter	*to subdue*
la caza	*hunting*
el dios	*god*
se mezclaron	*mixed*
callejero	*of the street*
los portadores	*carriers*
la rabia	*rabies*
el rescate	*rescue*
alentador	*encouraging*

Ventanas al pasado: La historia de las mascotas. Ask brief comprehension questions: *¿Cómo se llaman los perros de guerra de los españoles? ¿Qué dios azteca es el dios de la vida y la muerte? ¿Cómo llaman a los perros callejeros en Puerto Rico?* Pair students to ask and answer the **Ahora... ¡ustedes!** questions. You may want to direct students to the Internet, where they will find hundreds of animal defense and animal rescue websites from many Spanish-speaking countries. In addition, students may be surprised to know that there is an active movement in Spain, *La Campaña España Roja,* to abolish bullfighting.

Ahora... ¡ustedes!

¿Tienes mascotas? ¿Viven en casa contigo o viven afuera? ¿Hay en tu comunidad un centro de rescate para mascotas abandonadas?

✳ Las presentaciones

Lea Gramática 6.4–6.5.

ESTEBAN: Mónica, quiero presentarte a mi amigo, Jorge.
MÓNICA: Hola, Jorge. ¿Qué tal?
JORGE: ¿Qué tal, Mónica?

Las presentaciones. Many of the words in this display and in subsequent activities will be new to students. Verify class comprehension of all vocabulary in the display and the activities of this section as you proceed through these materials. Have students practice introducing each other using the patterns in the display.
See the IRK for additional activities: *Las presentaciones.*

ESTELA SAUCEDO: Señor Luján, quisiera presentarle a mi amiga, la señora Medrano.
SR. LUJÁN: Mucho gusto en conocerla, señora.
SRA. MEDRANO: Igualmente, señor Luján.

DOÑA ROSITA: Señorita Batini, me gustaría presentarle a mi nuevo vecino, el señor Marcos.
LOLA BATINI: Mucho gusto en conocerlo, señor.
SR. MARCOS: Encantado, señorita Batini.

ACTIVIDAD 14   Diálogos abiertos: Las presentaciones

Su amigo quiere conocer a su profesor(a) de español.

E1: Profesor/Profesora _____, quiero presentarle a mi amigo/a _____. Es _____.
E2: Mucho gusto en conocerlo/a.
E3: _____.

Ahora presente a dos de sus compañeros que no se conocen.

E1: Oye, _____, ¿conoces a mi amigo/a _____?
E2: No, no _____ conozco.
E1: _____, te presento a _____. Él/Ella estudia _____ aquí en la universidad.
E2: Mucho gusto, _____.
E3: Igualmente.

Act. 14. Diálogos abiertos (pair). In the first dialogue E1 introduces a friend to his/her professor and gives a brief description of the friend: *Es estudiante de ingeniería aquí en la universidad. Es maestra en el colegio San Francisco.* In the second dialogue E1 introduces one friend to another friend and tells what the first friend studies: *Estudia informática en la universidad.* Before doing either of these dialogues, write appropriate questions on the board so that students will have the necessary information to say something about the person that they are introducing: *¿Dónde trabajas? ¿Cuál es tu especialidad en la universidad? ¿Qué estudias en la universidad?* Tell students to make a note of the information so that they may refer to it while making the introduction. Divide students into groups of 3 and have them rotate roles. You may want to do this activity over 2 class sessions.

Act. 15 Entrevista (whole-class). Tell students to pretend that they are at a party (glasses of soft drinks or juice help complete the scene). They circulate and make polite conversation and introduce themselves and others to each other. You also should circulate.

Variation: Have students invent a new identity for themselves with a new name and some supporting details. You also invent a new identity. Then proceed with the party.

Ventanas culturales: Las costumbres. Discuss holiday activities and family traditions. As a follow-up, have students work in pairs to answer the questions. Expand with the whole class: *¿Cómo pasan ustedes los días festivos de diciembre? ¿Qué actividades hacen con sus vecinos? ¿Hay actividades de todo el vecindario?*

Group Activity: students dramatize *las posadas* in class. They could also write a composition on the following topic: *Imagínese que tiene que describirle a un estudiante hispano / una estudiante hispana lo que se hace en los Estados Unidos (o en su país de origen) para la Navidad, Jánuca u otro día feriado. Escriba un diálogo entre usted y esa persona.*

ACTIVIDAD 15   Entrevista: ¿Conoces tu vecindario?

1. ¿Conoces a los vecinos de la casa (del apartamento) de la izquierda? ¿de la derecha? ¿de enfrente?
2. ¿Sabes el nombre de la escuela más cercana a tu casa (apartamento)? ¿Conoces al director / a la directora de esa escuela?
3. ¿Sabes dónde hay un buen restaurante cerca de tu casa (apartamento)? ¿Conoces a los dueños? ¿a los meseros?
4. ¿Sabes cuánto cuesta un apartamento pequeño en la ciudad o pueblo donde vives?
5. ¿Conoces a alguien con piscina en su casa?
6. ¿Sabes cuánto cuesta una casa en tu vecindario?
7. ¿Sabes dónde está el parque _____?
8. ¿Sabes dónde está la biblioteca pública más cercana?

VENTANAS CULTURALES   Las costumbres

De casa en casa: La tradición de las posadas

La tradición de las posadas tiene su origen en una historia de la Biblia: la virgen María y su esposo José buscan alojamiento en Belén, porque el niño Jesús va a nacer. Así, con este episodio del Nuevo Testamento, empezó esta popular celebración del pueblo mexicano. En sus comienzos las posadas se celebraban sólo en la iglesia. Pero con el tiempo se transformaron en un evento de la comunidad, celebrado también en casa, con la familia y los amigos.

Todos los años, entre el 16 y el 24 de diciembre, los mexicanos conmemoran este pasaje de la Biblia de una manera muy especial, organizando procesiones por los barrios de su ciudad. En muchas vecindades, niños y adultos van de casa en casa buscando alojamiento. Los niños llevan velas o faroles, tocan a las puertas y siguen su camino hasta la iglesia o su casa. Si hay un nacimiento, los pequeños se acercan al niño Jesús y le ofrecen flores. Algunas personas se visten de María y José, y representan así la búsqueda de alojamiento.

VOCABULARIO ÚTIL

la posada	*inn, hotel*
buscan	*they look*
alojamiento	*for lodging*
la vela	*candle*
el farol	*paper lantern*
el nacimiento	*nativity scene*
la búsqueda	*search*
el buñuelo	*fritter*

La fiesta continúa después con tamales, chocolate caliente y otras sabrosas comidas. Los chicos también reciben regalos, por supuesto: ricos buñuelos, refrescos, dulces. A veces rompen una piñata.

Hoy en día, esta celebración es una de las más populares de México. Pero aquí en los Estados Unidos también podemos apreciar las posadas. En muchas ciudades —San Diego, San Antonio y Chicago, entre otras—, la comunidad mexicana mantiene viva la festiva tradición de diciembre.

Ahora... ¡ustedes!

¿Pasas los días feriados de diciembre con tus parientes? ¿Viajas? ¿Adónde vas? ¿Participas en alguna celebración en tu vecindario?

En resumen

De todo un poco

A. ¿Cómo es tu casa/apartamento?

Trabajando en parejas, hablen de su casa (apartamento), su vecindario y sus obligaciones. Pueden usar la siguiente guía.

- descripción de la casa (del apartamento): los cuartos, los muebles, el patio, etcétera
- descripción del vecindario: las escuelas, la biblioteca, las tiendas, la lavandería, la gasolinera, etcétera
- las obligaciones que tiene cada miembro de la familia: lavar, planchar, cocinar, cortar el césped, etcétera

B. En grupos de 3 ó 4 describan la casa ideal. Si quieren, una persona puede hacer un dibujo. ¿Dónde está la casa ideal? ¿Cómo es la cocina? ¿Qué hay en ella? ¿Cómo es la sala? ¿y los otros cuartos? ¿Cómo es el patio/jardín? ¿Qué otras cosas especiales hay en la casa ideal?

¡Dígalo por escrito!

Casa a la venta

Imagínese que usted es agente de bienes raíces. Busque una foto o haga un dibujo de una casa. Luego, escriba un anuncio para una revista de bienes raíces describiendo esa casa. Debe incluir en su anuncio una descripción detallada de la casa, los cuartos, los aparatos domésticos que tiene, la vecindad, el precio y, claro, la foto o el dibujo.

¡Cuéntenos usted!

Cuéntenos sobre el cuarto o el lugar favorito de su casa. ¿Cómo es? ¿Es un lugar tranquilo o de mucha actividad? ¿Prefiere estar en ese lugar solo/a o acompañado/a? ¿Qué hace usted cuando está allí? ¿Duerme? ¿Escucha música? ¿Lee?

VOCABULARIO ÚTIL

antiguas	*ancient*
la mezcla	*mixture*
reconstruida	*reconstructed*
el siglo	*century*
el cerro	*hill*
parecido	*like*
el ambiente	*ambience, atmosphere*

LECTURA # Las hermosas ciudades hispanas

Muchas ciudades hispanas son antiguas y grandes. Algunas tienen entre trescientos y cuatrocientos años, y en España varias datan del Imperio Romano. Hay ciudades de América Latina, como Arequipa, al sur de Perú, donde se nota en sus edificios la mezcla de la cultura indígena y la cultura española. En algunas ciudades, la parte más vieja está reconstruida y hoy en día es una zona de interés turístico, como el Viejo San Juan en Puerto Rico, la ciudad colonial de Santo Domingo en la República Dominicana y el Quito colonial en Ecuador.

Las ciudades hispanas están generalmente divididas en zonas con nombres variados, por ejemplo: Argüelles, La Loma y La Villa. Algunas zonas son residenciales; otras son industriales o comerciales. Más que nada, en la típica ciudad hispana hay zonas mixtas: calles con casas particulares, apartamentos, tiendas y oficinas. En muchos casos, los adultos trabajan lejos de casa, pero hacen sus compras en las tiendas de su vecindario, en donde sus niños juegan.

Cartagena, en Colombia, es un ejemplo de ciudad con áreas mixtas,

El viejo San Juan, Puerto Rico

con su arquitectura colonial impresionante, su centro lleno de casas particulares y también de actividad comercial, y sus bellas playas. A propósito, si a usted le interesa la arquitectura, debe ir a la ciudad de San Miguel de Allende, en México, donde va a encontrar hermosos edificios que datan de los siglos dieciocho y diecinueve. Varias casas de San Miguel de Allende son ahora monumentos históricos.

En muchas ciudades la plaza es un lugar central de gran vitalidad. Las plazas en México se llaman a veces «zócalo». El Zócalo de la ciudad de México es particularmente grande. La Plaza Mayor de Madrid, España, tiene cafés y restaurantes de comida española típica. En la ciudad de Cuenca, que está en las montañas de Ecuador, hay dos plazas muy populares. También son populares las plazas de Valparaíso, en Chile. Valparaíso está situada en la costa y sobre cerros. Esta ciudad chilena tiene, además de plazas hermosas, panoramas espectaculares.

La Plaza Mayor en Madrid, España

Hay ciudades hispanas con calles y barrios famosos; por ejemplo, el Paseo de la Reforma en la ciudad de México, que es un amplio bulevar parecido al de Champs Elysées de París. En Madrid, la Gran Vía es la calle de más tránsito y público en toda la ciudad. Otra calle muy conocida, especialmente por sus tiendas, es la Calle Florida en Buenos Aires. Si a usted le gusta el ambiente de una ciudad cosmopolita y elegante, debe ir a Buenos Aires, capital de Argentina. Allí va a encontrar grandes avenidas, numerosos parques, teatros y museos.

Como puede ver, muchas ciudades hispanas son antiguas y grandes, con plazas populares, edificios históricos y calles famosas. ¡Hay tantas ciudades hermosas en el mundo hispano!

Comprensión

Indique si las siguientes descripciones corresponden a las ciudades hispanas (H), a las ciudades norteamericanas (N) o a las dos (D).

1. __H__ Son muy viejas.
2. __H__ Hay ciudades que datan del Imperio Romano.
3. __D__ En algunas ciudades el centro es una zona turística.
4. __D__ Hay mucha actividad comercial en el centro.
5. __D__ Hay gran cantidad de restaurantes.
6. __H__ Muchas personas viven en el centro.
7. __D__ Cada zona tiene su propio nombre.
8. __N__ Se hacen las compras lejos de la casa.
9. __D__ Los edificios de algunas ciudades son monumentos históricos.
10. __D__ Tienen calles famosas.

Un paso más... ¡a conversar!

1. Describa la ciudad donde usted nació o la ciudad donde vive ahora. ¿Qué aspectos de esta ciudad le gustan más? ¿Cuáles no le gustan y por qué?
2. Considere las diez características de la actividad de Comprensión. ¿Cuáles describen la ciudad donde usted vive? Por ejemplo, ¿hay calles famosas en su ciudad?

ocabulario

• Los cuartos y otras dependencias
Rooms and Other Parts of the House

el ascensor	elevator
el baño (el cuarto de baño)	bathroom
la cerca	fence
la chimenea	fireplace
el comedor	dining room
el corredor	corridor, hallway
el dormitorio	bedroom
la escalera	stairway, stairs
la habitación	room
el pasillo	hall
el piso	story, floor; apartment (*Spain*)
la recámara	bedroom (*Mex.*)
la sala	living room

PALABRAS SEMEJANTES: el balcón, el garaje, el patio, la terraza
REPASO: la cocina, el jardín

• Los muebles y los aparatos eléctricos
Furniture and Electrical Appliances

la alacena	kitchen cupboard
la alfombra	carpet, rug
la almohada	pillow
el aparato (doméstico)	(household) appliance
el armario	closet
la aspiradora	vacuum cleaner
la bañera	bathtub
la cafetera	coffeepot
el calentador	heater
la cama (matrimonial)	(double) bed
el cepillo (de dientes)	(tooth)brush
la cómoda	chest of drawers
la cortina	curtain; drapes
el cuadro	picture (*on a wall*)
la ducha	shower
la escoba	broom
el espejo	mirror
el estante	shelf
la estufa	stove, range
el fregadero	kitchen sink
el gabinete	cabinet
el horno (de microondas)	(microwave) oven
el inodoro	toilet
el lavabo	bathroom sink
la lavadora	washing machine
el lavaplatos	dishwasher
la mesita	coffee table
el secador (de pelo)	hair dryer
la secadora	(clothes) dryer
el sillón	easy chair
la tetera	teapot
la taza	cup, mug; toilet bowl
el tocador	dresser
el ventilador	fan

PALABRAS SEMEJANTES: la lámpara, el piano, el plato, el refrigerador, el sofá, el tostador, el utensilio
REPASO: la afeitadora, la silla, el televisor, la toalla, el vaso

• La casa y el vecindario
House and Neighborhood

el arbusto	bush
la cancha de tenis	tennis court
la casa particular	private home
el centro comercial	shopping center
el departamento	apartment (*Mex.*)
el dueño / la dueña	owner
la estatua	statue
el pueblo	town

PALABRAS SEMEJANTES: el apartamento, la residencia, la vista
REPASO: el árbol, la ciudad, el colegio, el condominio, el edificio, la escuela, la fuente, la gasolinera, la iglesia, el lugar, el parque, la piscina, la plaza, el supermercado, el techo, la tienda

• Los quehaceres domésticos
Household Chores

barrer	to sweep
calentar (ie) caliento, calienta	to warm up
cortar el césped	to cut (mow) the grass
dar de comer	to feed
desempolvar	to dust
guardar (ropa)	to put away (clothes)
pasar la aspiradora	to vacuum
regar (ie) riego/riega	to water
sacar la basura	to take out the trash
tender (ie) la cama tiendo/tiende	to make the bed

REPASO: ayudar, cocinar, lavar, limpiar, planchar, secar

• Los verbos — Verbs

alquilar(se)	to rent, to be rented
se alquila	for rent
apoyar	to support
cerrar (ie)	to close
cierro/cierra	
compartir	to share
conocer	to know, to meet
conozco/conoce	
enviar	to send
prender (la luz)	to turn on (the light)

PALABRAS SEMEJANTES: comentar, identificar, incluir, ordenar

REPASO: apagar, deber (+ *infin.*), encender (ie), hay que (+ *infin.*), necesitar, pasar tiempo, tener que (+ *infin.*)

• Los sustantivos — Nouns

alguien	someone
el alquiler	rent
los bienes raíces	real estate
el director / la directora	(school) principal
la diversión	entertainment
el empleado doméstico / la empleada doméstica	servant
la entrada	entrance, driveway
la mascota	pet
las noticias	news
la pareja	pair, couple
el precio	price
la venta	sale

PALABRAS SEMEJANTES: el desastre, la milla, el objeto, el transporte

• Los adjetivos — Adjectives

agradable	pleasant, nice
amplio/a	roomy
amueblado/a	furnished
barato/a	inexpensive
caro/a	expensive
módico/a	moderate (in price)
propio/a	own
serio/a	serious
útil	useful

PALABRAS SEMEJANTES: cronológico/a, decorado/a

• ¿Cuándo? ¿Con qué frecuencia? — When? How Often?

a menudo	often
anoche	last night
(el mes/año) pasado	last (month/year)

REPASO: ahora, antes de / después de, ayer, esta noche, hoy, mañana, por la mañana/tarde/noche

• Las comparaciones — Comparisons

bueno, mejor, el/la mejor	good, better, (the) best
malo, peor, el/la peor	bad, worse, (the) worst
el/la más (+ *adj.*)	the most (+ *adj.*)
más/menos que (de)	more/less than
tan... como	as . . . as
tanto(s)/tanta(s)... como	as much / as many . . . as

• Las presentaciones — Introductions

Encantado/a	Delighted (Pleased) to meet you.
Gusto en conocerlo/a	Nice to meet you.
Quiero presentarle a...	I want to introduce you (*sing. pol.*) to . . .
Quiero presentarte a...	I want to introduce you (*inf.*) to . . .

REPASO: igualmente, mucho gusto, ¿Qué tal?

• Palabras y expresiones útiles — Useful Words and Phrases

¿Para qué sirve... ?	What is . . . used for?
pues	well, then

¿Y quién remodela mis baños y mi cocina?

EN OFICINAS - EMPRESAS - HOTELES - RESTAURANTES - CASAS - APARTAMENTOS

Casaviva

SOMOS PROFESIONALES EN LA CREACIÓN DE AMBIENTES

Gramática y ejercicios

6.1. By now students know the basic meaning of *más* and *menos*. We have suggested on several occasions that you introduce *más* as a comparative in your oral input. *Menos* in comparatives is less frequent and may be new for some students. Another new element here is the use of *que* corresponding to "than." We did not explicitly label the article + *más/menos* + adjective

6.1   Making Comparisons of Inequality: *más/menos*

GRAMÁTICA ILUSTRADA

Guillermo es **más alto que** Ramón.
Ramón es **menos alto que** Guillermo.

Amanda es **más seria que** Graciela.
Graciela es **menos seria que** Amanda.

Amanda recibe **mejores notas que** Graciela.

Graciela recibe **peores notas que** Amanda.

Ramón es **mejor atleta que** Guillermo.
Guillermo es **mejor estudiante que** Ramón.

Ernestito es **el más grande de** los tres.

Marisa es **la más pequeña de** los tres.

construction as the superlative; introduce this term if you feel it

> **más que** = *more than*
> **menos que** = *less than*

is helpful. Point out that just as English-speaking children have trouble with good/better (saying "more good" or "gooder"), Spanish-speaking children have trouble with *bueno/mejor*, sometimes producing *más bueno* or *más mejor*.

A. Use the words **más... que** (*more . . . than*) and **menos... que** (*less . . . than*) to make unequal comparisons in Spanish. English often uses the ending *-er* (e.g., *taller*) in such comparisons, but Spanish uses **más/menos** + adjective.

Guillermo es **más** alto **que** Ramón.	*Guillermo is taller than Ramón.*
Graciela es **menos** seria **que** Amanda.	*Graciela is less serious than Amanda.*
Yo tengo **más** experiencia **que** Pilar.	*I have more experience than Pilar.*
José tiene **menos** tiempo **que** Clara.	*José has less time than Clara.*

B. To single out a member of a group as "the most" or "the least," add an article (**el, la, los, las**) to this construction. Note that English often uses the ending *-est:* **el más gordo** (*the fattest*), **las más grandes** (*the biggest ones*), **la más cara** (*the most expensive one*), **el menos útil** (*the least useful*). (Also note that Spanish uses **de** where English uses *of* or *in.*)

> **el más alto** = *the tallest (m. sing.)*
> **los más altos** = *the tallest (m. pl.)*
> **la más alta** = *the tallest (f. sing.)*
> **las más altas** = *the tallest (f. pl.)*

Adriana es **la más** simpática (**de** las tres que conozco).	Adriana is the nicest (*of the three I know*).
Éstas son **las** casas **más** modernas **del** vecindario.	These are the most modern houses in the neighborhood.
Aquí tiene usted **el** cuarto **más** grande **de** la casa.	Here you have the largest room in the house.

C. There are special comparative and superlative forms for **bueno** and **malo**.

> **el/la mejor** = *the best (sing.)*
> **los/las mejores** = *the best (pl.)*
> **el/la peor** = *the worst (sing.)*
> **los/las peores** = *the worst (pl.)*

bueno	mejor	el/la mejor	good/better/best
malo	peor	el/la peor	bad/worse/worst

En mi opinión, la cocina es **el mejor** cuarto de la casa.	In my opinion, the kitchen is the best room in the house.
No hay nada **peor** que el ruido de los coches cuando uno quiere dormir.	There is nothing worse than traffic noise when you want to sleep.

D. The special forms **mayor / el/la mayor** (*older/oldest*) and **menor / el/la menor** (*younger/youngest*) are used to compare ages.

> **mi hermana mayor** = *my older sister*
> **mi hermano menor** = *my younger brother*

Mi hermano **mayor** se llama Jaime y mi hermana **menor** se llama Leticia.	My older brother is named Jaime, and my younger sister is named Leticia.

EJERCICIO I

Haga comparaciones. Use **más/menos que.**

MODELO: El sofá cuesta $150. El sofá-cama cuesta $500. (cuesta) →
El sofá-cama cuesta *más que* el sofá. (El sofá cuesta *menos que* el sofá-cama.)

1. La mesa pesa 25 kilos. El sillón pesa 48. (pesa)
2. En mi casa viven ocho personas. En la casa de los vecinos viven cinco. (viven)
3. La casa de los López tiene cuatro dormitorios. La casa de los vecinos tiene dos. (tiene)
4. En el patio de mis abuelos hay tres árboles. En nuestro patio hay cinco. (hay)
5. En la casa de los Ruiz hay tres dormitorios. En la casa de los Saucedo hay cuatro. (hay)

> **pesa** = *weighs*

EJERCICIO 2

Exprese su opinión. Use **mejor, peor, mayor, menor** o **el/la más... de...**

desierto = *desert*

MODELO: el Mercedes Benz; el Jaguar (mejor) →
En mi opinión, el Jaguar es *mejor que* el Mercedes.

1. vivir en el desierto; vivir en el centro de la ciudad (peor)
2. vivir en una casa; vivir en un apartamento (mejor)
3. un ventilador; un horno de microondas; un refrigerador (útil)
4. mi hermano Armando tiene 12 años; mi hermana Irma tiene 10 (mayor)
5. mi hijo tiene 6 meses; tu hija tiene 1 año (menor)
6. un Ferrari que cuesta $115.000; un Rolls Royce que cuesta $200.000; un BMW que cuesta $65.000 (caro)

6.2. Students usually have no trouble with these constructions if they hear them frequently in your input before having to produce them.

6.2 Making Comparisons of Equality: *tan/tanto*

GRAMÁTICA ILUSTRADA

Ramón no es **tan alto como** Guillermo.

Marisa y Clarisa son **tan inteligentes como** Ernestito.

Andrea no tiene **tanto tiempo libre como** su hermana, Paula.

Graciela tiene **tantos amigos como** Amanda.

tan + adjective + **como** = *as* + adjective + *as*

A. When stating that qualities are (or are not) equal or identical (*as pretty as / not as pretty as*), use **(no) tan… como. Tan** never changes form in comparisons or contrasts of qualities.

Marisa es **tan** inteligente **como** Clarisa.

Marisa is as intelligent as Clarisa.

Ramón **no** es **tan** alto **como** Guillermo.

Ramón is not as tall as Guillermo.

tanto/a/os/as + noun + **como** = *as much/ many* + noun + *as*

B. When equating quantities (*as much/many as*), use **tanto… como. Tanto** agrees with the noun that follows: **tanto, tanta, tantos, tantas.**

Andrea no tiene **tanto dinero como** Paula.

Andrea doesn't have as much money as Paula.

Ustedes tienen **tantas clases como** nosotros.

You have as many classes as we do.

EJERCICIO 3

Haga comparaciones. Use **tan… como.**

237

MODELO: El Parque de Chapultepec es muy grande. El Parque Juárez es pequeño. (grande) →
El Parque Juárez no es *tan grande como* el Parque de Chapultepec.

1. La piscina de los señores Montes es muy bonita. La piscina de los señores Lugo es muy bonita también. (bonita)
2. El edificio de la avenida Oriente tiene seis pisos. El edificio nuevo de la avenida del Libertador tiene diez. (alto)
3. La lavandería nueva de la calle Ebro es muy limpia. La lavandería vieja de la avenida Almendros no es muy limpia. (limpia)
4. Los condominios «Princesa» son muy modernos. Los condominios «San Juan» tienen ya veinte años. (modernos)

EJERCICIO 4

Haga comparaciones. Use **tantos/as... como.**

MODELO: Mi casa tiene dos dormitorios. Su casa tiene cuatro. →
Mi casa no tiene *tantos* dormitorios *como* su casa.

1. La sala de nuestra casa tiene cuatro lámparas. La sala de su casa tiene sólo dos lámparas.
2. La casa de los señores Saucedo tiene ocho cuartos. La casa de los señores Ruiz tiene seis cuartos.
3. La casa de mis padres tiene dos baños. La casa de los vecinos también tiene dos baños.
4. El patio de doña Lola tiene muchas flores y plantas. El patio de don Anselmo tiene pocas flores y plantas.

6.3. This is the first formal introduction to the preterite tense. We use the English terms "past tense" and "preterite" interchangeably, although the Spanish preterite is not exactly equivalent to the English past. (Of course, no 2 tenses in Spanish and English are ever exactly equivalent.) In this chapter we concentrate on the use of regular singular forms; plural forms and irregular verbs are introduced in **Capítulo 7.**

6.3 Talking about Past Actions: The Preterite of Regular Verbs (Part 1)

GRAMÁTICA ILUSTRADA

hablé = *I spoke*
comí = *I ate*
viví = *I lived*
hablaste = *you (inf. sing.) spoke*
comiste = *you (inf. sing.) ate*
viviste = *you (inf. sing.) lived*
habló = *you (pol. sing.) spoke; he/she spoke*
comió = *you (pol. sing.) ate; he/she ate*
vivió = *you (pol. sing.) lived; he/she lived*

The Spanish past tense (preterite), like the English present tense, is formed by adding a set of endings to the stem. Here are the singular preterite endings of the regular verbs **hablar** (*to speak*), **comer** (*to eat*), and **vivir** (*to live*).*

	-ar verbs	-er verbs	-ir verbs
(yo)	habl**é**	com**í**	viv**í**
(tú)	habl**aste**	com**iste**	viv**iste**
(usted, él/ella)	habl**ó**	com**ió**	viv**ió**

Note the written accent marks. They tell you where to put the stress. Also note that the singular endings for **-er** and **-ir** verbs are the same.

The following are some time expressions that often act as clues to help you recognize the preterite. You can use them to talk about the past.

anoche, ayer, ayer por la mañana (tarde, noche), anteayer, el lunes (martes, miércoles, etc.) pasado, la semana pasada, esta mañana, el mes (año) pasado, ya

Hablé con la vecina nueva **ayer**.	*I spoke with the new neighbor yesterday.*
—¿**Ya comiste**?	—*Did you already eat?*
—Sí, **comí** en casa.	—*Yes, I ate at home.*

EJERCICIO 5

¿Hizo usted estas actividades ayer? Conteste sí o no.

MODELO: trabajar → Sí, ***trabajé*** siete horas. (No, *no trabajé*.)

1. comprar un disco compacto
2. comer en un restaurante
3. hablar por teléfono
4. escribir una carta
5. estudiar cuatro horas

6. abrir la ventana
7. visitar a un amigo / una amiga
8. correr por la mañana
9. tomar un refresco
10. lavar los platos

EJERCICIO 6

Diga si cada una de las siguientes personas hizo las actividades indicadas.

MODELO: Christina Aguilera / cantar en la ducha esta mañana →
Christina Aguilera *cantó* en la ducha esta mañana.

1. mi madre / charlar con el presidente la semana pasada
2. el presidente de México / comer tacos en la calle ayer
3. la profesora de español / salir con Antonio Banderas anoche
4. yo / jugar al tenis con Anabel Medina ayer a medianoche
5. Fidel Castro / visitar los Estados Unidos el mes pasado

¿RECUERDA?

Spanish uses two different verbs to express the English verb *to know*. You have already seen and practiced the forms of one of these verbs, **saber,** which means *to know facts, information.* When followed by an infinitive, **saber** expresses the idea *to know how to (do something).* Return to **Gramática 5.2** to review the verb **saber** in more detail.

*The plural endings and many common verbs that are irregular in the preterite are introduced in **Gramática 7.1, 7.2, and 7.3.**

6.4 Knowing People, Places, and Facts: *conocer* and *saber*

A. Conocer (*to know*) is used in the sense of *to be acquainted* or *familiar with*; it is normally used with people and places. **Saber** (*to know*) is used in the sense of *to know facts, information,* or, when followed by an infinitive, *to know how to* (*do something*). Here are the present-tense forms of **conocer*** and **saber.**

6.4. Students will already know some forms of both verbs, and they may already have asked about the difference between the two.

	conocer (*to know people, places*)	saber (*to know facts, information*)	
(yo)	conozco	sé	*I know*
(tú)	conoces	sabes	*you (inf. sing.) know*
(usted, él/ella)	conoce	sabe	*you (pol. sing.) know; he/she knows*
(nosotros/as)	conocemos	sabemos	*we know*
(vosotros/as)	conocéis	sabéis	*you (inf. pl., Spain) know*
(ustedes, ellos/as)	conocen	saben	*you (pl.) know; they know*

Note that the preposition **a** precedes a direct object noun when that noun is a person. This use of **a** is called the *personal* **a.**

—**¿Conoces a** Carla Espinosa?
—Sí, y **conozco** también **a** su hermano.
—¿Y **conoces** también **a** su amigo Rogelio?
—No, **a** él no lo **conozco.**

—*Do you know Carla Espinosa?*
—*Yes, and I also know her brother.*
—*And do you also know her friend Rogelio?*
—*No, I don't know him.*

—**¿Conoces** muy bien la ciudad de México?
—Todavía no.

—*Do you know Mexico City well?*
—*Not yet.*

—**¿Sabes** nadar?
—No, no **sé** nadar.

—*Do you know how to swim?*
—*No, I don't know how to swim.*

—**¿Sabes** dónde está el restaurante?
—No, no **sé.**

—*Do you know where the restaurant is?*
—*No, I don't know.*

—**¿Sabes** si hay una biblioteca cerca?
—No, no **sé.**

—*Do you know if there is a library nearby?*
—*No, I don't know.*

> **conocer** = *to know people, places*
> **saber** = *to know facts, information*
> **saber** + *inf.* = *to know how to* (*do something*)
> **Conozco a Adriana.**
> (*I know Adriana.*)
> **Sé que Adriana vive en Buenos Aires.**
> (*I know that Adriana lives in Buenos Aires.*)

B. The preterite of **conocer** (**conocí, conociste, conoció**) expresses the meaning *met* (*for the first time*) in English.

Conocí a Raúl la semana pasada.   *I met Raúl last week.*

> **conocer** in the preterite = *met* (*for the first time*)

---

*Recognition: **vos conocés**

EJERCICIO 7

—¿Conoce usted a los vecinos que viven enfrente?
—Sí, los conozco muy bien. Su apellido es Saucedo.

El señor Valdés lleva sólo una semana viviendo en el vecindario de San Vicente. Está hablando con su vecino, don Eduardo. Complete con las frases apropiadas las preguntas del señor Valdés.

¿Conoce usted…
¿Sabe usted…

I. a los dueños de la casa de la esquina (*corner*)?
2. a doña Rosita?
3. si hay una farmacia cerca?
4. si hay una alberca (piscina) pública cerca?
5. al director del colegio que está en la esquina?
6. un buen restaurante chino?
7. dónde está el Parque de Colón?
8. si hay una lavandería en el centro comercial El Toro?
9. cuánto cuesta ponerle un techo nuevo a la casa?
10. a la vecina de la casa amarilla?

6.5. Object pronouns are quite difficult to teach for oral production and are acquired very late. You will have used them in your speech many times, but it is doubtful that students will have noticed them or found them helpful in understanding your input. (Since object pronouns are unstressed, they are difficult to hear.) To date, we have formally introduced reflexive pronouns and indirect object pronouns with verbs of reporting and *gustar*, so students are aware of pronoun placement. This section introduces direct object pronouns as personal pronouns representing people only. This is done in order to avoid connection between *lo* and "it." We suggest that students receive much input with direct object pronouns before you attempt to contrast them with indirect object pronouns. Our strategy is to get students to associate a pronoun with a particular verb: *verlo/la, conocerlo/la, quererlo/la, invitarlo/la,* but *preguntarle, decirle, hablarle, explicarle, darle,* etc.

6.5 Referring to People Already Mentioned: Personal Direct Object Pronouns

A. Personal direct object pronouns (**los pronombres de complemento directo**) are used with verbs such as *to see* (*someone*), *to remember* (*someone*), *to know* (*someone*), *to love* (*someone*), *to take* (*someone somewhere*), *to invite* (*someone*), and so forth. Here are some examples of direct object pronouns in English.

Raúl Saucedo? I don't remember *him.*
Ernestito and his brother and sister? We saw *them* yesterday.
I'm José Estrada. You remember *me,* don't you?

B. You already know four of the personal direct object pronouns, because they are the same as the reflexive pronouns and the indirect object pronouns: **me** (*me*), **te** (*you*), **nos** (*us*), and **os** (*you; inf. pl., Spain*).

Usted no **me** conoce todavía. Soy Raúl Saucedo.	*You don't know me yet. I'm Raúl Saucedo.*
Te quiero mucho.	*I love you a lot.*
Tú no **nos** recuerdas, ¿verdad?	*You don't remember us, do you?*

C. Four other direct object pronouns are used, according to the gender and number of the person(s) referred to.*

lo	him, you (pol. m. sing.)	los	them, you (pl.)
la	her, you (pol. f. sing.)	las	them, you (females only)

*Some Spanish speakers from Spain use **le/les** instead of **lo/los** as the direct object pronoun to refer to males.

—¿Conoces a **José Estrada,**
el novio de Pilar?
—Sí, **lo** conozco.

—¿Mi hija Margarita? **La** llevo
todos los días a la escuela.

—¿No **lo** vi a usted ayer,
señor Torres?
—Sí, **me** vio en la biblioteca.

—¿Y tus **parientes**? ¿**Los** ves con
frecuencia?
—Sí, durante las fiestas **los**
invitamos a casa a cenar
con nosotros.

—¿Vas a visitar a tus **hermanas**
mañana?
—Sí, **las** voy a ver al mediodía.

—Mamá, ¿cuándo vas a
recoger**nos**?
—Paso a recoger**las** a las 2:45.

—*Do you know José Estrada,
Pilar's boyfriend?*
—*Yes, I know him.*

—*My daughter Margaret? I take
her to school every day.*

—*Didn't I see you yesterday,
Mr. Torres?*
—*Yes, you saw me in the library.*

—*And your relatives? Do you
see them frequently?*
—*Yes, during the holidays we
invite them to our house to
have dinner with us.*

—*Are you going to visit your
sisters tomorrow?*
—*Yes, I'm going to see them at
noon.*

—*Mom, when are you going to
pick us up?*
—*I'll pick you up at 2:45.*

In the sentence *John saw her,* the word *her* is a direct object pronoun. Direct object pronouns answer the questions *Whom?* or *What?*

In the sentence **Juan la conoce** (*John knows her*), **la** is a direct object pronoun.

—**¿Dónde está Lan?**
—**No sé. No *la* veo.**
[*la* = **Lan**]
—*Where is Lan?*
—*I don't know. I don't see* **her.**
[**her** = *Lan*]

—**¿Conoces a los Silva?**
—**Sí, *los* conocí ayer.**
[**los** = **los Silva**]
—*Do you know* **the Silvas?**
—*Yes, I met* **them** *yesterday.* [**them** = *the Silvas*]

EJERCICIO 8

Complete estos diálogos con pronombres de complemento directo.

MODELO: —¿Conoces a Marta Guerrero?
—Sí, *la* conozco.

1. —¿Conocen ustedes a los señores Saucedo?
—Sí, _____ conocemos muy bien.
2. —¿Conoces tú a doña Rosita?
—Sí, _____ conozco un poco.
3. —¿Y a Pedro Ruiz?
—Sí, _____ conozco también.
4. —¿Conoce Estela Saucedo a Silvia y a Nacho?
—Sí, ella _____ conoce un poco.
5. —Señor, yo no _____ conozco.
—¿No me conoce? ¡Soy Ernesto Saucedo, su vecino!
6. —¿Conoce usted al esposo de Andrea Ruiz?
—No, no _____ conozco.
7. —¿Conocen ustedes a la señorita Batini?
—Sí, _____ conocemos muy bien; es amiga de mi madre.
8. —¿Conocen los señores Saucedo a los señores Silva?
—Sí, los señores Saucedo _____ conocen muy bien; son vecinos.
9. —¿Conoces tú a Guillermo?
—Sí, _____ conozco muy bien; es mi mejor amigo.
10. —¿Conoce Amanda a Graciela?
—Sí, _____ conoce muy bien; son muy buenas amigas.

We mention the *leísmo* of peninsular Spanish in a footnote, but do not use it. Reassure students that if they continue to listen to, interact in, and read Spanish, they will eventually acquire these pronouns and their placement.

Ej. 8. We do not force students to choose between indirect and direct object pronouns at this time.

Capítulo 7

Hablando del pasado

For more information on the communicative goals of **Capítulo 7** and for additional activities (AAs), please see the corresponding chapter notes in the IM.

Pre-Text Oral Activities
As you begin this chapter, continue to spend 5 minutes or so of each class period telling students what you did the previous day. As you narrate, write verb forms on the board in a column. Expand on your context and focus on telling an interesting story. Students may continue to write these activities in their notebooks. Each day have students work in pairs, reacting to verb forms you have used: Did they do that specific activity the day before?

M E T A S

In **Capítulo 7** you will continue to talk about things that happened in the past: your own experiences and those of others.

Sobre el artista: Guillermo Alio nació en Tucumán, Argentina, en 1950. Estudió en la Escuela de Bellas Artes en Buenos Aires. Sus obras se exhiben en varios países de América del Sur y Europa, los Estados Unidos, México e Israel. Actualmente da conferencias sobre arte en Argentina y otros países.

Pintura de la serie *Tango argentino*, por Guillermo Alio (Argentina)

Época precolombina
Los indígenas patagónicos habitan el sur, centro y norte.

Argentina

1502 y 1616 Américo Vespucio y más tarde Juan Díaz de Solís se internan en el Río de la Plata.

1500

1800

1776 Creación del Virreinato del Río de la Plata; abarca Chile, Bolivia, Paraguay, Argentina y Uruguay.

1829–1852 Agresiones militares por part de Inglaterra y Francia

Los amigos animados: Para repasar

Antes de comenzar este capítulo, mire los segmentos animados para repasar el capítulo anterior.

A. La Compañía Reparatodo. Y ahora un anuncio comercial en KSUN, Radio Sol.

B. El vecindario de Guillermo. Ahora Guillermo Saucedo, el hijo de Ernesto y Estela, lee una composición en su clase de lenguaje y escritura.

En este capítulo...

ACTIVIDADES DE COMUNICACIÓN

• Mis experiencias
• Las experiencias con los demás
• Hablando del pasado

EN RESUMEN

LECTURAS Y CULTURA

• **Enlace literario**
  «Cuando salimos de El Salvador», por Jorge Argueta
• **Ventanas culturales**
  Nuestra comunidad: Reuben Martínez, amigo de muchos
• **Ventanas al pasado**
  La independencia de Sudamérica
• **Lectura**
  Machu Picchu: Un viaje por el tiempo

GRAMÁTICA Y EJERCICIOS

7.1 Talking about Past Actions: The Preterite of Regular Verbs (Part 2)
7.2 Relating Past Events (Part 1): Verbs with Irregular Preterite Forms
7.3 More about Relating Past Events (Part 2): Stem-Changing Verbs in the Preterite
7.4 Reporting the Past: Indirect Object Pronouns with **decir**
7.5 Expressing *ago:* **hacer** + Time

0
mienza un periodo de
strialización. Los indígenas
exterminados.

1976 El gobierno de María Estela Martínez (viuda de Perón) es derrocado y los militares toman el poder. Época conocida como "Guerra sucia".

1982 Guerra contra Inglaterra por las islas Malvinas; gana Inglaterra.

2002 Fuerte devaluación del peso; se estabiliza la economía.

1900

2000

1930–1945 Era de dictaduras militares

1946–1955 Gobierno de Juan Domingo Perón

2001 Crisis económica; Argentina cambia cinco veces de presidente.

2003 Nestor Kirchner es electo presidente.

Actividades de comunicación y lecturas

✳ Mis experiencias

Lea Gramática 7.1–7.2.

Ayer hice muchas cosas.

Carla

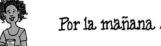

Por la mañana . . .

Me lavé el pelo.

Desayuné rápidamente.

Salí de casa.

Mis experiencias. From the Pre-Text Oral Activities in **Capítulos 5** and **6**, students should have by now a long list of preterite verb forms. Have students spend a few minutes looking over these forms in their notebooks and in the display. Have them write 5 sentences that describe activities they participated in the previous day; then have them work in pairs to tell each other their activities. Although this is a production activity, if students have heard preterite forms in your input during the Pre-Text Oral Activities of **Capítulos 5** and **6,** they should be able to do this easily. Students should not attempt to formulate questions. Circulate among pairs, commenting and discussing. Most of the verbs in this display have been previously introduced. However, students may not have seen a particular preterite form. Verify class comprehension of all vocabulary in the display and the activities of this section as you proceed through these materials.

See the IRK for additional activities: *Mis experiencias.*

Asistí a la clase de biología.

Tomé café con algunos amigos.

Escribí un informe para la clase de química.

Por la tarde...

Volví a casa a las dos.

Almorcé con mi mamá.

Trabajé por cuatro horas en una tienda de ropa.

Anoche...

Cené con mi familia.

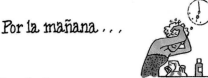

Leí un poco antes de acostarme.

Me acosté temprano.

ACTIVIDAD 1   Orden lógico: Mis actividades

Ordene lógicamente las siguientes actividades.

_____ Leí una novela.
_____ Me duché.
_____ Me puse el pijama.
_____ Trabajé. / Asistí a clases.
_____ Me acosté.
_____ Hice la tarea.
_____ Cené.
_____ Desayuné.
_____ Salí para el trabajo / la universidad.
_____ Lavé los platos.
_____ Volví a casa.
_____ Me vestí.

Act. 1. Orden lógico (individual; whole-class). Have students work individually to order these activities logically. (There are several possible orders.)
  Follow-Up: Go over possible orders with the whole class.
  Expansion: In groups of 2–3 have students write a paragraph based on these sentences.

ACTIVIDAD 2   Narración: La rutina

Complete lógicamente cada secuencia con la actividad que falta.

MODELO: Anoche cené, luego me quité la ropa, _____, me lavé los dientes y me acosté.

1. Hoy me desperté, me levanté inmediatamente y me duché. Después me sequé y me puse ropa limpia.
2. Anoche llegué del trabajo, me quité la ropa, me puse el pijama, cené y me acosté.
3. Esta mañana me desperté tarde. Me quité rápidamente el pijama, me duché y me sequé. Luego tomé un vaso de leche (no desayuné porque no tuve tiempo) y salí para el trabajo.
4. El sábado pasado fui al cine. Primero me quité la ropa, luego me sequé y me puse ropa limpia. Un poco más tarde me peiné y me maquillé y, finalmente, salí para el cine con mi novio.
5. El domingo pasado me desperté, desayuné, me duché, me sequé, me vestí y salí de mi casa. Llegué a la cancha de tenis y jugué un partido con mi amigo.

Ahora, escriba una secuencia como las anteriores para que la clase diga qué actividad falta.

Act. 2. Narración (individual; pair: whole-class). **Suggestion:** After doing MODELO with class (*me puse el pijama*), have students, working individually or in pairs, look at each sequence and insert a missing logical activity. Circulate to give suggestions and hints such as: *¿Qué hacemos después de levantarnos y antes de ducharnos?* Give students 3–5 minutes.
  Follow-Up: Go over missing activities with the whole class. You may want to write each sequence out on the board. Missing activities: **1.** *me quité el pijama* **2.** *me lavé los dientes* **3.** *me puse la ropa (me vestí)* **4.** *me duché* **5.** *me levanté / me quité la ropa.* Students may come up with others; accept any that make sense.

ACTIVIDAD 3   Encuesta: La última vez

¿Cuándo fue la última vez que usted hizo las siguientes actividades?

MODELO: ¿Cuándo habló con su mamá por teléfono? →
          Hablé con ella *la semana pasada.*

▶ POSIBILIDADES

esta mañana	la semana pasada
ayer	ayer por la mañana (tarde, noche)
anteayer	el lunes (martes,...) pasado
anoche	el año pasado

Act. 3. Encuesta (whole-class). Ask the questions; volunteers respond. Expand the discussion when possible.

1. ¿Cuándo lavó su carro?
2. ¿Cuándo se bañó?
3. ¿Cuándo se cortó el pelo?
4. ¿Cuándo navegó por el Internet?
5. ¿Cuándo asistió a clase? ¿a un concierto?
6. ¿Cuándo estudió más de una hora?
7. ¿Cuándo vio la televisión? ¿una película?
8. ¿Cuándo fue a la playa? ¿al lago? ¿al río?
9. ¿Cuándo fue de compras?
10. ¿Cuándo leyó el periódico? ¿una revista?

Act. 4. Narración (whole-class; pair). Go through the chart narrating Ricardo's weekend to the whole class. As you work through the series, reinforce *antes de / después de* + infinitive structures: *¿Qué hizo Ricardo después de desayunar?* Pair students to narrate the drawings.
Suggestions: 1. *Ricardo se despertó a las 9:00.* **2.** *Se duchó.* **3.** *Desayunó huevos con tocino.* **4.** *Buscó su traje de baño y la toalla.* **5.** *Manejó su carro a la playa.* **6.** *Estacionó el carro debajo de una palmera.* **7.** *Puso su toalla en la arena.* **8.** *Saludó a unos amigos.* **9.** *Nadó / Se bañó un rato en las olas.* **10.** *Se secó con la toalla.* **11.** *Jugó al frisbi con su amigo.* **12.** *Tomó un refresco.* **13.** *Tomó el sol.* **14.** *Corrió en la playa.* **15.** *Se duchó otra vez.* Ask class: *¿Qué hizo Ricardo después de correr y ducharse?* Have class invent several possibilities for the blank square.

ACTIVIDAD 4   Narración: El fin de semana de Ricardo Sícora

▶ **PALABRAS ÚTILES**

primero	luego	más tarde
poco después	también	finalmente

ENLACE LITERARIO

«Cuando salimos de El Salvador», por Jorge Argueta

Selección de su libro *Una película en mi almohada* (2001)

Jorge Argueta es un poeta salvadoreño joven y talentoso. Llegó a los Estados Unidos en 1980 y desde entonces vive en San Francisco, California. Además de ser autor de poemas y cuentos, Argueta es maestro. Una de sus publicaciones recientes es *Xóchitl, la niña de las flores* (2003), una hermosa historia para niños. El libro *Una película en mi almohada* ganó varios premios, entre otros el Premio Américas de 2002 para literatura latinoamericana. En el conmovedor[1] poema aquí incluido, Argueta describe su experiencia al tener que abandonar su país.

Cuando salimos de El Salvador

Cuando salimos de El Salvador
para venir a los Estados Unidos
mi papá y yo salimos huyendo[2]
una madrugada[3] de diciembre

Salimos sin decirles adiós
a parientes, amigos o vecinos
No me despedí de Neto
mi mejor amigo

No me despedí de Koki
mi periquito parlanchín[4]
ni de la señorita
Sha-Sha-She-Sha
mi perrita favorita

Cuando salimos de El Salvador
en el autobús yo no dejaba de llorar[5]
porque allá se habían
quedado[6] mi mamá
mis hermanitos y mi abuela

> **Enlace literario:** Tell students about memorable trips you have taken. Choose one and tell an interesting anecdote from that trip. Now have students think of their travels or immigration experiences. Ask for volunteers to tell their stories to the class, as you react with modeling of past-tense forms. Then assign the **Actividad creativa.** Point out that students have the choice of writing this diary entry *en prosa* (prose) or *en forma poética* (as a poem). If there are students who have never traveled, they should try to imagine a memorable trip, then write about it as if it had actually happened.

Actividad creativa: Una experiencia memorable

Imagínese que usted está escribiendo su autobiografía y quiere contar una experiencia memorable que tuvo durante un viaje. ¿Qué recuerdos importantes o interesantes tiene de esta experiencia? ¿Qué pasó? Narre su historia en una página, en prosa o en forma poética.

[1]*moving*   [2]*fleeing*   [3]*dawn*   [4]*talkative*   [5]*no... couldn't stop crying*   [6]*allá... had remained behind*

✳ Las experiencias con los demás

Las experiencias con los demás. Use drawings and vocabulary in the display to ask questions of the whole class regarding the experiences of *Raúl y Esteban* and *Amanda y Graciela*. Most of the preterite forms in this display will be new to students. Verify class comprehension of all vocabulary in the display and the activities of this section as you proceed through these materials.

Lea Gramática 7.3–7.4.

See the IRK for additional activities: *Las experiencias con los demás*.

Dos chicos vinieron a la fiesta de mi hijo. Bebieron demasiado.

¡A caminar!

Se afeitaron y se vistieron con cuidado.

Llegaron un poco tarde y les dijeron «¡Disculpen!» a sus amigos.

Bailaron y se divirtieron, pero bebieron mucha cerveza y...

¡Se sintieron mal! Tuvieron que regresar a casa a pie.

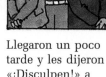

¡No quisimos beber en la fiesta!

Nos pusimos unos vestidos lindos.

Llegamos a la fiesta y nos sirvieron cerveza; no la aceptamos.

No nos quedamos en la fiesta. Preferimos ir a jugar al boliche.

Nos sentimos un poco ridículas con nuestros vestidos de fiesta, pero nos divertimos mucho.

Act. 5. Intercambios (whole-class; pair). **Suggestion:** Have students scan for unfamiliar vocabulary. Model both types of questions. Pair students for interaction and circulate to help with question formation.

ACTIVIDAD 5   Intercambios: El fin de semana de los vecinos

A continuación ustedes tienen una lista de lo que hicieron algunos de los vecinos de Ernesto y Estela durante el fin de semana.

MODELOS: E1: ¿Qué hicieron *los Olivera el viernes?*
          E2: Limpiaron la casa.

          E1: ¿Quiénes *salieron a cenar el sábado?*
          E2: *Los Silva.*

	LOS OLIVERA	LOS SILVA	LOS RUIZ
el viernes	Limpiaron la casa.	Fueron al cine y vieron una película romántica.	Viajaron a Acapulco con sus hijas.
el sábado	Dieron una fiesta y se divirtieron mucho.	Salieron a cenar.	Pasaron el día en la playa.
el domingo	Durmieron hasta las once; no hicieron nada.	Asistieron a un espectáculo de baile.	Almorzaron en un restaurante elegante.

Act. 6. Narración (whole-class; pair). **Suggestions:** Narrate Rubén and Virginia's trip to the whole class. Then pair students to narrate. Circulate to help with vocabulary. **Possible narration: 1.** *Viajaron a México por avión.* **2.** *Se quedaron (hospedaron) en el Hotel Calinda*

ACTIVIDAD 6   Narración: Las vacaciones de Rubén y Virginia Hernández

(en la Zona Rosa). **3.** *Tomaron el metro.* **4.** *Cenaron en el restaurante Villafontana.* **5.** *Subieron a la*

Pirámide del Sol en Teotihuacán (Teotihuacán is a short distance from Mexico City). **6.** *Dieron un paseo por el Parque de Chapultepec y*

los Hernández (Rubén y Virginia)

sacaron fotos. **7.** *Vieron los osos panda en el jardín zoológico.* **8.** *Asistieron al Ballet Folclórico de México (en el Palacio de Bellas Artes).* Use this series to comment extensively on (and perhaps show your slides of) each place Rubén and Virginia visited.

ACTIVIDAD 7   Intercambios: Las vacaciones recientes

A. Pregúntele a su compañero/a qué hicieron las personas en las fotos al margen de esta página y de la página 250.

MODELO: E1: ¿Qué hicieron las personas en la playa?
            E2: *Tomaron el sol y nadaron.*

B. Ahora pregúntele a su compañero/a si él/ella hizo las mismas actividades durante sus últimas vacaciones.

MODELO: E1: *¿Fuiste a la playa?*
            E2: No, no *fui a la playa,* pero *nadé mucho en la piscina.*

Una playa en Puerto Rico

Expansion: After students have practiced in pairs narrating what Rubén and Virginia did, group them in threes. Two students role-play Rubén and Virginia; the other is a friend of theirs. The friend asks them questions about their trip to Mexico. They may answer based on the drawings or invent new activities.

Act. 7. Intercambios (pair). **A.** Practice formulating questions about people in the photos. Pair students to ask and answer questions.
   Expansion: Comment about your own activities or ask questions about student activities.

B. Students may not yet be ready to produce second-person preterite forms. Write these verb forms on the board: *esquiaste, fuiste al cine, almorzaste, viste* and *nadaste* to help them formulate their questions correctly.

El esquí en Chile

El cine en Barcelona, España

Un restaurante en Sevilla, España

Act. 8. Encuesta (individual; pair). **Suggestion:** Comment on student responses, adding your own experiences. If necessary, write on board some time words (adverbs) like *ayer, anteayer, el lunes (martes...) pasado, la semana pasada, el año pasado*. Have students select 5–6 sentences and begin each with the phrase *Mi _____ y yo...* They may write on paper or in their text.

Act. 9. Narración (whole-class; individual). **Suggestion:** Have the class look over the drawings, then you read the descriptions aloud. Have students attempt to order the drawings.
Follow-Up: Have the whole class indicate which description matches the first drawing, etc.
Variant: Type descriptions onto cards and distribute to pairs. Instruct pairs to order themselves in front of the room and read off their description.

ACTIVIDAD 8   Encuesta: ¿Cuándo?

Diga con quién y cuándo hizo usted las siguientes actividades. Luego comente sus respuestas con un compañero / una compañera.

MODELO: Fuimos al cine. → *Mi amigo Jorge y yo* fuimos al cine *anoche.*

▶ **POSIBILIDADES**

Mis amigos y yo	Mi novio/a y yo	Mi familia y yo	Mi esposo/a y yo

1. Practicamos un deporte.
2. Esquiamos en las montañas.
3. Dormimos en el campo, al aire libre.
4. Dimos una fiesta.
5. Vimos una película.
6. Bailamos.
7. Nos divertimos muchísimo.
8. Montamos a caballo.
9. Corrimos varios kilómetros.
10. Estudiamos en la biblioteca.

ACTIVIDAD 9   Narración: Los héroes y el ladrón

Los dibujos de arriba representan una aventura de Guillermo y su hermano Ernestito. Las siguientes oraciones describen cada dibujo. Póngalas en orden según los dibujos.

_____ Guillermo le ató las manos al ladrón y Ernestito llamó a la policía.

_____ Los chicos se pusieron rojos. Pero se sintieron muy bien porque hicieron algo heroico.

_____ Guillermo y Ernestito oyeron unos gritos desesperados.

_____ Corrieron detrás del ladrón.

_____ Miraron por la ventana y vieron a dos hermosas chicas asustadas.

_____ Lo atraparon y le quitaron las bolsas de las chicas.

_____ Ellas les dijeron: «¡Ayúdennos, por favor! ¡Aquel hombre nos robó las bolsas!»

_____ Las chicas les dijeron: «¡Muchísimas gracias!» y les dieron un beso.

_____ El policía arrestó al ladrón.

_____ Salieron y les preguntaron: «¿Qué les pasa?»

ACTIVIDAD 10   Conversación: Los recuerdos

¿Le pasó algo semejante (similar) a usted? ¿Qué hizo?

1. Una vez en un restaurante encontré una mosca en la ensalada. (Yo)...
2. Un día alguien chocó mi carro por detrás. (Yo)...
3. Un día vi a mi novio/a almorzando con mi mejor amigo/a.
4. Un día bebí mucho en una fiesta.
5. Un día mi perro arruinó mis zapatos.
6. Una vez invité a varios amigos a una fiesta. Todos aceptaron la invitación pero nadie asistió.
7. Un día que estaba solo/a en casa escuché ruidos y pasos en el piso de abajo.

▶ VOCABULARIO ÚTIL

Lo castigué.	Lloré.	Pedí otra ensalada.	Salí sin pagar.	Llamé a la policía.
Me enojé.	Me puse furioso/a.	Me quejé.	Me enfermé.	Tuve miedo.

ACTIVIDAD 11   Entrevista: El sábado pasado

Imagínese que su compañero/a es una persona famosa: un actor / una actriz, el presidente de los Estados Unidos, una estrella de televisión o un jugador / una jugadora de fútbol, de basquetbol o de tenis. Hágale preguntas sobre las actividades del sábado pasado.

1. ¿Se levantó tarde? ¿A qué hora se levantó?
2. ¿Leyó el periódico? ¿Tomó café, té o no tomó nada?
3. ¿Hizo ejercicio? ¿Practicó algún deporte?
4. ¿Dónde almorzó? ¿Con quién?
5. ¿Salió con algún amigo / alguna amiga? ¿Adónde fueron? ¿Se divirtieron?
6. ¿Dio una fiesta en casa? ¿A quiénes invitó?
7. ¿Vio la televisión? ¿Leyó una novela? ¿A qué hora se acostó?
8. ¿ ... ?

Act. 10. Conversation (whole-class; pair); Share an experience similar to the ones in this activity with the class; or use one of the prompts here. Keep it short and simple; you may write 1 or 2 sentences on the board. Example: _Un día mi gato masticó la tarea de un estudiante. Yo le di una A al estudiante y a mi gato lo encerré en el baño._ Act out your example to help comprehension. Pair students for activity. Students may need other verb forms. Encourage them to ask you _¿Cómo se dice... ?_

Act. 11. Entrevista (pair). **Suggestion:** Read over questions with students. Give them a minute or so to decide who they will represent and then pair them up.

VENTANAS CULTURALES   Nuestra comunidad

Reuben Martínez, amigo de muchos

La librería del mexicoamericano Reuben Martínez es más que una tienda de libros. Este lugar es también una barbería y un centro cultural de Santa Ana, California. En la Librería Martínez Books and Art Gallery se ofrecen conciertos y exposiciones de arte, y muchos escritores latinos presentan su obra. Allí también Reuben les corta el pelo a sus amigos. El librero está orgulloso de su trabajo. Su tienda es un lugar de reuniones estimulantes al que las familias hispanas llevan a sus niños para descubrir nuevos libros en español, ¡y para leer con el dueño!

VOCABULARIO ÚTIL	
el librero	bookseller
orgulloso	proud
el dueño	owner
el minero	miner
el premio	award
distrae	distract
promover	to promote
dispuesto	willing

El señor Martínez es barbero porque no quiso ser minero, como su padre, y es librero porque aprecia los libros y la lectura. Por eso ayudó a fundar el Festival Latino de Libros (Latino Book Festival), que viaja por todo el país. Cuando puede, Martínez visita escuelas para charlar con estudiantes y estimularlos a estudiar y leer. Reconocido como líder educativo, Martínez recibió un premio importante de la Fundación MacArthur en 2004. Gracias a este premio, hoy Martínez es un hombre muy famoso. Pero su fama no lo distrae de su objetivo principal, que es promover los libros y la lectura en la comunidad hispana. Este librero de Santa Ana está siempre dispuesto a conversar sobre literatura y feliz de poder ayudar a los amigos.

Ventanas culturales: The MacArthur Foundation award is also known as the "genius grant." Recipients receive a $500,000 prize that may be spent in any manner. Twenty-three individuals were awarded "genius grants" in 2004. According to Daniel J. Socolow, director of the MacArthur Fellows Program, the gift rewards a person's originality, creativity, and potential for doing more in the future. Mr. Martínez is without a doubt one of the most original and creative individuals in the Hispanic community. This award is just recognition for a man who has done much to promote reading among Latinos—especially among Latino children.

Suggested Activity: Is there a Hispanic bookstore or museum in your area? As an extra credit assignment, have students visit and write a summary of their experience in Spanish. Or you can refer students to Martínez's website and have them do an oral or written report on their visit.

Ahora... ¡ustedes!

¿Conoces un lugar como la tienda de Reuben Martínez? ¿Qué lugar es? ¿Qué tipo de servicios ofrece esta tienda?

Hablando del pasado. The main focus of this section is the use of *hace* to mean "ago." Use drawings to narrate a story in which the use of *hace* is natural. For example, tell about la *Batalla de Puebla,* when a raggedy, poorly armed Mexican army defeated the army of Napoleon III in 1862, then give the current year, subtract 1862 from it, and retell the story using the phrase *hace más de 140 años.* Follow a similar procedure with the other drawings.

 # Hablando del pasado

Many of the words in this display and in subsequent activities will be new to students. Verify class comprehension of all vocabulary in the display and in the activities of this section as you proceed through these materials.

Lea Gramática 7.5.

See the IRK for additional activities: *Hablando del pasado.*

20.000 a.C.

Los indígenas americanos llegaron al continente desde Asia hace más de 20.000 años.

12 de octubre de 1492

Cristóbal Colón llegó a América hace cinco siglos.

17 de octubre de 1813

Hace más de 193 años que Bernardo O'Higgins, el libertador de Chile, dijo: «O vivir con honor o morir con gloria».

24 de julio de 1783

Hace más de 223 años que nació Simón Bolívar, el caudillo de la emancipación americana.

17 de agosto de 1850

Hace más de 156 años que murió José de San Martín, el libertador de Argentina, Chile y Perú.

5 de mayo de 1862

Los mexicanos ganaron la batalla de Puebla hace aproximadamente 145 años.

Act. 12. Asociaciones (whole-class). **Suggestion:** Read possible responses and ask if they are logical. Have students explain their responses (*Porque…*) Comment on Thalía, Marc Anthony, *el Museo del Prado* and the *pirámides de Teotihuacán.*

ACTIVIDAD 12   Asociaciones: Hablando del pasado

Busque las actividades que *no* son lógicas y explique por qué no lo son.

1. Soy Ernesto. Esta mañana me levanté muy tarde.
   a. El despertador no sonó.
   b. Llegué temprano al trabajo.
   c. Desayuné tranquilamente en casa.
   d. Manejé el carro muy rápido, en vez de tomar el autobús, para llegar pronto a la oficina.
2. Hace una semana Ramón fue a acampar en las montañas con su familia.
   a. Su hermano se bañó en el río.
   b. Su hermana bailó toda la noche en una discoteca.
   c. Su papá escaló una montaña.
   d. Su mamá preparó el desayuno.
3. Soy Amanda. Hace dos días fui con algunas amigas a comprar el nuevo disco compacto de Marc Anthony.
   a. Tomamos el metro.
   b. No pagamos mucho por el disco compacto.
   c. Compramos un taco en la tienda de música.
   d. Encontramos otro disco compacto de Thalía que nos gustó.

4. Hace un año Estela y Ernesto fueron a Europa.
   a. Visitaron el Museo del Prado en Madrid.
   b. Comieron en restaurantes franceses muy buenos.
   c. Subieron a las pirámides de Teotihuacán.
   d. Cruzaron el canal entre Inglaterra y Francia.

ACTIVIDAD 13   Entrevista: Hechos memorables... una entrevista algo indiscreta

MODELO: E1: ¿Cuánto tiempo hace que empezaste a estudiar español? →
   E2: Hace *seis meses* que empecé a estudiar español.

1. ¿Cuánto tiempo hace que saliste solo/a con un amigo / una amiga por primera vez?
2. ¿Cuánto tiempo hace que te dieron tu primer beso?
3. ¿Cuánto tiempo hace que te graduaste en la escuela secundaria? ¿que te matriculaste en la universidad?
4. ¿Cuánto tiempo hace que nació tu primer hijo / primera hija (primer sobrino / primera sobrina)?
5. ¿Cuánto hace que cumpliste años?
6. ¿Cuánto hace que un policía te puso una multa por manejar a exceso de velocidad?

VENTANAS AL PASADO

La independencia de Sudamérica

Desde los tiempos de la independencia de los Estados Unidos y de la Revolución Francesa, los jóvenes criollos no estaban contentos a causa de la preferencia que mostraba España por los peninsulares. Cansados de los abusos de poder de los españoles, los criollos soñaban con la independencia de sus países.

En el norte de Sudamérica, el criollo Simón Bolívar liberó de los españoles el territorio que ahora ocupan Venezuela, Colombia, Ecuador y Panamá. Formó un solo país en 1819 y lo llamó la Gran Colombia. Su objetivo final era hacer del continente un solo país, fuerte y unido. Pero en vez de incluir más territorios libres, la Gran Colombia se disolvió en 1830. Triste por este evento, Bolívar comentó: «He arado en el mar». Bolívar, gran patriota, murió solo y pobre.

Simón Bolívar

Después de contribuir a la independencia de su país, el argentino José de San Martín cruzó los Andes en 1817 para liberar a Chile. Victorioso, con la ayuda de Bernardo O'Higgins, siguió hasta Perú, en donde logró la liberación del país, abolió la esclavitud y estableció la libertad de imprenta.

José de San Martín

Otro gran patriota, Antonio José de Sucre, contribuyó a la independencia de Ecuador, Perú y Bolivia, y fue el primer presidente de Bolivia. Era muy joven y Bolívar lo consideraba su sucesor natural, pero fue asesinado en 1830, a la edad de 35 años.

Todos los países tienen grandes fiestas para el Día de la Independencia, aunque la independencia sólo benefició a la clase alta. Las masas continuaron viviendo en la miseria, al igual que hoy en día. Ahora, sin embargo, hay movimientos indígenas, como el de los Zapatistas en el sur de México y el de los indígenas de Colombia, Bolivia y Ecuador, que luchan contra la explotación. Como demuestra la Revolución Bolivariana de Venezuela, la independencia de Sudamérica ha sido un fracaso: la lucha sigue y cada día se avanza un poco.

VOCABULARIO ÚTIL

los criollos	children of Spaniards born in the Americas
a causa de	due to
los peninsulares	Spaniards living in the Americas
soñaban	would (used to) dream
arado	plowed
logró	achieved
la esclavitud	slavery
la imprenta	printing press
luchan	they fight

The purpose of this reading is for students to get acquainted with heroes of the independence of South American countries. You can use it as a stepping stone to tell the students about the independence of any of the regions with which you are better acquainted. It is also a good idea to have students look up Miranda, Bolívar, Sucre, San Martín, and O'Higgins. Miranda, a highly intelligent and educated Venezuelan, is considered the precursor of South American independence. All led very interesting lives, and several died poor and alone.

Ahora... ¡ustedes!

¿Quiénes son los héroes de la independencia de tu país? ¿Hay otros líderes que admiras?

Interesting Facts: O'Higgins (Chile) was quite a daring man. In a battle, when all was lost, he took a step forward and said: «*O vivir con honor o morir con gloria! ¡El que sea valiente que me siga!*» and they won the battle! Miranda was incredibly well read and connected to even the likes of Napoleon and Catherine the Great of Russia. Napoleon said of him: « *...Este Quijote, que no está loco, tiene fuego sagrado en el alma...* »

You could also explore with your class the fact that many Latin American independence heroes and some from the United States and France were Freemasons, a secret society. Part of the reason for secrecy stemmed from the fact that to espouse democratic ideas under a totalitarian government or a monarchy was very dangerous.

En resumen

De todo un poco

¿Quién lo hizo?

Diga cuál de las siguientes personas se relaciona con cada hecho histórico.

a. Neil Armstrong
b. La reina Isabel la Católica
c. Violeta Chamorro
d. Hernán Cortés
e. Marie Curie
f. Maximiliano de Habsburgo
g. Charles Lindbergh
h. Leonardo da Vinci
i. Serena Williams
j. Tiger Woods

De todo un poco (pair; whole-class). **Suggestion:** Have students work in groups of 2–3 to match descriptions and names. Then ask pairs to write their own descriptions of famous people based on what these people did.
Follow-Up: Have volunteers share their descriptions with the whole class as students try to guess the person. **Suggestions:** Cleopatra, Juana de Arco, Amelia Earhart, Francis Drake, Thomas Jefferson, William Shakespeare, César Chávez.
Note for 10: María Estela Martínez (Isabelita) Perón was the first woman president (July 1974–March 1976) of a Latin American country, assuming power when her husband, Juan Perón, died. However, Violeta Chamorro was the first woman president elected to her position.

1. ___e___ Recibió dos Premios Nóbel, uno en física en 1903 y otro en química en 1911. Descubrió la radiactividad.
2. ___d___ Conquistó a los aztecas hace aproximadamente 500 años. Quemó sus barcos para no regresar a España.
3. ___b___ Se casó con Fernando II de Aragón y gobernó Castilla de 1474 a 1504. Apoyó a Cristobal Colón.
4. ___h___ Pintó La Gioconda (la Mona Lisa) en Italia hace más de quinientos años. También fue inventor.
5. ___a___ Es norteamericano. Fue el primer hombre que caminó en la luna, hace aproximadamente treinta y cinco años.

¡OJO!

En muchos países hispanos se usa la palabra *castellano* para referirse al idioma español. Se oye especialmente en Chile, Argentina y España. Esto se debe a que la reina Isabel la Católica, que era de Castilla, unificó las provincias de España e impuso su idoma: el castellano.

6. ___i___ Joven tenista de los Estados Unidos quien ganó el torneo de Wimbledon dos veces, en 2002 y 2003. Participó en las Olimpíadas de 2000 y ganó medalla de oro en dobles. Ahora también es actriz.

7. ___g___ Hizo el primer vuelo transatlántico. Cruzó el Océano Atlántico en el «Espíritu de San Luis» en 1927, hace aproximadamente setenta y cinco años.

8. ___f___ Fue emperador de México de 1864 a 1867, hace más de 130 años.

9. ___j___ Se llama Eldrick; es un deportista muy famoso y un gran campeón. Ganó el Torneo de los Maestros (*Masters*) en 1997, 2001 y 2002; el Torneo PGA en 1999 y 2000; el Abierto de los Estados Unidos en 2000 y 2002.

10. ___c___ Nicaragüense famosa, presidenta de su país de 1990 a 1996. Fue la primera mujer elegida a ese cargo en América Latina.

Ahora, trabajando en grupos, preparen dos o tres descripciones de personas famosas para toda la clase.

¡Dígalo por escrito!

¡Soy inocente!

Debido a un error de identidad, la policía sospecha que usted participó en un robo que ocurrió el sábado pasado. La policía lo/la interroga a usted. Escriba un diálogo explicando exactamente lo que hizo usted el sábado pasado.

MODELO: POLICÍA: ¿Qué hizo usted el sábado pasado?
           USTED: Pues, primero…

           POLICÍA: ¿A qué hora? ¿Solo/a o acompañado/a? ¿Fue usted a trabajar? ¿Cuántas horas y dónde?

¡Cuéntenos usted!

Imagínese la noche de un fin de semana perfecto. ¿Qué hizo usted? ¿Salió con amigos o se quedó en casa? ¿Adónde fue?

¡Dígalo por escrito! Read the situation with the whole class. Tell police partners that they are to make a series of questions to determine exactly where the suspect was and what he/she was doing. For this activity suspects may lie.

Cuéntenos usted. This oral summary activity is intended to help students narrate their own lives and stories in an informal setting. Give students at least five minutes to jot down ideas for telling their story or assign this preparation as homework. Divide students in groups of three or four. Students should draw numbers to decide who goes first. You may want to write a sample response to the **Cuéntenos usted** questions on the board. For a model paragraph that students might use as a template, see the Chapter Notes in the IM.

LECTURA Machu Picchu: Un viaje por el tiempo

El año pasado mi maestra de historia organizó una excursión a Machu Picchu y mis compañeros y yo fuimos a pie con ella por una parte del Camino Inca. La excursión fue como un viaje fantástico por el tiempo.

Primero tomamos un tren a la estación de Chachabamba, donde empezó nuestra caminata a Machu Picchu. La caminata que mucha gente hace por el Camino Inca es de 43 kilómetros y dura varios días, pero nosotros caminamos ocho kilómetros, nada más.

En el tren me senté al lado de la ventanilla para ver el paisaje. Pasamos por montañas muy verdes, a lo largo del Río Urubamba. Me gustó mucho ver ese paisaje tan bonito desde el tren, pero lo que más me gustó de la excursión fue la caminata. ¡Algún día quiero caminar los 43 kilómetros del Camino Inca!

Mi maestra nos dijo que ese camino era como un viaje espiritual para muchas personas indígenas. «Ese camino» dijo, «nos da la oportunidad de admirar el esplendor de Machu Picchu.»

Durante la excursión vimos varios valles, túneles y precipicios. Cuando paramos a comer y descansar, la maestra nos habló de la cultura incaica. «Esta cultura se mantiene muy viva en los países andinos» explicó la maestra, «los que están en la cordillera de los Andes: Colombia, Ecuador, Perú, Bolivia, Chile y Argentina. La civilización incaica se desintegró cuando llegaron los españoles. Pero los quechuas, indígenas del Imperio Incaico, resistieron la asimilación a la cultura hispana. Por eso los quechuas de hoy tienen tanto en común con sus antepasados y celebran sus tradiciones diariamente.»

Cuando llegamos al final de la ruta, un sitio llamado Intipunku, todos los estudiantes nos quedamos callados, admirando la vista de Machu Picchu. Mi maestra describió así esa vista: «Es una ciudad mágica entre dos grandes y eternas cumbres.»

PISTAS PARA LEER

Armando González Yamasaki, autor/narrador de esta **Lectura,** es un niño peruanojaponés de 13 años que vive en Cuzco, Perú, con su familia. Armando describe aquí su excursión a las ruinas de Machu Picchu, que fue una experiencia fantástica. Al leer, visualice el viaje de Armando; por ejemplo: *montañas verdes, paisaje bonito, ciudad mágica.*

VOCABULARIO ÚTIL

a pie	on foot
el Camino Inca	the Inca Trail
la caminata	walk, hike
el paisaje	landscape
a lo largo	along
el precipicio	cliff
incaica	Incan
la cordillera	mountain range
los antepasados	ancestors
la cumbre	peak

Lectura. Pistas para leer. This **Lectura** lends itself well to the practice of visualization. Have students picture Armando in the different stages of his journey to Machu Picchu. Have them visualize the modes of transportation (*tren, a pie*) and the descriptions of nature (*montañas, valles, río, cordillera*) and the ruins (*misterio, ciudad mágica entre dos cumbres*).

Culture/History. Machu Picchu is known as the mysterious lost city of the Incas. It was rediscovered in 1911 by Hiram Bingham, a professor from Yale, who explored the theory of a lost mountain kingdom near Cuzco, Peru. There has been a great deal of study and theorizing about Machu Picchu. Yet the questions remain as to the

Me alegré mucho de estar en esa ciudad mágica y pensé en el gran misterio de Machu Picchu. ¿Cómo pudieron los incas construir su ciudad en un lugar tan remoto? ¿Cómo llevaron las piedras hasta allí arriba? ¿Para qué construyeron Machu Picchu? ¿Por qué la abandonaron? Los expertos también se hacen esas preguntas, pero nadie tiene las respuestas. Qué importa eso, ¿verdad? Lo importante es que Machu Picchu existe. Al estar allí, sentí que estaba viajando por el tiempo, visitando un pasado fantástico.

Comprensión

¿Qué hicieron Armando, sus compañeros y la maestra de historia? Busque el orden correcto.

1	En el tren, Armando se sentó al lado de la ventanilla.
3	Llegaron a una estación donde empezó la caminata.
2	El tren pasó por montañas y a lo largo de un río.
9	Armando pensó en el misterio de Machu Picchu.
8	Armando se alegró de estar allí.
4	Vieron túneles y precipicios.
5	Descansaron y comieron.
7	Los estudiantes vieron una ciudad mágica.
6	La maestra les habló de la cultura incaica.

Un paso más... ¡a conversar!

¿Hizo usted una excursión a pie alguna vez, como la caminata de Armando? ¿Caminó mucho? ¿Cuántas millas o kilómetros? ¿Con quién hizo la excursión? ¿Fue una buena experiencia? Describa alguna anécdota interesante de su caminata.

ocabulario

• La naturaleza — Nature

la arena	sand
la luna	moon
la mosca	fly
la ola	wave
el oso (panda)	(panda) bear
la palmera	palm tree

REPASO: el árbol, el lago, el mar, la montaña, el río, el sol

• Los lugares — Places

el aire libre	outdoors
la alberca	swimming pool (*Mex.*)
el campo	country(side)
la escuela primaria/secundaria	elementary/high school
el (jardín) zoológico	zoo

PALABRAS SEMEJANTES: Asia, América Latina, el continente, la pirámide

• Los verbos en el pasado (irregulares) — Verbs in the Past (Irregular)

almorzar (ue)	to have lunch
almorcé/almorzó	
buscar	to look for
busqué/buscó	
cruzar	to cross
crucé/cruzó	
dar	to give
di/dio	
decir	to say, to tell
dije/dijo	
divertirse (ie, i)	to have a good time
me divertí / se divirtió	
dormir (ue, u)	to sleep
dormí/durmió	
empezar	to start
empecé/empezó	
estar	to be
estuve/estuvo	
hacer	to do, to make
hice/hizo	
ir	to go
fui/fue	

jugar (ue)	to play
jugué/jugó	
leer	to read
leí/leyó	
llegar	to arrive
llegué/llegó	
oír	to hear
oí/oyó	
ponerse (+ *adj.*)	to get, to become (+ *adj.*)
me puse / se puso	
preferir (ie, i)	to prefer
preferí/prefirió	
querer (ie)	to want
quise/quiso	
sentirse (ie, i) (bien/mal)	to feel (good/bad, ill)
me sentí / se sintió	
ser	to be
fui/fue	
servir (i)	to serve
serví/sirvió	
tener	to have
tuve/tuvo	
traer	to bring
traje/trajo	
venir	to come
vine/vino	
ver	to see
vi/vio	
vestirse	to get dressed
me vestí / se vistió	

• Más verbos — More Verbs

atar	to tie
atrapar	to catch, to trap
casarse	to get married
castigar	to punish
chocar	to crash into
conquistar	to conquer
cumplir años	to have a birthday
descubrir	to discover
enfermarse	to get sick
enojarse	to get angry
estacionar	to park
faltar	to miss, to be lacking
ganar	to win, to earn
gobernar	to govern
hospedarse	to stay (*at a hotel*)

matricularse en	to enroll in
morir (ue) (u)	to die
preguntar	to ask
quejarse	to complain
quemar	to burn
quitar	to take away
robar	to steal
salir para (*un lugar*)	to leave for (*a place*)
saludar	to greet
sonar (ue)	to ring, to go off (*alarm*)
subir	to go up

PALABRAS SEMEJANTES: aceptar, arrestar, arruinar, relacionarse

• Otros sustantivos   Other Nouns

el barco	boat
la batalla	battle
la bolsa	purse
el campeón / la campeona	champion
el cargo	position, responsibility
el caudillo	leader
el (reloj) despertador	alarm (clock)
el espectáculo	show
la estrella de cine / de televisión	movie/television star
el exceso de velocidad	speeding
el grito	shout, scream
el hecho	event
el jugador / la jugadora	player
el ladrón / la ladrona	thief
la medalla (de oro)	(gold) medal
el metro	the subway
la multa	traffic ticket; penalty
un rato	a while
el recuerdo	memory
el ruido	noise
el siglo	century
el torneo	tournament
el traje de baño	bathing suit
el vuelo	flight

PALABRAS SEMEJANTES: la aventura, la confesión, la emancipación, el emperador / la emperatriz, la gloria, el honor, el inventor / la inventora, el kilómetro, el libertador, las Olimpíadas, el Premio Nobel, la posibilidad, la radiactividad, la secuencia

• Los adjetivos   Adjectives

asustado/a	frightened
demasiado/a(s)	too much (many)
elegido/a	elected
hermoso/a	beautiful
lindo/a	pretty
muchísimo/a	very much

PALABRAS SEMEJANTES: azteca, desesperado/a, furioso/a, heroico/a, histórico/a, indígena, indiscreto/a, memorable, reciente, ridículo/a, transatlántico/a

• Los adverbios   Adverbs

algo	somewhat
con cuidado	carefully
en vez de	instead of
poco después	a little later
pronto	soon

PALABRAS SEMEJANTES: aproximadamente, inmediatamente, lógicamente, tranquilamente

• Palabras y expresiones útiles   Useful Words and Expressions

¡Auxilio!	Help!
¿Cuánto tiempo hace que... ?	How long ago . . . ?
Hace... (+ *time*) (que)	(*Time*) ago . . .
Hace más de...	It has been more than (+ *time*)
disculpe(n)	excuse me
lo que	that which, what
los demás	the rest, others
¿Qué pasa?	What's wrong?
¿Qué pasó?	What happened?
por	through
la (última) vez	(last) time

Gramática y ejercicios

7.1 Talking about Past Actions: The Preterite of Regular Verbs (Part 2)

GRAMÁTICA ILUSTRADA

¿RECUERDA?

In **Gramática 6.3** you learned that the past tense (preterite) is formed by adding a set of endings to the verb stem. There are only two sets of endings for regular verbs: one for **-ar** verbs and one for **-er/-ir** verbs. Review that section briefly, if necessary.

7.1. Although we introduced singular forms of the Spanish preterite tense in **Gramática 6.3**, we did not expect students to produce preterite forms correctly and consistently in their speech. In our experience students need to hear and produce preterite forms for some months before they are even moderately proficient in their use. The Spanish preterite is extremely complex from a morphological point of view: person/number endings do not even remotely match those of the present, stress shift to endings is confusing to students, and ending changes (*é/í* and *ó/ió*) make the learning task more difficult. Do not expect mastery of the preterite tense in this chapter. In this section we present both singular and plural forms of regular verbs, noting the differences between present and preterite forms. We also emphasize the role of stress on endings to differentiate present-tense from preterite-tense forms. We do not mention imperfect, nor do we include situations or topics that require it. (The imperfect is introduced in **Capítulo 9.**) You may want to refer students to the section on *Orthographic Changes in the Preterite* under **Ejercicios de ortografía** in **Capítulo 7** of the *Cuaderno de actividades*.

A. You have already seen and used the singular preterite forms of regular verbs many times. Here is the complete set of preterite forms, singular and plural.*

Singular preterite forms:	
-ar	**-er/-ir**
-é	-í
-aste	-iste
-ó	-ió

Plural preterite forms:	
-ar	**-er/-ir**
-amos	-imos
-asteis	-isteis
-aron	-ieron

	hablar	comer	escribir
(yo)	hablé	comí	escribí
(tú)	hablaste	comiste	escribiste
(usted, él/ella)	habló	comió	escribió
(nosotros/as)	hablamos	comimos	escribimos
(vosotros/as)	hablasteis	comisteis	escribisteis
(ustedes, ellos/as)	hablaron	comieron	escribieron

Note the following details about the difference between present and preterite forms.

- In regular preterite forms, the stress is always on the final syllable of the **yo** and **usted, él/ella** forms.

Generalmente me levanto a las ocho, pero ayer **me levanté** a las siete.	*Usually I get up at 8:00, but yesterday I got up at 7:00.*

- **Tú** forms in the preterite do not end in **-s.**

Normalmente me llamas por la noche, pero anoche no me **llamaste.**	*Normally you call me at night, but last night you didn't call me.*

- Though both present and preterite third-person plural forms end in **-n,** it is always **-ron** in the preterite.

Por lo general mis padres **salen** poco, pero la semana pasada **salieron** cinco veces.	*Usually my parents go out very little, but last week they went out five times.*

- Notice that the present and preterite **nosotros/as** forms are different in **-er** verbs.

Por lo general **comemos** un poco de carne, pero ayer no **comimos** ninguna.	*Usually we eat a little meat, but yesterday we didn't eat any.*

In **-ar** and **-ir** verbs, however, the **nosotros/as** form is the same in the preterite and the present tense (**hablamos, escribimos**). The context clarifies whether the speaker intends the present tense or the preterite.

Siempre **salimos** temprano para la universidad, pero ayer **salimos** un poco tarde.	*We always leave early for the university, but yesterday we left a little late.*

---

*Recognition: **vos hablaste, comiste, escribiste**

B. If the stem of an **-er/-ir** verb ends in a vowel (**le-er**), the **i** of the **-ió** and **-ieron** endings changes to **y** in the preterite.

> **leer:** leí, leíste, leyó, leímos, leísteis, leyeron
> **oír:** oí, oíste, oyó, oímos, oísteis, oyeron

> Yo **leí** el libro, pero Esteban no   *I read the book, but Esteban*
> lo **leyó.**   *didn't read it.*

C. Regular verbs that end in **-car, -gar,** and **-zar** change the spelling of the preterite **yo** form in order to preserve the same sound as the infinitive.*

> **buscar:** busqué, buscaste, buscó, buscamos, buscasteis, buscaron
> **llegar:** llegué, llegaste, llegó, llegamos, llegasteis, llegaron
> **almorzar:** almorcé, almorzaste, almorzó, almorzamos, almorzasteis, almorzaron

> **Llegué** al centro a las 4:00.   *I arrived downtown at 4:00.*

> buscar: **busqué/buscó**
>
> llegar: **llegué/llegó**
> jugar: **jugué/jugó**
>
> empezar: **empecé/**
>   **empezó**
> almorzar: **almorcé/**
>   **almorzó**

> Don't try to remember all of this. Refer to this information when you are writing. In time, you will acquire much of it through listening and reading.

EJERCICIO 1

¿Qué hizo Adriana ayer por la mañana? Busque el orden más lógico.

_____ Leyó el periódico.
_____ Llegó al trabajo a las 8:30.
_____ Desayunó cereal con leche y fruta.
_____ Se bañó.
_____ Comió una hamburguesa.
_____ Se levantó a las 7:00.
_____ Almorzó con un amigo.
_____ Manejó el coche al trabajo.
_____ Se puso la ropa (Se vistió).

¿Y qué hizo usted ayer por la mañana? Escriba una lista de cinco a siete actividades.

> **¡OJO!**
>
> In **Ej. 1,** your answers to the second part should be original.

EJERCICIO 2

Complete los diálogos con formas de **llegar** y **leer.**

JOSÉ: ¿A qué hora _____[1] (tú) a la universidad?
CLARA: _____[2] a las ocho y media. ¿Y tú?
JOSÉ: Pilar y yo no _____[3] hasta las nueve y media porque el metro _____[4] tarde.

CLARA: ¿_____[5] el artículo sobre el viaje a la luna la semana pasada?
JOSÉ: Sí, lo _____.[6] (**Lo** *refers back to* **el artículo.**)
CLARA: ¿Lo _____[7] Pilar y Andrés?
JOSÉ: No sé si Andrés lo _____,[8] pero lo _____[9] Pilar y yo.

---

*For more information on spelling changes in the preterite, see **Capítulo 7** in the *Cuaderno de actividades.*

EJERCICIO 3

Éstas son las actividades de Pilar y su hermana Gloria un domingo del verano pasado en Madrid. ¿Qué oración corresponde a qué dibujo?

a. _____ Leyeron (por) un rato antes de apagar las luces.
b. _____ Caminaron desde la estación del metro hasta su apartamento.
c. _____ Almorzaron hamburguesas en el Wendy's de la Gran Vía.
d. _____ Salieron a pasear por el centro de Madrid.
e. _____ Vieron una película francesa.
f. _____ Llegaron a su apartamento a las 12:00 de la noche.
g. _____ Regresaron en el metro.

Ahora, piense en un domingo del verano pasado. ¿Qué actividades hicieron usted y sus amigos (o parientes)? Haga una lista de cinco a siete actividades.

MODELO: Mis amigos y yo *escuchamos música y bailamos en una discoteca.*

7.2 Relating Past Events (Part I): Verbs with Irregular Preterite Forms

Some verbs have a different stem in the preterite and a slightly different set of endings.*

7.2. Students will have heard various irregular forms in the input and activities before they read this section. Emphasize lack of stress on the ending of an irregular preterite verb form. Details of irregularities and their grouping are mainly for reference. Although students will no doubt benefit from this description, we are convinced that irregular forms are gradually acquired one by one. The most important irregular verbs in this section are *hacer, ir, ver, decir,* and *traer,* because they are so frequently used in simple narrations. We have included the preterite forms of state-of-being verbs (*tener, poder, querer, estar, saber, ser*) for reference and recognition only, since their function and meaning in the past are more complex than those of simple action verbs. We return to this topic in **Gramática 9.4.**

	tener	estar	poder	poner	saber	hacer
(yo)	tuve	estuve	pude	puse	supe	hice
(tú)	tuviste	estuviste	pudiste	pusiste	supiste	hiciste
(usted, él/ella)	tuvo	estuvo	pudo	puso	supo	hizo
(nosotros/as)	tuvimos	estuvimos	pudimos	pusimos	supimos	hicimos
(vosotros/as)	tuvisteis	estuvisteis	pudisteis	pusisteis	supisteis	hicisteis
(ustedes, ellos/as)	tuvieron	estuvieron	pudieron	pusieron	supieron	hicieron

*Recognition: The **vos** forms in the preterite (regular and irregular) are identical to the **tú** forms: **vos quisiste, fuiste, hiciste.**

	venir	querer	decir	traer	conducir	traducir
(yo)	vine	quise	dije	traje	conduje	traduje
(tú)	vin**iste**	quis**iste**	dij**iste**	traj**iste**	conduj**iste**	traduj**iste**
(usted, él/ella)	vin**o**	quis**o**	dij**o**	traj**o**	conduj**o**	traduj**o**
(nosotros/as)	vin**imos**	quis**imos**	dij**imos**	traj**imos**	conduj**imos**	traduj**imos**
(vosotros/as)	vin**isteis**	quis**isteis**	dij**isteis**	traj**isteis**	conduj**isteis**	traduj**isteis**
(ustedes, ellos/as)	vin**ieron**	quis**ieron**	dij**eron**	traj**eron**	conduj**eron**	traduj**eron**

The preceding table provides the preterite forms of most common irregular verbs. Look at the table and you will notice the most important differences.

> Many of the most common verbs in Spanish are irregular. Do not try to memorize each form, but refer to the chart when you write. In time, you will acquire these forms through listening and reading.

- Unlike regular preterite verb endings, the endings of the **yo** and **usted, él/ella** forms are not stressed in the last syllable.

—¿Dónde **pusiste** mi chaqueta?   —*Where did you put my jacket?*
—La **puse** encima de la cama.   —*I put it on the bed.*

—¿Quién **vino** contigo?   —*Who came with you?*
—Nadie; **vine** solo.   —*Nobody; I came alone.*

- The verb **hacer** has a spelling change from **c** to **z** in the **usted, él/ella** form.

Ayer en el gimnasio Alberto **hizo** su tarea y yo **hice** ejercicio.   *Yesterday at the gym Alberto did his homework and I exercised.*

- The verbs **conducir, decir, traducir,** and **traer** drop the **i** in the **ustedes, ellos/as** form.

—¿Qué te **dijeron** de mí?   —*What did they tell you about me?*

—Me **dijeron** que estás locamente enamorado de Carmen.   —*They told me that you are madly in love with Carmen.*

—¿Qué **trajeron** ustedes de comer?   —*What did you bring to eat?*
—Trajimos refrescos y sandwiches.   —*We brought sodas and sandwiches.*

- The verbs **dar** and **ver** take the **-er/-ir** endings, but with no written accents. The verbs **ser** and **ir** share the same stem in the past tense. Their forms are thus identical, so the meaning must be inferred from the context.

ser/ir (to be / to go)		
(yo)	fui	*I was/went*
(tú)	fuiste	*you (inf. sing.) were/went*
(usted, él/ella)	fue	*you (pol. sing.) were/went; he/she was/went*
(nosotros/as)	fuimos	*we were/went*
(vosotros/as)	fuisteis	*you (inf. pl., Spain) were/went*
(ustedes, ellos/as)	fueron	*you (pl.) were/went; they were/went*

> **fui** = *I went/was*
> **fue** = *you (pol. sing.) went/were; he/she went/was*

—¿Qué te **dieron**?
—Mi tío me **dio** dinero.

—*What did they give you?*
—*My uncle gave me money.*

—¿Adónde **fue** Luis anoche?
—**Fue** al cine.

—*Where did Luis go last night?*
—*He went to the movies.*

—¿Qué **fue** ese ruido?
—No **fue** nada. ¡Estás imaginando cosas!

—*What was that noise?*
—*It wasn't anything. You are imagining things!*

EJERCICIO 4

Éstas son las actividades de ayer de algunos de los vecinos hispanos. Complete las oraciones con la forma correcta del pretérito de **ver, ir, dar, hacer, decir, traer, poner** o **venir.**

1. Ernesto Saucedo _____ una fiesta para sus amigos.
2. Dice Ernesto: «_____ más de treinta personas a mi fiesta.»
3. Dice Andrea: «Yo _____ una botella de tequila.»
4. Todos _____ que la fiesta fue fantástica.
5. Amanda _____ a Graciela hablando con su novio, Rafael.
6. Ernestito le _____ una cadena de identificación a su perro.
7. Guillermo _____ la tarea para su clase de biología.
8. Dora y Javier _____ al teatro.

EJERCICIO 5

Cuente lo que hicieron estas personas.

MODELO: (Soy Pilar.) Anoche fui al cine con mi hermana. Después cenamos en un restaurante y dimos un paseo por el centro. Me acosté muy tarde. →
Pilar *fue* al cine con su hermana. Después *cenaron* en un restaurante y *dieron* un paseo por el centro. Pilar *se acostó* muy tarde.

1. (Soy Ricardo Sícora.) Un sábado por la mañana fui con mis hermanos Pablo y Enrique y unos amigos a una playa cerca de Caracas a bucear. Llegamos temprano a la playa, así que descansé un rato antes de nadar. Buceamos una hora y vimos muchísimos peces y animales marinos. Por la noche hicimos una fogata en la playa y cocinamos pescado en ella. Luego toqué la guitarra y todos cantamos y bailamos hasta muy tarde.
2. (Soy Silvia Bustamante.) Anoche fui con mi novio Nacho Padilla a una fiesta. Llegamos a las 9:00 y cuando entré, vi a Luisa Hernández, una amiga del Instituto de Inglés, donde estudié el año pasado. La saludé y salimos al patio a charlar de los viejos amigos del Instituto. Más tarde bailé mucho con Nacho y tomé una copa de champaña. ¡Regresé a casa un poco mareada!

EJERCICIO 6

Diga qué hacen las siguientes personas generalmente, qué hicieron ayer por la tarde y qué van a hacer mañana.

MODELO: Generalmente *Adriana juega al tenis por la tarde,* pero ayer *tradujo un documento del italiano al español* y mañana *va a aprender un nuevo programa de informática.*

Ej. 6. The purpose of this exercise is to contrast preterite and present third-person forms with *ir a* + infinitive as informal future.
  Optional Follow-Up: Have students write their answers to *¿Qué hace usted por la tarde generalmente? ¿Qué hizo ayer por la tarde? ¿Qué piensa hacer mañana por la tarde?*

	GENERALMENTE	AYER	MAÑANA
Pilar	asistir a clase	dormir toda la tarde	visitar a una amiga
Andrea y Pedro	almorzar con sus hijas	estar en casa todo el día	ir de compras
Adriana	jugar al tenis después de salir del trabajo	traducir un documento del italiano al español	aprender a usar un nuevo programa de informática
doña Lola	quedarse en casa	tomar café con sus amigas	cocinar toda la tarde
Carla y Rogelio	estudiar en la biblioteca	ir a la playa	lavar el carro

7.3. Most stem-changing verbs do not change in the preterite (since most preterite forms don't carry stress on the stem vowel). Third-conjugation verbs that undergo diphthongization (*e → ie*

7.3 More about Relating Past Events (Part 2): Stem-Changing Verbs in the Preterite

and *o → ue*), however, do undergo an additional change in third-person forms, *e → i* and *o → u*, respectively. The condition that governs this

A. In most cases, the vowels of stem-changing verbs do *not* change in the preterite forms. Here is a comparison of present-tense and preterite forms of the verbs **cerrar** (*to close*) and **contar** (*to tell, relate*).

change is the presence of a stressed or unstressed *í* in the following syllable. However, this rule is not learnable for most students (much less usable), and we have chosen instead to present the

¿RECUERDA?

You'll recall from **Gramática 4.1** that a small number of verbs have stem-vowel changes in the present-tense forms in which the spoken stress is on the stem vowel: **pienso** versus **pensar, duermo** versus **dormir.** (See also **Gramática 2.3, 3.3,** and **5.2** to review other familiar verbs with this type of stem change.)

	cerrar		contar	
	PRESENT	PAST	PRESENT	PAST
(yo)	cierro	cerré	cuento	conté
(tú)	cierras	cerraste	cuentas	contaste
(usted, él/ella)	cierra	cerró	cuenta	contó
(nosotros/as)	cerramos	cerramos	contamos	contamos
(vosotros/as)	cerráis	cerrasteis	contáis	contasteis
(ustedes, ellos/as)	cierran	cerraron	cuentan	contaron

changes by paradigm. Third-conjugation verbs with only the change *e → i* will be introduced in Gramática 8.5.

B. A few verbs, however, all in the **-ir** group, do change their stem vowel in the **usted, él/ella** and the **ustedes, ellos/as** forms of the preterite. There are two possible changes: **e → i** and **o → u.** The present-tense and preterite forms of the verbs **divertirse** (*to have a good time*) and **dormir** (*to*

Present:
  cierro/cierra
  pienso/piensa
Past:
  cerré/cerró
  pensé/pensó

sleep) are given below.* Other common verbs with this change are **sentir** (*to feel*), **sugerir** (*to suggest*), **preferir** (*to prefer*), **mentir** (*to lie*), and **morir** (*to die*).

	divertirse		dormir	
	PRESENT	*PAST*	*PRESENT*	*PAST*
(yo)	me divierto	me divertí	duermo	dormí
(tú)	te diviertes	te divertiste	duermes	dormiste
(usted, él/ella)	se divierte	se divirtió	duerme	durmió
(nosotros/as)	nos divertimos	nos divertimos	dormimos	dormimos
(vosotros/as)	os divertís	os divertisteis	dormís	dormisteis
(ustedes, ellos/as)	se divierten	se divirtieron	duermen	durmieron

Present:
me div**ie**rto /
se div**ie**rte
d**ue**rmo/d**ue**rme .
Past:
me div**i**rtí / se div**i**rtió
d**o**rmí/d**u**rmió

Do not try to memorize all these forms, but refer to the chart when you write. In time, you will acquire the forms through listening and reading.

Yo **dormí** bien. Estela **durmió** mal. *I slept well. Estela slept poorly.*

—¿**Se divirtió** usted anoche? —*Did you have fun last night?*
—Sí, **me divertí** mucho. —*Yes, I had a great time.*

EJERCICIO 7

Complete los siguientes diálogos con la forma correcta de los verbos.

DORMIR
—¿Cuántas horas _____[1] tú anoche?
— _____[2] solamente cinco.
—¿Generalmente _____[3] tan pocas horas?
—No, generalmente _____[4] por lo menos siete, a veces ocho.

SENTIR(SE)
—¿Tú te _____[5] mal ahora?
—No, me _____[6] bastante bien.
—Pero anoche te _____[7] muy mal, ¿verdad?
—Sí, anoche me _____[8] mal por un dolor de cabeza.

DIVERTIR(SE)
—¿Te _____[9] anoche en la fiesta?
—Sí, me _____[10] muchísimo. ¿Se _____[11] tu esposa?
—No, no se _____[12] porque no le gustó la música.

MENTIR
—Tú me _____,[13] ¿verdad?
—No, no te _____.[14] Te dije la verdad.
—Pues, alguien me _____.[15]
—No fui yo.

---

*This same stem-vowel change also occurs in the present participle: **durmiendo** (*sleeping*), **divirtiéndose** (*having fun*).

7.4 Reporting the Past: Indirect Object Pronouns with *decir*

In the preterite, the verb **decir** is commonly used with indirect object pronouns to report speech.

7.4. This is a review section for indirect object pronouns and an opportunity to emphasize the preterite forms of *decir*. Our opinion is that object pronouns are first acquired as a part of high-

decir (*to say; to tell*)		
(yo)	dije	*I said*
(tú)	dijiste	*you (inf. sing.) said*
(usted, él/ella)	dijo	*you (pol. sing.) said; he/she said*
(nosotros/as)	dijimos	*we said*
(vosotros/as)	dijisteis	*you (inf. pl., Spain) said*
(ustedes, ellos/as)	dijeron	*you (pl.) said; they said*

Le dije que...	*I told (said to) you/him/her that . . .*
Te dijimos que...	*We told (said to) you that . . .*
Me dijo que...	*You/He/She told (said to) me that . . .*
Me dijeron que...	*You/They told (said to) me that . . .*

Note that the phrase **Le dijo que...** has several possible meanings; interpretation depends on the context.

Le dijo que...
- *He/She told him that . . .*
- *He/She told her that . . .*
- *He/She told you that . . .*
- *You told him/her that . . .*

Don Anselmo fue a la casa de doña Rosita y **le dijo que** sus hijos van a llegar pasado mañana.	*Don Anselmo went to doña Rosita's house and told her that his children are going to arrive the day after tomorrow.*

EJERCICIO 8

Complete esta conversación telefónica usando pronombres de complemento indirecto (**me, te, le, nos, les**) y las formas correctas del pretérito del verbo **decir** (**dije, dijiste, dijo, dijimos, dijeron**).

GRACIELA: No oigo bien, Amanda. ¿Qué _____¹ _____²?

AMANDA: _____³ _____⁴ que no voy a estar en casa esta noche.

GRACIELA: ¡Ay, lo mismo _____⁵ _____⁶ tu hermano Guillermo! ¿Adónde vas?

AMANDA: Es que mi madre _____⁷ _____⁸ que hay una venta especial con precios muy rebajados hoy en El Palacio de Hierro.

GRACIELA: ¿Y qué _____⁹ _____¹⁰ tú a ella? ¿No _____¹¹ _____¹² que hoy tenemos mucha tarea?

AMANDA: Hmmm... no, pero _____¹³ _____¹⁴ que tú quieres ir con nosotras. Es verdad, ¿no?

¿ RECUERDA ?

In **Gramática 5.1** you learned that the indirect object pronouns (**me, te, le, nos, os, les**) are frequently used with verbs of informing such as **hablar, preguntar,** and **contestar.** Review that section briefly.

Le dije que... = *I told you (pol. sing.)/him/her that . . .*
Me dijo que... = *You (pol. sing.)/He/She told me that . . .*
Le dijimos que... = *We told you (pol. sing.)/him/her that . . .*

Remember that **dijo** is a *preterite* form, not a present-tense form.

frequency phrases such as *le dije, le pregunté,* etc. In addition, *decir* is especially difficult because *dijo* looks and sounds like a present-tense form to students. It takes a fair amount of experience to acquire *dije* and *dijo*. We recommend that you practice the expressions *me/le dije/dijo que sí/no* as fixed routines. In our examples we have included only present or preterite in dependent clauses, although imperfect is also a common form in reported speech.

GRACIELA: Ay, sí, Amanda, sí quisiera acompañarlas, pero... ¡_____^{15}
_____^{16} a mi papá que no voy a comprar más ropa este mes!

AMANDA: Pues, ven con nosotras pero... ¡deja tu dinero en casa!

GRACIELA: ¡Imposible!

7.5. This structure is presented mainly for recognition. Some students are able to produce short phrases like *hace una hora* in response to *¿cuándo?* questions: most first-year students, however, do not master more complex question patterns: *¿Cuánto tiempo hace que* + clause?

¿Cuánto hace que llegaste?
How long ago did you arrive?
Hace una hora.
An hour ago.

¿Hace cuánto tiempo que usted se graduó?
How long ago did you graduate?
Hace 10 años.
Ten years ago.

7.5 Expressing *ago*: *hacer* + Time

The verb **hace** followed by an amount of time is equivalent to English expressions of time with *ago*.

hace cinco minutos	*five minutes ago*
hace una hora	*an hour ago*
hace dos años	*two years ago*
—¿Cuándo salió Ricardo?	—*When did Ricardo leave?*
—**Hace una hora.**	—*An hour ago.*

There are two ways to formulate the question *How long ago did . . . ?*

¿Cuánto (tiempo) hace que + preterite?
¿Hace cuánto (tiempo) que + preterite?

—Srta. Durán, ¿**cuánto (tiempo) hace que** usted **fue** a México?	—*Ms. Durán, how long ago did you go to Mexico?*
—**Fui hace tres años.**	—*I went three years ago.*

¡OJO!

Use first-person preterite forms and any appropriate time expression after **hace: dos días, unas horas, una semana,** etc.

EJERCICIO 9

Estela está de mal humor hoy y acusa a Ernesto de no hacer nada para ayudarla. ¿Cómo puede defenderse Ernesto?

MODELO: ESTELA: ¡Tú nunca lavas los platos en esta casa!
   ERNESTO: Pero, Estela, *lavé* los platos *hace una hora.* (Pero, Estela, *los lavé hace una hora.*)

1. ¡Tú nunca limpias el baño!
2. ¡Tú nunca barres el patio!
3. ¡La alfombra está sucia porque tú nunca pasas la aspiradora!
4. ¡Nunca bañas al pobre perro!
5. Estoy cansada de comer las mismas cosas. ¡Tú nunca me llevas a ningún restaurante elegante!

¡OJO!

Short answers with **hace** + time only. Answers will vary according to the year in which the text is used.

EJERCICIO 10

¿Sabe usted mucho de historia? ¿Cuánto hace que... ?

MODELO: ¿Cuánto (tiempo) hace que terminó la Segunda Guerra Mundial? (1945) →
   Terminó hace aproximadamente sesenta años.

1. ¿Cuánto tiempo hace que Alejandro G. Bell inventó el teléfono? (1876)
2. ¿Cuánto tiempo hace que Gustavo Eiffel construyó la Torre Eiffel? (1889)
3. ¿Cuánto hace que murió Pancho Villa? (1923)
4. ¿Cuánto tiempo hace que Colón llegó a América? (1492)
5. ¿Cuánto hace que murió Francisco Franco, el dictador de España? (1975)
6. ¿Cuánto hace que Alemania se unificó? (1990)
7. ¿Cuánto hace que los países de la antigua Unión Soviética se independizaron? (1991)

Capítulo 8

For more information on the communicative goals of **Capítulo 8** and for additional activities (AAs), please see the corresponding chapter notes in the IM.

Pre-Text Oral Activities
1. Use your PF to review foods and beverages for breakfast, lunch, and dinner. It is not necessary to introduce every word that appears in subsequent activities; however, the most common words should be introduced so that when oral activities are done in class, there will be only a few new words in each activity.

La comida

2. Use your PF to talk about common foods of the Spanish-speaking world that differ from US foods. Include Mexican dishes such as *tacos, tamales, enchiladas, tostadas, frijoles refritos, tortillas;* Caribbean dishes such as *arroz con pollo, frijoles negros* (Cuba); Spanish dishes such as *tortilla española, paella valenciana;* Chilean *empanadas;* the Argentinean *parrillada;* and any others you are acquainted with.

The following terms are regional variations for foods, which you may wish to mention in the course of the chapter. Many students are bewildered by the variety of names for the same food within the Spanish-speaking world. Explain that many of these are indigenous words adapted to Spanish: *ejotes, choclo, chile, ají.* Others are due to influence from France: *ananá.* **Variations:** *las alubias* (Spain, beans), *el ananá* (Argentina, pineapple), *el bocadillo* (Spain, sandwich), *los cacahuates* (Mex., peanuts), *los cacahuetes* (Spain, peanuts), *el chabacano* (Mex., apricot), *los champiñones* (Spain, mushrooms), *los chícharos* (Mex., peas), *el choclo* (South America, corn on the cob), *los ejotes* (Mex., green beans), *el elote* (Mex., ear of corn), *las frutillas* (Argentina, strawberries), *las judías verdes* (Spain, green beans), *el jugo de china* (Puerto Rico, orange juice), *el maní* (Caribbean, Central America, peanut), *las patatas* (Spain, potatoes), *la tocineta* (P. R., bacon),

METAS

In **Capítulo 8** you will learn to talk about food, nutrition, shopping for and preparing food, and ordering meals in restaurants.

Sobre el artista: Antonio Vinciguerra nació en San Pedro Sula, Honduras, en 1954. Estudió humanidades y ciencias antes de iniciar su carrera de artista. Sus obras se exhiben en exposiciones públicas y también en colecciones privadas. En *Bodegón con chiles* utiliza la técnica de pastel óleo. Vinciguerra reside en Honduras.

Bodegón con chiles, por Antonio Vinciguerra (Honduras)

Honduras

Época precolombina
Los pipiles, lencas, jicaques arawakos y mayas habitan el territorio.

1502 Colón llega a la costa atlántica de Honduras.

1544
España coloniza el territorio hondureño.

1821
Honduras se independiza de España.

1500

1800

El Salvador

Época precolombina
Los chibchas, pipiles, lencas y mayas habitan el territorio.

1525 España coloniza el territorio salvadoreño.

1821
El Salvador se independiza de España.

Los amigos animados: Para repasar

Antes de comenzar este capítulo, mire los segmentos animados para repasar el capítulo anterior.

A. El secreto. Silvia Bustamente conversa con Alfredo Gil, su amigo uruguayo, en la librería de la universidad.

B. El periódico *La Voz.* En este segmento comercial de KSUN, el escritor Pedro Ruiz habla del periódico mexicano *La Voz.*

En este capítulo...

ACTIVIDADES DE COMUNICACIÓN

• Las comidas, las bebidas y la nutrición
• La compra y la preparación de la comida
• Los restaurantes

EN RESUMEN

la torta (Mex., sandwich), *la torta* (Spain, Argentina, cake), *el zumo* (Spain, juice). **3.** Many students enjoy learning about foods native to the Americas. They are often surprised to find that the potato does not come from Ireland and that Italian food uses tomatoes thanks to the New World. Here is a list of foods from the Americas that you may want to incorporate into your discussion (food words that end in *-ate, -ete, -ote* are of Náhautl origin): *calabaza, calabacita, chiles, chocolate, frijoles, habichuelas (ejotes), maíz, mangos, papas, papayas, pavo (guajolote), piña, tomate (jitomate), vainilla.*

LECTURAS Y CULTURA

• **Ventanas culturales**
La lengua: Comidas y palabras
• **Enlace literario**
«Jitomates risueños», por Francisco X. Alarcón
• **Ventanas culturales**
Las costumbres: ¡Estoy como agua para chocolate!
• **Lectura**
Los deliciosos platos andinos

GRAMÁTICA Y EJERCICIOS

8.1 Referring to Objects Already Mentioned: Impersonal Direct Object Pronouns **lo, la, los,** and **las**

8.2 More about Expressing Likes: The Verbs **gustar** and **encantar**

8.3 Making Negative Statements and Questions: *No, Never*

8.4 Expressing *One* or *You:* The Impersonal **se**

8.5 Using Stem-Changing Verbs Like **pedir** and **servir:** Present-Tense and Preterite Forms

1890 Monopolio político y comercial de la empresa estadounidense United Fruit

1933–1949 Dictadura de Carías Andino, apoyada por EU

1963–1981 Múltiples golpes de estado; el ejército gobierna al país.

1998 El huracán Mitch deja 5.000 muertos y a 1.500.000 personas sin vivienda.

2001 Ricardo Maduro es electo presidente.

1900

2000

1931–1944 Dictadura de Maximiliano Hernández y Martínez

1970 Nace el FMLN (Frente Martí para la Liberación Nacional).

1980–1992 Represión militar; 75.000 muertos

2004 Antonio Saca es electo presidente.

1992 Se firma en México un tratado entre el gobierno de El Salvador y el FMLN.

Actividades de comunicación y lecturas

Las comidas, las bebidas y la nutrición. This display includes common dishes from Spanish-speaking countries, beverages, meats, vegetables, fruit, and the nutritional values of foods. Use your PF as an aid in introducing typical foods from Spanish-speaking count_ and foods that students like

Las comidas, las bebidas y la nutrición

and foods that students like dislike. Keep in mind that w_ for foods vary from country to country. We have attempted to u_ words recognized by most Spanish speakers and have included regional variants in notes when possible. Many of the words in display and in subsequent activities will be new to students. Ve_ class comprehension of all vocabulary in the display and the activities of this section as you proceed through these materials

See the IRK: *Las comidas, las bebidas y la nutrición.*

Lea Gramática 8.1–8.2.

Los platos típicos

la paella
(España)

el tamal
(México y
Centroamérica)

el casado de pollo
(Costa Rica)

¿La paella?
La hice ayer.

el plátano frito
(El Caribe, México y
Centroamérica)

las empanadas
(Argentina y Sudamérica)

el chile relleno
(México)

el flan
(México y España)

la parrillada
(Argentina)

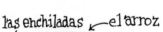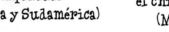
las enchiladas ← el arroz
← las tortillas de maíz
los frijoles

El arroz, los frijoles y las tortillas
contienen muchos carbohidratos.

¿Los frijoles?
Siempre los como
para el almuerzo.

Las bebidas

las aguas frescas

la
jamaica

la
horchata

el batido de leche

el café con leche

La leche contiene calcio y proteina.

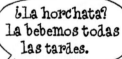
¿La horchata?
La bebemos todas
las tardes.

la cerveza

el vino rosado

el vino tinto

el vino blanco

Las carnes, las aves, el pescado y los mariscos

la carne de res
el cangrejo
la langosta
los camarones
las almejas
el hígado
el pescado
las ostras
la chuleta de cerdo

El pollo frito contiene mucha grasa.
La carne, el pollo y los mariscos tienen mucha proteína.

Las legumbres

las mazorcas de maíz
el apio
las zanahorias
los tomates
el ajo
los guisantes
las habichuelas
las calabacitas
la cebolla
el pepino
los rábanos

Las legumbres son muy nutritivas. Muchas contienen vitamina A.

Las frutas

la piña
la naranja
las fresas
el mango
el durazno
la sandía
las uvas
los albaricoques
la papaya
la toronja
la manzana
el plátano (la banana)

La naranja y la toronja contienen mucha vitamina C.
La sandía y la papaya tienen mucho azúcar.
El albaricoque contiene mucho calcio.

Act. 1. Conversación (individual; whole-class). **Suggestion:** Have students mark foods they eat for specific meals and then ask for volunteers as you lead a whole-class discussion about students' meals. Students have already heard and seen impersonal object pronouns in previous chapters. We do not necessarily expect students to be able to use object pronouns, but they should be able to recognize them and understand their meaning (referent) in context. (In this activity we have followed an American classification for meals since we are asking about students' own habits.) Write *frecuentemente, a veces, (casi) nunca* on the board.

ACTIVIDAD I   Conversación: Las comidas del día

Diga si comemos estas comidas para el desayuno, para el almuerzo o para la cena.

MODELOS: ¿Los huevos revueltos? *Los comemos para el desayuno.*
¿La sopa? *La tomamos para el almuerzo o para la cena.*

los huevos revueltos	los panqueques
los guisantes	el cereal
las legumbres	los espárragos
la sopa	la ensalada de lechuga
el pan tostado con jalea	el tocino
las hamburguesas	el yogur
un sándwich	las chuletas de cerdo
el pollo frito	las papas fritas
las enchiladas	el arroz
la coliflor	el maíz
los tacos	

▶ **Y TÚ, ¿QUÉ DICES?**

(No) Me gusta(n)…	A mí también.	A mí, sí.
Me encanta(n)…	A mí tampoco.	A mí, no.

E1: *¿El yogur?* Nunca *lo* como; *no me gusta.*
E2: *A mí tampoco.*
E2: *¿Las papas fritas? Me encantan.*
E1: *A mí, no.* Prefiero *la ensalada.*

Act. 2. Intercambios (whole-class; pair). **Suggestion:** Give the whole class a minute or so to look over the tables and the vocabulary (most new vocabulary words are cognates). Pair students. Circulate to help pairs place foods into categories.

ACTIVIDAD 2   Intercambios: La nutrición

¿Qué comidas son más ricas en proteína, en carbohidratos y en vitaminas? ¿Cuáles contienen más grasa? Mire los dibujos de las comidas al comienzo del capítulo. Trabajando con su compañero/a, pónganlas en uno (o más) de los cinco grupos de la siguiente tabla.

MODELO: E1: El arroz tiene muchos carbohidratos.
E2: Sí, y la carne de res contiene proteína y mucha grasa.

LA PROTEÍNA	LOS CARBOHIDRATOS	EL CALCIO	LAS VITAMINAS A Ó C	LA GRASA
_____	*el arroz*	_____	_____	*las papas fritas*
_____	_____	_____	_____	_____
_____	_____	_____	_____	_____
_____	_____	_____	_____	_____
_____	_____	_____	_____	_____
_____	_____	_____	_____	_____

ACTIVIDAD 3   Intercambios: ¿Qué vamos a comer hoy?

Primero, mire la lista de comidas. Luego prepare dos menús para el día (desayuno, almuerzo y cena), un menú de comida saludable solamente y otro con sus comidas y bebidas favoritas. Luego, converse con su(s) compañero(s) sobre los dos menús.

DESAYUNO	ALMUERZO	CENA
◆ fruta: toronja, naranja, piña, durazno, uvas, etc. ◆ cereal frío ◆ panqueques ◆ huevos rancheros, fritos, revueltos, etc. ◆ pan tostado (mantequilla) ◆ pan tostado a la francesa ◆ salchichas/ tocino ◆ café/té caliente ◆ leche (descremada) ◆ batido de leche ◆ donas ◆ avena ◆ yogur ◆ ¿ ?	◆ sopa: de legumbres, de frijoles, de cebolla, etc. ◆ ensalada de tomate ◆ ensalada de fruta fresca ◆ un sándwich: de atún, de jamón y queso, de pollo ◆ hamburguesa ◆ papas fritas ◆ tacos ◆ burritos ◆ limonada ◆ jugos naturales ◆ agua mineral ◆ refresco ◆ té caliente/helado ◆ ¿ ?	◆ pescado: a la parrilla, frito, al horno, etc. ◆ bistec ◆ ensalada verde ◆ legumbres: bróculi, coliflor, habichuelas, etc. ◆ camarones ◆ langosta ◆ enchiladas ◆ tamales ◆ chiles rellenos ◆ helado ◆ pastel o flan ◆ galletas de chocolate ◆ cerveza, vino, etc. ◆ ¿ ?

MODELO: E1: ¿Qué comidas saludables escogiste?
              E2: Escogí *media toronja y yogur* para el desayuno. Para el almuerzo, escogí *ensalada de frutas y agua mineral.* Para la cena, escogí *ensalada verde y pescado a la parrilla.*
              E1: ¿Y qué prefieres *desayunar/almorzar/cenar?*
              E1: Prefiero…

REFRÁN

Al pan, pan y al vino, vino.

(*Don't beat around the bush.* Literally, [call] *The bread, "bread," and the wine, "wine."*)

ACTIVIDAD 4   Definiciones: Los alimentos

Combine cada definición de la izquierda con un alimento de la derecha.

c   **1.** Es una legumbre anaranjada que contiene vitamina A.

     a. el batido de leche
     b. la paella

Ventanas culturales: Before assigning this **Ventana**, ask students what words they know, slang or otherwise, that are used to refer to vegetables in English. They may come up with "greens" or "veggies," depending on their experience. Ask them if they know different names for any other foods in English.

The last paragraph is about the influence of Náhuatl, language of the Aztecs, in Mexican Spanish. Tell students that languages often borrow words, and those *palabras prestadas* become a part of the borrowing language. The Náhuatl words listed here became part of Spanish, and some went from Spanish into English.

Work with students on the conversation activity. Have them mention other *palabras prestadas* in Spanish (*champú, sándwich, suéter*) or borrowed words in English (*hors d'oeuvres, poncho, garage*). You may want to tell them about cognates (*cognados*): words that are similar in two or more languages. Cognates facilitate communication. For example, several of the Náhuatl-Spanish words mentioned in this *Ventana* have cognates in English.

e **2.** Esta fruta de cáscara amarilla crece en las zonas tropicales.

f **3.** Es un postre hecho de huevos, leche y azúcar. Es muy popular en los países hispanos.

h **4.** Es una legumbre larga y verde que se usa con frecuencia en las ensaladas.

d **5.** Son muy populares en la cocina mexicana. Se sirven con tortillas.

i **6.** Éstas son uvas secas.

a **7.** Es una bebida preparada con leche y helado o leche y fruta.

b **8.** Es un plato de arroz, carne y mariscos, típico de España.

c. la zanahoria
d. los frijoles
e. el plátano
f. el flan
g. el durazno
h. el pepino
i. las pasas
j. la manzana

VENTANAS CULTURALES   La lengua

Comidas y palabras

Usted come sándwiches a veces, ¿no es cierto? Pues si pide un sándwich en un restaurante de España, debe llamarlo «bocadillo». ¿Le gusta el pastel? Entonces aprenda sus otros nombres: «bizcocho» en Puerto Rico, «queque» en Costa Rica y «torta» en España. Los cubanos lo llaman «cake», que se pronuncia «quey». Para decir «helado» en México, se usa una palabra del clima: algo frío y blanco que cae del cielo. ¿Puede adivinar lo que es? Sí, el helado es «la nieve».

Las legumbres son verduras en algunos países y hortalizas en otros. En todos sitios, los vegetales son plantas de cualquier tipo. La palabra que se usa en Uruguay y Argentina para la fresa es «frutilla» y en Argentina las habichuelas se llaman «chauchas». En España, México y otros países la banana es «plátano». Los españoles llaman «patata» a la papa y «zumo» al jugo de fruta. La palabra para «batata» es «camote» en México, «ñame» en los países andinos y «boniato». en Cuba.

En muchos casos, los nombres de las frutas y legumbres se originan en el idioma indígena de cada país. Por ejemplo, las habichuelas son «ejotes» en México. La palabra «ejote» (*éjotl*) es náhuatl, idioma que hablaban los aztecas, habitantes de México al llegar los españoles en 1519. En todo el mundo hispano hay muchos alimentos que heredamos de los antiguos mexicanos: entre otros, *aguácatl* (aguacate), *élotl* (elote), *xocólatl* (chocolate), *jitómatl* (jitomate), y *guajólotl* (guajolote, pavo). También de origen náhuatl son *cóyotl, tómatl* y *chilli*. Es fácil adivinar lo que significan esas palabras, ¿verdad?

VOCABULARIO ÚTIL	
adivinar	*to guess*
el zumo	*fruit juice*
la batata	*sweet potato*
hablaban	*spoke (used to speak)*
heredamos	*we inherited*
jitomate	*red tomato (Mex.)*
las palabras prestadas	*borrowed words*

Ahora... ¡ustedes!

Menciona otras palabras prestadas en el inglés o el español. Piensa, por ejemplo, en los platillos populares de los Estados Unidos y en los nombres de algunas ciudades norteamericanas. Piensa también en las palabras que se usan en español para hablar de los deportes.

ACTIVIDAD 5   Conversación: La mesa

Act. 5. Conversación (whole-class; pair). **Part 1.** Direct students' attention to the table setting art. With whole-class participation ask questions such as: *¿Para qué sirve un salero?* Allow the entire class to answer rather than calling on individuals. **Part 2.** Have students pair up and ask each other questions regarding the placement of objects on the table.

Parte 1. Diga para qué sirven estos objetos de la mesa. Use las siguientes palabras y frases útiles.

MODELO: *El salero* sirve para *guardar la sal.*

▶ **PALABRAS Y FRASES ÚTILES**

las bebidas	guardar la pimienta	servir la comida
comer	guardar la sal	tomar café o té
cortar la comida	limpiarse la boca	tomar la sopa
cubrir la mesa	preparar la ensalada	

Parte 2. Ahora, trabaje con un compañero / una compañera para decir dónde están esos objetos en el dibujo. Usen **al lado de, entre, a la derecha de, a la izquierda de, enfrente de** o **encima de.**

MODELO: E1: ¿Dónde está *el tenedor?*
E2: Está *a la izquierda del* plato.

ACTIVIDAD 6   Entrevista: La comida en casa

1. ¿Qué desayunas por lo general? ¿Qué comiste esta mañana antes de salir de casa? ¿Qué almuerzas normalmente? ¿Qué almorzaste hoy? (¿Qué vas a almorzar hoy?)
2. ¿Qué bebidas prefieres para el desayuno / el almuerzo / la cena? ¿Tomas café o té durante el día? ¿Lo tomas con o sin azúcar? ¿con o sin leche?
3. ¿Prefieres comer más al mediodía o por la noche? ¿Por qué? ¿Comes entre comidas? ¿Qué comes?
4. ¿Cenas en tu casa generalmente o sales a cenar? ¿Con quién? ¿Qué cenas? ¿Qué prefieres comer de postre?
5. Generalmente, ¿comes mientras ves la televisión? ¿Te gustan las palomitas de maíz? ¿Les pones mantequilla o sal? ¿Qué otra cosa te gusta comer en casa?

ENLACE LITERARIO

«Jitomates risueños», por Francisco X. Alarcón

Selección de su libro *Jitomates risueños* (1997)

Francisco X. Alarcón (1954) es un famoso poeta chicano que vive y trabaja de profesor en Davis, California. Alarcón ha publicado varios libros: *Cuerpo en llamas* (1990) y *Del otro lado de la noche* (2002), entre otros. Sus poemas para niños aparecen en *Jitomates risueños* (1997) y *Los ángeles andan en bicicleta* (1999). La colección *Jitomates risueños* recibió el premio Pura Belpré de la Asociación Americana de Bibliotecas. La obra de Alarcón es muy rica y además divierte a los jóvenes. El poema aquí incluido presenta una hermosa imagen de los tomates.

Jitomates risueños

en el jardín
plantamos
jitomates[1]

los vegetales
más felices
de todos

alegres
se redondean[2]
de sabor

risueños[3]
se ponen
colorados[4]

convirtiendo
sus arbustos
alambrados[5]

en árboles
de Navidad
en primavera

Actividad creativa: En el jardín

¿Le gustan los jitomates? ¿Qué otras frutas o legumbres le gustan? Escriba un breve poema sobre su legumbre o fruta favorita. Empiece con los versos de Alarcón:

En el jardín
plantamos…

[1]*tomatoes (Mex.)*   [2]*se... they grow round*   [3]*laughing, giddy*   [4]*se... they turn red*   [5]*sus... their wire-framed bushes*

La compra y la preparación de la comida. You already will have introduced many words in the display while doing activities and exercises in the previous section. Take this opportunity to add some dishes, vegetables, and fruits found in Hispanic countries but not

✳ La compra y la preparación de la comida

commonly eaten in other North American countries (la guayaba, la yuca, la tuna, etc.).

Many of the words in this display and in subsequent activities will be new to students. Verify class comprehension of all vocabulary in the display and the activities of this section as you proceed through these materials.

See the IRK for additional activities: La compra y la preparación de la comida.

Lea Gramática 8.3–8.4.

una taza
de harina

una media taza
de azúcar

una cucharada
de mantequilla

una cucharadita
de sal

media cucharadita
de bicarbonato de soda

un tarro
de mayonesa

el aderezo
para la ensalada

una lata de atún

un paquete
de fideos

la carne molida

A mí no me gusta
el atún.

¡A mí
tampoco!

la sopa
enlatada

la comida
pre-elaborada

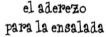

los guisantes
congelados

Muchas comidas pre-elaboradas contienen
conservadores y colorantes.

¿Compra tu mamá
comidas pre-
elaboradas?

¡Ay, no! Nunca
las compra.

Se cortan varias
rebanadas de tomate.

Se ralla el queso.

Se corta una papaya
en trozos pequeños.

Se pica la cebolla.

¿Hay papayas?

Sí, pero ninguna
está madura.

ACTIVIDAD 7 Definiciones: La preparación de la comida

Combine cada descripción de la izquierda con una palabra de la derecha.

1. Se pone en la ensalada. f
2. Para preparar un sándwich de queso, se corta el queso en ___h___.
3. Se usa mucho en la preparación de pasteles y galletas. b
4. Si no se encuentran frutas o legumbres frescas, se pueden comprar ___a___.
5. Es un líquido dorado, muy espeso y dulce que se usa mucho en el té. d
6. La receta pide ¼ de ___e___ de sal.

a. congeladas
b. la harina
c. la papaya
d. la miel
e. cucharadita
f. el aderezo
g. vainilla
h. rebanadas

REFRÁN

Del plato a la boca, se cae la sopa.

(*There is many a slip between the cup and the lip.* Literally, *From the plate to the mouth, the soup falls.*)

ACTIVIDAD 8 Del mundo hispano: Supermercado El Diamante

Imagínese que usted va a ir al supermercado El Diamante en Puerto Rico para hacer la compra. Estudie las dos listas y calcule el precio total de cada una.

LISTA 1		LISTA 2	
1	paquete de tocino	1	libra de carne molida
2	latas de sopa de legumbres	1	tarro de 16 onzas de mayonesa
2	aguacates	3	libras de cebollas amarillas
3	libras de carne molida	1	paquete de zanahorias
2	libras de limones	2	libras de manzanas
14	onzas de avena	1	sandía de ocho libras

ACTIVIDAD 9   Asociaciones: Las comidas y la cocina

En cada grupo de palabras hay una palabra que no pertenece al grupo. Búsquela y explique por qué no pertenece.

MODELO: la salchicha, la hamburguesa, la chuleta de cerdo, la pera
         La pera no pertenece a esta lista porque *no es carne.*

1. el apio, el pepino, las nueces, los guisantes
2. el flan, el helado, las aceitunas, el pastel
3. la miel, el panecillo, la mermelada, la jalea
4. la sal, el azúcar, la harina, la mostaza
5. la horchata, las almejas, los camarones, la langosta

Act. 9. **Asociaciones** (individual; pair). **Suggestion:** First introduce the new vocabulary for foods with your PF. Then divide the class into groups of 3 and give group 5 minutes or less to do the activity. As you go over correct answers, ask why a particular item does not belong in the group.

Act. 10. Orden lógico (pair).
Suggestion: Have students work
in pairs to order tasks. See IRK
for *Búscalo tú: Vamos a preparar
chiles rellenos.*
 Follow-Up: With the whole
class, write a sequence for *paella*
or some other authentic dish.

ACTIVIDAD 10   Orden lógico: ¿Cómo se prepara(n)... ?

Ponga en orden los pasos para la preparación de estas comidas.

UNA QUESADILLA

_____ Se saca la quesadilla de la sartén.

_____ Se dobla la tortilla.

_____ Se saca una lata de chiles y una tortilla de harina.

_____ Se pone en una sartén con un poco de aceite.

_____ Se pone el queso y un chile sobre un lado de la tortilla.

_____ Se tapa la sartén y se fríe la quesadilla tres minutos de cada lado.

_____ Se ralla el queso.

_____ Se sirve con salsa y se come.

LOS CHILES RELLENOS

_____ Se baten los huevos.

_____ Se pelan los chiles.

_____ Se mojan los chiles en el huevo batido.

_____ Se asan los chiles.

_____ Se cortan varias rebanadas de queso.

_____ Se les quitan las semillas.

_____ Se pone una rebanada de queso en cada chile.

_____ Se fríen.

Act. 11. Narración (whole-class;
pair). Give students a couple of
minutes to look at the drawings
and the preparation instructions,
then work with the class to order
the steps logically on the board.
If possible, use the cor-
responding transparency.
 Expansion: Have students
make a list of as many Hispanic
dishes as they can think of in 2
minutes. Then in groups of 3–4
they should compare their lists,
select 2–3, and come up with
lists of ingredients.

ACTIVIDAD 11   Narración: Vamos a preparar pupusas

Narre los pasos en la preparación de las pupusas (*bean-stuffed cornmeal cakes*), una comida típica de El Salvador.

▶ **PALABRAS ÚTILES**

primero	después
luego	finalmente

LOS PASOS

- Se sacan los ingredientes: la harina de maíz, el queso fresco y los frijoles.
- Se le agrega agua a la harina de maíz.
- Se amasa bien y se hace una tortilla.
- Dentro de la tortilla se pone una cucharada de queso y otra de frijoles.

- Se cierra la masa y se forma una bolita.
- Se palmea para formar de nuevo una tortilla.
- Se calienta la sartén y se fríe de cada lado por dos o tres minutos.
- Se sirve con el curtido (una ensalada de repollo (*cabbage*), vinagre y chile).

«Las pupusas», por
Jorge Argueta

Las pupusas
son redondas
como la letra «O»

Las pupusas
son la más sabrosa
memoria de casa

Las pupusas
las encontraba
en la mesa

cuando mi mamá
me llamaba por las
tardes
«Jorgito, vente a comer»

Act. 12. Entrevista (whole-class; pair). **Suggestion:** Read questions aloud, answering with personal information. Then pair students to interview each other.

ACTIVIDAD 12   Entrevista: Hacer la compra

1. ¿Quién hace la compra en tu casa?
2. ¿Se compran todos los comestibles en un supermercado o en varias tiendas pequeñas?
3. ¿Compras muchas legumbres y frutas?
4. ¿Compras muchas comidas pre-elaboradas? ¿Lees las etiquetas de las comidas para determinar si contienen colorantes o conservadores?
5. ¿Quién prepara las comidas en tu casa? ¿Te gusta cocinar? ¿Qué platos sabes preparar?
6. ¿Compras mucha comida chatarra (*junk food*)? ¿Qué compras?

Ventanas culturales: If possible, bring to class a pot of water and boil it over a single electric burner. Demonstrate the preparation of hot chocolate with bars of Mexican (or American-made) chocolate. Have students observe the activity of the liquid and ask what emotions it may represent. You may also want to have students watch selected scenes from the movie *Como agua para chocolate* and describe what they see. This type of activity works well for describing actions in the past: *¿Qué hizo la mujer? ¿Qué pasó en esta escena?*

VENTANAS CULTURALES   Las costumbres

¡Estoy como agua para chocolate!

If students can't come up with colloquial expressions, provide some for them. **Suggestions:** "If you can't stand the heat, stay out of the kitchen." "This is a fine stew you've gotten us in to." "Serve hot things hot and cold things cold." "He knows which side his bread is buttered on." More *refranes* using foods may be found in *En pocas palabras* by José Antonio Burciaga, Mercury House, San Francisco, 1997.

Si una persona mexicana exclama «¡Estoy como agua para chocolate!», eso quiere decir que está muy enojada, a punto de hervir como el agua. En México, la frase coloquial «como agua para chocolate» se usa para expresar la idea de mucho enojo. Esta expresión tiene su origen en la preparación del chocolate caliente. Para hacerlo, se pone agua a calentar y, cuando empieza a hervir, se le echan trozos de chocolate en barra, luego se bate todo a mano con un molinillo y muy pronto queda lista la rica y tradicional bebida.

La famosa escritora mexicana Laura Esquivel usó esta frase coloquial para dar título a su novela *Como agua para chocolate* (1990); cada capítulo de la novela empieza con una receta de la cocina de México. Si usted quiere descubrir aspectos interesantes de la cultura mexicana, le recomendamos este libro. También puede ver la película, que resultó ser muy popular. La verdad es que el título es apropiado, pues en la novela de Esquivel se combinan los temas de la comida, el enojo y el amor apasionado.

VOCABULARIO ÚTIL

hervir	*boil*
el enojo	*anger*
el trozo	*piece, chunk*
se bate	*is whipped*
el molinillo	*beater, whip*
queda lista	*is ready*
la receta	*recipe*

Ahora... ¡ustedes!

Hay muchas expresiones coloquiales del inglés relacionadas con la comida; por ejemplo, *"too many cooks spoil the broth."* ¿Puedes mencionar algunas otras?

✳ Los restaurantes

Los restaurantes. Read the display captions below aloud to the whole class as they follow along in the text. Ask how many are vegetarians. Describe ways to prepare meat. Discuss (or poll) how many like meat *poco asada, al punto,* or *bien asada.* You may want to discuss health and ecological issues of meat consumption: dietary fat (*grasa*), water, and land use.

Many of the words in this display and in subsequent activities will be new to students. Verify class comprehension of all vocabulary in the display and the activities of this section as you proceed through these materials.

See the IRK for additional activities: *Los restaurantes.*

Lea Gramática 8.5.

Pedro y Andrea pidieron una ensalada, bistec al punto, papas fritas y bróculi.

El cocinero les preparó un plato especial.

El mesero les sirvió la comida.

Andrea tomó una copa de vino tinto, pero Pedro prefirió tomar agua mineral.

Comieron con gusto.

Pagaron la cuenta con su tarjeta de crédito.

Dejaron una buena propina.

la carne cruda

el bistec

poco asado/ poco cocido

al punto/ cocido

bien asado/ bien cocido

ACTIVIDAD 13   Narración: Mayín Durán sale a cenar

Lea las siguientes oraciones y póngalas en orden, según los dibujos. Luego, trabaje con un compañero / una compañera para narrar la historia.

Act. 13. Narración (whole-class; pair). Read over all descriptions with the whole class. Then pair students to put in correct order.

_____ Comieron y conversaron.
_____ Pidieron la cuenta.
_____ Mayín pidió agua mineral y su amigo pidió un refresco.
_____ Mayín y su amigo pidieron la comida.
_____ Los dos pidieron postre.
_____ Pagaron la cuenta y dejaron una propina.
_____ Salieron a cenar.
_____ El mesero les sirvió la comida.
_____ Tomaron sus bebidas y conversaron, y luego el mesero les preguntó si estaban listos para pedir la comida.
_____ Salieron a pasear.
_____ El mesero les preguntó si querían tomar algo.
_____ Leyeron el menú.

Act. 14. Intercambios (whole-class; pair). **Suggestion:** With whole-class participation, comment on the Mexican foods on the menu. Then pair students and have them ask each other questions using *¿Cuánto cuesta?* Prices are in Mexican pesos at the 12:1 exchange rate of 2005. You may have to explain that prices have changed if you are using the text in 2006 or later. Introduce or review appropriate restaurant expressions: *¿Está(n) listo(s) para pedir? ¿Quisiera(n) tomar algo? ¿Qué va(n) a pedir? Quisiera... Me gustaría... Voy a pedir... Tráigame/nos...* etc.

Follow-Up: Have students work in groups of 3: 2 are patrons and 1 is the waiter. If you and/or students bring tablecloths, paper plates, plasticware, vases, and flowers, the scene is very real. When the food has been served, the waiter can trade places with 1 of the patrons, and the group can role-play again.

Expansion: Combine this activity with an in-class potluck.

ACTIVIDAD 14   Intercambios: **Restaurante Mi Casita**

Con su compañero/a, lea el menú del Restaurante Mi Casita. Primero miren los precios; después escojan las comidas y bebidas que van a pedir y digan por qué las van a pedir. Sigan los modelos.

MODELOS: E1: ¿Cuánto cuestan *los tamales de puerco*?
          E2: Cuestan *$66.65* pesos.

          E1: ¿Qué vas a pedir?
          E2: Creo que voy a pedir *los chiles rellenos* porque *me encantan*.

▶ EXPRESIONES ÚTILES

Me encanta(n).	Estoy a dieta.	No traigo mucho dinero.
(No) Tengo mucha hambre.	(No) Tengo mucha sed.	Es/Son saludable(s).

Restaurante Mi Casita
Rica comida mexicana e internacional a precios módicos

Plato del día
Lasaña, pan de ajo, ensalada, mixta, sopa minestrone $85.50

Antojitos mexicanos
Se sirven para el almuerzo y la cena. (Con cada uno se incluye pan o tortillas, ensalada, arroz y frijoles o sopa del día.)

Enchiladas (3)	verdes o rojas	$57.25
Tostadas (2)	de res o de pollo	46.75
Tacos (4)	de res o de pollo	47.50
Burritos (2)	de res y/o frijoles	45.85
Chiles rellenos (2) de carne o queso		62.50
Tamales de puerco con chile verde (3)		66.65
Tamales dulces con almendras y pasas (3)		40.75

Rincón internacional

De España:	Rica paella valenciana . . . . (mínimo tres personas)	$187.50
De Perú:	Sabrosísimo cebiche	56.25
De los Estados Unidos:	Las mejores hamburguesas al sur de la frontera	52.00
De Italia:	Exquisita pizza de la casa (tamaño grande)	165.75
De China:	Delicioso y ligero chop suey de pollo	93.75

Desayuno
(Incluye pan o tortillas.)

Huevos rancheros	$67.75
Cereal frío	28.00
Avena.	21.85
Leche (vaso)	19.25
Jugos frescos (vasito)	38.25
Fruta fresca (3 piezas)	57.40

Sopas

Caldo de res con legumbres.	$52.00
Crema de espárragos.	33.00
Crema de hongos.	32.50
Minestrone.	43.75
Sopa del día	19.25

Bebidas

Cerveza Carta Blanca	$38.25
Cerveza Tecate	33.00
Cerveza Superior	31.25
Cerveza Bohemia	35.50
Refrescos.	11.65
Limonada (vaso).	15.75
Té helado con limón	19.25
Tehuacán (agua mineral).	25.00
Tehuacán de sabores	31.25
Café.	19.25
Té caliente	18.75
Vino tinto (copa)	62.50
Vino blanco (copa)	66.65

Postres

Arroz con leche	$20.85
Flan	31.25
Helado de fresa o vainilla	25.00
Melocotón en almíbar.	27.00
Mango en almíbar	31.25
Pastel (rebanada)	37.50

ACTIVIDAD 15   Del mundo hispano: Dónde comer en San José, Costa Rica

RECOMENDAMOS

 Le Monastére
27 San Rafael de Escazú
puntos Reservaciones al 289-4404. Comida internacional al estilo francés. Hermosa vista de 270° desde San José hasta el Golfo de Nicoya. De 10,200 a 28,440 (en colones) por persona.

 Machu Picchu
19 125 metros al norte
puntos del Kentucky Fried Chicken, por el Paseo Colón. Reservaciones al 222-7384. Comida peruana, especialmente mariscos, con el sabor auténtico del Perú. De 7,725 a 12,185 (en colones) por persona.

 La Masía de Triquell
21 Sabana Norte, de la
puntos Agencia Datsun 175 metros al oeste y 175 metros al norte. Reservaciones al 296-3528. Comida española e internacional. La mejor paella de Costa Rica. De 8,175 a 30,475 (en colones) por persona.

 El Balcón de Europa
11 Calle 9, entre
puntos Avenidas Central y Primera. Reservaciones 220-4821. Platillos italianos y costarricenses. De 4,900 a 14,220 (en colones) por persona.

 Ram Luna
25 En Aserrí. Reserva-
puntos ciones al 230-3060. Ambiente elegante y familiar. Vista de San José. Comida internacional y costarricense. Buffet y bailes folclóricos los miércoles desde las 17:00. De 10,200 a 24,375 (en colones) por persona. Buffet de los miércoles: 14,220 (en colones) por persona.

Primero, lea las recomendaciones de una revista turística de San José. Luego, conteste estas preguntas con su compañero/a.

1. De los cinco restaurantes que se recomiendan, ¿cuál es el mejor? ¿Cuántos puntos recibió? ¿Cuál es el peor? ¿Cuántos puntos recibió?
2. De los restaurantes que se recomiendan en la revista, ¿cuáles son «buenos»? ¿Cuáles son «normales»? ¿Cuáles son «muy buenos»? ¿Hay alguno «excelente»?
3. ¿Qué elementos se deben considerar para calificar un restaurante? ¿Cuál es el más importante, en su opinión? ¿Por qué?
4. ¿En cuál de los restaurantes es más barata la comida?
5. ¿En cuál de todos le gustaría cenar? ¿Por qué?

Ahora use las calificaciones de la revista para hablar con su compañero/a de algunos restaurantes de su ciudad.

 30-26 puntos
Excelente

 25-21 puntos
Muy bueno

 20-16 puntos
Bueno

 15-11 puntos
Normal

 10-6 puntos
Regular

 5-0 puntos
Malo

Act. 15. Del mundo hispano (individual; pair). **Suggestion:** Allow students 2–3 minutes to read this selection from a Costa Rican tourist magazine. Explain words or expressions they may not know. Then read questions aloud to the entire class before pairing students to respond to them. When they complete the task, encourage students to work on a guide that uses similar ratings to evaluate restaurants in the area.

ACTIVIDAD 16   Entrevista: Los restaurantes

1. ¿Qué clase de restaurante te gusta más?
2. ¿Te gusta la comida japonesa? ¿la comida china? ¿Qué otro tipo de comida de otros países te gusta?
3. ¿Cuál es el restaurante más elegante cerca de tu casa? ¿Comes allí con frecuencia? ¿Te gusta la comida? ¿el ambiente? ¿Te gustan los precios? ¿Es necesario hacer una reservación?
4. ¿Cuánto consideras que se debe pagar por una comida excelente en un buen restaurante?
5. ¿Cuántas veces por semana comes fuera de casa? ¿Comes frecuentemente en algún lugar en especial? ¿Dónde?
6. ¿Vas mucho a los restaurantes de «servicio rápido»? ¿Cuál de ellos es tu favorito? ¿Por qué?

Act. 16. Entrevista (pair). Have students read interview questions first, then pair up for the interview. **Follow-Up:** Ask students to write about their partners' restaurant preferences.

En resumen

De todo un poco

Cuadros de preferencias

Complete los siguientes cuadros según sus propias preferencias.

EN MI CASA SERVIMOS LAS SIGUIENTES COMIDAS
CON FRECUENCIA

COMIDAS	RAZÓN
1.	
2.	
3.	
4.	
5.	

ALGUNAS POSIBILIDADES

No tiene mucha grasa.

Es saludable.

Tiene poco colesterol.

Nos encanta a todos.

Los ingredientes son baratos.

EN MI CASA NUNCA SERVIMOS ESTAS COMIDAS

COMIDAS	RAZÓN
1.	
2.	
3.	
4.	
5.	

ALGUNAS POSIBILIDADES

Tiene mucha grasa.

Es muy picante.

Tiene mucho colesterol.

No nos gusta.

Los ingredientes cuestan mucho.

Ahora, charle con un compañero / una compañera sobre el contenido de los cuadros.

¡Dígalo por escrito!

Usted es el dueño.

Imagínese que va a comprar un restaurante y que necesita un préstamo de un banco local. Escriba un plan detallado de su restaurante para el banco que le va a prestar el dinero. Incluya en el plan respuestas a las siguientes preguntas: ¿Cómo se llama el restaurante? ¿Dónde está? ¿Cuántos meseros van a necesitar? ¿Van a servir tres comidas diarias o sólo el almuerzo y/o la cena? ¿Cuál es el horario del restaurante? ¡No se le olvide incluir el menú!

¡Cuéntenos usted!

Descríbanos una cena ideal. ¿Es una cena en casa o en un restaurante? ¿Qué comidas se sirven? ¿Hay sopa o ensalada? ¿Qué hay de beber? ¿Cuáles son los platos principales? ¿Quién prepara la comida? ¿Con quién cena usted? ¿Qué prefiere de postre?

Draw numbers to decide who goes first. You may want to write a sample response to the **Cuéntenos usted** questions on the board. For a model paragraph that students might use as a template, see the Chapter Notes in the IM.

¡Cuéntenos usted! This oral summary activity is intended to help students narrate their own lives and stories in an informal setting. Give students at least 5 minutes to jot down ideas for telling their story or assign this preparation as homework. Divide students into groups of 3 or 4.

 **LECTURA** # Los deliciosos platos andinos

PISTAS PARA LEER
Recuerde que «andino» quiere decir que viene de la región de los Andes. Al leer, considere estas preguntas: ¿Cuál es el ingrediente básico de la comida andina? ¿Qué platos de los países en la región de los Andes se mencionan? ¿Le gustaría probar estas especialidades? **Sugerencia:** Lea también la **Nota cultural** sobre otros platos hispanos en el *Cuaderno de actividades.*

VOCABULARIO ÚTIL

netamente	distinctly
el puesto	food stand
molido	ground up
el relleno	filling, stuffing
cubierto	covered, wrapped
la mazorca	ear of corn
rociadas	sprinkled
humilde	humble
la brocheta	kabob
el maní	peanut

La región andina de la América del Sur tiene una rica tradición indígena. Hablamos de los países que se encuentran en la cordillera de los Andes: Venezuela, Colombia, Ecuador, Perú, Bolivia y Chile. La cultura de los incas predomina en gran parte de ese territorio, especialmente en Perú, Ecuador y Bolivia. El 55 por ciento de la población boliviana, por ejemplo, es de origen indígena y habla quechua, el idioma de los incas. La presencia incaica es también muy visible en la sociedad ecuatoriana. El 30 por ciento de la población de Ecuador es monolingüe —habla solamente la lengua quechua— y una tercera parte es bilingüe —habla quechua y español.

Se entiende, entonces, el origen netamente indígena de muchos platos andinos. Considere el maíz, que se ha cultivado en la región de los Andes por 4.000 años. El maíz —*choclo* en quechua— es un ingrediente básico de varias comidas típicas de esta región. Los colombianos y los venezolanos lo comen en forma de arepa, una masa de maíz tostada o frita rellena de queso. El alimento rápido que más se consume en la zona andina es el choclo tostado, que se vende en puestos por todas partes.

En Perú, Bolivia y Chile es muy popular la cacerola de choclo, mezcla de pollo con maíz molido. Uno encuentra el tamal con diferentes nombres en varios países. Lo llaman

Lectura: Pistas para leer. Have students skim the reading for the names of the dishes mentioned and for some basic ingredients of Andean cuisine, e.g., corn and potatoes. Then have them read for more in-depth information regarding these dishes. You may want to combine this reading with the **Nota cultural** on Hispanic dishes that appears in **Capítulo 8** of the *Cuaderno de actividades.*

Culture/History. The potato is one of the few vegetables that can grow in altitudes of more than 13,000 feet and in arid and cold regions. This vegetable is native to the Andean region, specifically the area surrounding Lake Titicaca (the biggest lake in South America). The Incas used to grow 1,000 varieties of potato, and there are 200 types in contemporary Peru. Although Europeans resisted incorporating this vegetable into their daily diet at first, today the potato is one of the 3 basic foods consumed worldwide. (For more information about Hispanic cuisines, see the McGraw-Hill reader *Cocina y comidas hispanas*, which explores the history of many dishes and includes several recipes.)

Pre-Reading. Many students will already be familiar with some Hispanic foods, but the Andean dishes presented here will probably be unknown to most of them. Before assigning the **Lectura**, provide input with personalized questions: *¿Han probado platos de algún país hispano? ¿Cuáles, por ejemplo? ¿A quién le gusta la comida mexicana? ¿Cuál es su plato favorito de México? ¿Quién ha probado las tapas? ¿Van con frecuencia a restaurantes de comida hispana? ¿Quién puede recomendar uno en nuestra ciudad (o pueblo)? ¿Por qué es bueno?*

Post-Reading. If you have tried any of the Andean dishes introduced in the **Lectura**, relate your experiences as follow-up input. Talk about regional Hispanic foods that you like and why. Do **Comprensión** and a class discussion based on this activity. Assign **UPM** as homework and have students work in pairs to go over their lists during the next class period. (For additional personalized questions, see the IM.)

«humitas» en Ecuador y Chile; «hallacas» en Venezuela y Colombia. El tamal es una masa de maíz que puede ser dulce o salada; puede llevar un relleno de carne de res o pollo, y siempre se cocina cubierto con hojas de mazorca o de plátano.

Hay especialidades en cada país. En Ecuador las especialidades son sus deliciosas sopas, como el locro, una sopa espesa hecha con papas, pescado y queso. El alimento principal en Perú es la papa, ¡que allí tiene doscientas variedades! La papa es otra legumbre que los indígenas andinos han cultivado por miles de años. Se prepara de muchas maneras, como las ricas papas a la huancaína (de la ciudad de Huancayo), que lleva papas hervidas y rociadas con una salsa cremosa de queso. Pero el plato peruano más conocido es sin duda el cebiche: pescado crudo que se cocina en jugo de limón, al cual se le pone también tomate, cilantro, ajo y cebolla.

El cebiche, plato típico de Perú

Una de las comidas rápidas más populares en Bolivia es el anticucho. En las esquinas de cualquier ciudad boliviana —La Paz, Cochabamba— encuentra usted anticucheras: una humilde parrilla, humo, intenso olor a carne. Los anticuchos se hacen con carne de corazón de res a la parrilla, servida al estilo brocheta. A veces se les pone una salsa de maní picante. Muchos bolivianos de todas las edades comen anticuchos.

Mencionemos por último una de las especialidades chilenas, que es el caldillo de congrio. Este plato se hace con pescado fresco, papas, tomate y hierbas. El pescado, a propósito, se come mucho en Chile, país que también produce vinos excelentes conocidos en todo el mundo. Hay otros deliciosos platos de la cocina andina que deberíamos mencionar, como la chicha morada, el ají y el tallarín de legumbres. Pero... mejor descubra usted estas ricas comidas.

Comprensión

Indique qué ingredientes de la siguiente lista se usan en cada plato.

Ingredientes: ajo, carne de res, cebolla, cilantro, corazón de res, hierbas, jugo de limón, maíz, papas, papas hervidas, pescado crudo, pescado fresco, pollo, queso, tomate

MODELO: el tamal → *El tamal se hace con masa de maíz, a veces con un relleno de carne y siempre con hojas de mazorca o plátano.*

1. el locro
2. el caldillo de congrio
3. las papas a la huancaína
4. la cacerola de choclo
5. el cebiche
6. la arepa
7. el anticucho
8. las hallacas

Un paso más... ¡a escribir!

Escoja tres de los platos andinos que se mencionan en la **Lectura** y compárelos con un plato que usted conoce; por ejemplo, la pizza, el sushi, los espaguetis, alguna sopa. Luego explique si son similares o no, y por qué le gusta o no le gusta ese plato.

Plato andino   *Plato que yo conozco.*   *Me gusta / No me gusta porque...*

_____   _____   _____

Vocabulario

• El desayuno — Breakfast

la avena	oatmeal
los huevos (fritos, cocidos)	eggs (fried, hard-boiled)
el panecillo	roll, bun
el pan tostado (a la francesa)	(French) toast
el tocino	bacon
la tostada	toast (*Spain*); crispy tortilla with toppings (*Mex.*)

PALABRAS SEMEJANTES: la dona, los panqueques
REPASO: el cereal, los huevos revueltos, el pan, el pan tostado

• El almuerzo y la cena — Lunch and Dinner

el caldo	clear soup
los fideos	noodles
las galletas	crackers
el plato	prepared dish
la salchicha	sausage, frankfurter

PALABRAS SEMEJANTES: el perro caliente, la pizza, la tortilla
REPASO: el arroz, la ensalada, la hamburguesa, la papa (patata) al horno, las papas fritas, el queso, el sándwich, la sopa

• El restaurante — The Restaurant

el ambiente	atmosphere
la comida	meal; food
comer fuera	to eat out
la cuenta	bill, check
la propina	tip
la tarjeta de crédito	credit card

PALABRAS SEMEJANTES: el menú (la carta), el precio, la reservación
REPASO: atender (ie) la mesa, el mesero / la mesera, pagar, servir (i)
PLATILLOS DEL MUNDO HISPANO: el burrito, el casado de pollo, el cebiche, el chile relleno, las empanadas, la enchilada, los huevos rancheros, la paella valenciana, la parrillada, la pupusa, la quesadilla, el taco, el tamal, las tapas, la tortilla española

• La carne — Meat

el ave (*f.*)	poultry
la carne de cerdo / puerco	pork
la carne molida	ground beef
la carne de res	beef
las chuletas (de cerdo/puerco)	(pork) chops
el hígado	liver
el pavo (el guajolote)	turkey

REPASO: el bistec, el jamón, el pollo (frito)

• El pescado y los mariscos — Fish and Seafood

las almejas	clams
el atún	tuna
los camarones	shrimp
el cangrejo	crab
la langosta	lobster
las ostras	oysters

• Las legumbres — Vegetables

el apio	celery
la calabaza	pumpkin
la calabacita	zucchini
la cebolla	onion
los frijoles	beans
los guisantes / los chícharos	green peas
las habichuelas / los ejotes	green beans
los hongos	mushrooms
el maíz	corn
la mazorca de maíz / el elote	ear of corn
el pepino	cucumber
el rábano	radish
la zanahoria	carrot

PALABRAS SEMEJANTES: el bróculi, la coliflor, los espárragos
REPASO: la lechuga, el tomate (el jitomate)

• Las frutas y las nueces — Fruits and Nuts

el aguacate	avocado
el albaricoque (el chabacano)	apricot
los cacahuates	peanuts
el durazno (el melocotón)	peach
la fresa (la frutilla)	strawberry
la manzana	apple
la nuez (las nueces)	walnut(s); nut(s)
las pasas	raisins
la piña (el ananá)	pineapple
el plátano	banana
la sandía	watermelon
la toronja (el pomelo)	grapefruit
las uvas	grapes

PALABRAS SEMEJANTES: la banana, el limón, el mango, el melón, la papaya, la pera
REPASO: la naranja (la china)

• Los postres — Desserts

el arroz con leche	rice pudding
el flan	sweet custard

REPASO: el chocolate, las galletitas, el helado, el pastel, el yogur

• Las bebidas — Drinks

el batido (de leche, de frutas)	(milk, fruit) shake
la horchata	sweet rice drink
la jamaica	sweet drink made with hibiscus flowers
el té caliente/frío (helado)	(hot, iced) tea
el vino (blanco, rosado, tinto)	(white, rosé, red) wine

PALABRAS SEMEJANTES: el agua mineral, la limonada
REPASO: el agua, el café, la cerveza, el jugo (el zumo), la leche, el refresco

• Los condimentos, las especias y otros ingredientes — Condiments, Spices and Other Ingredients

el aceite	oil
la aceituna	olive
el aderezo	(salad) dressing
el ají	(bell) pepper
el ajo	garlic
el almíbar	syrup
el azúcar	sugar
el conservador	preservative
la harina	flour
la jalea	jelly
la miel	honey
la mostaza	mustard
la pimienta	pepper
la sal	salt

PALABRAS SEMEJANTES: el bicarbonato de soda, el colorante, la crema, la grasa, la mayonesa, la mermelada, la salsa, la vainilla, el vinagre
REPASO: la mantequilla

• La mesa y los cubiertos — Table Setting and Utensils

la cuchara	spoon
la cucharita	teaspoon
el cucharón	ladle
el cuchillo	knife
el cuenco	large serving bowl
la fuente de sopa	soup tureen
la jarra	pitcher
el mantel	tablecloth
el pimentero	pepper shaker
el platillo	saucer
el plato hondo	bowl
el salero	salt shaker
la servilleta	napkin
el tenedor	fork

REPASO: el plato, la taza, el vaso

• Las medidas y los recipientes — Measurements and Containers

la botella	bottle
la copa	wine glass
la cucharada	tablespoon (measurement)
la cucharadita	teaspoon (measurement)
la lata	can
la libra	pound
la onza	ounce
el paquete	package
la rebanada	slice
la sartén	(frying) pan
el tarro	jar

• Los verbos — Verbs

agregar	to add
amasar	to knead
asar	to roast
batir	to beat

contener	to contain
crecer	to grow
cubrir	to cover
dejar	to leave, to let
desear	to want, desire
doblar	to fold
estar a dieta	to be on a diet
freír (i)	to fry
mojar	to dip, to wet
pedir (i)	to ask for, to order food
pelar	to peel
picar	to chop, mince
rallar	to grate
tapar	to cover

PALABRAS SEMEJANTES: calcular, combinar, considerar, determinar, formar, recomendar
REPASO: hacer la compra, hornear

• La descripción de la comida — Describing Food

a la parrilla	grilled, charbroiled
al horno	baked
al punto, cocido/a	medium rare
bien asado/a, bien cocido/a	well-done
congelado/a	frozen
crudo/a	raw
descafeinado	decaffeinated
descremado	skimmed
dorado/a	golden brown
dulce	sweet
espeso/a	thick
enlatado/a	canned
fresco/a	fresh
maduro/a	ripe
medio/a	half
picante	hot (spicy)
poco asado/a, poco cocido/a	rare
rico/a	delicious
sabroso/a	flavorful, tasty
seco/a	dry

PALABRAS SEMEJANTES: concentrado/a, delicioso/a, excelente, normal, popular, tropical, turístico/a

• Los sustantivos — Nouns

el alimento	food, meal
el antojito	snack (Mex.)
la bolita (de masa)	little ball (of dough)
la cáscara	peel
los comestibles	food; groceries
la comida chatarra	junk food (Mex.)
la comida preelaborada	convenience food
la etiqueta	label
las palomitas de maíz	popcorn
la receta	recipe
el restaurante de servicio rápido	fast-food restaurant
el sabor	taste, flavor
la semilla	seed
el trozo	piece

PALABRAS SEMEJANTES: el calcio, el carbohidrato, el colesterol, el líquido, la nutrición, la preparación, la proteína, el total, la vitamina, la zona

• Palabras y expresiones del texto — Words and Expressions from the Text

pertenecer	to belong
la razón	reason
la tabla	table; graph

PALABRAS SEMEJANTES: el elemento, el punto, la recomendación

• Palabras y expresiones útiles — Useful Words and Expressions

con gusto	with pleasure
dentro	inside; within
de nuevo	again
frecuentemente	frequently
Me encanta(n) el/la/los/las...	I really like . . .
por lo general	usually
¿Qué clase de... ?	What type of . . . ?

Gramática y ejercicios

8.1 Referring to Objects Already Mentioned: Impersonal Direct Object Pronouns *lo, la, los,* and *las*

When referring to things already mentioned, use the Spanish object pronouns **lo** and **la,** which correspond to the English object pronoun *it:* **lo** refers to masculine words and **la** to feminine words. Spanish **los** and **las** correspond to English *them:* **los** refers to masculine words and **las** to feminine words.

—¿Quién compró **el pastel**?	—*Who bought the cake?*
—**Lo** compró Raúl.	—*Raúl bought it.*
—¿Quién trajo **la fruta**?	—*Who brought the fruit?*
—**La** trajo Nora.	—*Nora brought it.*
—Luis, ¿preparaste **los tacos**?	—*Luis, did you prepare the tacos?*
—Sí, **los** preparé esta mañana.	—*Yes, I prepared them this morning.*
—Carmen, ¿dónde pusiste **las servilletas**?	—*Carmen, where did you put the napkins?*
—**Las** puse en la mesa.	—*I put them on the table.*

> **lo** = *you, him, it (m.)*
> **la** = *you, her, it (f.)*
> **los** = *you, them (m. pl.)*
> **las** = *you, them (f. pl.)*
> **¿Quién preparó los frijoles?** (*Who made the beans?*)
> **Papá los preparó.** (*Dad made them.*)

8.1. In this section we add the impersonal use of *lo/la/los/las* (corresponding to English *it/them*) to their use as personal direct object pronouns. The use of these same pronouns to replace *él/ellos, ella/ellas,* and *usted/ustedes* was discussed in **Gramática 6.5.** Students have encountered impersonal direct object pronouns in your input and in readings many times; this is the first formal explanation. Normally, first-year students are not able to produce direct object pronouns in their speech with much accuracy. We advise students to avoid them by saying the noun they would replace. However, direct object pronouns are very common in speech and reading, and students should be able to recognize them and determine their referent in real discourse. A number of activities that involve direct object pronouns are suggested in the oral activities section. (See also the AAs in the Chapter Notes of the IM). It is unrealistic to expect that students will be able to produce object pronouns at this stage without heavy monitoring.

¿ R E C U E R D A ?

As you saw in **Gramática 6.5,** the object pronouns **lo, la, los,** and **las** also serve as personal direct object pronouns.

—¿Viste a Alberto ayer?	—*Did you see Alberto yesterday?*
—No, no **lo** vi.	—*No, I didn't see him.*
¿La profesora Martínez? **La** vi ayer en el mercado, pero ella no me vio.	*Professor Martínez? I saw her yesterday at the market, but she didn't see me.*

Review this section now, if necessary.

Thus the Spanish direct object pronouns **lo, la, los,** and **las** may substitute for words referring to people *or* to things. For example, **la** in the first exchange below refers to **Mónica** (*her*); in the second one it refers to **la salsa** (*it*).

—¿Llamaste a **Mónica**?	—*Did you call Mónica?*
—Sí, **la** llamé ayer.	—*Yes, I called her yesterday.*
—Luis, ¿encontraste **la salsa**?	—*Luis, did you find the sauce?*
—Sí, **la** encontré en el refrigerador.	—*Yes, I found it in the refrigerator.*

These pronouns take time to acquire. You will find that you will gradually come to use them in your speech as you hear and read more Spanish.

DIRECT OBJECT PRONOUNS	
lo	*you, him, it (m.)*
la	*you, her, it (f.)*
los	*you, them (m. nouns or males or males and females)*
las	*you, them (f. nouns or females)*

Like other pronouns, direct object pronouns are usually placed before the verb.

¿La ensalada? Ella no **la** come nunca.   *Salad? She never eats it.*

They may, however, be attached to the end of an infinitive or present progressive form.

¿El flan? Van a preparar**lo** más tarde.   *The flan? They're going to fix it later.*

¿Los huevos? Estoy batiéndo**los** ahora.   *The eggs? I'm beating them now.*

You will learn more about the placement of pronouns in **Gramática 13.5** and **Expansión gramatical 7.**

EJERCICIO I

Conteste con **lo, la, los** o **las** y una terminación lógica.

MODELO: —¿Cuándo bebiste el jugo de naranja?
—*Lo* bebí...

    a. hace diez años.
    (b.) anoche.
    c. antes de levantarme.

¡OJO!

These are open-ended questions. First use the correct direct object pronoun and then select a logical end to the sentence.

el congelador = *freezer*

1. —¿Cuándo preparaste el postre?
— _____ preparé...
    a. en el restaurante.
    b. ayer.
    c. en la cocina.

2. —¿Dónde pusiste la carne?
— _____ puse en...
    a. el jardín.
    b. el supermercado.
    c. el congelador.

3. —¿Dónde compraste las legumbres?
— _____ compré...
    a. en una tienda de ropa.
    b. en el supermercado.
    c. en la cafetería de la escuela.

4. —¿Cuándo trajiste el hielo?
— _____ traje...
    a. el año pasado.
    b. hace diez minutos.
    c. hace dos semanas.

5. —¿Dónde pusiste la mayonesa?
— _____ puse en...
    a. la mesa.
    b. el sofá.
    c. el dormitorio.

6. —¿Cuándo preparaste las bebidas?
— _____ preparé...
    a. hace dos minutos.
    b. para la fiesta de esta noche.
    c. mañana por la noche.

7. —¿Dónde pusiste los vasos?
— _____ puse en...
   a. el armario.
   b. la cómoda.
   c. el gabinete.

8. —¿Dónde compraste el pan?
— _____ compré...
   a. esta mañana.
   b. en la panadería.
   c. en la biblioteca.

9. —¿Cuándo hiciste las tortillas?
— _____ hice...
   a. en el fregadero.
   b. cuando me levanté.
   c. después de acostarme.

10. —¿Cuándo trajiste los tomates para la salsa?
— _____ traje...
   a. esta mañana.
   b. hace veinte años.
   c. el mes pasado.

EJERCICIO 2

Complete estos diálogos con **lo, la, los** o **las.**

1. —¿Viste a Mónica y a Nora en la fiesta?
—Sí, _____vi. Las dos bailaron toda la noche.

2. —Raúl, ¿conoces a la señora Venegas?
—No, no _____ conozco. ¿Quién es?

3. —¿Visitaron ustedes a sus parientes durante las vacaciones?
—No, _____ visitamos hace tres semanas.

4. —Alberto, ¿conociste al profesor nuevo ayer en la reunión?
—Sí, _____ conocí. Me parece muy simpático.

5. —Carmen, ¿es esa señora que está allí la madre de Luis?
—No sé; no _____ conozco.

8.2 More about Expressing Likes: The Verbs _gustar_ and _encantar_

A. **Gustar** can also be followed by a noun. If the noun is singular, use the singular form, **gusta;** if it is plural, use the plural form, **gustan.**

—¿Te gusta **la sandía**?
—Sí, pero me gust**an** más **las uvas.**

—_Do you like watermelon?_
—_Yes, but I like grapes better._

The preterite forms are **gustó** (_sing._) and **gustaron** (_pl._).

—¿Te **gustó** el helado?
—Sí, me **gustó** mucho.

—_Did you like the ice cream?_
—_Yes, I liked it a lot._

—Nos **gustaron** mucho esas galletitas.

—_We really liked those cookies._

B. To ask who likes something, begin with **¿A quién... ?**

—¿**A quién** le gusta la pizza?
—¡A todos nos gusta!

—_Who likes pizza?_
—_We all do!_

To identify a specific person or persons who like(s) something, use the following pattern.

A + _name_ + **le(s)** + **gusta(n)...**

Ej. 2. This short exercise reviews the use of _lo/la/los/las_ as personal pronouns.

8.2. Up to now students have mostly used the _gustar_ + infinitive construction in fixed phrases. In this section the structure of _gustar_ constructions is explained in more detail, emphasizing the use of accompanying prepositional phrases and indirect object pronouns. The verb _encantar,_ some common short forms such as _A mí también/tampoco,_ and the _gusta/gustan_ + noun construction are introduced.

¿RECUERDA?

In **Gramática 1.5** you learned that the verb **gustar,** followed by an infinitive, is the most common Spanish equivalent for the English verb _to like (to do something)_ and that **gustar** resembles the English verb phrase _to be pleasing (to someone)._ You also learned that an indirect object pronoun (**me, te, nos, os, le,** or **les**) is used with **gustar** to identify the person to whom something is pleasing.

A Nora le gusta cocinar. (_Nora likes to cook._)
Me gusta desayunar temprano. (_I like to eat breakfast early._)

A Lan le gusta leer novelas.	*Lan likes to read novels.*
A Graciela no **le gusta** la comida italiana.	*Graciela doesn't like Italian food.*
A Guillermo y **a Ernestito les gusta** mucho montar en bicicleta.	*Guillermo and Ernestito like to ride their bikes a lot.*

C. To state more emphatically that someone likes something, use the preposition **a** followed by the person (noun or pronoun) and then the corresponding indirect object pronoun (**me, te, le, nos, os, les**) + **gusta(n)**.

—¿**A Paula le gustan** las hamburguesas?	—*Does Paula like hamburgers?*
—¡¿**A Paula?!** No, **a ella** no **le gustan** las hamburguesas.	—*Paula?! No, she doesn't like hamburgers.*

The following emphatic phrases are made up of the preposition **a** followed by pronouns. Notice that these pronouns are the same as the subject pronouns, except for **mí** and **ti**.*

a mí me gusta(n)	a nosotros/as nos gusta(n)
a ti te gusta(n)	a vosotros/as os gusta(n)
a usted le gusta(n)	a ustedes les gusta(n)
a él le gusta(n)	a ellos les gusta(n)
a ella le gusta(n)	a ellas les gusta(n)

Pues, **a mí me gustan** mucho todas las frutas, especialmente la papaya.	*Well, I really like all fruits, especially papaya.*
¿Y de veras **a ti no te gustan** las papas fritas?	*And do you really not like French fries?*

D. Emphatic short answers to questions with **gustar** are very common. Use the preposition **a** plus a pronoun or noun and the words **sí** or **no.**

—¿Le gustan las sardinas?	—*Do you like sardines?*
—¡**A mí, no!**	—*No, I don't!*
—¿Les gustan los postres de chocolate?	—*Do you like chocolate desserts?*
—**A mí, sí,** pero **a Nora, no.**	—*I do, but Nora doesn't.*

You can use the words **también** (*also*) and **tampoco** (*neither*) instead of **sí** and **no** in short answers.

—A Pablo le gustan las fajitas.	—*Pablo likes fajitas.*
—Pues, **a mí también.**	—*Well, so do I.*
—Luis, a mí no me gustan mucho estos tacos.	—*Luis, I don't like these tacos very much.*
—**A mí tampoco.**	—*I don't either.*

E. There are other Spanish verbs that function like **gustar.** One common one used to express likes and dislikes is **encantar.** (You will learn more about this kind of verb in **Gramática 10.5.**)

---

*Recognition: **a vos te gusta**

—A mí **me encanta** el flan.   —*I adore flan.*
—A mí también.   —*Me too.*

—**Nos encantan** los mariscos que   —*We love the seafood they serve*
   sirven en este restaurante.   *in this restaurant.*
—A nosotros también.   —*So do we.*

A Ernesto y a Estela **les encanta**   *Ernesto and Estela love to eat*
   salir a cenar.   *dinner out.*

The preterite forms of **encantar** are **encantó** and **encantaron.**

A ella **le encantó** la cena.   *She loved the dinner.*
Me encantaron esas enchiladas.   *I really liked those enchiladas.*

> Remember to use
> **encanta** if referring
> to one item or **encantan**
> if more than one.
>   **Les encanta la**
>   **comida japonesa.**
>   (*They really like*
>   *Japanese food.*)
>   **Nos encantan las**
>   **papas fritas.** (*We*
>   *adore French fries.*)

EJERCICIO 3

Complete los siguientes diálogos.

Use **me/mí** y **te/ti.**

—¿_____[1] gustan las zanahorias?
—A mí no _____[2] gustan mucho. ¿Y a _____[3]?
—A _____,[4] sí. Son muy buenas para la vista (los ojos).

Use **él/le, me/mí** y **te/ti.**

—¿A tu hermano _____[5] gusta el pollo frito?
—A _____[6] sí le gusta, pero a _____,[7] no.
—¡A _____[8] no te gusta el pollo! ¿Por qué no _____[9] gusta?
—A _____[10] sí me gusta el pollo, pero no _____[11] gusta el pollo
   frito.

Ej. 3. This can be done as an in-class grammar activity.

EJERCICIO 4

Haga oraciones que describan los gustos de las siguientes personas. Use
(1) una forma del verbo **encantar** (**encanta** o **encantan**); (2) el pronombre
apropiado (**me, te, le, les** o **nos**); y (3) el nombre de una comida.

MODELO: A mi hermana *le encantan las fresas.*

▶ **SUGERENCIAS**

el café	los dulces	el guacamole
los chiles rellenos	las fresas	las hamburguesas
el chocolate	los frijoles	las palomitas con mantequilla
la comida mexicana	la fruta	el pan

1. A mi mejor amigo/a
   _____.
2. A mis padres _____.
3. A mi profesor(a) de
   español _____.

4. A mi novio/a (esposo/a)
   _____.
5. A mí _____.
6. A mi mejor amigo/a y a
   mí _____.

8.3. These words have appeared many times in your speech and the readings; it is likely that students already know most of them. Although they have undoubtedly noticed the existence of multiple negatives in Spanish, they are unlikely to be aware of how they are used.

8.3 Making Negative Statements and Questions: *No, Never*

algo	*something*	nada	*nothing*
alguien	*somebody*	nadie	*nobody*
algún	*some*	ningún	*none, no one*
alguno/a/os/as		ninguno/a (de)	
siempre	*always*	nunca (jamás)	*never*
también	*also*	tampoco	*neither*

A. Spanish often requires the use of multiple negatives in the same sentence when one responds negatively to a question.

> Whereas in English it is generally incorrect to have more than one negative in a sentence, in Spanish multiple negatives are frequently required.

—¿Tienes algo en el horno?   —*Do you have something in the oven?*

—**No, no** tengo **nada.**   —*No, I don't have anything.*

—¿Hay alguien en la puerta?   —*Is there someone at the door?*
—**No, no** hay **nadie.**   —*No, there is no one.*

—Señora Silva, ¿va usted siempre al mercado los martes?   —*Mrs. Silva, do you always go to the market on Tuesdays?*
—**No, no** voy **nunca** los martes.   —*No, I don't ever (I never) go on Tuesdays.*

B. **Alguno/a** corresponds to English *some* or *any,* and **ninguno/a** corresponds to English *none, not any,* or *neither one.*

> **algún (alguno/a/os/as)** = *some, any*
> **ningún (ninguno/a)** = *none, not any, neither one*

—¿Hay **algunos** postres sin azúcar?   —*Are there any desserts without sugar?*
—No, señor, no tenemos **ningún** postre sin azúcar.   —*No, sir, we don't have any desserts without sugar.*

—¿Hay **alguna** sopa sin carne?   —*Are there any soups without meat?*

—No, no hay **ninguna;** todas tienen carne.   —*No, there aren't any; they all have meat.*

Note that Spanish uses **ninguno/a** in the singular form.

C. **Alguno** and **ninguno** shorten to **algún** and **ningún** before masculine singular nouns.

—¿Hay **algún** restaurante en esta calle?   —*Is there a restaurant on this street?*
—No, no hay **ningún** restaurante por aquí.   —*No, there aren't any restaurants around here.*

Uno/Un, bueno/buen, primero/primer, and **tercero/tercer** follow the same rule.

¿Quieres pedir **una** copa de vino?   *Do you want to order a glass of wine?*

Sólo hay **un** plato mexicano en el menú.   *There is only one Mexican dish on the menu.*

¡Aquí sirven **unos** mariscos exquisitos!   *They serve excellent seafood here!*

Esteban es un **buen** cocinero.	*Esteban is a good cook.*
Nora y Carmen también son **buenas** cocineras.	*Nora and Carmen are also good cooks.*
Vamos a sentarnos en la **tercera** mesa.	*Let's sit down at the third table.*
El **primer** plato es la sopa.	*The first course is the soup.*

D. No is not used when the negative word precedes the verb.

Nunca como entre comidas.	*I never eat between meals.*
Nadie fue al mercado.	*Nobody went to the market.*

E. Express *I* (*you, we . . .*) *don't either* with a subject pronoun + **tampoco.**

—Yo no quiero comer helado.	—*I don't want to eat ice cream.*
—**Yo tampoco.**	—*I don't either.* (*Me neither.*)
Yo no quiero más arroz. **Tú tampoco,** ¿verdad?	*I don't want more rice. You don't either, do you?*

EJERCICIO 5

Conteste las siguientes preguntas de forma negativa. Use **nada, nadie, nunca** o **ninguno/a.**

MODELO: —¿Hay algo de comer en el refrigerador?
—No, no hay *nada.*

1. —¿Fue alguien al supermercado ayer?
   —No, no fue _____.
2. —¿Desayunaste algo esta mañana?
   —No, no comí _____.
3. —¿Siempre comes en restaurantes chinos?
   —No, _____ como en ellos.
4. —¿Invitaste a alguien a cenar esta noche?
   —No, no invité a _____.
5. —¿Compraste una sandía?
   —No, no encontré _____ madura.
6. —¿Quieres algo de tomar?
   —No gracias, no quiero _____.
7. —¿Te sirvo espinacas?
   —No, gracias. ¡_____ las como!
8. —¿Por qué no invitaste a Diego y a Ramón a la fiesta?
   —Los invité, pero _____ de los dos quiso venir.

Ej. 6. Assign as homework and use as a springboard for an in-class discussion of foods and restaurants.

EJERCICIO 6

Usted y Pedro Ruiz tienen gustos muy diferentes. En cada caso exprese una opinión opuesta a la de Pedro.

MODELO: PEDRO: Me encantan las almejas.   USTED: A mí, no. (A mí no me gustan.)

1. PEDRO: No me gustan las hamburguesas.   USTED: _____
2. PEDRO: Me encanta la horchata.   USTED: _____
3. PEDRO: No me gustan los guisantes.   USTED: _____

Usted y Ernesto Saucedo tienen los mismos gustos. En cada caso diga que usted está de acuerdo con la opinión de Ernesto.

MODELO: ERNESTO: No me gustan las comidas preelaboradas.   USTED: A mí tampoco (A mí tampoco me gustan).

4. ERNESTO: No me gusta el atún.   USTED: _____
5. ERNESTO: No me gustan los huevos revueltos.   USTED: _____
6. ERNESTO: Me gustan las pupusas.   USTED: _____

8.4 Expressing *One* or *You*: The Impersonal *se*

8.4. This is a very useful structure. You may emphasize it by talking about steps in food preparation or other sets of instructions.

In addition to being a reflexive pronoun (see **Gramática 4.3**), *se* is also used in "impersonal" constructions.

In English this structure is expressed with the impersonal *you* (*You need good film to take good pictures*), the pronoun *one* (*One should always think before acting*), the pronoun *they* (*They sell beer by the glass*), or the simple passive (*Beer is sold only by the glass here*).

> **Se** + third-person singular verb is used to express *one, you,* or impersonal *they.*
> **Se come mucho ajo en España.** (*One eats [They eat] lots of garlic in Spain. (Lots of garlic is eaten in Spain.)*)

—¿Cómo **se dice** *tablecloth* en español?
—**Se dice** «mantel».

—*How do you say* tablecloth *in Spanish?*
—*You say* **mantel**.

Aquí **se habla** español.

Spanish is spoken here. (*They speak Spanish here.*)

> **Se** + third-person verb form is often used for instructions.
> **Primero se hierve el agua, después se le agrega la sal y luego se ponen los fideos y se cuecen por 8 minutos.** (*First you boil the water, then you add the salt, and then you put in the noodles and cook them for 8 minutes.*)

Primero **se agrega** la sal y después **se mezcla** todo.
No **se debe** dormir inmediatamente después de comer.

First you add the salt and then you mix everything.
One shouldn't (go to) sleep immediately after eating.

If the topic in question is plural, the verb is usually also plural.

—¿**Se sirven mariscos** frescos aquí?
—Sí, **se preparan camarones** deliciosos y el precio es muy módico.

—*Are fresh shellfish served here?*
—*Yes, they prepare delicious shrimp, and the price is very moderate.*

> **¡OJO!**
> The verb **necesitar** can be used twice. All others will be used once.

EJERCICIO 7

Complete estas oraciones con la forma **se** impersonal de los siguientes verbos: **preparar, poner, cortar, lavar, agregar, necesitar, hablar** y **batir**.

1. Para preparar un sándwich de jamón y queso, _____ el jamón y el queso en rebanadas.

2. Para alimentarse bien, _____ comer de los cuatro grupos esenciales de alimentos.

3. Primero _____ el bróculi y luego _____ en el agua a hervir.

4. En este restaurante _____ mariscos frescos y deliciosos.

5. Para hacer un buen guacamole, _____ cebolla y otros ingredientes.

6. Para hacer una tortilla española, _____ huevos y patatas.

7. ¿_____ francés en ese restaurante?

8. ¿_____ los huevos para la tortilla española?

> **pedir** = to ask for
> present: **(yo) pido,**
> **(él) pide**
> past: **(yo) pedí,**
> **(él) pidió**
> **servir** = to serve
> present: **(yo) sirvo,**
> **(él) sirve**
> past: **(yo) serví,**
> **(él) sirvió**
>
> **Pedí camarones y fideos.**
> *I ordered shrimp and pasta.*
> **El mesero me sirvió almejas y arroz.**
> *The waiter served me clams and rice.*

8.5 Using Stem-Changing Verbs Like *pedir* and *servir*: Present-Tense and Preterite Forms

In a few verbs like **pedir** (*to order; to ask for*) and **servir** (*to serve*), the **-e-** of the infinitive changes to **-i-** in the present tense and the preterite. In the present, all forms of **pedir** and **servir** use the stems **pid-** and **sirv-** except for the **nosotros/as** and **vosotros/as** forms and the infinitive.*

	pedir	servir
(yo)	pido	sirvo
(tú)	pides	sirves
(usted, él/ella)	pide	sirve
(nosotros/as)	pedimos	servimos
(vosotros/as)	pedís	servís
(ustedes, ellos/as)	piden	sirven

In the preterite, only the **usted, él/ella** and **ustedes, ellos/as** forms use the stem with **i.**

	pedir	servir
(yo)	pedí	serví
(tú)	pediste	serviste
(usted, él/ella)	pidió	sirvió
(nosotros/as)	pedimos	servimos
(vosotros/as)	pedisteis	servisteis
(ustedes, ellos/as)	pidieron	sirvieron

En este restaurante **sirven** excelente comida. La semana pasada me **sirvieron** una paella sabrosísima.

They serve excellent food in this restaurant. Last week they served me a delicious paella.

8.5. The conjugation of verbs like *pedir* is identical to the pattern of verbs like *dormir* or *sentir*, but without a diphthong. Although only *pedir, servir*, and *freír* really fit the theme of this chapter, other common verbs of this type deserve practice: *seguir, reírse*, and *sonreír* are all very useful. First-year students do not seem to master this type of verb, but they do pick up some of the forms of *pedir* (*pedí*) and a few others (*sonríe*) that occur often in the input. We do not present the rule that predicts which forms will change to *i* because it is difficult to apply (*e* in stems whose endings have a stressed *í*, but *i* in all other forms).

---

*The **e** → **i** change also occurs in the present participles: **pidiendo** (*ordering*) and **sirviendo** (*serving*).

Recognition: **vos pedís, servís; vos pediste, serviste**

—Silvia, ¿qué platillo **pediste** en el Restaurante Mi Casita?
—**Pedí** unas enchiladas de pollo. Siempre **pido** lo mismo.

—*Silvia, what dish did you order at Mi Casita Restaurant?*
—*I ordered chicken enchiladas. I always order the same thing.*

The verbs **vestirse** (*to dress*) and **seguir** (*to follow*) conform to the **e** → **i** pattern.*

vestirse		seguir	
PRESENT	**PAST**	**PRESENT**	**PAST**
me visto	me vestí	sigo	seguí
te vistes	te vestiste	sigues	seguiste
se viste	se vistió	sigue	siguió
nos vestimos	nos vestimos	seguimos	seguimos
os vestís	os vestisteis	seguís	seguisteis
se visten	se vistieron	siguen	siguieron

Raúl se **vistió** rápido anoche.
Estela no **siguió** la receta.

Raúl dressed quickly last night.
Estela didn't follow the recipe.

Reír (*to laugh*), **sonreír** (*to smile*), and **freír** (*to fry*) also follow this pattern, except that in the third-person preterite forms one **i** is dropped: **fri- + -ió → frió; fri- + -ieron → frieron.**†

freír	
PRESENT	**PAST**
frío	freí
fríes	freíste
fríe	frió
freímos	freímos
freís	freísteis
fríen	frieron

Doña Rosita **frió** las tortillas.
Don Eduardo **sonrió** cuando le sirvieron su platillo favorito.

Doña Rosita fried the tortillas.
Don Eduardo smiled when they served him his favorite dish.

---

*The **e** → **i** change also occurs in the present participles: **vistiendo/vistiéndose** and **siguiendo.**
†The present participles are: **friendo, sonriendo,** and **riendo.**

Recognition: Present: **vos te vestís, seguís, freís, sonreís, reís**   Preterite: **vos te vestiste, seguiste, freíste, sonreíste, reíste**

EJERCICIO 8

Complete estos diálogos con las formas apropiadas de **servir** o **pedir.**

PILAR: ¿Qué vas a _____[1] ahora?
CLARA: Creo que voy a _____[2] pollo asado.
PILAR: En este restaurante _____[3] muy buenos mariscos.
CLARA: Entonces voy a _____[4] camarones fritos.

JOSÉ: ¿Qué _____[5] tú en un restaurante mexicano?
PILAR: Eso depende. Si _____[6] mariscos _____[7] un cóctel de mariscos.
JOSÉ: ¿Y si no hay mariscos?
PILAR: Entonces prefiero _____[8] un chile relleno.

PILAR: Ayer mi novio y yo fuimos a un restaurante francés muy elegante.
CLARA: ¿Qué _____[9] ustedes?
PILAR: _____[10] cóctel de mariscos, ensalada y carne de res en salsa de vino.
CLARA: Mmm. ¿Y les _____[11] postre también?
PILAR: Sí, yo _____[12] flan y mi novio _____[13] pastel de chocolate.

JOSÉ: Pilar, ¿_____[14] leche otra vez?
PILAR: No, ayer yo _____[15] una Coca-Cola y Clara _____[16] un vaso de leche.
JOSÉ: Ah sí, ya entiendo. Después ustedes _____[17] un sándwich de pollo.
PILAR: No, José. Después _____[18] un sándwich de jamón, pero el mesero nos _____[19] sándwiches de pollo.
JOSÉ: ¿Y a mí también me _____[20] un sándwich de pollo?
PILAR: No, hombre. ¡Tú no fuiste con nosotros!

La comida mexicana es muy variada. Entre los platillos más populares se encuentran los tacos.

Capítulo 9

For more information on the communicative goals of **Capítulo 9** and for additional activities (AAs), please see the corresponding chapter notes in the IM.

La niñez y la juventud

M E T A S

In **Capítulo 9** you will expand your ability to talk about your family. You will learn to express different kinds of memories: your habitual activities and those of others, as well as how you felt about things in the past.

Fragmento de *Salud para todos*, por Walter Solón (Bolivia)

Sobre el artista: Walter Solón nació en 1924 en Uyuni, una pequeña ciudad al suroeste de Bolivia. En sus murales Solón trata los temas de la opresión y la resistencia política, y muchas de sus obras muestran la injusticia de las dictaduras. Víctimas de una dictadura militar en Bolivia, Solón y su esposa escaparon a Perú después de ser torturados. Solón murió en 1999.

Bolivia

Época precolombina
Región habitada por los indígenas aimara y quechua

1100
Los incas establecieron el Imperio Inka.

1809
Varias sublevaciones criollas reprimidas por los españoles

1825 Se proclamó la República Bolívar, más tarde Bolivia.

1500   1800

1545
Se descubrieron las minas de Potosí y en 200 años miles de indígenas murieron por la explotación inhumana.

1880
Chile invadió Bolivia e inició la guerra del Pacífico (ganó Chile).

MULTIMEDIA RESOURCES

Check out the following media resources to complement this chapter of *Dos mundos:*

 Online Learning Center
www.mhhe.com/dosmundos6

 Interactive CD-ROM

Video on CD
• Los amigos animados
• Escenas culturales: Bolivia
• Escenas en contexto

Los amigos animados: Para repasar

Antes de comenzar este capítulo, mire los segmentos animados para repasar el capítulo anterior.

A. El Restaurante Tres Estrellas. Desde Acapulco, un mensaje del Restaurante Tres Estrellas, el restaurante que todos preferimos.

B. Algo diferente. Andrea Saucedo y su esposo, Pedro Ruiz, van a salir a cenar con sus hijas Marisa y Clarisa. Ahora están decidiendo qué tipo de comida prefieren comer.

En este capítulo...

ACTIVIDADES DE COMUNICACIÓN
• La familia y los parientes
• La niñez
• La juventud

EN RESUMEN

LECTURAS Y CULTURA
• **Ventanas culturales**
  Nuestra comunidad: Carlos Santana... ¡Oye como va!
• **Enlace literario**
  «La noche buena», por Tomás Rivera
• **Ventanas culturales**
  La vida diaria: Los chicos de la calle
• **Lectura**
  ¡Así piensan los niños!

GRAMÁTICA Y EJERCICIOS
9.1 Describing Family Relationships: The Reciprocal Reflexive Verbs **parecerse** and **llevarse bien**
9.2 Expressing *for, from,* and *to whom:* Prepositions + Pronouns
9.3 Saying What You Used to Do: The Imperfect Tense
9.4 Describing the Past: The Imperfect and Preterite of "State" Verbs
9.5 Saying What You Were Going to Do: The Imperfect of **ir** + **a** + Infinitive

1904
Bolivia firmó un tratado de paz con Chile y perdió territorios en la costa.

1952
Se inició la Revolución Nacional Boliviana.

2000 Los habitantes de Cochambamba triunfaron en su lucha contra la privatización del agua.
2004
La Central Obrera Boliviana inició una huelga general pidiendo la nacionalización del gas natural en Bolivia.

1900

2000

1932–1935
Guerra con Paraguay por la posesión del Chaco Boreal (ganó Paraguay).

1985
El gobierno impuso estrictas medidas neoliberales; hubo manifestaciones populares.

2003
Cientos de miles de bolivianos protestaron contra los planes de privatización y exportación de gas natural; renunció el presidente Gonzalo Sánchez de Lozada.

Actividades de comunicación y lecturas

La familia y los parientes. Some of the vocabulary in this family tree will be familiar to students from **Paso C.** However, there are many new words for other family relationships. Verify class comprehension of all vocabulary in the display and the activities of this section as you proceed through these materials.

See the IRK for additional activities: *La familia y los parientes.*

✳ **La familia y los parientes**

Lea Gramática 9.1–9.2.

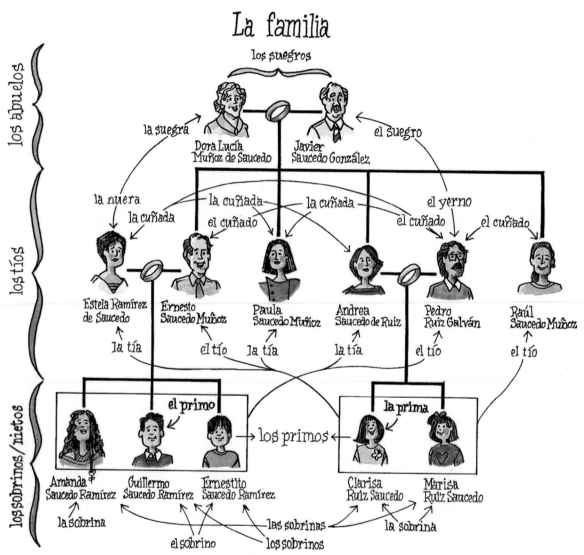

La familia

Act. 1. **Definiciones** (individual; whole-class). **Suggestion:** Give students true or false sentences that describe the family display. You may have them write down *Cierto* or *Falso* or call out loud. Possible sentences: **1.** *Los tíos de Clarisa y Marisa se llaman Raúl, Estela y Paula.* **2.** *Raúl y Paula son solteros.* **3.** *El cuñado de Paula se llama Guillermo.* **4.** *Clarisa y Marisa son las primas de Ernestito.* **5.** *Dora es la tía de Amanda, Guillermo y Ernestito.* **6.** *Pedro es el yerno de Dora y Javier.* **7.** *Paula y Andrea son las cuñadas de Ernesto.* **8.** *Dora es la suegra de Estela.* **9.** *Los cuñados de Paula se llaman Ernesto y Pedro.* **10.** *Amanda, Guillermo y Ernestito son los sobrinos de Raúl.*

ACTIVIDAD I   Definiciones: La familia de Raúl

Mire el dibujo de arriba y escuche las oraciones que le va a leer su profesor(a). Diga si son ciertas o falsas.

MODELO: PROF.: «La tía de Clarisa y Marisa se llama Andrea.» →
E.: Falso. Andrea es *la madre* de Clarisa y Marisa.

ACTIVIDAD 2   Intercambios: La familia de Raúl

Hágale estas preguntas a su compañero/a.

1. ¿Cómo se llaman las hermanas de Raúl? ¿Y el hermano?
2. ¿Cuántos sobrinos tiene Raúl? ¿Cómo se llaman?
3. ¿Tienen nueras Dora y Javier?
4. ¿Cómo se llaman los cuñados de Raúl?
5. ¿Cómo se llama el suegro de Pedro y Estela?
6. ¿Cómo se llaman las cuñadas de Estela?
7. ¿Cuántos nietos tienen Dora y Javier?
8. ¿Cómo se llaman los tíos de Clarisa y Marisa?
9. ¿Cómo se llaman los primos de Clarisa y Marisa?
10. ¿Cómo se llama el yerno de Dora y Javier?

ACTIVIDAD 3   Descripción de dibujos: La familia de Mónica

Lea la descripción de la familia de Mónica en la página 312. Basándose en el árbol genealógico, llene los espacios en blanco con los nombres o palabras apropiados.

Los padres de Mónica se llaman ___Henry___ y ___Janice___ y están ___divorciados___.
Mónica vive con su madre y su ___padrastro___, Tony. Su madre y Tony tienen
dos hijas, Jessica y Ashley. Ellas son las ___medias hermanas___ de Mónica. Jessica
se parece a ___Janice / su madre___, pero Ashley se parece más a ___Tony / su padre___.
    La nueva esposa de Henry Clark se llama ___Sharon___. Sharon tiene dos
hijos de su primer esposo; se llaman ___Brian___ y ___Jeremy___ y son los
___hermanastros___ de Mónica. Mónica no visita a sus hermanastros con frecuencia, pero se lleva bien con ellos. A Mónica le gusta hablar con Sharon, su
___madrastra___, pero dice que su padrastro, Tony, no la comprende.

REFRÁN

De tal palo, tal astilla.

(*Like father, like son.* Literally, *From this stick, this [similar] splinter.*)

Act. 4. Diálogo abierto (whole-class; pair). **Suggestion:** Read the instructions with the whole class. Use your own family as example: *Me parezco a mi tía. Mi hermano se parece a mi papá.* Then have volunteers tell about their families; write sentences on the board and make comments if possible.

ACTIVIDAD 4   Diálogo abierto: La familia

Diga a quién se parecen usted y otras personas de su familia. ¿Se llevan bien
usted y estas personas?

E1: ¿A quién te pareces?
E2: Me parezco a _____.
E1: ¿A quién se parece tu _____? (*hermano/a, hijo/a, primo/a, sobrino/a*)
E2: Se parece a _____.
E1: ¿Te llevas bien con tu _____? (*padre, madre, padrastro, madrastra, hermano/a, hermanastro/a, primo/a, tío/a, cuñado/a*)
E2: Sí me llevo bien (*o* No, no me llevo bien) con él/ella por-
que _____.

Act. 5. Entrevista (whole-class; pair). Read the questions aloud to the entire class and answer each in turn with your own personal information, extending the discussion and adding details as time and interest permit. You may want to write some of your answers on the board for students to use as reference. If your class is composed of predominantly young students ages 18–24, questions 5 and 6 may not apply. Write your own answers to these questions on the board to reenter less frequently used words: *cuñado, sobrino, nuera, yerno, nieto.* Pair students and circulate while they ask each other questions.

ACTIVIDAD 5   Entrevista: Mi familia y mis parientes

1. ¿Vives con tus padres o con otros parientes? ¿Están divorciados
    tus padres? ¿Tienes padrastro o madrastra? ¿Te llevas bien con
    él/ella?
2. ¿Están vivos o muertos tus abuelos? ¿Dónde viven? ¿Los ves con
    frecuencia? Si están muertos, ¿cuánto tiempo hace que murieron?
3. ¿Cuántos hermanos tienes? ¿Tienes medios hermanos o medias
    hermanas? ¿Te pareces a ellos/as? ¿Tienes hermanastros o herma-
    nastras? ¿Te llevas bien con ellos/as?
4. ¿Cuántos tíos tienes? ¿Dónde viven? ¿Tienes muchos primos o
    pocos? ¿Celebras los días feriados con tus tíos y tus primos?
5. ¿Están casados tus hermanos? ¿Te llevas bien con tus cuñados?
    ¿Tienes sobrinos? ¿Cuántos años tienen? ¿Cómo se llaman?
6. ¿Estás casado/a tú? ¿Tienes hijos? ¿Cómo se llaman? ¿Están
    casados tus hijos? ¿Cómo se llama tu nuera/yerno? ¿Tienes
    nietos? ¿Cuántos años tienen?

✳ La niñez

Lea Gramática 9.3.

Cuando (yo) era niña, vivía en Guanajuato.

15, 16, 17...

Mis amigas y yo jugábamos al escondite en el parque.

Leía las tiras cómicas los domingos.

Saltaba la cuerda.

Mis amigas y yo jugábamos con nuestras muñequitas en el jardín de la casa.

Mi abuela y yo preparábamos la cena.

Jugaba al bebeleche en el patio de recreo de la escuela.

ACTIVIDAD 6   Asociaciones: La niñez de algunas personas famosas

¿Qué hacían estas personas famosas en su niñez?

Rubén Blades, cantante y abogado panameño
Rigoberta Menchú, activista de Guatemala
Arantxa Sánchez Vicario, tenista española
Cristóbal Colón, navegante y explorador

1. Soñaba con cambiar la sociedad.
2. Practicaba el tenis.
3. Nadaba en el Mar Caribe.
4. Vivía en España.
5. Navegaba.
6. Quería mejorar la vida de los indígenas de su país.
7. Comía comida panameña.
8. Quería descubrir «nuevos mundos».
9. Estudiaba música.
10. Hablaba español.
11. Estudiaba los mapas.
12. Soñaba con viajar.
13. Deseaba descubrir una nueva ruta a la India.
14. Era bilingüe.
15. Vivía en Panamá.
16. Competía en muchos torneos de tenis.

Act. 7. Conversación (individual; whole-class). Tell students that this drawing comes from the Mexican magazine *Tedi*, which has a section for parents to share with children. Point out (top left-hand corner) that the magazine

ACTIVIDAD 7   Conversación: ¡Viva el verano!

Mire el dibujo y piense en su niñez.

¡VIVA EL VERANO!

El verano es fabuloso, hace calor, hay flores, frutos y mucha diversión. Como no es tiempo de ir a la escuela, tú puedes hacer muchas cosas.

Ayude a su hijo a aprender nuevas palabras en inglés.

Mamá me lleva al — cine movies (se pronuncia muvis)

Voy a jugar a la — pelota ball (se pronuncia bol)

Voy a pasear en — bicicleta bike (se pronuncia baic)

Vuelo un papalote kite (se pronuncia cait)

Voy con papá y mamá al zoológico zoo (se pronuncia zu)

Tomo un helado ice cream (se pronuncia ais crim)

CINE — TAQUILLA — ZOOLOGICO — CUIDA AL PLANETA

directs parents to teach their children some English and that it helps with pronunciation.

Suggestion: Let students study the drawing for a minute or so, then direct questions from the activity to the whole class. Expand the discussion by adding your own childhood memories and writing useful vocabulary on the board.

¿Hacía usted las mismas cosas que los niños de los dibujos?
¿Iba al cine? ¿Con quién(es)?
¿Jugaba a la pelota? ¿Dónde?
¿Volaba un papalote? ¿Dónde?
¿Iba al zoológico? ¿Dónde? ¿Con quién(es)?
¿Paseaba en bicicleta? ¿Dónde, en el parque o en su barrio?
¿Tomaba helados? ¿Qué sabor prefería?
¿Qué otras cosas hacía durante el verano?

ACTIVIDAD 8   Descripción de dibujos: La niñez de los amigos norteamericanos

Mire la siguiente tabla y escuche las oraciones que le lee su profesor(a). Diga si son ciertas o falsas.

Act. 8. Descripción de dibujos (whole-class; pair). **Suggestion:** Have students look at the art, listen to your statements, and respond with *Cierto* or *Falso*. Possible sentences: **1.** *De niña Lan siempre comía helados.* **2.** *De niña Mónica siempre jugaba con muñecas.* **3.** *Los veranos Luis se subía a los árboles.* **4.** *Carmen iba a la iglesia con frecuencia.* **5.** *Los veranos Lan acampaba con su familia.* **6.** *Después de las clases, Mónica jugaba al béisbol.* **7.** *Pablo leía las tiras cómicas con frecuencia.* **8.** *Lan siempre sacaba buenas notas.* **9.** *Los veranos Mónica visitaba a sus parientes.* **10.** *Pablo siempre tenía muchos animales domésticos (mascotas).*

Ahora, hágale preguntas a un compañero / una compañera según la tabla.

MODELO: E1: ¿Qué hacía Lan siempre de niña?
             E2: *Sacaba buenas notas.*

Finalmente, hágale preguntas a su compañero/a sobre lo que él/ella hacía de niño/a.

MODELO: E1: De niño/a, ¿qué hacías tú después de las clases?
             E2: *Jugaba con mis amiguitos.*

VENTANAS CULTURALES   Nuestra comunidad

Carlos Santana... ¡Oye como va!

Ventanas culturales: Carlos Santana was born in Autlán, Mexico. He began to play the guitar at age 8. His family then relocated to a Hispanic neighborhood in San Francisco's Mission District in 1960, when Carlos was 13. San Francisco provided a rich cultural context for the young guitarist. His career skyrocketed in 1969, when Santana played at the Woodstock Festival in New York. He established himself definitively with his recording of Tito Puente's song "Oye como va" in 1970. Santana's CD Supernatural sold 10 million copies and received 9 Grammy Awards in 1999 (including Song of the Year and Record of the Year), and 2 Latin Grammys in 2000. Santana's most recent recording is Shaman (2002). If your students are interested in finding out more about the Milagro Foundation, have them visit the foundation's website.

¿Conoce usted la música de Carlos Santana? Si ha escuchado los discos de este guitarrista mexicano, entonces sabe que Santana tiene un sonido único, mezcla de rock, blues y ritmos afrocubanos. Santana se hizo famoso con la canción "Oye como va" en 1970 y desde entonces ha tenido una serie estimable de éxitos: ¡31 álbumes! Su compacto *Supernatural* (1999) recibió nueve premios Grammy en 2000 y fue el ganador del Disco del Año. Ahora Carlos Santana es parte del Salón de la Fama del Rock.

Santana no es sólo un gran músico y artista famoso; también es un hombre humanitario que se dedica a hacer obras de caridad. En 1999, el guitarrista recibió el Premio de Excelencia del Congreso estadounidense por su servicio a la comunidad hispana y por su trabajo en la Fundación Milagro. Santana creó esta fundación con su esposa Déborah en 1997. Su objetivo es ayudar a los hispanos pobres. Se enfoca especialmente en la educación, la salud y el albergue de los niños en los Estados Unidos y México.

Carlos y Déborah Santana quieren mejorar la situación de la gente necesitada en nuestra sociedad, y con su fundación están realizando este objetivo. El talentoso músico opina que uno debe dejar una huella en el mundo. Sin duda, Santana dejará una huella profunda.

Carlos Santana recibe uno de sus muchos premios.

VOCABULARIO ÚTIL	
el éxito	triumph, (music) hit
el Salón de la Fama	Hall of Fame
la obra de caridad	work of charity
Milagro	Miracle
el albergue	shelter
dejar una huella	to leave a mark

Ahora... ¡ustedes!

¿Te gusta la música de Carlos Santana? ¿Qué opinas de su fundación? Digamos que tienes suficiente dinero para crear una organización como la Fundación Milagro de Santana. ¿A quiénes va a ayudar tu fundación? ¿Por qué?

Act. 9. Entrevista (whole-class; pair). Read the questions aloud to the entire class and answer each in turn with your own personal information, expanding the discussion and adding details as time and interest permit. You may want to write some of your answers and/or other vocabulary on the board for students to use as reference. Most students will recognize the diminutive forms easily. Others may need a brief explanation. Pair students and circulate while they ask each other questions.

ACTIVIDAD 9   Entrevista: La niñez

1. De niño/a, ¿vivías en una ciudad o en un pueblito?
2. ¿Qué te gustaba hacer? ¿Jugabas con muñecas? ¿con carritos?
3. ¿Tenías perro o gato? ¿Cómo se llamaba?
4. ¿A qué escuela asistías? ¿Cómo era? ¿Recuerdas cómo se llamaba tu maestro favorito / maestra favorita? ¿Por qué era tu favorito/a?
5. ¿Qué te gustaba hacer en la escuela? ¿Qué no te gustaba hacer?
6. ¿Tenías muchos amiguitos? ¿A qué jugaban en el recreo? ¿al gato? ¿a la pelota? ¿al escondite? ¿a la rayuela (al bebeleche)?
7. ¿Ibas al cine con frecuencia? ¿Qué películas te gustaba ver?

ENLACE LITERARIO

Enlace literario: For students who may be unfamiliar with the definition of Chicano literature, explain that this includes works by American writers of Mexican descent. Rivera grew up in migrant worker camps and offers moving insights into the numerous

«La noche buena», por Tomás Rivera

Selección de su novela *...y no se lo tragó la tierra* (1971)

Tomás Rivera (1935–1984) es uno de los escritores mexicoamericanos más reconocidos y apreciados. Poeta y novelista, Rivera también se destacó como profesor y administrador en varias universidades. La obra más importante de Rivera es *...y no se lo tragó la tierra*. Esta novela muestra las dificultades y esperanzas de una comunidad de obreros migratorios mexicanos en los años 50. El protagonista es un joven que cuenta la historia de su familia y sus vecinos. En esta selección vemos el deseo de una madre pobre de comprarles regalos de Navidad a sus hijos.

obstacles these immigrants face in their pursuit of the "American Dream." His novel *...y no se lo tragó la tierra* won the Quinto Sol Prize in 1971.

La noche buena

You may want to point out that Rivera makes the stylistic choice not to capitalize the first word in

Faltaban tres días para la nochebuena cuando doña María se decidió comprarles algo a sus niños. Esta sería[1] la primera vez que les compraría[2] juguetes. Cada año se proponía hacerlo pero siempre terminaba diciéndose que no, que no podían. Su esposo de todas maneras les traía dulces y nueces a cada uno, así que racionalizaba que en realidad no les faltaba[3] nada. Sin embargo cada navidad preguntaban los niños por sus juguetes. Ella siempre los apaciguaba[4] con lo de siempre. Les decía que se esperaran[5] hasta el seis de enero, el día de los reyes magos y así para cuando se llegaba ese día ya hasta se les había olvidado[6] todo a los niños. También había notado[7] que sus hijos apreciaban menos y menos la venida[8] de don Chon[9] la noche de navidad cuando venía con el costal[10] de naranjas y nueces.

the title of his novel, as well as other words that normally require upper case, such as Noche Buena, Navidad, and Reyes Magos. You may also want to review *días feriados* and explain: *En*

—Pero, ¿por qué a nosotros no nos trae nada Santo Clos?[11]

—¿Cómo que no? ¿Luego cuando viene y les trae naranjas y nueces?

—No, pero ése es don Chon.

—No, yo digo lo que siempre aparece debajo de la máquina de coser.[12]

—Ah, eso lo trae papá, apoco cree que no sabemos. ¿Es que no somos buenos como los demás?

—Sí, sí son buenos, pero... pues espérense hasta el día de los reyes magos. Ése es el día en que de veras[13] vienen los juguetes y los regalos. Allá en México no viene Santo Clos sino los reyes magos. Y no vienen hasta el seis de enero. Así que ése sí es el mero[14] día.

—Pero, lo que pasa es que se les olvida.[15] Porque a nosotros nunca nos han dado[16] nada ni en la noche buena ni en el día de los reyes magos.

—Bueno, pero a lo mejor esta vez sí.

—Pos[17] sí, ojalá.

el mundo hispano, muchos niños no reciben regalos de Santa Claus. Reciben sus regalos el 6 de enero, día de los Reyes Magos. Before assigning the **Actividad creativa**, relate a memory from your own life when one of your parents made you a promise. Was this promise fulfilled? Provide as many details as you can remember.

Actividad creativa: La promesa

¿Recuerda usted alguna promesa que sus padres le hicieron cuando era niño o adolescente? Piense en algo que su mamá o su papá le prometió y describa este recuerdo en una página. ¿Cumplió[18] él o ella la promesa? ¿Recibió usted lo que deseaba?

[1]*would be* [2]*would buy* [3]*no... they didn't lack anything* [4]*los... calmed them down, appeased them* [5]*Les... She told them to wait* [6]*se... had forgotten* [7]*había... she had noticed* [8]*arrival* [9]*Don Chon es un amigo de la familia.* [10]*sack* [11]*Esta pregunta la hacen los niños; el diálogo es entre la mamá y sus hijos.* [12]*máquina... sewing machine* [13]*de... really, surely* [14]*correcto, verdadero (Mex.)* [15]*se... they forget* [16]*nunca... they have never given us* [17]*Pues (Mex.)* [18]*Fulfilled*

✳ La juventud

Lea Gramática 9.4–9.5.

Pedro Ruiz Galván era un joven muy guapo.

Bailaba con su novia Andrea en las fiestas.

Escribía cuentos para su clase de lengua.

En la escuela siempre se metía en líos.

Tenía muchos amigos. Iba al cine con ellos.

Conoció a su mejor amigo, Ernesto Saucedo Muñoz, cuando los dos tenían 13 años.

Quería casarse a los 15 años, pero su papá no quiso darle permiso.

ACTIVIDAD 10 Intercambios: La juventud de los amigos hispanos

Hágale preguntas a su compañero/a sobre lo que hacían los amigos hispanos cuando eran más jóvenes.

MODELOS: E1: *¿Qué hacía Ricardo después de las clases?*
E2: *Veía la televisión.*

E1: *¿Quién esquiaba durante las vacaciones?*
E2: *Adriana.*

ACTIVIDAD 11　　**Intercambios: La escuela secundaria**

Diga qué hacía usted en estas situaciones cuando era estudiante de la escuela secundaria.

MODELO:　E1:　Cuando mi madre no me permitía ver la televisión antes de hacer la tarea, hacía sólo una parte y le decía: «¡Ya terminé!»
　　　　　　E2:　¡Qué pícaro/a!

1. Cuando no quería ir a la escuela,...
   a. decía: «Ay, estoy enfermo/a.»
   b. iba al cine.
   c. decía: «¡Pero si hoy no hay clases!»
   d. ¿ ?

Act. 11. Intercambios (whole-class; pair). Give students a few minutes to choose appropriate answers and/or write their own. Circulate, helping with vocabulary. Then pair students and have them react to each other's selections using expressions from **Y tú, ¿qué dices?** You may want to review expressions from past **Y tú, ¿qué dices?** sections and write them on the board. You may want to call students' attention to the emphatic use of *si* in numbers 1 and 2.

2. Cuando mi madre no me permitía ver la televisión antes de hacer la tarea,...
   a. lloraba.
   b. hacía la tarea rápidamente.
   c. decía: «¡Pero si hoy no tengo tarea!»
   d. ¿ ?

3. Cuando quería comprar ropa nueva y no tenía dinero,...
   a. le pedía dinero a mi padre (madre, abuelo,...).
   b. ahorraba dinero.
   c. trabajaba.
   d. ¿ ?

4. Cuando quería salir con mis amigos y mi padre/madre no me daba permiso,...
   a. me escapaba cuando todos estaban dormidos.
   b. discutía con mi padre/madre.
   c. lloraba y gritaba.
   d. ¿ ?

5. Cuando tenía que entregarle la tarea al profesor / a la profesora y no la tenía,...
   a. la hacía rápidamente durante la clase.
   b. le decía: «Anoche no pude hacerla porque estaba enfermo/a.»
   c. le preguntaba: «¿Teníamos tarea?»
   d. ¿ ?

▶ **Y TÚ, ¿QUÉ DICES?**

Yo también.
Yo no, yo...
¿De veras?
¡Qué pícaro/a!
¡No lo creo!
¡Qué mentiroso/a!
¡Qué buena idea!
¿Y nunca tuviste problemas?

ACTIVIDAD 12   Entrevistas: La juventud

Act. 12. Entrevistas (whole-class; pair). Present as with previous interviews.

LA ESCUELA SECUNDARIA

1. ¿Cómo se llamaba tu escuela secundaria?
2. ¿Vivías lejos o cerca de la escuela? ¿Llegabas a la escuela a tiempo o tarde?
3. ¿Qué materia preferías? ¿Sacabas buenas notas?
4. ¿En qué actividades participabas? ¿En actividades deportivas? ¿En teatro? ¿Eras socio/a de algún club?
5. ¿Qué hacías después de las clases todos los días? ¿Estudiabas mucho? ¿Salías con tus amigos? ¿Adónde iban?

LOS VERANOS

1. Cuando eras más joven, ¿dónde pasabas los veranos?
2. ¿Visitabas a tus parientes? ¿Qué hacías con ellos?
3. ¿Trabajabas? ¿dónde? ¿Qué hacías? ¿Ganabas mucho dinero?
4. ¿Qué hacías por las tardes? ¿por las noches?
5. ¿Había cosas que querías hacer pero que tus padres no te permitían? ¿Recuerdas algunas? ¿Por qué no te permitían hacerlas? ¿Las hacías o eras muy obediente y no las hacías?

ACTIVIDAD 13   Entrevista: La juventud de una persona famosa

Act. 13. Entrevista (whole-class; pair). Give students ample time to pick a famous person and "invent" his/her youth. Then ask students to jot down at least 5 questions that they can ask a partner about his or her "alter ego." Pair students for interviews. Ask students to tell their partners who they are and then answer interview questions before switching roles. You may wish to have students write a short paragraph about the "famous person" they interviewed or present their interview to the class.

Imagínese que usted es una persona famosa: actor o actriz de cine, atleta, científico o político. Su compañero es periodista y le va a hacer preguntas sobre su juventud. Si no sabe qué hacía su personaje, puede inventar sus actividades.

E1: Buenas tardes Sr./Sra./Srta. _____. ¿Le puedo hacer algunas preguntas sobre su vida?

E2: ¡Por supuesto!

E1: ¿_____?

▶ PREGUNTAS POSIBLES

¿Dónde vivía?
¿Viajaba con frecuencia?
¿Le gustaba la escuela?
¿Veía mucho la televisión?
¿Practicaba algún deporte?
¿Leía mucho?
¿Cuál era su comida favorita?
¿Qué le gustaba hacer en su tiempo libre?

VENTANAS CULTURALES   La vida diaria

Los chicos de la calle

Ventanas culturales: Engage students in a discussion about the homeless. If there are students in your class who have worked in homeless shelters, soup kitchens, or who have done other types of social work, ask them to share their experiences. Students could also visit the Casa Alianza and Chicos de la Calle websites to familiarize themselves with the plight of homeless children. Some disturbing facts: In Mexico City (the most populated city in the world) an estimated 3 out of every 10 children are homeless. One key reason for this situation is the unequal distribution of wealth. In Guatemala, for example, 2% of the population owns 80% of the farmland.

Los números son alarmantes: hay 40 millones de niños desamparados en las ciudades de América Latina. Son niños sin familia que viven en la calle y duermen en edificios abandonados y parques públicos. Muchos de ellos sufren abuso físico, usan drogas y están enfermos. Una de las razones de este problema es el rápido crecimiento de la población en las ciudades grandes. Otra razón es económica: la injusta distribución de recursos.

Por suerte hay gente que está ayudando a estos niños desamparados, como la organización Casa Alianza, que ofrece cuidado y refugio a 9.000 niños de la calle anualmente. La oficina central de esta organización está en San José, Costa Rica, aunque extiende sus servicios a Honduras, México y Nicaragua. Casa Alianza también tiene un sitio Web donde los niños hablan de su vida. En Buenos Aires, Argentina, hay un centro llamado CAINA que socorre a niños y adolescentes. Este lugar provee comida, ducha y deportes a más de 2.000 chicos cada año. Además, el CAINA produce una revista titulada *Chicos de la calle*. En esta revista, los jóvenes cuentan su historia en tiras cómicas y fotonovelas. Las fotonovelas son narraciones ilustradas con fotografías; los niños toman todas las fotos. Una de las revistas, por ejemplo, cuenta la historia de un niño que roba flores para dárselas de regalo a su madre.

La revista *Chicos de la calle* y el sitio Web de Casa Alianza contribuyen a cambiar la imagen negativa que hay de tantos jóvenes desamparados. Detrás de su imagen agresiva, aparecen estos niños con ilusiones de vivir una vida normal. Ellos desean lo mismo que mucha gente: un hogar, una familia y un futuro.

Mapa: BOLIVIA, PARAGUAY, BRASIL, CHILE, URUGUAY, Buenos Aires, ARGENTINA, EL OCÉANO PACÍFICO, EL OCÉANO ATLÁNTICO

VOCABULARIO ÚTIL

desamparado	homeless
el crecimiento de la población	population growth
los recursos	resources
socorre	helps
la tira cómica	comic strip

Ahora... ¡ustedes!

¿Te parece importante la revista *Chicos de la calle*? ¿Por qué? Esta revista incluye una tira cómica, una fotonovela y artículos. ¿Qué otros segmentos piensas que debe tener esta revista? ¿Qué temas debe explorar?

As a creative project based on the conversation activity, have students produce a magazine like *Chicos de la calle*. First, the class should invent a title for the *revista*, then decide on a thematic focus. Topics could reflect students' lives or campus issues. Alternatively, you may provide the class with a theme, for example: *Los niños y jóvenes desamparados en los Estados Unidos*. Divide the class into groups and assign a particular feature to each group. Some possibilities: a *fotonovela*, with photos taken by students; a comic strip, with original drawings and text; a short article; an interview. Once the work is done, the magazine can be "published" and presented to other Spanish classes and then kept in your Department's library.

En resumen

De todo un poco. (individual; group). Have students write a sentence or 2 for each situation and then divide the class into groups to share their experiences. You may want to share your memories with students to get this activity started.

De todo un poco

Los recuerdos

¿Qué recuerdos tiene usted relacionados con su familia y con su niñez o juventud? Complete las siguientes oraciones.

MODELO: Recuerdo que para Pascua siempre *íbamos al parque a buscar huevitos.*

  1. Recuerdo que en Navidad (Jánuca, Ramadán, el Año Nuevo,...) mi abuela (madre, tío,...) siempre...

  2. Cuando era niño/a, para el Día de la Independencia (el 4 de julio) mi familia siempre...

  3. Para mi cumpleaños, mis padres (tíos, primos, abuelos, hermanos,...) siempre...

  4. Todavía recuerdo que para el Día de Acción de Gracias...

Ahora, comparta sus recuerdos con un compañero / una compañera.

¡Dígalo por escrito!

La niñez/juventud ideal

Piense en su niñez o juventud. ¿Fue ideal su niñez/juventud o hay cosas que quisiera cambiar? Escriba una composición sobre las actividades en la vida ideal de un niño / una niña o un joven / una joven.

MODELO: De niña mi familia y yo vivíamos en una isla en el Mar Caribe. Yo iba a la escuela en bicicleta y nadaba en el mar a la hora del almuerzo. Por la tarde...

▶ **ALGUNAS ACTIVIDADES IDEALES POSIBLES**

dormir en casa de amigos	nadar
asistir a conciertos	pasar tiempo con (*persona*)
comer muchos dulces	ver la televisión (videos) en mi
no hacer la tarea	cuarto
andar en patineta	ir de compras
jugar videojuegos	acampar en la montaña
ir a fiestas	salir con amigos
ir al cine	practicar deportes

¡Cuéntenos usted!

Cuéntenos sobre uno de sus primeros recuerdos. ¿Cuántos años tenía? ¿Dónde estaba? ¿Con quién estaba? ¿Qué hacía?

VOCABULARIO ÚTIL

díver	divertido
la propuesta	proposal
te escondes	you hide
precavida	cautious
la cuesta empinada	steep hill
¡te vas a caer!	you'll fall!
agarrada a los tirantes	hanging on to suspenders
hacerse grande	become a big girl
pensativa	thoughtful
un rato	a while
hubiese entendido	she had understood
prosiguió	she continued

LECTURA # ¡Así piensan los niños!

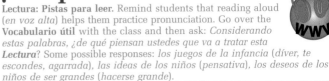

Lectura: Pistas para leer. Remind students that reading aloud (*en voz alta*) helps them practice pronunciation. Go over the **Vocabulario útil** with the class and then ask: *Considerando estas palabras, ¿de qué piensan ustedes que va a tratar esta Lectura?* Some possible responses: *los juegos de la infancia (díver, te escondes, agarrada), las ideas de los niños (pensativa), los deseos de los niños de ser grandes (hacerse grande).*

¡QUÉ DÍVER!

María (3 años) y su amiga Patricia (5 años) estaban jugando en el jardín de nuestra casa. De pronto, María hizo una propuesta sugerente: «¿Por qué no jugamos a que tú te escondes detrás de ese árbol y yo te busco?»

(Ana Isabel Fernández, Palma)

NIÑA PRECAVIDA

Mi hija Ana (3 años) bajó corriendo por una cuesta muy empinada. «¡Ten cuidado, que te vas a caer!» exclamé al verla correr tan alocada. «No te preocupes, mamá», respondió ella. «¡Voy agarrada a los tirantes!»

(Lourdes Mejido, Badajoz)

LÓGICA INFANTIL

Le dije a mi hija Conchita (4 años) que tenía que comer todo el arroz para hacerse grande como papá y mamá. La pequeña se quedó pensativa y después de un rato me dijo: «Mami, yo tengo que comer para hacerme grande como papá y como tú, ¿verdad?»

«¡Sí, mi niña!» exclamé, contenta de que por fin lo hubiese entendido. «Oye —prosiguió ella— ¿y vosotros para qué coméis?»

(Conchita Palazón, Sardañola)

Culture/History. It is a popular practice in many societies to publish personal anecdotes regarding humorous experiences people have with their children. *Reader's Digest* is one example from North American culture, along with magazines and journals that feature the topic of parenting. This reading consists of original humorous stories that appeared in the Spanish magazine *Ser padres*.

Comprensión

1. ¿Por qué está preocupada la mamá de Ana? Según Ana, ¿por qué no necesita preocuparse su mamá?
2. ¿A qué jugaban María y Patricia?
3. Según la madre de Conchita, ¿para qué tienen que comer los niños todo lo que sus padres les sirven?
4. ¿Por qué pregunta Conchita para qué comen sus padres?

Un paso más... ¡a escribir!

¿Recuerda algo chistoso que usted o su hijo/a dijo cuando tenía cuatro, cinco, seis o siete años? Prepare con un compañero / una compañera una breve comedia sobre una experiencia cómica o interesante de la infancia. Escriban su diálogo para luego actuarlo en clase.

Pre-Reading. We suggest that you read each anecdote aloud slowly while the class follows along. Or as a variation, read the first one and then have students read aloud to each other in pairs. Then do quick comprehension checks if necessary and ask for volunteers to answer the **Comprensión** questions.

Post-Reading. The topic or **UPM** may be used to generate a whole-class discussion. Have students relate a comical or interesting anecdote from childhood. Before they start writing their skit, select 2 or 3 stories to be told to the class. Then assign the written activity as pair work while you circulate, helping with vocabulary. (For additional personalized questions, see the IM).

Answers to *Comprensión*. 1. *Porque la niña puede caerse; porque va agarrada a los tirantes.* 2. *Jugaban al escondite, o jugaban a «que tú te escondes detrás de ese árbol y yo te busco.»* 3. *Para hacerse grandes.* 4. *Porque los adultos no necesitan (ser grandes) [crecer].*

ocabulario

- ## La familia y los parientes
Family and Relatives

el cuñado / la cuñada	brother-in-law/sister-in-law
el hermanastro / la hermanastra	stepbrother/stepsister
el hijastro / la hijastra	stepson/stepdaughter
la madrastra	stepmother
el medio hermano / la media hermana	half brother / half sister
la nuera	daughter-in-law
el padrastro	stepfather
el suegro / la suegra	father-in-law/mother-in-law
los suegros	in-laws
yerno	son-in-law

REPASO: el abuelo (abuelito) / la abuela (abuelita), el hermano (hermanito) / la hermana (hermanita), el hijo (hijito) / la hija (hijita), el hijo único / la hija única, la madre, el nieto / la nieta, el padre, los padres, el primo / la prima, el sobrino / la sobrina, el tío / la tía

- ## Los verbos
Verbs

ahorrar	to save
basarse en	to be based upon
cambiar	to change
competir (i)	to compete
dar permiso	to give permission
descubrir	to discover
discutir	to discuss, to argue
entregar	to hand in, turn in
inventar	to invent
jugar (ue)	to play
a la pelota	ball
a la rayuela (bebeleche) (Mex.)	hopscotch
al escondite	hide-and-seek
al gato	tag
con carritos, muñecas	with little cars, dolls
llenar (el espacio en blanco)	to fill (in the blank)
llevarse bien	to get along well
mejorar(se)	to improve; to get better
meterse en líos	to get into trouble
parecerse	to look like
pelear	to fight
permitir(se)	to allow
recordar (ue)	to remember
sacar buenas / malas notas	to get good/bad grades
saltar la cuerda	to jump rope

soñar (con)	to dream (about)
subirse a los árboles	to climb trees
volar un papalote (Mex.)	to fly a kite

PALABRA SEMEJANTE: escaparse
REPASO: casarse, preguntar, volar una cometa

- ## Los sustantivos
Nouns

el árbol genealógico	family tree
el barrio	neighborhood
el científico / la científica	scientist
el cuento	story
la escuela	
primaria	elementary school
secundaria	junior high / high school
el/la joven	young person
la juventud	youth
la niñez	childhood
el/la periodista	reporter
el personaje	character (in a story)
el/la político	politician
el pueblito	little town
el recreo	recess, break
el patio de recreo	playground
los recuerdos	memories
el socio / la socia	member
las tiras cómicas	comic strips

PALABRAS SEMEJANTES: el (la) activista, el animal doméstico, el (la) atleta, el explorador / la exploradora, el navegante, la ruta, la sociedad, el (la) tenista, la terminal de autobuses
REPASO: la mascota, la materia, la preparatoria, la vida

- ## Los adjetivos
Adjectives

cierto/a	true
dormido/a	asleep
estar muerto/a (vivo/a)	to be dead (alive)
obediente	well–behaved, obedient
pocos/as	few

PALABRAS SEMEJANTES: falso/a

- ## Palabras y expresiones útiles

a tiempo	on time
¿Cómo era... ?	What was/were . . . like?
de niño/a	as a child
había	there was/were
¡Qué mentiroso/a!	What a liar!
¡Qué pícaro/a!	What a rascal!
todavía	still
¡Viva... !	Hooray (for) . . .!; Long live . . .!

Gramática y ejercicios

me levanto = I get up
te bañas = you (inf. sing.) take a bath
se afeita = you (pol. sing.) shave; he/she shaves
nos vestimos = we get dressed
se acuestan = you (pl.) / they go to bed

parecerse = to look like
—**¿A quién te pareces?**
(Who do you look like?)
—**Me parezco a mi hermana.**
(I look like my sister.)

9.1. In this section we acquaint students with 2 reflexive verbs that are frequently used to talk about family relationships.

9.1 Describing Family Relationships: The Reciprocal Reflexive Verbs *parecerse* and *llevarse bien*

GRAMÁTICA ILUSTRADA

Andrea y Paula son gemelas. Se parecen mucho.

Susana se lleva muy bien con sus hijos.

Mónica y su padrastro no siempre se llevan bien.

Some reflexive verbs have a special meaning. One such verb is **parecerse*** (*to look like*).

parecerse (to look like)		
(yo)	me parezco[†]	I look like
(tú)	te pareces	you (inf. sing.) look like
(usted, él/ella)	se parece	you (pol. sing.) look like; he/she looks like
(nosotros/as)	nos parecemos	we look like
(vosotros/as)	os parecéis	you (inf. pl., Spain) look like
(ustedes, ellos/as)	se parecen	you (pl.) look like; they look like

—¿A quién **te pareces**?
—**Me parezco** a mi tía Lila. Nuestros hijos **se parecen** a mi suegro.

—Who do you look like?
—I look like my Aunt Lila. Our children look like my father-in-law.

---

*Recognition: **vos te parecés**
[†]Don't forget to use the personal **a** with this verb. See **Gramática 6.4.**

Another reflexive verb with special meaning is **llevarse... con** (*to get along . . . with*).

—¿**Con** quién **te llevas** mejor, con tu mamá o con tu papá?

—**Me llevo** mejor **con** mi papá.

—*With whom do you get along better, your mother or your father?*

—*I get along better with my father.*

> **llevarse bien con** = *to get along well with*
> —¿**Te llevas bien con tus hermanos?** (*Do you get along well with your siblings?*)
> —**Sí, me llevo bien con todos en mi familia.** (*Yes, I get along well with everyone in my family.*)

When used in plural form, some reflexive verbs can express reciprocal action (*to each other*). Both **parecerse** and **llevarse** can be used in this way. (You will learn more about other reciprocal reflexives in **Gramática 14.1.**)

Clarisa y Marisa no son gemelas, pero **se parecen** mucho.

Mi abuela y yo **nos parecemos.**

Mi cuñada y yo **no nos llevamos bien.**

Graciela y Amanda **se llevan** muy bien; son muy buenas amigas.

Clarisa and Marisa are not twins, but they look a lot alike.

My grandmother and I look alike.

My sister-in-law and I don't get along well.

Graciela y Amanda get along very well; they are very good friends.

> Reflexive verbs are also used to express reciprocal actions (*each other*).

> **nos parecemos** = *we look alike* (*like each other*)
> **se parecen** = *they look alike* (*like each other*)
> **se llevan bien** = *they get along well* (*with each other*)

EJERCICIO I

Use las formas apropiadas del verbo **parecerse** para completar las siguientes oraciones.

1. Ernestito _____ mucho a su padre.

2. Amanda y Guillermo son hermanos pero no _____.

Amanda dice: «Yo _____ a papá; ¿a quién _____ tú, Guillermo?»

3. Andrea dice: «Yo _____ mucho a Paula, pero _____ menos a Raúl.»

4. Paula dice: «Sí, Andrea, tú y yo _____ mucho porque somos gemelas. Raúl _____ más a mamá.»

5. ¿A quién _____ más usted, a su padre o a su madre?

EJERCICIO 2

Use las formas apropiadas del verbo **(no) llevarse** para terminar correctamente estas oraciones.

1. MÓNICA: Mis padres se divorciaron, pero ahora _____ bien.

2. SR. VO: Lan, ¿_____ bien con tus compañeros de clase?

LAN: Sí, papá. En la clase de la profesora Martínez todos _____ muy bien; somos buenos amigos.

3. MÓNICA: Mis hermanastros y yo _____ bien, pero yo no _____ bien con mi padrastro.

4. NORA: Mis primos _____ muy bien; siempre les gusta estar juntos.

5. ESTEBAN: Raúl, ¿ahora _____ (tú) bien con las chicas?

RAÚL: ¡Por supuesto, Esteban! Las chicas bonitas y yo _____ muy bien.

9.2. This section reviews common prepositions and formally introduces prepositional pronouns. Students rarely have trouble with prepositional pronouns in Spanish, probably because they are almost identical to subject pronouns. In addition, they have already been exposed to them via the *gustar* construction. The most common and useful combinations are *para* + pronoun and *con* + pronoun.

9.2 Expressing *for, from,* and *to whom:* Prepositions + Pronouns

A. As you saw in **Gramática 8.2**, pronouns often follow prepositions in Spanish.

a mí	*to, at me*	para ella	*for her*
de ti, usted(es)	*of, from you*	sin nosotros/as	*without us*
en él	*in, on him/it*	con ellos/as	*with them*
		para vosotros/as	*for you*

—¿Para quién es el regalo? ¿Es **para mí**?
—No, es **para él**.

—*Who is the present for? Is it for me?*
—*No, it's for him.*

—¿**Sin** Rogelio? No podemos ir **sin él**.

—*Without Rogelio? We can't go without him.*

Adriana es una magnífica empleada. Tengo mucha confianza **en ella**.

Adriana is a great employee. I have a lot of confidence in her.

B. Con and **mí** combine to form **conmigo** (*with me*). **Con** and **ti** form **contigo** (*with you*).

—Nora, ¿quieres ir **conmigo** al cine esta tarde?
—No, Esteban. No puedo ir **contigo** esta tarde. Tengo que llevar a mi abuelita al aeropuerto.

—*Nora, do you want to go to the movies with me this afternoon?*
—*No, Esteban. I can't go with you this afternoon. I have to take my grandma to the airport.*

> **conmigo** = *with me*
> **contigo** = *with you (inf. sing.)*

EJERCICIO 3

Graciela le dice a Amanda para quién(es) son algunas cosas y Amanda reacciona con sorpresa. ¿Qué dice Amanda en cada caso?

MODELO: Esta calculadora es para mi hermanito. →
　　　　　¿Para *él*? ¡No lo creo! *¡Es muy pequeño!*

▶ **POSIBILIDADES**

¿Para _____?	¡No me/te/le/nos/les gusta(n)!
¡No lo creo!	¡Es muy pequeño/a!
¿Te/Le/Les gusta(n)?	

1. Esta corbata es para mi tía.
2. Este abrigo es para ti.
3. Este disco compacto de música clásica es para Clarisa y Marisa.
4. Estos periódicos son para ti y para tus amigos.
5. Esta patineta es para mi abuelito.
6. Esta cerveza es para mí.
7. Estas muñecas son para la profesora de español.
8. Esta ensalada es para Lobo, el perro de Ernestito.

EJERCICIO 4

Complete estos diálogos con **mí, ti, él, conmigo** o **contigo.**

1. DIEGO: Amanda, ¿quieres ir _____ª al Baile de los Enamorados?
   AMANDA: No, Diego. Lo siento, pero no puedo ir _____ᵇ porque voy a ir con Ramón, mi novio.

2. RAFAEL: Graciela, estas rosas son para _____.ª ¿Te gustan?
   GRACIELA: ¿Para _____ᵇ? ¡Ay, Rafael, muchas gracias! Me encantan.

3. AMANDA: Graciela, ¿qué piensas tú de Luc, el nuevo estudiante francés?
   GRACIELA: ¿Qué pienso de _____ª? Pues, no lo conozco, pero creo que es *muy* atractivo.
   AMANDA: Ajá… y yo voy a estudiar con _____ᵇ esta tarde… en mi casa.
   GRACIELA: ¡No lo creo, Amanda! ¿Vas a estudiar con _____ᶜ? ¿Sola? ¿Sin _____ᵈ? ¡Qué envidia!

9.3　Saying What You Used to Do: The Imperfect Tense

A. The Spanish imperfect tense is used to describe actions that occurred repeatedly or habitually in the past. To express the same idea, English often uses the phrases *used to* or *would,* or just the simple past.

¿A qué hora **te levantabas** en el verano?	What time	did you did you used to would you	get up in the summer?
Siempre **me levantaba** a las 9:00.	I always	got up used to get up would get up	at 9:00.

9.3. We have delayed formal introduction of the imperfect in order to give students a chance to associate preterite forms with narration of simple past events. This section introduces the imperfect to describe past habitual or repeated actions, the English equivalent of "used to" or "would" + verb. Use of the imperfect to describe background states, actions, or events is not mentioned until **Gramática 11.5,** where past and imperfect are contrasted. The forms of the imperfect are simple; most students have no trouble learning to understand and use them.

The imperfect often means *used to* or *would.*
De niña, nadaba todos los días en el verano. (*As a child, I used to [would] swim every day in the summer.*)
Cuando éramos jóvenes, íbamos al cine todos los sábados. (*When we were young, we would go to the movies every Saturday.*)

Imperfect endings:
-ar verbs = **-aba**
-er/-ir verbs = **-ía**

B. There are two patterns of endings for the imperfect: for **-ar** verbs, the **-aba** endings; for **-er/-ir** verbs, the **-ía** endings.*

	manejar	comer	vivir
(yo)	manej**aba**	com**ía**	viv**ía**
(tú)	manej**abas**	com**ías**	viv**ías**
(usted, él/ella)	manej**aba**	com**ía**	viv**ía**
(nosotros/as)	manej**ábamos**	com**íamos**	viv**íamos**
(vosotros/as)	manej**abais**	com**íais**	viv**íais**
(ustedes, ellos/as)	manej**aban**	com**ían**	viv**ían**

Mis hermanos **comían** mucho cuando **visitábamos** a nuestros abuelos.	*My brothers used to eat a lot when we visited (would visit) our grandparents.*
—¿Qué **hacía** Raúl los domingos cuando **estaba** en la secundaria?	*—What did Raúl used to do on Sundays when he was in high school?*
—**Jugaba** al tenis con sus amigos.	*—He used to play tennis with his friends.*

C. Only three verbs are irregular in the imperfect.

Only **ir, ser,** and **ver** are irregular in the imperfect.

	ir	ser	ver
(yo)	iba	era	veía
(tú)	ibas	eras	veías
(usted, él/ella)	iba	era	veía
(nosotros/as)	íbamos	éramos	veíamos
(vosotros/as)	ibais	erais	veíais
(ustedes, ellos/as)	iban	eran	veían

Te **veía** más cuando trabajabas en esta oficina.	*I used to see you more when you worked in this office.*
Cuando **era** muy joven, **íbamos** a la finca y mi padre me llevaba en su caballo.	*When I was very young, we used to go to the farm and my father would let me ride with him on his horse.*

*Recognition: In the imperfect, the **vos** form is identical to the **tú** form: **manejabas, comías, vivías,** etc.

EJERCICIO 5

¿Qué hacían estas personas de niños?

MODELO: jugar mucho al tenis / Paula → Paula *jugaba* mucho al tenis.

1. andar en bicicleta / Guillermo
2. jugar con muñecas / Amanda y yo
3. leer las tiras cómicas del periódico los domingos / Andrea
4. bañarse en el mar en Acapulco / doña Lola y doña Rosita
5. comer muchos dulces / don Eduardo
6. limpiar su recámara / Estela
7. pasar las vacaciones en Acapulco / la familia Saucedo
8. escuchar música rock / Pedro Ruiz
9. ver dibujos animados en la televisión / Ernesto
10. cuidar el jardín / el abuelo de Ernestito

> ### ¡OJO!
> Some Spanish speakers use **muñequitos** for cartoons instead of **dibujos animados.**

EJERCICIO 6

Complete cada oración con el nombre de la(s) persona(s) y la forma apropiada del imperfecto.

Ej. 6. This exercise contrasts present and imperfect forms and asks students to match completed sentences with the appropriate drawings.

MODELO: Ya no monta a caballo mucho, pero antes *montaba* a caballo todos los fines de semana.

1. _____: Ya no juegan a las cartas, pero antes _____ todas las tardes.
2. _____: Antes _____ a misa todos los domingos, pero ya no van mucho.
3. _____: De niña _____ la cuerda, pero ya nunca salta la cuerda.
4. _____: Ya no se pelea con sus hermanas, pero antes _____ mucho con ellas.
5. _____: Ya no llora tanto cuando ve películas tristes, pero de adolescente _____ mucho.
6. _____: Cuando tenía ocho años, no _____ bien con las niñas.
7. _____: De niñas, _____ mucho.

9.4. The imperfect and the preterite of "state" verbs are presented in a section separate from action verbs, because their meanings and functions are somewhat different. Although notions such as aspect and "beginning-middle-end" accurately describe use of the preterite and the imperfect—especially with state verbs—this sort of complex detail is not helpful to most beginning students. Instead we suggest you be guided by frequency: In simple narration, state verbs occur most frequently in the imperfect, whereas action verbs occur most frequently in the preterite. So *sabía* is far more frequent in conversation than *supe*, and *comí* far more common than *comía*. We recommend that for action verbs students use the preterite for simple events and the imperfect for repeated events. For state verbs, they should use imperfect forms. Except, perhaps, for *conocer* (met), subtle meaning changes of other state verbs in the past are more appropriate for second-year students. The four-way contrast *era/fue/estaba/estuvo* is particularly difficult. We recommend that first-year students use *era/estaba* in their output when form is important, while recognizing the approximate meaning of the other two.

9.4 Describing the Past: The Imperfect and Preterite of "State" Verbs

GRAMÁTICA ILUSTRADA

> Verbs of state do not express action—for example, *to want, to have*. When used in talking about the past, they are usually conjugated in the imperfect.

A. Some verbs express actions (*run, jump, eat*); others express states (*want, have, be, can*). In the narration of a past event, verbs describing states or ongoing conditions are usually conjugated in the imperfect tense.

—Guillermo, ¿**sabías** la respuesta de la cuarta pregunta?
—**Sabía** una parte, pero no toda.

—*Guillermo, did you know the answer to the fourth question?*
—*I knew part of it, but not all.*

—¿Qué **querías** hacer?
—**Quería** ir al cine.
—¿Por qué no **podías** ir?
—Porque no **tenía** dinero.

—*What did you want to do?*
—*I wanted to go to the movies.*
—*Why couldn't you go?*
—*Because I didn't have any money.*

B. When Spanish speakers use state verbs in the preterite, they usually do so to convey that the state came to an end. English speakers often use completely different verbs to express that meaning. Compare the English equivalents of the following state verbs in the imperfect and in the preterite.

IMPERFECT		PRETERITE	
sabía	I knew	supe	I found out
no sabía	I didn't know	no supe	I never knew
conocía	I was acquainted with	conocí	I met
tenía	I had	tuve	I had; I received
quería	I wanted	quise	I wanted (and tried)
no quería	I didn't want	no quise	I refused
podía	I was able; could	pude	I could (and did)
no podía	I wasn't able, couldn't	no pude	I (tried and) couldn't

> **(yo) sabía** = I knew
> **(yo) supe** = I found out
>
> **usted conocía** = you (pol. sing.) knew
> **usted conoció** = you (pol. sing.) met

—¿**Supiste** lo que les pasó a Graciela y a Amanda?

—*Did you find out what happened to Graciela and Amanda?*

—No, no **supe** nada. ¿Qué les pasó?

—*No, I didn't find out (never heard) anything. What happened to them?*

—¿Por qué no **pudiste** terminar?
—**No quise** terminar porque me cansé mucho.

—*Why weren't you able to finish?*
—*I didn't try to finish because I got very tired.*

C. The verbs **ser** and **estar** are usually used in the imperfect; they are used in the preterite only when the state has explicitly come to an end within a specified amount of time.

> When used to express *was/were*, **ser** and **estar** are usually in the imperfect.
> **Estaba muy cansado.** (*I was very tired.*)
> **Éramos amigas íntimas en la escuela secundaria.** (*We were very close friends in high school.*)

INFINITIVE	IMPERFECT		PRETERITE	
ser	era	I was	fui	I was
estar	estaba	I was	estuve	I was

—¿Cómo **eras** de niño?
—**Era** muy tímido.

—*What were you like as a child?*
—*I was very shy.*

—¿Cuánto tiempo **fuiste** presidente del club?
—**Fui** presidente seis años.

—*How long were you president of the club?*
—*I was president for six years.*

—¿Dónde **estaban** tus padres anoche?
—**Estaban** con los abuelos.

—*Where were your parents last night?*
—*They were with my grandparents.*

—¿Cuánto tiempo **estuvieron** en España?
—**Estuvimos** allí de mayo a julio.

—*How long were you in Spain?*
—*We were there from May to July.*

> Within a limited or specified time frame, **ser** and **estar** may be used in the preterite to express *was/were*.
> **Estuvimos cinco días en Acapulco.** (*We were in Acapulco for five days.*)
> **Mi hijo fue presidente del Club de Español por dos años.** (*My son was president of the Spanish Club for two years.*)

¡OJO!

All verbs here are state verbs and should be used in the imperfect. Note the use of **conociste** (*met*) in item 1.

EJERCICIO 7

Complete las oraciones según el modelo. Use el imperfecto de los verbos en letra cursiva (italics).

MODELO: Ahora no *soy* tímido, pero de niño *era* muy tímido.

1. Ahora Guillermo *tiene* 12 años, pero cuando tú lo conociste _____ sólo 8 años.
2. Ahora *sé* muy bien las respuestas, pero esta mañana, cuando tomé el examen, no las _____.
3. Ahora *conocemos* muy bien a doña Rosita, pero hace un año no la _____.
4. Ahora Paula *es* agente de viajes, pero yo recuerdo cuando _____ secretaria.
5. Ahora Paula *está* aquí en México, pero hace una semana _____ en España.

¡OJO!

In the first part, all the verbs are state verbs and should be used in the imperfect. The second part of this exercise provides practice for meanings and uses of state verbs in preterite forms.

EJERCICIO 8

Complete las siguientes oraciones con la forma apropiada del imperfecto de estos «verbos de estado»: **conocer, estar, poder, querer, saber, ser** y **tener.**

1. Luis _____ sólo 10 años cuando viajó a Colombia.
2. Einstein _____ un joven muy inteligente, pero sacaba malas notas.
3. Yo no _____ a tu hermano. ¡Qué guapo es!
4. (Nosotros) _____ comprar un carro nuevo, pero no _____ dinero. Ahora, por fin tenemos suficiente dinero.
5. ¿Dónde _____ (tú) esta mañana?
6. Ayer almorcé a las 11:00 porque _____ mucha hambre.

Ej. 8. This late-acquired item causes little difficulty in comprehension, but do not expect students to produce these subtle differences spontaneously until they have heard and read much more Spanish.

Ahora, use la forma apropiada del pretérito de estos «verbos de estado»: **conocer, poder, querer, saber** y **tener.**

7. Ayer _____ que el hijo mayor de mi vecino es adoptado.
8. Hoy no fui a trabajar porque no dormí anoche. Toda la noche _____ un dolor de cabeza horrible.
9. ¡Qué simpático es el esposo de Andrea Ruiz! Lo _____ anoche en la fiesta.
10. Ah, sí, la fiesta de fin de año... Los Ruiz me invitaron, pero yo no _____ ir. ¡A mí no me gustan las fiestas!
11. Ayer fui al parque con mis hijos; traté de patinar con ellos, pero no _____. ¡Me estoy poniendo viejo!

¿RECUERDA?

Recall from **Gramática 2.1** that the present tense of **ir** + **a** + infinitive is used to express future actions.

Amanda, ¿**vas a llamar** a Ramón esta noche?

(*Amanda, are you going to call Ramón tonight?*)

9.5 Saying What You Were Going to Do: The Imperfect of *ir* + *a* + Infinitive

The imperfect of **ir** (**iba, ibas, iba, íbamos, ibais, iban**) can be used in this construction to express past intentions (*was/were going to do something*).

Íbamos a esquiar el jueves, pero ahora dicen que va a llover.

We were going to ski on Thursday, but now they say it's going to rain.

Rubén y Virginia **iban a pasar** el día en el parque, pero decidieron visitar las pirámides.

Rubén and Virginia were going to spend the day at the park, but they decided to visit the pyramids.

The imperfect of **querer** and **pensar** + infinitive is similar in meaning.

Quería acampar en las montañas este verano, pero resulta que tengo que trabajar.

I wanted (was hoping) to go camping in the mountains this summer, but it turns out I have to work.

Carmen **pensaba pasar** el verano en España, pero no ahorró suficiente dinero.

Carmen was thinking about (was planning on) spending the summer in Spain, but she didn't save enough money.

> **va a** + infinitive = *he/she/you (pol. sing.) is/are going to*
> **Paula va a comprar un coche.** (*Paula is going to buy a car.*)

> **iba a** + infinitive = *I/he/she/you (pol. sing.) was/were going to*
> **Iba a viajar por Europa, pero tuve que trabajar.** (*I was going to travel through Europe, but I had to work.*)

EJERCICIO 9

Invente una excusa. Use **iba** + **a** + infinitivo, seguido de su excusa.

MODELO: ¿Por qué no me llamaste anoche? (llegar muy tarde)
Iba a llamarte, pero llegué muy tarde.

1. ¿Por qué no viniste en tu carro anoche? (quedarse sin gasolina)
2. ¿Por qué no trajiste flores? (la tienda cerrar temprano)
3. ¿Por qué no me compraste un regalo? (no tener tiempo)
4. ¿Por qué no cenaste con nosotros? (cenar antes en casa)
5. ¿Por qué no fuiste al Baile de los Enamorados? (asistir a un concierto)
6. ¿Por qué no me dijiste que no sabías bailar? (no poder)
7. ¿Por qué no llegaste a tiempo? (perder mi reloj)
8. ¿Por qué no asististe a clase ayer? (ir a ver a mi abuela enferma)

9.5. This is a very handy construction in everyday conversation, although it is less common in classroom discourse. Emphasize *iba* when you use this construction in your input.

¡OJO!

Note that to make excuses you should use preterite.

VIDA Y CULTURA

Círculo de Amigas. Ask students to locate Nicaragua on a map of Central America. Start a discussion of the country by talking about the climate, the flora, and the fauna. (*Nicaragua está en la América Central, una zona tropical. ¿Qué tiempo hace allí? Sí, hace mucho calor; es muy húmedo. El agua no es fría, es tibia. Hay muchos pájaros de colores y muchos insectos.*) If you have slides of the country, show them in class. You can then progress to the history of Nicaragua, as an introduction to a discussion of the country's poverty. Students can look up the information in the *Encyclopedia Britannica,* which has one of the most complete—yet short—articles on Nicaragua.

Círculo de Amigas

¿Qué sabe usted de Nicaragua? ¿Que hubo una revolución en 1979? ¿Que hubo una sangrienta[1] contrarrevolución apoyada[2] por los Estados Unidos? ¿Que el huracán Mitch causó gran destrucción en 1998? ¿Que el país tiene una altísima tasa de desempleo[3] y que en las zonas rurales predomina la pobreza[4]? Sí, lamentablemente, todo esto es cierto; pero también hay buenas noticias. En Jinotega, un pequeño pueblo nicaragüense, existe ahora un Círculo de Amigas que ayuda a los pobres de este país.

El Círculo de Amigas fue fundado por una profesora de español en California, Pat McCully. Ella visitó Nicaragua varias veces en los años ochenta, pero no visitó los sitios turísticos, sino las zonas rurales más remotas. Mientras charlaba con la gente, observaba su ropa harapienta[5] y sus viviendas[6] pobres. Decidió hacer algo para ayudar.

Comenzo[7] por enseñar a las mujeres a coser. Así empezó el Círculo de Amigas: como un pequeño espacio en el que las mujeres podían aprender a coser la ropa de su familia. Con la ayuda de varias personas y las contribuciones de muchas otras, el Círculo de Amigas ha crecido.[8] Ahora tiene una pequeña clínica médica y un centro de computación (con computadoras usadas).

Lo que es más importante, la organización ahora intenta ayudar a la gente a vivir mejor: construye viviendas modestas, compra estufas de propano y consigue barriles para que la gente pueda tener agua limpia en su casa. Y no sólo eso, sino que tiene un programa de apoyo para las niñas. El Círculo consigue patrocinadores[9] que contribuyen $40.00 por mes. Ese dinero asegura que la niña más pequeña* de una familia pueda asistir a la escuela y que toda la familia coma mejor.

Como podemos ver, esta organización crece[10] cada día más y provee una ayuda valiosa para el pueblo de Jinotega. ¿Quiere usted saber cómo puede participar? Pues hay muchas maneras: usted puede ser patrocinador(a) de una niña, puede regalar máquinas de coser, computadoras, lentes y otras cosas parecidas. Puede también contribuir con su talento.

[1]*bloody*   [2]*backed*   [3]*tasa... unemployment rate*   [4]*poverty*   [5]*ragged*   [6]*homes*   [7]*She began*   [8]*ha... has grown*   [9]*sponsors*   [10]*grows*

*Círculo de Amigas *has decided on the youngest female for two reasons: Whenever there are funds for school, it is often the boys who get this privilege. Why the youngest? Because the sooner a child starts her education, the more likely she is to continue with it.*

 Ask students to visit the Círculo de Amigas' website and note 2 or 3 facts not mentioned in the article. You may wish to encourage your students to sponsor a child. The cost is minimal by US standards. Besides having the personal satisfaction of helping those in need, your students will be rewarded with opportunities to practice Spanish by writing to the sponsored child and reading his or her answers to their letters.

Celia Cruz, reina de la salsa

Celia Cruz es la cantante cubana más famosa y admirada. Murió el 16 de julio de 2003, pero sus canciones vivirán para siempre. Celia creó un estilo único con canciones alegres y movidas[1] de salsa. Ha pasado a la historia de la música internacional con diez nominaciones para el Grammy, muchos premios y varios doctorados honorarios. ¡Hasta hay una calle en Miami que lleva su nombre! Por todo esto, a Celia se le conoce como la «reina de la salsa». Nadie puede hacernos bailar como ella.

Celia nació en la Habana en un hogar de catorce hijos y pronto mostró interés por la música. Desde muy joven empezó a cantar en espectáculos escolares y fiestas de la comunidad. Celia encontró su inspiración en la tradición afrocubana de su país. En 1950 se incorporó como vocalista a La Sonora Matancera, la orquesta más popular del Caribe. Cantó con este grupo durante quince años, haciendo giras[2] por todo el mundo.

Después de la Revolución Cubana de 1959, Celia decidió exilarse en Nueva York. Lo demás, como dice el dicho, «es historia»; una historia de esfuerzo y grandes éxitos:[3] el aclamado disco *Duets* (1988) y un papel importante en la película *The Mambo Kings* (1992), entre otros.

Con la música, Celia le enseñó al mundo a apreciar su cultura y su rica tradición musical. En una de sus grabaciones[4] finales, la cantante expresó vivamente su mensaje personal: para Celia Cruz, como dice esta canción, «la vida es un carnaval».

[1]*upbeat*   [2]*tours*   [3]*accomplishments*   [4]*recordings*

Las tapas

Antes del almuerzo, antes de la cena… ¡unas deliciosas tapas con vino tinto! Las tapas son pequeñas porciones de comida que los españoles comen con una copa de vino o de licor.* Existe una gran variedad de estos pequeños aperitivos.[1] Una tapa puede ser algo tan sencillo como trozos de queso, aceitunas, maní,[2] chorizo[3] asado o canapés. Pero también puede ser un platillo más elaborado, como por ejemplo, trocitos de la típica tortilla española de patatas. Otros tipos de tapas son los camarones a la parrilla, los camarones u hongos preparados con ajo, los calamares[4] fritos, las ancas de rana[5] o las anguilas.[6]

En España, las tapas se sirven en lugares que se llaman tascas. En las tascas los españoles se reúnen para beber y comer tapas antes del almuerzo o la cena. Ésta es la oportunidad para hablar de política, filosofía, literatura, cine, teatro… Con frecuencia, la gente va de una tasca a otra, especialmente si es antes de la cena. Pero, las tapas son más que una deliciosa costumbre española: son un estilo de vida. Y, además de formar parte íntegra de la cultura de España, resultan muy prácticas. ¡Cuando se come a la vez que se bebe, los efectos del alcohol no son tan fuertes!

[1]*appetizers*   [2]*peanuts (also called cacahuates or cacahuetes)*   [3]*sausage*
[4]*squid*   [5]*ancas… frog legs*   [6]*eels*

Originally only a free small plate of salted almonds or a slice of jamón serrano (a very salty ham) were served. The slice of ham or the plate of almonds was placed on top of the wine glass as a cover, hence the name tapas (covers). People would eat the tapa, feel thirsty, and order another glass of wine.

La revista *Vida y cultura* continúa en el sitio Web: **www.mhhe.com/dosmundos6**.

Capítulo 10

Nuestro planeta

For more information on the communicative goals of **Capítulo 10** and for additional activities (AAs), please see the corresponding chapter notes in the IM.

Pre-Text Oral Activities
1. Use your PF or sketch on the board to describe geographic locations.
2. Write 15 or so interesting recreational activities using *ha* + past participle on a 5 × 8 card. Tell the class that you need volunteers to answer *sí o no*. Ask questions from your list until a volunteer says *sí*. Then follow up with additional questions: *¿Cuándo fue? ¿Cuántas veces? ¿Dónde? ¿Con quién? ¿Le gustó?* Go on to the next volunteer. Repeat this activity with 4–5 volunteers until the class has heard many questions with *ha* + past participle. Then write questions on the board. Tell students that *¿Ha... ?* = Have you ever . . . ?

Possible questions: *¿Ha viajado a París alguna vez? ¿Ha subido una montaña a pie? ¿Ha buceado en Hawai? ¿Ha viajado por tren en Europa? ¿Ha visto las pirámides de México? ¿Ha ido a Nueva York (San Francisco, Montreal, Miami, Chicago)? ¿Ha viajado en crucero?* (Draw a large ship on the board.) *¿Ha comido en un restaurante japonés (griego, vietnamés, indio)? ¿Ha conocido a alguien de Sudamérica? ¿Ha acampado en el desierto? ¿Ha visto un tornado o un huracán alguna vez? ¿Ha montado en motocicleta? ¿Ha visto la película _____? ¿Ha visto un volcán de cerca? ¿Ha viajado a Alaska? ¿Ha vivido en otro país por más de un mes?*

METAS

In **Capítulo 10** you will talk about places you have traveled to, including their geography and climate. You will also discuss transportation and automobile travel. Finally, you will learn about and discuss environmental issues and concerns.

Sobre el artista: El artista dominicano Paul Leonor Chevalier estudió pintura en la Escuela Nacional de Bellas Artes en Santo Domingo. En 1995, se graduó magna cum laude en arquitectura en la Universidad Nacional Pedro Henríquez Ureña. Es miembro del Colegio Dominicano de Artistas Plásticos. Ha participado en numerosas exposiciones y ha recibido varios premios.

Fuga a la tierra de la fertilidad, por Paul Leonor Chevalier (República Dominicana)

República Dominicana

Época precolombina
Tribus indígenas: lucayos, ciguayos, taínos y caribes

1492
Cristóbal Colón llegó a la isla y la gobernó durante 8 años.

1697–1861
Los franceses y los españoles gobernaron alternativam

1500   1700

Puerto Rico

Época precolombina
Región poblada por los taínos

1520
La isla empezó a conocerse por el nombre de Puerto Rico y la capital por San Juan.

MULTIMEDIA RESOURCES

Check out the following media resources to complement this chapter of *Dos mundos:*

 Online Learning Center
www.mhhe.com/dosmundos6

 Interactive CD-ROM

 Video on CD
- Los amigos animados
- Escenas culturales: República Dominicana y Puerto Rico
- Escenas en contexto

Los amigos animados: Para repasar

Antes de comenzar este capítulo, mire los segmentos animados para repasar el capítulo anterior.

A. La familia de Carla. Carla y Rogelio conversan sobre la familia de Carla.

B. Los recuerdos de doña María. Cuando Esteban y Raúl visitaron a doña María en Guanajuato, la abuela de Raúl le contó un poco de su vida a Esteban. Ésta es su historia.

En este capítulo...

ACTIVIDADES DE COMUNICACIÓN
- La geografía y el clima
- Los medios de transporte
- La ecología y el medio ambiente

EN RESUMEN

LECTURAS Y CULTURA
- **Enlace literario**
  «Dos cuerpos», por Octavio Paz
- **Ventanas al pasado**
  Los caminos incas
- **Ventanas culturales**
  La lengua: Nuestro pequeño mundo azul
- **Lectura**
  Costa Rica, un país ideal

GRAMÁTICA Y EJERCICIOS
10.1 Saying What You Have Done: The Present Perfect
10.2 Exclamations with **¡Qué... !, ¡Cuánto/a/os/as... !**
10.3 Expressing *by, through,* Destination, and Time: **por** and **para** (Part 1)
10.4 Describing Actions: Adverbs
10.5 Expressing Reactions: More Verbs Like **gustar**

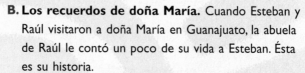

1865 Independencia de España

1916–1924 EU invadió y gobernó la República Dominicana.

1930–1961 Trujillo se hizo dictador de la República. Graves violaciones de los derechos humanos.

1965 EU invadió el país con 35.000 tropas.

1990 Problemas económicos. 2.000 dominicanos emigraron a EU y 20.000 a España.

2004 Se eligió a Fernández Reyna del Partido de la Liberación Dominicana.

1900

2000

1873 Se abolió la esclavitud.

1898 Guerra hispanoestadounidense. EU se apoderó de Filipinas, Cuba y Puerto Rico.

1917 EU otorgó la ciudadanía estadounidense a los puertorriqueños.

1951 EU y los votantes puertorriqueños establecieron el Estado Libre Asociado de Puerto Rico.

2000 Se eligió como gobernadora a Sila María Calderón, partidaria de mantener el Estado Libre Asociado.

Actividades de comunicación y lecturas

La geografía y el clima. Use your PF to talk about geography and climate conditions. Include some short definitions in your discussion: *El desierto es un lugar muy seco donde llueve poco. ¿Han visitado algún desierto? ¿Dónde? ¿Qué hicieron allí? ¿Qué*

✳ La geografía y el clima

tiempo hacía cuando estaban en el desierto? Add a few of your own personal experiences associated with any new vocabulary; for example, a trip to an island or an experience in a hurricane. *El huracán* and *el ciclón* are used almost interchangeably in Spanish. Here are some other weather expressions included in the vocabulary that you will want to introduce in your input: *llovizna (lloviznar), rocío, neblina, truenos, humedad, escarcha, inundación, terremoto.*

Lea Gramática 10.1–10.2.

Most words in this display and many in subsequent activities will be new to students. Verify class comprehension of all vocabulary in the display and the activities of this section as you proceed through these materials.

See the IRK for additional activities: *La geografía y el clima.*

¡Qué bosque tropical más húmedo!

¡Qué desastrosa fue esa inundación!

¡Cuántas islas hay en la costa de Chile!

Act. 1. **Definiciones** (individual; whole-class). **Suggestion:** Have students work individually to match these as you circulate to help with vocabulary. Many of these geographical terms were introduced in the Pre-Text Oral Activities and vocabulary display. Encourage students to use context to guess the meanings of the many new words, mostly cognates, in the definitions. Review with the whole class.

ACTIVIDAD 1   Definiciones: La geografía

1. ___h___ la selva
2. ___j___ el río
3. ___i___ la inundación
4. ___g___ el lago
5. ___c___ la playa
6. ___d___ el desierto
7. ___e___ la península
8. ___a___ la isla
9. ___b___ el valle
10. ___f___ la bahía

a. porción de tierra rodeada completamente de agua
b. espacio entre dos montañas
c. parte de arena a la orilla del mar
d. lugar árido, a veces con mucha arena
e. porción de tierra rodeada de agua, pero unida a tierra firme por un lado
f. entrada del mar en la costa, más pequeña que un golfo
g. extensión de agua rodeada de tierra
h. lugar donde llueve mucho y hay mucha vegetación
i. desbordamiento de los ríos, los lagos o el mar, que cubre la tierra de agua
j. corriente de agua que generalmente corre hacia el mar

ACTIVIDAD 2   Descripción de fotos: ¡Qué impresionantes son esas montañas!

Escuche la descripción que le da su profesor(a) y señale la foto correspondiente.

1. El nudo de Huascarán, Perú

2. Bariloche, Argentina

3. El Yunque, Puerto Rico

4. La Cordillera Vilcabamba, Perú

5. La playa en Cancún, México

6. El lago Titicaca, Bolivia

7. Salto del Laja, Chile

8. San Felipe, México

9. Un arrecife de corales en la Isla Cocos, Costa Rica

Act. 3. Del mundo hispano (whole-class; pair). **Suggestion:** Introduce the Celsius scale with questions like: *Si la temperatura es de 17 grados celsio, ¿qué tiempo hace?* Then have students read the weather forecasts silently. Ask comprehension questions: *¿Cuál va a ser la temperatura máxima el lunes?* (or introduce the form *será*). You may need to remind students of the meaning of the impersonal *se* in the expressions *se anticipa* and *se pronostica*. With each temperature forecast, ask questions: *¿Hace frío?* (or *¿Va a hacer frío?*) Assign questions for pair work. (Give students a formula for conversion from Fahrenheit to Celsius and vice versa. F → C: degrees F − 32 × .555 = degrees C. C → F: degrees C × 1.8 + 32 = degrees F.)

Ahora, con un compañero / una compañera, mire las demás fotos y exprese los pensamientos que se le ocurran.

▶ FRASES ÚTILES

¡Cuánto/a/os/as… !	¡Qué… !	vegetación
olas	estrellas	profundo/a
peces coloridos	cataratas	flores

ACTIVIDAD 3   Del mundo hispano: El pronóstico del tiempo

Conteste las preguntas según la información de un periódico de San Juan, Puerto Rico.

Expansion: Have students work in small groups to write a 2- to 3-day forecast for your area. Write vocabulary guidelines on the board: *Va a hacer frío (calor, sol, fresco, viento, mal/buen tiempo). Va a haber neblina. Va a estar soleado (nublado). Va a llover/nevar. En las montañas (por la costa) por la mañana (tarde, noche)… , La temperatura mínima/máxima va a ser de _____ grados.*

Agosto

La temperatura de la semana: San Juan, Puerto Rico

LUNES. Se anticipa un día de calor con una temperatura máxima de 35.9° C (grados centígrados) y una mínima de 30.4° C.

MARTES. Se anticipa neblina por la costa en la mañana, pero mucho calor el resto del día. La temperatura máxima va a llegar a los 41° grados centígrados. Por la noche la temperatura va a bajar a 33° C.

MIÉRCOLES. Se pronostica un día fresco, parcialmente nublado y con lloviznas frecuentes. La temperatura máxima durante el día será de 30° C y la mínima esta noche será de 24° C.

JUEVES. Va a ser un día soleado pero más frío que ayer. La temperatura máxima durante el día será de 27° C y la mínima esta noche, de 22° C. El huracán Eliza se acerca a la isla con vientos de 80 millas por hora.

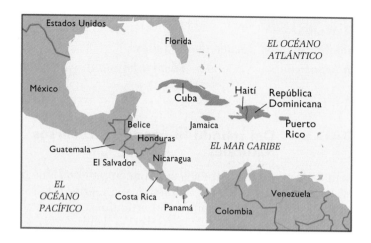

1. ¿Cuál va a ser el día más caluroso de esta semana?
2. ¿Qué noche va a hacer más frío?
3. ¿Va a llover esta semana?
4. ¿Qué día va a estar nublado?
5. ¿Va a haber neblina? ¿Dónde? ¿Qué día?
6. En su opinión, ¿va a causar muchos daños (destrucción) Eliza?

Act. 4. Descripción de dibujos (whole-class; individual). **Suggestion:** Have students look at the sketches while you pronounce the words aloud. Expand discussion by talking about these weather items one by one. *En la mañana las plantas y las flores están cubiertas de rocío. El rocío es muy bonito, ¿no? ¿Les gustan los truenos y los relámpagos? A mí, sí; me gusta preparar una taza de chocolate caliente, sentarme al lado de la chimenea y escuchar los truenos.* Students work individually to fill in the blanks.

ACTIVIDAD 4   Descripción de dibujos: El tiempo

Use estas palabras para completar las oraciones a continuación: **escarcha, fresco, humedad, llovizna, neblina, nubes, rocío, tormenta, truenos** y **viento.**

1. Después de los relámpagos, casi siempre vienen los __truenos__ .
2. Si por la noche baja la temperatura puede aparecer __escarcha__ en las ventanas y en los techos.
3. Antes de una __tormenta__ , las __nubes__ cubren el sol.
4. Una lluvia ligera también se llama __llovizna__ .
5. Cuando hace mucho __viento__ , la gente pierde el sombrero.
6. En las zonas tropicales hay mucha __humedad__ .
7. Hay que manejar lentamente cuando hay mucha __neblina__ .
8. Cuando la temperatura está a 15° C, hace __fresco__ .
9. Las gotas de agua que aparecen en las plantas por la mañana son __rocío__ .

REFRÁN

Quien siembra vientos, recoge tempestades.

(*You reap what you sow.* Literally, *Those who plant winds, harvest storms.*)

ACTIVIDAD 5 Del mundo hispano: Los recursos naturales

Lea el siguiente artículo y luego trabaje con un compañero / una compañera para decir si las afirmaciones de la página 345 son ciertas o falsas. Corrijan las afirmaciones falsas con información del artículo.

Catalogado como uno de los ecosistemas más ricos del mundo por su abundante flora y fauna, el Mar de Cortés es todo un reto para buzos profesionales y aficionados.

EXPEDICIONES al Mar de Cortés

Por su gran concentración y diversidad de animales y aves marinas, los especialistas afirman que el Mar de Cortés y las lagunas de Baja California —a donde llega a aparearse la ballena gris después de recorrer 10.000 kilómetros— son la versión mexicana de las islas Galápagos. En este lugar se conocen bien muchos sitios de buceo por la belleza de sus cañones y montañas submarinas; las islas rocosas y áridas contrastan con la colorida variedad de plantas y animales debajo de la superficie: estrellas marinas, esponjas, anémonas y moluscos en abundancia, peces multicolores, delfines, leones marinos…

Quienes desean sumergirse en estas aguas y descubrir su extraordinaria vida marina, lo pueden hacer de junio a noviembre en expediciones organizadas que parten desde la amistosa ciudad de La Paz. Los paquetes incluyen tres inmersiones al día con tanques y pesas, experimentados maestros de buceo y tripulación, duchas de agua fresca, fácil acceso a la rampa de buceo, cubierta con área de sombra, un cocinero a bordo que prepara desayunos, comidas, refrigerios y bebidas, sistemas de video VHS y DVD, hotel y transporte al aeropuerto.

Salidas de junio a noviembre

Precio de los paquetes	Cabañas Los Arcos	Hotel Los Arcos
3 noches, 2 días de buceo	$3.745	$4.065
4 noches, 3 días de buceo	$4.875	$5.750
5 noches, 4 días de buceo	$6.300	$7.445
6 noches, 5 días de buceo	$7.490	$9.125
7 noches, 6 días de buceo	$8.745	$10.825

Todos los precios son por persona con base en ocupación doble, en pesos. Reservaciones en Expediciones Mar de Cortés al teléfono 1-612-483-6796.

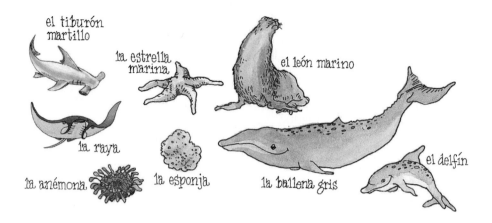

1. El Mar de Cortés se compara con las islas de Hawai.
2. Tanto en las Islas Galápagos como en el Mar de Cortés hay gran concentración y diversidad de animales y aves marinos.
3. En las lagunas de Baja California se pueden observar ballenas grises.
4. En este lugar hay abundancia de sitios de buceo muy bellos.
5. En el Mar de Cortés hay islas verdes y húmedas y arrecifes coloridos llenos de animales y plantas marinos.
6. Los paquetes turísticos incluyen tanques y pesas, lecciones de buceo, hotel y transporte aéreo.
7. Hay paquetes durante las cuatro estaciones del año: la primavera, el verano, el otoño y el invierno.

Ahora, hágale preguntas a su compañero/a acerca de los precios de los varios paquetes turísticos.

MODELO: E1: ¿Cuánto cuesta el paquete de 6 noches con 5 días de buceo en Cabañas Los Arcos?
          E2: Cuesta *$7.490.*

ACTIVIDAD 6   Entrevistas: Los viajes, las actividades y el tiempo

¿ADÓNDE HAS VIAJADO?

1. ¿Has pasado tiempo en las montañas? ¿Dónde? ¿Qué hiciste? ¿Te gustó? ¿Por qué?
2. ¿Vives cerca del mar? Si no, ¿cuál es el mar más cercano a donde vives? ¿Cuántas veces has ido al mar / a la playa durante los últimos seis meses? ¿Cómo estaba el agua? ¿muy fría? ¿tibia?
3. ¿Hay un lago o río cerca de donde vives? ¿Cómo se llama? ¿Vas con frecuencia? ¿Qué haces allí?
4. ¿Has ido al desierto? ¿Dónde? ¿Cuándo? ¿Qué hiciste allí?
5. ¿Has visto una selva? ¿Dónde? ¿Te gustó? ¿Por qué? Explica.

LAS ACTIVIDADES Y EL TIEMPO

1. ¿Qué te gusta hacer cuando hace calor (frío, viento, mal tiempo)?
2. ¿Qué haces cuando llueve (nieva, hace buen tiempo, hay relámpagos y truenos)?

Act. 6. Entrevistas (whole-class; pair). Read questions aloud to the entire class and answer each in turn with your personal information, expanding discussion and adding details as time and interest permit. Write some of your answers and/or other vocabulary on the board for students to use as reference. Pair students and circulate while they ask each other these questions. You may want to do the interviews on separate days.

3. ¿Has vivido en un lugar muy húmedo? ¿en un lugar muy seco? ¿Dónde? ¿Te gustó? ¿Por qué?

4. ¿Has visto un huracán alguna vez? ¿Qué pasó? ¿Has visto un tornado alguna vez? ¿Dónde? ¿Causó daño?

5. ¿Has manejado alguna vez por la carretera en la neblina? ¿Tenías miedo? ¿Has pasado por una tormenta en avión? ¿Dónde? ¿Tuviste mucho miedo?

ENLACE LITERARIO

«Dos cuerpos», por Octavio Paz

Selección de su libro *Libertad bajo palabra: Obra poética* (*1935–1957*)

Poeta y ensayista de fama internacional, Octavio Paz (1914–1998) recibió el premio Nóbel de Literatura en 1990. La obra poética de Octavio Paz es impresionante. Entre sus libros más famosos se encuentra *Piedra de sol* (1957), basado en el símbolo del Calendario Azteca, la Piedra de Sol. Se destacan también *Libertad bajo palabra* (1949) y *Topoemas* (1971). Los ensayos de Paz tratan una variedad de temas: arte, política, antropología. Su libro *El laberinto de la soledad* (1950) es uno de los estudios más importantes sobre el carácter mexicano.

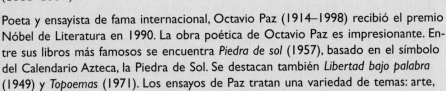

Enlace literario: Before assigning the **Actividad creativa**, brainstorm with your students a list of possible elements, such as *ríos, árboles, montañas, arena*, etc. You may want to create 2 lists on the board, one under the heading *FAUNA* and the other one under *FLORA*. Teach the word *estrofa* (stanza) and tell students that their poems should have only *dos estrofas*. Then assign the activity to be done in class. Students should not spend more than 10–15 minutes creating their poems. Then ask for volunteers to share their writings with the class.

Dos cuerpos

Dos cuerpos frente a frente
son a veces dos olas
y la noche es océano.

Dos cuerpos frente a frente
son a veces dos piedras[1]
y la noche desierto.

Dos cuerpos frente a frente
son a veces raíces[2]
en la noche enlazadas.[3]

Dos cuerpos frente a frente
son a veces navajas[4]
y la noche relámpago.

Dos cuerpos frente a frente
son dos astros[5] que caen
en un cielo vacío.[6]

Actividad creativa: El cuerpo humano y la naturaleza

En este hermoso poema de Octavio Paz, el poeta compara dos cuerpos humanos con olas, piedras, raíces y astros. ¿Con qué otros elementos de la naturaleza podríamos comparar el cuerpo humano? Escriba un poema haciendo esta comparación. Puede seguir el modelo de Paz.

Dos cuerpos frente a frente
son a veces...

[1]rocks [2]roots [3]interlaced [4]blades [5]estrellas [6]empty

✱ Los medios de transporte

Lea Gramática 10.3–10.4.

Los medios de transporte. Use your PF and this display to introduce new words related to transportation. Talk about which means of transportation is more appropriate: plane for long distances, cruise ships for relaxation, etc. Recount 1 or more of your own experiences with public transportation. If you are a native speaker, describe major modes of transportation in your own country. Many of the words in this display and in subsequent activities will be new to students. Verify class comprehension of all vocabulary in the display and the activities of this section as you proceed through these materials. Note that many Spanish speaking countries use *Pare* for stop signs.

Se puede viajar cómodamente por avión.

el avión

Salimos ahora para España.

el tren

Los trenes en España salen y llegan puntualmente.

Hicimos una gira en bicicleta por dos semanas.

Hoy regresamos. Tenemos que estar en Madrid para el lunes.

el letrero

Alto

el semáforo (la señal)

la multa

la autopista

el tranvía

el transbordador

el metro

Act. 7. Definiciones (whole-class; pair). **Suggestion:** Read definitions aloud and have students volunteer answers, or do as pair work and review with the whole class.

Follow-Up: Have students make up their own definitions: *¿Qué es un tranvía, un metro, una autopista, una multa?*

ACTIVIDAD 7   Definiciones: El transporte

LOS MEDIOS DE TRANSPORTE

1. _____ el avión
2. _____ el tren
3. _____ el barco
4. _____ el tranvía
5. _____ la bicicleta
6. _____ el autobús
7. _____ el transbordador
8. _____ el metro

a. medio de transporte que flota en el agua
b. medio de transporte subterráneo; se usa en las grandes ciudades del mundo
c. vehículo de dos ruedas que no usa gasolina
d. vehículo que puede transportar de 30 a 80 pasajeros
e. vehículo aéreo
f. medio de transporte que tiene vagones y una locomotora
g. tipo de tren que, empleado en las ciudades, usa electricidad
h. flota en el agua; sirve para transportar personas y vehículos

Act. 8. Intercambios (whole-class; pair). Before doing this activity, review the numbers 10–100 and 100–10,000. Write numbers on the board or make a large number chart for student reference while doing this activity.

Suggestion: Read as students follow along. This activity gives students the opportunity to hear and produce large numbers. After 1 or 2 sample questions, have students do the interaction in pairs.

Expansion: With the whole class make up a new set of destinations and flight prices. Have students practice in pairs. Refer students to the Internet to check airlines and prices from Spanish-speaking countries.

ACTIVIDAD 8   Intercambios: Reservaciones por Internet

MODELO: E1: ¿Cuánto cuesta el pasaje a *Costa Rica* desde México?
E2: Cuesta *$7.360 pesos.*

www.viajesuniverso.com

Bienvenidos a la Agencia de Viajes Universo
México, D.F.

• No haga sus reservaciones a última hora.
• Nosotros tenemos los precios que usted busca.
• Haga sus reservaciones rápida y seguramente con tarjeta de crédito.
• Disfrute de sus próximas vacaciones en América Latina.

Comprar boletos

Tarifas de ida y vuelta desde el Distrito Federal
(sujetas a cambios y ciertas restricciones)
Para más información haga click en el país

ARGENTINA (Buenos Aires).............................$14.075
BOLIVIA (La Paz/Cochabamba).....................$10.165
COLOMBIA (Bogotá)......................................$ 7.199
COSTA RICA (San José)..................................$ 7.360
CHILE (Santiago)...$10.350
ECUADOR (Quito)...$ 8.590
EL SALVADOR (San Salvador).........................$ 6.180
GUATEMALA (Guatemala)...............................$ 5.499
HONDURAS (Tegucigalpa)...............................$ 6.689
NICARAGUA (Managua)..................................$ 6.785
PANAMÁ (Panamá)...$ 8.025
PERÚ (Lima)..$ 9.825
VENEZUELA (Caracas)....................................$ 8.345

AGENCIA DE VIAJES UNIVERSO
¡El nombre de excelencia desde 1980!

ACTIVIDAD 9   Conversación: Los medios de transporte: ventajas y desventajas

Piense en las ventajas y las desventajas de cada uno de los siguientes medios de transporte: el avión, el tren, el coche (el carro), el autobús, el metro, el taxi, el crucero, la bicicleta y la motocicleta. Comparta sus ideas con el resto de la clase.

Act. 9. Conversación (whole-class). Introduce this activity by drawing a table on the board like the one in the text. Start by writing 1 additional advantage and 1 additional disadvantage of air travel in the appropriate columns so that students will understand what they are to do. (You may want to cue them: *ventaja = aspecto positivo; desventaja = aspecto negativo*.) Give students 5 minutes to come up with ideas and then ask for participation as you fill in the graph on the board.

MEDIO DE TRANSPORTE	VENTAJA	DESVENTAJA
el avión	es rápido	los asientos no son cómodos
el tren		
el coche (el carro)		
el autobús		
el metro		
el taxi		
el crucero		
la bicicleta		
la motocicleta		

Act. 10. Entrevistas (whole-class; pair). Suggestion: Read questions aloud to the entire class and answer each in turn with your personal information, expanding discussion and adding details as time and interest permit. Write some of your answers and/or other vocabulary on the board for students to use as reference. Pair students and circulate while they ask each other these questions.

ACTIVIDAD 10   Entrevistas: El transporte

EL TRANSPORTE

1. ¿Usas mucho el autobús? ¿Por qué? ¿Andas mucho en bicicleta? ¿Andabas mucho en bicicleta de niño/a? ¿Cuál es tu forma de transporte preferida?

2. De niño/a, ¿viajabas mucho en auto con tu familia? ¿Adónde iban? ¿Te gustaba hacer viajes con tu familia?

3. ¿Has viajado por tren? ¿Adónde fuiste? ¿Te gusta viajar por tren? ¿Por qué? ¿Has viajado por avión? ¿Adónde has ido? ¿Te gusta viajar por avión? ¿Crees que es peligroso viajar por avión? Explica.

4. ¿Has andado alguna vez en motocicleta? ¿Te gustó? ¿Llevas casco cuando andas en moto? ¿Crees que es peligroso montar en moto? ¿Por qué?

5. ¿Has viajado en barco? ¿Adónde fuiste? ¿Te gustó el viaje? ¿Era grande o pequeño el barco? ¿Te mareas cuando viajas por barco?

¡OJO!

Autobús es la palabra más usada para referirse al medio de transporte público que circula por las ciudades o que lleva a los pasajeros de una ciudad a otra. Pero en Puerto Rico, Cuba y la República Dominicana la palabra más usada es *guagua*. En Argentina y Uruguay se dice *colectivo*, mientras que en México es el *camión*. El *metro* es la palabra más usada para referirse al transporte metropolitano subterráneo, pero en Buenos Aires se dice el *subte*.

VENTANAS AL PASADO

Los caminos incas

Muchos sabemos que la cultura inca es una de las más importantes de las Américas. Hemos oído hablar de esa hermosa fortaleza en los Andes, Machu Picchu. Sabemos también que los incas tenían grandes conocimientos de arquitectura, medicina y agricultura. Algo que no es tan conocido es su gran dominio de la ingeniería. Una de las mejores pruebas: la vasta red de caminos que incluía puentes, depósitos y *tambos* (lugares para descansar).

El imperio de los incas se extendió en pocos años por la zona de los Andes, donde el transporte y la comunicación parecen casi imposibles, sobre todo en ese tiempo primitivo en que no tenían conocimiento de la rueda ni usaban metales. La red de caminos impulsó la expansión del imperio y luego fomentó su organización. Por esos caminos transitaban los *chasquis,* mensajeros que aseguraban la comunicación entre todas las partes del imperio y el gobierno central en Cuzco. Un *chasqui* corría por los caminos hasta encontrarse con otro *chasqui* y darle la información que debía transmitir. El otro *chasqui* entonces empezaba a correr hasta encontrarse con el próximo *chasqui* y así hasta que la información llegaba a su destino. A los *chasquis* los entrenaban desde niños. Se alimentaban con una dieta especial para poder ir de un lugar a otro sin cansarse ni sufrir por la gran altitud de los Andes.

Los *chasquis* con frecuencia transportaban documentos importantes de una parte del imperio a otra por medio de *quipus* (hilos de colores anudados). Los *quipus* formaban un sistema mnemotécnico para registrar información, por ejemplo noticias sobre el censo, cantidades de productos conservados en los depósitos o noticias sobre los enemigos del emperador. En estos tiempos de tecnología avanzada, los poblados indígenas siguen usando los *quipus* para registrar los productos de las cosechas y el número de animales de las comunidades.

VOCABULARIO ÚTIL

el dominio	*mastery*
la prueba	*proof*
el depósito	*storage*
el conocimiento	*knowledge*
fomentó	*promoted*
encontrarse	*to meet (each other)*
el hilo	*thread*
anudados	*knotted*
mnemotécnico	*mnemonic (memory aid)*
el emperador	*emperor*
la cosecha	*harvest*

Ventanas al pasado: This is a good time to show slides or a PowerPoint presentation of photos of Inca architecture in places like Machu Picchu, Cuzco, and Pisac, either your own or from the Internet. You can refer students to the reading on Machu Picchu in **Capítulo 7.** It would also be a good idea to note a few historical facts from the time line in **Capítulo 13.** As well, you can mention other advances of the Inca. For example, there is proof that the Incas performed brain operations (*trepanaciones*) and had knowledge of decimals. Inca achievements also included developments in agriculture and hydraulics. You can show students photos of the *andenes* (a type of platform practically carved out of the side of the mountain where the Incas planted crops—and still do!) and tell students the Incas were and still are masters at transporting water to the most inaccessible terrain.

Ahora... ¡ustedes!

¿Has visitado Machu Picchu o has visto fotos de estas ruinas? ¿Qué piensas cuando ves esas construcciones monumentales en la cima de la montaña? ¿Hay algo similar en los Estados Unidos? ¿Dónde?

✳ La ecología y el medio ambiente

Lea Gramática 10.5.

Me parece que debemos hacer un esfuerzo serio por eliminar la contaminación de los ríos.

Nos urge salvar los árboles.

Debemos encontrar otros medios de transporte.

Me preocupa mucho el sistema ecológico del desierto.

A los científicos les interesa resolver el problema de la destrucción de las selvas tropicales.

A todos nos preocupa mucho el agujero en la capa de ozono.

Nos molesta la contaminación del aire (el esmog).

A Esteban y a Raúl les llama mucho la atención el número de especies que están en peligro de extinción.

ACTIVIDAD 11   Intercambios: Los amigos hispanos protegen el ambiente

A. Mire los dibujos en la siguiente página. Hágale preguntas a su compañero/a sobre lo que hacen estos amigos hispanos para proteger el medio ambiente.

MODELO: E1: ¿Qué hace *Ernesto* para proteger el medio ambiente?
          E2: *Va a su trabajo en autobús en vez de manejar. También…*

PALABRAS ÚTILES

la energía renovable
la energía verde

Ernesto

Andrea

PALABRAS ÚTILES

la bolsa de lona
sembrar legumbres
el reciclaje
reciclar

PALABRAS ÚTILES

pájaros lastimados
usar ambos lados
la impresora
cubiertos de petróleo

Paula

Raúl

PALABRAS ÚTILES

el carro híbrido
el combustible

B. ¿Cuáles de estas actividades haces tú?

MODELOS: Yo reciclo el vidrio y el plástico.
Manejo un coche híbrido.

ACTIVIDAD 12   Intercambios: Especies en peligro de extinción, problemas y soluciones

MODELO: E1: ¿Cuál es el hábitat de *los quetzales*?
E2: Los quetzales viven en *las selvas de Centroamérica.*

E1: ¿Cuál es la solución al problema *de los quetzales*?
E2: (No) Debemos *permitir su exportación.*

Act. 12. Intercambios (whole-class; pair). **Suggestion:** Have students scan for unfamiliar vocabulary. Model both questions and make sure students know that the negative precedes the word *debemos.* Then pair students for interactions and circulate to help with question/answer formation. You may add other animals from the display such as *elefantes* (*no comprar productos de marfil*), *tigres* (*no comprar productos hechos de sus órganos*), *abejas* (*cultivar sus flores preferidas*), etc. You may also ask students to think of solutions different from those listed in the activity; you may need to help them express their solutions clearly.

Reptiles

serpiente

tortuga

Insectos

mariposa monarca

abejas

mariquita

ESPECIES EN PELIGRO DE EXTINCIÓN

Aves

tucán

quetzal

guacamayo

lapa roja

NOMBRE	HÁBITAT	SOLUCIÓN
mariposas monarca	las sierras de México	no usar pesticidas
quetzal, guacamayo	selvas de Centroamérica	no permitir su exportación
águilas	Montañas Rocosas de Norteamérica	no permitir la caza de esta especie
ballenas	los océanos del mundo	imponer fuertes restricciones para la caza de esta especie
delfines	los océanos y mares del mundo	requerir el uso de redes especiales en la pesca
gorilas	las tierras bajas de África	crear reservas
lobos	los bosques del hemisferio norte	no permitir la caza de esta especie
osos panda	los bosques de bambú de Asia	proteger su hábitat creando reservas
tortugas	las playas tropicales	proteger sus huevos
manatí	el Mar Caribe	limitar el uso de barcos de motor

Mamíferos

leopardo cazador

lobo

oso

manatí

¡OJO!

El 98 % de todos los animales y plantas que han habitado la tierra ya se ha extinguido.

VENTANAS CULTURALES La lengua

Nuestro pequeño mundo azul

¿Sabe usted ya muchas palabras para hablar del medio ambiente? Sigamos hablando de este tema importante. ¿Con qué palabras podemos describir nuestro planeta? Podemos decir que la Tierra es fuerte y saludable y que es el único planeta donde sabemos que hay vida. Debemos tratar de conservarla, ¿no cree usted? Lo más crucial es la capa de ozono que cubre la Tierra. Esa capa nos protege de la radiación solar y debemos preocuparnos por no destruirla.

Nuestras acciones afectan el planeta. Hay productos químicos, como los aerosoles, que dañan el aire y el agua. Debemos dejar de usarlos. ¿Cree que reciclamos lo suficiente? Ciertos productos —el plástico, por ejemplo— se quedan con nosotros por miles de años. Todos los días derrochamos recursos naturales como el agua y producimos toneladas de basura. También creamos lluvia ácida. La lluvia ácida es provocada por gases tóxicos de las fábricas que se mezclan con la precipitación atmosférica, contaminando el suelo y la vegetación.

Pero el enemigo más grande de la Tierra es sin duda la energía nuclear, especialmente el uranio, metal radiactivo que se usó para crear la bomba atómica. Lo ideal es poner fin a la producción de armas nucleares. ¿Qué más podemos hacer para conservar la vida en la Tierra? Algo muy urgente es cuidar las selvas tropicales: desde el sudeste de México hasta la zona amazónica, los bosques de Petén en Guatemala, Darién en Panamá y Chocó en Colombia. Esas selvas son un ingrediente vital de la Tierra, pues proveen el oxígeno que necesitamos para vivir en nuestro pequeño y hermoso mundo azul.

VOCABULARIO ÚTIL

dejar de	*stop*
derrochamos	*we waste*
la tonelada	*ton*
provocada	*triggered, produced*

Ahora... ¡ustedes!

¿Qué haces para proteger el medio ambiente? Piensa en dos lugares de tu vida diaria —tu casa, tu trabajo, los parques que visitas o la universidad, por ejemplo— y luego explica qué haces o qué has hecho allí para ayudar con la conservación de nuestro planeta.

Ventanas culturales: Set up the pair activity with questions for the whole class: *¿Les preocupan las cuestiones del medio ambiente y la ecología? ¿Les interesa la conservación de la naturaleza? ¿Por qué debemos preocuparnos todos por estos problemas?* Then provide some sample answers to the activity question: *Por ejemplo, ¿qué podemos hacer en nuestra casa? No dejar correr el agua innecesariamente al ducharse y reciclar la basura. En los parques debemos recoger los desperdicios que producimos.*

¡OJO!. Use this **¡OJO!** to talk about tropical fauna and flora and the dangers posed by rampant development and uncontrolled tourism. Many of Puerto Rico's trees and animals are endangered. Play the song *La naturaleza* by Ismael Miranda y Andrés Jiménez from the Putumayo music collection titled *Puerto Rico.* This song makes many references to endangered flora of Puerto Rico and the general environmental degradation that the island has suffered. You might want to tell your students about Vieques and the struggle that Puerto Rican activists went through to finally get the US Navy to agree to stop bombing by 2004. Visit websites dedicated to education about the Puerto Rican natural environment by using key words: *fauna, flora, Puerto Rico* or those about the struggle of the Island of Vieques under *Isla de Vieques.*

¡OJO!

Puerto Rico también se conoce como la Isla del Encanto o por su nombre indígena: Borinquen. Es una isla de flora y fauna muy especiales. Abundan árboles tropicales como el flamboyán, la ceiba y el guayacán. En las playas llega a desovar (*lay eggs*) la tortuga marina más grande del mundo, el tinglar; ¡pesa hasta 800 libras! La Isla de Mona al oeste de Puerto Rico es el hábitat de las iguanas mona y unos cangrejos ermitaños, llamados *cobos*, que cada agosto descienden del monte a las playas para desovar. La pequeña rana de árbol llamada *coquí*, es quizás el símbolo más conocido de Puerto Rico y su canto llena las noches tropicales.

ACTIVIDAD 13 Asociaciones: El medio ambiente, problemas y soluciones

¿Les preocupan los siguientes problemas ecológicos? Digan qué podemos hacer para resolverlos y salvar el planeta.

MODELO: Nos preocupa *la sequía*. Creemos que no debemos *desperdiciar el agua.*

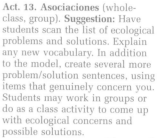

Act. 13. Asociaciones (whole-class, group). **Suggestion:** Have students scan the list of ecological problems and solutions. Explain any new vocabulary. In addition to the model, create several more problem/solution sentences, using items that genuinely concern you. Students may work in groups or do as a class activity to come up with ecological concerns and possible solutions.
Follow-Up: Write problems and solutions on the board and expand discussion of these issues.

PROBLEMAS ECOLÓGICOS

1. el consumo excesivo de petróleo
2. la destrucción de las selvas tropicales
3. el uso excesivo de productos plásticos
4. la destrucción del hábitat de algunas especies de animales y plantas
5. la contaminación de los ríos y los océanos
6. el agujero en la capa de ozono
7. los desperdicios de las plantas nucleares
8. la contaminación del aire en las grandes ciudades
9. la sequía; la escasez de agua
10. el uso excesivo de poliestireno

SOLUCIONES

a. usar pesticidas no tóxicos
b. imponerles fuertes restricciones a las industrias
c. usar menos energía
d. fomentar la agricultura orgánica
e. restringir el uso de los autos
f. criar animales en los zoológicos
g. controlar la natalidad
h. crear nuevas reservas naturales
i. desarrollar otros medios de transporte
j. reducir drásticamente o eliminar la producción de carburos fluorados
k. comprar productos en envases de vidrio y participar en programas de reciclaje
l. no desperdiciar el agua
m. pedir envases de cartón

¡OJO!

- La recolección, el transporte y la eliminación de la basura gasta energía y contamina el aire y la tierra; además, ocupa espacio vital en las ciudades.

- Sólo el 5 % de la población mundial reside en los Estados Unidos, pero en este país se produce 25 % de los gases de efecto invernadero.

- En los basureros, debido a la falta de oxígeno, los desperdicios no se descomponen, incluso si son biodegradables.

Biosfera de Sian Ka'an, México

ACTIVIDAD 14   Del mundo hispano: El abecedario ecológico

Lea este artículo sobre varios temas ecológicos. Luego conecte las frases para tener una lista de las ideas principales del artículo.

ABECEDARIO ECOLÓGICO

Amazonia Es una zona selvática que comprendre toda la zona norte de Brasil y una parte del oriente peruano, y que llega al sur de Colombia y Venezuela. Está conformada por densas selvas y grandes ríos. Tiene 7 millones de kilómetros cuadrados de vegetación. Muchos medicamentos tienen su origen en esta región. La Amazonia también alberga[1] 30 millones de especies animales. Pero la explotación de los recursos naturales de esta área está produciendo una tasa[2] de extinción animal de 100 especies animales por día.

Biosfera de Sian Ka'an En 1989 el gobierno de México estableció La Biosfera de Sian Ka'an: una reserva de 650.000 hectáreas (1.6 millones de acres) situada en la costa caribeña de la península de Yucatán. Esta biosfera alberga más de 100 especies de mamíferos y 336 especies de aves. Dos especies de tortugas marinas en peligro de extinción se anidan[3] en las playas de Sian Ka'an. Tiene una población de sólo 2.000 personas, en su mayoría[4] indígenas mayas. El propósito de la biosfera es la protección de especies en peligro de extinción y la educación de la gente sobre la importancia de la biodiversidad.

Capa de Ozono Los científicos nos dicen que el uso de los carburos fluorados y de otras sustancias químicas está causando la desaparición de la capa de ozono que nos protege de los rayos dañinos[5] del sol. El agujero más grande en la capa de ozono está en el hemisferio sur, por la Antártida, pero también hay otro agujero en el Ártico. Ya ha desaparecido más del 4% de esta capa protectora y en países como Chile y Australia ya se ha notado un aumento[6] en la incidencia del cáncer de la piel.

Desperdicios nucleares Mucha gente ve la energía nuclear como fuente de energía limpia, pero los desperdicios de los reactores nucleares, como el uranio y el plutonio, son sustancias químicas muy dañinas para el ser humano y otros animales. Además, son muy difíciles de almacenar.[7] Las armas[8] nucleares, como los misiles tan usados por los ejércitos modernos, dejan residuos de uranio en la tierra por años, con consecuencias graves para la fauna y la flora.

[1]gives shelter to [2]rate [3]se...nest [4]majority [5]damaging [6]increase [7]to store [8]weapons

1. La Amazonia cubre una área inmensa y... (e)
2. La explotación de los recursos de la Amazonia causa... (d)
3. En 1989 el gobierno de México estableció la Biosfera de Sian Ka'an, que... (a)
4. El uso de los carburos fluorados y otras sustancias químicas... (f)
5. La capa de ozono está desapareciendo... (c)
6. Los misiles usados por el ejército... (b)

a. es una reserva inmensa situada en la costa caribeña de la península de Yucatán.
b. dejan residuos tóxicos en la tierra con consecuencias graves para la fauna y la flora.
c. y ya se ha notado un aumento en la incidencia del cáncer de la piel en el hemisferio del sur.
d. la extinción animal de 100 especies por día.
e. es el hábitat para 30 millones de especies animales.
f. ha causado la desaparición de 4.6 % de la capa de ozono.

En resumen

De todo un poco

A. La geografía y el clima de América Latina

Trabaje con varios compañeros para poner los nombres de los siguientes mares y océanos, las cordilleras y los ríos más importantes de América Latina en el mapa que su profesor(a) le va a dar.

1. el Río Bravo
2. cuatro cordilleras:
   a. Sierra Madre Occidental
   b. Sierra Madre Oriental
   c. Sierra Madre del Sur
   d. cordillera de los Andes
3. el canal de Panamá
4. el lago Titicaca
5. el río Orinoco
6. el río Amazonas
7. el río Paraná
8. el río de la Plata
9. las cataratas del Iguasú
10. el Océano Atlántico
11. el Océano Pacífico
12. el Mar Caribe
13. el golfo de California
14. el golfo de México

B. ¡Salvemos el medio ambiente!

Hagan una lista de medidas que cualquier ciudadano puede tomar para reducir la cantidad de basura que produce diariamente. Compartan sus ideas con la clase.

MODELO: Uno puede llevar sus propias bolsas de lona al supermercado.

¡Dígalo por escrito!

El medio ambiente y usted

Piense en algo que le preocupa a usted: un problema climático o ambiental o alguna especie de animal en peligro de extinción. Escriba una breve composición sobre el tema. Explique el problema, luego diga dónde ocurre, cuáles son sus causas principales y cuáles son las consecuencias. Para terminar, sugiera qué se puede hacer para mitigar o resolver este problema.

¡Cuéntenos usted!

Cuéntenos sobre un lugar geográfico que le impresionó. ¿Dónde fue? ¿Pasó usted mucho tiempo allí o estuvo sólo uno o dos días? ¿Le gustó o no? ¿Por qué?

De todo un poco A (whole-class; group). Use map from **Capítulo 10** of the IRK. **Suggestion:** Ask students to attempt to locate these geographical areas without consulting maps in the text or on the wall. Once everyone is done you can use the overhead to help students correct their work.

De todo un poco B (individual; whole-class). Ask students to make individual lists; then review them with the whole class and come up with ways in which various class members help the environment. Write these on the board.

¡Dígalo por escrito! Give students 2–3 days to prepare their description at home. Students may share their work in groups of 3–4. Written work may be used as extra credit.

¡Cuéntenos usted! This oral summary activity is intended to help students narrate their own lives and stories in an informal setting. Give students at least 5 minutes to jot down ideas for telling their story or assign this preparation as homework. Divide students into groups of 3–4. Students should draw numbers to decide who goes first. You may want to write a sample response to the **Cuéntenos usted** questions on the board. For a model paragraph that students might use as a template, see the Chapter Notes in the IM.

LECTURA Costa Rica, un país ideal

Territorio forestal de Costa Rica

VOCABULARIO ÚTIL

De entrada	To begin with
rechazan	they reject
el oro	gold
A pesar de	In spite of
la reforestación	reforesting
el Movimiento Ambiental	Environmental Movement

Costa Rica es un país único, no sólo en el mundo hispano sino en el mundo entero. Hay varios aspectos de la sociedad costarricense que contribuyen a formar esta imagen especial. De entrada, el país no tiene ejército, pues los ciudadanos de Costa Rica rechazan la guerra. Pero eso no es todo. Los costarricenses también están muy conscientes de la importancia de la naturaleza. El gobierno tiene reglas estrictas para la construcción de viviendas y hoteles en zonas selváticas. El 40 por ciento del territorio del país está poblado de bosques, y hay en Costa Rica uno de los sistemas más extensos de parques nacionales en todo el planeta.

La población de Costa Rica es de tres millones de habitantes. El país tiene una industria estable de turismo y exporta café, plátanos, carne, azúcar y cacao. El clima es de dos estaciones: la seca (diciembre a abril) y la húmeda (mayo a noviembre). El nombre del país es muy apropiado, pues la *costa* que da al Océano Atlántico es *rica* en selvas tropicales. Pero, en realidad, los exploradores españoles le dieron el nombre de Costa Rica a este país porque pensaban que iban a encontrar allí mucho oro.

Se nota que los costarricenses quieren conservar sus recursos naturales: las especies de animales, los bosques y las selvas. De hecho, el «ecoturismo» comenzó en Costa Rica. Entre otras ideas, el ecoturismo propone un tipo de turismo que no destruya el medio ambiente y pone énfasis en el daño que podemos causar al planeta. El ecoturismo también trata de educar a los turistas en cuestiones ambientales. Costa Rica está a la cabeza de este movimiento, ofreciendo periódicamente conferencias donde participan personas de todo el mundo.

Si a usted le interesa visitar hermosos sitios ecoturísticos, le esperan varios en Costa Rica. En el Lago Arenal puede pescar, navegar y andar en bicicleta a lo largo de la orilla. Puede visitar el fantástico Volcán Arenal, activo desde su erupción en 1968. Si pescar es su pasión, vaya a la Playa Tamarindo. En el bosque tropical de Monteverde le espera una experiencia inolvidable. Monteverde es una de las zonas de conservación más famosas en Centroamérica; tiene más de 100 especies de mamíferos, más de 400 especies de aves y 2.500 especies de plantas. Hay que dar una caminata por Monteverde para apreciar su belleza.

The standard of living in Costa Rica is relatively high (20% of the population live below the poverty line), and land ownership is widespread.

Pre-Reading. Bring to class pictures or slides of Costa Rica and other Central American countries, especially ones showing forested lands. Ask students to describe the photographs. Then list their responses on the board and react to them, providing comprehensible input: (*árboles*) *Sí, hay muchos árboles, mucha vegetación. Es como un gran bosque, ¿no? ¿Y cómo son las hojas de algunas plantas?* (grandes) *Sí, son hojas enormes. ¿Por qué son tan grandes las hojas en este bosque? ¿Hay una razón especial?* (*lluvia*) *Sí, en este bosque probablemente llueve mucho...*

Post-Reading. Do **Comprensión** with the students and use the personalized **Ahora... ¡usted!** questions in the IM to generate whole-class discussion. Assign **UPM** as homework. In class the next day have student volunteers share some of their written monologues. Bring leaves or branches from a tree to class to theatricalize the presentations.

   Additional activity: Conduct a class debate on one of the following topics: 1) *las ventajas y desventajas de la deforestación y sus implicaciones para la sociedad;* 2) *la controversia del desarrollo urbano versus la deforestación.*

Parque Nacional
Braulio Carrillo

A pesar de su visión ecoturística, Costa Rica ha tenido que hacer algunos sacrificios debido a presiones económicas. Entre 1981 y 1990 el país perdió un 2 por ciento de sus bosques, pues estaba exportando mucha madera. Como no había un plan oficial de reforestación, los bosques empezaron a desaparecer. Por suerte, miembros del Movimiento Ambiental convencieron al gobierno costarricense de la necesidad de sembrar más árboles, y ahora hay varias iniciativas de reforestación en Costa Rica.

Hay pocos países como Costa Rica, con una conciencia nacional del medio ambiente y donde la gente toma en serio las cuestiones ambientales. En nuestro planeta —devastado por las guerras y por la destrucción de la naturaleza— Costa Rica es un país ideal.

El volcán
Arenal,
activo
desde
1968

Comprensión

Complete las oraciones con frases de la columna de la derecha.

1. En los años ochenta... (b)
2. El Movimiento Ambiental le hizo ver al gobierno costarricense... (c)
3. Costa Rica es un país pacífico, pues... (e)
4. El gobierno costarricense no permite... (d)
5. El nombre de Costa Rica se relaciona con... (f)
6. Monteverde es un bosque tropical... (g)
7. El ecoturismo... (a)

a. nos informa sobre los daños que causamos al planeta.
b. Costa Rica estaba perdiendo una gran cantidad de bosques.
c. la importancia de plantar más árboles.
d. la construcción de muchos hoteles en zonas selváticas.
e. no cree en la guerra y no tiene ejército.
f. la búsqueda de oro de los exploradores españoles.
g. de una gran riqueza en su fauna y su flora.

Un paso más... ¡a escribir!

Imagínese que, por un momento fantástico, un árbol en el bosque tropical de Monteverde puede hablar. ¿Qué va a decir este árbol con respecto a su vida, a su medio ambiente y a sus vecinos? ¿Qué va a decir del ser humano? Escriba una composición titulada «El monólogo del árbol».

Vocabulario

• La geografía	Geography
la Amazonia	Amazon Basin
el arrecife	reef
la bahía	bay
el bosque	forest
la catarata	waterfall
la colina	hill
la cordillera	(mountain) range
la isla	island
el llano	plain
la orilla	shore, (river) bank
la selva (tropical)	(tropical) jungle

la sierra	mountains
el terremoto	earthquake
la tierra	land; earth

PALABRAS SEMEJANTES: el cañón, Centroamérica, la corriente, la costa, el desierto, el golfo, el hemisferio, la laguna, la península, el valle, la vegetación, el volcán, Yucatán

• El clima	Weather
caluroso	warm, hot
el cielo	sky
el desbordamiento	overflow

la escarcha	frost
la humedad	humidity
la inundación	flood
la llovizna	drizzle
lloviznar	to drizzle
la lluvia	rain
la neblina	fog
la nube	cloud
pronosticar	to forecast (*weather*)
el relámpago	lightning
el rocío	dew
soleado/a	sunny
la tormenta	storm
el trueno	thunder

PALABRAS SEMEJANTES: el aire, el ciclón, húmedo/a, el huracán, el tornado

REPASO: el centígrado, el grado, llover (ue), nevar (ie), nublado/a, el pronóstico, la temperatura mínima/máxima

• Los medios de transporte
Means of Transportation

¡Alto!	Stop! (*Mex.*)
el asiento	seat
la autopista	freeway, expressway
la carretera	highway
el crucero	cruise ship
el letrero	sign
el pasaje	fare, ticket price
el pasajero / la pasajera	passenger
por avión (tren)	by plane (train)
la rueda	wheel
el semáforo	signal (light)
la señal	signal (light)
el transbordador	ferry
el tranvía	cable car, streetcar

PALABRAS SEMEJANTES: el taxi, transportar, el vehículo

REPASO: el barco, la bici(cleta), el carro, el coche, la moto(cicleta)

• La ecología y el medio ambiente
Ecology and the Environment

el agujero en la capa de ozono	hole in the ozone layer
la bolsa de lona	canvas bag
la caza	hunt; hunting
los desperdicios (nucleares)	(nuclear) waste
en peligro de extinción	in danger of extinction
la energía renovable	renewable energy

el envase	packing, packaging, bottle
la escasez	scarcity, shortage
la natalidad	birth rate
el reciclaje	recycling
el recurso (natural)	(natural) resource
la red (de pesca)	(fishing) net
la sequía	drought
el vidrio	glass (*material*)

PALABRAS SEMEJANTES: la biosfera, el carburo fluorado, la contaminación, la destrucción, el esmog, las especies, el hábitat, el pesticida, el petróleo, el planeta, la planta nuclear, la reserva, el residuo químico, el uso

• Los animales
Animals

la abeja	bee
el águila	eagle
la ballena	whale
el delfín	dolphin
la esponja	sponge
la estrella (marina)	(sea) star; starfish
el guacamayo	parrot
el león (marino)	(sea) lion
el lobo	wolf
el mamífero	mammal
la mariposa	butterfly
el pájaro	bird
el pez (los peces)	fish
el tiburón	shark
la tortuga (marina)	tortoise; (sea) turtle

PALABRAS SEMEJANTES: el gorila, el insecto, el leopardo, el reptil, la serpiente

• Los verbos
Verbs

bajar	to lower; to come down
corregir	to correct
crear	to create
criar	to raise (animals, children)
desarrollar	to develop
desperdiciar	to waste
hacer una gira	to take a tour
imponer	to impose
llamar la atención	to call attention
marearse	to get seasick
molestar	to bother
parecer	to seem
preocupar	to worry
proteger	to protect
requerir	require
resolver	to solve

salvar	to save
sembrar	to plant
urgir	to be urgent

PALABRAS SEMEJANTES: anticipar, causar, compararse, conectar, controlar, eliminar, establecer, flotar, fomentar, generar, interesar, limitar, observar, ocurrir, pasar, producir, reciclar, reducir, restringir

• Los sustantivos   Nouns

el aumento	increase
el buceo	diving (underwater swimming)
el cáncer (de la piel)	(skin) cancer
la cantidad	quantity
el cartón	cardboard
el casco	helmet
el ciudadano / la ciudadana	citizen
los daños	damages
la desaparición	disappearance
la (des)ventaja	(dis)advantage
el ejército	army, military
el esfuerzo	effort
el gobierno	government
la hoja (de papel)	leaf; sheet (of paper)
la impresora	printer
el pensamiento	thought
el poliestireno	styrofoam
el tema	theme
el viaje	trip

PALABRAS SEMEJANTES: la abundancia, la agricultura, el artículo, el bambú, la concentración, la consecuencia, el consumo, la diversidad, la electricidad, el espacio, la explotación, la exportación, la extensión, la fauna, la flora, la forma, la incidencia, la industria, la letra, la locomotora, el millón, el misil, el organismo, el plutonio, la porción, el problema, la producción, el producto, el resto, la restricción, el sistema, la sustancia, el tanque, el uranio

• Los adjetivos   Adjectives

aéreo/a	pertaining to air (travel)
ambiental	environmental
ambos/as	both
bello/a	beautiful
cubierto/a	covered
dañino/a	harmful
lastimado/a	injured
ligero/a	light
lleno/a	full
profundo/a	deep
rocoso/a	rocky
rodeado/a	surrounded
serio/a	serious
tibio/a	warm
unido/a	connected; unified

PALABRAS SEMEJANTES: árido/a, caribeño/a, colorido/a, desastroso/a, ecológico/a, excesivo/a, firme, grave, híbrido, húmedo/a, impresionante, inmenso/a, orgánico/a, plástico/a, positivo/a, preferido/a, principal, situado/a, subterráneo/a, tóxico/a, usado/a

• Los adverbios   Adverbs

cómodamente	comfortably
diariamente	daily
lentamente	slowly

PALABRAS SEMEJANTES: completamente, drásticamente, puntualmente

• Palabras y expresiones útiles   Useful Words and Expressions

acerca de	about
¡Cuánto/a/os/as... !	How many . . . !
hacia	toward
mil(es)	thousand(s)
¡Qué + noun + tan/más + adjective!	What a + adjective + noun!
para	to (in the direction of)

Gramática y ejercicios

10.1 Saying What You Have Done: The Present Perfect

A. The present perfect is formed with the present tense of the verb **haber*** (*to have*) followed by a form of the verb called the past participle.

—¿**Han visitado** ustedes Europa?   —*Have you visited Europe?*
—Sí, **hemos visitado** España   —*Yes, we've visited Spain twice.*
dos veces.

This tense is used very similarly in English.

B. The present-tense forms of **haber** are irregular.

> **(Yo) He viajado a Panamá.** (*I have traveled to Panama.*)
> **he** = present tense of **haber**
> **viajado** = past participle of **viajar**

haber (to have)		
(yo)	he	I have
(tú)	has	you (inf. sing.) have
(usted, él/ella)	ha	you (pol. sing.) have; he/she has
(nosotros/as)	hemos	we have
(vosotros/as)	habéis	you (inf. pl., Spain) have
(ustedes, ellos/as)	han	you (pl.) have; they have

> **Tú has visto el museo del Prado.** (*You have seen the Prado Museum.*)
> **has** = present tense of **haber**
> **visto** = past participle of **ver**

—Ernesto, ¿**has recogido** el coche?   —*Ernesto, have you picked up the car?*
—No, todavía no **han llamado** del taller.   —*No, they haven't called yet from the garage.*

> **Ellos han ido a Europa cinco veces.** (*They have gone to Europe five times.*)
> **han** = present tense of **haber**
> **ido** = past participle of **ir**

C. The past participle is formed by adding **-ado** to the stem of **-ar** verbs and **-ido** to the stem of **-er** and **-ir** verbs.

-ar	
INFINITIVE	PAST PARTICIPLE
hablar	hablado
jugar	jugado
preparar	preparado

*Recognition: **vos habés**

-er / -ir	
INFINITIVE	**PAST PARTICIPLE**
comer	comido
vivir	vivido
dormir	dormido

—¿Ya **han comprado** los señores Ruiz los boletos?   —*Have the Ruizes already bought the tickets?*
—No, no **han tenido** tiempo todavía.   —*No, they haven't had time yet.*

—Andrea, ¿**has terminado**?   —*Andrea, have you finished?*
—No, el agente de viajes no **ha conseguido** las reservaciones todavía.   —*No, the travel agent hasn't gotten the reservations yet.*

D. A few verbs have irregular participles.

abrir: **abierto**	*to open / opened*
cubrir: **cubierto**	*to cover / covered*
decir: **dicho**	*to say / said; to tell / told*
escribir: **escrito**	*to write / written*
hacer: **hecho**	*to do / done; to make / made*
morir: **muerto**	*to die / died; dead*
poner: **puesto**	*to put / put*
resolver: **resuelto**	*to solve / solved*
romper: **roto**	*to break / broken*
ver: **visto**	*to see / seen*
volver: **vuelto**	*to return / returned*

The participles of verbs derived from these verbs are also irregular. For example, **describir** is derived from **escribir**.

describir: **descrito**	*to describe / described*
devolver: **devuelto**	*to return / returned*
inscribir: **inscrito**	*to enroll / enrolled*
reponer: **repuesto**	*to put back / put back*
suponer: **supuesto**	*to suppose / supposed*

—Estela, ¿dónde **has puesto** mis pantalones nuevos?   —*Estela, where have you put my new pants?*
—Ya te **he dicho** que están encima de la cama.   —*I've already told you that they're on top of the bed.*

Ernesto fue a la agencia de viajes hace dos horas y todavía no **ha vuelto**.   *Ernesto went to the travel agency two hours ago and hasn't come back yet.*

Note that **ya** (*already*) and **todavía no** (*not yet*) are adverbs commonly used with the present perfect tense.

EJERCICIO I

Éstas son algunas de las cosas que han hecho los amigos y parientes de Estela. Complete las oraciones con **comer, comprar, escribir, hablar, ir, limpiar, oír, pasar, ver** y **viajar.**

MODELO: Mis cuñados *han ido* mucho a Puerto Vallarta porque les gustan las playas y el sol.

1. Ernesto y yo _____ la nueva película de Almodóvar cuatro veces.
2. Ramón le _____ varias cartas a Amanda.
3. Yo _____ tres veces este mes a Cuernavaca.
4. La señorita Batini _____ una casa nueva.
5. Pedro, ¿_____ en un restaurante chino últimamente?
6. Guillermo no _____ con Ernesto hoy.
7. Graciela, tú nunca _____ a España, ¿verdad?
8. Marisa y Clarisa _____ su cuarto muy bien.
9. Ernestito, ¿_____? ¡Papá dice que vamos a ir de vacaciones en Florida!
10. Pedro y Andrea _____ sus vacaciones en Acapulco muchas veces.

> **¡OJO!**
>
> When you see a comma after a proper name, it means you are addressing that person directly. Use **tú** or **usted.**

EJERCICIO 2

¿Cuántas veces ha hecho usted estas cosas? Haga preguntas y respuestas.

MODELO: bucear en el mar Caribe →
    —¿Cuántas veces *has buceado* en el mar Caribe?
    —Nunca *he buceado* allí. (Mi hermana y yo *hemos buceado* en el mar Caribe dos o tres veces.)

1. viajar a México	6. cocinar para diez personas
2. esquiar en un lago	7. leer tres novelas en un día
3. subir a una pirámide	8. correr 5 kilómetros sin parar
4. acampar en la montaña	9. decirles una mentira a sus padres
5. alquilar un coche	10. romper un vaso en un restaurante

> **¡OJO!**
>
> Negative answers are expected for many of these.

10.2 Exclamations with ¡Qué... !, ¡Cuánto/a/os/as... !

A. Form exclamations with **qué** using ¡**Qué** + *adjective* . . . !*

    ¡**Qué bonita** es la playa!   *How pretty the beach is!*
    ¡**Qué interesante** fue ese viaje!   *What an interesting trip that was!*

B. Use the pattern ¡**Qué** + *noun* + **tan/más** + *adjective*! to express *What a(n) . . . !*

    ¡**Qué país tan grande!**   *What a large country!*
    ¡**Qué viaje más divertido!**   *What an enjoyable trip!*

> ¡Qué montañas tan **altas!** (*What tall mountains!*)
> ¡Qué azul es el agua **aquí!** (*How blue the water is here!*)

---

*Note that **qué** and **cuánto** take an accent mark in exclamations as well as in questions.

¡Cuántas personas hay
en esta playa! (*There
sure are a lot of people
on this beach! [What a
lot of people there are
on this beach!]*)

C. Use **cuánto/a/os/as** to express surprise about quantity.

¡**Cuánto** dinero tiene ese hombre!   *What a lot of money that man has!*

¡No te imaginas **cuántas** horas tuvimos que esperar!   *You can't imagine how many hours we had to wait!*

EJERCICIO 3

Imagínese que usted está mirando las fotos de Susana Yamasaki y sus hijos, quienes acaban de regresar de un viaje por América Latina. Exprese su sorpresa al ver estas fotos.

MODELO: las pirámides de Teotihuacán: pirámides / altas →
Las pirámides de Teotihuacán... ¡Qué pirámides tan (más) altas!

1. Bolivia: país / interesante
2. un vuelo de Buenos Aires a México, D.F.: vuelo / largo
3. los Andes: montañas / altas
4. una selva tropical en Venezuela: selva / verde
5. una playa en el Caribe: arena / blanca

EJERCICIO 4

Ahora imagínese que usted también ha hecho un viaje por España y por América Latina. Haga comentarios sobre los lugares interesantes que ha visto.

MODELO: azul / el agua del Caribe → ¡Qué azul es el agua del Caribe!

1. impresionantes / las ruinas de Machu Picchu
2. grande / el lago Titicaca
3. cosmopolita / la ciudad de Buenos Aires
4. húmeda / la selva de Ecuador
5. seco / el desierto de Atacama en Chile
6. alta / la torre de la Giralda en Sevilla
7. hermoso / el edificio del Alcázar de Segovia
8. inmenso / el parque del Retiro en Madrid
9. interesante / el Museo del Prado
10. antiguo / el acueducto de Segovia

10.3. In *Dos mundos, por/para* are introduced according to their function. This first presentation emphasizes *por* with means of transportation, as an equivalent to "through" or "by," and indicates duration. *Para* is associated here with destination and time limit or deadline. The former function of *para* is not as important because students can always use the preposition *a*. Other functions of *por/para* will be introduced in **Gramática 13.3** and in the **Expansión gramatical** in the *Cuaderno de trabajo*.

por = movement *through* or *by*, or *means of transportation*
para = movement *toward a destination*
Caminamos por la playa. (*We walked along the beach.*)
Fuimos por tren. (*We went by train.*)
Salen mañana para Cuzco. (*They leave tomorrow for Cuzco.*)

10.3 Expressing *by, through*, Destination, and Time: *por* and *para* (Part 1)

The prepositions **por** and **para** have distinct meanings.

A. Para indicates movement *toward* a destination.

Cuando era niño, salía **para** la escuela a las 7:30.   *When I was a kid, I used to leave for school at 7:30.*

Perdón, señor, ¿cuál es el tren que sale **para** Madrid?   *Excuse me, sir, which is the train that is leaving for Madrid?*

Por, on the other hand, indicates motion *through* or *by* (*along*) a place.

Pasamos **por** varios pueblos antes de llegar a Salamanca.	*We went through various villages before arriving in Salamanca.*
Por las noches caminábamos **por** la orilla del lago de Chapala.	*In the evenings we would take walks along the shore of Lake Chapala.*

Por is also used to indicate means of transportation.

Mis hermanos quieren viajar **por** barco, pero yo quiero ir **por** avión.	*My brothers want to travel by boat, but I want to go by plane.*

Note the contrast in usage in the following example.

Mañana salgo **para** París. Voy a viajar **por** tren.	*Tomorrow I'm leaving for Paris. I'll travel by train.*

B. Por and **para** can also be followed by expressions of time.

> **por** = *length of time, during*
> **para** = *deadline*
>   **Estuvimos en España por tres semanas.** (*We were in Spain for three weeks.*)
> **Paula necesita terminar el trabajo para el lunes.** (*Paula needs to finish the job by Monday.*)

1. Use **por** to indicate length of time (although you may often omit **por** in these cases). Some examples of time expressions are **por una semana, por tres meses, por un año,** and **por mucho tiempo.**

Hoy tengo que trabajar en el taller (**por**) **diez horas.**	*Today I have to work in the shop for ten hours.*

You can also use **por** to express *during, in,* or *at* with parts of the day: **por la mañana, por la tarde, por la noche.**

Aquí **por la noche** todo el mundo sale a pasear.	*Here in (during) the evening everybody goes out for a walk.*

2. Use **para** to indicate a deadline by which something is expected to happen.

Hay que entregar el informe **para** las 10:00.	*We have to turn in the report by 10:00.*
La tarea es **para** el viernes.	*The homework is for (due) Friday.*

EJERCICIO 5

Aquí tiene usted parte de una conversación entre Silvia Bustamante y su novio, Nacho Padilla. Escoja **por** o **para.**

SILVIA: Ayer trabajé _____[1] ocho horas en la terminal de autobuses.

NACHO: Yo manejé mi taxi _____[2] solamente cinco horas.

SILVIA: ¿Cuándo sales _____[3] Morelia?

NACHO: En dos días. Salgo _____[4] la mañana y voy a viajar _____[5] tres horas.

SILVIA: ¿No vas _____[6] avión?

NACHO: ¡Claro que no! Voy _____[7] tren. Es mucho más barato.

SILVIA: ¿Cuánto tiempo piensas quedarte allí?

NACHO: ¡Una semana! Necesito recoger unos documentos importantes. Van a estar listos _____[8] el próximo viernes.

¿ R E C U E R D A ?

Recall from **Gramática 1.5** and **8.2** that **gustar** and **encantar** are used with indirect object pronouns.

me	*to me*
te	*to you (inf. sing.)*
le	*to you (pol. sing.); to him/her*
nos	*to us*
os	*to you (inf. pl., Spain)*
les	*to you (pl.); to them*

Some useful expressions:
me interesa = *I'm interested in*
no me interesa = *I'm not interested in*

me importa = *it matters to me*
no me importa = *I don't care*

me parece que sí = *I think so*
me parece que no = *I think not*

10.4 Describing Actions: Adverbs

Words that describe actions are called *adverbs*. Many adverbs are formed in Spanish by adding **-mente** to the feminine or neuter form of the adjective: **rápida** (*fast*) → **rápidamente** (*quickly*); **libre** (*free*) → **libremente** (*freely*).

—Amanda, ¿vas al cine **frecuentemente**?

—Amanda, do you go to the movies frequently?

—Sí, voy casi todos los fines de semana.

—Yes, I go almost every weekend.

En este país puedes hablar **abiertamente**.

In this country you can talk openly.

EJERCICIO 6

Primero escoja el adjetivo más lógico entre **cómoda, constante, inmediata, puntual** y **rápida.** Luego forme un adverbio.

MODELO: (general) → *Generalmente* tomo el autobús número 73 para ir a la universidad.

1. ¡Los trenes en Japón transitan a 250 kilómetros por hora! Los pasajeros llegan _____ a su destino.
2. Me gusta viajar por tren. Me siento _____ y miro el paisaje por la ventanilla.
3. En España los trenes y los autobuses llegan y salen _____.
4. ¡Nunca he visto tantos autobuses! En la estación de autobuses de Guadalajara, los autobuses llegan y salen _____.
5. Tenemos que correr; el próximo autobús sale _____.

10.5 Expressing Reactions: More Verbs Like *gustar*

Like **gustar** and **encantar,** several other verbs also use indirect object pronouns.

dar miedo *to frighten*	llamar la atención *to attract attention*
dar rabia *to infuriate*	molestar *to bother*
fascinar *to be fascinating; to love*	parecer *to seem like*
importar *to matter*	preocupar *to worry, be worrying*
interesar *to be interesting*	urgir *to be pressing, really necessary*

The English equivalents of these verbs vary according to context.

—¿Qué **te interesa**?

—What interests you?

—**Me interesa** la geografía porque **me fascina** viajar.

—I'm interested in geography because I love to travel.

El paisaje es tan lindo que no **nos importa** si llueve.

The countryside is so pretty that it doesn't matter to us if it rains.

—Susana, ¿qué **te parece** un viaje a Chile y Bolivia?

—Susana, what do you think about a trip to Chile and Bolivia?

—**Me parece** una idea fantástica.

—It seems like a great idea to me.

The person whose opinion is described (**me, te, le, nos, os, les**) is usually mentioned first. The subject of this kind of sentence normally follows the verb. In the following sentence, *our* opinion (**nos**) is described, and the smoke (**el humo**) is the subject of the sentence. **Molesta** is singular because **el humo** is singular.

S.O.S. NOS QUEDAMOS SIN OZONO
Un nuevo agujero amenaza a Europa

Nos molest**a** el humo.   *The smoke bothers us.*

If the subject that follows the verb is a singular noun or an infinitive, the verb is singular. In the following sentence, the verb is followed by an infinitive, so the verb is singular.

Me import**a** **conservar** energía.   *I care about conserving energy.*

In the next sentence, the subject (**las maletas**) is plural, so the verbs (**gustan/parecen**) are plural.

Me gusta**n** **las maletas** que usted compró; **me** parece**n** muy prácticas.

I like the suitcases you bought; they seem very practical to me.

EJERCICIO 7

Exprese su opinión usando la forma apropiada de los verbos indicados.

MODELO: La contaminación del aire...

> **a.** _____ (molestar)
> **b.** _____ (encantar)

> La contaminación del aire *me molesta.*

1. La conservación de nuestros recursos naturales...
   a. _____ necesaria. (parecer)
   b. no _____. (importar)
2. Los bosques y las selvas...
   a. _____. (fascinar)
   b. no _____. (interesar)
3. Vivir en un clima caluroso...
   a. _____. (encantar)
   b. no _____. (gustar)
4. El tránsito en las autopistas...
   a. _____. (molestar)
   b. no _____. (gustar)
5. Los ríos del mundo...
   a. _____. (importar)
   b. no _____. (preocupar)

Ej. 7. In-class follow-up: Pair students and have them read their selections to each other and either agree or not. Write *A mí también/tampoco* on the board for reference.

Capítulo 11
De viaje

For more information on the communicative goals of **Capítulo 11** and for additional activities (AAs), please see the corresponding chapter notes in the IM.

Feria en Barrio Reus, por Jorge Pizzanelli (Uruguay)

M E T A S

In **Capítulo 11** you will continue to talk about travel-related experiences: making plans, following directions, and reading maps. You will learn about travel in Spanish-speaking countries, including changing money, clearing customs, and finding lodging. You will also discover new places to visit in the Hispanic world.

Sobre el artista: Jorge Pizzanelli nació en Uruguay en 1945. En 1986 comenzó sus estudios de pintura. Tiene preferencia por el estilo impresionista y, como tema, prefiere los paisajes. Su obra se distingue por la capacidad para representar la luz natural. Desde 1987 ha expuesto en prestigiosas galerías de Montevideo y Punta del Este. Además, ha tenido exposiciones en Uruguay, Brasil, los Estados Unidos y Japón.

Uruguay

Época precolombina
Región poblada por los charrúas, los chanáes y los guaraníes

Se promulgó la constitución de la República Oriental del Uruguay. **1830**

Brasil y Argentina renunciaron a sus pretensiones sobre Uruguay. **1828**

1600–1800
Genocidio de los indígenas

1839–1851
La inestabilidad política culminó en guerra civil.

1500   **1600**   **1800**

Paraguay

Época precolombina
Región poblada por tribus guaraníes, guaycurúes y paraguás

1524
Llegaron los primeros europeos.

1776
Creación del virreinato del Río de la Plata

1813
Se declaró la independencia de Paraguay.

1816–1840
José Gaspar Rodríguez de Francia fue declarado dictador perpetuo.

1864
Argentina, Brasil y Uruguay (la Triple Alianza) declararon la guerra contra Paraguay.

Los amigos animados: Para repasar

Antes de comenzar este capítulo, mire los segmentos animados para repasar el capítulo anterior.

A. Anuncio comercial: AMTRAINS. Ahora en KSUN, Radio Sol, escuchemos un mensaje comercial de AMTRAINS, la compañía de trenes.

B. El viaje de Pilar. Pilar Álvarez está conversando con Ricardo Sícora sobre el viaje que ella hizo a Venezuela.

En este capítulo...

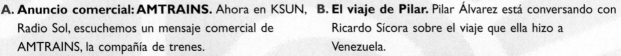

ACTIVIDADES DE COMUNICACIÓN

• Los viajes en automóvil
• En busca de sitios
• Los planes de viaje
• Los sitios turísticos

EN RESUMEN

LECTURAS Y CULTURA

• **Enlace literario**
  «En tren», por Antonio Machado
• **Ventanas culturales**
  Nuestra comunidad: Juan Luis Guerra, embajador musical
• **Ventanas culturales**
  Las costumbres: La danza negra en Perú... ¡a bailar!
• **Lectura**
  Mérida, ciudad en la montaña

GRAMÁTICA Y EJERCICIOS

11.1 Giving Instructions: Polite Commands

11.2 Softening Commands (Part 1): The Present Subjunctive Following **querer**

11.3 Expressing Indefinite Future and the Present Subjunctive of Irregular Verbs

11.4 Talking about Past Actions in Progress: The Imperfect Progressive

11.5 Telling What Was Happening: The Imperfect in Contrast to the Preterite

1900 Comenzó un siglo de abundante inmigración de españoles e italianos.

1972 El presidente Bordaberry declaró el estado de guerra y disolvió la Asamblea General.

1958 Las elecciones llevaron al partido Blanco (apoyado por Argentina) al poder.

1976 Bordaberry fue remplazado por un consejo de militares y civiles.

1999 Jorge Batlle, del tradicional Partido Colorado, asumió la presidencia.

2001 Comenzó un período de crisis económica y financiera.

1900

2000

1887–1904 Gobernaron los colorados (el partido Asociación Nacional Republicana).

1932 Comenzó la Guerra del Chaco por el petróleo; terminó en 1935 cuando EU se unió a Argentina, Brasil, Uruguay, Perú y Chile contra Paraguay.

1954–1989 El general Alfredo Stroessner fue nombrado presidente y fue reelecto 7 veces.

2003 Duarte Frutos asumió la presidencia.

1995 Carlos Wasmosy: primer presidente civil electo en 182 años

ctividades de comunicación y lecturas

✳ Los viajes en automóvil

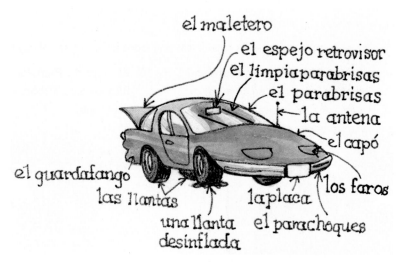

el maletero
el espejo retrovisor
el limpiaparabrisas
el parabrisas
la antena
el capó
los faros
el guardafango
las llantas
la placa
una llanta desinflada
el parachoques

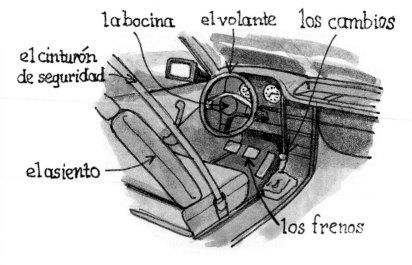

la bocina   el volante   los cambios
el cinturón de seguridad
el asiento
los frenos

ACTIVIDAD 1   Las partes del carro

1. _____ los frenos
2. _____ los limpia-parabrisas
3. _____ el volante
4. _____ la bocina
5. _____ la placa
6. _____ el parabrisas
7. _____ el cinturón de seguridad

a. Protege a los pasajeros del viento.
b. Se usa para mantener en el asiento a los pasajeros de un automóvil o un avión.
c. Se usan cuando llueve.
d. Se usan para parar el coche.
e. Se usa para manejar el coche.
f. Tiene los números para identificar el coche.
g. Se toca para llamar la atención de los peatones y otros choferes.

ACTIVIDAD 2   Descripción de dibujos: Los letreros de la carretera

Diga cuál es la frase u oración que corresponde a cada número.

Act. 2. Descripción de dibujos (whole-class; pair). **Suggestion:** Do this activity with the whole class or pair students and then review with the whole class.

1. d
2. e
3. g
4. i
5. b
6. f
7. c
8. j
9. l
10. a
11. m
12. h
13. k
14. n
15. q
16. p
17. r
18. o

AYUDA EN CARRETERA

Ojalá que no ocurra, pero hay que estar prevenidos. En caso de avería o cualquier otro percance es útil ser socio de algún club automovilístico o asociación de ayuda al automovilista como la AMA, o ANA, que, por una cuota mensual ofrecen distintos servicios en carretera. También conviene llevar la lista de los talleres oficiales de la marca del auto que se conduzca.

a. puente angosto
b. No doble a la izquierda.
c. tránsito de un solo sentido (una vía)
d. baños
e. gasolinera
f. ¡Cuidado! Puede haber personas a su izquierda.
g. mecánico
h. tránsito de doble sentido (vía)
i. estacionamiento de una hora
j. No se estacione.
k. tren
l. camino angosto
m. superficie resbalosa
n. prohibido el tránsito
o. Disminuya la velocidad porque hay una curva.
p. Tiene que ir por otro camino.
q. Disminuya la velocidad.
r. Tenga mucho cuidado.

ACTIVIDAD 3   Entrevista: Tú y tu coche

1. ¿Tienes tu propio coche? ¿De qué marca es? ¿Cómo es tu coche? ¿Es práctico? ¿grande? ¿elegante? ¿Gasta mucha gasolina?

2. ¿Tienes seguro? ¿De qué compañía? ¿Es una compañía buena? ¿Por qué lo dices? ¿Es muy caro tu seguro?

3. ¿Te gusta manejar? ¿Cuántas millas manejas cada día, aproximadamente? ¿Cómo está el tránsito a la hora que sales para el trabajo? ¿Y cuando regresas a casa?

4. ¿Has tenido un accidente en tu coche? ¿Chocaste? ¿Con qué chocaste? ¿Quién tuvo la culpa? ¿Cuánto (tiempo) hace? ¿Fue un accidente serio o sin importancia?

5. ¿Has salido de vacaciones en tu coche? ¿Cuánto (tiempo) hace? ¿A dónde fuiste? ¿Con quién fuiste? ¿Cuántas horas tuviste que manejar? ¿Te gustó el viaje? ¿Por qué?

▶ **EXPRESIONES ÚTILES**

gastar gasolina
   (no) gasta...
tener la culpa
   yo (no) tuve la culpa
chocar
   choqué con...

ACTIVIDAD 4   Situación: Un viaje en carro

Usted va a viajar de El Paso, Texas, a Barranca del Cobre en Chihuahua, México. Es una distancia de 500 kilómetros. Complete las siguientes dos listas con cinco tareas o más para cada lista.

ANTES DE SALIR	LISTA PARA EL MECÁNICO
Tengo que / Necesito:	Debe:
•	• Revisar...
•	•
•	•
•	•
•	•

En busca de sitios. Although students have heard many classroom commands, the commands associated with giving directions will be new. Allow students time to familiarize themselves with the map. Use an over head transparency to help students locate the places

✳ **En busca de sitios**

Lea Gramática 11.1.

mentioned in the model. Verify class comprehension of all vocabulary in the display and the activities as you proceed through these materials. Review formal commands with TPR commands that include directions: *camine, doble* (*a la derecha, a la izquierda*), *siga derecho, suba, baje, pare, mire*, etc. Use the overhead transparency of the map to point out typical attributes of a Hispanic city: *glorieta* (traffic circle), *monumento, parque, plaza, mercado*, etc. Ask for volunteers to come up and follow your directions on the map (indicating the route on the map with a pointer). See the IRK for additional activities: *En busca de sitios.*

Buenos Aires, Argentina: De Congregación Israelita al Correo Central (ambos marcados con asterisco)

Cuando salga de VIAJE...

La misma atención que se pone para planear las vacaciones, se debe de tener para cuidar la casa antes de emprender el viaje. Algunas sugerencias:

- Riegue las plantas antes de irse o pida a un vecino que lo haga.
- Pida a un vecino que recoja su correspondencia y el periódico.
- Dígales a los vecinos que usted sale de vacaciones y deles el nombre y el número de teléfono de su hotel.
- Tenga suficiente comida en casa para que cuando regrese no tenga que ir de compras.
- Encienda la contestadora telefónica.
- Deje encargadas a sus mascotas en casa de algún familiar o con su veterinario.
- Cubra su coche con una funda para protegerlo.
- Ponga las llaves en un lugar seguro de la casa.

TURISTA: Perdone, ¿puede decirme cómo llegar al Correo Central?

ADRIANA: Sí, por supuesto. Mire aquí en su plano. Salga de la Congregación Israelita por la calle Córdoba y camine dos cuadras hacia el este. En la Avenida 9 de Julio doble a la derecha. Camine cuatro cuadras por 9 de Julio y luego, en la glorieta del Obelisco, doble a la izquierda en la Avenida Corrientes. Camine siete cuadras hacia el este por Corrientes, cruce la Avenida L. N. Alem y ahí tiene usted el Correo Central.

TURISTA: Muchísimas gracias, señorita.

ADRIANA: Para servirle. Adiós.

ACTIVIDAD 5   Conversación: La Ciudad de Buenos Aires

Mire el plano de la página 375 y explique cómo se va de una parte del centro de la ciudad a otra. (Los números en el plano van a ayudarle a encontrar los lugares mencionados.)

MODELO: del Cementerio de la Recoleta a la Plaza de Mayo (*Los dos están marcados con la* **M** *de* **Modelo.**) →

Salga del cementerio por la calle Junín y tome la calle Guido al sur. Camine once cuadras. En la Avenida Córdoba, doble a la izquierda y camine dos cuadras por esa avenida. Luego doble a la derecha en Avenida 9 de Julio y camine nueve cuadras por esa calle tan ancha. Pase el Obelisco y siga hasta la Avenida de Mayo. Ahí doble a la izquierda. Camine cinco cuadras y ahí está la Plaza de Mayo, enfrente de usted.

1. de la Plaza Naciones Unidas a la aduana
2. del Congreso Nacional al Palacio San Martín
3. del Palacio de Justicia a la Casa Rosada
4. de la iglesia de Nuestra Señora del Pilar a Luna Park
5. de la iglesia de Santa Catalina de Siena a (la facultad de) Derecho y Ciencias Sociales

REFRÁN

Todos los caminos llegan a Roma.

(*All roads lead to Rome.*)

ACTIVIDAD 6   Del mundo hispano: Consejos para los viajeros

Lea el artículo de la izquierda. Luego, con un compañero / una compañera de clase, escriba otros dos o tres consejos útiles para los viajeros.

ACTIVIDAD 7   Del mundo hispano: El metro de Madrid

Dé instrucciones para ir de una estación del metro a otra. No olvide hacer los transbordos necesarios.

MODELO: De Atocha a El Carmen → Suba a un tren de la Línea 1 en Atocha, dirección Plaza de Castilla, y baje en la Estación Sol. Allí suba a un tren de la Línea 2, dirección Ventas, y baje en la Estación Ventas. En Ventas, suba a un tren de la Línea 5, dirección Canillejas, y siga hasta la primera estación. Bájese; allí es El Carmen.

   1. de Tetuán a Sevilla
   2. de Puente de Vallecas a Ríos Rosas
   3. de Aluche a Goya
   4. de Oporto a Portazgo
   5. de Esperanza a Quintana

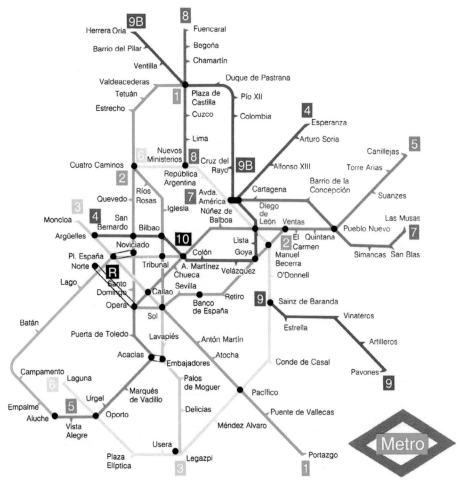

ENLACE LITERARIO

«En tren», por Antonio Machado

Selección de su libro *Poesías completas* (1943)

Antonio Machado (1875–1939) es uno de los grandes escritores de España. Publicó ensayos y obras de teatro, pero se le conoce más por su obra poética. La poesía de Machado es sencilla y muy sentida.[1] Entre sus publicaciones más conocidas se encuentran *Soledades, galerías y otros poemas* (1903), *Campos de Castilla* (1912) y *Nuevas canciones* (1925). Uno de los temas principales en la obra de Machado es la experiencia de viajar, como lo ejemplifican los poemas «Yo voy soñando caminos», «El viajero» y la selección de «En tren» que aquí incluimos.

En tren

Yo, para todo viaje
—siempre sobre la madera
de mi vagón de tercera—,[2]
voy ligero[3] de equipaje.
Si es de noche, porque no
acostumbro[4] a dormir yo,
y de día, por mirar
los arbolitos pasar;
yo nunca duermo en el tren,
y sin embargo,[5] voy bien.
¡Este placer de alejarse[6]!
Londres, Madrid, Ponferrada,
tan lindos… para marcharse.
Lo molesto es la llegada.
Luego, el tren, al caminar,
siempre nos hace soñar;
y casi casi olvidamos
el jamelgo[7] que montamos.
¡Oh el pollino[8] que sabe bien el camino!
¿Dónde estamos?
¿Dónde todos nos bajamos?

Actividad creativa: La manera ideal de viajar

En este poema, Antonio Machado describe su manera de viajar en tren: siempre va ligero de equipaje y nunca duerme. ¿Cómo le gusta viajar a usted? Cuando es un viaje largo, ¿duerme? ¿lee? ¿ve películas? ¿Lleva mucho equipaje? Describa en una página su manera ideal de viajar.

[1]*heartfelt*   [2]*vagón… third-class car*   [3]*light*   [4]*no… I'm not used to*   [5]*sin… yet*   [6]*to get away*
[7]caballo malo o flaco   [8]*young donkey*

✳ Los planes de viaje

Lea Gramática 11.2–11.3.

¿Se necesitan vacunas?

LANCHILE.com
☐ boleto de ida
☑ boleto de ida y vuelta

hacer las reservaciones por Internet

el boleto

el pasaporte

el Consulado de Chile

la visa

la lancha

el barco

viajar en crucero

el equipaje (las maletas)

el aeropuerto

LANCHILE

el mostrador

Pedro y Andrea facturan el equipaje

la clase turística

la primera clase

abordar el avión

la sala de espera

Los planes de viaje. Describe a trip you have taken, including vocabulary from the display in your input. Show slides of a Latin American country or Spain (preferably from your own travels). Tell students what is being viewed in each slide or narrate what you did on your trip. **Note:** In *Dos mundos* we have used *reservación*, *visa*, and *boleto;* in Spain, *reserva*, *visado*, and *billete* are used.

Most of the travel vocabulary in this display will be new to students. In the first part of the display, point out the many cognates: *vacunas*, *pasaporte*, *reservaciones*, *visa*, *crucero*, *lancha*, *clase turística.* For the second part, give students time to look at the art while you read the captions aloud. You may recount other travel experiences you have had or use your PF to include new vocabulary presented in this part of the display: *reclamo de equipaje*, *aduana*, *banco*, *alojamiento*, etc. Write key vocabulary on the board as you narrate.

Introduce the present subjunctive forms in the structure *querer que* + subjunctive with TPR commands. See the IRK for TPR sequence: *Quiero que* + *subjunctive.* Tell students this will be like playing *Simón dice* and students should only do the action if they hear you say *Quiero que…* (*Quiero que ustedes se pongan de pie.*) Verify class comprehension of all vocabulary in the display and the activities as you proceed through these materials.

See the IRK for additional activities: *Los planes de viaje.*

reclamo de equipaje

el contrabando

los derechos de aduana

la inmigración

←la cola→
hacer cola

—Su pasaporte, por favor.
—Aquí lo tiene.

—Cuando llegue al hotel, voy a descansar.

la aduana

revisar el equipaje

—Permítame revisar su equipaje.
—Sí, como no. ¿La cámara también?

en el banco

el cajero

Cambio
US $1.00 = .76€

los billetes

(dinero en efectivo)

(las tarjetas de crédito)

—Quisiera cambiar dólares.
—Permítame ver su pasaporte, por favor.

el alojamiento

el gerente

el botones

la recepción

el ascensor (el elevador)

Se hospedaron en el Hotel Horizonte.

la camarera

la mesita de noche
la cama matrimonial

la habitación

la salida

Hoy regresan a Barcelona. Quieren que el
botones ponga su equipaje en el maletero.

ACTIVIDAD 8 — Conversación: ¡Viajar es tan fácil como decir 1, 2, 3!

Ordene lógicamente estas actividades.

_____ comprar los boletos

_____ abordar el avión

_____ comprar ropa y otras cosas

_____ planear el viaje

_____ ir al aeropuerto

_____ hacer las maletas (empacar)

_____ ahorrar el dinero necesario

_____ hacer las reservaciones

_____ sacar el pasaporte y la visa

_____ avisarles a los vecinos que usted sale de vacaciones

Act. 8. Conversación [pair; whole-class). **Sugg** Have students work indi or in pairs to order these ities logically.

ACTIVIDAD 9 — Intercambios: Los paquetes turísticos

Mire estos paquetes turísticos ofrecidos por la aerolínea costarricense LACSA. Después, hágale preguntas a su compañero/a.

Act. 9. Intercambios (whole-class; pair). These travel packages appeared in the newspaper *La Nación* in Costa Rica. **Suggestion:** Give students 1–2 minutes to look over as you ask questions: *¿Cuánto cuesta el paquete a*

Santiago de compras

4 noches / 5 días

Desde **$899**

Incluye:

✈ Boleto aéreo ida y vuelta (sin impuestos).

✈ 4 noches de alojamiento en Hotel Galerías.

✈ Impuestos hoteleros.

✈ Traslado aeropuerto/hotel/aeropuerto.

✈ Desayuno Buffet.

✈ Coctel de bienvenida.

✈ Tour de compras.

Barranquilla Ejecutivo

2 noches / 3 días

Desde **$297**

Incluye:

✈ Boleto aéreo ida y vuelta (sin impuestos).

✈ Dos noches de alojamiento con desayuno americano.

✈ Impuestos hoteleros.

Quito Ejecutivo

3 noches / 4 días

Desde **$478**

Incluye:

✈ Boleto aéreo ida y vuelta (sin impuestos).

✈ Traslado aeropuerto/hotel/aeropuerto.

✈ 3 noches de alojamiento en hotel seleccionado.

✈ Impuestos hoteleros.

Santiago? ¿Incluye traslados del aeropuerto al hotel el paquete Barranquilla Ejecutivo? ¿Se incluyen los impuestos del hotel en todos los paquetes? etc. Pair students to ask and answer questions.

1. ¿Cuánto cuesta el paquete a Barranquilla? ¿Incluye los impuestos hoteleros?
2. ¿Qué más está incluido, además del alojamiento, en el paquete «Barranquilla Ejecutivo»?
3. ¿Está incluido un tour de compras en el paquete «Quito Ejecutivo»?
4. ¿Incluye el traslado del aeropuerto al hotel el paquete «Quito Ejecutivo»?
5. ¿Qué incluye el paquete «Santiago de compras» además del boleto, el alojamiento y los traslados del aeropuerto al hotel?

ACTIVIDAD 10   Intercambios: Las vacaciones ideales

...ea con su compañero/a estas descripciones de excursiones y escojan las ...caciones perfectas para las personas que aparecen abajo.

MODELOS: A _____ le(s) recomiendo la excursión a _____ porque _____.

A mí me gustaría la excursión de _____ porque _____.

Unas vacaciones de 6 noches y 7 días por las antiguas ciudades de Roma y Atenas. Excursiones al Partenón, la Catedral de San Pedro y otros lugares históricos. Alojamiento en hoteles de lujo.

Viaje de 5 noches y 6 días para acampar en las montañas al sur de Chile. Guía experto, caminatas de 10 kilómetros diarias, alojamiento en cabañas. Todo el equipo incluido.

CARIBE
Viaje en crucero de 6 noches y 7 días por el Caribe. Comida internacional, música y baile todas las noches. Piscina y cancha de tenis a bordo. Excursiones a mercados y sitios turísticos en cada puerto.

Gira de 8 noches y 9 días por la costa noreste de los Estados Unidos, incluyendo las ciudades históricas de Williamsburg, Jamestown, Boston, Baltimore y Charleston, terminando en Nueva York. Hoteles de precios módicos.

DOS SEMANAS —13 noches y 14 días— en moderno club de vacaciones, en la península de Yucatán. Canchas de tenis, tres piscinas de agua dulce y una de agua salada. Clases de buceo, excursiones en barco de vela, campamento para niños.

Gira de dos semanas, 13 noches y 14 días, por las capitales de Europa: Londres, Roma, París, Estocolmo, Berlín y Viena. Excursiones en cada ciudad con guías expertos. Alojamiento en hoteles de precios módicos.

Una semana, 6 noches y 7 días, en un hotel en la Playa Dominical de Costa Rica. Restaurante, bar, dos piscinas, jacuzzi, canchas de tenis.

1. Adriana Bolini: Adriana es argentina, soltera, de 35 años. Ella es mujer de negocios. Le gusta mucho viajar y ha viajado por muchas partes de Europa.

2. Susana Yamasaki y sus hijos, Armando y Andrés (de 13 y 9 años, respectivamente): Susana es madre divorciada y trabaja de secretaria y también de guía de turistas para las ruinas de Machu Picchu. A Susana le gusta salir de vacaciones con sus hijos.

3. Raúl Saucedo: Raúl es estudiante de ingeniería en la Universidad de Texas, en San Antonio. Es muy aventurero y le gusta viajar porque le encanta conocer gente interesante.

4. Pilar y Clara: Clara está de visita en España por un año. Allí conoció a Pilar. Las dos son estudiantes y tienen un mes de vacaciones entre semestres.

ACTIVIDAD 11   Del mundo hispano: De viaje en Andalucía

Granada

HOTELES Y RESTAURANTES

HOTELES: Alhambra Palace. Caro. Hermoso palacio estilo morisco en la cumbre de la montaña Alhambra con magníficas vistas. Tel. 22-14-68. **Parador de San Francisco.** Caro. Está en un antiguo convento dentro de los muros de la Alhambra y es el parador más popular de España. Se requiere hacer reservación de 4 a 6 meses de anticipación. Tel. 22-14-93. **América.** Moderado. Encantador hotel dentro de los terrenos de la Alhambra. Es muy popular, reserve con anticipación. Tel. 22-74-71.

RESTAURANTES: Baroca. Caro. Considerado uno de los mejores de Granada. Tel. 26-50-61. **Cunini.** Caro. Muy famoso por su pescado y comida marina. Tel. 26-37-01. **Colombia.** Caro-Moderado. En la montaña de la Alhambra con elegante decorado árabe, música de guitarra y espléndidas vistas. Muy turístico, pero divertido. Tel. 22-74-33.

Sevilla ofrece a los visitantes hoteles de lujo, como el Alfonso XIII, un edificio de estilo morisco construido en 1929 para la Exhibición Mundial.

Sevilla

HOTELES Y RESTAURANTES

Todos los precios pueden duplicarse e incluso triplicarse durante la Semana Santa y los días que dura la Feria.

HOTELES: Alfonso XIII. De lujo. Construido en estilo morisco para la exhibición de 1929, es el hotel clásico de Sevilla lleno de belleza y encanto. Tel. 22-28-50. **Doña María.** Caro. Pequeño, con habitaciones de buen gusto amuebladas con antigüedades y piscina en la azotea con vista a la Giralda. Tel. 22-49-90. **Bécquer.** Moderado. Hotel agradable y moderno. Tel. 22-89-00. **Fernando III.** Moderado. A orillas del barrio Santa Cruz; piscina en la azotea. Tel. 21-73-07.

RESTAURANTES: Albahaca. Caro. Todos frecuentan este restaurante, hermosamente localizado en el corazón del viejo barrio judío; platos creativos. Tel. 22-07-14. **La Dorada.** Caro. Muy famoso por sus pescados y comida marina. Tel. 45-51-00. **Bodegón Torre del Oro.** Moderado. Atmósfera rústica, buena comida y popular entre turistas y locales. Tel. 21-31-69. **Bolero.** Moderado. Muy popular para disfrutar paella y platos de pescado. Tel. 21-26-31.

De estilo morisco, el Alhambra Palace es uno de los hoteles caros de Granada, con magníficas vistas desde la cumbre de la montaña.

EN GRANADA

1. Si usted necesita un hotel de precios módicos, ¿en dónde va a hospedarse?
2. ¿Cómo se llama un parador muy popular?
3. Si quiere comer en un restaurante de ambiente árabe, ¿en dónde va a cenar?
4. ¿En dónde va a cenar, si tiene ganas de comer mariscos?
5. Si desea cenar en el mejor restaurante de Granada, ¿a cuál va a ir?

EN SEVILLA

1. Si desea cenar en un restaurante en el centro del barrio judío, ¿a cuál piensa ir?
2. Si busca un hotel elegante y clásico, ¿cuál va a escoger?
3. Si prefiere un hotel de precios módicos con piscina, ¿en dónde va a hospedarse?
4. Si desea comer una buena paella, ¿en qué restaurante puede hacerlo?
5. ¿Cómo se llama un restaurante de precios módicos y ambiente informal?

Act. 11. Del mundo hispano (whole-class). **Suggestion:** Give students 3–4 minutes to look over these descriptions of lodging and restaurants. If you have ever been to either of these cities, tell about your experiences. Then ask questions of the whole class, expanding responses when natural.

VENTANAS CULTURALES   Nuestra comunidad

Juan Luis Guerra, embajador musical

El cantautor Juan Luis Guerra compone canciones que se cantan y se conocen en el mundo entero. Para él no hay barreras culturales. Sus canciones tienen bellas melodías e incorporan ritmos del folclor de su patria, la República Dominicana: el merengue y la bachata, por ejemplo. Guerra escribe sobre la vida cotidiana y el amor. La canción que lo hizo famoso, «Ojalá que llueva café», tiene un tema de esperanza en la voz de un campesino. Y en el disco *Bachata rosa* (1989) están sus canciones más populares, «La bilirrubina» y «Burbujas de amor». Pero hay otros discos muy hermosos, como *Areito* (1992), que presenta temas sobre los taínos, indígenas del Caribe, y *Ni es lo mismo ni se escribe igual,* que ganó dos Grammys Latinos en 2000.

Juan Luis Guerra dice que su inspiración la encuentra en el pueblo dominicano. Es por ese pueblo que trabaja no sólo como artista sino también con ayuda específica. Desde 1989, Juan Luis dedica parte de su tiempo a una fundación que él creó con un amigo doctor. El objectivo de esta fundación y sus doctores es ofrecer cuidado médico a cientos de personas pobres de la República Dominicana. Gracias a este trabajo humanitario y a sus canciones, Juan Luis Guerra es hoy el embajador musical de su país. El compositor no encuentra barreras para llevar a todo el mundo sus ritmos tropicales y sus mensajes de esperanza.

VOCABULARIO ÚTIL

el cantautor	*singer-songwriter*
las barreras	*barriers*
cotidiana	*daily*
la esperanza	*hope*
el campesino	*peasant*
el embajador	*ambassador*
el estado de ánimo	*mood, state of mind*

Ventanas culturales: Juan Luis Guerra is the best known Dominican singer-songwriter. He performs to sold-out audiences in Spain, South America, and the US, and many of his songs have become an integral part of Hispanic culture. Play several of his recordings for your students. We suggest "Ojalá que llueva café" from the CD of the same name; "La bilirrubina" and "Burbujas de amor" from *Bachata rosa;* "Señales de humo" and "Frío frío" from *Areito;* "Palomita blanca" and "Testimonio" from *Ni es lo mismo ni se escribe igual.* Survey your class to find out which songs your students liked best and why. We are sure that many of them will enjoy this music.

Ahora... ¡ustedes!

¿Crees que la música puede afectar el estado de ánimo de una persona? ¿De qué manera? ¿Hay un tipo de música o alguna canción que te afecte mucho? ¿Por qué te afecta así?

ACTIVIDAD 12 Del mundo hispano: La Barranca del Cobre en México

Lea este artículo y luego hágale las siguientes preguntas a un compañero / una compañera de clase.

Barranca del Cobre
Una de las maravillas naturales de México

Visitar la Barranca del Cobre es una de las grandes experiencias que puede tener un viajero en México. Localizada en la Sierra Madre Occidental de Chihuahua, en un área de más de 35,000 km², es 1.5 veces más profunda y cubre cuatro veces la extensión del Gran Cañón en Arizona. Su vegetación y fauna desde el fondo de las barrancas —que en algunas zonas llegan a tener 3,000 metros de profundidad— hasta sus sierras nevadas en invierno son tan diversas, que nunca se acaban de admirar. En la región viven dispersos más de 50,000 indios tarahumaras, que todavía conservan una cultura muy interesante.

Quienes deseen conocer esta región, considerada por muchos la octava maravilla natural del mundo, pueden hacerlo en una de las excursiónes de siete días organizadas por Ecogrupos de México. Incluyen: organizador de grupo bilingüe, seis noches de hospedaje en hotel, transportación en autobús, lanchas, tren (desde donde se tienen vistas espectaculares atravesando puentes y túneles), camionetas, entradas a los sitios de interés, caminatas guiadas por los tarahumaras, 10 alimentos y bitácora impresa con información de la región. No incluye: transportación aérea, bebidas alcohólicas, gastos extras en el hotel (teléfono, lavandería, etc.).

Adulto doble: $4,405 (579 dólares), triple: $3,607 (474 dólares), sencillo: $5,677 (746 dólares), niño $2,576 (338 dólares). Los precios no incluyen IVA. Para mayores informes y reservaciones llame al 661-9121. Fax: 663-5381. ◗

1. ¿Dónde está la Barranca del Cobre?
2. ¿Qué tribu de indígenas vive en esta región?
3. ¿Es más grande o menos grande la Barranca del Cobre que el Gran Cañón en Arizona?
4. ¿Cómo se llama la compañía que organiza las excursiones?
5. ¿Está incluido el vuelo en el precio de la excursión?
6. ¿Es necesario saber hablar español para ir en esta excursión?
7. ¿Cuánto cuesta una habitación doble, por adulto? ¿y una habitación sencilla?

Nuevos vuelos entre
Lima y Santiago

Los viajeros de negocios pueden ahora salir por la mañana de Lima para asistir a una reunión en Santiago y estar de regreso a la hora de la cena, gracias al nuevo vuelo que ofrece United Airlines. Los vuelos que enlazan ambas ciudades operan miércoles, viernes y sábados en un Boeing 757. El vuelo 973 sale de Lima a las 8:35 a.m. y llega a Santiago a las 12:55 p.m.; el vuelo 972 sale de Santiago a las 6:00 p.m. y llega a Lima a las 8:35 p.m. El trayecto dura aproximadamente tres horas y media. ◗

✳ Los sitios turísticos

Lea Gramática 11.4–11.5.

Pedro y Andrea hicieron las reservaciones en la Agencia Universo el 6 de junio.

Pedro y Andrea llegaron a Madrid el 2 de julio.

Pedro y Andrea dormían cuando sonó el teléfono.

Estaban tomando un refresco en un café de la Gran Vía cuando vieron a un viejo amigo de Pedro.

A las 4:00 de la tarde Pedro y Andrea admiraban las pinturas de Goya en el Museo del Prado, cuando las luces se apagaron.

ACTIVIDAD 13   Descripción de dibujos: El viaje de Virginia y Rubén

Diga qué estaba pasando.

MODELO: A las 6:05 Virginia y Rubén *estaban recogiendo (recogían) los boletos en la agencia de viajes.*

¡OJO!

Hay un sólo lugar en América desde el cual se puede ver el Océano Atlántico y el Pacífico a la vez: desde el volcán Irazú de Costa Rica, que está a unos 11.200 pies de altura.

Act. 13. Descripción de dibujos (whole-class; pair). **Suggestion:** Narrate the model sketches and then the others, as students listen. Then pair students to describe the scenes. You may wish to use the simple imperfect instead of the imperfect progressive. Keep in mind that normally the verb in the past (preterite) directly follows *cuando* in scenes 5–8. **Suggestions: 1.** *A las 11:30 de la mañana hacía sol y Virginia y Rubén estaban abordando el avión.* **2.** *A las 3:30 Rubén y Virginia estaban bajando del taxi / estaban llegando al hotel.*

MODELO: Virginia y Rubén *estaban paseando (paseaban) por el Paseo de la Reforma cuando dos carros chocaron.*

3. *A las 10:15 de la noche Rubén y Virginia estaban viendo el Ballet Folclórico en el Palacio de Bellas Artes.* **4.** *A las 3:00 de la tarde Virginia y Rubén estaban bronceándose en la playa de Acapulco.* **5.** *Virginia y Rubén bajaban las pirámides de Teotihuacán cuando empezó a llover.* **6.** *Virginia y Rubén entraban al Museo Nacional de Antropología cuando Rubén tropezó / se cayó.* **7.** *Rubén facturaba el equipaje cuando sonó su teléfono celular.* **8.** *Rubén y Virginia esperaban en la sala de espera cuando anunciaron su vuelo.*

VENTANAS CULTURALES   Las costumbres

La danza negra en Perú... ¡a bailar!

Cuando pensamos en Perú, imaginamos los Andes y el gran Imperio Inca, pero Perú tiene también una larga tradición africana. Al igual que a muchos otros países de América Latina, los españoles llevaron esclavos africanos a Perú para trabajar en las grandes plantaciones. Estos esclavos trajeron consigo las tradiciones musicales de África occidental. Cuando los españoles prohibieron el uso de los tambores, los africanos desarrollaron el uso del cajón, una caja grande de madera, como las que se usaban en la agricultura. Las formas musicales más conocidas de la danza negra son *el festejo, el landó, la zamba malató y el alcatraz.* Este último fue prohibido en la época colonial por su sensualidad.

Por muchos años la danza negra quedó en el olvido, pero en 1969 se formó el grupo Perú Negro, con la meta de preservar el baile y la música de la gente negra de Perú. Actualmente hay muchos intérpretes de este estilo musical. En Lima, Susana Baca fundó el Centro Experimental de Música Negrocontinuo y se ha dedicado no sólo a cantar música negra sino a difundir esta tradición por todo el país. Eva Ayllón, conocida como «la voz de oro de Perú», se destaca con su versión del festejo, «Raíces negras». Ayllón incorpora palabras africanas al ritmo de su música.

Quien quiera escuchar esta música tan contagiosa puede ir a varios clubes nocturnos de Lima donde tocan los artistas Lucila Campos, Arturo «Zambo» Cavero y el grupo Perú Negro. También lo puede hacer por Internet, visitando los sitios Web de los artistas aquí mencionados. ¡A bailar!

Susana Baca, cantante

VOCABULARIO ÚTIL

el Imperio	*Empire*
consigo	*with him/her/you (formal)/them*
África occidental	*West Africa*
los tambores	*drums*
la caja	*box*
de madera	*wooden*
quedó en el olvido	*was forgotten*
difundir	*to disseminate*
se destaca	*stands out*

Ventanas culturales: Ask brief comprehension questions: *¿De qué parte de África son las tradiciones de danza negra en Perú? ¿Por qué usan el cajón en esta tradición musical? ¿Qué artista es conocida como «la voz de oro de Perú»?* Pair students to ask and answer the **Ahora... ¡ustedes!** question. If you have CDs by any of the musical artists mentioned, play one or more of the songs for your class. You may want to direct students to the Internet where they will find websites for most of these artists and can sample this musical genre.

Ahora... ¡ustedes!

¿Qué tipo de música prefieres? ¿el jazz, la música *country,* el rock, el hip-hop, el rap, la música folclórica, la música clásica? ¿Conoces la música de algún país hispano? Por ejemplo, ¿te gusta la salsa, el merengue o el flamenco?

ACTIVIDAD 14 Narración: De turistas en España

Diga qué hicieron Pedro y Andrea durante su viaje a España.

ACTIVIDAD 15 Del mundo hispano: La ecología de Cuba

Lea los datos que aparecen a continuación y el mapa de la página 390, y luego converse con su compañero/a usando las preguntas de la siguiente página.

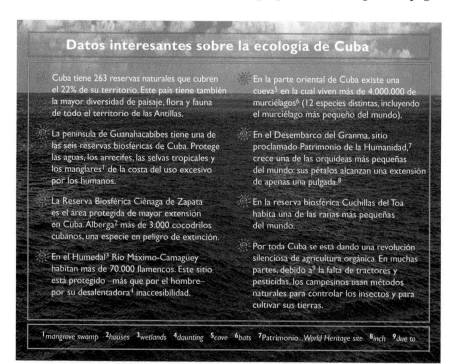

Vegetación
- Terreno seco, arable
- Bosques y humedales boscosos
- Prados y matorrales
- Área protegida
- Reserva biosférica
- Parque nacional
- Humedales de importancia internacional
- Sitio declarado Patrimonio de la Humanidad

Datos sobre áreas protegidas: UNDP y Centro Nacional para las Áreas Protegidas, Cuba. Fuente de información sobre las vegetación: Encuesta geológica de los Estados Unidos, Mapas de *National Geographic*

1. ¿Son extensas las reservas naturales de Cuba?

2. ¿Es variado el paisaje cubano? ¿y la flora y la fauna?

3. ¿Qué datos interesantes hay en relación con especies muy pequeñas de flora y fauna?

4. ¿Qué especie en peligro de extinción se protege en la Reserva Biosférica Ciénaga de Zapata? ¿Es pequeña esa reserva?

5. ¿Qué se protege en la península de Guanahacabibes?

6. ¿En qué consiste la nueva revolución cubana?

7. ¿Qué es lo que protege a los flamencos del Humedal Río Máximo–Camagüey?

8. ¿Ha visitado una reserva biológica? ¿Dónde? ¿Qué es lo que más le llamó la atención de ese lugar?

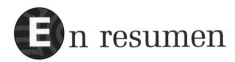

n resumen

De todo un poco

A. Hable de sus viajes con un compañero / una compañera.

1. ¿Has visitado un país hispano? ¿Cuál? ¿Con quién fuiste? ¿Te gustó?

2. ¿A qué (otro) país hispano te gustaría viajar? ¿Por qué?

3. ¿Has tenido algún problema o una experiencia que no te permitió disfrutar de un viaje? ¿Dónde fue? ¿en el aeropuerto? ¿en aduana o inmigración? ¿en un restaurante?

4. Además de tu coche, ¿qué otros medios de transporte empleas tú aquí en este país? ¿Qué medios has empleado en otros países?

5. ¿Has hecho un viaje en un crucero? ¿Adónde fuiste? ¿Con quién? ¿Qué es lo que más te gustó? ¿Qué es lo que menos te gustó?

B. Con su compañero/a, prepare una de las siguientes situaciones.

1. Los planes de viaje: Usted va a salir de vacaciones con destino a Sudamérica. Hable por teléfono con el empleado / la empleada de la aerolínea para obtener la siguiente información: la hora de salida del avión, las escalas, la hora del almuerzo, la película y la hora de llegada del avión.

> EMPLEADO/A: Aeroméxico, a sus órdenes.
> USTED: Buenos días, señor(ita). Voy a viajar a Chile mañana y tengo algunas preguntas.
> EMPLEADO/A: Sí, dígame.
> USTED: ¿A qué hora sale el vuelo número _____?
> EMPLEADO/A: Ese vuelo sale a la(s) _____ de la _____.
> USTED: Otra pregunta, ¿... ?

2. En el hotel: Usted acaba de llegar a un hotel después de manejar ocho horas. Dígale al empleado / a la empleada lo que usted quiere y pídale la información necesaria (el precio, el tamaño de la cama, si tiene baño, teléfono, televisión, etcétera). Luego, decida si quiere la habitación o no.

> EMPLEADO/A: Buenas noches, señor/señora. ¿En qué puedo servirle?
> USTED: Quisiera una habitación con...

¡Dígalo por escrito!

Viajando por el mundo hispano.

Prepare un folleto de turismo para viajeros que quieren visitar alguna ciudad o país del mundo hispano. El folleto debe incluir mapas, fotos o dibujos. Puede mencionar paisajes, excursiones, hoteles y restaurantes. Use mandatos como *camine, coma, conozca, descanse, disfrute, diviértase, vea, venga, viaje, visite*, etcétera.

¡Cuéntenos usted!

Cuéntenos sobre algo cómico o peligroso que le pasó en un viaje. ¿Adónde iba usted? ¿Con quién viajaba? ¿Qué pasó?

VOCABULARIO ÚTIL

primaveral	spring-like
la balsa	raft
los alrededores	surroundings
el manantial	(water) spring
la aldea	village
el trapiche	sugar cane mill
el guarapo	sugar cane juice or liquor
el teleférico	cable car
la cima	summit, top

LECTURA

Mérida, ciudad en la montaña

Cuando pensamos en la belleza natural de Venezuela, generalmente evocamos sus playas, su clima tropical y su cultura caribeña. Es cierto que Caracas, la capital, es una de las ciudades más hermosas de la región del Caribe. Pero al suroeste de Caracas hay una zona montañosa que ofrece un ambiente muy diferente al del trópico. En esa región de Venezuela se encuentra una ciudad encantadora: Mérida.

La ciudad de Mérida está en el estado del mismo nombre, entre las montañas andinas, y tiene una de las dos universidades más antiguas de Venezuela: la Universidad de los Andes, fundada en 1785. El clima de Mérida es templado y primaveral casi todo el año, a pesar de estar en las montañas. La temporada lluviosa es de mayo a noviembre, pero llueve sólo muy temprano en la mañana. En el estado de Mérida hay doce parques nacionales, además de una increíble variedad de zonas geográficas: bosques, cascadas, lagos, montañas con picos nevados y hasta una playa, Palmarito, al sureste del Lago Maracaibo.

¿Se imagina todas las actividades que son posibles en el estado de Mérida? Allí puede hacer montañismo y ciclismo en Pico Bolívar y Pico Espejo; puede explorar los lagos en canoa y en balsa, nadar, pescar, dar largas caminatas por los bosques y observar un gran variedad de aves. En los alrededores de la ciudad de Mérida hay paisajes fantásticos, manantiales de agua caliente, pueblos que conservan intacta su arquitectura colonial y aldeas donde puede comprar bellas artesanías; también hay trapiches para observar cómo se hace el azúcar y probar el rico guarapo, una bebida que se prepara con el jugo de la caña de azúcar.

Pico Bolívar, Venezuela

La ciudad de Mérida también tiene mucho que ofrecer. En febrero y marzo se celebra la Feria del Sol con bailes regionales. Pero si usted prefiere ir de compras y saborear los platos típicos, entonces debe visitar el mercado Principal de Mérida, donde encontrará muchísimos restaurantes y tiendas. La Plaza Bolívar es el centro y corazón de la ciudad. Allí verá una imponente catedral, la Basílica Menor de la Inmaculada Concepción, varios museos importantes —como el Museo Arqueológico, donde se exhiben obras precolombinas, y el Museo de Arte Moderno— y la Casa de la Cultura, que muestra la obra de artesanos locales. Pero lo más emocionante de su visita a la ciudad de Mérida va a ser sin duda un paseo en teleférico a la cima de Pico Espejo. Es una subida de siete millas en el teleférico más largo y alto del mundo. Desde la cima de la montaña podrá admirar un paisaje maravilloso de valles y picos nevados.

Hay tantos lugares hermosos que visitar en América Latina. Y entre todos está Mérida, encantadora ciudad en la montaña.

Comprensión

Complete las frases de la columna A con las frases de la columna B para hacer un resumen.

A	**B**
f **1.** Entre los atractivos de la ciudad de Mérida…	**a.** para ver un paisaje fantástico de valles y picos nevados.
e **2.** Si usted quiere ver cómo se hace el azúcar,…	**b.** y probar la cocina venezolana, van al Mercado Principal de Mérida.
g **3.** En el estado de Mérida uno puede disfrutar de varios deportes;…	**c.** una plaza, una catedral y varios museos.
c **4.** En el centro de la ciudad de Mérida hay…	**d.** muy agradable, como de primavera, y tiene una temporada de lluvia.
b **5.** Los turistas que quieren ir de compras…	**e.** debe visitar los trapiches, donde también hacen guarapo.
d **6.** El clima de Mérida es…	**f.** está la Feria del Sol y un paseo en teleférico.
a **7.** Vaya a la cima de Pico Espejo…	**g.** por ejemplo, el montañismo y la natación.

Un paso más… ¡a escribir!

Imagínese que usted está de vacaciones en Mérida (o en otra ciudad) y que va a mandarle una tarjeta postal a uno de sus amigos. Usando el siguiente modelo, mencione sus lugares favoritos en la ciudad o en la región y sus actividades más divertidas en esos lugares.

MODELO: Querido/a _____:

Aquí estoy en (*ciudad*). Es una ciudad muy _____ y tiene _____. Mis lugares favoritos son _____ y _____. En esta ciudad uno puede hacer muchas actividades divertidas. Por ejemplo, el primer día yo (*actividad*) y (*actividad*). Ayer viajé con (*personas que viajan con usted*) por los alrededores de la ciudad y allí hicimos muchas cosas. Entre otras, (*actividades que hicieron*). Mañana vamos a…

La foto en esta postal es de _____. ¿Qué te parece?

Bueno, ¡hasta la próxima!

Un abrazo,

(*su firma*)

Islands, the Orinoco Delta, the Andes, and the Amazon. Venezuelans are a friendly people, generally eager to make travelers feel at home.

Pre-Reading. Preview the **Lectura** by providing input on the topic of travels: *¿Les gusta a ustedes viajar?* Talk about places in the Hispanic world you have visited, and bring photos and postcards of these places to class. Then ask students if they have ever traveled in a Hispanic country and to relate their experiences. Ask what places interest them most when they travel to big cities: *¿Qué lugares les gustan más cuando viajan a ciudades grandes? ¿los cines? ¿los restaurantes? ¿Cuáles son las actividades que hacen normalmente en estos lugares?* (For additional personalized questions, see the IM).

Post-Reading. Have students do **Comprensión** in pairs, taking turns asking and answering the questions. Then briefly review the answers with the class, as you describe the places mentioned. Before assigning **UPM** as homework, go over the model. Draw attention to the salutation. Point out that the greeting *Estimado/a* is a friendly yet formal address, but *Querido/a* is a more intimate greeting. Tell students that *Un abrazo* is an affectionate way to close a personal letter or a postcard. List other expressions for closing: *Hasta la próxima, Con cariño, Cariñosamente, Hasta pronto, Un beso, Cordialmente.* For a more creative assignment, students could purchase a postcard and write on it; they may design their own postcard, picture and all!

ocabulario

• El automóvil — Automobile

abrocharse el cinturón de seguridad	to fasten one's seat belt
los cambios	gears
el capó	hood
el espejo retrovisor	rearview mirror
los faros	headlights
los frenos	brakes
el guardafangos	fender
el limpiaparabrisas	windshield wiper
la llanta (desinflada)	(flat) tire
el maletero	trunk
el parabrisas	windshield
el parachoques	bumper
el peatón / la peatona	pedestrian
la placa	license plate
el seguro automovilístico	(automobile) insurance
tocar la bocina	to honk the horn
el tránsito	traffic
el volante	steering wheel

PALABRAS SEMEJANTES: la antena, la circulación
REPASO: el asiento, la autopista, la carretera, la rueda, el semáforo, la señal, el tanque

• Los letreros en la carretera — Road Signs

el camino	road
despacio	slow
la desviación	detour
disminuya la velocidad	slow down
doble sentido (vía)	two-way
no hay paso	no entrance
el puente	bridge
un solo sentido (una sola vía)	one-way

PALABRA SEMEJANTE: la curva
REPASO: ¡Alto!, el peligro

• Los viajes — Trips

la aduana	customs
el alojamiento	lodging
el barco de vela	sail boat
el botones	bellhop
la camarera	chambermaid
el cambio	money exchange
los derechos de aduana	customs duty, taxes
el destino	destination
la excursión	tour, field trip
la habitación	(hotel) room
sencilla	single occupancy
doble	double occupancy
los impuestos	taxes
las instrucciones	directions
la llegada	arrival
la maleta	suitcase
el mostrador	counter
la primera clase	first class
la recepción	lobby
la sala de espera	waiting room
la salida	departure; exit
la vacuna	vaccination, shot
el viajero / la viajera	traveler
el visado (la visa)	visa

PALABRAS SEMEJANTES: la agencia de viajes, la clase turística, el consulado, el contrabando, la inmigración, el turismo
REPASO: el crucero, el pasaje, el pasajero / la pasajera, el plano, el/la turista

• El transporte aéreo — Air Travel

abordo	on board
el/la asistente de vuelo	flight attendant
el boleto	ticket
de ida y vuelta	round-trip
la escala	stopover
el reclamo de equipaje	baggage claim
el transbordo	transfer
el traslado de... a...	transportation from . . . to . . .

PALABRAS SEMEJANTES: la aerolínea
REPASO: el aeropuerto, el avión, el vuelo

• Los lugares — Places

la cabaña	cabin
el campamento	campground; camp
la corrida de toros	bullfight
la estación del metro	subway station
la glorieta	traffic circle
el parador	state (tourist) hotel
el puerto	port

PALABRAS SEMEJANTES: el acueducto, el cementerio, la lancha, el monumento, el palacio, la plaza, la ruina

• Los mandatos — Commands

baje(n) (bajar)	get off (to get off)
doble(n) (doblar)	turn (to turn)
haga(n) (hacer)	do, make (to do, to make)
salga(n) (salir)	leave (to leave)
siga(n) (seguir)	keep going (to keep going)
suba(n) (subir)	board (to board)
tome(n) (tomar)	(to take)

• Los verbos — Verbs

abordar	to board
acabar de (+ *infin.*)	to have just done *something*
avisar	to advise; to warn
broncearse	to get a tan
caerse	to fall down
cambiar dólares por...	to exchange dollars for . . .
chocar (con)	to crash, run into (*something*)
disfrutar	to enjoy
empacar	to pack
estar de visita	to be staying
facturar el equipaje	to check baggage
gastar gasolina	to use (waste) gasoline
hacer clic en	to "click" on
hacer cola	to stand in line
hacer las maletas	to pack
olvidar	to forget
revisar	to check
sacar el pasaporte	to get a passport
salir de vacaciones	to go on vacation
tener la culpa	to be at fault

PALABRAS SEMEJANTES: admirar, anunciar, consistir (en), mantener, mencionar, organizar, planear
REPASO: estacionar el carro, hospedarse

• Los sustantivos — Nouns

el agua dulce/salada	fresh/salt water
el billete	ticket
la caminata	walk, hike
el consejo	advice
la cuadra	(*street*) block
el (dinero en) efectivo	cash (money)
el equipo	equipment

la esquina	corner
el este	east
el folleto	brochure
el lujo	luxury
la mesita de noche	night table, nightstand
el oeste	west
el paisaje	landscape; countryside
la pintura	painting
la superficie	surface
la tribu	tribe

PALABRAS SEMEJANTES: el adulto, el ballet folclórico, el experto / la experta, el flamenco, la importancia, el kilómetro, la porcelana, la región, la revolución, la selección

• Los adjetivos — Adjectives

ancho/a	wide
aventurero/a	adventurous
judío/a	Jewish
ofrecido/a	offered
resbaloso/a	slippery

PALABRAS SEMEJANTES: extenso/a, incluido/a, prohibido/a

• Palabras y expresiones útiles — Useful Words and Expressions

además de	besides
Aquí lo tiene.	Here it is.
A sus órdenes	How may I help you?; At your service
a última hora	last minute
¿Cómo se va de... a... ?	How does one get from . . . to . . . ?
¡Cuidado!	Careful! Watch out!
Para servirle.	You are welcome.
permítame	allow me
por supuesto	of course
Sí, como no.	Yes, of course.

PALABRA SEMEJANTE: ¡Qué coincidencia!
REPASO: a la derecha / a la izquierda

Gramática y ejercicios

Polite commands:
-ar verbs take **-e(n)** endings: **hable** (usted), **tomen** (ustedes)
-er/-ir verbs take **-a(n)** endings: **coma** (usted), **escriban** (ustedes)

11.1. Formal commands have been used receptively in TPR activities in each chapter, as well as in instructions for activities and exercises. The explanation here is a preliminary introduction to the subjunctive, which will be introduced in **Gramática 11.2** and **11.3** and again in **Gramática 12.3.**

11.1 Giving Instructions: Polite Commands

A. Polite singular commands (a command you would make to a person you address with **usted**) are formed by changing **-ar** verb endings to **-e**; **-er** and **-ir** endings change to **-a.** (Informal commands are presented in **Gramática 14.3.**)

-ar:	Lleve el paquete.	*Take the package.*
-er:	Coma cereal por la mañana.	*Eat cereal in the morning.*
-ir:	Abra la ventana, por favor.	*Open the window, please.*

B. To give polite commands to more than one person, add **-n.***

No bailen más de dos horas.   *Don't dance more than two hours.*

C. If a verb stem is irregular in the **yo** form of the present tense, it usually has the same irregularity in the command form: **yo pongo** → **ponga.**

Venga(n) temprano, por favor.   *Come early, please.*
Salga(n) inmediatamente.   *Leave immediately.*

Here are some common irregular commands based on the **yo** form.

conozca	(conocer)	*know*	tenga	(tener)	*have*
diga	(decir)	*say*	traiga	(traer)	*bring*
haga	(hacer)	*do; make*	vea	(ver)	*see*
oiga	(oír)	*hear*	venga	(venir)	*come*

Tengan cuidado en la autopista.   *Be careful on the freeway.*
Traiga sus documentos mañana a la oficina de la aduana.   *Bring your documents tomorrow to the customs office.*

D. The following irregular command forms do not match the first-person singular forms.

dé	(dar)	*give*	sepa	(saber)	*know*
esté	(estar)	*be*	vaya	(ir)	*go*
sea	(ser)	*be*			

Sepa muy bien lo que quiere decir antes de hablar.   *Know well what you want to say before speaking.*
Si quiere reservar un asiento para diciembre, **vaya** ahora mismo a la agencia de viajes.   *If you want to reserve a seat for December, go to the travel agency right away.*

---

*In Spain the **vosotros/as** command form is used for plural *informal* commands. See the section on **vos** and **vosotros** in the **Expansión gramatical** at the end of the *Cuaderno de actividades.* In most of Latin America, however, the plural polite command is used to give a command to more than one person, whether one normally addresses them politely or informally.

E. Verbs with vowel changes in the stem show the same changes in the polite command forms.

pi**e**nse	pensar (ie)	*think*	ci**e**rre	cerrar (ie)	*close*
d**ue**rma	dormir (ue)	*sleep*	v**ue**lva	volver (ue)	*return*
s**i**rva	servir (i)	*serve*	cons**i**ga	conseguir (i)	*get*

Duerma por lo menos ocho horas cada noche.   *Sleep at least eight hours every night.*

Cierre la maleta.   *Close the suitcase.*

Sirva los refrescos.   *Serve the refreshments.*

F. Object pronouns and reflexive pronouns are attached to affirmative commands and precede negative ones.

Tráigale café, por favor; **no le traiga** té.   *Bring her coffee, please; don't bring her tea.*

Dígame la verdad; **no me diga** que no la sabe.   *Tell me the truth; don't tell me that you don't know (it).*

Espere, **no lo haga** ahora; **hágalo** más tarde.   *Wait, don't do it now; do it later.*

Levántese temprano; **no se pierda** las noticias de las seis.   *Get up early; don't miss the six o'clock news.*

EJERCICIO 1

Imagínese que usted es agente de viajes. Conteste las preguntas de sus clientes con un mandato lógico. Si es necesario, use un pronombre de complemento directo (**lo, la, los** o **las**).

> **¡OJO!**
>
> Remember to attach pronouns to the end of affirmative command forms.

MODELOS: ¿Tengo que pagar el pasaje hoy? →
Sí, *páguelo* hoy, por favor.

¿Necesito ir al consulado mañana? →
Sí, *vaya* mañana por la mañana.

1. ¿Debo hacer las reservaciones inmediatamente?
2. ¿Tengo que comprar ya los pasajes?
3. ¿Tengo que traer el dinero mañana?
4. ¿Necesito recoger los pasajes la semana que viene?
5. ¿Debo llegar al aeropuerto dos horas antes de la salida de mi vuelo?
6. ¿Necesito conseguir otro pasaporte?

> **mañana por la mañana** = *tomorrow morning*

EJERCICIO 2

Sus primos dicen que deben hacer las siguientes cosas. Déles mandatos directos. Si es necesario, use un pronombre de complemento directo (**lo, la, los** o **las**).

> **conseguir** = *to get, obtain*

MODELOS: Debemos llamar a Jorge. → *¡Llámenlo!*

Debemos volver antes de septiembre. →
Sí, *vuelvan* antes de septiembre.

11.2. Call students' attention to the **Gramá-tica ilustrada** and read the captions and/or speech bubbles aloud with the whole class.

   This is the first formal introduction of subjunctive forms and structures. Although you probably have been using subjunctive forms in your speech, the change for regular verbs (*habla → hable; come → coma*) is so slight that it is highly unlikely that students will have noticed them. Even when you use the more obvious irregular forms (*Pablo, quiero que me traiga su prueba, por favor*), students tend to interpret them as commands and are not confused by the forms. Students are acquainted with command forms (**Gramática 11.1**), so subjunctive forms will not be new. In order for students to become more familiar with utterances containing subjunctive and pre-verbal placement of pronouns, the subjunctive structure is introduced with only the following 2 functions: (1) present subjunctive after *querer,* the most common context for subjunctive in native-speaker speech and the most useful for students to learn, and (2) present subjunctive after the temporal conjunction *cuando* (**Gramática 11.3**) to signal the future, the second most common function of the present subjunctive in Spanish. In this latter section we also

1. Debemos preparar el itinerario.
2. Debemos conseguir los pasaportes.
3. Debemos limpiar las maletas.
4. Debemos hacer las maletas esta noche.
5. Debemos dormir antes de salir.
6. Debemos salir inmediatamente.

11.2 Softening Commands (Part 1): The Present Subjunctive following *querer*

GRAMÁTICA ILUSTRADA

Andrea y Pedro quieren que el empleado les revise el boleto.

discuss the contrast between habitual (present indicative) and future (present subjunctive) action.

   Other uses of the subjunctive are described in **Gramática 12.3, 14.4, 14.5, 15.2–15.4,** and **15.6.** Most students do not master the subjunctive until after several years of speaking Spanish. Our experience is that first-year students consciously learn it, practice it, and promptly forget it; it will eventually be acquired with more exposure. Keep in mind that present and past subjunctive together make up less than 5 percent of all verb forms in normal native-speaker conversation.

A. You already know the Spanish verb forms used to give direct commands: for example, **siéntese, escriba, camine.** Rather than give a direct command, a speaker may prefer to use a "softened" expression, such as *I want you to . . .* A softened expression is used to talk about what one person wants another to do: *My parents want me to . . .*

> Softened commands =
> command forms after
> **querer que**
> **Quieren que yo ter-mine el trabajo.**
> (*They want me to finish the job.*)
> **Quiero que tú co-mas con nosotros.**
> (*I want you to eat with us.*)

—¿Qué **quiere** el inspector de aduanas?
—**Quiere** que abramos todas las maletas.

—*What does the customs inspector want?*
—*He wants us to open all of our suitcases.*

In Spanish, the verb in the clause that follows softened expressions like **quiero que...** has the same form as a command, but because these softened commands can be addressed to anyone, the second verb changes endings to indicate who is to do the action. These forms are called the *subjunctive mood.* You will learn more about the subjunctive in **Capítulos 12, 14** and **15.**

Quiero que { **vayamos** al museo primero.
tú **te quedes** con Adriana.
Carla nos **compre** los boletos.

I want { us to go to the museum first.
you to stay with Adriana.
Carla to buy us the tickets.

B. The forms of the present subjunctive are the same as the **usted** command forms plus the person/number endings: **hablar** → **hable** + **-s, -mos, -éis,* -n.** Thus, the endings contain a different vowel from the present tense (which we will call *present indicative* when we want to contrast it with the present subjunctive).

INFINITIVE	PRESENT INDICATIVE	PRESENT SUBJUNCTIVE
hablar	habl**a**	habl**e**
comer	com**e**	com**a**
escribir	escrib**e**	escrib**a**

> Present subjunctive forms = polite command forms with person/number endings:
> coma — viaje
> comas — viajes
> coma — viaje
> comamos — viajemos
> comáis — viajéis
> coman — viajen

Here are the rest of the present subjunctive forms.[†]

	-ar	-er	-ir
(yo)	habl**e**	com**a**	escrib**a**
(tú)	habl**es**	com**as**	escrib**as**
(usted, él/ella)	habl**e**	com**a**	escrib**a**
(nosotros/as)	habl**emos**	com**amos**	escrib**amos**
(vosotros/as)	habl**éis**	com**áis**	escrib**áis**
(ustedes, ellos/as)	habl**en**	com**an**	escrib**an**

—¿Qué quiere la mesera?
—Quiere que **paguemos**[‡] en la caja a la salida.

—*What does the waitress want?*
—*She wants us to pay at the cash register when we leave.*

C. Although pronouns are attached to affirmative commands (**cómalo**), they are placed before negative commands and conjugated verbs. (Pronouns are also attached to infinitives and present participles.)

—¿Qué quiere el agente de viajes?
—Quiere que **lo llamemos** mañana.
—Bueno, llámelo. Pero no lo llame muy temprano.

—*What does the travel agent want?*
—*He wants us to call him tomorrow.*
—*OK, call him. But don't call him too early.*

---

*Note that the **vosotros/as** form drops the **-e** of the **usted** command form.
[†]Recognition: **vos hablés, comás, escribás**
[‡]See Appendix 3 and the *Cuaderno de actividades,* **Capítulo 11,** for an explanation of spelling changes in the present subjunctive.

EJERCICIO 3

Raúl invita a Esteban a pasar la Navidad en México con su familia. Quiere que Esteban disfrute de su viaje. ¿Qué recomendaciones le hace Raúl a Esteban? Use estos verbos: *aprendas, comas, hables, saques, subas, veas, visites.*

MODELO: Quiero que *veas* los murales de Diego Rivera en el Palacio Nacional.

1. Esteban, quiero que _____ los platillos mexicanos que prepara mi abuela.
2. También quiero que _____ mucho español.
3. Quiero que _____ el Museo Nacional de Antropología.
4. También quiero que _____ las pirámides de Teotihuacán.
5. Quiero que _____ muchas fotos de tu viaje.
6. Quiero que _____ algo sobre la historia y cultura de México.

EJERCICIO 4

Aquí tiene usted algunas recomendaciones del agente de viajes de Rubén y Virginia Hernández. Ahora Virginia está repitiéndole la información a una vecina. Use el subjuntivo en todos los casos.

MODELO: Lleguen al aeropuerto con una hora de anticipación. →
Nuestro agente de viajes quiere que *lleguemos* al aeropuerto con una hora de anticipación.

1. Recojan sus boletos pronto.
2. Escriban una lista de lo que van a necesitar.
3. No lleven demasiadas cosas en las maletas.
4. Compren cheques de viajero.
5. Coman en restaurantes buenos; no coman en la calle.
6. Lleguen al aeropuerto temprano.
7. Beban refrescos o agua mineral; no beban el agua.

11.3. We follow the traditional analysis of deriving irregular subjunctives from the first-person singular form. This section is relatively complete; remind students to use it as a reference and to reread it from time to time. They should not attempt to memorize all irregular verb forms but rather refer to them one at a time as they need to use them in writing, a skill in which form is important. You may want to teach the very common and useful expression *o sea.* You may want to point out that some Spanish speakers use the word *vaya* as an expression of surprise: *Vaya, hombre. No sabía eso.*

11.3 Expressing Indefinite Future and the Present Subjunctive of Irregular Verbs

GRAMÁTICA ILUSTRADA

Cuando Pedro llegue al aeropuerto va a cambiar dinero.

Pedro y Andrea van a viajar a Europa cundo tengan suficiente dinero.

A. When the action or state described in a clause that begins with **cuando** refers to a habitual action, the present indicative is used.

> **Cuando** papá llega a casa, cenamos todos juntos.
>
> *When Dad gets home, we all eat dinner together.*
>
> Mis primos **siempre** van a la costa **cuando viajan.**
>
> *My cousins always go to the coast when they travel.*

On the other hand, when the action or state described in a clause that begins with **cuando** refers to the future, the subjunctive form of the verb is used.

> Vamos a facturar el equipaje **cuando revisen** el boleto.
>
> *We are going to check in the bags when they check the ticket.*
>
> Pedro va a hacer las reservaciones **cuando hable** con Andrea.
>
> *Pedro is going to make the reservations when he speaks with Andrea.*
>
> **Cuando lleguemos** a Madrid, quiero ver el Museo del Prado.
>
> *When we get to Madrid, I want to see the Prado Museum.*

> Subjunctive is used after **cuando** when referring to the future:
> **Cuando salga de viaje, voy a...**
> (When I leave on my trip, I'm going to . . .)

B. Verbs that have different stems in the **yo** forms of the present indicative have those same stems in the present subjunctive (as they do in the command forms).

conocer	conozco	conozca, conozcas, conozca, conozcamos, conozcáis, conozcan
construir	construyo	construya, construyas, construya, construyamos, construyáis, construyan
decir	digo	diga, digas, diga, digamos, digáis, digan
hacer	hago	haga, hagas, haga, hagamos, hagáis, hagan
oír	oigo	oiga, oigas, oiga, oigamos, oigáis, oigan
poner	pongo	ponga, pongas, ponga, pongamos, pongáis, pongan
recoger	recojo	recoja, recojas, recoja, recojamos, recojáis, recojan
salir	salgo	salga, salgas, salga, salgamos, salgáis, salgan
tener	tengo	tenga, tengas, tenga, tengamos, tengáis, tengan
traer	traigo	traiga, traigas, traiga, traigamos, traigáis, traigan
venir	vengo	venga, vengas, venga, vengamos, vengáis, vengan
ver	veo	vea, veas, vea, veamos, veáis, vean

> The subjunctive takes a long time to acquire. You will hear it and read it extensively before you are able to produce it comfortably.

> Cuando **recojamos** los boletos, le vamos a preguntar al agente si necesitamos vacunas.
>
> *When we pick up the tickets, we'll ask the agent if we need vaccinations.*

C. Verbs that end in **-oy** in the **yo** form, as well as the verb **saber**, have irregular stems in the present subjunctive.*

dar	doy	dé, des, dé, demos, deis, den
estar	estoy	esté, estés, esté, estemos, estéis, estén
ir	voy	vaya, vayas, vaya, vayamos, vayáis, vayan
ser	soy	sea, seas, sea, seamos, seáis, sean
saber	sé	sepa, sepas, sepa, sepamos, sepáis, sepan

*Recognition: **vos des, estés, vayás, seás, sepás**

Cuando **llegues** a Barcelona, quiero que me **llames.**
When you arrive in Barcelona, I want you to call me.

La profesora quiere que **hagamos** todos estos ejercicios para el martes.
The professor wants us to do all these exercises by Tuesday.

D. The present subjunctive forms of stem-changing verbs are as follows.

Group I. Verbs with stem-vowel changes **e → ie** and **o → ue** in the present indicative keep those changes in the present subjunctive. The stems of verbs like **pensar** and **volver** always change except for the **nosotros/as** and **vosotros/as** forms.*

INDICATIVE	SUBJUNCTIVE	INDICATIVE	SUBJUNCTIVE
pienso	piense	vuelvo	vuelva
piensas	pienses	vuelves	vuelvas
piensa	piense	vuelve	vuelva
pensamos	pensemos	volvemos	volvamos
pensáis	penséis	volvéis	volváis
piensan	piensen	vuelven	vuelvan

No quiero que tú **pienses** mal de mí.
I don't want you to think badly of me.

El presidente del Banco de Guadalajara quiere que sus empleados **vuelvan** al trabajo a las 2:00.
The president of the Bank of Guadalajara wants his employees to return to work at 2:00.

Group II. Verbs like **pedir** and **servir**, whose stems show an **e → i** change in the present indicative (except for the **nosotros/as** and **vosotros/as** forms†), have the same stem-vowel change in *all* the present subjunctive forms.

INDICATIVE	SUBJUNCTIVE	INDICATIVE	SUBJUNCTIVE
pido	pida	sirvo	sirva
pides	pidas	sirves	sirvas
pide	pida	sirve	sirva
pedimos	pidamos	servimos	sirvamos
pedís	pidáis	servís	sirváis
piden	pidan	sirven	sirvan

---

*Recognition: **vos pensés, volvás**
†Recognition: **vos pidás, sirvás**

EL PARADOR DE ZAFRA

Cuenta la historia que en un castillo de la localidad de Zafra habitó Hernán Cortés antes de partir para conquistar Méjico. Hoy, ese castillo ofrece todo el encanto de un cómodo Parador Nacional disponible para todos los que, sin sentirse héroes de grandes hazañas, están dispuestos a trasladarse hasta el siglo XV y revivir glorias pasadas. El Parador Hernán Cortés está acondicionado con todo tipo de comodidades. Destaca su restaurante especializado en platos típicos de la zona. Por su situación privilegiada, es la base

FOTOS A GARRIDO

perfecta para recorrer los alrededores, que ofrecen pueblos medievales de gran interés cultural. Precio: 9.000 ptas habitación doble. Parador Hernán Cortés. Zafra, Badajoz.

Papá quiere que todos **pidamos** un sándwich.

Dad wants all of us to order a sandwich.

Cuando **se sirva** el pastel, vamos a cantarle «Las Mañanitas» a Andrea.

When the cake is served, let's sing "Happy Birthday" to Andrea.

Group III. Verbs like **divertirse,** which show an **e** → **ie** change in the present indicative as well as an **e** → **i** change in the preterite, and verbs like **dormir,** which show an **o** → **ue** change in the present indicative and an **o** → **u** change in the preterite, maintain *both* changes in the present subjunctive.*

INDICATIVE	SUBJUNCTIVE	INDICATIVE	SUBJUNCTIVE
me divierto	me divierta	duermo	duerma
te diviertes	te diviertas	duermes	duermas
se divierte	se divierta	duerme	duerma
nos divertimos	nos divirtamos	dormimos	durmamos
os divertís	os divirtáis	dormís	durmáis
se divierten	se diviertan	duermen	duerman

Todos quieren que **nos divirtamos** mucho en el viaje.

Everyone wants us to have a lot of fun on the trip.

Quiero que **duermas** ahora, porque el viaje mañana va a ser difícil.

I want you to sleep now, because the trip tomorrow is going to be difficult.

EJERCICIO 5

Escoja el verbo que mejor corresponda al contexto.

MODELO: Voy a darte tu boleto cuando <u>subamos</u>/subimos al avión.

1. Voy a mandarte una tarjeta postal cuando *llegue/llego* al hotel.
2. Cuando *viajemos/viajamos* a Argentina, siempre nos hospedamos en el Hotel Río Plata.
3. Todos los días la asistente de vuelo sirve las bebidas cuando los pasajeros *suban/suben* al avión.
4. Voy a saber más de los mayas cuando *lea/leo* estos libros sobre su cultura.
5. José y Pilar van a pagar en la caja cuando *terminen/terminan* de cenar.

¡OJO!

Decide whether **cuando** signals a habitual action (present indicative) or a future action (present subjunctive) and choose the appropriate verb form. Watch out for habitual action markers such as *siempre, todos los días,* etc.

---

*Recognition: **vos te divirtás, te durmás**

EJERCICIO 6

Usted va a ir de excursión a México con un grupo de estudiantes de su clase de español. Su profesor(a) le ha hecho una lista de recomendaciones para el viaje. Ahora sus padres le repiten estas recomendaciones.

MODELO: No salga sin los boletos. →
Hijo/a, no queremos que *salgas sin los boletos.*

seguro = *safe*

1. Haga las maletas un día antes de la salida.
2. Duerma ocho horas la noche anterior a la salida.
3. Llévese ropa para ocho días.
4. Vaya directamente a la estación de autobuses.
5. Ponga el dinero en un lugar seguro.
6. Dele su pasaporte al profesor.
7. Vuelva con buenos recuerdos del viaje.
8. No pida comida norteamericana en los restaurantes.
9. Diviértase mucho y traiga regalos para toda la familia.
10. Dígale «Adiós» a su familia.

¡OJO!

Provide the correct subjunctive forms in both clauses and then match clauses logically to form sentences.

EJERCICIO 7

Primero escriba las formas apropiadas de los verbos indicados. Luego señale la frase que mejor complete cada oración.

MODELO: Mi profesora quiere que yo *me divierta* (divertirse) cuando *salga* (salir: yo) de vacaciones.

1. Mis padres quieren que los _____ (llamar: yo)...
2. Queremos que Juan, el mesero más guapo, nos _____ (servir)...
3. Quiero que _____ (oír: tú) mi nuevo disco...
4. Alberto quiere que nosotros le _____ (traer) regalos...
5. Quiero que _____ (sacar: tú) muchas fotos...

a. cuando _____ (estar: tú) en México.
b. cuando _____ (venir: tú) a visitarme.
c. cuando _____ (llegar: yo) a mi destino.
d. cuando _____ (ir: nosotros) al restaurante argentino.
e. cuando _____ (volver: nosotros) de Madrid.

11.4 Talking about Past Actions in Progress: The Imperfect Progressive

GRAMÁTICA ILUSTRADA

11.4. Direct students' attention to the **Gramática ilustrada** and read the captions aloud with the whole class. The imperfect progressive is almost identical in form and function to the English past progressive (*was* + *-ing*). We do not discuss past (preterite) progressive (*estuve hablando*), because it is a very low-frequency structure and can be introduced in the second year.

Ayer, a las 4:00 de la tarde,...

Andrea estaba descansando al lado de la piscina.

Pedro estaba escribiendo una carta.

Marisa y Clarisa estaban paseando en el parque con su abuela.

To describe an action that was taking place at some past moment, use the imperfect tense of **estar** (**estaba, estabas, estaba, estábamos, estabais, estaban**), followed by a present participle.

—¿Qué **estabas haciendo** a las 4:00?

—*What were you doing at 4:00?*

—Creo que **estaba viendo** la televisión.

—*I think I was watching television.*

—Rubén, ¿qué **estabas haciendo** ayer cuando te llamé?

—*Rubén, what were you doing yesterday when I called?*

—¡**Estaba durmiendo,** por supuesto!

—*I was sleeping, of course!*

> **¿RECUERDA?**
>
> In **Gramática 5.3** you learned how to use a present-tense form of **estar** with a present participle (the **-ando/-iendo** form of the verb) to talk about actions currently in progress. Review that section now, if necessary.

EJERCICIO 8

Usando el participio del presente de **asistir, dormir, estudiar, leer** y **ver,** diga qué estaba haciendo y qué no estaba haciendo usted ayer.

Ayer a las 4:00 de la tarde estaba...

		SÍ	NO
1.	_____ una siesta.	☐	☐
2.	_____ a una clase.	☐	☐
3.	_____ la televisión.	☐	☐
4.	_____ la lección de español.	☐	☐
5.	_____ el periódico.	☐	☐

Ahora diga qué estaban haciendo las siguientes personas. Use el verbo apropiado: **comer, dar, hacer, limpiar, preparar.**

6. Mi profesor(a) _____ la clase de español.
7. Mi mejor amigo/a _____ la tarea.
8. Dos compañeros de clase _____ en un restaurante.
9. Mis padres _____ la casa.
10. El presidente de los Estados Unidos _____ un discurso.

> **un discurso** = *a speech*

11.5 Telling What Was Happening: The Imperfect in Contrast to the Preterite

GRAMÁTICA ILUSTRADA

Era un día de primavera. Hacía sol y hacía un poco de fresco. Pedro y Andrea estaban sentados en un café de la Gran Vía cuando de repente Pedro vio a un viejo amigo de la universidad. Pedro se levantó, corrió hacia él, lo saludó y lo invitó a tomar un refresco con él y Andrea. Los tres tomaron refrescos y charlaron.

Some review:
preterite = action was completed
imperfect = action went on over time in past
imperfect progressive = action was going on at a particular time in the past

¿RECUERDA?

In **Gramática 11.4,** you learned that the imperfect progressive can be used to indicate that something was happening at a particular time in the past.

Although the imperfect and the preterite both describe past actions or states, their uses are not the same. As you know, the preterite is used with verbs of action to emphasize that a past event was completed.

—¿Qué **hiciste** ayer?   —*What did you do yesterday?*
—**Visité** el Museo del Prado.   —*I visited the Prado Museum.*

The imperfect, on the other hand, is chosen if the speaker wishes to emphasize that an action happened repeatedly in the past.

Cuando **íbamos** de vacaciones a Acapulco, siempre **nos quedábamos** en el Hotel Condesa del Mar.

When we were on vacation in Acapulco, we would always stay at the Condesa del Mar Hotel.

—¿Qué **estabas haciendo** cuando te llamé?
—**Estaba bañándome.**

—*What were you doing when I called?*
—*I was taking a bath.*

Similarly, you can use the simple imperfect to describe an action that was in progress in the past when something else interrupted it. The interrupting action is expressed in the preterite tense.

Caminaba por la calle cuando **vi** al agente de policía.

I was walking down the street when I saw the policeman.

Descansaba en mi cuarto cuando **sonó** el teléfono.

I was resting in my room when the phone rang.

Salía de la casa cuando me **gritó** la vecina.

I was leaving (the house) when the neighbor yelled to me.

Llegábamos a Madrid cuando **se descompuso** el motor.

We were arriving in Madrid when the engine broke down.

> **action in progress** = imperfect
> **interrupting action** = preterite

> Imperfect is used for past habitual action:
> **De joven, *vivía* en México.**
> or past action in progress:
> ***Caminaba* por la plaza cuando oí la música.**

EJERCICIO 9

Escriba la forma apropiada de los verbos entre paréntesis. Luego indique si eso le ha pasado a usted alguna vez.

MODELO: El profesor *hablaba* (hablar) cuando me dormí en clase.

SÍ NO

1. _____ (manejar: yo) en la autopista cuando dos carros chocaron. ☐ ☐
2. _____ (ver: yo) mi programa favorito cuando sonó el teléfono y no contesté. ☐ ☐
3. _____ (caminar: yo) por la calle cuando vi un accidente. ☐ ☐
4. Mi profesor _____ (hablar) cuando entré tarde a la clase. ☐ ☐
5. _____ (bañarse: yo) cuando entró un amiguito de mi hijo. ☐ ☐

Ej. 9. Imperfect verbs provide a backdrop to the interrupting event, which is expressed by the past. You may want to review briefly the past-tense functions: past for single, completed events (narration); imperfect for past habitual actions or for ongoing events that provide a backdrop for a completed event.

EJERCICIO 10

Pilar habla de sus vacaciones. Lea toda la historia primero y luego escoja entre el imperfecto o el pretérito, según el contexto.

Ej. 10. Check or review this exercise in class. Do not confuse students with a detailed explanation of imperfect/past differences. This contrast is developed slowly through input and interaction experiences, not by more grammar exercises and explanations.

Cuando *era/fui*[1] niña, todos los años mi familia y yo *íbamos/fuimos*[2] a las islas Baleares. Siempre *alquilábamos/alquilamos*[3] una casa con vista al mar. De día *buceábamos/buceamos*[4] y nos *bañábamos/bañamos*.[5] De noche *salíamos/salimos*[6] a cenar a un restaurante elegante y luego *caminábamos/caminamos*[7] por la plaza.

Una tarde de verano, cuando mi hermano menor, Felipe, *tenía/tuvo*[8] 8 años, él y yo *íbamos/fuimos*[9] solos a la playa. Nuestros padres *dormían/durmieron*[10] todavía. Mi hermanito *jugaba/jugó*[11] en el agua y yo *hablaba/hablé*[12] con unos chicos que ya *conocía/conocí*[13] de otros veranos. Después de unos minutos *miraba/miré*[14] hacia donde *jugaba/jugó*[15] mi hermanito y no lo *veía/vi*.[16] Mis amigos y yo nos *levantábamos/levantamos*[17] y *corríamos/corrimos*[18] al agua para buscarlo. No lo *encontrábamos/encontramos*.[19] Lo *buscábamos/buscamos*[20] por toda la playa y no lo *podíamos/pudimos*[21] encontrar. Yo *estaba/estuve*[22] desesperada. Por fin *regresábamos/regresamos*[23] adonde *teníamos/tuvimos*[24] las toallas... allí *estaba/estuvo*[25] mi hermanito, comiendo sandía. «¿Adónde *ibas/fuiste*?[26]» le *gritaba/grité*.[27] Él no me *contestaba/contestó*,[28] pero yo *estaba/estuve*[29] tan contenta de verlo que no me *enojaba/enojé*[30] demasiado con él.

Las fantásticas creaciones de Susana Buyo. As a follow-up, ask for students' reactions to the *alebrijes*. Repeat the questions in the last paragraph as students look at the photos: *¿Qué opinan ustedes de los alebrijes? ¿Qué impresión les producen?* If there are artists in your class, have them share their impressions. They could also talk about works they have created that are similar to the *alebrijes*. As an

Las fantásticas creaciones de Susana Buyo

Las creaciones de Susana Buyo son hermosas y tienen un nombre muy original: *alebrijes*.* La palabra describe perfectamente estas fantásticas figuras que representan dragones con cabeza de serpiente, sirenas con alas,[1] pájaros con dientes y muchas otras formas. Los alebrijes están hechos de cartón y varios otros materiales. La artista los pinta con acrílico y los termina con laca.[2]

El gran artista mexicano **Pedro Linares** inventó los alebrijes en 1950. Esta invención hizo muy famoso a Linares, ganándole el Premio Nacional de Artes Tradicionales en 1990. **Susana Buyo** fue discípula del maestro por un tiempo y pronto se convirtió en una creadora extraordinaria de alebrijes.

Buyo es argentina, pero vive y trabaja en México. En México dirige varios talleres de artesanía[3] y ha tenido exposiciones en museos importantes.[†] Una de las metas profesionales de **Susana Buyo** es la de estimular el impulso creativo de sus discípulos. Por eso invita a los más talentosos a exponer su obra con ella.

¿Qué opina usted de los alebrijes? Mire las fotos. ¿Qué impresión le producen estas figuras? Para **Susana Buyo**, los alebrijes son la forma externa que toman sus sueños, la imagen de sus inseguridades[4] y preocupaciones. Gracias al don[5] artístico de esta creadora argentina, las imágenes que la asustan[6] cuando duerme se transforman en bellas criaturas.

additional activity, some students can research Susana Buyo on the Internet, report to the class, and bring in photos of other *alebrijes*. Or

[1]sirenas... *winged mermaids*   [2]*lacquer*   [3]talleres... *arts and crafts workshops*   [4]*insecurities*   [5]*gift, talent*   [6]la... *frighten her*

you may want to assign the following writing project. First, tell students: *Después de leer este artículo, vamos a hacer un experimento creativo.* Then have students write a composition on this topic: *Apunten uno de sus sueños y traten de darle forma*

*La palabra *alebrije* se deriva del verbo *alebrarse*, que se refiere a la acción de tirarse al suelo, como lo haría un conejo con miedo.   *concreta.*

†Por ejemplo, el Museo Soumaya de la Ciudad de México, el Museo Nacional de Culturas Populares y el Museo de la Ciudad de México. La obra de Buyo ha sido adquirida por coleccionistas de muchos países. Hay alebrijes en Copenhague, Estocolmo, Londres, Nueva York, Los Ángeles y Buenos Aires, entre otras ciudades. *Luego inventen un nombre especial para su creación. ¿De qué material van a construir su*

visión? ¿De cartón? ¿barro? ¿piedra? ¿metal? ¿Van a darle color? ¿Refleja esta obra las inseguridades y preocupaciones que ustedes tienen? ¿O refleja otros aspectos de su vida? ¿sus metas personales? ¡Deje volar su imaginación!

Guinea Ecuatorial, país hispano de África

Guinea Ecuatorial, país hispano de África. Equatorial Guinea is located in west-central Africa, yet the country has many linguistic and cultural elements in common with Spain and Latin America. Geography and economy: The continental region has a strip of mangrove swamps. The inland terrain rises to elevations of up to 1,200 meters (4,000 feet) in the forests of the Crystal Mountains. There are many tropical rain forests in Equatorial Guinea.

Since independence in 1968, the country has mainly depended on agriculture for subsistence; it grows rice, cassava, bananas, and palm nuts. Equatorial Guinea exports coffee, cacao, and timber. Since the early 1990s, there has

Territorio ecuatoguineano.[1] 28.051 kilómetros cuadrados (17.433 millas cuadradas)
Población: 522.400 habitantes
Capital: Malabo (50.000 habitantes)
Idioma oficial: español
Ubicación[2] geográfica: centro oeste de África

Guinea Ecuatorial es uno de los países más nuevos del mundo, pues no recibió su nombre hasta 1963 ni su independencia hasta 1968. Es también el único país de cultura hispana en el continente africano. En Guinea Ecuatorial se hablan varios idiomas aborígenes,* pero una de las lenguas oficiales es el español.

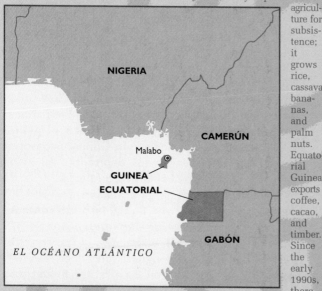

Esta pequeña nación africana está compuesta de un territorio continental, el llamado Río Muni, y cinco islas en el Océano Atlántico. Guinea Ecuatorial fue gobernada por Portugal de 1471 a 1778. La primera expedición española llegó en 1778 y el país fue colonizado por España poco después. Es por eso que hay tanta influencia hispana en muchos aspectos de su sociedad. La religión predominante, por ejemplo, es la católica, aunque el gobierno fomenta la libertad religiosa.[†] Desde 1984, año en que se celebró el Primer Congreso Cultural Afrohispano, el gobierno ecuatoguineano busca la convivencia[3] de sus raíces hispanas y africanas.

La cultura de los grupos étnicos en Guinea Ecuatorial es muy rica, especialmente su tradición musical.[‡] El instrumento

mento más popular del país es un arpa que se hace con bambú. El arte de Guinea Ecuatorial también es impresionante. Las máscaras[4] de madera son las piezas más representativas del arte ecuatoguineano. Se debe mencionar también la cocina de Guinea Ecuatorial, que es sencilla pero muy sabrosa. Muchos platillos llevan carne de res, pollo o pescado, y todos se condimentan con especias que crecen en los bosques del país.[§]

El presidente de Guinea Ecuatorial, Teodoro Obiang, tiene dos metas principales, que son mejorar la economía y reformar el sistema educativo del país. Entre sus proyectos culturales se encuentra la creación de museos para el arte tradicional y programas de promoción de las lenguas aborígenes. Hasta ahora los planes del presidente han dado fruto. El país afrohispano prospera.

[1]*Equato-Guinean* [2]*Location* [3]*coexistence* [4]*masks*

---

*Estos idiomas son, entre otros: fang, bubi, combe, bissio, annabonés y pichi (lengua basada en el inglés, *Pidgin English*).

[†]Existen más de veinte religiones, entre otras: la bautista, la evangélica, la adventista y la metodista. El gobierno también acepta la práctica de algunas creencias paganas.

been active exploration of petroleum and natural gas. Government and politics: The major Equato-Guinean political party is the *Partido Democrático de Guinea Ecuatorial*

[‡]Los tres grupos étnicos principales son el fang, el bubi y el ndow.

(PDGE), and there are

[§]Uno de los platillos que más se come es pollo con salsa de maní (cacahuate), el cual se sirve con plátano hervido y arroz.

13 opposition parties. The present government of Equatorial Guinea is collaborating closely with the United Nations, the World Bank, and the International Monetary Fund to implement an effective economic plan for the country. For more information, refer students to Equatorial Guinea websites.

Picasso y el Guernica

Picasso y el *Guernica*. The history of Spain is one of political strife and ethnic diversity. Some of the cultural groups that have had a major influence on Spain are the Romans (218 B.C.–409 A.D.), the Visigoths (414–711), and the Arabs (711–1492). The efforts of monarchs Fernando and Isabel (known as *los Reyes Católicos*) to unify the peninsula in the 15th century resulted in ethnic and religious cleansing; all opposed to the Catholic faith were

Pablo Picasso (1881–1973) ha pasado a la historia como uno de los grandes genios del siglo xx. Su pintura es sinónimo de revolución y

cambio. Desde su llegada a París en 1904, el pintor andaluz[1] comienza a explorar diferentes estilos. Surgen entonces sus «épocas cromáticas»: la azul y la rosa. Picasso pasa luego al cubismo, un tipo de pintura geometrizada.

Autorretrato

Durante toda su vida de artista, Picasso estuvo experimentando y cambiando de estilo. Hombre genial e incansable,[2] también se comprometió[3] políticamente. Apoyó la República[4] y en 1937 pintó el cuadro *Guernica,* haciendo así una fuerte denuncia de los crímenes del fascismo. El suceso[5] que inspiró esta obra fue un trágico episodio de la historia española. El 28 de abril de 1937 las fuerzas fascistas alemanas bombardearon el pueblo de Guernica, situado al norte de España. Lo hicieron como experimento. Querían saber si un bombardeo aéreo podía destruir una población completa.

La famosa pintura de Picasso critica duramente la guerra y el tratamiento inhumano de los ciudadanos de Guernica. La masacre de este pueblo marca el comienzo de una de las más largas dictaduras de nuestro siglo: el *franquismo.* El general Francisco Franco, después de dirigir un golpe militar contra el gobierno español republicano, triunfó en 1939. Controló el destino de España hasta 1975, año de su muerte.

Picasso pidió en su testamento que el *Guernica* no se exhibiera en España hasta que su país tuviera un gobierno democrático. En 1981, los españoles eligieron un gobierno encabezado[6] por Felipe González, líder popular del Partido Socialista de España (PSOE). Ese mismo año, el *Guernica* fue trasladado por fin al Museo del Prado en Madrid. El pueblo español pudo admirar la obra por primera vez desde que Picasso la creó en 1937.

Guernica

either exiled or subject to punishment by the Inquisition. Francisco Franco's political agenda after the Civil War in the 20th century may

[1]de Andalucía, región al sur de España [2]genial… *brilliant and tireless* [3]se… *he was involved* [4]Partido que luchaba contra el general fascista Francisco Franco durante la Guerra Civil española (1936–1939) [5]*event* [6]*headed*

be seen under the same light: Those opposed to the conservative, military government were exiled, incarcerated, or killed. Many artists and writers protested the government by self-exile and by denouncing the dictator in their works. Among them was Pablo Picasso.

La riqueza lingüística[1] del mundo hispano

Los países del mundo hispano varían mucho por su geografía, grupos étnicos y costumbres. Sin embargo, la colonización española les dio a todos estos países un idioma en común: el español o castellano. A pesar de que[2] el español es el idioma oficial en 21 países, incluyendo Guinea Ecuatorial en África, son muchos los habitantes en estos países que también hablan otro idioma.

España tiene una larga tradición de variedad lingüística que data[3] del fin del imperio romano. El latín se fragmentó en muchos idiomas diferentes. El español, el francés, el italiano y el rumano son todas lenguas romances, descendientes del latín. Pero en España se hablan otros cinco idiomas romances: el catalán, el gallego, el aragonés, el asturiano y el extremeño.

Before assigning the reading, show photos or slides of works by Picasso from his different periods. Suggestions: *Mujer vestida de blanco,* one of his early, representational (*realista*) paintings; and *Tres músicos,* which is *cubista.* You may also want to assign a composition on the following topic: *Mire la foto del cuadro Guernica y escriba una breve descripción. Por ejemplo, ¿cuántas personas hay y qué están haciendo? ¿Qué les está pasando? ¿Qué animales ve? ¿Puede usted ver los símbolos de la guerra?*

La riqueza lingüística del mundo hispano. This reading introduces the notion of linguistic variation in the hispanic world. If you have slides of the areas mentioned, show them in class. If students want more information, direct them to the many websites that deal specifically with the languages mentioned. Particularly helpful is the Latin American Network Information Center of the University of Texas at Austin and the Ethnologue Language Base site of the Summer Institute of Linguistics.

Gallego
Extremeño
Catalán
Euskera
Aragonés
Asturiano

Uno de los idiomas que ha tenido mucha influencia en el español es el árabe. Los árabes ocuparon gran parte de la península ibérica durante casi 800 años. Su influencia se nota en muchas palabras incorporadas al español, entre otras: *azúcar, álgebra, algodón, alberca, alfombra, arroz, barrio, café* y miles más.

América Latina cuenta con una variedad asombrosa[4] de idiomas indígenas.[5] Los idiomas nativos del Caribe desaparecieron con la muerte de gran parte de la población indígena de estas islas. Sin embargo,[6] el taíno o arahuaco, hablado por los indios de Puerto Rico y la República Dominicana, le dio al español palabras como *canoa, maíz* y *tabaco*. En México, Centroamérica y Sudamérica los idiomas de los antiguos habitantes de las Américas siguen vivos, se utilizan en el hogar,[7] en el mercado y en las calles.

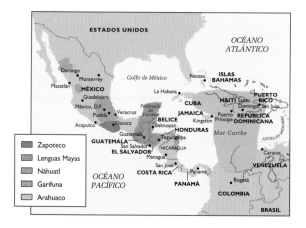

Zapoteco
Lenguas Mayas
Náhuatl
Garifuna
Arahuaco

En México hay más de 8 millones de personas que hablan 300 idiomas indígenas. El idioma de mayor extensión es el náhuatl, la lengua del imperio azteca. En la península de Yucatán se habla el yucateco —lengua maya— y en Oaxaca hay medio millón de hablantes del zapoteco. En Centroamérica también hay muchas personas que hablan idiomas indígenas. Guatemala y El Salvador tienen casi tres millones de habitantes que hablan varios dialectos de la familia maya; entre otros, el quiché, el cakchiquel y el mam. La palabra *cigarro,* por ejemplo, viene de la palabra maya *siyar*.

Sudamérica es la cuna[8] de una enorme variedad lingüística. Hay más de 100 lenguas; muchas de ellas se originaron en las selvas amazónicas de Colombia, Ecuador, Perú y Brasil. Los idiomas con más hablantes son el quechua, el aymara y el tupí-guaraní. Paraguay es el único país hispano oficialmente bilingüe; allí hay emisoras de radio y periódicos en guaraní.

Como se puede ver, los países de habla hispana poseen una riqueza lingüística que comprende mucho más que el castellano. Lamentablemente, muchos de los idiomas nativos del mundo hispano están en peligro de extinción. Para los hablantes de todos estos idiomas, mantener viva su lengua es una manera de mantener sus tradiciones y su identidad. Si queremos preservar la diversidad cultural de las poblaciones nativas, es importante salvar su herencia[9] lingüística.

Aymara
Quechua
Tupí-Guaraní

[1]requeza... *linguistic wealth* [2]A pesar... *In spite of the fact that* [3]*dates* [4]*astonishing* [5]*indigenous, native* [6]*Sin... Nevertheless* [7]*home, hearth* [8]*cradle* [9]*heritage*

Optional extra-credit assignments: **1.** Use the Internet to look up words in Spanish that come from the languages mentioned in the article. **2.** Research a common word in several different languages.

APPENDIX ONE

VERBS

A. Regular Verbs: Simple Tenses

INFINITIVE / PRESENT PARTICIPLE / PAST PARTICIPLE	INDICATIVE					SUBJUNCTIVE		IMPERATIVE
	PRESENT	IMPERFECT	PRETERITE	FUTURE	CONDITIONAL	PRESENT	IMPERFECT	
hablar / hablando / hablado	hablo	hablaba	hablé	hablaré	hablaría	hable	hablara	
	hablas	hablabas	hablaste	hablarás	hablarías	hables	hablaras	habla tú,
	habla	hablaba	habló	hablará	hablaría	hable	hablara	no hables
	hablamos	hablábamos	hablamos	hablaremos	hablaríamos	hablemos	habláramos	hable Ud.
	habláis	hablabais	hablasteis	hablaréis	hablaríais	habléis	hablarais	hablemos
	hablan	hablaban	hablaron	hablarán	hablarían	hablen	hablaran	hablad / hablen
comer / comiendo / comido	como	comía	comí	comeré	comería	coma	comiera	
	comes	comías	comiste	comerás	comerías	comas	comieras	come tú,
	come	comía	comió	comerá	comería	coma	comiera	no comas
	comemos	comíamos	comimos	comeremos	comeríamos	comamos	comiéramos	coma Ud.
	coméis	comíais	comisteis	comeréis	comeríais	comáis	comierais	comamos
	comen	comían	comieron	comerán	comerían	coman	comieran	comed / coman
vivir / viviendo / vivido	vivo	vivía	viví	viviré	viviría	viva	viviera	
	vives	vivías	viviste	vivirás	vivirías	vivas	vivieras	vive tú,
	vive	vivía	vivió	vivirá	viviría	viva	viviera	no vivas
	vivimos	vivíamos	vivimos	viviremos	viviríamos	vivamos	viviéramos	viva Ud.
	vivís	vivíais	vivisteis	viviréis	viviríais	viváis	vivierais	vivamos
	viven	vivían	vivieron	vivirán	vivirían	vivan	vivieran	vivid / vivan

B. Regular Verbs: Perfect Tenses

INDICATIVE										SUBJUNCTIVE		
PRESENT PERFECT		PAST PERFECT		PRETERITE PERFECT		FUTURE PERFECT		CONDITIONAL PERFECT		PRESENT PERFECT		PAST PERFECT
he		había		hube		habré		habría		haya		hubiera
has	hablado	habías	hablado	hubiste	hablado	habrás	hablado	habrías	hablado	hayas	hablado	hubieras
ha	comido	había	comido	hubo	comido	habrá	comido	habría	comido	haya	comido	hubiera
hemos	vivido	habíamos	vivido	hubimos	vivido	habremos	vivido	habríamos	vivido	hayamos	vivido	hubiéramos
habéis		habíais		hubisteis		habréis		habríais		hayáis		hubierais
han		habían		hubieron		habrán		habrían		hayan		hubieran

(Subjunctive Past Perfect: hubiera / hubieras / hubiera / hubiéramos / hubierais / hubieran + hablado / comido / vivido)

C. Irregular Verbs

INFINITIVE / PRESENT PARTICIPLE / PAST PARTICIPLE	INDICATIVE PRESENT	IMPERFECT	PRETERITE	FUTURE	CONDITIONAL	SUBJUNCTIVE PRESENT	IMPERFECT	IMPERATIVE
andar andando andado	ando andas anda andamos andáis andan	andaba andabas andaba andábamos andabais andaban	anduve anduviste anduvo anduvimos anduvisteis anduvieron	andaré andarás andará andaremos andaréis andarán	andaría andarías andaría andaríamos andaríais andarían	ande andes ande andemos andéis anden	anduviera anduvieras anduviera anduviéramos anduvierais anduvieran	anda tú, no andes ande Ud. andemos andad anden
caer cayendo caído	caigo caes cae caemos caéis caen	caía caías caía caíamos caíais caían	caí caíste cayó caímos caísteis cayeron	caeré caerás caerá caeremos caeréis caerán	caería caerías caería caeríamos caeríais caerían	caiga caigas caiga caigamos caigáis caigan	cayera cayeras cayera cayéramos cayerais cayeran	cae tú, no caigas caiga Ud. caigamos caed caigan
dar dando dado	doy das da damos dais dan	daba dabas daba dábamos dabais daban	di diste dio dimos disteis dieron	daré darás dará daremos daréis darán	daría darías daría daríamos daríais darían	dé des dé demos deis den	diera dieras diera diéramos dierais dieran	da tú, no des dé Ud. demos dad den
decir diciendo dicho	digo dices dice decimos decís dicen	decía decías decía decíamos decíais decían	dije dijiste dijo dijimos dijisteis dijeron	diré dirás dirá diremos diréis dirán	diría dirías diría diríamos diríais dirían	diga digas diga digamos digáis digan	dijera dijeras dijera dijéramos dijerais dijeran	di tú, no digas diga Ud. digamos decid digan
estar estando estado	estoy estás está estamos estáis están	estaba estabas estaba estábamos estabais estaban	estuve estuviste estuvo estuvimos estuvisteis estuvieron	estaré estarás estará estaremos estaréis estarán	estaría estarías estaría estaríamos estaríais estarían	esté estés esté estemos estéis estén	estuviera estuvieras estuviera estuviéramos estuvierais estuvieran	está tú, no estés esté Ud. estemos estad estén
haber habiendo habido	he has ha hemos habéis han	había habías había habíamos habíais habían	hube hubiste hubo hubimos hubisteis hubieron	habré habrás habrá habremos habréis habrán	habría habrías habría habríamos habríais habrían	haya hayas haya hayamos hayáis hayan	hubiera hubieras hubiera hubiéramos hubierais hubieran	
hacer haciendo hecho	hago haces hace hacemos hacéis hacen	hacía hacías hacía hacíamos hacíais hacían	hice hiciste hizo hicimos hicisteis hicieron	haré harás hará haremos haréis harán	haría harías haría haríamos haríais harían	haga hagas haga hagamos hagáis hagan	hiciera hicieras hiciera hiciéramos hicierais hicieran	haz tú, no hagas haga Ud. hagamos haced hagan
ir yendo ido	voy vas va vamos vais van	iba ibas iba íbamos ibais iban	fui fuiste fue fuimos fuisteis fueron	iré irás irá iremos iréis irán	iría irías iría iríamos iríais irían	vaya vayas vaya vayamos vayáis vayan	fuera fueras fuera fuéramos fuerais fueran	ve tú, no vayas vaya Ud. vayamos id vayan
oír oyendo oído	oigo oyes oye oímos oís oyen	oía oías oía oíamos oíais oían	oí oíste oyó oímos oísteis oyeron	oiré oirás oirá oiremos oiréis oirán	oiría oirías oiría oiríamos oiríais oirían	oiga oigas oiga oigamos oigáis oigan	oyera oyeras oyera oyéramos oyerais oyeran	oye tú, no oigas oiga Ud. oigamos oíd oigan

C. Irregular Verbs (continued)

INFINITIVE / PRESENT PARTICIPLE / PAST PARTICIPLE	INDICATIVE PRESENT	IMPERFECT	PRETERITE	FUTURE	CONDITIONAL	SUBJUNCTIVE PRESENT	IMPERFECT	IMPERATIVE
poder / pudiendo / podido	puedo puedes puede podemos podéis pueden	podía podías podía podíamos podíais podían	pude pudiste pudo pudimos pudisteis pudieron	podré podrás podrá podremos podréis podrán	podría podrías podría podríamos podríais podrían	pueda puedas pueda podamos podáis puedan	pudiera pudieras pudiera pudiéramos pudierais pudieran	
poner / poniendo / puesto	pongo pones pone ponemos ponéis ponen	ponía ponías ponía poníamos poníais ponían	puse pusiste puso pusimos pusisteis pusieron	pondré pondrás pondrá pondremos pondréis pondrán	pondría pondrías pondría pondríamos pondríais pondrían	ponga pongas ponga pongamos pongáis pongan	pusiera pusieras pusiera pusiéramos pusierais pusieran	pon tú, no pongas ponga Ud. pongamos poned pongan
querer / queriendo / querido	quiero quieres quiere queremos queréis quieren	quería querías quería queríamos queríais querían	quise quisiste quiso quisimos quisisteis quisieron	querré querrás querrá querremos querréis querrán	querría querrías querría querríamos querríais querrían	quiera quieras quiera queramos queráis quieran	quisiera quisieras quisiera quisiéramos quisierais quisieran	quiere tú, no quieras quiera Ud. queramos quered quieran
saber / sabiendo / sabido	sé sabes sabe sabemos sabéis saben	sabía sabías sabía sabíamos sabíais sabían	supe supiste supo supimos supisteis supieron	sabré sabrás sabrá sabremos sabréis sabrán	sabría sabrías sabría sabríamos sabríais sabrían	sepa sepas sepa sepamos sepáis sepan	supiera supieras supiera supiéramos supierais supieran	sabe tú, no sepas sepa Ud. sepamos sabed sepan
salir / saliendo / salido	salgo sales sale salimos salís salen	salía salías salía salíamos salíais salían	salí saliste salió salimos salisteis salieron	saldré saldrás saldrá saldremos saldréis saldrán	saldría saldrías saldría saldríamos saldríais saldrían	salga salgas salga salgamos salgáis salgan	saliera salieras saliera saliéramos salierais salieran	sal tú, no salgas salga Ud. salgamos salid salgan
ser / siendo / sido	soy eres es somos sois son	era eras era éramos erais eran	fui fuiste fue fuimos fuisteis fueron	seré serás será seremos seréis serán	sería serías sería seríamos seríais serían	sea seas sea seamos seáis sean	fuera fueras fuera fuéramos fuerais fueran	sé tú, no seas sea Ud. seamos sed sean
tener / teniendo / tenido	tengo tienes tiene tenemos tenéis tienen	tenía tenías tenía teníamos teníais tenían	tuve tuviste tuvo tuvimos tuvisteis tuvieron	tendré tendrás tendrá tendremos tendréis tendrán	tendría tendrías tendría tendríamos tendríais tendrían	tenga tengas tenga tengamos tengáis tengan	tuviera tuvieras tuviera tuviéramos tuvierais tuvieran	ten tú, no tengas tenga Ud. tengamos tened tengan
traer / trayendo / traído	traigo traes trae traemos traéis traen	traía traías traía traíamos traíais traían	traje trajiste trajo trajimos trajisteis trajeron	traeré traerás traerá traeremos traeréis traerán	traería traerías traería traeríamos traeríais traerían	traiga traigas traiga traigamos traigáis traigan	trajera trajeras trajera trajéramos trajerais trajeran	trae tú, no traigas traiga Ud. traigamos traed traigan

C. Irregular Verbs (continued)

INFINITIVE / PRESENT PARTICIPLE / PAST PARTICIPLE	INDICATIVE					SUBJUNCTIVE		IMPERATIVE
	PRESENT	IMPERFECT	PRETERITE	FUTURE	CONDITIONAL	PRESENT	IMPERFECT	
venir / viniendo / venido	vengo	venía	vine	vendré	vendría	venga	viniera	
	vienes	venías	viniste	vendrás	vendrías	vengas	vinieras	ven tú,
	viene	venía	vino	vendrá	vendría	venga	viniera	no vengas
	venimos	veníamos	vinimos	vendremos	vendríamos	vengamos	viniéramos	venga Ud.
	venís	veníais	vinisteis	vendréis	vendríais	vengáis	vinierais	vengamos
	vienen	venían	vinieron	vendrán	vendrían	vengan	vinieran	venid / vengan
ver / viendo / visto	veo	veía	vi	veré	vería	vea	viera	
	ves	veías	viste	verás	verías	veas	vieras	ve tú,
	ve	veía	vio	verá	vería	vea	viera	no veas
	vemos	veíamos	vimos	veremos	veríamos	veamos	viéramos	vea Ud.
	veis	veíais	visteis	veréis	veríais	veáis	vierais	veamos
	ven	veían	vieron	verán	verían	vean	vieran	ved / vean

D. Stem-Changing and Spelling Change Verbs

INFINITIVE / PRESENT PARTICIPLE / PAST PARTICIPLE	INDICATIVE					SUBJUNCTIVE		IMPERATIVE
	PRESENT	IMPERFECT	PRETERITE	FUTURE	CONDITIONAL	PRESENT	IMPERFECT	
pensar (ie) / pensando / pensado	pienso	pensaba	pensé	pensaré	pensaría	piense	pensara	
	piensas	pensabas	pensaste	pensarás	pensarías	pienses	pensaras	piensa tú,
	piensa	pensaba	pensó	pensará	pensaría	piense	pensara	no pienses
	pensamos	pensábamos	pensamos	pensaremos	pensaríamos	pensemos	pensáramos	piense Ud.
	pensáis	pensabais	pensasteis	pensaréis	pensaríais	penséis	pensarais	pensemos
	piensan	pensaban	pensaron	pensarán	pensarían	piensen	pensaran	pensad / piensen
volver (ue) / volviendo / vuelto	vuelvo	volvía	volví	volveré	volvería	vuelva	volviera	
	vuelves	volvías	volviste	volverás	volverías	vuelvas	volvieras	vuelve tú,
	vuelve	volvía	volvió	volverá	volvería	vuelva	volviera	no vuelvas
	volvemos	volvíamos	volvimos	volveremos	volveríamos	volvamos	volviéramos	vuelva Ud.
	volvéis	volvíais	volvisteis	volveréis	volveríais	volváis	volvierais	volvamos
	vuelven	volvían	volvieron	volverán	volverían	vuelvan	volvieran	volved / vuelvan
dormir (ue, u) / durmiendo / dormido	duermo	dormía	dormí	dormiré	dormiría	duerma	durmiera	
	duermes	dormías	dormiste	dormirás	dormirías	duermas	durmieras	duerme tú,
	duerme	dormía	durmió	dormirá	dormiría	duerma	durmiera	no duermas
	dormimos	dormíamos	dormimos	dormiremos	dormiríamos	durmamos	durmiéramos	duerma Ud.
	dormís	dormíais	dormisteis	dormiréis	dormiríais	durmáis	durmierais	durmamos
	duermen	dormían	durmieron	dormirán	dormirían	duerman	durmieran	dormid / duerman
sentir (ie, i) / sintiendo / sentido	siento	sentía	sentí	sentiré	sentiría	sienta	sintiera	
	sientes	sentías	sentiste	sentirás	sentirías	sientas	sintieras	siente tú,
	siente	sentía	sintió	sentirá	sentiría	sienta	sintiera	no sientas
	sentimos	sentíamos	sentimos	sentiremos	sentiríamos	sintamos	sintiéramos	sienta Ud.
	sentís	sentíais	sentisteis	sentiréis	sentiríais	sintáis	sintierais	sintamos
	sienten	sentían	sintieron	sentirán	sentirían	sientan	sintieran	sentid / sientan

D. Stem-Changing and Spelling Change Verbs (continued)

INFINITIVE / PRESENT PARTICIPLE / PAST PARTICIPLE	INDICATIVE					SUBJUNCTIVE		IMPERATIVE
	PRESENT	IMPERFECT	PRETERITE	FUTURE	CONDITIONAL	PRESENT	IMPERFECT	
pedir (i, i) pidiendo pedido	pido pides pide pedimos pedís piden	pedía pedías pedía pedíamos pedíais pedían	pedí pediste pidió pedimos pedisteis pidieron	pediré pedirás pedirá pediremos pediréis pedirán	pediría pedirías pediría pediríamos pediríais pedirían	pida pidas pida pidamos pidáis pidan	pidiera pidieras pidiera pidiéramos pidierais pidieran	pide tú, no pidas pida Ud. pidamos pedid pidan
reír (i, i) riendo reído	río ríes ríe reímos reís ríen	reía reías reía reíamos reíais reían	reí reíste rió reímos reísteis rieron	reiré reirás reirá reiremos reiréis reirán	reiría reirías reiría reiríamos reiríais reirían	ría rías ría riamos riáis rían	riera rieras riera riéramos rierais rieran	ríe tú, no rías ría Ud. riamos reíd rían
seguir (i, i) (g) siguiendo seguido	sigo sigues sigue seguimos seguís siguen	seguía seguías seguía seguíamos seguíais seguían	seguí seguiste siguió seguimos seguisteis siguieron	seguiré seguirás seguirá seguiremos seguiréis seguirán	seguiría seguirías seguiría seguiríamos seguiríais seguirían	siga sigas siga sigamos sigáis sigan	siguiera siguieras siguiera siguiéramos siguierais siguieran	sigue tú, no sigas siga Ud. sigamos seguid sigan
construir (y) construyendo construido	construyo construyes construye construimos construís construyen	construía construías construía construíamos construíais construían	construí construiste construyó construimos construisteis construyeron	construiré construirás construirá construiremos construiréis construirán	construiría construirías construiría construiríamos construiríais construirían	construya construyas construya construyamos construyáis construyan	construyera construyeras construyera construyéramos construyerais construyeran	construye tú, no construyas construya Ud. construyamos construid construyan
producir (zc) produciendo producido	produzco produces produce producimos producís producen	producía producías producía producíamos producíais producían	produje produjiste produjo produjimos produjisteis produjeron	produciré producirás producirá produciremos produciréis producirán	produciría producirías produciría produciríamos produciríais producirían	produzca produzcas produzca produzcamos produzcáis produzcan	produjera produjeras produjera produjéramos produjerais produjeran	produce tú, no produzcas produzca Ud. produzcamos producid produzcan

APPENDIX TWO

GRAMMAR SUMMARY TABLES

I. Personal Pronouns

SUBJECT	OBJECT OF PREPOSITION	REFLEXIVE	INDIRECT OBJECT	DIRECT OBJECT
yo	mí	me	me	me
tú	ti	te	te	te
usted	usted	se	le	lo/la
él	él	se	le	lo
ella	ella	se	le	la
nosotros/as	nosotros/as	nos	nos	nos
vosotros/as	vosotros/as	os	os	os
ustedes	ustedes	se	les	los/las
ellos	ellos	se	les	los
ellas	ellas	se	les	las

II. Possessive Adjectives and Pronouns

ADJECTIVES		PRONOUNS	
my	mi, mis	mine	mío/a, míos/as
your (inf. sing.)	tu, tus	yours	tuyo/a, tuyos/as
your (pol. sing.)	su, sus	yours	suyo/a, suyos/as
his	su, sus	his	suyo/a, suyos/as
her	su, sus	hers	suyo/a, suyos/as
our	nuestro/a, nuestros/as	ours	nuestro/a, nuestros/as
your (inf. pl.)	vuestro/a, vuestros/as	yours	vuestro/a, vuestros/as
your (pol. pl.)	su, sus	yours	suyo/a, suyos/as
their	su, sus	theirs	suyo/a, suyos/as

III. Demonstrative Adjectives and Pronouns

MASCULINE AND FEMININE	ADJECTIVES AND PRONOUNS	NEUTER PRONOUNS
this, these	este/esta, estos/estas	esto
that, those (not close to speaker)	ese/esa, esos/esas	eso
that, those (farther from speaker)	aquel/aquella, aquellos/aquellas	aquello

IV. *Por / para*

POR		PARA	
Substitution for	Trabajo por Juan.	*Recipient*	Este regalo es para ti.
In exchange for/paying	por treinta pesos	*Employer*	Mi novio trabaja para la compañía de su padre.
Movement by, through or along a place	por el parque	*Destination*	para Madrid
Length of time (may be omitted)	por doce horas	*Telling time*	Faltan diez para las once.
General time or area	por la noche	*Deadline*	para el viernes
Transportation	por avión	*Purpose*	Un lápiz es para escribir.

V. Past (Preterite) and Imperfect

PAST		IMPERFECT	
completed event	comí	*event in progress*	comía
completed state	estuve	*ongoing state*	estaba
completed series	bailé, canté	*"used to"*	bailaba, cantaba

VI. Indicative and Subjunctive

NOUN CLAUSES			
INDICATIVE		**SUBJUNCTIVE**	
assertion	es verdad que	*possibility*	es posible que
belief	creer que	*doubt*	dudar que
knowledge	saber que	*subjective reaction*	estar contento/a de que
		volition	querer que

ADJECTIVE CLAUSES	
INDICATIVE	**SUBJUNCTIVE**
known antecedent	*unknown antecedent*
Tengo un amigo que sabe…	Busco un amigo que sepa…
existent antecedent	*nonexistent antecedent*
Hay una persona que sabe…	No hay nadie que sepa…

ADVERBIAL CLAUSES: TIME	
INDICATIVE	**SUBJUNCTIVE**
cuando hasta que tan pronto como } + *habitual action* en cuanto después de que	cuando hasta que tan pronto como } + *future action* en cuanto después de que
Siempre cuando trabaja…	Mañana cuando trabaje…

APPENDIX THREE

SYLLABICATION

1. The basic rule of Spanish syllabication is to make each syllable end in a vowel whenever possible.

2. When attempting to divide a word into syllables, it is easier to look for the consonants and do the following:

   a. If the consonants in a word occur singly, each consonant should go with the following vowel: **ca**-**s**a, **di**-ga, **ca**-**mi**-**na**

   b. If there are two consecutive consonants, one will go with the preceding vowel and one with the following: (a**l**-**c**o-hol) ca**n**-ta**n**-**t**e, e**s**-**c**ue-la, a**c**-**c**ión, i**n**-**n**o-va-ción

   c. If there are three consecutive or more consonants, the first two will remain with the preceding vowel and the third (etc.) will go with the following vowel: o**bs**-**tr**uc-ción, co**ns**-**c**ien-te

   d. The letter **h** always goes with the following vowel: al-co-**h**ol, pro-**h**í-be

   e. The following consonant combinations are never divided: **br-**, **dr-**, **rr-**, **tr-**, **bl-**, **ll-**: a-**br**an, la-**dr**ón, bo-**rr**a-dor, con-**tr**a, ha-**bl**ar, man-te-qui-**ll**a

3. Diphthongs (vowel combinations: two weak ones or a weak one and a strong one) are not divided, unless the weak vowel has an orthographic accent. Weak vowels: **i, u**; strong vowels: **a, e, o**: **ci**u-dad, **si**e-te, **s**ei**s**, cin-**cu**en-ta. But: re-**ú**-no, d**í**-a

STRESS

How you pronounce a specific Spanish word is determined by two basic rules of stress. Written accents to indicate stress are needed only when those rules are violated. Here are the two rules of stress.

1. For words ending in a vowel, **n**, or **s**, the natural stress falls on the next-to-last syllable. The letter **y** is not considered a vowel for stress purposes.

   Es-**te**-ban   **blan**-co   es-**cu**-chen   **ro**-ja   es-**tu**-die

2. For words ending in *any other letter*, the natural stress falls on the last syllable.

   pa-**pel**   ciu-**dad**   es-cri-**bir**   re-**loj**   es-**toy**

   When these stress rules are violated by the word's accepted pronunciation, stress must be indicated with a written accent.

   in-**glés**   e-**léc**-tri-co   es-tu-**dié**   lla-ma-**rán**   sim-**pá**-ti-co
   ár-bol   **Ló**-pez   a-**zú**-car   **hués**-ped   a-**quí**

   Note that words that are stressed on any syllable other than the last or next-to-last will always show a written accent. Particularly frequent words in this category include adjectives and adverbs ending in **-ísimo** and verb forms with pronouns attached.

   gua-**pí**-si-mo   es-pe-**rán**-do-te   **pí**-de-se-las   de-**vuél**-van-se-la

   Written accents to show violations of stress rules are particularly important when diphthongs are involved. A diphthong is a combination of a weak (**i, u**) vowel and a strong (**a, e, o**) vowel (in either order), or of two weak vowels together. The two vowels are pronounced as a single sound, with one of the vowels being given slightly more emphasis than the other. In all diphthongs the strong vowel or the second of the two weak vowels receives this slightly greater stress.

   a*i*: b*ai*lar   *i*a: arter*i*a   *u*e: v*ue*lve   *i*o: v*io*lento   u*i*: cu*i*dado

When the stress in a vowel combination does not follow this rule, no diphthong exists. Instead, two separate sounds are heard, and a written accent appears over the weak vowel or the first of two weak vowels.

a-í: país   ú-e: continúe   í-o: frío   í-a: tía   e-ú: reúnen   o-í: oído

USE OF WRITTEN ACCENT AS A DIACRITIC

The written accent is also used to distinguish two words with similar spelling and pronunciation but different meaning.

Nine common word pairs are identical in spelling and pronunciation; the accent mark is the only distinction between them.

dé	*give*	**de**	*of*	**sí**	*yes*	**si**	*if*
él	*he*	**el**	*the*	**sólo**	*only*	**solo**	*alone*
más	*more*	**mas**	*but*	**té**	*tea*	**te**	*you*
mí	*me*	**mi**	*my*	**tú**	*you*	**tu**	*your*
sé	*I know*	**se**	*(reflexive pronoun)*				

Diacritic accents are used to distinguish demonstrative adjectives from demonstrative pronouns. Although this distinction is disappearing in many parts of the Spanish-speaking world, you may find it in ***Dos mundos*** and in many other books.

aquellos países	*those countries*	**aquéllos**	*those ones*
esa persona	*that person*	**ésa**	*that one*
este libro	*this book*	**éste**	*this one*

Diacritic accents are placed over relative pronouns or adverbs that are used interrogatively or in exclamations.

cómo	*how*	**como**	*as, since*
dónde	*where*	**donde**	*where*
por qué	*why*	**porque**	*because*
qué	*what*	**que**	*that*
quién	*who (interrogative pronoun)*	**quien**	*who (relative pronoun)*
cuándo	*when (interrogative pronoun)*	**cuando**	*when (relative pronoun)*

—¿**Cómo** se llama?   *What's his name?*
—No sé **cómo** se llama.   *I don't know what his name is.*

Como es niño, tiene que acostarse temprano.
Since he's a child, he must go to bed early.

SPELLING CHANGES

In general, Spanish has a far more phonetic system than many other modern languages. Most Spanish sounds correspond to just one written symbol. Those that can be written in more than one way are of two main types: those for which the sound/letter correspondence is largely arbitrary and those for which the sound/letter correspondence is determined by spelling rules.

A. In the case of arbitrary sound/letter correspondences, writing the sound correctly is mainly a matter of memorization. The following are some of the more common arbitrary, or *nonpatterned*, sound/letter correspondences in Spanish.

SOUND	SPELLING	EXAMPLES
/b/ + *vowel*	b, v	barco, ventana
/y/	y, ll, i + *vowel*	haya, amarillo, hielo
/s/	s, z, c	salario, zapato, cielo, hace
/x/ + e, i	g, j	general, jefe
		gitano, jinete

Note that, although spelling of the sounds /y/ and /s/ is largely arbitrary, two patterns occur with great frequency.

1. /y/ Whenever an unstressed **i** occurs between vowels, the **i** changes to **y**.

    leió → leyó   creiendo → creyendo   caieron → cayeron

2. /s/ The sequences **ze** and **zi** are rare in Spanish. Whenever a **ze** or **zi** combination would occur in the plural of a noun ending in **z** or in a conjugated verb (for example, an **-e** ending on a verb stem that ends in **z**), the **z** changes to **c**.

    luz → luces   voz → voces   empez + é → empecé   taza → tacita

B. There are three major sets of patterned sound/letters sequences.

SOUND	SPELLING	EXAMPLES
/g/	g, gu	**g**ato, pa**gu**e
/k/	c, qu	to**c**a, to**qu**e
/gʷ/	gu, gü	a**gu**a, pin**gü**ino

1. /g/ Before the vowel sounds /a/, /o/, and /u/, and before all consonant sounds, the sound /g/ is spelled with the letter **g**.

    gato   **g**ordo   **g**usto   **g**ratis   **G**loria   lle**g**o

    Before the sounds /e/ and /i/, the sound /g/ is spelled with the letters **gu**.

    guerra   **gu**itarra   lle**gu**é

2. /k/ Before the vowel sounds /a/, /o/, and /u/, and before all consonant sounds, the sound /k/ is spelled with the letter **c**.

    casa   **c**osa   **c**urioso   **c**reer   **c**lub   le**cc**ión   to**c**o

    Before the sounds /e/ and /i/, the sound /k/ is spelled with the letters **qu**.

    queso   **qu**ímica   to**qu**é

3. /gʷ/ Before the vowel sounds /a/ and /o/, the sound /gʷ/ is spelled with the letters **gu**.

    guante   anti**gu**o

    Before the vowel sounds /e/ and /i/, the sound /gʷ/ is spelled with the letters **gü**.

    bilin**gü**e   pin**gü**ino

These spelling rules are particularly important in conjugating, because a specific consonant sound in the infinitive must be maintained throughout the conjugation, despite changes in the stem vowels. It will help if you keep in mind the patterns of sound/letter correspondence, rather than attempt to conserve the spelling of the infinitive.

/ga/	= **ga**	lle**g**ar	/ge/	= **gue**	lle**gu**e (*present subjunctive*)
/ga/	= **ga**	lle**g**ar	/ge/	= **gué**	lle**gu**é (*preterite*)
/gi/	= **gui**	se**gu**ir	/go/	= **go**	si**g**o (*present indicative*)
/gi/	= **gui**	se**gu**ir	/ga/	= **ga**	si**g**a (*present subjunctive*)
/xe/	= **ge**	reco**g**er	/xo/	= **jo**	reco**j**o (*present indicative*)
/xe/	= **ge**	reco**g**er	/xa/	= **ja**	reco**j**a (*present subjunctive*)
/gʷa/	= **gua**	averi**gu**ar	/gʷe/	= **güe**	averi**gü**e (*present subjunctive*)
/ka/	= **ka**	sa**c**ar	/ke/	= **qué**	sa**qu**é (*preterite*)

APPENDIX FOUR

ANSWER KEY FOR GRAMÁTICA Y EJERCICIOS

PASO A

Ej. 1: 1. se llama 2. Me llamo 3. se llama 4. Se llama 5. Se llama 6. lleva 7. Lleva 8. llevan 9. Llevan 10. llevo **Ej. 2:** 1. a 2. b 3. a 4. a 5. a 6. a 7. a 8. a 9. b 10. a **Ej. 3:** 1. d 2. a 3. e 4. b 5. c **Ej. 4:** 1. Soy 2. es 3. son 4. Son 5. somos **Ej. 5:** 1. No, no es una chaqueta, es una camisa. 2. No, no es una mujer, es un hombre. 3. No, no es una falda, es un vestido. 4. No, no es un sombrero, es una blusa. 5. No, no es una naranja, es un reloj. **Ej. 6:** 1. La 2. El 3. La 4. El 5. El 6. La 7. La 8. El 9. La 10. El **Ej. 7:** 1. digan 2. escriba 3. cuenten 4. abran (cierren) 5. lea (estudie) 6. saque 7. lean (escriban) 8. abra (cierre)

PASO B

Ej. 1: 1. b 2. b 3. a 4. a 5. b **Ej. 2:** 1. Sí, hay libros en la mesa. 2. Sí, hay un reloj en la pared. 3. Hay un profesora en el salón de clase. 4. No hay un automóvil en el salón de clase. 5. No hay un profesor en el salón de clase. 6. Hay papeles en los pupitres. 7. Hay un bolígrafo en el pupitre de Alberto. 8. Hay muchos cuadernos en el salón de clase. 9. No hay una bicicleta en el salón de clase. 10. Hay una ventana en el salón de clase. **Ej. 3:** 1. En el salón de clase no hay diez pizarras. 2. Mónica no tiene el pelo negro. 3. Carmen no lleva una blusa muy fea. 4. Mi carro no es morado. 5. La profesora Martínez no tiene barba. **Ej. 4:** 1. Marisa tiene un par de zapatos pero Clarisa tiene dos pares de zapatos. 2. Marisa tiene un perro nuevo pero Clarisa tiene dos perros nuevos. 3. Marisa tiene una chaqueta roja pero Clarisa tiene dos chaquetas rojas. 4. Marisa tiene un lápiz amarillo pero Clarisa tiene dos lápices amarillos. 5. Marisa tiene una amiga norteamericana pero Clarisa tiene dos amigas norteamericanas. **Ej. 5:** 1. Clarisa tiene un cuaderno pequeño, pero Marisa tiene dos cuadernos pequeños. 2. Clarisa tiene un gato negro, pero Marisa tiene dos gatos negros. 3. Clarisa tiene una fotografía bonita, pero Marisa tiene dos fotografías bonitas. 4. Clarisa tiene un reloj bonito, pero Marisa tiene dos relojes bonitos. 5. Clarisa tiene un libro difícil, pero Marisa tiene dos libros difíciles. 6. Clarisa tiene una amiga divertida, pero Marisa tiene dos amigas divertidas. **Ej. 6:** 1. d, i, k, n 2. b, e, i 3. g, h, 4. a, k, n 5. b, e, i, m 6. h, l 7. b, e, i, o **Ej. 7:** 1. Ashley y Mary Kate Olsen son ricas y bonitas. 2. Will Smith es delgado y elegante. 3. Hillary Clinton es inteligente y rubia. 4. Jennifer López es materialista y talentosa. 5. George Clooney es guapo y tímido. **Ej. 8:** 1. Los libros son difíciles y divertidos. Los libros difíciles son divertidos. 2. La chica es baja y tímida. La chica baja es tímida. 3. Las mujeres son tacañas y trabajadoras. Las mujeres tacañas son trabajadoras. 4. El amigo es inteligente y perezoso. El amigo inteligente es perezoso. 5. Los robots son fuertes y aburridos. Los robots fuertes son aburridos.

PASO C

Ej. 1: 1. tiene 2. tenemos 3. tienes 4. Tengo 5. tienen **Ej. 2:** 1. El carro es de la profesora Martínez. 2. La camisa es de Luis. 3. El perro es de Nora. 4. Los lentes son de Esteban. 5. El saco es de Alberto. 6. La bicicleta es de Carmen. **Ej. 3:** 1. su 2. sus 3. tu 4. mis 5. nuestros 6. sus; nuestras 7. su 8. su 9. tus 10. mi **Ej. 4:** 1. tu; mi 2. tus; mis 3. Su 4. sus; nuestros **Ej. 5:** 1. Adriana Bolini tiene 35 años. 2. Carla Espinosa tiene 22 años. 3. Rubén Hernández Arenas 38 años. 4. Susanan Yamasaki González tiene 33 años. 5. Doña María Eulalia González de Saucedo tiene 79 años. **Ej. 6:** 1. Don Eduardo Alvar tiene "X" años. 2. Estela Saucedo tiene "X" años. 3. Ernestito Saucedo tiene "X" años. 4. Amanda Saucedo tiene "X" años. 5. Doña Lola Batini tiene "X" años. **Ej. 7:** 1. Es española. 2. Son japoneses. 3. Es alemán. 4. Son francesas. 5. Son italianas. 6. Es china. 7. Es inglés. 8. Es iraní. 9. Son sirios. Ej. 8 1. hablan 2. habla 3. hablan 4. hablas 5. hablo; hablo Ej. 9 1. habla; español 2. hablan español 3. hablan chino 4. Hablan inglés 5. Hablan hebreo 6. hablas ruso

CAPÍTULO I

Ej. 1: 1. mil ochocientos setenta y seis 2. mil quinientos ochenta y ocho 3. mil setecientos setenta y cinco 4. mil novecientos noventa y uno 5. dos mil seis 6. mil novecientos cuarenta y cinco 7. mil once 8. mil novecientos veintinueve 9. mil seiscientos quince 10. dos mil veinticinco **Ej. 2:** 1. leen 2. Lees 3. lee 4. Leo 5. lee **Ej. 3:** 1. vive 2. vivimos 3. viven 4. vivís 5. vivo 6. viven **Ej. 4:** 1. ¿Dónde vive Rubén Hernández? 2. ¿Qué idioma habla Susana? 3. ¿Cuándo es la clase de español? 4. ¿Cuántos hijos tienen Ernesto y Estela ? 5. ¿Cómo se llama el primer ministro de España? **Ej. 5:** 1. ¿Cuál es tu número de teléfono? 2. ¿Cómo se llama su esposa? 3. ¿Cuándo es el día de tu cumpleaños? 4. ¿Cuántos años tienen? 5. ¿Dónde viven? **Ej. 6:** 1. Son las cuatro y veinte. 2. Son las seis y cuarto. 3. Son las ocho y trece. 4. Es la una y diez. 5. Son las siete y siete. 6. Son las cinco y media. 7. Son las tres (en punto). 8. Son las dos menos once. 9. Son las doce y media. 10. Son las cinco y cuarto. **Ej. 7:** 1. La clase de español es a las once. 2. El baile es a las nueve y media. 3. La conferencia es a las diez. 4. La clase de álgebra es a la una. 5. La fiesta del Club Internacional es a las siete y media. **Ej. 8:** 1. te, me 2. te, me 3. les, nos **Ej. 9:** 1. le, comer 2. le, cocinar 3. les, hablar por teléfono 4. le, leer 5. le, correr

CAPÍTULO 2

Ej. 1: 1.vas; Voy 2. van; va 3. va; va 4. vas; Voy 5. vas; Voy **Ej. 2:** 1. Ernesto 2. Estela 3. No, Guillermo es la cuarta (persona). 4. No, Amanda es la quinta (persona). 5. Sí. 6. Ramón 7. No, es la séptima (persona). 8. Ernesto 9. doña Lola. 10. No, don Anselmo es el cuarto hombre. **Ej. 3:** 1. quiero; prefiere 2. quiere; prefiere 3. quiero; prefiero 4. quiere; prefieren 5. quiere; prefiere 6. quiere; prefiero 7. quiere; prefiere 8. quiere; prefiero 9. quieren; prefiero 10. quieren; prefiere **Ej. 4:** 1. Quiere jugar al béisbol. 2. Prefiero ver un partido de fútbol. 3. Quieren ir de compras. 4. Preferimos estudiar. 5. Prefieren levantar pesas. 6. Quiere viajar. **Ej. 5:** 1. Lan va a estudiar, pero prefiere charlar con sus amigas. 2. Carmen va a levantar pesas, pero prefiere hablar por teléfono. 3. Esteban va a escribir una composición, pero quiere tomar el sol en la playa. 4. Alberto va a montar a caballo, pero prefiere andar en motocicleta. 5. Pablo va a hablar con la profesora, pero prefiere hablar son su amiga. 6. Mi compañera va a hacer la tarea, pero quiere ¿ ?. 7. Yo voy a escuchar la actividades de comprensión, pero prefiero ¿ ?. **Ej. 6:** 1. hace sol. 2. Llueve. 3. Hace frío. 4. Hace mal tiempo. 5. Hace mucho calor. 6. Nieva. Ej. 7 1. posible 2. posible 3. imposible 4. imposible 5. imposible **Ej. 8:** 1. Esta 2. Estos 3. Estos 4. Estas 5. Este **Ej. 9:** 1. Esas 2. Ese 3. Esa 4. Esos 5. Esos **Ej. 10:** 1. esa 2. este 3. esos 4. este 5. estas **Ej. 11:** 1. Estos 2. Aquellos 3. Esos 4. Esos 5. Esas 6. Estas

CAPÍTULO 3

Ej. 1: 1. estoy en 2. están en 3. estás en 4. estamos en 5. está en 6. estamos 7. estás 8. está 9. están en 10. estamos **Ej. 2:** 1. vamos a la 2. van al 3. vamos al 4. va a la 5. voy a la 6. voy a la 7. van al 8. va a la 9. vamos a la 10. vas al **Ej. 3:** 1. b 2. d 3. f 4. c 5. a 6. e **Ej. 4:** 1. escribimos 2. lleva 3. limpiamos 4. desayunan 5. lee 6. comen 7. anda 8. hablo 9. asisten 10 escuchamos **Ej. 5:** 1. sale, salgo 2. juegas, juego 3. hace, hago 4. juegan, jugamos **Ej. 6:** 1. Papá, ¿tomas mucho café en el trabajo? 2. Diego, ¿juegan tú y tus amigos al béisbol? 3. Graciela y Diego, ¿tienen ustedes una computadora? 4. Raúl, ¿haces ejercicio en un gimnasio? 5. Señor Ruiz, ¿trabaja usted por la noche? 6. Don Eduardo, ¿prepara usted café por la mañana? 7. Mamá, ¿cocinas por la mañana o por la tarde? 8. Clarisa, ¿ves la televisión por la noche? 9. Doña Rosita, ¿asiste usted a misa los domingos? 10. Doña Lola, ¿lava usted su ropa en casa o en una lavandería? **Ej. 7:** 1. Sí, soy mujer. / No, no soy mujer. 2. Sí, vivo en los Estados Unidos. / No, no vivo en los Estados Unidos. 3. No, no manejo un Ferrari. 4. No, no tengo más de ochenta años. 5. Estudio español. **Ej. 8:** 1. ¿Dónde está su esposo? 2. ¿Cuándo es su cumpleaños? 3. ¿Qué tiene en su mochila? 4. ¿Cuál es la dirección de sus hermanos? 5. ¿Por que no va(s) a jugar al tenis hoy? 6. ¿Cuánto cuesta el libro de química? **Ej. 9:** 1. Ernesto y Estela (los esposos Saucedo) son de México pero ahora están en Pisa. 2. Mayín Durán es de Panamá pero ahora está en Los Ángeles. 3. Rogelio y Carla son de Puerto Rico pero ahora están en Nueva York. 4. Pilar Álvarez es de España pero ahora está en Guatemala. 5. Ricardo Sícora es de Venezuela peor ahora está en España.

CAPÍTULO 4

Ej. 1: 1. Duermen; dormimos 2. Almuerzan; almorzamos 3. Vuelven; volvemos 4. Juegan; jugamos 5. Juegan; jugamos 6. Pierden; juegan; perdemos; jugamos 7. prefieren; preferimos 8. empiezan; empezamos **Ej. 2:** 1. traigo 2. pongo 3. digo 4. oigo 5. salgo 6. vengo 7. tengo . 8. Hago **Ej. 3:** 1. d 2. b 3. f 4. e 5. c 6. g 7. a **Ej. 4:** 1. No, me baño a las ¿?:00. 2. No, me lavo el pelo con champú. 3. No, me afeito en el baño. 4. No, me levanto tarde los domingos. 5. No, me quito la ropa en mi dormitorio (recámara). 6. No, me peino en el baño. 7. No, me maquillo en el baño/en casa. 8. No, me ducho en el baño. **Ej. 5:** 1. c 2. e 3. d 4. a 5. b **Ej. 6:** 1. c (e) 2. a (e) 3. a (e) 4. b 5. d (e) **Ej. 7:** Después de hacer la compra, Estela prepara la comida. (Antes de preparar la comida, Estela hace la compra.) 2. Después de limpiar la casa, Pedro y Andrea invitan a unos amigos. (Antes de invitar a unos amigos, Pedro y Andrea limpian la casa.) 3. Después de dormir una siesta, Guillermo va al videocentro. (Antes de ir al videocentro, Guillermo duerme una siesta.) 4. Después de correr, te bañas. (Antes de bañarte, corres.) 5. Después de ponernos la ropa, salimos a bailar. (Antes de salir a bailar, nos ponemos la ropa.) **Ej. 8:** 1. c 2. a 3. d 4. f 5. e 6. b **Ej. 9:** 1. ¿Están tristes Clarisa y Marisa? 2. ¿Está enojado (irritado) Ernesto? 3. ¿Están enamorados Ramón y Amanda? 4. ¿Está ocupado Guillermo? 5. ¿Están contentos (enamorados) Silvia y Nacho? **Ej. 10:** 1. e 2. c 3. f 4. a 5. b **Ej. 11:** 1. tiene hambre 2. tienes frío 3. Tenemos calor 4. tengo sueño 5. Tengo prisa 6. tienen sed 7. tengo miedo 8. Tengo sed.

CAPÍTULO 5

Ej. 1: 1. Les 2. les 3. le 4. nos 5. me 6. les 7. le; nos 8. me; te **Ej. 2:** 1. Frame 1: me Frame 2: le Frame 3: le; me Frame 4: te Frame 5: le; nos Frame 6: nos; les **Ej. 3:** 1. sé 2. sabe 3. saben 4. sabes 5. sabemos **Ej. 4:** 1. Puedes 2. Pueden 3. puede 4. pueden 5. Podemos **Ej. 5:** 1. Está leyendo un libro. 2. Están pescando. 3. Está reparando un coche. 4. Está cocinando. 6. Están viendo/mirando la televisión. 6. Está cuidando al paciente. (Está dándole medicina al paciente.) **Ej. 6:** 1. está calificando 2. está atendiendo 3. está sirviendo 4. está dando 5. está reparando 6. está vendiendo **Ej. 7:** 1. tiene que 2. tienen que 3. tengo que 4. tenemos que 5. tienes que **Ej. 8:** 1. debe 2. debo 3. debes 4. deben 5. debemos **Ej. 9:** 1. quisiera 2. quisiéramos 3. quisieran 4. quisieras 5. quisiera **Ej. 10:** 1. le 2. les 3 le 4. me 5. nos **Ej. 11:** 1. piensa 2. piensas 3. pensamos 4. piensan 5. pienso

CAPÍTULO 6

Ej. 1: 1. El sillón pesa más que la mesa. (La mesa pesa menos que el sillón.) 2. En mi casa viven más personas que en la casa de los vecinos. (En la casa de los vecinos viven menos personas que en mi casa.) 3. La casa de los López tiene más dormitorios que la casa de los vecinos. (La casa de los vecinos tiene menos dormitorios que la casa de los López.) 4. En nuestro patio hay más árboles que en el patio de mis abuelos. (En el patio de mis abuelos hay menos árboles que en nuestro patio.) 5. En la casa de los Saucedo hay más dormitorios que en la casa de los Ruiz. (En la casa de los Ruiz hay menos dormitorios que en la casa de los Saucedo.) **Ej. 2:** (Opinions may vary.) 1. Vivir en el desierto es peor que vivir en el centro. 2. Vivir en una casa es mejor que vivir en un apartamento. 3. Un refrigerador es el más útil de todos. 4. Armando es mayor que Irma. 5. Mi hijo es menor que tu hija. 6. El Rolls Royce es el más caro de todos. **Ej. 3:** (Answers may vary.) 1. La piscina de los Lugo es tan bonita como la piscina de los Montes. 2. El edificio de la avenida Oriente no es tan alto como el edificio nuevo de la avenida del Libertador. 3. La lavandería vieja de la avenida Almendros no es tan limpia como la lavandería nueva de la calle Ebro. 4. Los condominios "San Juan" no son tan modernos como los condominios "Princesa". **Ej. 4:** 1. La sala de su casa no tiene tantas lámparas como la sala de nuestra casa. 2. La casa de los Ruiz no tiene tantos cuartos como la casa de los Saucedo. 3. La casa de los vecinos tiene tantos baños como la casa de mis padres. 4. El patio de don Anselmo no tiene tantas flores y plantas como el patio de doña Lola. **Ej. 5:** 1. Sí, (No, no) compré un disco compacto. 2. Sí, (No, no) comí en un restaurante. 3. Sí, (No, no) hablé por teléfono. 4. Sí, (No, no) escribí una carta. 5. Sí, (No, no) estudié por cuatro horas. 6. Sí, (No, no) abrí la ventana. 7. Sí, (No, no) visité a un amigo. 8. Sí, (No, no) corrí por la mañana. 9. Sí, (No, no) tomé un refresco. 10. Sí, (No, no) lavé los platos. **Ej. 6:** 1. Mi madre no charló con el presidente la semana pasada. 2. El presidente de México no comió un taco en la calle ayer. 3. La profesora de español no salió con Antonio Banderas anoche. 4. Yo no jugué al tenis con Anabel Medina ayer a medianoche. 5. Fidel Castro no visitó los Estados Unidos el mes pasado. **Ej. 7:** 1. ¿Conoce usted 2. ¿Conoce usted 3. ¿Sabe usted 4. ¿Sabe usted 5. ¿Conoce usted 6. ¿Conoce usted 7. ¿Sabe usted 8. ¿Sabe usted 9. ¿Sabe usted 10. ¿Conoce usted **Ej. 8:** 1. los 2. la 3. lo 4. los 5. lo 6. lo 7. la 8. los 9. lo 10. la

CAPÍTULO 7

Ej. 1: (1) se levantó a las 7:00. (2) Se bañó. (3) Se puso la ropa (se vistió). (4) Desayunó cereal con leche y fruta. (5) leyó el periódico. (6) Manejó el coche al trabajo. (7) Llegó al trabajo a las 8:30. (8) Almorzó con un amigo. (9) Comió una hamburguesa. **Ej. 2:** 1. llegaste 2. Llegué 3. llegamos 4. llegó 5. Leíste 6. leí 7. leyeron 8. leyó; leímos **Ej. 3:** 1. d 2. c 3. e 4. g 5. b 6. f 7.a 4 Your list should have first person plural forms (nosotros) such as (Mi... yo) acampamos, viajamos, estudiamos, comimos, corrimos, escribimos, etc. **Ej. 4:** 1. dio 2. vinieron 3. traje 4. dijeron 5. vio 6. puso 7. hizo 8. fueron **Ej. 5:** 1. Fue; sus; Llegaron; descansó; Bucearon; vieron; hicieron; cocinaron; tocó; cantaron; bailaron 2. fue; su; Llegaron; entró, vio; estudió; saludó; salieron; bailó; tomó;

Regresó **Ej. 6:** (1) Generalmente Pilar asiste a clase, pero ayer durmió toda la tarde y mañana va a visitar a una amiga. (2) Generalmente Andrea y Pedro almuerzan con sus hijas y ayer estuvieron en casa todo el día, pero mañana van a ir de compras. (3) Generalmente Adriana juega al tenis después de salir del trabajo, pero ayer tradujo un documento del italiano al español y mañana va a aprender a usar un nuevo programa de informática. (4) Generalmente doña Lola se queda en casa, pero ayer tomó café con sus amigas y mañana va a cocinar toda la tarde. (5) Generalmente Carla y Rogelio estudian en la biblioteca pero ayer fueron a la playa y mañana van a lavar el carro. **Ej. 7:** 1. dormiste 2. Dormí 3. duermes 4. duermo 5. sientes 6 siento 7. sentiste 8. sentí 9. divertiste 10 divertí 11. divirtió 12. divirtió 13. mentiste 14. mentí 15. mintió **Ej. 8:** 1. me 2. dijiste 3. Te 4. dije 5. me 6. dijo 7. me 8. dijo 9. le 10. dijiste 11. le 12. dijiste 13. le 14. dije 15. le 16. dije **Ej. 9:** (After *hace* answers may vary.) 1. Pero, Estela, limpié el baño (lo limpié) ayer. 2. Pero, Estela, barrí el patio (lo barrí) hace una hora. 3. Pero, Estela, pasé la aspiradora (la pasé) hace dos días. 4. Pero, Estela, bañé al perro hace una semana. 5. Pero, Estela, te llevé a un restaurante elegante el mes pasado. **Ej. 10:** (Answers are for 2006; they will vary depending on the year the book is used.) 1. Alejandro G. Bell inventó el teléfono hace 130 años. 2. Gustave Eiffel construyó la Torre Eiffel hace 117 años. 3. Pancho Villa murió hace 83 años. 4. Colón llegó a América hace 514 años. 5. Francisco Franco murió hace 31 años. 6. Alemania se unificó hace 16 años. 7. Los países de la Unión soviética se independizaron hace 15 años.

CAPÍTULO 8

Ej. 1: Lo preparé ayer. 2. La puse en el congelador. 3. Las compré en el supermercado. 4. Lo traje hace diez minutos. 5. La puse en la mesa. 6. Las preparé hace dos minutos. 7. Los puse en el gabinete. 8. Lo compré en la panadería. 9. Las hice cuando me levanté. 10. Los traje esta mañana. **Ej. 2:** 1. las 2. la 3. los 4. lo 5. la **Ej. 3:** 1. Te 2. me 3. ti 4. mí 5. te 6. él 7. mí 8. ti 9. te 10. mí 11. me **Ej. 4:** (Food items will vary.) 1. A mi mejor amigo/a le encanta(n).... 2. A mis padres les encanta(n).... 3. A mi profesor (a) le encanta(n).... 4. A mi amigo/a (esposo/a) le encanta(n).... 5. A mí me encanta(n).... 6. A mi mejor amigo/a y a mí nos encanta(n).... **Ej. 5:** 1. nadie 2. nada 3. nunca 4. nadie 5. ninguna 6. nada 7. Nunca 8. ninguno **Ej. 6:** 1. A mí sí (me gustan). 2. A mí no (me gusta). 3. A mí sí (me gustan). 4. A mí tampoco (me gusta). 5. A mí tampoco (me gustan). 6. A mí también (me gustan). **Ej. 7:** 1. se cortan 2. se necesita 3. se lava; se pone 4. se preparan 5. se agregan 6. se necesitan 7. Se habla 8. Se baten **Ej. 8:** 1. pedir 2. pedir 3. sirven 4. pedir 5. pides 6. sirven 7. pidió 8. pedir 9. pidieron 10. Pedimos 11. sirvieron 12. pedí 13. pidió 14. pediste 15. pedí 16. pidió 17. pidieron 18. pedimos 19. sirvió 20. sirvió

CAPÍTULO 9

Ej. 1: se parece 2. se parecen; me parezco; te pareces 3. me parezco; me parezco 4. nos parecemos; se parece 5. se parece **Ej. 2:** 1. se llevan 2. te llevas; nos llevamos 3. nos llevamos; me llevo 4. se llevan 5. te llevas; nos llevamos **Ej. 3:** (After the first phrase, answers may vary.) 1. ¿Para ella? ¡No lo creo! 2. ¿Para mí? ¡Es muy pequeño! 3. ¿Para ellas? ¡No les gusta la música clásica! 4. ¿Para nosotros? No nos gusta leer. 5. ¿Para él? ¡No lo creo! 6. ¿Para ti? ¿Te gusta la cerveza? 7. ¿Para ella? ¿Le gustan? 8. ¿Para él? ¡No le gusta! **Ej. 4:** 1. conmigo; contigo 2. ti; mí 3. él 4. él 5. él; mí **Ej. 5:** 1. Guillermo andaba en bicicleta. 2. Amanda y yo jugábamos con muñecas. 3. Andrea leía las tiras cómicas del periódico los domingos. 4. Doña Lola y doña Rosita se bañaban en el mar en Acapulco. 5. Don Eduardo comía muchos dulces. 6. Estela limpiaba su recámara. 7. La familia Saucedo pasaba las vacaciones en Acapulco. 8. Pedro Ruiz escuchaba música rock. 9. Ernesto veía dibujos animados en la televisión. 10. El abuelo de Ernestito cuidaba el jardín. **Ej. 6:** 1. Andrea y Pedro; jugaban 2. Estela y Ernesto; iban 3. Estela; saltaba 4. Raúl; se peleaba 5. Andrea; lloraba 6. Raúl; se llevaba 7. Andrea y Paula; se parecían **Ej. 7:** 1. tenía 2. sabía 3. conocíamos 4. era 5. estaba **Ej. 8:** 1. tenía 2. era 3. conocía 4. queríamos; teníamos 5. estabas 6. tenía 7. supe 8. tuve 9. conocí 10. quise 11. pude **Ej. 9:** 1. Iba a venir pero me quedé sin gasolina. 2. Iba a traer flores pero la tienda cerró temprano. 3. Te iba a comprar un regalo pero no tuve tiempo. 4. Iba a cenar con ustedes pero cené en casa antes. 5. Iba a ir pero asistí a un concierto. 6. Te iba a decir pero no pude. 7. Iba a llegar a tiempo pero perdí mi reloj. 8. Iba a asistir pero fui a ver a mi abuela enferma.

CAPÍTULO 10

Ej. 1: 1. hemos visto 2. ha escrito 3. he ido (viajado) 4. ha comprado 5. has comido 6. ha hablado 7. has viajado (ido) 8. han limpiado 9. has oído 10. han pasado **Ej. 2:** (Frequency will vary.) 1. ¿Cuántas veces has viajado a México? He viajado a México muchas veces. 2. ¿Cuántas veces has esquiado en un lago? Nunca he esquiado en un lago. 3. ¿Cuántas veces has subido a una pirámide? He subido a una pirámide una vez, en México. 4. ¿Cuántas veces has acampado en la montaña? He acampado en la montaña muchas veces. 5. ¿Cuántas veces has alquilado un coche? He alquilado un coche tres o cuatro veces. 6. ¿Cuántas veces has cocinado para diez personas? He cocinado para diez personas muchas veces. 7. ¿Cuántas veces has leído tres novelas en un día? Nunca he leído tres novelas en un día. 8. ¿Cuántas veces has corrido 5 kilómetros sin parar? He corrido 5 kilómetros sin parar varias veces. 9. ¿Cuántas veces les has dicho una mentira a tus padres? ¡Nunca les he dicho una mentira! 10. ¿Cuántas veces has roto una vaso en un restaurante? He roto un vaso en un restaurante solamente una vez. **Ej. 3:** 1. ¡Qué país tan (más) interesante! 2. ¡Qué vuelo tan (más) largo! 3. ¡Qué montañas tan (más) altas! 4. ¡Qué selva tropical tan (más) verde! 5. ¡Qué arena tan (más) blanca! **Ej. 4:** 1. ¡Qué impresionantes son las ruinas de Machu Picchu! 2. ¡Qué grande es el lago Titicaca! 3. ¡Qué cosmopolita es la ciudad de Buenos Aires! 4. ¡Qué húmeda es la selva de Ecuador! 5. ¡Qué seco es el desierto de Atacama en Chile! 6. ¡Qué alta es la torre de la Giralda en Sevilla! 7. ¡Qué hermoso es el edificio del Alcázar en Segovia! 8. ¡Qué inmenso es el parque del Retiro en Madrid! 9. ¡Qué interesante es el Museo del Prado! 10. ¡Qué antiguo es el acueducto de Segovia! **Ej. 5:** 1. por 2. por 3. para 4. por 5. por 6. por 7. por 8. para **Ej. 6:** 1. rápidamente 2. cómodamente 3. constantemente 4. inmediatamente **Ej. 7:** (Answers will vary.) 1. a. me parece b. me importa 2. a. me fascinan b. me interesan 3. a. me encanta b. me gusta 4. a. me molesta b. me gusta 5. a. me importan b. me preocupan

CAPÍTULO 11

Ej. 1: 1. Sí, hágalas inmediatamente. 2. Sí, cómprelos ya. 3. Sí, tráigalo mañana. 4. Sí, recójalos la semana que viene. 5. Sí, llegue dos horas antes. 6. Sí, consiga otro. **Ej. 2:** 1. Sí, prepárenlo. 2. Sí, consíganlos. 3. Sí, límpienlas. 4. Sí, háganlas esta noche. 5. Sí, duerman antes de salir. 6. Sí, salgan inmediatamente. **Ej. 3:** 1. comas 2. hables 3. visites 4. veas, 5. saques 6. aprendas **Ej. 4:** 1. (No) Quiere que recojamos 2. escribamos 3. llevemos 4. compremos 5. comamos 6. lleguemos 7. bebamos **Ej. 5:** 1. llegue 2. viajamos 3. suben 4. lea 5. terminen **Ej. 6:** Hijo/a (no) queremos que hagas las maletas un día antes de la salida. 2. Hijo/a (no) queremos que duermas ocho horas la noche anterior a la salida. 3. Hijo/a (no) queremos que lleves ropa para ocho días.

4. Hijo/a (no) queremos que vayas directamente a la estación de autobuses. 5. Hijo/a (no) queremos que pongas el dinero en un lugar seguro. 6. Hijo/a (no) queremos que le des tu pasaporte al profesor. 7. Hijo/a (no) queremos que vuelvas con buenos recuerdos del viaje. 8. Hijo/a (no) queremos que pidas comida norteamericana en los restaurantes. 9. Hijo/a (no) queremos que te diviertas mucho y traigas regalos para toda la familia.

10. Hijo/a (no) queremos que nos digas adiós / le digas adiós a la familia. **Ej. 7:** 1. c. llame; llegue 2. d. sirva; vayamos 3. b. oigas; vengas 4. e. traigamos; volvamos 5. a. saques; estés **Ej. 8:** (Yes/no answers will vary) 1. durmiendo 2. asistiendo 3. viendo 4. estudiando 5. leyendo 6. estaba preparando 7. estaba haciendo 8. estaban comiendo 9. estaban limpiando 10. estaba dando **Ej. 9:** 1. Manejaba 2. Veía 3. Caminaba 4. hablaba 5. me bañaba **Ej.**

10: 1. era 2. íbamos 3. alquilábamos 4. buceábamos 5. bañábamos 6. salíamos 7. caminábamos 8 tenía 9. fuimos 10. dormían 11. jugaba 12. hablaba 13. conocía 14. miré 15. jugaba 16. vi 17 levantamos 18. corrimos 19. encontramos 20 buscamos 21. pudimos 22. estaba 23. regresamos 24. teníamos 25. estaba 26. fuiste 27. grité 28. contestó 29. estaba 20. enojé

SPANISH-ENGLISH VOCABULARY

This Spanish-English Vocabulary contains all of the words that appear in the text, with the following exceptions: (1) most identical cognates that do not appear in the chapter vocabulary lists; (2) conjugated verb forms, with the exception of certain forms of **haber** and expressions found in the chapter vocabulary lists; (3) diminutives in **-ito/a;** (4) absolute superlatives in **ísimo/a;** and (5) some adverbs in **-mente.** Active vocabulary is indicated by the number of the chapter in which a word or given meaning is first listed (A = **Paso A**); vocabulary that is glossed in the text is not considered to be active vocabulary and is not numbered. Only meanings that are used in this text are given.

The gender of nouns is indicated, except for masculine nouns ending in **-o** and feminine nouns ending in **-a.** Stem changes and spelling changes are indicated for verbs: **dormir (ue, u); llegar (gu).**

The following abbreviations are used:

abbrev.	abbreviation	*irreg.*	irregular
adj.	adjective	*m.*	masculine
adv.	adverb	*Mex.*	Mexico
Arg.	Argentina	*n.*	noun
coll.	colloquial	*obj. of prep.*	object of preposition
conj.	conjunction	*pl.*	plural
def. art.	definite article	*pol.*	polite
d.o.	direct object	*poss.*	possessive
f.	feminine	*p.p.*	past participle
fig.	figurative	*prep.*	preposition
Guat.	Guatemala	*pron.*	pronoun
inf.	informal	*refl. pron.*	reflexive pronoun
infin.	infinitive	*sing.*	singular
interj.	interjection	*Sp.*	Spain
inv.	invariable	*sub. pron.*	subject pronoun
i.o.	indirect object		

> *Dos mundos: En breve* is derived from the Sixth Edition of *Dos mundos,* which has fifteen regular chapters. References to the omitted chapters (12–15) still exist in this vocabulary even though the chapters do not appear in the text.

A

a to (1); at; **a la** to the (1); **al** *contraction of* **a** + **el** to the (1); **a cualquier hora** at any time (5); **a la derecha/izquierda de** to the right/left of (3); **a la parrilla** grilled, charbroiled (8); **a la vez** at the same time (5); **a menos que** unless (15); **a menudo** often (6); **a tiempo** on time (9); **a ver** let's see (13); **al corriente** up to date (15); **al día siguiente** the next day (12); **al horno** baked (8); **al lado de** to the side of (3); **al norte/sur** to the north/south (3); **al principio** at the beginning (3); **al punto** medium rare (8)
abajo *adv.* below (3)
abalorio glass bead
abeja bee (10)
abierto/a (*p.p. of* **abrir**) open (2); opened
abogado/a lawyer (5)
abordar to board (11)
abordo on board

aborto abortion (15)
abrazar (c) to hug, embrace (12); **abrazarse** to hug each other (14)
abrazo hug (3)
abrelatas *m.* can opener
abril *m.* April (1)
abrir (*p.p.* **abierto**) to open
absoluto/a absolute
absorber to absorb
absorción *f.* absorption
abstracto/a abstract
abuelo/a grandfather/grandmother; **abuelos** *pl.* grandparents
abundancia abundance (10)
abundante abundant (4)
aburrido/a boring; bored; **¡qué aburrido!** how boring! (1)
aburrimiento boredom
aburrirse to be bored
abusar de to abuse (14)
abusivamente abusively
abuso abuse (15)

acabar to finish, put an end to (15); **acabar de** (+ *infin.*) to have just done (*something*) (11)
academia academy
acampar to camp (1)
acceder to agree; to consent
acceso access (15)
accidente *m.* accident (5)
acción *f.* action (3); **Día de Acción de Gracias** Thanksgiving (4)
aceite *m.* (olive) oil
aceituna olive
acentuado/a accentuated
aceptable acceptable
aceptar to accept (7)
acero (inoxidable) (stainless) steel (13)
acerca de about (1)
acercarse (qu) (a) to approach, come near
acertar (ie) to guess right
acidez *f.* acidity
ácido/a acid; **lluvia ácida** acid rain

aclamar to acclaim, applaud
aclaración *f.* explanation
aclarar to explain
acomodar to accommodate
acompañar to accompany
acondicionador *m.* conditioner (4)
aconsejar to give advice, advise (14)
acontecimiento event, happening
acordar (ue) to agree; to resolve; acordarse de to remember (*something/ someone*) (14)
acostarse (ue) to go to bed (4); me acuesto I go to bed (4); se acuesta he/she goes to bed, you (*pol. sing.*) go to bed (4)
actitud *f.* attitude (15)
activar to activate
actividad *f.* activity; actividades auditivas listening activities (5); actividades del tiempo libre leisure time activities (1); actividades diarias daily activities
activista *m., f.* activist (9)
activo/a active (5)
acto act
actor *m.* actor (1)
actriz *f.* actress (1)
actuación *f.* performance
actual present-day, current (15)
actualidad *f.* present, present-time
actualmente at present, nowadays (15)
actuar (yo actúo) to act (5)
acueducto aqueduct (11)
acuerdo: estar (*irreg.*) de acuerdo to agree (4)
acumular to accumulate
acumulativo/a cumulative
acusación *f.* accusation
acusado/a accused (5)
acusador(a) accusing
acusar to accuse
acusatorio/a accusatory
acústico/a acoustic
adaptar(se) to adapt oneself
adecuado/a adequate (12)
adelgazar (c) to lose weight
además moreover; además de besides (11)
adentro de inside (3)
aderezo (salad) dressing (8)
adherirse (ie) to stick to
adhesión *f.* adhesion, adherence
adiestramiento training, instruction
adivinador(a) fortune teller
adivinar to guess (5)
adjetival adjectival
adjetivo adjective
administrar to administer
admirar to admire (11)
admitir to admit
adolescente *m., f.* adolescent (14)
adolorido/a painful (12)
¿adónde? to where? (3)
adopción *f.* adoption

adoptar to adopt
adquirir to acquire
aduana *sing.* customs (11); derechos de aduana customs duty, taxes (11)
adulto adult (11)
aéreo/a pertaining to air (*travel*) (10); transporte (*m.*) aéreo air transport
aeróbico/a aerobic; ejercicio aeróbico aerobics
aerolínea airline (11)
aeropuerto airport (3)
aerosol *m.* aerosol
afectar to affect
afecto affection, fondness
afeitadora razor (4)
afeitarse to shave (4); crema de afeitar shaving cream
afición *f.* liking, love
afirmación *f.* statement (4)
afirmar to affirm
afortunado/a fortunate, lucky
africano/a African
africanocubano/a Afro-Cuban
afrontar to confront
afuera (de) outside (3)
agarrar to grasp, seize
agencia de viajes travel agency (11)
agenda electrónica PDA
agente *m., f.* agent; agente de seguros insurance agent (5)
agonizar (c) to be dying
agosto August (1)
agotado/a exhausted
agotarse to run out
agradable pleasant (6)
agradar to please
agradecer (zc) to thank
agrado pleasure
agrario/a agricultural
agregar (gu) to add (8)
agresivo/a aggressive
agricultor(a) farmer, agriculturalist
agricultura agriculture (10)
agua *f.* (*but* el agua) water (3); agua con sal salt water (12); agua dulce fresh water (11); agua mineral mineral water; agua salada salt water (11)
aguacate *m.* avocado (8)
águila *f.* (*but* el águila) eagle (10)
agujerear to make holes in
agujero hole; agujero en la capa de ozono hole in the ozone layer (10)
ahí there, over there (4)
ahijado/a godson/goddaughter (14)
ahora now; ahora mismo right now (14)
ahorrar to save (9)
ahuyentar to scare away; to drive away
aire *m.* air (10); aire libre outdoors (7); mercado al aire libre open-air market
aislar to isolate
ají *m.* (bell) pepper (8)
ajo garlic (8)

alacena kitchen cupboard (6)
alambre *m.* wire
alarmar to alarm, worry
albaricoque *m.* apricot (8)
alberca swimming pool (*Mex.*) (7)
alcance *m.:* dar (*irreg.*) alcance to catch up with
alcanzar (c) to reach (15)
alcohol *m.* alcohol (15)
alegrarse to be glad
alegre happy; estar (*irreg.*) alegre to be happy (4)
alejar to keep away
alemán, alemana *n., adj.* German
alentar (ie) to encourage
alergia allergy
alérgico/a allergic (12)
alergista *m., f.* allergist (12)
alfeizar *m.* windowsill
alfombra rug (6)
algo something (2)
algodón *m.* cotton (13)
alguien someone (6)
algún, alguno/a some; any (2); algún día someday; alguna vez once; ever; algunos/as some
alimentar to feed
alimento food, meal (8)
allá (over) there
allí there (3)
almacén *m.* department store (3)
almacenaje *m.* warehousing, storage
almacenar to warehouse, store
almeja clam (8)
almíbar *m.* syrup
almohada pillow (6)
almorzar (ue) (c) to eat lunch (2); almorcé I ate lunch (7); almorzó he/she/you (*pol. sing.*) ate lunch (7); almuerza he/she eats lunch, you (*pol. sing.*) eat lunch (3); almuerzo I eat lunch (3)
almuerzo lunch (2)
alojamiento lodging (11)
alquilar(se) to rent, to be rented (6); se alquila for rent (6)
alquiler *m.* rent (6)
alrededor de *prep.* around (3)
altar *m.* altar
alterado/a upset
alternativo/a alternative
¡alto! stop! (*Mex.*) (10)
alto/a tall; clase (*f.*) alta upper class; voz (*f.*) alta loud voice, out loud (14)
alucinado/a amazed, freaked out
aluminio aluminum (13)
alumno/a student
alzar (c) to raise, lift up
ama *f.* (*but* el ama) de casa housewife (3)
amante *m., f.* lover
amarillo/a yellow (A)
amasar to knead (8)

Amazonas *m.* Amazon (River)
Amazonia Amazon Basin (10)
ambición *f.* ambition
ambiental environmental; **contaminación** (*f.*) **ambiental** environmental pollution (10)
ambiente *m.* environment; atmosphere (8); **medio ambiente** environment (10)
ambos/as *pl.* both (10)
ambulancia ambulance
amenaza threat
amenazante threatening
amenazar (c) to threaten
América Central Central America (3)
América Latina Latin America (7)
americano/a American; **fútbol** (*m.*) **americano** football (1)
ametrallar to machine-gun
amigo/a friend; **amigo/a íntimo/a** close friend (14)
amistad *f.* friendship (14)
amnistía amnesty
amo/a master/mistress (14)
amor *m.* love
amoroso/a loving
ampliación *f.* enlargement
ampliar to broaden
amplio/a roomy (6)
amueblado/a furnished (6)
amuleto amulet
analfabetismo illiteracy (15)
analgésico analgesic (12)
análisis analysis (12)
analítico/a analytical
analizar (c) to analyze
anaranjado/a orange (A)
ancho/a wide (11)
anciano/a elderly person (15)
andar *irreg.* to walk; **andar en bicicleta** to ride a bicycle (1); **andar en motocicleta** to ride a motorcycle (2); **andar en patineta** to skateboard (1); **andar en velero** to go sailing (2)
anfitrión, anfitriona host, hostess
ángel *m.* angel (14)
anglohablante English-speaking person
anglosajón, anglosajona *n., adj.* Anglo-Saxon
anidar to nest (10)
anillo ring (13)
animado/a: cheerful (12); **dibujos animados** cartoons
animal *m.* animal (2); **amimal doméstico** pet (5)
animar to encourage
ánimo spirit, energy; **estado de ánimo** state of mind
aniversario anniversary; **aniversario de body** wedding anniversary (4)
anoche last night (6)
anotar to make note of; to jot down
ansia anxiety

ansiedad *f.* anxiety
ansioso/a anxious
antagónico/a antagonistic
antagonismo antagonism
antagonizar (c) to antagonize
Antártida Antarctica
ante before; faced with, in the presence of
anteayer day before yesterday (1)
antena antenna (11)
antepasado/a ancestor
anterior previous (1)
antes *adv.* before; **antes (de)** *prep.* before (4); **antes de que** *conj.* before (15)
antibiótico antibiotic (12)
anticientífico/a anti-scientific
anticipación *f.* anticipation
anticipar to anticipate (10)
antiguo/a old; antique
antisemítico/a anti-Semitic
antojito snack (*Mex.*) (8)
antónimo antonym
antónimo/a contrary, opposite
antropología anthropology (2)
antropólogo/a anthropologist
anual annual
anular to annul, to nullify
anunciar to announce (11)
anuncio commercial (13); announcement (5)
añadir to add
año year; **a través de los años** through the years; **Año Nuevo** New Year (4); **cada año** every year; **cumplir años** to have a birthday (7); **de... a... años de edad** from . . . to . . . years old; **durante los años sesenta** during the sixties; **el año pasado** last year (6); **hace... años . . .** years ago; **los meses del año** the months of the year (1); **los próximos diez años** the next ten years; **por muchos años** for many years; **tener** (*irreg.*)**... años** to be . . . years old (C)
apaciguar (gu) to placate
apagar (gu) to turn off; to put out; **apagar incendios** to put out fires (5)
apalabrado/a agreed upon verbally
aparato appliance; **aparato doméstico** household appliance (6); **aparato eléctrico** electrical appliance (6)
aparecer (zc) to appear
aparición *f.* apparition
apariencia appearance
apartamento apartment (6)
apartar to remove; to separate
apasionado/a passionate
apasionamiento passion
apellido surname (1)
apenas barely
apetecer (zc) to long for; to crave
apio celery (8)
aplaudir to applaud

aplicarse (qu) a to be used; to apply (*something*) to, employ (*a remedy*); **aplicarse un ungüento** to apply an ointment (12)
aportar to contribute (15)
apoyar to support (6)
apoyo support
apreciar to appreciate
aprehender to apprehend
aprender to learn (5)
aprendizaje *n. m.* learning
apresar to take prisoner, capture
aprobar (ue) to pass; to approve (15)
apropiado/a appropriate
aprovechar(se) to take advantage of (13)
aproximadamente approximately (7)
aptitud *f.* aptitude, ability (5)
apuesto/a handsome, pretty
apuntar to note, jot down
apuntes *m. pl.* notes; **tomar apuntes** to take notes (4)
apuro difficult situation
aquejado/a suffering
aquel, aquella *adj.* that (over there); *pron.* that one (over there)
aquello that; that thing
aquí here (1); **aquí lo tiene** here it is (11)
árabe *n. m., f.* Arab; *n. m.* Arabic (language); *adj.* Arabic
araña spider
árbol *m.* tree (2); **árbol genealógico** family tree (9); **subirse a los árboles** to climb trees (9)
arbusto bush (6)
archivo file
arco arch; **arco iris** rainbow
arder to burn
área *f.* (*but* **el área**) area (2)
arena sand (7)
arepa thick corn cake
argentino/a *n., adj.* Argentine
argumento argument (15); reasoning
árido/a arid (10)
arma *f.* (*but* **el arma**) arm, weapon (15); **armas nucleares** nuclear weapons
armamento armament (15)
armario closet (6)
armonía harmony
arpillera sackcloth
arquitectura architecture
arras *coins given by a bridegroom to a bride as a token of his ability to provide* (14)
arrecife *m.* reef (10); **arrecife de coral** coral reef
arreglar to fix, repair (5)
arrepentirse (ie) to repent
arrestar to arrest (7)
arresto arrest
arriba above (3)
arriesgado/a risky, hazardous

arriesgar (gu) to risk
arroba at (@)
arrodillarse to kneel down
arrogante arrogant
arroz *m.* rice (3); arroz con leche rice pudding
arruinar to ruin (7)
arsenal *m.* arsenal (15)
arte *m.* (*but* las artes) art (2); bellas artes fine arts; Facultad de Bellas Artes School of Fine Arts (3)
artefacto artifact (13)
arteria artery (12)
artículo article (10)
artista *m., f.* artist (3)
artístico/a artistic
arzobispo archbishop
asado/a roasted; bien asado/a well-done (8); poco asado/a rare (8)
asador *m.* barbecue grill (13)
asaltar to assault
asar to roast
ascendencia ancestry, origin
ascender to go up, rise
ascensor *m.* elevator (6)
asegurado/a insured
asegurar to assure (15); to insure
asemejarse to be similar to
asesinar to assassinate
asesino/a assassin, murderer
asfixiante suffocating
así thus, so, that way, this way (5)
Asia Asia (7)
asiento seat (10)
asignar to assign (5)
asimétrico/a asymmetrical
asimilación *f.* assimilation
asimilar(se) to assimilate
asistente *m., f.* assistant; asistente de vuelo flight attendant (11)
asistir (a) to attend (3)
asociación *f.* association
asociado/a associated (1)
asociar to associate (2)
asombrar to astonish
aspecto aspect (4); appearance
aspiración *f.* aspiration
aspiradora vacuum cleaner (6); pasar la aspiradora to vacuum (6)
aspirante *m., f.* candidate; applicant
aspirar to aspire
aspirina aspirin (12)
asunto subject, topic; matter, affair
asustado/a scared (7)
asustar to scare
atacar (qu) to attack
ataque *m.* attack (15); ataque al corazón heart attack
atar to tie (7)
ateísmo atheism
atención *f.* attention; llamar la atención (a) to call attention (to)

(10); poner (*irreg.*) atención to pay attention (14)
atender (ie) to wait on; to assist (12); atender mesas to wait on tables (5)
atentado attempted murder
atento/a attentive
ateo/a atheist
atestiguar to testify
Atlántico: Océano Atlántico Atlantic Ocean (3)
atleta *m., f.* athlete (9)
atmósfera atmosphere
atómico/a atomic
atormentar to torment (14)
atracción *f.* attraction
atractivo/a attractive (2)
atraer (*like* traer) to attract
atrapar to catch (7); to trap (7)
atravesar (ie) to cross, go across
atreverse a (+ *infin.*) to dare to (*do something*)
atrevido/a bold, daring
atrevimiento boldness, daring
atribuir (y) (a) to attribute (*to*) (15)
atributo attribute
atropellar to run over with a car (12)
atún *m.* tuna (8)
auditorio auditorium
auge *m.* peak, climax
aula *f.* (*but* el aula) classroom
aullar to howl
aumentar to increase (15)
aumento raise, increase (10)
aun even
aún still, yet
aunque although
ausente absent
autobiografía autobiography
autobiográfico/a autobiographical
autobús *m.* bus; terminal (*m.*) de autobuses bus terminal
autodestructivo/a self-destructive
autógrafo autograph
automático/a automatic; cajero automático automatic teller machine
automatizar (c) to automate
automóvil *m.* automobile (11)
autonomía autonomy
autopista freeway, expressway (10)
autor(a) author
autoridad *f.* authority
autorización *f.* authorization
autorizar (c) to authorize
¡auxilio! help! (7)
avance *m.* advance
avanzar (c) to advance
avaricia greed
avaro/a greedy
ave *f.* (*but* el ave) bird; fowl; poultry (8)
avena oatmeal (8)
avenida avenue (3)

aventajar to come, finish ahead of
aventura adventure (7); aventura extramarital extramarital relationship
aventurero/a adventurous (11)
averiguar to verify; to find out
avión *m.* airplane (5); por avión by plane (10)
avisar to inform; to advise (11); to warn (11)
aviso (clasificado) (classified) ad (5)
ayer yesterday (1)
ayuda help
ayudar to help (5)
azar *m.* chance
azteca *n. m., f.; adj.* Aztec (7)
azúcar *m.* sugar (8)
azul blue (A)

B

bahía bay (10)
bailar to dance (1); salir (*irreg.*) a bailar to go out dancing (1)
bailarín, bailarina dancer
baile *m.* dance (4)
bajar to lower (10); to come down (10); bajarse to get down (14); baje(n) (*command*) get off (11)
bajo *prep.* under
bajo/a short (*height*); low; clase (*f.*) baja lower class; voz (*f.*) baja soft voice (14)
balada ballad
balanza scale
balcón *m.* balcony (6)
ballena whale (10)
ballet *m.* (folclórico) (folkloric) ballet (11)
baloncesto basketball (1)
bambú *m.* bamboo (10)
banana banana (8)
bancario/a *adj.* bank
banco bank (5); banco de datos data base
banda gang
bandera flag
bañarse to bathe (4)
bañera bathtub (6)
baño bathroom; bath; traje (*m.*) de baño bathing suit (7)
bar *m.* bar (3)
barato/a inexpensive, cheap (8)
barco boat (7); barco de vela (11)
barrer to sweep (6)
barrera barrier, obstacle
barril *m.* barrel
barrio neighborhood (9)
basarse (en) to be based (on) (9)
base *f.* base, foundation; a base de by; by means of
básico/a basic (1)
basílica basilica
básquetbol *m.* basketball (1)

bastante *adj.* enough (5); sufficient; **bastante** (+ *adj.*) quite (+ *adj.*) (5); *adv.* rather, quite

basura trash; **sacar (qu) la basura** to take out the trash (6)

basurero garbage can; dump

bata (bath)robe (13)

batalla battle (7)

bate *m.* bat

batido (de leche, de frutas) (milk, fruit) shake (8)

batir to beat (8)

baúl trunk

bautizar (c) to baptize (14)

bautizo christening ceremony, baptism (14)

beatitud *f.* beatitude; bliss

bebé *m., f.* baby

bebeleche *m.* hopscotch (*Mex.*); **jugar (ue) (gu) bebeleche** to play hopscotch (*Mex.*) (9)

beber to drink (3)

bebida drink (8)

bebido/a *adj.* drunk

beca scholarship

béisbol *m.* baseball (1)

belleza beauty

bello/a beautiful (10); **bellas artes** fine arts; **Facultad de Bellas Artes** School of Fine Arts (3); **la Bella y la Bestia** Beauty and the Beast

bendición *f.* blessing

beneficencia charity; **organización** (*f.*) **de beneficencia** charitable organization

beneficiar to benefit

beneficio benefit (15)

beneficioso/a beneficial (12)

besar to kiss (12); **besarse** to kiss each other (14)

beso kiss (4)

bestia beast; **la Bella y la Bestia** Beauty and the Beast

Biblia Bible

biblioteca library (3)

bicarbonato de soda bicarbonate of soda (8)

bicicleta bicycle; **andar** (*irreg.*) **en bicicleta** to ride a bicycle (1)

biculturalismo biculturalism

bien *adv.* well; **bien asado/a** well-done (8); **bien cocido/a** well-done (8)

bienes *m. pl.* goods; **bienes raíces** real estate (6)

bienestar *m.* well being

bienvenida *n.* welcome; **dar** (*irreg.*) **la bienvenida** to welcome (4)

bilingüe bilingual (5)

bilingüismo bilingualism

billete *m.* ticket (11)

biografía biography

biología biology (2)

biosfera biosphere (10)

bisabuelo/a great-grandfather/ great-grandmother (14); **bisabuelos** *pl.* great-grandparents

bistec *m.* steak

Blancanieves Snow White

blanco/a white (A); **espacio en blanco** blank space (3); **vino blanco** white wine (8)

bloque *m.* block

bocacalle *f.* intersection

bocina horn; **tocar (qu) la bocina** to honk the horn

boda wedding (14)

boleto ticket; **boleto de ida y vuelta** round-trip ticket (11)

boliche: jugar (ue) (gu) al boliche to bowl (2)

bolígrafo pen (B)

bolita little ball (*of material*) (8)

boliviano/a Bolivian

bolsa bag; purse (7); sack; **bolsa de lona** canvas bag (10); **bolsa de plástico** plastic bag

bolsillo pocket (13)

bolso purse

bombero, mujer (*f.*) bombero firefighter (5)

bordear to border

borracho/a drunk

borrador *m.* eraser; draft

borrar to erase (14)

bosque *m.* forest (10)

botánica drugstore

botella bottle (8)

botones *m. sing.* bellhop (11)

bozo fuzz; **apuntarle el bozo** to get fuzz on one's upper lip

brasa ember

brasileño/a *n, adj.* Brazilian

brazo arm

breve *adj.* brief

brillante bright

brindar to drink a toast

brindis *m.* toast (*drink or speech*) (14)

bróculi *m.* broccoli (8)

broma joke

bromear to joke

bromista *adj., m., f.* fond of joking

bronce *m.* bronze (13)

broncearse to get a tan (11)

bronquitis *f.* bronchitis (12)

bruja witch; **Día de las Brujas** Halloween (4)

brujería witchcraft

brusco/a brusque

bucear to skin dive or scuba dive (5)

buceo underwater swimming, diving (10)

bueno, bueno/a good (6); **buenas tardes/ noches** good afternoon/evening; **buenos días** good morning; **es bueno** it's good; **es una buena idea** it's a good idea; **estar** (*irreg.*) **de buen humor** to be in a good mood (4); **hace buen tiempo** the weather is fine; **qué bueno que...** how great that . . . (15); **sacar (qu) buenas notas** to get good grades (9); **tener** (*irreg.*) **buena suerte** to have good luck, to be lucky; **traer** (*irreg.*) **buena suerte** to bring good luck

bueno... well . . .

búfalo buffalo

bufanda scarf (13)

buitre *m.* vulture

burbuja bubble

burlarse (de) to make fun (of)

burrito *rolled tortilla filled with meat, beans, and/or rice* (3)

buscador *m.* search engine (15)

buscar (qu) to look for (5); **buscó** he/she/you (*pol. sing.*) looked for (7); **busqué** I looked for (7)

búsqueda search

C

caballero gentleman (13); knight

caballo horse; **montar a caballo** to ride a horse (2)

cabaña cabin (11)

caber *irreg.* to fit

cabeza head; **dolerle (ue) la cabeza** to have a headache; **tener** (*irreg.*) **dolor** (*m.*) **de cabeza** to have a headache (12)

cable *m.* cable; **sin cables** wireless

cacahuate *m.* peanut (8)

cachaza sluggishness, slowness

cacto cactus

cada *inv.* each, every; **cada año** every year; **cada día** every day; **cada vez** every time

cadera hip (12)

caerse *irreg.* to fall (11); **se me/le cayó/cayeron** something (*sing. or pl.*) fell (from my/your/his/her hands) (12)

café *m.* coffee; café (3); **café internet** Internet café; **tomar café** to drink coffee (2)

cafeína caffeine (15)

cafetera coffeepot (6)

cafetería cafeteria (3)

caimán *m.* alligator

caja box (13); cash register

cajero/a cashier (5); teller (*in a bank*); **cajero automático** automatic teller machine (ATM)

calabacita zucchini (8)

calabaza pumpkin (8)

calavera skull (12)

calcetín *m.* sock (13)

calcio calcium (8)

calculador(a) calculating

calculadora calculator

calcular to calculate (8)

caldera de carbón coal-fired boiler

caldo broth; stock (8)

calefacción *f.* heating (system) (13)

calendario calendar
calentado/a heated
calentador heater (6)
calentamiento heating
calentar (ie) to warm up (6); calienta
  he/she warms up, you (*pol. sing.*)
  warm up (6); caliento I warm up (6)
calentura: tener (*irreg.*) calentura to
  have a fever (12)
calidad *f.* quality (13)
caliente hot (4); perro caliente hot dog
  (8); té (*m.*) caliente hot tea (8)
calificar (qu) to grade (5)
calle *f.* street (1)
calmado/a calm (12)
calmar to calm
calor *m.* heat; hace (mucho) calor it's (very)
  hot (2); tener (*irreg.*) calor to be hot (4)
caluroso/a warm, hot (10)
calvicie *f.* baldness
calvo/a bald
calzoncillos (men's) underwear (13)
cama (matrimonial) (double) bed (6);
  quedarse en cama to stay in bed;
  tender (ie) la cama to make the bed (6)
cámara (digital) (digital) camera (1)
camarera chambermaid (11)
camarón *m.* shrimp
cambiar to change (9); cambiar dinero
  to change/exchange money; cambiar
  dólares por... to exchange dollars
  for . . .
cambio change (11); money exchange
  (11); a cambio de in exchange for;
  en cambio on the other hand
camello camel
camilla gurney (12)
caminar to walk (2)
caminata walk, hike (11)
camino road (11)
camión *m.* truck (15)
camisa shirt (A)
camisón *m.* nightgown (13)
campamento campground (11); camp (11)
campaña (de analfabetización) (literacy)
  campaign (15)
campeón, campeona champion (7)
campesino/a peasant; field worker (15)
campo country(side) (7); field (of study)
campus *m.* campus (2)
canadiense *n., adj.* Canadian
canal *m.* channel (1)
cancelar to cancel
cáncer *m.* cancer (10); cáncer de la piel
  skin cancer (10)
cancha de tenis tennis court (6)
cancillería chancellery
candidato/a candidate
cangrejo crab (8)
cansado/a tired
cansar to make tired (12); cansarse to
  get tired (12)

cantante *m., f.* singer (5)
cantar to sing (5)
cántaro pitcher
cantidad *f.* quantity
cañón *m.* canyon (10)
capa cape; agujero en la capa de ozono
  hole in the ozone layer (10); capa de
  hielo polar polar ice cap
capacidad *f.* capacity
capaz capable
capital *f.* capital city (3)
capó *m.* hood
captar to grasp, understand
capturar to capture
caqui: color (*m.*) caqui khaki (13)
cara face (B)
carácter *m.* character (14)
característica characteristic (14)
caracterizar (c) to characterize (15)
carbohidrato carbohydrate (8)
carbón coal; caldera de carbón coal-fired
  boiler
carbono carbon
carburo carbide; carburo fluorado
  fluorocarbon (10)
cárcel *f.* jail, prison
carecer (zc) to lack
carencia lack, shortage
cargo position (7); cargo de conciencia
  weight on one's conscience
Caribe *m.* Caribbean (3)
caribeño/a *n., adj.* Caribbean (10)
cariño affection; endearment; love (14)
carne *f.* meat (8); carne de cerdo/puerco
  pork (8); carne de res beef (8)
carnicería *f.* meat market
caro/a expensive (6)
carpintero/a carpenter
carrera career; course of study (5)
carretera highway (10)
carro car, automobile; jugar (ue) (gu)
  con carritos to play with little cars (9)
carta letter; card; menu (8); cartas de
  tarot tarot cards
cartel *m.* poster
cartera wallet (13)
cartón *m.* cardboard
casa house; casa particular private
  home (6)
casado *typical Costa Rican dish of
  white rice, black beans, meat, chicken,
  or fish and side salad or side of fried
  plantain* (8)
casado/a married (1); recién casado/a
  newlywed (14)
casarse (con) to get married (to) (7)
cáscara peel (8)
casco helmet (10); casco urbano city
  center
casero/a home, domestic
casi *inv.* almost (1); casi nunca almost
  never (3)

caso (criminal) (criminal) case (5); caso
  imprevisto unforeseen occurrence
  (12); en caso de que in case; hacer
  (*irreg.*) caso a to pay attention to (14)
castaño/a brown (*hair, eyes*)
castigar (gu) to punish (7)
castigo punishment (14)
castillo castle
casto/a chaste
casualidad *f.* coincidence
catalán *m.* Catalonian (*language*)
catalizador *m.* catalyst
catarata waterfall (10)
catarro cold; tener (*irreg.*) catarro to
  have a cold (12)
catástrofe *f.* catastrophe
cátedra chair (*of an academic department*)
categoría category
catolicismo Catholicism
católico/a *n., adj.* Catholic
catorce fourteen (A)
caudillo leader (7); strongman
causa cause: a cause de because of; por
  causa de because of
causar to cause (10)
caza hunt (10); hunting (10)
cebolla onion (8)
ceja eyebrow (12)
celebración *f.* celebration (4)
celebrar to celebrate (4)
célebre famous
célula cell
celular cellular; (teléfono) celular cell
  phone (1)
cementerio cemetery (11)
cena dinner (3)
cenar to dine, have dinner (1)
Cenicienta Cinderella
censura censorship
censurar to censor
centavo cent; no tener un centavo to be
  broke (13)
centenario centennial, centenary; quinto
  centenario five hundredth anniversary
centeno rye
central central (3); América Central
  Central America (3)
centro center; downtown (2); centro
  comercial shopping center (6); centro
  estudiantil student center (3)
Centroamérica Central America (10)
cepillo (de dientes) (tooth)brush (6)
cera wax
cerámica ceramics (13)
cerca *n.* fence (6)
cerca *adv.* near; cerca de (*prep.*) close to (3)
cercano/a near, close by
cerdo pig; carne (*f.*) de cerdo pork (8);
  chuleta de cerdo pork chop (8)
cereal *m.* cereal (2)
cerebro brain (12)
ceremonia ceremony (4)

cero zero

cerrar (ie) to close (2); to turn off (*appliance*); cierra he/she closes, you (*pol. sing.*) close (2); cierro I close (6)

certeza certainty

certidumbre *f.* certainty

cerveza beer (3)

cesación *f.* discontinuation, suspension

cesar to cease, stop, discontinue

césped *m.* lawn; cortar el césped to mow the lawn (6)

ceviche *m. Peruvian dish of raw fish marinated in lemon juice* (8)

chabacano apricot (8) (*Mex.*)

chamarra jacket (13)

champú *m.* shampoo (4)

charla chat

charlar to chat (2)

cheque *m.* check; cheque de viajero traveler's check

chícharo green pea (8) (*Mex.*)

chile (*m.*) relleno stuffed pepper (8)

chileno/a *n., adj.* Chilean

chimenea fireplace (6)

chino *n.* Chinese (*language*); chino/a *n., adj.* Chinese

chisme *m.* gossip

chismear to gossip

chiste *m.* joke

chocar (qu) to crash into (7); to run into (*something*) (11)

chocolate *m.* chocolate (2)

chofer *m.* driver

choque *m.* crash (12)

chuleta (de cerdo/puerco) (pork) chop (8)

chuparse el dedo to suck one's thumb (*finger*) (14)

ciberespacio cyberspace

cibernauta *m., f.* person who surfs the Internet

cibernético/a cybernetic (3)

cicatriz *f.* (*pl.* cicatrices) scar (12)

ciclón *m.* cyclone (10)

cielo sky (10); heaven

cien, ciento one hundred; por ciento percent

ciencia science; ciencia ficción science fiction (3); ciencias naturales natural sciences; ciencias sociales social sciences (2); Facultad (*f.*) de Ciencias Naturales School of Natural Science (3); Facultad (*f.*) de Ciencias Sociales School of Social Sciences (3)

científicamente scientifically

científico/a *n.* scientist (9); *adj.* scientific

cierto/a certain; true (9)

cigarrillo cigarette

cigarro cigar

cigüeña stork

cinco five (A)

cincuenta fifty (B)

cine *m.* movie theater; estrella de cine movie star (7); ir (*irreg.*) al cine to go to the movies

cintura waist (12)

cinturón *m.* belt

circuito/a circuit

circulación *f.* circulation; traffic (11)

circular to circulate (12)

circunstancia circumstance

cirujano/a surgeon (12)

cita appointment (12); date (12)

ciudad *f.* city (2)

ciudadanía citizenship (1)

ciudadano/a citizen (10)

civil civil; derechos civiles civil rights; guerra civil civil war; estado civil marital status

civilización *f.* civilization

claridad *f.* clarity

claro of course; claro que sí of course

claro/a clear

clase *f.* class; type; clase social social class; clase turística tourist class (11); primera clase first clase (11); ¿qué clase de... ? what type of . . . ? (8)

clásico/a classic (3)

clasificación *f.* classification

cláusula clause

clave *adj. inv.* key (15)

clérigo priest, clergyman

cliente, clienta client (5)

clic: hacer (*irreg.*) clic to click on (11)

clima *m.* climate; weather (2)

climático/a climatic

clínica clinic (5)

clínico/a clinical; historial (*m.*) clínico medical history (12)

clonar to clone

cloro chlorine

clorofluorocarbón *m.* chlorofluorocarbon

club *m.* club (2); club nocturno nightclub (5)

cobrar to charge

cobrizo/a copper-colored

coche *m.* car, automobile; coche eléctrico electric car

cocido/a medium rare (8); bien cocido/a well-done (8); poco cocido/a rare (8)

cocina kitchen (5)

cocinar to cook (1)

cocinero/a cook

coco coconut; boogeyman

cóctel *m.* cocktail

códice *m.* codex

código code

codo elbow (12)

coger (j) to trap; to grab

cohete *m.* rocket

coincidir to coincide (4)

cola tail; line (11); hacer (*irreg.*) cola to stand in line (11)

colección *f.* collection

colectividad *f.* collectivity

colectivo/a collective

colega *m., f.* colleague (15)

colegio private school (3)

colesterol *m.* cholesterol

colgar (ue) (gu) to hang

coliflor *f.* cauliflower (8)

colina hill (10)

colindar to be adjacent; to adjoin

colocación *f.* placement

colocar (qu) to place, put

colombiano/a *n., adj.* Colombian

colonia cologne (4); colony; colonia espacial space colony (15)

colonista *m., f.* colonizer

colonización *f.* colonization

colonizador(a) colonizer

colonizar (c) to colonize

color *m.* color (A); color caqui khaki (13); color vivo bright color (13)

colorante *m.* coloring (8)

colorido/a colorful

columna column (2)

combinación *f.* women's slip (13)

combinar to combine (8)

combustibilidad *f.* combustion

combustibles fósiles fossil fuels

comedor *m.* dining room (6)

comentar to comment (6)

comentario comment (14)

comenzar (c) to begin (14); comenzar a (+ *infin.*) to begin to (*do something*)

comer to eat (1); comer fuera to eat out (8); comerse las uñas to bite one's (finger)nails (4); dar (*irreg.*) de comer to feed

comercial commercial; centro comercial shopping center (6)

comestibles *m. pl.* food; groceries (8)

cometa kite; volar (ue) una cometa to fly a kite (2)

cometer to commit

comezón *f.* rash; itch

cómico/a funny; tiras cómicas comic strips (9)

comida meal (8); food (8); comida chatarra junk food (8); comida pre-elaborada convenience food

comienzo beginning

comisión *f.* commission (5)

como as (2); as a; like (2); since; tan pronto como as soon as (15)

cómo: sí, cómo no of course (11)

¿cómo? how? what?; ¿cómo te llamas (tú)? what is your (*inf. sing.*) name? (1)

cómoda chest of drawers (6)

cómodamente comfortably (10)

comodidad *f.* commodity

compacto: disco compacto compact disc (CD) (1); poner (*irreg.*) discos compactos to play CDs (3)

compadre/comadre *what a child's parents and godparents call each other* (14)
compañero/a companion; **compañero/a de clase** classmate
compañía company (5)
comparación *f.* comparison
comparar(se) to compare (2)
compartir to share (6)
compensar to compensate
competición *f.* competition (1)
competir (i, i) to compete (9)
complemento: complemento directo direct object pronoun; **complemento indirecto** indirect object pronoun
completamente completely (10)
completar to complete, finish (3)
completo/a complete; **jornada completa** full time (5); **por completo** completely
complicar (qu) to complicate
cómplice *m., f.* accomplice
componente *m.* component
componer (*like* **poner**) to make up; to fix
comportamiento behavior (14)
comportarse to behave (14)
composición *f.* composition (4)
compostura composition, structure
compra purchase; **ir** (*irreg.*) **de compras** to go shopping (1)
comprar to buy (3)
comprender to understand
comprensible understandable
comprensión *f.* understanding
comprobar (ue) to prove
comprometido/a engaged (14)
computadora computer
computar to compute
común common
comuna commune (15)
comunicación *f.* communication
comunicar (qu) to communicate
comunidad *f.* community (12)
comunión *f.* communion; **primera comunión** first communion
comunista *n., adj.* communist
comunitario/a community
con with; **con cuidado** carefully (7); **con frecuencia** frequently (2); **con gusto** with pleasure (8); **con tal (de) que** as long as (15)
conceder to concede
concentración *f.* concentration (10)
concentrado/a concentrated (8)
concentrarse to concentrate
concepto concept
conciencia conscience
concienzudo/a conscientious
concierto concert; **entradas para un concierto** tickets for a concert (1)
concluir (y) to conclude
conclusión *f.* conclusion
concordancia agreement
concordar (ue) to agree

concreto/a concrete
concursante competitor; participant
concursar to compete
concurso contest
conde / condesa *m.* count / countess
condenable condemnable
condenación *f.* condemnation
condenar to condemn
condición *f.* condition
condicional conditional
condimento condiment (8)
condominio condominium (3)
conducción *f.* conduction; driving
conducir *irreg.* to drive
conducta conduct
conductor(a) driver
conectarse (a) to connect (*to something*)
conejera rabbit warren
conejo rabbit; **conejo de la Pascua** Easter Bunny
conexión *f.* connection (12)
conferencia conference
confesar (ie) to confess
confesión *f.* confession (7)
confiado/a confident
confianza confidence
confiar (yo confío) to trust; to confide
confirmar to confirm
conflicto conflict
confundido/a confused
confundir to confuse
confusión *f.* confusion
congelado/a frozen
congestionado/a congested (12)
congregación *f.* congregation; group
congreso congress
conjetura conjecture
conjugación *f.* conjugation
conjugar (ue) (gu) to conjugate
conjunción *f.* conjunction
conjunto collection
conmemorar to commemorate
conmigo with me (3)
conmover (ue) to move (*emotionally*)
cono cone; area
conocer (zc) to meet; to know (6); **conoce** he/she knows, you (*pol. sing.*) know (6); **conocerse** to meet each other (14); **conozco** I know (6); **gusto en conocerlo/la** nice to meet you (*pol.*) (6)
conocimiento knowledge
conquista conquest
conquistador(a) conqueror
conquistar to conquer (7)
consecuencia consequence
consecuente consistent
conseguir (i, i) (g) to obtain, get (15)
consejero/a counselor (15)
consejo advice (11)
consenso consensus
consentido/a spoiled
consentimiento consent

consentir (ie, i) to consent; to spoil
conservador(a) *m.* preservative (8); *adj.* conservative
conservar to preserve (14); to maintain
consideración *f.* consideration
considerar to consider (8)
consigo with him/her/you (*pol.*)
consistir (en) to consist (of) (15)
constante constant
constitución *f.* constitution
construcción *f.* construction (13)
construir (y) to build, construct
consulado consulate (11)
consultar to consult (4)
consultorio doctor's office (5)
consumidor(a) consumer
consumir to consume
consumo consumption (10)
contable *m., f.* accountant
contacto contact
contador(a) accountant (5)
contagio contagion (15)
contaminación (*f.*) **ambiental** environmental contamination (10)
contaminar to contaminate
contar (ue) to count; to tell, narrate; **contar el dinero** to count money (5); **cuéntenos** (*command*) tell us
contemporáneo/a contemporary
contener (*like* **tener**) to contain (8)
contenido *sing.* contents
contento/a happy; **estar** (*irreg.*) **contento** to be happy (4)
contestación *f.* response, answer
contestador (*m.*) **automático** answering machine
contestar to answer (2)
contexto context
continente *m.* continent (7)
continuación: a continuación next, following; appearing below
continuar (yo continúo) to continue
contra against; **en contra de** against
contrabando contraband (11)
contracción *f.* contraction (12)
contradecir (*like* **decir**) to contradict
contraer (*like* **traer**) to contract (an illness)
contrariedad *f.* annoyance
contrario: al contrario on the contrary
contraseña password
contrastar to contrast
contribuir (y) to contribute (14)
control *m.* control
controlable controllable
controlar to control; **controlarse** to control oneself (12)
convencer (z) to convince
conveniencia convenience
conveniente convenient
convenir (*like* **venir**) to suit, be advisable
conversación *f.* conversation (2)

conversar to converse (3); converse(n) (*command*) converse
converso/a converted
convertirse (ie) to convert
convincente convincing
convivencia coexistence
convivir to live together (harmoniously); to coexist
coordinador(a) coordinator
copa wine glass (8); Copa Mundial World Cup (13)
copiar to copy; to cheat
coral: arrecife (*m.*) de coral coral reef
corazón *m.* heart (12)
cordillera (mountain) range (10)
Corea Korea
corona crown
correcto/a right
corredor *m.* corridor, hallway (6)
corregir (j) to correct (10)
correo mail; post office (3); correo electrónico e-mail (address) (1)
correr to run (1)
correspondencia correspondence (1)
corresponder to correspond; corresponde it corresponds (1)
correspondiente corresponding (3)
corrida de toros bull fight (11)
corriente *f.* current (10); al corriente up to date; corriente de aire air current
corromperse to become corrupt
corrosivo/a corrosive
corrupción *f.* corruption
cortar to cut; cortar el césped to mow the lawn (6); cortar el pelo to cut hair (5); cortarse to cut oneself (12)
cortina curtain (6)
corto/a short
cosa thing
coser to sew (2)
costa coast (10)
costado side (12)
costear to pay for; to defray the costs of
costilla rib (12)
costo cost (15)
costumbre *f.* custom (15)
cotidianidad *f.* daily life
cotidiano/a *adj.* daily
cotillear to gossip (15)
crear to create (10)
creatividad *f.* creativity
creativo/a creative
crecer (zc) to grow (8); to grow up
creciente growing
crecimiento growth
creencia belief
creer to believe (5); (no) creer que to (not) believe that (15); no lo creo I don't believe it (1)
crema *n.* cream; crema batida whipping cream; crema de afeitar shaving

cream; crema hidratante moisturizer; *adj.* cream-colored
creyente *m., f.* believer
crianza upbringing (14)
criar(se) to bring up (be brought up) (14); to grow up; to raise (*children, animals*) (10)
crimen *m.* (*pl.* crímenes) crime (15); crimen por odio hate crime
crisis *f.* crisis (15)
cristal crystal
cristalismo Christianity
cristiano/a *n., adj.* Christian
criterio criterion
crítica criticism
criticar (qu) to criticize
crítico/a critical (15)
cronología chronology
cronológico/a chronological (6)
crucero cruise ship (10)
crudo/a raw
cruel cruel (14)
crueldad *f.* cruelty
cruz *f.* cross (12)
cruzar (c) to cross; crucé I crossed (7); cruzó he/she/you (*pol. sing.*) crossed
cuaderno notebook (B)
cuadra (*street*) block (11)
cuadro box, square; graph (3); picture (*on the wall*) (6); de cuadros plaid, checkered (13)
¿cuál? what?, which?; ¿cuáles? which (ones)?
cualidad *f.* quality (14)
cualquier(a) any
cuando when; de vez en cuando from time to time (3)
¿cuándo? when? (1); ¿cuándo nació? when was he/she born?, when were you (*pol. sing.*) born? (1)
cuanto: en cuanto as soon as (15)
¿cuánto? how much?; how long?; ¿cuánto tiempo hace que... ? how long has it been since . . . (7)
¿cuántos/as? how many?; ¡cuánto/a/os/as... ! how many . . . ! (10)
cuarenta forty (B)
cuarto room (6); bedroom; fourth (2); y/menos cuarto quarter past/to (*time*) (1)
cuatrocientos/as four hundred (1)
cubano/a *n., adj.* Cuban
cubanoamericano/a *n., adj.* Cuban American
cubierto/a (*p.p. of* cubrir) covered (10); cubiertos utensils (8)
cubo cube
cubrir (*p.p.* cubierto) to cover (8)
cuchara spoon (8)
cucharada tablespoon (*measurement*) (8)
cucharadita teaspoon (*measurement*) (8)
cucharita teaspoon (8)

cucharón *m.* ladle
cuchillo knife (8)
cuenco large serving bowl
cuenta bill, check (8); darse (*irreg.*) cuenta (de) to realize
cuentista *m., f.* storyteller
cuento story; cuento de hadas fairy tale
cuero leather (13)
cuerpo body (12)
cuestión *f.* issue (15)
cuestionar to question
cuestionario questionnaire
cuidado care; ¡cuidado! careful! watch out! (11); con cuidado carefully (7)
cuidar (de) to take care (of) (5); cuidarse to take care of oneself (15)
culpa guilt, blame; tener (*irreg.*) la culpa to be at fault (11); to be guilty, blame (12)
culpable guilty
cultivar to cultivate
cultivo cultivation
culto cult
cultura culture
cumpleaños *m. sing., pl.* birthday (1); ¿cuándo es el día de tu cumpleaños? when is your (*inf. sing.*) birthday? (1); ¡feliz cumpleaños! happy birthday! (1)
cumplir (con) to fulfill, carry out; cumplir años to have a birthday (7)
cuñado/a brother-in-law/sister-in-law (9)
cura *m.* priest (14); cura *f.* cure
curandero/a healer
curiosear to poke one's nose into
curiosidad *f.* curiosity (1)
curioso/a curious
curita Band-Aid (12)
cursiva: letra cursiva italics
curso course (5)
curva curve
custodia custody
cuyo/a whose

D

dama lady (13)
dañar to hurt, harm (15)
dañino/a harmful (10)
daño harm; damage (10); hacer (*irreg.*) daño to harm
dar *irreg.* to give (4); da he/she gives, you (*pol. sing.*) give (4); dar a conocer to let something be known; dar de comer to feed (6); dar gritos to shout; dar la bienvenida to welcome (9); dar permiso to give permission (9); dar por sentado/a to take for granted; dar un curso to teach a class; dar un ejemplo to give an example; dar un paseo to go for a walk (2); dar una fiesta to give a party (2); dar vueltas to go around; darse cuenta de to realize; darse la mano to shake hands with

each other (14); **dárselo en...** to let it go for . . . (13); **di** I gave (7); **dio** he/she/you (*pol. sing.*) gave (7); **doy** I give; **se lo(s)/la(s) doy en...** I'll let you have it/them for . . . (13)

datos *pl.* data; **datos personales** personal data (1)

de *prep.* of, from; by; **del, de la** of the; **de las... a las...** from (*time*) . . . to (*time*) (3); **de lunes a viernes** Monday through Friday (4); **de manera/modo que** so that, in a way that (15); **de nuevo** again (8); **de pronto** suddenly (4); **de repente** suddenly (12); **¿de veras? / ¿de verdad?** really? (3); **de vez en cuando** from time to time (3)

debajo de under (3)

debate *m.* debate

deber *m.* duty

deber *v.* to owe; **deber** (+ *infin.*) should, ought to (*do something*) (5)

debido a due to

débil weak (12)

década decade

decaer (*like* **caer**) to decline, dwindle

decidir to decide (2)

décimo/a tenth (2)

decir *irreg.* to say, tell (5); **dice** he/she says, you (*pol. sing.*) say (5); **¡dígalo por escrito!** say it in writing! (1); **digo** I say (5); **dije** I said (7); **dijo** he/she/you (*pol. sing.*) said (7); **es decir** that is; **y tú, ¿qué dices?** and you (*inf. sing.*)? what do you say? (1)

decisión *f.* decision (15)

declaración *f.* declaration; statement

declarar to declare, state (15)

decoración *f.* decoration

decorado/a decorated (6)

decrecer (**zc**) to decrease

dedicación *f.* dedication

dedicar (**qu**) to dedicate

dedo finger (12)

defender to defend (5)

defensa defense (15)

defensor(a) defender

definición *f.* definition (2)

definir to define

definitivamente definitively (15)

deforestación *f.* deforestation

deforestar to deforest

dejar to leave; to let (8); **dejar de** (+ *infin.*) to stop (*stop something*) (14); **dejar en** to let go for . . . (13); **se lo(s)/la(s) dejo en...** I'll let you have it/them for . . . (13)

del (*contraction of* **de** + **el**) of the; from the

delante de in front of, in the presence of (14)

delantero/a front

delfín *m.* dolphin (10)

delgadez *f.* slimness

delgado/a thin

delicioso/a delicious (8)

delincuencia delinquency

delincuente delinquent

delirio delirium

delito crime, offense

demanda demand

demás: lo demás the rest; **los/las demás** the rest, others (7)

demasiado *adv.* too much

demasiado/a *adj.* too much, too many (7)

democracia democracy

democrático/a democratic

demoledor(a) devastating

demoler (**ue**) to demolish

demostrar (**ue**) to demonstrate, show

denotar to denote

dentista *m., f.* dentist (5)

dentro inside (8); **dentro de** inside; within, in (*time*) (15)

denunciable accusable

denunciar to report, accuse

denunciatorio/a denunciatory, threatening, accusing

departamento apartment (*Mex.*) (6)

dependencia dependence

depender (**ie**) (**de**) to depend (on) (15); **depende** (**de**) (it) depends (on) (4)

dependiente, dependienta clerk, salesperson (5)

deportación *f.* deportation

deporte *m.* sport (1); **practicar** (**qu**) **un deporte** to play a sport (1)

deportista *m., f.* athlete

deportivo/a sport related (2)

depositar to deposit

depresión *f.* depression

deprimido/a depressed; **estar** (*irreg.*) **deprimido/a** to be depressed (4)

deprimirse to get depressed

derecha *n.* right side; **a la derecha** to the right

derecho *n.* right (*legal*) (15); law; straight ahead; **derechos civiles** civil rights; **derechos de aduana** customs duty, taxes (11); **derechos humanos** human rights; **derechos legales** legal rights; **Facultad de Derecho** School of Law (3)

derivado/a derived (13)

derivarse (**de**) to be derived (from) (13)

derrocar (**qu**) to overthrow, bring down (from power)

derrochador(a) wasteful

derrochar to waste

derrota defeat

desacreditar to discredit

desacuerdo disagreement; **estar** (*irreg.*) **en desacuerdo** to disagree

desafortunadamente unfortunately

desagradable unpleasant (5)

desagradar to displease

desagrado displeasure

desamparado/a homeless person (15)

desanimar to depress

desaparecer (**zc**) to disappear

desaparición *f.* disappearance (10)

desapasionado/a dispassionate

desaprobar (**ue**) to disapprove

desarrollado/a developed; **país** (*m.*) **no desarrollado** undeveloped country

desarrollar to develop (10)

desarrollo development (15); **en vías de desarrollo** developing (15); in the process of developing (15)

desastre *m.* disaster (6); **desastre natural** natural disaster

desastroso/a disastrous (10)

desatinado/a rash, imprudent, unwise

desayunar to eat breakfast (2)

desayuno breakfast (3)

desbordamiento overflow (10)

descafeinado/a decaffeinated (8)

descansar to rest (2)

descanso rest; break (2)

descartar to discard

descender (**ie**) to descend

descomponerse (*like* **poner**) (*p.p.* **descompuesto**) to break down; to rot; **se me/le descompuso/descompusieron** something (*sing. or pl.*) broke down (on me/you/him/her) (12)

descomponible perishable

descompuesto/a (*p.p. of* **descomponer**) rotten; broken

desconectar to disconnect

desconfiado/a mistrusting

descongestionante *m.* decongestant (12)

desconocido/a unknown

describir (*p.p.* **descrito**) to describe (2); **describa(n)** (*command*) describe

descripción *f.* description (2)

descriptivo/a descriptive (1)

descrito/a (*p.p. of* **describir**) described

descriminatorio/a discriminatory

descubierto/a (*p. p. of* **descubrir**) discovered

descubrir (*p.p.* **descubierto**) to discover (7)

descuidar to neglect

desde *prep.* from; **desde la(s)... hasta la(s)...** from . . . until . . . (*time*) (4); **desde hace... años** for . . . years

desear to want, desire (8)

desechable disposable

desechar to discard, throw away

desembocar (**qu**) to flow; to run

desempeñar to play (a role, a part)

desempleado/a unemployed

desempleo unemployment

desempolvar to dust (6)

deseo wish; desire

desesperado/a desperate (7)

desgracia disgrace

desgraciadamente unfortunately

desgraciado/a unfortunate
deshacer (*like* **hacer**) to take apart; to destroy
desierto desert (10)
desigual unequal
desigualar to make unequal
desigualdad *f.* inequality
desilusionado/a disillusioned
desinfectante *m.* disinfectant
desintegrar to disintegrate
desmayarse to faint (12)
desnudar to undress; to strip
desnudez *f.* nudity
desnudo/a naked
desodorante *m.* deodorant
desorden *m.* disorder; mess
desordenado/a messy (15)
desordenar to make a mess
despacio *adj.* slow (11)
despasionado/a dispassionate
despectivo/a contemptuous
despedazar (c) to tear to pieces
despedir (i, i) to fire
desperdiciar to waste (10)
desperdicios (nucleares) (nuclear) waste (10)
despertador *m.* alarm (7); **reloj** (*m.*) **despertador** alarm clock (7)
despertar (ie) to wake; **despertarse** to wake up (4); **me despierto** I wake up (4); **se despierta** he/she wakes up, you (*pol. sing.*) wake up (4)
despistado/a absent-minded
desplazado/a moved, shifted
desplazar (c) to move, shift
despoblado/a depopulated
despreciar to despise
desprecio scorn; contempt; disdain
desprestigiar to discredit
desprestigio loss of reputation or prestige
después *adv.* after (2); **después de** *prep.* after (4); **después de que** *conj.* after; **poco después** a little later (7)
destacar (qu) to stand out
desterrar (ie) to banish, exile
destinado/a destined
destino destiny (11)
destrucción *f.* destruction (10)
destruir (y) to destroy (15)
desventaja disadvantage (10)
desvestido/a undressed
desviación *f.* detour
desviar to divert
detalle *m.* detail (1)
detectar to detect
detective *m., f.* detective
detener(se) to stop (oneself) (12)
detenido/a stopped; arrested
detergente *m.* detergent
determinar to determine (8)
detrás de behind (3)
devastación *f.* devastation

devastador(a) devastating
devolución *f.* return
devolver (ue) (*p.p.* **devuelto**) to return (13)
devorar to devour
devuelto/a (*p. p. of* **devolver**) returned
día *m.* day; **al día siguiente** on the next day (12); **cada día** everyday; **¿cuándo es el día de tu cumpleaños?** when is your (*inf. sing.*) birthday? (1); **Día de Acción de Gracias** Thanksgiving (4); **Día de la Independencia** Independence Day (4); **Día de la Madre** Mother's Day (4); **Día de las Brujas** Halloween (4); **Día de los Enamorados** Valentine's Day (4); **Día de los Muertos** All Souls' Day (4); **Día de los Reyes Magos** Epiphany, Day of the Magi (4); **Día de Todos los Santos** All Saints' Day (4); **Día del Padre** Father's Day (4); **día del santo** saint's day (4); **día feriado** holiday (4); **hoy (en) día** nowadays (15); **todo el día** all day (1); **todos los días** every day (3)
diablo devil
dialecto dialect
diamante *m.* diamond (13)
diariamente daily (10)
diario/a daily; **actividades** *f. pl.* **diarias** daily activities; **rutina diaria** daily routine (4)
diarrea diarrhea; **tener** (*irreg.*) **diarrea** to have diarrhea (12)
dibujante *m., f.* one who draws or sketches
dibujar to draw (5)
dibujo drawing
dicho saying
dicho/a (*p.p. of* **decir**) said
diciembre *m.* December (1)
dictador(a) dictator
dictadura dictatorship
diecinueve nineteen (A)
dieciséis sixteen (A)
diecisiete seventeen (A)
diente *m.* tooth (12); **lavarse los dientes** to brush one's teeth (4)
dieta diet (12); **estar** (*irreg.*) **a dieta** to be on a diet (8)
dietético/a diet (12)
diez ten (A); **los próximos diez años** the next ten years
diferencia difference
diferente different (3)
difícil hard, difficult
dificultad *f.* difficulty (15)
dificultar to make difficult
difundir to spread
difusión *f.* transmission; spreading
dimensión *f.* dimension
dinero money; **dinero en efectivo** cash (11)
dios *m.* god; **Dios** God
dióxido dioxide
diputado/a delegate

dirección *f.* address (1); direction; **¿cuál es tu dirección electrónica?** what is your (*inf. sing.*) e-mail (address)? (1)
directo/a directo; **complemento directo** direct object pronoun
director(a) director (6)
dirigente *m., f.* leader; manager
dirigir (j) to direct (14)
disciplinado/a disciplined
disco compacto compact disc (CD)
discordia discord
discoteca discotheque (1)
discriminación *f.* discrimination (15); **discriminación** (*f.*) **sexual** sexual discrimination
discriminadamente offensively
discriminar to discriminate
discriminatorio/a discriminatory
disculpar to excuse; **disculpe(n)** (*command*) excuse me (7)
discurso speech
discusión *f.* discussion (15)
discutir to discuss (9); to argue (9)
diseñador(a) designer
diseñar to design (3)
diseño de la moda fashion design
disfrutar to enjoy (11)
disidente *m., f.* dissident
disminución *f.* decrease
disminuir (y) to decrease, diminish; **disminuya** (*command*) **la velocidad** slow down (11)
disposición *f.* disposition
disputa dispute, argument
distancia distance
distanciar to distance
distante distant
distinción *f.* distinction
distinguir (g) to distinguish
distintivo/a distinctive
distinto/a distinct, different (15)
distracción *f.* distraction (5)
distraer (*like* **traer**) to distract
distribuir (y) to distribute
diversidad *f.* diversity (10)
diversión *f.* entertainment (6)
diverso/a diverse
divertido/a fun; **¡qué divertido!** how fun! (1)
divertirse (ie, i) to have fun (5); **me divertí** I had fun (7); **se divirtió** he/she/you (*pol. sing.*) had fun (7)
dividir to divide
divinidad *f.* divinity
divino/a divine
divisar to discern
división *f.* division
divorciarse to get divorced (15)
divorcio divorce (14)
divulgar (gu) to divulge
doblar to fold (8); to turn; **doble(n)** (*command*) turn (11)

doble double; **doble sentido (vía)** two-way (11); **habitación** (*f.*) **doble** double occupancy room (11)

doce twelve (A)

doctrina doctrine

documentar to document

documento document (13)

dogma *m.* dogma

dólar *m.* dollar; **cambiar dólares por...** to exchange dollars for . . . (11)

dolencia ailment (12)

doler(ue) to hurt; **me/le duele...** my/his/her/your (*pol. sing.*) . . . hurt(s) (12)

dolor *m.* pain, ache (12); **tener** (*irreg.*) **dolor de cabeza/estómago/garganta/muelas** to have a headache/stomachache/sore throat/toothache (12)

doméstico/a domestic; **animal** (*m.*) **doméstico** pet (5); **aparato doméstico** household appliance (6); **empleado/a doméstico/a** servant (6)

dominante dominant

dominar to dominate

domingo Sunday (1)

dominicano/a *n., adj.* Dominican

dominio authority; control

don *m.* title of respect used with a man's first name

¿dónde? where (1); **¿de dónde es...?** where is . . . from? (3); **¿de dónde es / eres tú?** where are you (*inf. sing.*) from?, **¿de dónde es usted?** where are you (*pol. sing*) from? (3); **¿dónde está...?** where is . . . ? (3); **¿dónde vive / vives tú?** where do you (*inf. sing.*) live?, **¿dónde vive usted?** where do you (*pol. sing.*) live? (1)

doña *f.* title of respect used with a woman's first name

dorado/a golden brown (8)

dormido/a asleep

dormir (ue, u) to sleep (1); **duerme** he/she sleeps, you (*pol. sing.*) sleep (4); **duermo** I sleep (4); **dormí** I slept (7); **durmió** he/she/you (*pol. sing.*) slept (7)

dormitorio bedroom (6)

dos two (A); **los/las dos** both

doscientos/as two hundred (1)

drama *m.* drama, play

drásticamente drastically

droga drug (14)

drogadicción *f.* drug addiction (15)

drogadicto/a drug addict

dualidad *f.* duality

dualismo dualism

ducha shower (6)

ducharse to shower (4)

duda doubt

dudable doubtful

dudar to doubt; **(no) dudar que** to (not) doubt that . . . (15)

dudoso/a doubtful; **es dudoso que...** it is doubtful that . . . (15)

dueño/a owner (6)

dulce *adj.* sweet (8); **agua** (*f.*) **dulce** fresh water (11)

dulcería candy store (13)

dulces *m., pl.* candy (13)

durable durable (13)

durante during

durar to last

durazno peach (8)

E

e and (*used instead of* **y** *before words beginning with* **i** *or* **hi**)

echar to throw, cast; **echar(se) de menos** to miss (each other) (14)

eclesiástico/a ecclesiastical

ecología ecology (10)

ecológico/a ecological (10)

ecologista *m., f.* ecologist

economía economy; economics (2)

económico/a economical

economizar (c) to economize

ecoturismo ecotourism

ecuatoriano/a *n., adj.* Ecuadorian

edad *f.* age

edificio building (3)

educación *f.* **(sexual)** (sex) education (15)

educado/a educated; well-mannered

educar (qu) to educate

EE.UU. (E.U.) (*abbrev. for* **Estados Unidos**) United States

efectivo: dinero en efectivo cash (*money*) (11)

efecto effect (14); **efecto invernadero** greenhouse effect

efectuar to carry out

eficacia effectiveness; efficiency

eficaz effective; efficient (15)

eficiente efficient

ejecutivo/a executive

ejemplo example; **por ejemplo** for example (14)

ejercer (z) to exercise one's rights, to practice

ejercicio exercise; **hacer** (*irreg.*) **ejercicio** to exercise

ejército army (10)

ejote *m.* green bean (8) (*Mex.*)

el *def. art. m.* the

él *sub. pron.* he

elaborar to elaborate

elástico elastic (13)

elección *f.* election

electricidad *f.* electricity (10)

electricista *m., f.* electrician

eléctrico/a electric (4); **aparato eléctrico** electrical appliance (6)

electrodo electrode

electrónico/a electronic (13); **correo electrónico** e-mail (1); **escribir mensajes electrónicos** to write e-mail (1)

elegante elegant (1)

elegido/a elected (7)

elegir (j) to elect

elemento element (8)

elevar to elevate

eliminar to eliminate (10)

elitista elitist

ella *sub. pron.* she

ellos/as *sub. pron.* they; *obj. of prep.* them

elote *m.* ear of corn (8) (*Mex.*)

eludir to elude

emancipación *f.* emancipation

embajada embassy

embarazada pregnant; **estar** (*irreg.*) **embarazada** to be pregnant (12)

embarcar (qu) to embark

embargo: sin embargo however

emblema *m.* emblem

emblematizar (c) to emblematize

emborracharse to get drunk

embotellado/a bottled; jammed, blocked

embotellar to bottle; to jam, block

emergencia emergency (12); **sala de emergencias** emergency room (12)

emigración *f.* emigration

emigrar to emigrate (15)

emisión *f.* emission

emisora de radio radio station (3)

emitir to emit

emoción *f.* emotion (4)

emocionarse to get excited

empacar (qu) to pack (11)

empanada turnover pie or pastry (8)

empaque packing

emparejar to match; **empareje(n)** (*command*) pair up (3)

empeñado/a vehement, heated

empeñarse (en) to strive (to)

empeorar to worsen (15)

emperador *m.* emperor (7)

emperatriz *f.* empress (7)

empezar (ie) (c) to start, begin (2); **empezar a** (+ *infin.*) to begin to (*do something*); **empecé** I started (7); **empezó** he/she/you (*pol. sing.*) started (7); **empiece(n)** (*command*) begin (3); **empiezo** I start **empieza** he/she starts, you (*pol. sing.*) start

empleado/a employee (5); **empleado/a doméstico/a** servant (6)

empleo employment (5)

empresa company, firm (15)

en in; **en cuanto** as soon as (15); **en general** in general (2); **en medio de** in the middle of (3); **en oferta** on sale (13); **en orden lógico** in logical order (4); **en vez de** instead of (7); **en vías de desarrollo** developing, in the process of developing (15)

enamorado/a: estar (*irreg.*) **enamorado/a** to be in love (4); **Día de los Enamorados** Valentine's Day (4)

enamorarse to fall in love (with each other) (14)

enano/a dwarf

encantado/a delighted (pleased) (to meet you) (6)

encantador(a) charming

encantar to delight, charm; **me encanta(n) el/la/los/las...** I really like . . . (8)

encarnar to incarnate

encendedor lighter

encender (ie) to turn on, to light (4); to set on fire; **encender la luz** to turn on the light; **enciende** he/she turns on, you (*pol. sing.*) turn on (4); **enciendo** I turn on (4)

encerrar (ie) to shut in; to lock up

enchilada *rolled tortilla filled with meat and topped with cheese and sauce, cooked in an oven* (8)

enchufar to plug in

encías *pl.* gums (12)

enciclopedia encyclopedia

encima de on top of (3); **por encima** above

encontrar (ue) to find (4); **encuentra** he/she finds, you (*pol. sing.*) find (4); **encuentro** I find (4)

encuentro encounter

encuesta poll (5)

enemigo/a enemy

energía energy; **energía renovable** renewable energy (10); **fuente** (*f.*) **de energía** energy source (15)

enérgico/a energetic

enero January (1)

énfasis *f.* emphasis; **hacer** (*irreg.*) **énfasis** to emphasize; **poner** (*irreg.*) **énfasis** to emphasize

enfatizar (c) to emphasize

enfermedad *f.* illness (12)

enfermero/a nurse (5)

enfermo/a sick (3)

enfocarse (qu) to focus

enfrentarse to face, confront (15)

enfrente *adv.* in front; **enfrente de** in front of (3)

engañar to deceive

enlace *m.* link; union, marriage (14)

enlatado/a canned

enlatar to can

enojado/a mad, angry; **estar** (*irreg.*) **enojado/a** to be mad (4)

enojar to anger (12); **enojarse** to get angry (7)

enojo anger (14)

enorme enormous (13)

enredar to tangle

ensalada salad (3)

ensayo essay

enseñanza teaching (15)

enseñar to teach (5)

entender (ie) to understand

enterado/a informed

enterarse to find out

entidad *f.* entity

entierro funeral, burial

entonces so, then (2)

entrada entrance (2); ticket; **entradas para un concierto** tickets for a concert (1)

entrar to enter (13); **entrar al trabajo** to start work (5)

entre between (3); among; **entre semana** on weekdays, during the week (14)

entrecruzarse to cross

entregar (gu) to hand in (9)

entretenerse (*like* **tener**) to pass the time; to amuse oneself

entretenido/a fun

entrevista interview

entrevistador(a) interviewer

entrevistar to interview (4)

entristecerse (zc) to become sad (12)

enumerado/a numbered

envasado/a in a container

envasar to package; to put in a container

envase *m.* container (10)

enviar to send (6)

envidia envy; **¡qué envidia!** what luck! (I envy you!) (7)

envoltorio wrapper

envolver (ue) to wrap (13); **¿se lo/la/los/las envuelvo?** shall I wrap it/them for you? (13)

enyesado/a in a cast (12)

época era

equipaje *m.* baggage; **facturar el equipaje** to check baggage (11); **reclamo de equipaje** baggage claim (11)

equipo team (1); **equipo de música** stereo (1)

equitativo/a equitable, fair

equivalente equivalent

equivocado/a wrong

erosión *f.* erosion

errar to make a mistake

error *m.* mistake

escala scale; stopover (11)

escalar montañas to go mountain climbing (5)

escalera staircase (6)

escandaloso/a scandalous

escaparse to escape (9); to run away; **se me/le escapó/escaparon** something/someone (*sing. or pl.*) escaped (from me/you/him/her) (12)

escarcha frost (10)

escasez (*pl.* **escaseces**) *f.* scarcity, shortage

esclavitud *f.* slavery

esclavizar (c) to enslave

esclavo/a slave

escoba broom (6)

escoger (j) to choose (4); **escoge** he/she chooses, you (*pol. sing.*) choose (4); **escojo** I choose (4)

escoltar to escort

escondido/a hidden

escondite: jugar (ue) (gu) al escondite to play hide-and-seek (9)

escribir (*p.p.* **escrito**) to write (2); **escribir a máquina** to type (5); **escribir cartas** to write letters (2); **escribir mensajes electrónicos** to write e-mail (1)

escrito/a (*p.p. of* **escribir**) written; **¡dígalo por escrito!** say it in writing! (1)

escritura writing

escuchar to listen (1); **escuchar música** to listen to music (1)

escuela school (3); **escuela primaria** elementary school (7); **escuela secundaria** high school (7)

ese, esa *pron.* that (*one*); *adj.* that (2)

esencial essential

esfuerzo effort

esguince *m.* sprain (12)

esmog *m.* smog (10)

eso that, that thing, that fact; **por eso** for that reason, therefore (14)

Esopo Aesop

espacio space (10); **espacio en blanco** blank space (3)

espaguetis *m. pl.* spaghetti; pasta

espalda back

español *n. m.* Spanish (language)

español(a) *n.* Spaniard; *adj.* Spanish

espárragos *pl.* asparagus (8)

Espartaco Spartacus

especia spice (8)

especialidad *f.* major (2)

especialización *f.* major

especializarse (c) to major

especialmente especially (4)

especie *f. sing.* species (10)

específico/a specific

espectáculo show (7)

especulación *f.* speculation

espejismo mirage

espejo mirror (6); **espejo retrovisor** rearview mirror (11)

espejuelos eyeglasses, spectacles

esperar to wait; to hope; **esperar el autobús** to wait for the bus (3); **esperar que** to hope that (15)

espeso/a thick

espíritu *m.* spirit; soul

espiritual spiritual

espiritualidad *f.* spirituality

espliego lavender

espoleta wishbone

esponja sponge

esposo/a husband/wife

espuma foam

esqueleto skeleton (12)

esquiar to ski

esquíes *m. pl.* skis (1)
esquina (*street*) corner
establecer (zc) to establish (10)
establecimiento establishment
estación *f.* station (3); season (1); **estación de metro** subway station (11)
estacionamiento parking lot (3)
estacionar to park (7)
estadio stadium (1)
estado state (15); **estado anímico** mental state (4); **estado civil** marital status (1); **estado de ánimo** mental state (4); **estado físico** physical state (4)
estadounidense *n. m., f.* United States citizen; *adj.* of, from, or pertaining to the United States
estallar to explode, blow up; to spark, trigger
estampilla (*postage*) stamp (3)
estandarte standard, banner
estante *m.* shelf
estar *irreg.* to be (4); ¿**de qué está hecho/a?** what is it made of? (13); **está hecho/a de...** it's made of . . . (13); **estar a dieta** to be on a diet (8); **estar alegre** to be happy (4); **estar contento/a** to be happy (4); **estar comprometido/a** to be engaged (14); **estar de acuerdo** to agree (4); **estar de buen/mal humor** to be in a good/bad mood (4); **estar de visita** to be staying (11); **estar deprimido/a** to be depressed (4); **estar dispuesto/a a** (+ *infin.*) to be willing (*to do something*); **estar embarazada** to be pregnant (12); **estar enamorado/a** to be in love (4); **estar enojado/a** to be mad (4); **estar hinchado/a** to be swollen (12); **estar internado/a (en el hospital)** to be hospitalized (12); **estar mareado** to be dizzy, seasick, nauseous (12); **estar muerto/a** to be dead (9); **estar ocupado/a** to be busy (4); **estar preocupado/a** to be worried (4); **estar resfriado/a** to have a cold (12); **estar solo/a** to be alone, lonely (4); **estar triste** to be sad (4); **estar vivo/a** to be alive (9); **estuve** I was (7); **estuvo** he/she was, you (*pol. sing.*) were (7)
estatua statue (6)
este *m.* east (11)
este, esta *pron.* this (one); *adj.* this (2); **esta noche** tonight (2)
estéreo stereo
estereotipado/a stereotyped
estereotipo stereotype (2)
estilo style (13)
estima esteem, respect
estimular to stimulate
estímulo stimulus
esto this, this thing, this matter
estómago stomach; **tener** (*irreg.*) **dolor de estómago** to have a stomachache (12)

estorbar to hinder; to impede
estornudar to sneeze (12)
estornudo sneeze
estrategia strategy
estrecho/a tight (13)
estrella star; **estrella de cine/televisión** movie/television star (7); **estrella marina** starfish (10)
estresado/a stressed
estudiante *m., f.* student; **estudiante universitario/a** university student
estudiantil *adj.* student; **centro estudiantil** student center (3); **periódico estudiantil** student newspaper; **residencia estudiantil** student residence hall, dormitory (5)
estudiar to study
estudio study (14)
estudioso/a studious
estupendo/a stupendous
etcétera etcetera (4)
ético/a ethical
etiqueta label (8)
etnicidad *f.* ethnicity
étnico/a ethnic
E.U. (*abbrev. for* Estados Unidos) United States
euro euro, monetary unit of European Union (3)
europeo/a European (2)
evadir to evade
evaluar to evaluate
evento event
eventualmente eventually
evidencia evidence
evitar to avoid (12)
evolución *f.* evolution
exactamente exactly
exagerar to exaggerate
examen *m.* exam, test; **tomar un examen** to take a test (4)
examinar to examine (5)
excedente excess, surpass
excelente excellent (8)
excepcional exceptional
excepto except
excesivo/a excessive (10)
exceso excess; **exceso de velocidad** speeding (7)
excitar to excite
excluir (y) to exclude
exclusivo/a exclusive
excursión *f.* tour, field trip (11)
exhibición *f.* exhibition (3)
exigir (j) to demand
existencia existence
existir to exist (14)
éxito success; **tener** (*irreg.*) **éxito** to be successful
exitoso/a successful
expandir to expand
expectativa expectation (14)

experiencia experience (5)
experto/a expert (11)
explicar (qu) to explain (5)
exploración *f.* exploration
explorador(a) explorer (9)
explorar to explore; **explorar el Internet** to surf the Internet (1)
explotación *f.* exploitation (10)
explotar to exploit
exportación *f.* exportation (10)
expresar to express
expresión *f.* expression
exprimidor *m.* juicer (13)
expulsar to expel, throw out
extensión *f.* extension (10)
extenso/a extensive (11)
exterminación *f.* extermination
exterminar to exterminate
externo/a external
extinción *f.* extinction; **en peligro de extinción** in danger of extinction (10)
extinguible extinguishable
extinguir (g) to extinguish
extramarital: **aventura extramarital** extramarital relationship
extranjero abroad
extranjero/a foreigner
extraordinario extraordinary
extremista *m., f.* extremist
extremo/a extreme

F

fábrica factory
fabricación *f.* making, manufacture (13)
fabricar (qu) to manufacture, make
fábula fable
facción *f.* faction, feature
fácil easy
facilidad *f.* ease
facilitar to facilitate, make easy
fácilmente easily
facsimilar to fax
facsímile fax
factor *m.* factor (14)
facturar el equipaje to check baggage (11)
facultad *f.* school (*of a university*); **Facultad de Bellas Artes** School of Fine Arts (3); **Facultad de Ciencias Naturales** School of Natural Sciences (3); **Facultad de Ciencias Sociales** School of Social Science (3); **Facultad de Derecho** School of Law (3); **Facultad de Filosofía y Letras** School of Humanities (3); **Facultad de Medicina** School of Medicine (3)
falsificar (qu) to falsify
falso/a false (9)
falta lack
faltar to be missing, lacking (7); to be absent; **faltar... para...** it is . . . minutes til . . . (14)
fallar to miss

fallecimiento death
fama fame
familia family (9)
familiar *m., f.* relative
famoso/a famous
fanático/a fanatic
fanatismo fanaticism
fantasma *m.* ghost
fantástico/a fantastic
farmacéutico/a pharmacist (12)
farmacia pharmacy (3)
faro headlight (11)
fascinado/a fascinated
fascinante fascinating
fascinar to fascinate
fastidiar to annoy; to upset, spoil one's plans
fauna fauna (10)
favor *m.* favor; **estar** (*irreg.*) **a favor de** to be in favor of; **en favor de** in favor of; **favor de** (+ *infin.*) please (+ *action*); **por favor** please
favorecer (zc) to favor
favorito/a favorite (1)
fe *f.* faith
febrero February (1)
febril feverish
fecha date; **fecha de nacimiento** date of birth (1)
federal *adj.* federal (15)
fehaciente authentic, reliable
felicidad *f.* happiness (15); **¡felicidades!** congratulations! (1)
feliz happy (12); **¡feliz cumpleaños!** happy birthday! (1) **¡feliz Navidad!** Merry Christmas!
femenino/a feminine
feminista *m., f.* feminist
fenómeno phenomenon
feo/a ugly
feria fair
fertilizante *m.* fertilizer
festejar to celebrate
festivo: día (*m.*) **festivo** holiday
fiarse to trust
fibra fiber (12); **fibra de vidrio** fiberglass (13)
ficción *f.* fiction
fideo noodle (8)
fiebre *f.* fever; **fiebre del heno** hay fever (12); **tener** (*irreg.*) **fiebre** to have a fever (12)
fiesta party (4); **dar** (*irreg.*) **una fiesta** to give a party (2)
figura figure
fila line, file, row
filosofía philosophy; **Facultad de Filosofía y Letras** School of Humanities (3)
filtro filter
fin end (4); **a fin de cuentas** in the end; **fin de semana** weekend (1); **por fin** finally (4)

final *n. m.* end; **al final** in the end
finalmente finally (3)
financiero/a financial
firma signature (1)
firmar to sign
firme firm (10)
física physics (2)
físico/a physical; **estado físico** physical state (4)
flamenco flamenco (dance) (11)
flan *m.* sweet custard (8)
flecha arrow
flor *f.* flower (2)
flora flora (10)
florero flower vase
flotar to float (10)
fluidez: hablar con fluidez to speak fluently
flúor fluorine
folleto brochure (11)
fomentar to foster, encourage
fomento promotion, encouragement
fondo fund (15); **a fondo** deeply
forma form (10)
formación *f.* education, preparation
formar to form (8)
fórmula formula
fortuito/a fortuitous, chance
fortuna fortune
fósil *m.* fossil; **combustible** (*m.*) **fósil** fossil fuel
foto(grafía) picture; **sacar (qu) fotos** to take photos
fotográfico/a photographic
fotosíntesis photosynthesis
fracasar to fail
fracaso failure (14)
fracturado/a fractured, broken
fragancia fragrance
francés, francesa *n., adj.* French
Francia France
frase *f.* sentence, phrase
fraternidad *f.* fraternity
frecuencia frequency; **con frecuencia** frequently (2)
frecuente frequent
frecuentemente frequently (8)
fregadero kitchen sink
freír (*p.p.* **frito**) to fry (8)
freno brake (11)
frente *m.* front; forehead (12); **frente a** *adv.* facing, in the face of; **hacerle** (*irreg.*) **frente** to face
fresa strawberry (8)
fresco/a fresh (8); **hace fresco** it's cool (2)
fricativo/a fricative
frijol *m.* bean (8)
frío cold; **hace (mucho) frío** it's (very) cold (2); **té** (*m.*) **frío** iced tea (8); **tener** (*irreg.*) **frío** to be cold (4)
frito/a (*p.p. of* **freír**) fried; **papas fritas** French fries (3); **pollo frito** fried chicken
frontera border, frontier

fronterizo/a of the border, frontier
frustrado/a frustrated (12)
fruta fruit (3); **batido de frutas** fruit shake (8)
frutería fruit store (13)
frutilla strawberry (8)
fuego fire; **fuegos artificiales** fireworks (4)
fuente *f.* source; fountain (3); **fuente de energía** energy source (15); **fuente de sopa** soup tureen (8)
fuerte strong
fuerza force
fuga escape
fulgor *m.* glow, brightness, sparkle
fumar to smoke
función *f.* function (12)
funcionar to function, work (13)
fundador(a) founder
fundamentalista *m., f.* fundamentalist
funeral *m.* funeral
furioso/a furious (7)
fútbol *m.* soccer (1); **fútbol americano** football (1)
futuro future (5)

G

gabinete *m.* cabinet
gafas *pl.* glasses; **gafas de sol** sunglasses
galardonar to reward
galería de arte art gallery
gallego *n.* Galician (*language*)
galleta cracker, cookie (3)
galletitas cookies (3)
ganado livestock, cattle
ganar to win (7); **ganar dinero** to earn money (5); **ganarse la vida** to earn one's living (15)
ganas: tener (*irreg.*) **ganas de** to feel like (*doing something*) (5)
ganga bargain; **¡qué ganga!** what a bargain! (13)
garaje *m.* garage (6)
garantía guarantee (13)
garantizar (c) to guarantee
garganta throat (12); **tener** (*irreg.*) **dolor de garganta** to have a sore throat (12)
gárgaras: hacer (*irreg.*) **gárgaras** to gargle (12)
gas *m.* gas (13)
gaseoso/a gaseous
gasolina gasoline; **gastar gasolina** to use (waste) gasoline (11)
gasolinera gas station (3)
gastar to spend (13); **gastar gasolina** to use (waste) gasoline (11)
gasto expense, waste (14)
gato cat; **jugar (ue) (gu) al gato** to play tag
genealógico/a genealogical; **árbol** (*m.*) **genealógico** family tree (9)
general *n.* general; *adj.* general; **en general** in general; **por lo general** generally (8)

generalización *f.* generalization
generalmente generally, usually (3)
generar to generate (10)
genocidio genocide
gente *f., s.* people (2)
geografía geography (2)
geográfico/a geographic
gerente *m., f.* manager (5)
gigantesco/a gigantic
gimnasio gymnasium (3)
Ginebra Geneva
gira tour; **hacer** (*irreg.*) **una gira** to take a tour (10)
giro turn
global: calentamiento global global warming
globalización *f.* globalization
globo balloon (4)
gloria glory (7)
glorieta traffic circle (11)
gobernar to govern (7)
gobierno government (10)
golfo gulf (10)
golpear to hit, beat (14)
goma rubber (13)
gordo/a fat; **premio gordo** grand prize (15)
gorguera ruff
gorila *m.* gorilla
gorra cap (13)
gota drop (10); **gotas para la nariz** nose drops (12)
gozar (c) de to enjoy
grabadora tape recorder
grabar to record
gracias thanks, thank you; **Día de Acción de Gracias** Thanksgiving (4); **gracias a** thanks to
grados (centígrados) degrees (centigrade) (2)
gradualmente gradually
graduarse (me gradúo) to graduate (5)
gráfico graphic (2)
grafología graphology
gramática grammar
gran, grande big, large
granja farm
granjero/a farmer
grasa fat (8)
gratificar (qu) to gratify
grave serious (10)
griego/a *n., adj.* Greek
gripe *f.* flu; **tener** (*irreg.*) **gripe** to have the flu (12)
gris grey (A)
gritar to yell, scream
grito shout, scream (7); **dar** (*irreg.*) **gritos** to shout
grupo group (1); **trabajar en grupos** to work in groups
guacamayo parrot (10)
guajolote *m.* turkey (8) (*Mex.*)
guante *m.* glove (13)

guapo/a good-looking
guardafangos *m., sing.* fender
guardar to keep; to save; **guardar ropa** to put away clothes (6)
guardería infantil childcare center (15)
guatemalteco/a *n., adj.* Guatemalan
guayabera *embroidered lightweight shirt worn in tropical climates* (13)
guerra war (15); **guerra civil** civil war
guía *m., f.* guide
guiar (guío) to guide
guisante *m.* green pea (8)
gustar to be pleasing; **¿a quién le gusta... ?** who likes to . . . ? (1); **¿qué le/te/les gusta hacer?** what do you (*pol. sing./ inf. sing./pl.*)/they like to do? (1); **le gusta...** he/she likes . . . , you (*pol. sing.*) like . . . (1); **les gusta...** they/you (*pl.*) like (to) . . . ; **(no) me gusta...** I (don't) like (to) . . . (1); **me (te/le/nos/ os/les) gustaría** (+ *infin.*) I (you [*inf. sing.*]/you [*pol. sing.*]/he/she/we/you [*inf. pl. Sp.*]/you [*pl.*]/they would like (*to do something*) (5); **nos gusta...** we like (to) . . . (1); **te gusta...** you (*inf. sing.*) like (to) . . . (1)
gusto taste; pleasure, delight; **con gusto** with pleasure (8); **dar** (*irreg.*) **gusto** to be pleasing; **gusto en conocerlo/la** nice to meet you (*pol.*) (6)
gustoso/a pleasant; tasty

H

haber *irreg.* (*infin. of* **hay**) to have (*auxiliary*); to be; to exist; **había** there was/were (9); **habrá** there will be (12); **hay** there is / there are (12); **hay que** one has to (*do something*) (5); **no hay paso** no entrance (11)
habichuela green bean (8)
hábil skillful
habilidad *f.* ability (5)
habitación *f.* room (6); **habitación doble** double occupancy room; **habitación sencilla** single occupancy room (11)
habitante *m., f.* inhabitant
habitar to inhabit
hábitat *m.* habitat (10)
hábito habit
hablador(a) talkative
hablante *m., f.* speaker
hablar to speak, talk
hacer *irreg.* (*p.p.* **hecho**) to do; to make (1); **¿cuánto tiempo hace que... ?** how long has it been since . . . ? (7); **hace (+ time) que + present** (I) have been (*doing something*) for (+ *time*); it has been (+ *time*) since (7); **hace (muy) buen/mal tiempo** the weather is (very) fine/bad (2); **hace (mucho) calor/frío** it's (very) hot/cold (2); **hace fresco** it's cool (2); **hace más de...** it has been

more than (+ *time*) (7); **hace sol** it's sunny (2); **hace (mucho) viento** it's (very) windy (2); **hacer caso a** to pay attention to (14); **hacer click en** to click on (11); **hacer cola** to stand in line (11); **hacer daño** to harm; **hacer ejercicio** to exercise (1); **hacer el papel (de)** to play the role (of) (12); **hacer gárgaras** to gargle (12); **hacer huelga** to go on strike; **hacer las maletas** to pack (11); **hacer preguntas** to ask questions; **hacer una gira** to take a tour (10); **haga(n)** (*command*) do, make (11); **hágale preguntas a...** ask . . . questions (1); **hice** I did, made (7); **hizo** he/she/you (*pol. sing.*) did, made (7); **¿qué le/te/les gusta hacer?** what do you (*pol. sing./inf. sing./pl.*)/ they like to do? (1); **¿qué tiempo hace?** what is the weather like? (2)
hacia toward (10); **hacia abajo** downward
hacienda ranch
hada fairy; **cuento de hadas** fairy tale
hallar to find
hambre *f.* (*but* **el hambre**) hunger; **tener** (*irreg.*) **hambre** to be hungry (4)
hamburguesa hamburger (3)
harina flour (8)
hasta *prep.* up to; until (2); *adv.* even; **desde la(s)... hasta la(s)...** from . . . to . . . (*time*); **hasta muy tarde** until very late; **hasta que** *conj.* until (15)
hecho *n.* fact; event (7); **de hecho** in fact; **¿de qué está hecho/a?** what is it made of? (13); **está hecho/a de...** it's made of . . . (13); **hecho/a a mano** handmade (13)
hecho/a (*p.p. of* **hacer**) made; **hecho de metal** made of metal
heladería ice cream parlor (13)
helado ice cream; **té** (*m.*) **helado** iced tea (8)
helicóptero helicopter
hemisférico/a hemispheric
hemisferio hemisphere (10)
heno: fiebre (*f.*) **del heno** hay fever (12)
heredar to inherit
herencia inheritance
herida wound (12)
herido/a wounded person (12)
herir (i, i) to wound
hermanastro/a stepbrother/stepsister (9)
hermano/a brother/sister; *pl.* siblings; **hermanito/a** little brother / little sister; **medio/a hermano/a** half brother / half sister (9)
hermoso/a beautiful (7)
héroe *m.* hero (5)
heroico/a heroic (7)
herrador(a) blacksmith
herradura horse shoe
herraje *m.* ironwork
herramienta tool (13)

híbrido/a hybrid (10)
hielo ice; **capa de hielo polar** polar ice cap
hierba grass
hierro iron (13)
hígado liver (8)
hijastro/a stepson/stepdaughter (9)
hijo/a son/daughter; *pl.* siblings
hilo thread (13)
hinchado/a swollen; **estar** (*irreg.*) **hinchado** to be swollen (12)
hindú (*pl.* **hindúes**) *n., adj.* Hindu
hipótesis *f.* hypothesis
hipotético/a hypothetical
hispanidad *f.* Spanishness
hispano/a *n., adj.* Hispanic (1)
hispanohablante *m., f.* Spanish speaker
histérico/a hysterical (15)
historia history (2); story
historial (*m.*) **clínico** medical history (12)
histórico/a historical (7)
hogar *m.* home (13)
hoja leaf (10); **hoja de papel** sheet of paper (10); **trébol** (*m.*) **de cuatro hojas** four-leafed clover
hombre *m.* man; **hombre de negocios** businessman (3)
homicidio homicide
homofobia homophobia
homogeneidad *f.* homogeneity
homogéneo/a homogeneous, similar
homosexualidad *f.* homosexuality
hondo/a deep; **plato hondo** bowl (8)
hongo mushroom (8)
honor *m.* honor (7)
honrar to honor
hora time (1); hour (1); **¿a qué hora es... ?** what time is . . . ? (1); **a última hora** at the last minute (11); **horas de oficina** office hours; **horas pico** prime time; **¿qué hora es?** what time is it? (1); **¿qué hora tiene/tienes?** what time do you (*pol. sing.*)/(*inf. sing.*) have? (1); **seis horas al día** six hours a day
horario schedule (3)
horchata *sweet rice drink* (8)
hornear to bake (5)
horno (de microondas) (microwave) oven (6); **al horno** baked (8)
horóscopo horoscope (1)
horror *m.* horror (3); **historia de horror** horror story; **película de horror** horror movie
horrorizado/a horrified
horrorizar (**c**) to horrify
hospedarse to stay (*at a hotel*) (7)
hospital *m.* hospital (3)
hotel *m.* hotel (3)
hoy today (1); **hoy (en) día** nowadays
huelga strike; **hacer** (*irreg.*) **huelga** to go on strike
huellas digitales fingerprints

hueso bone (12)
huevo egg (3); **huevos fritos/cocidos** fried/hard-boiled eggs (8); **huevos rancheros** *eggs, usually fried or poached, topped with a spicy tomato sauce and sometimes served on a fried corn tortilla* (8); **huevos revueltos** scrambled eggs (3)
huida escape
humanidad *f.* humanity
humanizar (**c**) to humanize
humano/a human; **ser** (*m.*) **humano** human being (15)
humedad *f.* humidity (10)
húmedo humid (10)
humildad *f.* humility
humo smoke
humor *m.* humor; **sentido del humor** sense of humor (14)
huracán *m.* hurricane

I

Ibérica: Península Ibérica Iberian Peninsula
icono icon
ida: boleto de ida y vuelta round-trip ticket (11)
idealizar (**c**) to idealize
idéntico/a identical
identidad *f.* identity
identificación *f.* identification
identificar (**qu**) to identify
idioma *m.* language
idiomático/a idiomatic
idóneo suitable
iglesia church (3)
ignorar to ignore
igual equal (15)
igualar to equalize
igualdad *f.* equality
igualmente likewise
ilegal illegal
imagen *f.* image
imaginación *f.* imagination
imaginar to imagine; **imagínese** (*command*) imagine
imaginativo/a imaginative
impaciencia impatience (4)
impaciente impatient (4)
impacto impact
imparcial impartial
impedimento impediment
impedir (**i, i**) to impede
imperfecto *adj.* imperfect
imperialismo imperialism
imperio empire
implantar to implant
implicar (**qu**) to imply (15)
implícito/a implicit
imponer (*like* **poner**) to impose (10)
importación *f.* importation (15)
importancia importance (11)

importante important (2); **es importante que...** (+ *subjunctive*) it's important that . . . (14)
importar to matter, be important
imposible impossible (4)
imprescindible essential
impresión *f.* impression
impresionante impressive (10)
impresionar to impress
impreso/a (*p.p. of* **imprimir**) printed
impresora printer (10)
imprevisible unforeseeable, unpredictable
imprevisto/a unforeseen; **caso imprevisto** unforeseen occurrence (12)
imprimir (*p.p.* **impreso**) to print (13)
impuesto tax (11)
impulsar to impel, drive forward
impulsivo/a impulsive
impulso impulse
inalámbrico/a cordless
inca *n. m., f.* Inca; *adj.* Incan
incidencia incident (10)
incierto/a uncertain
incitar to incite
inclinación *f.* inclination
inclinado/a slanted
incluido/a included (11)
incluir (**y**) to include (6); **incluya(n)** (*command*) include
incompleto/a incomplete
incomprensible incomprehensible
incondicional unconditional (14)
inconfundible unmistakable
inconsciente unconscious (12)
incredulidad *f.* incredulity
incrédulo/a incredulous
increíble incredible
incrementar to increase
inculcación *f.* instillation
inculcar (**qu**) to instill
indemnización *f.* indemnification
independencia independence; **Día de la Independencia** Independence Day (4)
independiente independent
independizar (**c**) to free, make independent
indicar (**qu**) to indicate (12)
indicativo indicative
índice *m.* index
indiferente indifferent
indígena *n. m., f.; adj.* Indian; indigenous, native (7)
indio/a Indian
indirecto/a indirect; **complemento indirecto** indirect object pronoun
indiscreto/a indiscrete (7)
indispensable necessary; **es indispensable que...** (+ *subjunctive*) it's absolutely necessary that . . . (14)
individual individual (5)
individuo *n. m., f.* individual
indocumentado/a undocumented
indudable doubtless

industria industry (10)
inevitable unavoidable
infancia childhood
infantil relating to children or childhood
(14); **guardería infantil** childcare
center (15)
infección *f.* infection (12)
inferioridad *f.* inferiority
infinitivo infinitive
influencia influence
influir (y) to influence
información *f.* information (1)
informarse to inform oneself
informática data processing (2)
informativo/a informative
informe *m.* report
infundir to instill, infuse
ingeniería (mecánica) (mechanical)
engineering (2)
ingeniero/a engineer (5)
Inglaterra England
inglés *n. m.* English (language)
inglés, inglesa *n., adj.* English
ingrediente *m.* ingredient (8)
ingresar to enroll, register
inhalación (*f.*) **de vapor** steam
inhalation (12)
inhalar to inhale, breathe (12)
iniciador(a) initiator, pioneer
iniciar to initiate (15)
injusticia injustice
injustificable unjustifiable
injusto/a unjust
inmediatamente immediately (7)
inmenso/a immense (10)
inmigración *f.* immigration (11)
inmigrante *m., f.* immigrant (15)
inmigrar to immigrate
inmóvil immobile
innato/a innate
innecesario/a unnecessary
inocente innocent (5)
inodoro toilet (6)
inolvidable unforgettable
inoxidable: acero inoxidable stainless
steel (13)
inquietar to disturb; to worry
inquisición inquisition; **Inquisición
Española** Spanish Inquisition
inscribir(se) to enroll (oneself) (15)
insecto insect
inseguro/a unsure
insensatez *f.* foolishness, stupidity
insinuar to insinuate
insistente insistent (14)
insistir to insist
insomnio insomnia
inspeccionar to inspect
inspiración *f.* inspiration
inspirar to inspire
instalación *f.* installation (5)
instantáneamente instantaneously

institución *f.* institution (15)
instrucción *f.* instruction; direction (11);
seguir (i, i) (g) las instrucciones to
follow directions (3)
instructor(a) instructor
instruir (y) to instruct
instrumento instrument
insuficiente insufficient
integración *f.* integration
integrado/a integrated
íntegro/a whole, complete; upright
intelectual intellectual
inteligencia intelligence (14)
inteligente intelligent
intención *f.* intention
intencionado/a deliberate
intensidad *f.* intensity
intensivo/a intensive (5)
intenso/a intense
intentar to try
intento attempt
interacción *f.* interaction
intercambiar to exchange
intercambio exchange
interés *m.* interest
interesante interesting
interesar to interest (10)
interfaz *f.* interface
interior interior (12); **ropa interior**
underwear (13)
internacional international
internado/a: estar (*irreg.*) **internado/a
(en el hospital)** to be hospitalized (12)
interpretación *f.* interpretation
interpretar to interpret (14)
interrupción *f.* interruption
intervenir (*like* **venir**) to intervene
íntimo/a close, intimate; **amigos íntimos**
close friends
intolerancia intolerance
introducir (zc) to introduce
intuición *f.* intuition
intuir (y) to sense
intuitivo/a intuitive
inundación *f.* flood (10)
inútil useless
invadir to invade
invasión *f.* invasion
invención *f.* invention (15)
inventar to invent (9)
invento invention
inventor(a) inventor (7)
invernadero greenhouse; **efecto invernadero** greenhouse effect
invernar to winter; to hibernate
inversión *f.* inversion
invertir (ie, i) to invest
investigación *f.* investigation
investigar (gu) to investigate
invierno winter (1)
invitación *f.* invitation (2)
invitar to invite (2)

inyección *f.* injection, shot (12); **poner**
(*irreg.*) **una inyección** to give a shot
ir *irreg.* to go (1); **¿cómo se va de... a... ?**
how does one get from . . . to . . . ? (11);
fue he/she/you (*pol. sing.*) went (7);
fui I went (7); **iba a** (+ *infin.*) I was
going to (+ *infin.*) (12); **ir a** (+ *infin.*)
to be going to (*do something*) (2); **ir a
fiestas** to go to parties (1); **ir a la playa**
to go to the beach (1); **ir al cine** to go
to the movies (1); **ir al trabajo** to go
to work (3); **ir de compras** to go shopping (1); **ir de vacaciones** to go on
vacation (5); **irse** to go away, get away;
va a... he/she is going to . . . , you
(*pol. sing.*) are going to . . . (2); **voy
a...** I am going to . . . (2)
Irak Iraq
Irlanda Ireland
irlandés, irlandesa *n.* Irishman/
Irishwoman; *adj.* Irish
irónicamente ironically
ironizar (c) to ridicule, treat ironically
irradiación *f.* irradiation
irreparablemente irreparably
irresponsable irresponsible
irritable irritable (12)
isla island (10)
izquierda *n.* left-hand side; **a/de la
izquierda** to/from (on) the left
izquierdo/a *adj.* left

J

jabón *m.* soap (4)
jalar to pull (14)
jalea jelly
jamaica *sweet drink made with hibiscus
flowers* (8)
jamás never
jamón *m.* ham (3)
Jánuca *m.* Hanukkah (4)
jarabe *m.* syrup; **jarabe para la tos**
cough syrup (12)
jardín *m.* garden; **jardín zoológico** zoo
(7); **trabajar en el jardín** to work in
the garden (1)
jarra pitcher, jug (8)
jaula cage (5)
jefe, jefa boss, chief (15)
jeroglíficos hieroglyphics
jersey *m.* sweater
jornada: jornada completa full time (5);
media jornada part-time (5)
joven *n. m., f.* youth (9); *adj.* young
joyería jewelry store (13)
jubilarse to retire
júbilo jubilation
judío/a *n.* Jewish person; *adj.* Jewish (11)
juego game (1); **juego de** set of (*items*)
(13); **juegos de video** video games (5)
jueves *m. sing., pl.* Thursday (1)
juez *m., f.* (*pl.* **jueces**) judge (5)

jugador(a) player (7)

jugar (ue) (gu) to play (1); **jugar a la /
al** (+ *sport*) to play (*a sport*); **jugar a
la lotería** to play the lottery; **jugar
a la pelota** to play ball (9); **jugar a
la rayuela (al bebeleche)** (*Mex.*) to play
hopscotch (9); **jugar a las cartas** to
play cards (3); **jugar al boliche** to bowl
(2); **jugar al escondite** to play hide-
and-seek (9); **jugar al gato** to play tag
(9); **jugar al tenis** to play tennis (1);
jugar con carritos to play with little
cars; **jugar con muñecas** to play with
dolls (9); **jugar en la nieve** to play in
the snow (1); **jugó** he/she/you (*pol.
sing.*) played (7); **jugué** I played (7)

jugo juice (3); **jugo de naranja** orange
juice (3)

juguete *m.* toy (4)

juicio judgment

julio July (1)

jungla jungle

junio June (1)

juntar to join

junto/a *adj.* together (3)

justicia justice (5)

justificar (qu) to justify

justo/a fair (15)

juvenil *adj.* juvenile

juventud *f.* youth (9)

juzgar (gu) to judge

K

kilómetro kilometer (7)

kínder *m.* kindergarten (14)

L

la *def. art. f.* the; *d.o.* her/it/you (*pol. sing.*)

labio lip (12)

laboratorio laboratory (2)

lado side; **al lado de** beside; **por otro
lado...** on the other hand; **por un
lado...** on one hand

ladrillo brick (13)

ladrón, ladrona thief (7)

lago lake (2)

laguna lagoon (10)

lamentable unfortunate

lámpara lamp (6)

lana wool (13)

lancha launch (11)

langosta lobster (8)

lanzamiento launch

lapislázuli *m.* lapis lazuli

largo/a long

las *def. art. f. pl.* the; *d.o. f. pl.*
them/you (*pol. pl.*)

lástima shame; **es una lástima** it's a
shame; **¡qué lástima!** that's too bad!
(13); **qué lástima que...** it's a shame
that . . . (15)

lastimado/a injured, hurt (10)

lastimar to harm, injure

lata can (8)

latino/a *n., adj.* Latin

Latinoamérica Latin America

latinoamericano/a *n., adj.* Latin
American (3)

lavabo bathroom sink (6)

lavadora washing machine (6)

lavandería laundromat (3)

lavaplatos *m. sing.* dishwasher (6)

lavar to wash (2); **lavar la ropa** to do
laundry; **lavar el carro** to wash the
car (2); **lavarse** to wash, bathe oneself;
lavarse el pelo to wash one's hair (4);
lavarse los dientes to brush one's
teeth (4)

lazo tie

lealtad *f.* loyalty (14)

lección *f.* lesson (3)

leche *f.* milk (3); **arroz** (*m.*) **con leche**
rice pudding (8); **batido de leche**
milkshake (8)

lechuga lettuce (3)

lectura reading (1)

leer (y) to read; **leer el correo electrónico**
to read one's e-mail; **leer el horóscopo**
to read the horoscope; **leer el periódico** to read the newspaper (1); **leer
revistas** to read magazines (1); **leí** I
read (7); **leyó** he/she/you (*pol. sing.*)
read (7)

legal legal (15)

legalizar (c) to legalize (15)

legislador(a) legislator

legislar to legislate

legumbre *f.* vegetable (3)

lejos de far from (3)

lengua tongue (12); language (15);
lengua materna mother tongue (15)

lenguaje *m.* language

lentamente slowly (10)

león, leonesa lion; **león marino** sea
lion (10)

leopardo leopard (10)

lesbiana lesbian

lesión *f.* injury (12)

letal lethal

letra letter (*of the alphabet*) (10); **Facultad de Filosofía y Letras** School of
Humanities (3); **letra cursiva** italics

letrero sign (10)

levantar to raise; **levantar pesas** to lift
weights (2); **levantarse** to get up (4)

ley *f.* law (15)

leyenda legend

liberado/a liberated (2)

liberar to liberate, free

libertad *f.* liberty

libertador(a) liberator (7)

libra pound (8)

libre free; **actividades del tiempo libre**
leisure-time activities (1); **aire** (*m.*)

libre outdoors (7); **mercado al aire
libre** open-air market (13)

librería bookstore (3)

libreta notebook

libro book

lícito/a lawful, legal (15)

licuadora blender

licuar to blend, liquefy (13)

líder *m., f.* leader

liderazgo leadership

lienzo canvas

ligero/a light (10)

limitar to limit (10)

límite *m.* limit (14)

limón lemon

limonada lemonade (4)

limpiaparabrisas *m. sing.* windshield
wiper (11)

limpiar to clean (2)

limpieza cleaning; **productos de limpieza**
cleaning products

limpio/a clean

linaje *m.* lineage

lindo/a pretty (7)

línea line

lingüístico/a linguistic

lino linen (13)

lío problem, trouble; **meterse en líos** to
get into trouble (9)

liquidación *f.* closing sale (13)

líquido liquid (8)

lista list (2)

listeza cleverness

listo/a ready (5); prepared; **estar** (*irreg.*)
listo/a to be ready; **ser** (*irreg.*) **listo/a**
to be smart, clever

literatura literature (2)

llamada (telephone) call (4)

llamar to call (on phone) (4); **¿cómo te
llamas (tú)?** what is your (*inf. sing.*)
name? (1); **llamar la atención** to call
attention (10)

llamativo/a showy; getting one's attention

llano plain (7)

llanta (desinflada) (flat) tire (11)

llanura plain, prairie

llave *f.* key (12)

llegada arrival (11)

llegar (gu) to arrive (2); **llegar a ser** to
become; **llegar a tiempo** to arrive on
time; **llegar a una conclusión** to
arrive at a conclusion; **llegar tarde** to
arrive late; **llegué** I arrived (7); **llegó**
he/she/you (*pol. sing.*) arrived (7)

llenar to fill; **llenar los espacios en
blanco** to fill in the blank spaces (9)

lleno/a full (10)

llevar to wear (A); to take (*someone or
something somewhere*) (3); to carry (3);
llevarse to take away (13); **llevarse
bien** to get along well (9); **me lo llevo**
I'll take (buy) it (13)

llorar to cry (7)
llorón, llorona weeper
llover (ue) to rain (2); **llueve (mucho)** it's raining (a lot) (2)
llovizna drizzle (10)
lloviznar to drizzle (10)
lluvia rain (2)
lo *d.o. m.* him/it/you (*pol. sing.*); **lo que** that which, what (7); **lo siento** I'm sorry (13)
lobo wolf (10)
localizar (c) to locate
localmente locally
loco/a *n.* crazy person; *adj.* crazy; **volverse (ue) loco/a** to go crazy (12)
locomotora locomotive (10)
lógicamente logically (7)
lógico/a logical; **en orden lógico** in logical order (4)
lograr to achieve, obtain (15); **lograr (+ *infin.*)** to manage to (*do something*), succeed in (*doing something*)
logro achievement
lona canvas; **bolsa de lona** canvas bag (10)
los *def. art. m. pl.* the; *d.o.* them/you (*pol. pl.*)
lotería lottery (15); **jugar (ue) (gu) a la lotería** to play the lottery
luchar to fight
luego then; later (1); **desde luego** of course; **hasta luego** see you later
lugar *m.* place (2); **lugar de nacimiento** birthplace (1); **lugar de origen** place of origin; **lugar de trabajo** workplace (5); **tener (*irreg.*) lugar** to take place (14)
lujo luxury (11)
lujoso/a luxurious
luminoso/a luminous
luna moon (7); **luna de miel** honeymoon (14)
lunares: de lunares polka-dotted
lunes *m. sing., pl.* Monday (1); **de lunes a viernes** Monday through Friday (4)
luz *f.* (*pl.* **luces**) light; electricity

M

macho *n.* male (2)
madera wood (13)
madrastra step-mother (9)
madre *f.* mother; **Día de la Madre** Mother's Day (4)
madrina godmother (14); bridesmaid (14)
madrugar (gu) to get up early
maduro/a ripe (8)
maestro/a teacher (5)
Magallanes Magellan
magia magic
mágico/a magic
maguey *m. cactus from which tequila is made*

maíz *m.* corn (8); **mazorca de maíz** ear of corn (8); **palomitas de maíz** popcorn (8)
mal *n. m.* evil; *adv.* badly; **estar (*irreg.*) de mal humor** to be in a bad mood (4); **hace mal tiempo** the weather is bad (2); **sentirse (ie, i) mal** to feel badly, to feel sick, ill
mal, malo/a *adj.* bad (4); **mal hábito** bad habit; **mala suerte** bad luck; **sacar (qu) malas notas** to get bad grades (9)
maldad *f.* evil, badness
maldecir (*like* **decir**) to curse
maldición *f.* curse
maleficencia wrongdoing
maléfico/a evil
maleta suitcase (11); **hacer (*irreg.*) las maletas** to pack (11)
maletero trunk (*automobile*) (11)
malgastar to waste
maltratar to mistreat
mamífero mammal (10)
mandamiento commandment
mandar to send (3); to order, command (12); **mandar un mensaje por correo electrónico** to send an e-mail message
mandato command
mando a distancia remote control (*Sp.*)
manejar to drive (2)
manera manner, way; **de manera que** so that; in such a way that (15)
manga sleeve (13)
mango mango (8)
manifestación *f.* demonstration; **manifestación política** political demonstration
manifestante *m., f.* demonstrator
manifestar (ie) to demonstrate
mano *f.* hand (B)
mantel *m.* tablecloth (8)
mantener (*like* **tener**) to maintain (11); **mantenerse** to maintain oneself (12)
mantenimiento maintenance
mantequilla butter (3)
manual workbook; manual (13)
manzana apple (8); **puré (*m.*) de manzana** apple sauce (12)
mañana *n.* morning; tomorrow (1); **hasta mañana** see you tomorrow; **mañana por la mañana (la noche)** tomorrow morning (evening) (3); **pasado mañana** day after tomorrow (1); **por la mañana** in the morning (1)
mapa *m.* map
mapamundi *m.* world map
maquiladora *large factory located in developing country to take advantage of lower wages* (15)
maquillarse to put on make up (4)
máquina machine; **máquina de escribir** typewriter
mar *m., f.* sea, ocean (2)

marca brand (4)
marcado/a strong, pronounced
marcar (qu) to mark (5)
marcha march
mareado/a dizzy, seasick, nauseous; **estar (*irreg.*) mareado/a** to be dizzy, seasick, nauseous (12)
marearse to get seasick (10)
mareo nausea, seasickness (12)
margen *m.* margin
marginación *f.* marginalization
marginar to marginalize
marino/a marine, of the sea; **estrella marina** starfish (10); **león** (*m.*) **marino** sea lion (10); **tortuga marina** sea turtle (10)
mariposa butterfly (10)
mariscos *pl.* seafood
marrón brown
Marruecos Morocco
martes *m. sing., pl.* Tuesday (1)
martillo hammer (13)
marzo March (1)
más more; **el/la más (+ *adj.*)** the most (+ *adj.*); **más o menos** more or less (1); **más que (de)** more than (6); **más tarde** later (2)
masa dough (8)
mascota pet (6)
masculino/a masculine
mascullar to mumble, mutter
masticar (qu) to chew (12)
matar to kill
mate *f. an herbal tea typical of Argentina*
matemático/a mathematical
materia subject (*school*) (2); **materia prima** raw material (13)
material *m.* material (13); **¿de qué material es?** what material is it made of? (13)
materno/a maternal; **lengua materna** mother tongue (15)
matrícula (school) registration fees (14)
matricularse to enroll in (7)
matrimonio matrimony, marriage; couple; **contraer** (*like* **traer**) **matrimonio** to get married
máximo/a maximum; **temperatura máxima** maximum temperature (2)
maya *n. m., f.; adj.* Maya(n)
mayo May (1)
mayonesa mayonnaise (8)
mayor *adj.* older; oldest; major, main; greater
mayoría majority (15)
mazorca de maíz ear of corn (8)
mecánico/a mechanic (5)
mecedora rocking chair (13)
mecer (zc) to rock
medalla (de oro) (gold) medal (7)
mediano/a medium (13); **de estatura mediana** of medium height

medianoche *f.* midnight (1)
mediante by means of
medias *pl.* stockings (13)
medicina medicine (15); **Facultad de Medicina** School of Medicine (3)
médico/a *n.* doctor (5); *adj.* medical
medida measurement (8)
medio/a *n. sing.* means; middle; half (8); **clase** (*f.*) **media** middle class; **es la una y media** it's one thirty (1); **media jornada** part-time (5); **medio ambiente** environment (10); **medio de comunicación** medium of communication; **medio/a hermano/a** half brother / half sister (9); **por medio de** by means of (15); **y media** half past (*time*) (1)
medioambiental environmental
meditación *f.* meditation
mejilla cheek (12)
mejor better; best (6); **el/la mejor** the best (6); **es mejor** it is better (4); **es mejor que...** (+ *subjunctive*) it's better that . . . (14) **mejor amigo/a** best friend
mejorar(se) to improve; to get better (9)
melodrama *m.* melodrama
melón melon
memorable memorable (7)
mencionar to mention (2) (11)
menesteroso/a needy, in want
menor younger; youngest
menos less; least; **a menos que** unless (15); **más o menos** more or less (1); **menos cuarto** quarter till (*time*) (1); **menos que (de)** less than (6); **por lo menos** at least (12)
mensaje *m.* message; **escribir mensajes electrónicos** to write e-mail (1)
mensajería transport service
mensajero/a messenger
mentalidad *f.* mentality
mente *f.* mind
mentir (ie, i) to lie
mentira lie
mentiroso/a liar; **¡qué mentiroso/a!** what a liar! (9)
mentón *m.* chin
menú *m.* menu (8)
menudo: a menudo often (6)
meñique little finger
mercader *m.* merchant
mercado market (3); **mercado al aire libre** open-air market (13)
mercadotécnia marketing (2)
mercancía merchandise (13)
merecer (zc) to deserve
merendar (ie) to have a picnic (2)
meridiano meridian
mermelada marmalade
mero/a mere; simple
merodear to prowl, plunder
mes *m.* month; **el mes pasado** last month (6)

mesa table (B)
mesero/a waiter/waitress (5)
mesita coffee table (6); **mesita de noche** night table, nightstand (11)
mestizaje the mixing of races
meta goal (15)
metal *m.* metal (13); **hecho/a de metal** made of metal
meter to put; **meterse en líos** to get into trouble (9)
metódico/a methodical
método method
metodología methodology
metro subway (3); **estación** (*f.*) **de metro** subway station (11)
mexicano/a *n., adj.* Mexican
mexicanoamericano/a *n., adj.* Mexican American
mezcla mixture
mezclar to mix (13)
mezclilla denim (13)
mezcolanza mixture
mi *poss.* my
mí *obj. of prep.* me; **a mí también/tampoco** I do too / I don't either (1)
miedo fear; **tener** (*irreg.*) **miedo** to be afraid (4)
miel *f.* honey (8); **luna de miel** honeymoon (14)
miembro member
mientras meanwhile (3); while; **mientras que** while
miércoles *m. sing., pl.* Wednesday (1)
mil thousand, one thousand; **mil millones** billion
milagro miracle
militar *n. m.* soldier; *adj.* military
milla mile (6)
millón *m.* million (10); **mil millones** billion; **un millón (de)** a million (*of something*) (13); **ventidós millones de pesos** twenty-two million pesos (13)
millonario/a millionaire (5)
mínimo minimum; **temperatura mínima** minimum temperature (2)
ministro minister
minoría minority
minoritario/a minority
minutos minute
mío/a *poss.* mine, of mine
mirar to look at, watch
misa mass (2)
misil *m.* missile (10)
misión *f.* mission
mismo/a *pron.* same (one); *adj.*; same; self; **ahora mismo** right now (14); **el/la mismo/a** the same (5); **sí mismo/a** oneself; **tú mismo/a** yourself (*inf. sing.*); **uno/a mismo/a** oneself; **usted mismo/a,** yourself (*pol. sing.*)
misterio mystery (3)
mitad *f.* half

mitología mythology
moda fashion (13); **de moda** fashionable (13); **diseño de la moda** fashion design (2)
modelo model
módem *m.* modem
moderno/a modern
modestia modesty
módico/a moderate (*in price*) (6)
modo way, manner; **de modo que** so that (15)
mojar to dip, to wet (8)
molestar to bother (10); **me molesta** it bothers me
molestia annoyance
molesto/a annoyed; upset (12)
molino de viento windmill
momento moment (14)
monarquía monarchy
monasterio monastery
moneda coin
monetario/a monetary
monja nun
monolingüe monolingual
montaña mountain (2)
montañoso/a mountainous
montar to ride; **montar a caballo** to ride a horse (2)
monte *m.* mount, mountain
monumento monument (11)
morado purple (A)
moralismo moralism
moralista moralistic
moralizar (c) to moralize
morder (ue) to bite (12)
moreno/a brown-skinned, dark-skinned
morfológico/a morphological
morir(se) (ue, u) (*p.p.* **muerto**) to die (7); **estar** (*irreg.*) **muerto** to be dead (9)
mosca fly (7)
mostaza mustard (8)
mostrador *m.* counter (11)
mostrar (ue) to show (13)
motivación *f.* motivation
motivar to motivate
motivo motive (14)
moto(cicleta) *f.* motorcycle; **andar** (*irreg.*) **en motocicleta** to ride a motorcycle (2)
mover(se) (ue) to move (12)
móvil mobile; **(teléfono) móvil** cell phone (1)
movimiento movement (12)
mozo/a boy/girl
muchacho/a boy/girl; young man / young woman
mucho *adv.* a lot; much
mucho/a *adj.* much; *pl.* many; **muchas gracias** thank you; **muchas veces** many times (5); **muchísimo/a** very much (7)
mudanza change; move (house)
mudarse to move (house) (15)

mueble *m.* piece of furniture; *pl.* furniture (6)
muela molar (tooth) (12); **tener** (*irreg.*) **dolor de muelas** to have a toothache (12)
muerte *f.* death
muerto/a (*p.p. of* **morir**) dead; **Día de los Muertos** All Soul's Day (4)
mujer *f.* woman; **mujer bombero** firefighter (5); **mujer de negocios** businesswoman (3); **mujer policía** policewoman (5); **mujer soldado** soldier; **mujer soltera** single woman
mulato/a mulatto
muleta crutch (12)
multa ticket, fine (7)
múltiple multiple; **opción** (*f.*) **múltiple** multiple choice
mundano/a worldly, of the world
mundial *pertaining to the world* (15); **Copa Mundial** World Cup (13); **Segunda Guerra Mundial** Second World War
mundo world; **todo el mundo** everyone (15)
municipal municipal (3)
muñeca doll; wrist (12); **jugar (ue) (gu) con muñecas** to play with dolls (9)
murciélago bat
músculo muscle (12)
museo museum (3)
música music; **equipo de música** stereo (1); **escuchar música** to listen to music (1)
musical *adj.* musical (3)
muslo thigh (12)
musulmán, musulmana *n., adj.* Muslim
mutuamente mutually

N

nacer (zc) to be born (2); **¿cuándo nació?** when was he/she born? when were you (*pol. sing.*) born? (1)
nacido/a born; **recién nacido/a** newborn (14)
nacimiento birth; **fecha de nacimiento** birth date (1); **lugar** (*m.*) **de nacimiento** birthplace (1)
nación *f.* nation
nacional national (15)
nacionalidad *f.* nationality
nada nothing (4); **de nada** you are welcome; **no hacer** (*irreg.*) **nada** to do nothing
nadar (en una piscina) to swim (in a pool) (1)
nadie no one, nobody, not anybody (3)
náhuatl *m.* Nahuatl (*indigenous language of the Aztecs*)
nalga buttock (12)
narcótico narcotic, drug (12)
narcotráfico drug trafficking (15)
nariz *f.* nose; **gotas para la nariz** nose drops (12); **tener** (*irreg.*) **la nariz tapada** to have a stuffy nose (12)
narración *f.* narration (2)

narrador(a) narrator
narrar to narrate
narrativo/a narrative
natal *adj.* birth; **país** (*m.*) **natal** country of birth
natalidad *f.* birth rate (10)
nativo/a native
natural: desastre (*m.*) **natural** natural disaster
naturaleza nature
naturalización *f.* naturalization
náuseas: tener (*irreg.*) **náuseas** to be nauseous (12)
navaja razor (4); razor blade (4)
navegación *f.* navigation
navegante *m., f.* navigator (9)
navegar (gu) to navigate; **navegar el Internet** to surf the Internet (1); **navegar la red** to surf the Internet
Navidad *f.* Christmas (4)
neblina fog (10)
necesario/a necessary (5)
necesidad *f.* necessity
necesitar to need (5); **necesitar** (+ *infin.*) to need to (*do something*)
negar (ie) (gu) to deny; to refuse
negativo/a negative
negocio business (15); **hombre** (*m.*) **de negocios, mujer** (*f.*) **de negocios** businessman/businesswoman (3)
negro/a (A) black; **magia negra** black magic; **mercado negro** black market
nervio nerve (12)
nervioso/a nervous (4)
neurológico/a neurological
neutro/a neutral
nevar (ie) to snow (2); **nieva (mucho)** it's snowing (a lot) (2)
ni neither; nor; even; **ni... ni** neither . . . nor; **¡ni pensarlo!** don't even think of it! (4)
nicotina nicotine (15)
niebla fog
nieve *f.* snow (2); **jugar (ue) (gu) en la nieve** to play in the snow (1)
nilón *m.* nylon (13)
ningún, ninguno/a none, not any (2)
niñez *f.* childhood (9)
niño/a boy/girl; child; **de niño/a** as a child (9)
nivel *m.* level (15)
nivelación *f.* leveling
nivelar to level
no no; not
Nóbel: premio Nóbel Nobel Prize (7)
noche *f.* night; **de la noche** P.M.; **esta noche** tonight; **mañana por la noche** tomorrow evening (3); **por la noche** in the evening, at night (1)
Nochebuena Christmas Eve (4)
Nochevieja New Year's Eve (4)
nocividad *f.* harmfulness

nocivo/a harmful
Noel: Papá Noel Santa Claus
nombrar to name
nombre *m.* name
nominar to nominate
nopal *m.* type of cactus
norma rule, norm
normal normal (8)
normalmente normally
noroeste *m.* northwest
norte *m.* north
norteamericano/a *n., adj.* North American (2)
nos *d.o.* us; *i.o.* to/for us; *refl. pron.* ourselves
nosotros/as *sub. pron.* we; *obj. of prep.* us
nota grade (4); **sacar (qu) buenas/malas notas** to get good/bad grades (9)
notar to note
noticia(s) news (6)
noticiario newscast
noticiero newscast
notificar (qu) to notify
novecientos/as nine hundred (1)
novela novel (2)
novelar to convert into novel form
novelesco/a fictional
novelizar (c) to convert into novel form
noveno/a ninth (2)
noventa ninety
noviazgo courtship, engagement (14)
noviembre *m.* November (1)
novio/a boyfriend/girlfriend; fiancé(e); groom/bride (14)
nube *f.* cloud (10); **en las nubes** in the clouds; "out of it"
nuclear nuclear; **energía nuclear** nuclear energy; **planta nuclear** nuclear plant (10); **reactor** (*m.*) **nuclear** nuclear reactor (15)
nuera daughter-in-law (9)
nuestro/a *poss.* our
nueve nine (A)
nuevo/a new; **Año Nuevo** New Year (4); **de nuevo** again (8)
nuez *f.* (*pl.* **nueces**) nut
número number (A); **número ordinal** ordinal number (2)
numeroso/a numerous (14)
nunca never (3); **casi nunca** almost never (3)
nupcial nuptial, wedding
nutrición *f.* nutrition (8)

O

o or
obedecer (zc) to obey
obediente obedient (9)
obispo bishop
objetividad *f.* objectivity
objetivo/a objective
objeto object (6)

obligación *f.* obligation (5)
obligar (gu) to obligate (15)
obligatorio/a obligatory
obra work; **obra de arte** work of art, art work
obrero/a (industrial) worker (5)
observador(a) observer
observar to observe (10)
obstáculo obstacle
obstante: no obstante nevertheless, however
obstinación *f.* stubbornness
obtener (*like* **tener**) to obtain, get (5)
obvio/a obvious
ocasión *f.* occasion (2)
ocasionar to cause
occidental western
occidente *m.* west
océano ocean; **Océano Atlántico** Atlantic Ocean (3); **Océano Pacífico** Pacific Ocean (3)
ochenta eighty (C)
ocho eight (A)
ochocientos/as eight hundred (1)
oclusivo/a occlusive
octavo/a eighth (2)
octubre *m.* October (1)
ocultar to hide
ocupado/a busy; **estar** (*irreg.*) **ocupado/a** to be busy (4)
ocupar to take up, occupy
ocurrencia: ¡qué ocurrencia! what a silly idea! (4)
ocurrir to occur (10)
odiar to hate
odio hate; **crimen** (*m.*) **por odio** hate crime
oeste *m.* west
ofender (ie) to offend
ofendido/a offended
ofensivo/a offensive
ofensor(a) offender
oferta offer; **en oferta** on sale (13)
oficial official (15); **idioma** (*m.*) **oficial** official language; **lengua oficial** official language
oficina office (3); **horas de oficina** office hours
oficio job, position (5)
ofrecer (zc) to offer (2)
ofrecido/a offered
oído inner ear (12)
oír *irreg.* to hear (12); **oí** I heard (7); **oyó** he/she/you (*pol. sing.*) heard (7)
ojalá (que) I hope (that)
ojo eye
ola wave (7)
oler (ue) to smell (12); **huele** it smells (12); **huela** (*command*) smell (12)
Olimpiadas *pl.* Olympics (7)
olvidar(se) to forget (11); **se me/le olvidó/olvidaron** something (*sing. or pl.*) slipped my/your/his/her mind (12)

once eleven (A)
onza ounce
opción *f.* option (15)
operar to operate (12)
opinar to think, believe (14)
opinión *f.* opinion
oponerse a (*like* **ponerse**) to oppose
oportunidad *f.* opportunity (14)
oposición *f.* opposition
opresión *f.* oppression
oprimir to oppress
optativo/a optional
optimista *n. m., f.* optimist; *adj.* optimistic
opuesto/a opposite
oración *f.* sentence (2)
oralmente orally
órbita orbit
orden (*pl.* **órdenes**) *m.* order (14); **a sus órdenes** how may I help you, at your service (11); **en orden lógico** in logical order (4); **orden cronológico** chronological order
ordenado/a orderly; in order, neat
ordenador *m. Sp.* computer
ordenar to arrange, put in order (6) (*Sp.*)
oreja (outer) ear
orfanato orphanage (15)
orgánico/a organic (10)
organismo organism (10)
organización *f.* organization
organizar (c) to organize (2)
órgano interno internal organ (12)
orgullo pride
orgulloso/a proud (15)
orientación *f.* orientation
oriental eastern
oriente *m.* east
orificio hole
origen origin
original original (13)
originalmente originally
originario/a originating
orilla shore, (river)bank (10)
oro gold (13)
os *d.o.* (*Sp.*) you (*inf. pl.*); *i.o.* (*Sp.*) to/for you (*inf. pl.*); *refl. pron.* (*Sp.*) yourselves (*inf. pl.*)
oscuro/a dark
oso (panda) (panda) bear (7)
ostras *pl.* oysters (8)
otoño fall, autumn (1)
otro/a other; another; **otra vez** again (5)
oxígeno oxygen
ozonización *f.* ozonization
ozono ozone; **agujero en la capa de ozono** hole in the ozone layer (10)
ozonósfera ozonosphere

P

pacer (zc) to graze
paciente *n. m., f.* patient (5); *adj.* patient (4)

Pacífico: Océano Pacífico Pacific Ocean (3)
padecer (zc) to suffer (from) (12)
padrastro stepfather (9)
padre *m.* father; priest; *pl.* parents; **Día del Padre** Father's Day (4)
padrino godfather (14); best man in a wedding (14)
paella valenciana *rice dish with meat, fish, or seafood and vegetables* (8)
pagar (gu) to pay (5)
página page
país *m.* country; **país de habla española** Spanish-speaking country; **país del tercer mundo** Third-World country
paisaje *m.* landscape (11)
pájaro bird (10)
palabra word
palabrear to agree verbally to
palabrería wordiness; hot air
palacio palace (11)
palma palm
palmera palm tree (7)
paloma dove; pigeon
palomitas (*pl.*) **de maíz** popcorn (8)
pan *m.* bread (3); **pan de maíz** corn bread; **pan tostado** toast (3)
panadería bakery (3)
Panamá *m.* Panama
panameño/a *n., adj.* Panamanian
panamericano/a Pan-American (1)
pandilla gang (15)
panecillo roll, bun (8)
panel (*m.*) **solar** solar panel (15)
pánico panic
panorama *m.* panorama
panqueque *m.* pancake (8)
pantalla screen (13)
pantaletas women's underpants (13)
pantalón, pantalones *m. sing., pl.* pants (A); **pantalones vaqueros** jeans (13)
pantimedias *pl.* pantyhose (13)
pantorrilla calf (12)
pañales *m. pl.* diapers
Papa *m.* Pope
papa potato (3); **papa al horno** baked potato (3); **papas fritas** French fries (3)
papá *m.* dad, father; **Papá Noel** Santa Claus (14)
papalote kite (*Mex.*); **volar (ue) un papalote** to fly a kite (9)
papaya papaya (8)
papel *m.* paper; role; **desempeñar un papel** to fulfill, play a role; **hacer** (*irreg.*) **el papel (de)** to play the role (of) (12); **hoja de papel** sheet of paper (10)
papelería stationery store (3)
paperas mumps (12)
paquete *m.* package (8)
par *m.* pair; **un par de...** a pair of . . . (13)

para for (1); in order to; to (*in the direction of*) (10); **para que** in order that (15); **¿para qué sirve... ?** what is . . . used for? (6); **para servirle** you are welcome (11); **salir** (*irreg.*) **para** to leave for (*a place*) (7)

parabrisas *m. sing.* windshield (11)

parachoques *m. sing.* bumper

parada del autobús bus stop (3)

parado/a stopped

parador *m.* state (*tourist*) hotel (11)

paraguas *m. sing.* umbrella (13)

paragüero umbrella stand

paraíso paradise

paralelo parallel

paramédico/a paramedic (12)

parapsicología parapsychology

parcial partial

parecer (zc) to look; to seem (10); **parecerle (a uno)** to seem (to one); **parecerse a** to look like (9); **¿qué te parece... ?** what do you think of . . . ?

parecido/a similar to; **bien parecido/a** good-looking

pared *f.* wall

pareja couple, pair (6); **trabajar en parejas** to work in pairs

parentesco family relationship

paréntesis *m. sing., pl.* parentheses; **entre paréntesis** between parenthesis

pariente, parienta relative (4)

París Paris

parque *m.* park (2)

párrafo paragraph

parral *m.* vine arbor

parrilla: a la parrilla grilled, charbroiled (8)

parrillada grilled meat (8)

parte *f.* part; **en parte** in part; **en todas partes** everywhere; **gran parte de** a large part of; **por todas partes** everywhere (12)

participante *m., f.* participant

participar to participate (5)

particular: en particular in particular

partida departure; **punto de partida** point of departure

partido game (in sports) (1), match (1); **partido de fútbol** soccer match; **ver** (*irreg.*) **un partido de...** to see a game of . . . (1)

partir to leave; to divide

pasado past

pasado/a past, last; **el mes pasado** last month (6); **el siglo pasado** the last century; **pasado mañana** day after tomorrow (1); **el año pasado** last year (6); **la semana pasada** last week

pasaje *m.* fare, ticket price (10)

pasajero/a passenger (10)

pasaporte *m.* passport (1); **sacar (qu) el pasaporte** to get a passport (11)

pasar to pass; to happen (10); to come in; to spend (*time*); **pasar la aspiradora** to vacuum (6); **pasar por** to go through; **pasar tiempo** to spend time (2); **¿qué pasa?** what's happening?

pasatiempo pastime (2)

Pascua Easter; **conejo de Pascua** Easter Bunny; **Pascua Judía** Passover (4)

pasear (por el parque) to go for a walk (in the park) (2)

paseo walk; **dar** (*irreg.*) **un paseo** to go for a walk (2)

pasillo hall (6)

pasivo/a passive

paso step; **no hay paso** no entrance (11)

pastel *m.* pastry, cake (3)

pasto grass

pata foot (animal); **meter la pata** to commit a *faux pas*

patada kick

patalear to stamp; to kick

patear to kick

patinar (en el hielo) to skate (on ice) (1)

patineta skateboard; **andar** (*irreg.*) **en patineta** to skateboard (1)

patio patio (6); **patio de recreo** playground (9)

patrón, patrona patron

pavo turkey (8)

paz *f.* peace

peatón, peatona pedestrian (11)

pecado sin

pecho chest (12)

pechuga breast

pediatra *m., f.* pediatrician (14)

pedir (i, i) to ask for (8); to request (4); to order food (8); **pedir prestado/a(s)** to borrow (13); **pide** he/she asks, you (*pol. sing.*) ask (4); **pido** I ask (4)

pegamento glue

pegar (gu) to hit (14); to glue

peinar(se) to comb one's hair (4)

pelar to peel (8)

pelear to fight (9)

película movie; **poner** (*irreg.*) **una película** to show a movie (3)

peligrar to peril, be in danger

peligro danger; **en peligro de extinción** in danger of extinction (10)

peligroso/a dangerous (5)

pelo hair; **lavarse el pelo** to wash one's hair (4); **pelo castaño** brown hair

pelota ball; **jugar (ue) (gu) a la pelota** to play ball (9)

peluquero/a hairdresser (5)

pena: vale la pena it's worth the trouble

penetrar to penetrate

península peninsula (10); **Península Ibérica** Iberian Peninsula

penitencia penitence

pensamiento thought (10)

pensar (ie) to think (5); **pensar** (+ *infin.*) to plan to (*do something*) (5); **pensar en** to think about (5); **¡ni pensarlo!** don't even think of it! (4)

penumbra *f.* semi-darkness

peor worse, worst; **es peor** it is worse (4)

pepino cucumber (8)

pequeño/a small (A)

pera pear (8)

percibir to perceive (12)

perder (ie) to lose; **perder el tiempo** to waste time; **perder peso** to lose weight; **perderse** to get lost; **se me/le perdió/perdieron** I/you/he/she lost something (*sing. or pl.*) (12)

pérdida loss

perdonar to excuse

perdurar to last

Pérez: Ratoncito Pérez Tooth Fairy

pereza laziness

perezoso/a lazy

perfecto/a perfect (1)

perfil *m.* profile

perfumado/a perfumed

perfumar to perfume

perfume *m.* perfume; **ponerse** (*irreg.*) **perfume** to put on perfume

periferia periphery

periférico/a peripheral

periódico newspaper; **leer (y) el periódico** to read the newspaper (1)

periodista *m., f.* journalist (9)

perjudicar (qu) to harm, injure, cause damage to

permiso permission; **dar** (*irreg.*) **permiso** to give, grant permission (9)

permitir(se) to allow (9); **permítame** allow me (11)

pero but (1)

perpetrar to perpetrate

perro dog; **perro caliente** hot dog (8)

perseguir (i, i) to pursue, chase

persistencia persistence

persona person (15)

personaje *m.* character (*fictional*) (9)

personal personal; **libertad** (*f.*) **personal** personal liberty; **uso personal** personal use

personalidad *f.* personality

personalizar (c) to personalize

personalmente personally

personificar (qu) to personify

perspectiva perspective

persuadir to persuade

pertenecer (zc) to belong (8)

pertinente pertinent (13)

Perú *m.* Peru

pesar to weigh; **a pesar de** *prep.* in spite of

pesca fishing; **red** (*f.*) **de pesca** fishing net (10)

pescado fish (*food*) (3)

pescar (qu) to fish (1)
pesimista *n. m., f.* pessimist; *adj.* pessimistic
peso weight (1); **perder (ie) peso** to lose weight
pestaña eyelash (12)
pesticida pesticide (10)
petróleo petroleum; oil (10)
pez *m.* (*pl.* **peces**) fish
piano piano (6)
picante hot (spicy) (8)
picar (qu) to prick; to itch
pícaro/a rascal; **¡qué pícaro/a!** what a rascal! (9)
picazón *m.* itch
pico point; **horas pico** prime time
pie *m.* foot; **estar** (*irreg.*) **de pie** to be standing; **pónga (n) se de pie** stand up (*command*)
piedra stone (13)
piel *f.* skin (13); leather (13); **cáncer** (*m.*) **de la piel** skin cancer (10)
pierna leg
pijama *m. sing.* pijamas
pila battery
píldora pill
piloto *m., f.* pilot (5)
pimentero pepper shaker (8)
pimienta pepper
pintar to paint (5)
pintor(a) painter
pintura paint; painting (11)
piña pineapple (8)
pionero/a pioneer
pirámide *f.* pyramid (7)
pirata *m., f.* pirate
piratear to pirate
piso story, floor (6); *Sp.* apartment (6)
pizarra chalkboard (B)
placa license plate (11)
placer *n. m.* pleasure
plan *m.* plan (2)
planear to plan (11)
planeta *m.* planet (10)
planicie *f.* plain
plano map (of a room or city) (3)
plano/a flat (13)
planta plant; **planta nuclear** nuclear plant (10)
plantar to plant
plástico plastic (10)
plata silver (13)
plátano banana (8)
platillo saucer (8)
plato prepared dish (8); **plato hondo** bowl (8)
playa beach
playera T-shirt (*Mex.*)
plaza town square (11)
pleito lawsuit, case
plomero/a plumber (5)
pluma pen

pluscuamperfecto pluperfect
plutonio plutonium (10)
población *f.* population (15)
poblado/a populated
poblar to populate
pobre poor (5)
pobreza poverty (15)
poco/a little; *pl.* few (9); **poco a poco** little by little; **poco asado/a** rare (8); **poco cocido** rare (8); **poco después** a little later (7)
poder *n. m.* power
poder *v. irreg.* to be able to (5); **poder** (+ *infin.*) to be able to (*do something*); **¿en qué puedo servirle?** how may I help you? (11)
poderoso/a powerful
poema *m.* poem
poesía poetry
polar: capa de hielo polar polar ice cap
policía, mujer policía *m., f.* policeman/policewoman (5); *f.* police force
poliestireno styrofoam
política *sing.* politics; policy
político/a *n.* politician (9) (15); *adj.* political
politizado/a politicized
pollo chicken (3); **pollo frito** fried chicken (3)
polo pole
polución *f.* pollution
polvo dust
pomelo grapefruit (8) (*Sp., Arg.*)
poner *irreg.* to put, place; to put on; to put up; **me puse** I got (+ *adj.*) (7); **poner atención** to pay attention, be alert (14); **poner discos compactos** to play CDs (3); **poner en peligro** to put in danger; **poner énfasis** to emphasize; **poner una película** to show a movie (3); **ponerse** to get, to become (+ *adj.*) (7); **ponerse perfume / la ropa** to put on perfume/clothes (4); **se puso** he got (+ *adj.*) (7)
popular popular (8)
por by; through (7); because of; for; per; around, about; on; on account of; **¿por qué?** why? (1); **dar** (*irreg.*) **por sentado/a** to take for granted; **mañana por la mñana (la noche)** tomorrow morning (evening) (3); **por ahora** for now; **por avión (tren)** by plane (train) (10); **por causa de** because of; **por ciento** percent; **por correo electrónico** by e-mail; **por debajo de** underneath; **por ejemplo** for example (14); **por el contrario** on the contrary; **por encima** above; **por eso** for that reason, therefore (14); **por favor** please; **por fin** finally (4); **por la mañana/tarde/noche** in the morning/afternoon/evening (1); **por lo general** generally (8); **por lo**

menos at least (12); **por medio de** by means of (15); **por parte de** on behalf of; **por razones de** for reasons of; **por supuesto** of course (11); **por teléfono** by telephone; **por todas partes** everywhere (12); **por todos lados** everywhere; **por un lado... por otro lado...** on one hand . . . on the other hand . . .
porcelana porcelain (11)
porcentaje *m.* percentage
porcentual percentage
porciento percent (14)
porción *f.* portion (10)
pornografía pornography
portada cover
portar to carry; **portarse** to behave
portátil portable
portugués *m.* Portuguese (*language*)
portugués, portuguesa *n., adj.* Portuguese (3)
porvenir *m.* future (15)
poseer (y) to possess
posibilidad *f.* possibility (5)
posible possible (2); **es posible** it is possible; **todo lo posible** everything possible
posición *f.* position
positivo/a positive (10)
postergar (gu) to procrastinate
postre *m.* dessert (3)
postura posture
potable drinkable (15)
potencia *n.* power, strength, force
potencial potential
práctica practice
practicar (qu) to practice; **practicar un deporte** to play a sport (1)
preceder to precede
precepto precept
precio price
preconcebido/a preconceived (15)
predecir (*like* **decir**) to predict
predicción *f.* prediction
predominar to predominate
preferencia preference (1)
preferentemente preferably
preferible preferable (4)
preferido/a preferred (10)
preferir (ie, i) to prefer (2); **preferí** I preferred (7); **prefiere** he/she prefers, you (*pol. sing.*) prefer (2); **prefirió** he/she/you (*pol. sing.*) preferred (7)
pregunta question; **contestar una pregunta** to answer a question; **hacer** (*irreg.*) **una pregunta** to ask a question; **hágale preguntas a...** ask . . . questions (1)
preguntar to ask (questions); **pregúntele** (*command*) ask him/her (2)
prejuicio prejudice (15)
prejuicioso/a prejudiced

prejuzgar (gu) to prejudge
premiación *f.* awarding, granting
premiado/a awarded
premiar to award
premio award, prize; **premio gordo** grand prize (15); **premio Nobel** Nobel Prize (7)
prender (la luz) to turn on (the light) (6)
prensa press
prensar to press
preocupación *f.* worry
preocupado/a worried; **estar** (*irreg.*) **preocupado/a** to be worried (4)
preocupar to worry (10); **preocuparse** to be worried
preparación *f.* preparation (8)
preparado/a prepared, ready
preparar to prepare (3)
preparatoria prep school; high school (2)
preposicional *gram.* prepositional
prerrogativa prerogative
presagiar to forebode
presagio omen
presencia presence
presentación *f.* presentation (5); introduction (6)
presentar to present; to introduce; **quiero presentarle a...** I want to introduce you (*sing. pol.*) to . . . (6); **quiero presentarte a...** I want to introduce you (*sing. inf.*) to . . . (6); **se presenta** is shown
presente present (2)
preservación *f.* preservation
preservar to preserve
presidencia presidency
presidencial presidential
presidente, presidenta president (1)
presión *f.* pressure (12)
prestado/a loaned; **pedir (i, i) prestado/a(s)** to borrow (13)
préstamo loan
prestar to loan
prestigioso/a prestigious (5)
presunto/a presumed, supposed
presupuesto budget (15)
pretender (ie) to seek, try for
pretérito preterite
prevalecer (zc) to prevail
prevenir (*like* **venir**) to prevent
previamente previously
previsible predictable
prima: materia prima raw material (13)
primaria: (escuela) primaria elementary school (7)
primavera spring (1)
primer, primero/a first (2); **en primer lugar** in the first place; **por primera vez** for the first time; **primera clase** first–class (11); **primera comunión** first communion; **primera persona** first person
primitivo/a primitive

principal main, primary (10)
principalmente principally
principio beginning; principle; **al principio** at the beginning
prioridad *f.* priority (15)
prisa: tener (*irreg.*) **prisa** to be in a hurry (4)
prisionero/a prisoner
privado/a private; deprived; **vida privada** private life
privatización *f.* privatization (15)
privilegiado/a privileged
privilegiar to grant a privilege to; to favor
privilegio privilege
probabilidad *f.* probability
probablemente probably
probador *m.* dressing room (13)
probar(se) (ue) to try (out); to prove; to taste; to try on (13); **pruébeselo/la/los/las** (*command*) try it/them on (13)
problema *m.* problem (10)
procedente coming from
procedimiento procedure, process; proceeding
procesar to process
proceso process
proclamado/a proclaimed
producción *f.* production (10)
producir (zc) to produce (10)
productivo/a productive
producto product (10)
productor(a) producer
profecía prophecy
profesar to profess
profesión *f.* profession (1)
profesor(a) professor
profeta *m., f.* prophet
profundidad *f.* depth
profundo/a deep (10)
programa *m.,* program (1); **programa de entrevistas** talk show; **programa de estudio en el extranjero** study abroad program; **programa de estudios** program of study; **programa de reciclaje** recycling program; **programa de salud** health program; **programa educativo** educational program; **programa televisivo** television program
programador(a) programmer
programar to program (5)
progreso progress
prohibición *f.* prohibition
prohibido/a prohibited (11)
prohibir to prohibit, forbid (14)
prometer to promise
prominente prominent
promocionar to promote
promover (ue) to promote
promulgar (gu) to enact, proclaim (15)
pronombre *m.* pronoun; *gram.* **pronombre de complemento directo** direct object pronoun; *gram.* **pronombre de**

complemento indirecto indirect object pronoun
pronosticar (qu) to forecast (*weather*)
pronóstico del tiempo weather forecast (2)
pronto soon (7); **de pronto** suddenly (4); **tan pronto como** as soon as (15)
pronunciación *f.* pronunciation
pronunciar to pronounce
propagar (gu) to spread, propagate
propicio/a favorable; suitable
propiedad *f.* property (15)
propina tip (8)
propio/a own (6); typical, characteristic
proponer (*like* **poner**) (*p.p.* **propuesto**) to propose
proporción *f.* proportion
proporcionar to provide (15)
propósito purpose
propuesto/a (*p.p. of* **proponer**) proposed
prosperidad *f.* prosperity
protagonista *m., f.* protagonist
protección *f.* protection
proteger (j) to protect (10)
protegido/a protected
proteína protein (8)
protesta protest
protestante *n. m., f., adj.* protestant
provecho profit, benefit
provechoso/a beneficial
proveer to provide
providencia providence
provincia province
provocar (qu) to provoke (14)
próximo/a next (2); **los próximos diez años** the next ten years
proyecto project (14)
prudente prudent
prueba test
psicología psychology (2)
psicólogo/a psychologist (4)
psiquiatra *m., f.* psychiatrist (12)
psíquicamente psychically
publicación *f.* publication
publicar (qu) to publish
publicista *m., f.* publicist
publicitario/a publicity, advertising
público audience (5)
público/a public; **servicio público** public service; **vía pública** public way
pudrir(se) to rot
pueblo town (6); **pueblito** little town (9)
puente *m.* bridge (11)
puerco pig; **carne** (*f.*) **de puerco** pork; **chuleta de cerdo** pork chop (8)
puerta door
puerto port (11)
puertorriqueño/a *n., adj.* Puerto Rican
pues well, then (6)
puesto market stall, small shop (13)
puesto/a (*p.p. of* **poner**) placed; turned on (*appliance*) (12); **puesto que** *conj.* since, given that

pulgar *m.* thumb (12)
pulmón *m.* lung (12)
pulmonía pneumonia (12)
pulso pulse (12)
punta point, tip
punto point (8); **punto com** dot com
puntual punctual
puntualmente punctually (10)
pupusas *bean-stuffed cornmeal cakes from El Salvador* (8)
puré (*m.*) **de manzana** apple sauce (12)
puro cigar
puro/a pure (15); **por pura casualidad** purely by chance

Q

que that, which; than; **lo que** that which, what; **ya que** since
qué: qué bueno que... it's great that . . . (15); **qué lástima que...** it's too bad that . . . (15)
¿qué? what?; **¿en qué puedo servirle?** how may I help you? (11); **¿por qué?** why? (1); **¿qué clase de... ?** what type of . . . ? (8); **¿qué hora es?** what time is it? (1); **¿qué hora tiene/tienes?** what time do you (*pol. sing.*)/(*inf. sing.*) have? (1); **¿qué le/te/les gusta hacer?** what do you (*pol. sing./inf. sing./pl.*) like to do? (1); **¿qué pasa?** what's wrong? (7); **¿qué pasó?** what happened? (7); **¿qué talla usa?** what size do you (*pol. sing.*) wear? (13); **¿qué tiempo hace?** what is the weather like? (2); **y tú, ¿qué dices?** and you (*inf. sing.*)? what do you say? (1)
¡qué! what!; **¡qué** + *noun* + **tan/más** + *adj.* what a + *adj.* + *noun* (10); **¡qué aburrido!** how boring! (1); **¡qué coincidencia!** what a coincidence! (11); **¡qué divertido!** how fun! (1); **¡qué envidia!** what luck! (I envy you!) (7); **¡qué ganga!** what a bargain! (13); **¡qué lástima!** that's too bad! (13); **¡qué mentiroso/a!** what a liar! (9); **¡qué ocurrencia!** what a silly idea! (4); **¡qué pícaro/a!** what a rascal! (9)
quedar(se) to remain; to stay; to fit; to be situated; **me quedan sólo cinco dólares** I have only five dollars left (13); **quedarle bien/mal** to look nice/bad on one, to (not) fit well (13); **quedarle grande/pequeño** to be too big/small (13); **quedarle una cantidad de algo** to have left a quantity of something (13); **quedarse en cama** to stay in bed; **quedarse en casa** to stay at home (4); **se me/le quedó/quedaron** I/you/he/she left something (*sing. or pl.*) behind (12)
quehacer doméstico household chore (6)

quejarse to complain (7)
quemadura burn (12)
quemar to burn (7)
querer *irreg.* to want (1); to love; **quererse** to love each other (14); **quieres** you (*inf. sing.*) want; **quiero** I want (1); **quise** I wanted (7); **quisiera** (+ *infin.*) I/he/she/you (*pol. sing.*) would like to (*do something*); **quiso** he/she/you (*pol. sing.*) wanted (7)
querido/a dear (3)
quesadilla (*Mex.*) *tortilla, filled with cheese, folded and grilled;* (*El Salvador, Honduras*) *cornmeal pie filled with cheese.* (8)
queso cheese (3)
quien(es) who, whom
¿quién(es)? who? whom?; **¿a quién le gusta... ?** who likes to . . . ? (1); **¿de quién(es) es/son... ?** whose is/are . . . ?
química chemistry (2)
químico/a chemical; **residuo químico** chemical residue (10)
quince fifteen (A)
quinientos/as five hundred (1)
quinto/a fifth (2); **quinto centenario** five hundredth anniversary
quitar to take away (7); **quitarse (la ropa)** to take off (one's clothes) (4)
quizá(s) perhaps

R

rábano radish (8)
racial racial (15)
racionalmente rationally
racismo racism
racista *n. m., f., adj.* racist (14)
radiación *f.* radiation; **radiación ultravioleta** ultraviolet radiation
radiactividad *f.* radioactivity
radiar to radiate
radio *f.* radio (*medium*) (2); *m.* (*appliance*); **radio-reloj** (*m.*) **despertador** alarm clock radio (13)
radioemisora radio transmitter
raíz (*pl.* **raíces**) root; **bienes** (*m. pl.*) **raíces** real estate (6)
rallado/a grated
rallar to grate (8)
Ramadán *m.* Ramadan (4)
rango rank
rápidamente quickly, rapidly
rápido/a *adj.* fast; quick (4); **restaurante de servicio rápido** fast-food restaurant (8)
raro/a rare, strange; **raras veces** rarely (5)
rasgo characteristic, feature, trait
ratificar (**qu**) to ratify
rato a while (7); little while, short time
ratón *m.* mouse; **Ratoncito Pérez** Tooth Fairy
raya stripe; **de rayas** striped (13)

rayo ray; **rayo ultravioleta** ultraviolet ray; **rayos equis** X-rays (12)
rayuela hopscotch; **jugar (ue) (gu) a la rayuela** to play hopscotch (9)
raza race
razón *f.* reason (8); **tener** (*irreg.*) **razón** to be right
razonable reasonable
razonamiento reasoning
razonar to reason
reacción *f.* reaction
reaccionar to react (12)
reactor (*m.*) **nuclear** nuclear reactor (15)
realidad *f.* reality
realismo realism
realista *n. m., f.* realist; *adj.* realistic
realización *f.* realization; fulfillment; achievement
realizar (**c**) to attain, achieve; to carry out; to realize; **realizar un sueño** to realize/fulfill one's dream (15)
reaparecer (**zc**) to reappear
rebajado/a reduced (price) (13)
rebajar (**tanto**) to lower a price (so much) (13)
rebanada slice (8)
rebelde rebellious
recado message
recámara bedroom (*Mex.*) (6)
recepción *f.* lobby (11)
recepcionista *m., f.* receptionist
receta recipe (8); prescription (12); **surtir una receta** to fill a prescription (12)
recetar to prescribe (12)
rechazar (**c**) to reject
rechazo rejection
rechinar to squeak; to creak
recibir to receive (2); **recibir regalos** to get gifts (4); **recibir visitas** to have company (2)
reciclable recyclable
reciclado/a recycled
reciclaje *m.* recycling (10)
reciclar to recycle (10)
recién recent; **recién casado/a** newlywed (14); **recién nacido/a** newborn (14)
reciente recent (7)
recipiente *m.* container (8)
reclamo de equipaje baggage claim (11)
recoger (**j**) to pick up, gather (3)
recomendable recommendable (4)
recomendación *f.* recommendation (8)
recomendar (**ie**) to recommend (8)
reconocer (**zc**) to recognize
recordar (**ue**) to remember (9)
recorrer to tour, travel across
recortar to cut out (13)
recreo recess, break (9); **patio de recreo** playground (9)
rectoría office of the (university) president (3)
recuerdo memory (7)

recuperarse to recover (12)
recurso resource; **recurso natural** natural resource (10)
red *f.* net; network; Internet; **red de pesca** fishing net (10)
redada roundup
reducción *f.* reduction (15)
reducido/a reduced (15)
reducir (zc) to reduce (10)
reemplazar (c) to replace
reemplazo replacement
reescribir to re-write
referencia reference
referente *m.* reference
referir(se) a to refer to
reflejar to reflect
reflexivo/a reflexive
reforma reform
refrán *m.* saying (1)
refrescar (qu) to refresh
refresco soft drink (3)
refrigerador *m.* refrigerator (6)
regalar to give as a gift
regalo gift; **recibir regalos** to get gifts (4); **tienda de regalos** gift shop (3)
regar (ie) to water; **riega** he/she waters, you (*pol. sing.*) water (6); **riego** I water (6)
regateo bargaining (13)
regatear to bargain (13)
régimen *m.* (*pl.* **regímenes**) regime; diet
región *f.* region (11)
regionalismo regionalism
regionalización *f.* regionalization
regionalizar (c) to regionalize
regla rule (12)
regresar to return (3)
rehuir (yo rehuyo) to avoid, shun
reina queen
reino kingdom
reír(se) (río) (i, i) to laugh
relación *f.* relation (1); **tener** (*irreg.*) **relaciones** to engage in sexual relations (15)
relacionado/a related (5)
relacionarse to relate (7)
relajación *f.* relaxation
relajado/a relaxed
relajamiento relaxation
relajarse to relax
relámpago lightning (10)
relatar to report, relate, recount
relato story; account
religión *f.* religion
religiosidad *f.* religiosity
religioso/a religious (4)
reloj (despertador) *m.* (alarm) clock (7); **radio-reloj** (*m.*) **despertador** clock radio (13)
remedio (casero) (home) remedy (12)
remitir to remit
remontar to go back (in time)
remoto/a remote

rencilla quarrel
renovado/a remodeled (13)
reparación *f.* repair
reparar to fix (2)
repartir to share; to hand out
repasar to review
repaso review
repeler to repel
repente: de repente suddenly (12)
repetición *f.* repetition
repetir (i, i) to repeat (14)
reportaje *m.* report (3)
reportero/a reporter (15)
representación *f.* representation
representar to represent (2)
representativo/a representative
reprimir to repress
reprobable reproachable
reprobación *f.* reprobation, reproof
reprobador(a) reproachful
reprobar (ue) to reproach
reproducir (zc) to reproduce
reptil *m.* reptile (10)
república republic
reputación *f.* reputation
reputado/a famed, reputed
requerir (ie, i) to require (10)
res: carne (*f.*) **de res** beef (8)
resbaloso/a slippery
reserva reserve (15)
reservado/a reserved
reservar to reserve
resfriado/a: estar (*irreg.*) **resfriado/a** to have a cold (12)
resfrío cold (12)
residencia residence (6); **residencia estudiantil** university residence hall, dormitory (5)
residente *m., f.* resident
residir to reside
residuo químico chemical residue (10)
resistente resistant (13)
resistir to resist
resolver (ue) (*p.p.* **resuelto**) to resolve (10)
resonar to resound
respectivamente respectively
respecto: con respecto a with respect to; **respecto a** with respect to
respetar to respect (14)
respeto respect
responder to respond (12)
responsabilidad *f.* responsibility
responsable responsible (14)
respuesta answer (2)
restaurante *m.* restaurant (1); **restaurante de servicio rápido** fast-food restaurant (8)
restaurar to restore
resto rest; *pl.* remains (10)
restricción *f.* restriction (10)
restringir (j) to restrict, limit (10)
resuelto/a (*p.p. of* **resolver**) resolved

resultado result (15); **como resultado** as a result
resultar to result
resumen *m.* summary
resumir to summarize
retar to challenge, dare
retener (*like* **tener**) to retain
retirar to remove; to draw back
retrato portrait
retrovisor: espejo retrovisor rearview mirror (11)
reunión *f.* meeting (3)
reunirse to get together (4); **me reúno** I get together (4); **se reúne** he/she gets together, you (*pol. sing.*) get together (4)
reutilizable reusable
reutilizar (c) to reuse
revelar to reveal
reventar to burst
revisar to check (11)
revisión *f.* revision
revista magazine; **leer (y) revistas** to read magazines (1)
revolución *f.* revolution (11)
revolucionario/a revolutionary
rey *m.* king; **Día de los Reyes Magos** Epiphany, Day of the Magi (4)
rezar (c) to pray (3)
rico/a rich (A); delicious (8)
ridiculez *f.* ridiculousness, absurdity
ridiculizar (c) to ridicule
ridículo/a ridiculous (7)
riesgo risk (14)
rigor *m.* severity, strictness, rigor
rincón *m.* corner (*of a room*)
riñón *m.* kidney (12)
río *m.* river (2)
risa laughter
rito ritual
rivalidad *f.* rivalry
robar to steal (7)
robo robbery, theft
robot *m.* robot
rocío dew (10)
rocoso/a rocky (10)
rodeado/a surrounded (10)
rodilla knee (12)
rogar (ue) (gu) to beg (14)
rojo/a red
romántico/a romantic (2)
romper(se) (*p.p.* **roto**) to break; **se me/le rompió/rompieron** something (*sing. or pl.*) broke (on me/you/him/her) (12)
ropa *sing.* clothes, clothing; **guardar ropa** to put away clothes (6); **lavar la ropa** to do laundry; **ponerse** (*irreg.*) **ropa** to put on clothes (4); **ropa interior** underwear (13)
rosa rose
rosado/a pink (A); **vino rosado** rosé wine (8)

rosario rosary
roto/a (*p.p. of* **romper**) broken
rubio/a blond(e)
rueda wheel (10)
ruido noise (7)
ruinas ruins (11)
Rusia Russia
ruta route (9); **en ruta** en route
rutina diaria daily routine (4)
rutinario/a routine

S

sábado Saturday (1)
sabelotodo know-it-all
saber *irreg.* to know (4); to find out
  about; **saber** (+ *infin.*) to know how
  to (*do something*) (5); **sabe** he/she
  knows, you (*pol. sing.*) know (4);
  sé I know (4)
sabido/a known
sabiduría wisdom
sabiendas: a sabiendas *adv.* knowingly,
  on purpose
sabor *m.* flavor (8)
sabroso/a delicious (8)
sacar (qu) to take out; to get, receive
  (*grade*); **sacar buenas/malas notas**
  to get good/bad grades (9); **sacar el**
  pasaporte to get a passport (11); **sacar**
  fotos to take pictures (1); **sacar la**
  basura to take out the trash (6); **sacar**
  videos to rent videos
sacerdote *m.* priest
sacrificio sacrifice
sacudir to dust, shake off (14)
safari *m.* safari
sal *f.* salt (8)
sala living room (6); **sala de emergencias**
  emergency room (12); **sala de espera**
  waiting room (11)
salado/a salty; **agua** (*f.*) **salada** salt
  water (11)
salero salt shaker (8)
salchicha sausage (8)
salida departure, exit (11)
salir *irreg.* to leave; to go out (1); **salir**
  a bailar to go out dancing (1); **salir a**
  comer to go out to eat; **salir bien** to
  do well; **salir de vacaciones** to go on
  vacation (11); **salir para** to leave for
  (*a place*) (7); **salga(n)** (*command*)
  leave (11)
salón (*m.*) **de clase** classroom
salsa salsa (8)
saltar to jump; **saltar la cuerda** to jump
  rope (9); **salte(n)** jump (*command*)
salud *f.* **(mental)** (mental) health (12);
  ¡salud! to your health! (12); bless
  you (12); **buena salud** good health;
  programa (*m.*) **de salud** health
  program
saludable healthy (3)

salvar to save (10)
salvo que unless
san, santo/a saint; **Día de Todos los**
  Santos All Saints' Day (4); **día del**
  santo saint's day (4); **Semana Santa**
  Holy Week (4)
sandía watermelon (8)
sangre *f.* blood (12)
sarampión *m.* measles (12)
sartén *f.* frying pan
sátira satire
satírico/a satirical
satirizar (c) to satirize
satisfacción *f.* satisfaction (15)
satisfacer (zc) to satisfy
secador *m.* **(de pelo)** hair dryer (6)
secadora clothes dryer (6)
secarse (qu) el pelo to dry one's hair (4)
sección *f.* section
seco/a dry (8)
secretario/a (ejecutiva) (executive)
  secretary (5)
secreto secret
secuencia sequence (7)
secundaria: escuela secundaria high
  school (7)
sed *f.* thirst; **tener** (*irreg.*) **sed** to be
  thirsty (4)
seda silk (13)
sedentario/a sedentary
sedentarismo sedentarism
segmento segment
segregación *f.* segregation
segregacionista *m., f.* segregationist
segregar (gu) to segregate
seguido/a followed
seguir (i, i) (g) to follow; to continue;
  seguir + -ndo to go on (*doing some-*
  thing); **seguir las instrucciones** to
  follow directions (3); **siga(n)** (*command*)
  keep going (11)
según according to (1)
segundo *n.* second (2); *adv.* secondly
segundo/a *adj.* second; **Segunda Guerra**
  Mundial Second World War
seguridad *f.* security (15)
seguro insurance; **seguro automovilístico**
  (automobile) insurance (11); **seguro**
  médico medical insurance (12)
seguro/a sure; safe
seis six (A)
seiscientos/as six hundred (1)
selección *f.* selection (1)
seleccionar to select (15)
selva (tropical) (tropical) jungle (10)
semáforo signal (light) (10)
semana week; **entre semana** on weekdays, during the week (14); **fin** (*m.*)
  de semana weekend (1); **Semana**
  Santa Holy Week (4)
semanal weekly
sembrar (ie) to plant (10)

semejante similar
semestre *m.* semester (2)
semilla seed
senador(a) senator
sencillo/a simple; **habitación** (*f.*) **sencilla**
  single occupancy room (11)
sensación *f.* sensation
sensato/a sensible
sentarse (ie) to sit
sentencia ruling, sentence (legal)
sentido meaning; **doble sentido** two-way
  (11); **sentido del humor** sense of humor
  (14); **un solo sentido** one-way (11)
sentimiento *n.* feeling
sentir(se) (ie, i) to feel; **¿cómo se siente?**
  how are you (*pol. sing.*) feeling? (12);
  lo siento I'm sorry (13); **me sentí** I felt
  (7); **se sintió** he/she/you (*pol. sing.*)
  felt (7); **sentirse mal** to feel badly
señal *f.* sign; signal (10); **dar** (*irreg.*)
  señal to give a sign, indication
señalar to signal
señor (Sr.) *m.* man; Mr; **los señores...**
  Mr. and Mrs. . . .
señora (Sra.) woman; Mrs., Ms.
señorita (Srta.) young woman; Miss
separar to separate
septiembre *m.* (1)
séptimo/a seventh (2)
sequía drought (10)
ser *m.* being; **ser humano** human being
  (15); **ser querido** loved one; **seres**
  vivos living beings
ser *irreg.* to be; **¿a qué hora es... ?** what
  time is . . . ? (1); **¿cómo era... ?** what
  was/were . . . like? (9); **es...** it is . . .
  (1); **¿de dónde eres tú?** where are you
  (*inf. sing.*) from? (3); **¿de dónde es... ?**
  where is . . . from? (3); **¿de dónde es**
  usted? where are you (*pol. sing.*) from?
  (3); **es a las 8:30** it's at 8:30 (1); **es de...**
  he/she/you (*pol. sing.*) is from . . . (3);
  es dudoso que... it is doubtful that . . .
  (15); **es importante que...** (+ *subjunc-*
  tive) it's important that . . . (14); **(no)**
  es (im)posible que it is (not) (im)pos-
  sible that (15); **es indispensable que...**
  (+ *subjunctive*) it's absolutely necessary that . . . (14); **es la una y media**
  it's one thirty (1); **es mejor/peor** it is
  better/worse (4); **es mejor que** (+ *sub-*
  junctive) it's better that . . . (14); **fue**
  he/she/you (*pol. sing.*) was/were (7);
  fui I was (7); **llegar (gu) a ser** to
  become; **¿qué hora es?** what time is
  it? (1); **ser bilingüe** to be bilingual; **ser**
  desechable to be disposable; **ser estu-**
  diante universitario to be a university
  student; **ser útil** to be useful; **son las**
  nueve menos diez (minutos) it is ten
  (minutes) to nine (1); **soy de...** I am
  from . . . (3)

serio/a serious (6)
serpiente *f.* snake (10)
servicial accommodating, helpful
servicio service; **restaurante de servicio rápido** fast-food restaurant (8); **Servicio de Inmigración y Naturalización** Immigration and Naturalization Service; **servicio militar** military service; **servicio público** public service
servilleta napkin (8)
servir (i, i) to serve (5); **¿en qué puedo servirle?** how may I help you? (11); **¿para qué sirve... ?** what is . . . used for? (6); **para servirle** you are welcome (11); **servir de** to serve as; **sirve** he/she serves, you (*pol. sing.*) serve (5); **sirvo** I serve (5); **serví** I served; **sirvió** he/she, you (*pol. sing.*) served
sesenta sixty
setecientos/as seven hundred (1)
setenta seventy (C)
sexismo sexism
sexista *adj.* sexist
sexo sex (1)
sexto/a sixth (2)
sexual sexual; **contenido sexual** sexual content; **discriminación** (*f.*) **sexual** sexual discrimination; **intolerancia sexual** sexual intolerance; **orientación** (*f.*) **sexual** sexual orientation
sexualmente sexually
si if (2)
sí yes; **sí, cómo no** yes, of course (11); **¡yo sí!** I do! (4)
Sicilia Sicily
SIDA *m. sing.* (*abbrev. for* **síndrome de inmunodeficiencia adquirida**) AIDS (12)
siempre always (3)
sierra mountains (10)
siervo/a servant; slave
siesta nap; **tomar una siesta** to take a nap (2)
siete seven (A)
siglo century (7); **siglo pasado** last century
significado meaning
significar (qu) to mean
siguiente following, next (1); **al día siguiente** the next day (12)
silencioso/a silent, quiet
silla chair
sillón *m.* easy chair (6)
simbólico/a symbolic
simbolismo symbolism
simbolizar (c) to symbolize
símbolo symbol (14)
simétrico/a symmetrical
simpatizar (c) to sympathize
simple simple, mere
simplemente simply
sin without; **sin duda** without a doubt; **sin embargo** however; **sin que** (*conj.*) without (15)

sincero/a sincere
sino but (rather), instead
sinónimo synonym
sintaxis *f.* syntax
sintético/a synthetic
síntoma *m.* symptom (12)
sistema *m.* system (10); **sistema de comunicación** communication system; **sistema de transporte público** public transportation system; **sistema neuro-lógico** neurological system
sitio place, site; **sitio Web** Web site (3)
situación *f.* situation (4)
situado/a situated (10)
situar(se) (sitúo) to situate, be situated
sobre on; on top of (3); above (3); about (1); **sobre todo** above all, especially
sobrenatural supernatural
sobrepeso obesity
sobrepoblación *f.* overpopulation (15)
sobrevivir to survive (12)
sobrino/a nephew/niece
sociabilidad *f.* sociability
social social (14); **ciencias sociales** social sciences (2); **escala social** social scale; **nivel** (*m.*) **social** social level
socialismo socialism
socialista *n. m., f., adj.* socialist
sociedad *f.* society (9)
socio/a member (9)
sociohistórico/a socio-historical
sociología sociology (2)
socorrista *m., f.* paramedic, emergency responder (12)
¡socorro! help! (12)
sofá *m.* couch (6)
sol *m.* sun; **hace sol** it is sunny (2); **tomar el sol** to sunbathe (2)
solamente only (13)
solar: panel (*m.*) **solar** solar panel (15)
soldado, mujer (*f.*) **soldado** soldier
soleado sunny (10)
soledad *f.* solitude
soler (ue) (+ *infin.*) to be accustomed to (*doing something*) (14)
sólo *adv.* only
solo/a alone, lonely; **estar** (*irreg.*) **solo/a** to be alone, lonely (4); **un solo sentido** one-way (11); **una sola vía** one-way (11)
soltero/a single, unmarried
solución *f.* solution (5)
solucionar to solve
sombra shadow
someter to subdue
sonar (ue) to ring, go off (*alarm*) (7)
sonido sound (12)
soñador(a) *n., adj.* dreamer
soñar (ue) con to dream about (4)
sopa soup (3); **fuente** (*f.*) **de sopa** soup tureen (8)
soportar to stand, endure, put up with
sor sister (religious)

sorprendente surprising
sorprender to surprise
sorprendido/a surprised
sorpresa surprise
sospecha suspicion; **tener** (*irreg.*) **sospechas** to have suspicions
sospechoso/a suspicious
sostén *m.* bra (13)
sostener (*like* tener) to sustain
suavemente softly
suavizante *m.* softener; **suavizante de ropa** fabric softener
subir to go up (7); **suba(n)** (*command*) board (7); **subirse a los árboles** to climb trees (9)
subjetividad *f.* subjectivity
subjetivo/a subjective
subjuntivo subjunctive
subliminal: mensaje (*m.*) **subliminal** subliminal message
subordinación *f.* subordination
subrayado/a underlined
subterráneo/a subterranean (10)
subyacer to underlie
subyugación *f.* subjugation
subyugar (gu) to subjugate
suceso event, happening
sucio/a dirty
sucursal branch (*of an office*)
Sudamérica South America (3)
sueco clog (13)
suegro/a father-in-law/mother-in-law (9); *pl.* in-laws (9)
sueldo salary (5)
suelo floor; ground (12)
sueño dream; sleepiness; **realizar (c) un sueño** to realize/fulfill one's dream (15); **tener** (*irreg.*) **sueño** to be sleepy (4)
suerte *f.* luck; **tener** (*irreg.*) **buena/mala suerte** to have good/bad luck; **traer** (*irreg.*) **buena suerte** to bring good luck
suertudo/a lucky
suficiente sufficient (15)
sufrimiento suffering
sufrir to suffer (12)
sugerencia suggestion (14)
sugerir (i, i) to suggest (14)
suicidarse to commit suicide
sujetar to hold up, attach (13)
suma sum
superficie *f.* surface (11)
superioridad *f.* superiority
supermercado supermarket (3)
superstición *f.* superstition
supersticioso/a superstitious
suplantar to supplant, take the place of
suplicar (qu) to implore, beseech, beg
suponer (*like* poner) (*p.p.* **supuesto**) to suppose
supuesto/a (*p.p. of* **suponer**) supposed; **por supuesto** of course (11)
sur *m.* south; **al sur** to the south

sureño/a southern
surfear to surf (2)
surgimiento emergence
surgir (j) to arise, emerge
surtido/a assorted
surtir una receta to fill a prescription (12)
suspensión *f.* suspension
suspicaz (*pl.* **suspicaces**) suspicious, distrustful
sustancia substance (10)
sustantivo noun (2)
sustituir (y) to substitute
susto fright
suyo/a *poss.* your, of yours (*pol. sing., pl.*); his, of his; her, of hers; their, of theirs

T

tabaco tobacco
tabla table (8); graph (8)
taco (*Mex.*) *rolled or folded tortilla filled with meat and beans* (3)
tal such, such a; **con tal (de) que** as long as (15); **¿qué tal?** how's it going?; how are you?; **tal vez** perhaps (15)
tala felling of trees
talar to cut, fell trees
talento talent (5)
talentoso/a talented
taller *m.* workshop, shop
tamal *m.* (*Mex.*) tamale (*dish of minced meat and red peppers rolled in cornmeal wrapped in corn husks or banana leaves*) (8)
tamaño size (13)
también also, too; **a mí también** I do too (1)
tampoco neither, not either; **a mí tampoco** I don't either (1)
tan so; **tan... como** as . . . as (6); **tan pronto como** as soon as (15)
Tánger Tangier
tanque *m.* tank (10)
tanto *adv.* so much; as much; **por lo tanto** therefore; **tanto como** as much as
tanto/a *adj.* so much; *pl.* so many (14) **tanto(s)/tanta(s)... como** as many . . . as (6)
tapado/a covered; **tener** (*irreg.*) **la nariz tapada** to have a stuffy nose (12)
tapar to cover (8)
tapas *pl.* (*Sp.*) hors d'oeuvres (8)
tapiz (*pl.* **tapices**) *m.* tapestry
tardar to take time (12)
tarde *n. f.* afternoon (A); *adv.* late; **de la tarde** P.M.; **más tarde** later (2); **por la tarde** in the afternoon (1); **ya es tarde** it's late already (1)
tarea homework (3); task
tarjeta card; **tarjeta de crédito** credit card (8)
tarot *m.* tarot; **cartas de tarot** tarot cards
tarro jar (8)

tarta pastry
tasa rate, level; **tasa de deforestación** deforestation rate; **tasa de desempleo** unemployment rate (15)
tatuaje *m.* tattoo
taxi *m.* taxi (10)
taza cup, mug
te *d.o.* you (*inf. sing.*); *i.o.* to/for you (*inf. sing.*); *refl. pron.* yourself (*inf. sing.*)
té *m.* tea; **té caliente/frío (helado)** (hot, iced) tea (8); **tomar té** to drink tea (2)
teatro theater (2)
techo roof
tecla key (*on a keyboard*)
teclado keyboard
técnica *n.* technique
tecnología technology (15)
tecnológico/a technological; **avance** (*m.*) **tecnológico** technological advance
tela cloth, fabric (13)
teleadicción addiction to television
telecomunicación *f.* telecommunication
telefonear to telephone
telefónico/a *adj.* telephone; **guía** (*f.*) **telefónico** telephone directory
teléfona telephone; **hablar por teléfono** to talk on the telephone; **número de teléfono** telephone number; **(teléfono) celular** cell phone (1); **(teléfono) móvil** cell phone (1)
teleguía *f.* television guide (1)
telenovela soap opera; **ver** (*irreg.*) **una telenovela** to watch a soap opera (1)
televidente television viewer
televisión *f.* television; **estrella de televisión** television star (7); **mirar la televisión** to watch television; **ver** (*irreg.*) **la televisión** to watch television (1)
televisivo/a *adj.* television; **concurso televisivo** television contest; **programa** (*m.*) **televisivo** television program
televisor *m.* television set (1)
tema *m.* theme (10)
temático/a thematic
temer to fear, be afraid of
temeroso/a frightful, fearful
temible frightening
temor *m.* fear
temperatura temperature; **temperatura máxima/mínima** maximum/minimum temperature (2)
templo temple
temporada season (of practice) (2)
temprano early (1)
tendencia tendency
tender (ie) la cama to make the bed (6); **tiende la cama** he/she makes the bed, you (*pol. sing.*) make the bed; **tiendo la cama** I make the bed (6)
tenedor *m.* fork

tener *irreg.* to have; **¿cuántos años tienes?** how old are you (*inf. sing.*)? (C); **no tener ni un centavo** to be broke (13); **¿qué hora tiene/tienes?** what time do you (*pol. sing.*)/(*inf. sing.*) have? (1); **tener... años** to be . . . years old (C); **tener buena/mala suerte** to have good/bad luck; **tener calentura** to have a fever (12); **tener calor** to be hot (4); **tener catarro** to have a cold (12); **tener confianza** to trust; **tener diarrea** to have diarrhea (12); **tener dolor de cabeza/estómago/garganta/muelas** to have a headache/stomachache/sore throat/toothache (12); **tener el derecho** to have the right; **tener fiebre** to have a fever (12); **tener frío** to be cold (4); **tener ganas de** to feel like (*doing something*) (5); **tener gripe** to have the flu (12); **tener hambre** to be hungry (4); **tener interés** to be interested in; **tener la certeza de que** to have the certainty that; **tener la culpa** to be at fault (11); to be guilty (12); **tener la nariz tapada** to have a stuffy nose (12); **tener lugar** to take place (14); **tener miedo** to be afraid (4); **tener náuseas** to be nauseous (12); **tener prisa** to be in a hurry (4); **tener que** (+ *infin.*) to have to (*do something*) (5); **tener que ver con** to have to do with; **tener razón** to be right; **tener relaciones** to engage in sexual relations (15); **tener sed** to be thirsty (4); **tener sueño** to be sleepy (4); **tener tiempo** to have time; **tener tos** to have a cough; **tener un aborto** to have an abortion; **tener un dolor de cabeza** to have a headache; **tener un horario** to have a schedule; **tener vergüenza** to be ashamed, embarrassed (12); **tuve** I had (7); **tuvo** he/she/you (*pol. sing.*) had (7)
tenis tennis; **cancha de tenis** tennis court (6); **jugar (ue) (gu) al tenis** to play tennis
tenista *m., f.* tennis player
tenso/a tense
teocracia theocracy
teoría theory
terapeuta *m., f.* therapist (5)
tercer, tercero/a third (2); **tercer mundo** Third World
terminal (*m.*) **de autobuses** bus terminal (9)
terminar to finish (5); **termine(n)** (*command*) finish
término term (15)
terraza terrace (6)
terremoto earthquake (10)
terreno ground, terrain
terrestre earthly
territorio territory
terrorismo terrorism (15)

terrorista *n. m., f., adj.* terrorist (15)
tesis *f.* thesis; **tesis doctoral** dissertation (12)
testigo/a witness (12)
tetera teapot
ti *obj. of prep.* you (*inf. sing.*)
tibieza lukewarmness, tepidity
tibio/a warm
tiburón *m.* shark (10)
tiempo time; weather (2); **a tiempo** on time (9); **actividades del tiempo libre** leisure-time activites (1); **¿cuánto tiempo hace que... ?** how long has it been since . . . ? (7); **pasar tiempo** to spend time; **hace buen/mal tiempo** the weather is fine/bad (2); **llegar (gu) a tiempo** to arrive on time; **perder (ie) el tiempo** to waste time; **por mucho tiempo** for a long time; **pronóstico de tiempo** weather forecast (2); **¿qué tiempo hace?** what is the weather like? (2)
tienda store (3); **tienda de regalos** gift shop (3)
tierra earth; land (10)
tijeras scissors (13)
tímido/a timid, shy
tinto: vino tinto red wine (8)
tío/a uncle/aunt
típico/a typical (1)
tipo type, kind (3)
tiranía tyranny
tiránicamente tyrannically
tiranizar (c) to tyrannize
tirano/a tyrant
tirar to throw
tiras (*pl.*) **cómicas** comic strips (9)
titulado/a entitled
título degree (15); title (15)
toalla towel (4)
tobillo ankle (12)
tocador *m.* dresser
tocar (qu) to touch (12); to play (*musical instrument*) (5); **tocar la bocina** to honk the horn (11); **tocar madera** to knock on wood
tocino bacon (8)
todavía still, yet (2)
todo/a all; every (2); **Día de Todos los Santos** All Saints' Day (4); **en todas partes** everywhere; **por todas partes** everywhere (12); **sobre todo** above all, especially; **toda la clase** the whole class; **toda la gente** everyone; **todo el día** all day (1); **todo el mundo** everyone (15); **todos los días** every day (3)
tolerar to tolerate
tomar to take; to drink; to eat; **tomar apuntes** to take notes (4); **tomar café/té** to drink coffee/tea (2); **tomar cartas en** to take a hand in; **tomar decisiones** to make decisions; **tomar el sol** to sunbathe (2); **tomar en cuenta**

to take into account; **tomar un curso** to take a class; **tomar un examen** to take a test (4); **tomar una siesta** to take a nap (2); **tome(n)** (*command*) take (11)
tomate *m.* tomato (3)
tontería silly thing; foolishness
torcido/a twisted, sprained (12)
torero/a bullfighter
tormenta storm (10)
torneo tournament (7)
toro bull; **corrida de toros** bullfight (11)
toronja grapefruit (8)
tortilla (*Mex.*) *thin bread made of cornmeal or flour;* **tortilla española** *Spanish omelet made of eggs, potatoes, and onions* (8)
tortuga tortoise (10); **tortuga marina** sea turtle (10)
torturar to torture
tos cough; **jarabe** (*m.*) **para la tos** cough syrup (12); **tener** (*irreg.*) **tos** to have a cough (12)
toser to cough (12)
tostada toast (*Sp.*) (8); *crispy tortilla with toppings* (*Mex.*) (8)
tostado: pan (*m.*) **tostado** toast (3)
tostador toaster (6)
total total (8)
totalitarismo totalitarianism
tóxico/a toxic (10)
trabajador(a) *n.* worker; *adj.* hardworking; **trabajador(a) social** social worker (5)
trabajar to work; **trabajar en el jardín** to work in the garden (1); **trabajar en grupos** to work in groups; **trabajar en parejas** to work in pairs; **trabaje(n)** (*command*) work
trabajo work; **compañero/a de trabajo** coworker; **ir** (*irreg.*) **al trabajo** to go to work
tradición *f.* tradition
tradicional traditional (2)
traducción *f.* translation
traducir (*like* conducir) to translate
traductor(a) translator
traer *irreg.* to bring (4); **trae** he/she brings, you (*pol. sing.*) bring (4); **traer buena suerte** to bring good luck; **traiga(n)** (*command*) bring; **traigo** I bring (4); **traje** I brought (7); **trajo** he/she/you (*pol. sing.*) brought (7)
traficar (qu) to traffic (15)
tráfico traffic
tragar (gu) to swallow (12)
trágico/a tragic
traje *m.* suit; **traje de baño** bathing suit (7)
trama plot
trampa trick; trap; **hacer** (*irreg.*) **trampa** to play a trick on, set a trap for
tranquilamente calmly (7)

tranquilo/a calm (12)
transatlántico/a trans-Atlantic (7)
transbordador *m.* ferry (10)
transbordo transfer (11)
transferencia transfer
transformar to transform
transitado/a traveled (*street*)
transitar to go along, through streets
tránsito traffic (11)
translúcido/a translucent (13)
transmitir to transmit
transportador(a) transporting
transportar to transport (10)
transporte *m.* transportation (6); **transporte aéreo** air transportation (11); **transporte público** public transportation
tranvía *m.* cable car, streetcar (10)
trasero/a back
trasladarse to move
traslado de... a... transportation from . . . to . . . (11)
traspasar to go through
tratado treaty
tratamiento treatment (12)
tratar to treat; to deal with; **tratar de** (+ *infin.*) to try to (*do something*) (5); **tratarse de** to be about (15)
trato treatment
trébol clover; **trébol de cuatro hojas** four-leafed clover
trebolar *m.* clover field
trece thirteen (A)
treinta thirty (A)
tremendo/a tremendous
tren *m.* train (2); **por tren** by train (10)
trenza braid
trescientos/as three hundred (1)
tribu *f.* tribe (11)
tribunal court
trigueño/a olive-skinned
trimestre *m.* trimester (2)
triste sad; **estar** (*irreg.*) **triste** to be sad (4)
tristeza sadness
triunfante triumphant
triunfar to triumph
trolebús *m.* trolley bus
trono throne
tropas *pl.* troops
tropezar (c) to trip
tropical tropical (8); **bosque** (*m.*) **tropical** tropical forest
trozo piece, chunk (8)
trueno thunder (10)
tu *poss.* your (*inf. sing.*)
tú *sub. pron.* you (*inf. sing.*); **y tú, ¿qué dices?** and you (*inf. sing.*)? what do you say? (1)
tubería *sing.* pipes (5)
turismo tourism (11)
turista *n. m., f.* tourist; **guía** (*m., f.*) **de turistas** tourist guide (1)

turístico/a *adj.* tourist (8); **clase** (*f.*) **turística** tourist class (11)

tuyo/a *poss.* your, of yours (*inf. sing.*)

U

u or (*used instead of* **o** *before words beginning with* **o** *or* **ho**)

último/a last; latest; **a última hora** at the last minute (11); **la última vez** last time (7)

ultravioleta ultraviolet; **radiación** (*f.*) **ultravioleta** ultraviolet radiation; **rayo ultravioleta** ultraviolet ray

un, uno/a *indef. art.* a, an; one; *pl.* some

ungüento ointment; **aplicarse (qu) un ungüento** to apply an ointment (12)

únicamente solely (14)

único/a *adj.* only; unique

unidad *f.* unity

unido/a united; unified (10); connected (10); **Estados Unidos** United States

unión *f.* union

universidad *f.* university

universitario/a of or pertaining to the university (15)

uña fingernail (12)

uranio uranium (10)

urbanismo urbanism

urbanístico/a urban

urbanización *f.* urbanization

urbano/a urban; **casco urbano** city center

urbe *f.* large city

urgir (j) to be urgent (10)

usado/a used (10)

usar to use (2); **use(n)** (*command*) use

uso use (10)

usted (Ud., Vd.) *sub. pron.* you (*pol. sing.*); *obj. of prep.* you (*pol. sing.*)

ustedes (Uds., Vds.) *sub. pron.* you (*pl.*); *obj. of prep.* you (*pl.*)

usuario/a user

utensilio utensil (6)

útil useful (6)

utilidad *f.* usefulness, utility

utilizar (c) to utilize, use (15)

uva grape (8)

V

vacaciones *f. pl.* vacation; **ir** (*irreg.*) **de vacaciones** to go on vacation (5); **salir** (*irreg.*) **de vacaciones** to go on vacation (11)

vacuna vaccination, shot (11)

vainilla vanilla (8)

valer *irreg.* to be worth (13); to cost; **¿cuánto vale?** how much is this worth? (13); **vale la pena** to be worth the trouble

validez *f.* validity

válido/a valid

valiente brave

valioso/a valuable (12)

valle *m.* valley (10)

valor value (12)

valorar to value (14)

vapor *m.* vapor; steam; **vapor tóxico** toxic vapor

vaqueros: pantalones (*m. pl.*) **vaqueros** jeans (13)

variación *f.* variation

variante variant

variar to vary

varicela chicken pox (12)

variedad *f.* variety

varios/as *pl.* several (3)

varón *m.* male infant, male child (14)

vasija container

vaso (drinking) glass (4)

vecindario neighborhood (6)

vecino/a neighbor

vegetación *f.* vegetation (10)

vegetal *m.* vegetable

vegetariano/a vegetarian (15)

vehemente vehement

vehículo vehicle (10)

veinticinco twenty-five (A)

veintidós twenty-two (A); **veintidós millones de pesos** twenty-two million pesos (13)

veintitrés twenty-three (A)

vela candle (4)

velación *f.* ceremonial covering of the bride and groom with a veil; the nuptial mass (14)

velero: andar (*irreg.*) **en velero** to go sailing (2)

velocidad *f.* speed; **disminuya** (*command*) **la velocidad** slow down (11); **exceso de velocidad** speeding (7)

velorio wake

vena vein (12)

vencedor(a) conqueror, victor

vencer (zc) to conquer

vencimiento falling due; expiration

vendaje *m.* bandage (12)

vendedor(a) salesman/saleswoman (13)

vender to sell (5)

venir *irreg.* to come (4); **venga(n)** (*command*) come (5); **vengo** I come (4); **viene** he/she comes, you (*pol. sing.*) come (4); **vine** I came (7); **vino** he/she/you (*pol. sing.*) came (7)

venta sale (6)

ventaja advantage (10)

ventajoso/a advantageous

ventana window

ventilador *m.* fan (6)

ver *irreg.* (*p.p.* **visto**) to see; to watch (1); **a ver** let's see (13); **nos vemos** see you (2); **tener** (*irreg.*) **que ver con** to have to do with; **vamos a ver** let's see; **vea(n)** (*command*) see (1); **ver la televisión** to watch television (1); **ver un partido de...** to watch a game of . . .

(1); **ver una telenovela** to watch a soap opera (1); **verse** to see oneself; to look, appear; **vi** I saw (7); **vio** he/she/you (*pol. sing.*) saw (7)

veracidad *f.* veracity, truthfulness

verano summer (1)

veras: ¿de veras? really? (3)

verbo verb

verdad *f.* truth; **¿de verdad?** really? (3); **decir** (*irreg.*) **la verdad** to tell the truth; **(no) es verdad** it is (not) true

verdaderamente truly

verdadero/a true, truthful, genuine

verde green (A)

vergüenza shame; **tener** (*irreg.*) **vergüenza** to be ashamed, embarrassed (12)

verificar (qu) to verify

versatilidad *f.* versatility

versión *f.* version

vestido dress

vestir (i, i) to dress; **vestirse** to get dressed (4); **me vestí** I got dressed (7); **me visto** I get dressed (4); **se viste** he/she gets dressed, you (*pol. sing.*) get dressed (4); **se vistió** he/she/you (*pol. sing.*) got dressed (7)

veterinario/a veterinarian (12)

vez *f.* (*pl.* **veces**) time; **a la vez** at the same time (5); **a veces** sometimes; **alguna vez** sometime; **cada vez** each time; **de vez en cuando** from time to time (3); **en vez de** instead of (7); **muchas veces** often (5); **otra vez** again (5); **raras veces** rarely (5); **tal vez** perhaps (15); **última vez** last time (7); **una vez** once

vía road; way; **doble vía** two-way (11); **en vías de desarrollo** developing (15); in the process of developing (15); **una sola vía** one-way (11); **vía digital** digital passage; **vía pública** public way

viajar to travel

viaje *m.* trip (10); **agencia de viajes** travel agency (11)

viajero/a traveler (11); **cheque** (*m.*) **de viajero** traveler's check

viciar to corrupt

vicio vice, bad habit

vicioso/a depraved, addicted to vice

víctima *f.* victim

vida life (3); **ganarse la vida** to earn one's living (15)

vidente seer; sighted

video video; **sacar (qu) un video** to rent a movie

videocámara video camera

videocasete *m.* video

videocasetera VCR

videocentro video store (3)

videojuego video game

vidrio glass (*material*) (10); **fibra de vidrio** fiberglass (13)

viejo/a *n.* old person; *adj.* old
viento wind; **hace (mucho) viento** it's (very) windy (2); **molino de viento** windmill
viernes *m. sing., pl.* Friday (1); **de lunes a viernes** Monday through Friday (4)
VIH *m.* (*abbrev. for* **virus** [*m.*] **de la inmunodeficiencia humana**) HIV (12)
villano/a villain
vinagre *m.* vinegar (8)
vino (blanco, rosado, tinto) (white, rosé, red) wine (8)
violación *f.* violation; rape
violar to violate; to rape
violencia violence (14)
violento/a violent (2)
violinista *m., f.* violinist
virgen *f.* virgin; **Virgen de Guadalupe** Virgin of Guadalupe; **Virgen María** Virgin Mary
virtud *f.* virtue
visa visa (11)
visado visa (11)
visión *f.* vision
visita visit; **estar** (*irreg.*) **de visita** to be staying (11)
visitar to visit (2)
vista view (6)
visto/a (*p.p. of* **ver**) seen
visualmente visually
vitamina vitamin (8)
vitorear to acclaim, applaud

vivienda housing (15)
vivir to live; **¿dónde vive usted?** where do you (*pol. sing.*) live?, **¿dónde vives tú?** where do you (*inf. sing.*) live? (1); **¡viva... !** long live . . . ! (9); **vivo en...** I live in/at . . . (1)
vivo/a alive; vibrant; **color** (*m.*) **vivo** bright color (13); **estar** (*irreg.*) **vivo/a** to be alive (9)
vocabulario vocabulary
volante *m.* steering wheel
volar (ue) to fly; **volar un papalote** to fly a kite (*Mex.*) (9); **volar una cometa** to fly a kite (2)
volcán *m.* volcano (10)
voleibol *m.* volleyball (3)
volumen *m.* volume
voluntad *f.* will
voluntariamente voluntarily
voluntario/a volunteer
volver (ue) (*p.p.* **vuelto**) to return, go back (4); **volverse loco/a** to go crazy (12); **vuelve** he/she returns, you (*pol. sing.*) return (4); **vuelvo** I return (4)
vos *sub. pron.* (*Arg., Guat., Uruguay*) you (*inf. sing.*)
vosotros/as *sub. pron.* (*Sp.*) you (*inf. pl.*); *obj. of prep.* (*Sp.*) you (*inf. pl.*)
votante *m., f.* voter
votar to vote
voto vote
voz *f.* (*pl.* **las voces**) **(alta/baja)** (loud/soft) voice (14)

vuelo flight (7); **asistente** (*m., f.*) **de vuelo** flight attendant (11)
vuelta turn; **boleto de ida y vuelta** round-trip ticket (11); **dar** (*irreg.*) **vueltas** to go around; **de(n) una vuelta** turn around (*command*)
vuelto/a (*p.p. of* **volver**) returned
vulnerable vulnerable (15)

Y

y and; **y cuarto** quarter past (*time*) (1); **y media** half past (*time*) (1); **y tú, ¿qué dices?** and you (*inf. sing.*)? what do you say? (1)
ya already; **ya es tarde** it's late already (1); **ya no** no longer (15); **ya que** since
yerno son-in-law (9)
yo *sub. pron.* I; **¡yo sí!** I do! (4)
yogui *m.* yogi
yogur *m.* yogurt (3)
Yucatán *m.* Yucatan (10)

Z

zanahoria carrot (8)
zapatería shoe store (3)
zapatillas slippers (13)
zapato shoe; **zapato de tacón alto** high-heeled shoe (13); **zapatos de tenis** tennis shoes (A)
zona zone (8)
zoológico zoo (7)

INDEX

This index is divided into two parts. "Grammar" covers grammar, structure, and usage; "topics" lists cultural and vocabulary topics treated in the text. Topics appear as groups; they are not cross-referenced. In this index the abbreviation *f.n.* refers to a footnote. All other abbreviations are identical to those used in the end vocabulary.

CREDITS

Photos

Page 1 © Gene Fitzer; *7* © 2005 by Robert Frerck and Odyssey Productions, Inc.; *22* © Sergio Velásquez; *23* © 2005 by Robert Frerck and Odyssey Productions, Inc.; *38* © Fernando Botero, courtesy, Marlborough Gallery, New York; *44 (left)* © Reuters/Corbis, *(right)* © Reuters/Corbis; *56* Photo courtesy of Casimiro González. All rights reserved; *61* AP/Wide World Photos; *62* Courtesy of the Piñera family; *68 (top)* Chip & Rosa María de la Cueva Peterson. Reproducción autorizada por El Instituto Nacional de Bellas Artes y Literatura, *(bottom)* Reproducción autorizada por El Instituto Nacional de Bellas Artes y Literatura; *84* MiguelArt/Miguel Suárez-Pierra; *92* © 2005 by Robert Frerck and Odyssey Productions, Inc.; *98* Courtesy of Frank Guajardo; *102* © Dr. Ardis Nelson, Ph.D.; *104* © Paul Seheult, Eye Ubiquitous/Corbis; *116* © 1995 *Little Girl From Harlem*, by Soraida Martinez; *121* Dean Fox/SuperStock; *124* © Mike Ramirez/Latin Focus.com; *132* © Robert Fried/Stock, Boston; *134 (top)* Michael Newman/PhotoEdit, *(bottom)* © Jeff Greenberg/PhotoEdit; *148 Mercadito*, by Rafael González y González, ca. 1989, 16" × 20", www.artemaya.com/thumraf.html; *152* © Albeiro Lopera/Reuters/Corbis; *157* The Granger Collection, LTD.; *161* © Bettmann/Corbis; *164* © Bettmann/Corbis; *165* © Rose Hartman/Corbis; *180 (left)* Ann Murdy, *(right)* Ann Murdy; *181 (left)* © Stephanie Cardinale/People Avenue/Corbis, *(top right)* © Dave G. Houser/Corbis, *(bottom right)* © Tony Arruza/Corbis; *182* © Gabriel Bracho; © Victor Rojas/AFP/Getty Images; *198* © Paul Conklin/PhotoEdit; *212* © Erika Stanley/Latin Focus.com; *219* Courtesy of Gioconda Belli; *226* © Heather Bohm-Tallman; *228* Ann Murdy; *230 (top)* © Getty Images, *(bottom)* © Lorenzo Aremendariz/Latin Focus.com; *242* Guillermo Alio de La Boca, Buenos Aires; *247* Teresa Kennett; *249 (top)* Robert Frerck/Odyssey/Chicago, *(bottom)* Peter Menzel; *250 (top)* Paul Conklin/PhotoEdit, Inc., *(bottom)* Peter Menzel; *252* Courtesy of Libreria Martinez Books & Art Gallery, Santa Ana, CA; *254 (left)* The Granger Collection, Ltd., *(right)* The Granger Collection, Ltd.; *257* Ed Simpson/Getty Images; *272* Antonio Vinciguerra Rodriguez; *280* Courtesy of Children's Book Press; *285* © Jimmy Dorantes/Latin Focus.com; *292* © Royalty-Free/Corbis; *307* Oliver Rebbot/Stock Boston; *308* Walter Solon Romero *Salud para Todos* (Mural Painting); *316* © AFP/Corbis; *317* Courtesy of The Tomás Rivera Policy Institute; *337* Alberto Tamargo/Latin Focus.com; *338* Paul Leonor; *341 (top left)* Alpamayo/D.Donne Bryant Stock, *(top middle)* © Roberto Bunge/D. Donne Bryant Stock, *(top right)* © Thomas R. Fletcher/Stock Boston, *(middle left)* © Ulrike Welsch, *(middle center)* Dave Bartruff/Stock Boston, *(middle right)* Jimmy Dorantes/Latin Focus.com, *(bottom left)* SuperStock, *(bottom middle)* Hans Wendler, *(bottom right)* Jeff Rotman Photography; *344* Jeff Rotman Photography; *346* © Arturo Fuentes/Latin Focus.com; *350* D. Donne Bryant Stock; *355* © Salatiel Baragan/Latin Focus.com; *359 (top)* Will & Deni McIntrye/Photo Researchers, Inc., *(bottom)* © Latin Focus.com; *370* © Jorge Pizzanelli; *378* © Archivo Iconografico, S.A./ Corbis; *384* © Latin Focus.com; *388* Redferns Music Picture Library; *392* © Eugenio Optiz/Latin Focus.com; *408* Colección Museo Nacional de Bellas Artes, Santiago de Chile.

Realia and Literary credits

Page 62 El interrogatorio, by Virgilio Piñera from *Un fogonazo*, Editorial Letras Cubanas, 1997; *83* Reprinted with permission of Dunlop-Slazenger, Inc.; *91* Used by permission from the Unviersidad Iberoamricana, México D.F.; *97* © *El Semenal*; *102 Lindo Día*, by Carmen Naranjo from *Diario de una multitud*, Editorial Universitaria Centroamericana (EDUCA), 1984; *124 Cuadrados y ángulos*, by Alfonsina Storni, Editorial Losada S.A., Buenos Aires, 1997. Used by permission; *152* © Joaquín Salvador Lavado, QUINO, TODA MAFALDA, Ediciones de La Flor, 1993; *191 Nadie entiende a los maestros*, from *El principio de placer* by Jóse Emilio Pacheco. DR © 1997, Ediciones Era, S.A. de C.V., México, D.F. Used by permission of Ediciones Era.; *219 Todos juntos*, in *De la Costilla de Eva* by Gioconda Belli, Editorial Nueva Nicaragua. Used by permission of the author; *219* © Quino/Quipos; *Cuando salimos de El Salvador*, from *Una película en mi almohada*, by Jorge Argueta, Children's Book Press, 2001. Reprinted with the permission of the publisher, Children's Book Press. Poem © 2001 by Jorge Argueta; *253 Muy Interesante*; *280 Jitomates resueños*, in *Laughing Tomatoes and Other Spring Poems* by Francisco X. Alarcón. San Francisco: Children's Book Press (1997). Reprinted with the permission of the publisher. Poem copyright 1997 by Francisco X. Alarcón; *285 Las pupusas*, from *Una película en mi almohada*, by Jorge Argueta, Children's Book Press, 2001. Reprinted with the permission of the publisher, Children's Book Press. Poem copyright 2001 by Jorge Argueta; *307* © Quino/Quipos; *314 Tedi*, Editorial Armonia; *317 La noche buena*, by Tomás Rivera is reprinted by the publisher of *...y no se lo tragó la tierra/And the Earth Did Not Devour Him* (Houston: Arte Público Press—University of Houston, 1992.) Used by permission; *346 Dos cuerpos*, by Octavio Paz in *Libertad bajo palabra: Obra poético 1935–1957*, Fondo de Cultura Económica, México D.F., 1968; *375 FOCUS: PLANO TURÍSTICO: Buenos Aires Ciudad.* Courtesy of Sergio Huykman, FOCUS Cartography; *378 En tren*, by Antonio Machado in *Poesías completas*, Editorial Losada, 1943; *381 Geomundo*; *383 Geomundo*; *385 Geomundo*; *402 Biba*, Editorial América Ibérica.

ABOUT THE AUTHORS

Tracy D. Terrell (*late*) received his Ph.D. in Spanish linguistics from the University of Texas at Austin and published extensively in the areas of Spanish dialectology, specializing in the sociolinguistics of Caribbean Spanish. Professor Terrell's publications on second language acquisition and on the Natural Approach are widely known in the United States and abroad.

Magdalena Andrade received her first B.A. in Spanish/French and a second B.A. in English from San Diego University. After teaching in the Calexico Unified School District Bilingual Program for several years, she taught elementary and intermediate Spanish at both San Diego State and the University of California, Irvine, where she also taught Spanish for Heritage Speakers and Humanities Core Courses. Upon receiving her Ph.D. from the University of California, Irvine, she continued to teach there for several years and also at California State University, Long Beach. Currently an instructor at Irvine Valley College, Professor Andrade has co-authored *Mundos de fantasía: Fábulas, cuentos de hadas y leyendas* and *Cocina y comidas hispanas* (McGraw-Hill) and is developing two other language books.

Jeanne Egasse received her B.A. and M.A. in Spanish linguistics from the University of California, Irvine. She has taught foreign language methodology courses and supervised foreign language and ESL teachers in training for the Department of Education at the University of California, Irvine. Currently, she is an instructor of Spanish and coordinates the Spanish language Program at Irvine Valley College. In addition, Professor Egasse serves as a consultant for local schools and universities on implementing Natural Approach in the language classroom. Professor Egasse is co-author of *Cocina y comidas hispanas* and *Mundos de fantasía: Fábulas, cuentos de hadas y leyendas* (McGraw-Hill).

Elías Miguel Muñoz is a Cuban American poet and prose writer. He has a Ph.D. in Spanish from the University of California, Irvine, and he has taught language and literature at the university level. Dr. Muñoz is the author of *Viajes fantásticos, Ladrón de la mente,* and *Isla de luz,* titles in the Storyteller's Series by McGraw-Hill. He has published four other novels, two books of literary criticism, and two poetry collections. His creative work has been featured in numerous anthologies and sourcebooks, including Herencia: *The Anthology of Hispanic Literature of the United States, The Encyclopedia of American Literature,* and *The Scribner Writers Series: Latino and Latina Writers.* The author resides in California with his wife and two daughters.

MAR CARIBE

OCÉANO ATLÁNTICO

Barranquilla
Maracaibo
Caracas
PANAMÁ
GUYANA
VENEZUELA
Georgetown
Medellín
Paramaribo
Panamá
Río Orinoco
Cayena
Bogotá
SURINAME
GUAYANA FRANCESA
Cali
COLOMBIA
Quito
Ecuador
ECUADOR
Río Amazonas
Belém
Guayaquil
Manaus
PERÚ
BRASIL
CORDILLERA DE LOS ANDES
Recife
Cuzco
Lima
La Paz
Brasília
Arequipa
BOLIVIA
Sucre
PARAGUAY
Antofagasta
Rio de Janeiro
CHILE
Trópico de Capricornio
Asunción
San Miguel
de Tucumán
São Paulo
La Serena
OCÉANO PACÍFICO
Córdoba
Rosario
URUGUAY
OCÉANO ATLÁNTICO
Valparaíso
Santiago
ARGENTINA
Concepción
Buenos Aires
Montevideo
Río de la Plata
Bahía Blanca
Puerto Montt
Bariloche
Chiloé

N

Islas Malvinas

AMÉRICA DEL SUR

0	1500 kilómetros

0	1000 millas

Estrecho de Magallanes
Punta Arenas
Tierra del Fuego
Cabo de Hornos

See front of book for maps of Mexico, Central America, the Caribbean, and Spain.

El mundo hispano a su alcance

Argentina

ciudades	Buenos Aires,* Rosario, Mendoza, Córdoba
población	39.145.000
población urbana	85%
moneda	el peso
idiomas	el español, el italiano
alfabetización	97%
exportaciones principales	cereales, lana
agricultura	caña de azúcar, trigo, ganadería
ingresos anuales por persona (en dólares)	$3.650
esperanza de vida	74 años

Bolivia

ciudades	La Paz,* Sucre,* Cochabamba
población	9.725.000
población urbana	63%
moneda	el peso
idiomas	el español, el aymara, el quechua
alfabetización	88%
exportaciones principales	minerales y metales
agricultura	café, caña de azúcar, papa, coca
ingresos anuales por persona (en dólares)	$890
esperanza de vida	64 años

Chile

ciudades	Santiago,* Valparaíso, Viña del Mar
población	15.828.000
población urbana	86%
moneda	el peso
idiomas	el español, el mapuche
alfabetización	96%
exportaciones principales	metales, vino
agricultura	frutas, trigo, cebada
ingresos anuales por persona (en dólares)	$4.390
esperanza de vida	77 años

Colombia

ciudades	Bogotá,* Cali, Medellín, Barranquilla
población	43.700.000
población urbana	76%
moneda	el peso
idiomas	el español, el chibcha, el arahuaco
alfabetización	91%
exportaciones principales	carbón, petróleo, café
agricultura	café, plátano, flores, arroz
ingresos anuales por persona (en dólares)	$1.820
esperanza de vida	72 años

Costa Rica

ciudades	San José,* Alajuela, Cartago, Limón
población	3.957.000
población urbana	60%
moneda	el colón
idiomas	el español
alfabetización	96%
exportaciones principales	café, plátano, textiles
agricultura	café, plátano, maíz, arroz
ingresos anuales por persona (en dólares)	$4.280
esperanza de vida	78 años

Cuba

ciudades	La Habana,* Santiago, Camagüey
población	11.310.000
población urbana	76%
moneda	el peso, el peso convertible
idiomas	el español
alfabetización	97%
exportaciones principales	azúcar, frutas
agricultura	caña de azúcar, arroz, café
ingresos anuales por persona (en dólares)	$2.270
esperanza de vida	77 años

El Salvador

ciudades	San Salvador,* Santa Ana, La Libertad
población	6.588.000
población urbana	63%
moneda	el colón
idiomas	el español
alfabetización	74%
exportaciones principales	café, algodón, camarón
agricultura	café, caña de azúcar, algodón
ingresos anuales por persona (en dólares)	$2.220
esperanza de vida	70 años

Ecuador

ciudades	Quito,* Guayaquil, Cuenca
población	14.000.000
población urbana	64%
moneda	el dólar
idiomas	el español, el quechua
alfabetización	93%
exportaciones principales	petróleo, plátano
agricultura	plátano, café, algodón, caña de azúcar
ingresos anuales por persona (en dólares)	$1.790
esperanza de vida	71 años

España

ciudades	Madrid,* Barcelona, Sevilla, Bilbao
población	40.282.000
población urbana	78%
moneda	el euro
idiomas	el español, el catalán, el gallego, el euskera
alfabetización	97%
exportaciones principales	vino, textiles, metales
agricultura	trigo, cebada, remolacha azucarera
ingresos anuales por persona (en dólares)	$17.000
esperanza de vida	79 años

Guatemala

ciudades	Ciudad de Guatemala,* Quetzaltenango, Escuintla
población	14.281.000
población urbana	40%
moneda	el quetzal
idiomas	el español, varios idiomas mayas
alfabetización	71%
exportaciones principales	café, azúcar
agricultura	café, plátano, caña de azúcar, maíz
ingresos anuales por persona (en dólares)	$1.910
esperanza de vida	66 años

Guinea Ecuatorial

ciudades	Malabo,* Bata, Luba
población	523.100
población urbana	50%